长三角社会学优秀硕士论文选编
（2022）

主编◎毛丹 任强

中国社会出版社

国家一级出版社·全国百佳图书出版单位

图书在版编目（CIP）数据

长三角社会学优秀硕士论文选编．2022 ／ 毛丹，任强主编．－－ 北京：中国社会出版社，2024.4
ISBN 978-7-5087-7040-6

Ⅰ.①长… Ⅱ.①毛… ②任… Ⅲ.①社会学－文集
Ⅳ.①C91-53

中国国家版本馆 CIP 数据核字 (2024) 第 067460 号

长三角社会学优秀硕士论文选编（2022）

出 版 人：程　伟
终 审 人：李新涛
责任编辑：陈　琛
装帧设计：尹　帅
出版发行：中国社会出版社
　　　　　（北京市西城区二龙路甲 33 号　邮编 100032）
印刷装订：北京虎彩文化传播有限公司
版　　次：2024 年 4 月第 1 版
印　　次：2024 年 4 月第 1 次印刷
开　　本：170mm×240mm　1/16
字　　数：520 千字
印　　张：28.5
定　　价：108.00 元

《长三角社会学优秀硕士论文选编（2022）》序

毛　丹①

长三角社会学优秀硕士论文选编已经第四年。本次选编邀请长三角地区 8 家拥有社会学一级博士点的院系，推荐了 25 篇优秀论文，经由学术委员会评审，最终遴选出 11 篇硕士论文。确定篇目后，我们又把学术委员会的评审意见反馈给作者本人，进行进一步修改提升。入选的这 11 篇论文的内容大致集中于以下三大方面。

第一，社会分层与社会变迁。

华东师范大学许舒闲的《流动与赓续：乡村社会组织的重构及其行动逻辑研究——基于广东梅州侯乡的个案研究》，关注当下的乡村困境，主要聚焦在乡村的组织化问题。作者发现有些乡村依然活跃着一些乡村组织，努力为解决乡村困境问题提供新的思路。此文通过"结构—行动"的分析框架，讨论乡村组织变迁以及乡村组织存续发展的成因和逻辑，对一个"流而不散"的个案乡村的组织重构、行动逻辑作了探讨分析。

南京大学李玉婷的《信贷行为与住房财富分化：重思社会分层机制》，关注住房信贷对于住房财富分化的影响机制，通过面板数据和统计分析，呈现金融化渗入住房而影响财富分化和重塑社会分层，对既有的社会分层机制研究作出了讨论。

① 毛丹，浙江大学求是特聘教授，国家高层次人才计划入选者，现任浙江大学社会科学学部副主任，兼任中国社会学会副会长、民政部专家咨询委员会委员、全国城乡社区建设专家委员会委员、教育部社会学教指委委员，教育部农业经济学专业研究生教指委农村社会学分委员会委员。主要研究领域为中国基层社会、农村社会学。

华东理工大学华仁的《组织决策分析视角下大城市菜市场的运作机制研究——以上海市 G 菜场为例》，关注菜场日常经营运作模式，借助组织决策分析的理论视角，探讨"管理公司＋商户"联营式菜市场的组织运作机制，发现并尝试概括统分结合的双层经营机制。

第二，劳动过程与情感劳动。

河海大学段雨的《嵌入性关系和包工劳动体制运行——对一个建筑业包工队的社会学观察》，选取农民包工头和农民工为研究对象，研究建筑业的包工劳动体制，从关系网和劳动体制运行入手讨论建筑包工现象，以田野资料分析先赋社会关系网络在劳动关系中的重要作用，尝试呈现传统的人情世故在现代契约制度下运作的流程和状态。

上海大学赵君的《技术牢笼与自由幻象：微观权力视角下外卖骑手劳动过程中的控制与"同意"》，关注外卖平台软件的劳动秩序控制与外卖骑手让渡自由权利这一对张力的关系，从控制和同意两个维度上呈现外卖骑手劳动过程中被支配（约束）与其能动之间的博弈，尝试拓展微观权力理论。

华东理工大学吕慧敏的《商业与专业：双重规则导向下育婴家政工的情感劳动过程研究——以山东省 Z 市为例》，以情感劳动理论为基础，研究育婴家政工在岗前培训、上户劳动和下户后的情感控制和响应结果，从商业和专业两个维度考察她们的情感劳动，勾勒家政工的形象，并尝试与情感劳动理论进行对话和交流。

浙江大学陈梦媛的《从"有价"儿童到国家未来的主人翁——民国时期童工理念变迁的历史考察》，关注民国时期上海地区有关童工问题的理念转变，比较了不同社会群体对于童工价值的认识、认识变化及其宏观文化结构变迁，提供了一个关于中国民国时期童工理念变动的历史社会学分析。

第三，技术、网络与生活世界。

复旦大学李璐的《拟社会关系的产生、维系与结束：何以恋上虚拟人》，依据访谈，观察和探究网络虚拟恋爱中拟社会关系的形成和结束机制，呈现当下新生代青年的婚恋心态及其可能的生活方式。

复旦大学吴锦峰的《网络空间中民族主义的社群化表达——基于大数据分析与质性分析的探索性研究》，采取大数据与质性分析的混合研究方法，以国家民族主义、两岸关系、中外关系为例，研究不同类型的社群在网络互动中形成的结构、议题和态势，对网络空间的社群表达进行了探索。

南京大学高洁的《"向阳而生"：流动鲜花的物性与生命史》，采取价值链视角，将鲜花价值的生命历程放置在花农种植、电商平台和花艺师养护三个阶段，考察了花农从种植到售卖鲜花的过程，分析其社会生命中的不同阶段表现出的不同的面向和内涵功能。

安徽大学王莽的《文化表述与身份认同——饮食人类学视域下的四川火锅》，运用饮食人类学对地缘群体"身份认同"的研究范式，探究四川火锅这一文化纽带作用下地方饮食对地缘群体身份认同建构的影响机制，并探讨了食物、人与地方的三者关系。

本书收录的文章都具备问题意识较清晰、基本结构合理、方法明确、表达流畅等特点，大体反映出长三角地区社会学专业研究生的社会关切、学术能力和写作规范度。但是，这些论文也存在一些问题，有些研究发现不很具体，有的理论抽象度尚待提升，等等。

在论文选编过程中，学术委员会陈阿江、范可、李向平、汤夺先、翟学伟、张海东、赵鼎新、周怡等教授在百忙之中承担了繁复的评阅工作；秘书处耿言虎、胡开、陆远、任强、邵占鹏、沈奕斐、吴越菲、项军、杨渝东等老师做了大量协调工作；杨震同学具体落实了各项事务。衷心感谢他们的无私付出！

2023 年 11 月 24 日

目 录
Contents

第二部分　劳动过程与情感劳动

第三部分　技术、网络与生活世界

第一部分

社会分层与社会变迁

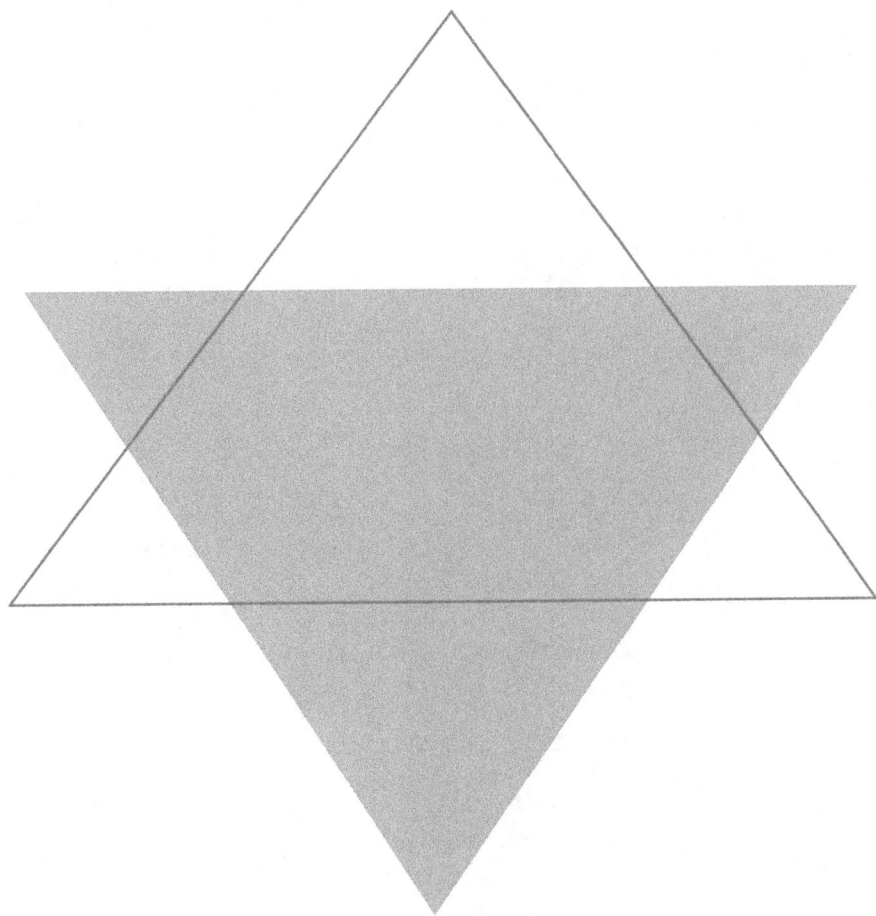

流动与赓续：乡村社会组织的重构及其行动逻辑研究

——基于广东梅州侯乡的个案研究

❖ 许舒闲（华东师范大学）

张文明（指导教师）

摘　要：乡村社会组织是推动乡村振兴的重要基础。在当前乡村人口大量外流的背景下，乡村社会组织的解体困境普遍存在。但在一些乡村中，依然存有活跃的乡村社会组织，破解了流动社会中乡村的"组织困境"。本文研究的华南侯乡的乡村社会组织正具有"流而不散"的特质。本文从历史的、发展的视角，以"制度结构—组织结构、行动体现—行动逻辑"为分析思路，以"文化再生产"作为分析要素，讨论改革开放至今侯乡的乡村社会组织的变迁过程，及其保持存续并发展的逻辑、成因，由此讨论流动社会对于乡村社会组织的重构意义。研究发现：

第一，侯乡的乡村社会组织伴随着制度结构的变迁出现了转型。伴随着流动的加强，传统乡村社会组织在衰落中适应性转变，向现代社会组织转向，组织的边界不断地跨越和扩宽。新兴的现代化的乡村社会组织开始在侯乡生成。宗族组织、精英组织、民俗组织等凸显全新形象，是侯乡内生的文化、秩序适应现代化的体现。

第二，侯乡社会组织在变迁中遵循着"结构—行动"的二重互构逻辑。面对流动社会带来的结构变动，行动者虽被制约，也会产生调适行为，选择新的资源和规则来重塑组织结构。行动者们将旧有的组织文化、符号等改造、创新，再生产为新组织的动力和行动的依据，使得在流动性和老龄化加剧的情况下，组织化行动依然在侯乡有生成的可能。

第三，地域文化资源的流传、改造与创新，即文化的再生产，是侯乡组织化行动的驱动来源。侯乡的地域文化中包含着构建多层次的共同社会组织这一文化传统。在时代的变化中，其不断再生产并移植进新的形式，成为适应现代社会的独特文化，推动形成了乡村行动者的认同心态。行动者结合自身所处的地位及外部环境变化，重塑行动脉络，呈现结果即为侯乡社会组织延续、改造以及新型乡村社会组织的出现。

侯乡乡村社会组织在社会快速变迁过程中延续与发展，展现了乡村及乡村文化在制度结构的变迁之中保有的内生动力与活力，提供了一种乡村文化作为媒介实现乡村内生发展的新思路，也为流动性的现代社会中个体的归属、城乡共融发展等提供了一种新乡村共同体的想象。

关键词： 乡村社会组织；结构—行动；文化再生产；流动

第一章 绪 论

一、问题的提出

随着国家经济社会的发展，人口流动日益加速，推动了城市吸附、聚集人才并急速整合资源，但乡村却普遍陷入深度老龄化。乡村空心化和人口的老龄化往往令乡村集体行动缺失，发展力量匮乏，组织因难以保持有效的构造而陷入解体困境。如何在长期存续的人口大规模流动及城乡发展结构不平衡的背景下，整合振兴乡村的人才、组织资源，重新焕发乡村的自主性与合作性，推动乡村振兴等战略有效实施，是重要的研究课题之一。

乡村社会组织是农村社会主体性重要的结构要素[1]。既有研究认为，人口大量外流的乡村，由于主要行动群体的流失，往往社会关系网络破裂、社会联结解体[2]、村庄内聚力和自主性下降，乡土团结陷入困顿，乡村公共服务衰败[3]，乡村文化快速解体，乡村公共空间也几乎不复存在[4]。正如鲍曼所认为，流动作为现代性社会的核心特征，不仅会使个体生活所依赖的意义体系、行动模式处于流动中，也会使共同体变动与失序[5]。如此，流动的现代社会中，乡村似乎难以保持有效的组织构造、互惠网络和团结行动。这样的"组织化困境"难道无法破解吗？

综合既有乡村社会组织研究成果发现：一方面，乡村社会组织研究的横向原因解析较为充分，但对于纵向性的、历史性的变化过程中组织的流变过程分析较少，忽视了动态发展过程对乡村社会组织的影响，缺乏对"组织如何延续、影响和再生"问题的探讨；另一方面，既有研究大多忽略了流动之于乡村社会组织可能存在的积极意义。正如本研究所调研的客家族群自古以来正是在流动的过程中锻造出了强烈的认同和稳固的关系网络。实际上，乡村社会组织具备多种类型，目前的研究对于不同区域的内生性的社会组织在流动背景下的不同呈现特点，还可补充进一步的内容。

不同地文环境下的乡村可能会予以不同的回应，人口的频繁外流并不一定使乡村关联彻底消解。现今的村落共同体能以何种方式联结外部力量存在着多种可能性[6]。在一些有着特殊地文特征的乡村，人口的频繁流动反而维系或促成了乡村组织的重构。位于广东省梅州市的侯乡的南村、北村（化名）是两个远离城市、人口大量外流的客家村庄，其所在市是全省人口流出最严重的城市之一，每年有 150 多万人外出务工①。大量劳动力的流失，对当地农村发展产生了诸多影响，侯乡所在县也曾一度是省级重点扶贫特困县②。但是，虽然人口大量外流，侯乡却仍有着活跃的乡村社会组织及丰富的公共活动，在乡、在外村民都有着较强的共同意志、族群认同与反哺精神，热衷于公共事业建设等集体行动，不断重塑"家乡"的关联；侯乡实体化的乡村组织并没有陷入解体的困境，在适应人口外流的背景下，通过不断完善组织的文化内涵，应用新兴的技术等维持着内外的互动，反而呈现出新兴、多元的联结。这些，似乎打破了流动必将消解乡村组织及削弱集体行动的"魔咒"。

侯乡所代表的部分乡村的实例给出了与悲观的乡村命运预判不一样的可能。这些乡村在人口大量外流、老龄化加剧的情况下，依然能够组建起乡村社会组织，保持着乡村内外强大的社会关联与集体认同。那么，为什么这些较为边远、滞后、穷困的乡村，能够有效抵御流动带来的内生力量缺失，维持甚至构建新的乡村社会组织？乡村社会组织中的行动者是如何联结流动于乡村内外的乡人的？为此，结合文献梳理与田野发现，通过对侯乡两村的深度调研，试图回答：在人口流失、老龄化严峻等困境的冲击下，为什么在一些乡村还活跃着许多制度完整、形式有效的乡村社会组织；这些组织的发展历程如何，其如何在不断转化形式后得以存续；组织中的行动者行动的逻辑是什么，这些组织为何能在流动性的冲击下破解"组织化困境"，保持流而不散。

本研究将试图通过对一个具有特殊地域性的客家乡镇的乡村社会组织的变迁研究，补充相应的视角、观点。与此同时，本研究将有助于探讨内生的乡村物质、文化对乡村发展的作用，建设乡村成为诗意栖居之地，有效推进乡村振兴这一美好愿景的实现。

---

① 梅州市统计局. 梅州市第七次全国人口普查公报，2021-05-18.
② 广东省扶贫开发协会，http：//www. gdfupin. org. cn/.

二、分析框架

本研究结合研究对象的实际情况与乡村转型的复杂形态，综合安东尼·吉登斯（Authony Giddens）的结构化理论以及皮埃尔·布迪厄（Pierre Boudieau）的文化再生产理论，对侯乡社会组织的结构、行动进行剖析。

社会系统的结构性特征对于行动实践来说既是中介，又是结果[7]。因此，乡村所面临的结构变化对于行动者的影响是关键的。结构具有"二重性"，即结构同时具有激励性和限制性两种属性，两种属性均切入行动的生产与再生产。农村社会组织的演化和发展是制度与地方形构的"规范秩序"的产物，制度结构影响乡村社会组织中的行动者以及他们的行动。但行动者的能动性也对乡村社会组织这一微观结构、乡村社会这一中观结构、乡村外部社会以及制度等宏观结构产生了反向的重构与改造作用。

结构会促使行动的产生，行动会调节、重塑结构，但具体影响到侯乡人的行动源泉和行动指向的应该是什么？这里便要引入本文的第二个核心解释理论——文化的再生产。布迪厄认为，文化生命有其自我超越、自我生产、自我借鉴、自我批判和自我创造的特征。社会文化是动态发展的，文化通过不断"再生产"维持着自身的平衡性，从而使社会得以平稳延续。但被生产的不再是一成不变的文化体系，而是各种力量在既定时间、空间内，相互作用所形成的新的文化结果[8]。因此，乡土社会的文化，也在复杂、多变的社会格局影响下，不断再生产。文化再生产的重要意义，不只在于强调文化本身，更关注文化的自我创造精神及顽强的生命力，关注到文化的存在和发展的连贯性、流动件、重复性，即文化的动态性、自我再生的性质和能力。基于此，本研究以"制度结构—行动体现、组织结构—行动逻辑"的分析思路为主分析逻辑，以"文化及其再生产—文化驱动行动"作为解释要素，结合形成全文的框架（详见图1）。

理论分析认为，制度结构、组织结构是行动的中介，对乡村社会组织中行动者的行动具有使动性和制约性，而文化，特别是地域文化，是行动者们行动的动力、来源。具体来看，文化推动行动者的心态与认同的形成，进而形成行动者的行动脉络。行动者结合所处社会结构，落实到具体的行动当中，对组织结构进行调整。正是地域文化的延续性、流动性特质，使得其在应对不同的社会发展阶段、面临外来文化的不同程度的冲击下，实现了文化的自我重现、改造、创新转化。进而对行动者的行为产生了持续的影响，因此维持了乡村自我组织的能力。

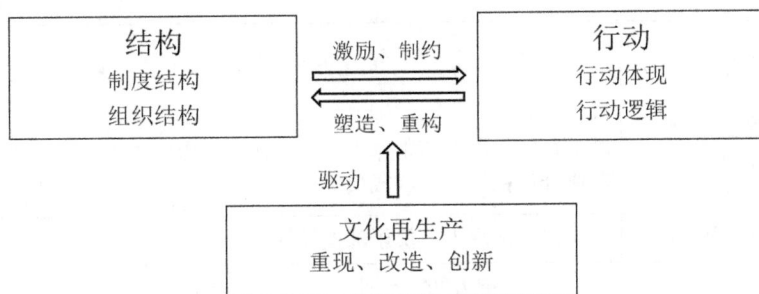

图 1　本文分析框架

三、研究方法

　　侯乡南村、北村位于广东省"世界客都"梅州市 D 县东部①。南、北两村祖先在宋朝末年随客家民系第三次大迁徙辗转到此，繁衍至今。两村旧时为一村，称侯村，取"辖地出封侯"之吉意，是典型的客家乡村。虽然两村现已设置为不同的行政村，但因共同的历史渊源、相连的地理位置、绵延的通婚圈等，使得两村相互关联、相互渗透，规划、整体发展协同，具有共同体的认同。因此本研究将两村视为一个整体——侯乡——来分析。侯乡历史源远、客家文化深厚、族群活动丰富、民俗风情独特、产业发展良好、共同意识强烈，无论是作为千年古村的活化石，还是客家文化的大观园，抑或是乡村振兴的新农村典范，都具有代表性。

　　本研究对田野的调研跨度 2 年，与关键知情人均进行了深刻的交流，参与观察了侯乡南、北两村多项集体活动，获得了许多重要信息。通过访谈与口述史的方式，本研究共获得了 30 多位关键人物的正式汇报（见表 1）。

表 1　访谈关键人物信息汇总表

类型	具体内容	人数（人）
（一）基层行政工作人员	乡镇干部、派出所工作人员、村"两委"干部、社工等	9
（二）乡村社会组织	宗族组织、志愿组织、福利组织等的负责人或成员；公众号、网站平台的搭建者；出版作品等整合者等	11

① 出于学术伦理规范，为防止公开对受访者隐私的泄露，对田野县、镇、村进行了化名。

续表

类型	具体内容	人数（人）
（三）产业相关	旅游景区、产业园工作人员；民宿、饭店店主等；农业合作社发起人、成员等	9
（四）民俗组织	非遗技术传承人、俱乐部馆长等	3
关键人物　合计		32
（五）普通村民	普通农户、居住者等	/

文献资料也为本研究提供重要的论据，并对实地调研资料进行验证。

表2　文献资料汇总表

类型	具体资料
历史性文本资料	1. 地方志、县志（1927年、2006年版本） 2. 宗族文献，杨姓、萧姓等族谱，杨氏文萃等
现代汇编的文本	1. 侯镇总体材料、申报材料等 2. 各村材料、产业区材料 3. 《人文侯乡》等官方出版书籍 4. 《侯乡人文》系列等民间书籍
建筑、公共标记	古民居及建筑的石刻、牌匾、碑文等
媒体材料	侯乡网站、公众号等的材料

第二章　以客为家：侯乡流动、组织的历史与现状

一、历史上侯乡的人口流动与传统社会组织

流动，是形容客家族群的关键词语。客家的历史，正是一部长期颠沛流离的迁移历史，其文化传承也异常突出，虽历经迁徙，礼俗与文化却经常保存完好。

（一）流入侯乡：漂泊迁徙与械斗中确立"客"群（宋末—明）

侯乡是个拥有悠远历史的客家传统乡村。据村中的谱牒类文献如《杨氏族谱》《萧氏族谱》《李氏族谱》等记载，侯乡现存的各姓族人大多在宋末至明

初，伴随着客家先民的迁徙，从中原流动于此开基延绵，在较好地保留了迁出之地的语言、礼俗等文化的基础上，在迁徙之中发展，在与土著民系、其他迁入族系的互动中交融，形成了现今的具有独特特质的客家民系。

早在南宋时期，此地已有住民，但真正奠基侯乡独特历史文化的还是客家先民的入住。在"客"地安"家"，以"客"身为"主"身，是客家民系形成的初步过程。有如侯乡的《杨氏族谱》和其他族传文献，其中多有记载杨氏先祖杨四十一郎于宋末到"侯乡铁炉坝开基"的故事，相传作为铁匠的杨氏先人在侯乡正式开基。而其他姓氏，如萧姓，也就是如今北村的大姓，也是南宋时期为躲避战乱的官员迁居于此。开基故事中的铁匠、官员等身份意味着掌握着当时最新的生产技术或拥有较高的文化地位，使得故事中的外来"客民"成为带来先进技术开发侯乡、发展侯乡的族群。这也是族群在地域发展中有意识地争取话语优越性和塑造文化先进性的行为体现。

在以"客"为"家"的过程中，有"主"才意味着有"客"。正是在和土著的不间断纠纷中，确认形成了"客"与"主"之间的对立身份。一个在侯乡中广为流传的"太公斗法狗头王"的民间故事，记载了侯乡的杨姓、林姓先人为民除害，智斗"狗头王"的事迹，直接反映了流动客民与土著交融中碰撞的火花。

> 南宋初期，杨勇、林为生于南山。其时，恶霸"狗头王"占据南山，为非作歹。杨、林凭借智谋铲除"狗头王"。为褒扬杨、林之功德，父老相议定，尊二公为太公，并于风水福处，卜时，为杨林作太公宫，雕为二像，邑中具瞻。
>
> ——摘自侯乡公众号《杨林太公逸事》

实际上，流动族群相传的有着正义感的祖先故事背后可能意味着血淋淋的族群冲突事件。在侯乡的流传中，"狗头王"是一个为非作恶、谋财害命的凶残恶霸。而在侯乡之外的其他地区的故事中，"狗头王"是粤闽赣交界山区的重要原住民——畲族人民——所信奉的先祖。在畲族的故事记载中，"狗头王"是一个驱魔赶妖、坚贞不屈的人身犬头的神仙，是畲族的祖先，其诞下的孩子后来分别繁衍成了现今蓝姓、雷姓等畲族人民。这个"太公智斗狗头王"故事，实际对应的正是对客家族群迁徙于侯乡后与土著人民（畲族是重要组成部分）发生争斗并最终占领地盘的历史事件，印证着以侯乡杨姓、林姓等为代表的客家民系在扎根时与土著居民的冲突、融合。

在《D县县志》《杨氏族谱》等历史资料以及客家学者的研究中记载，发生在侯乡和其他客家地区的"土客械斗"难以合计，伤亡不计其数。现今看来充满浪漫气息的族群流动历史，事实上写满了血泪故事。也正是在与土著人民的资源争斗中，不同姓氏、宗房的分散"客民"，逐渐团结起来成为"客群"。

（二）流出侯乡：科举与海外迁徙中的宗亲会社（清—民国）

伴随着"客"群的扎根绵延，人口增长带来的资源分配问题成为族群扩张的必然结果。在偏僻山区开基驻扎，就意味着在人口进一步增长之后，山区有限的资源无法满足人口的大规模扩展，此时人口之间对资源的争夺频繁地在不同宗族、不同房支之间爆发。族、房支间明面上的械斗和暗地里的压制不计其数。

在侯乡流传和记载最为完整的不同姓氏之间械斗事件是发生在明代中后期的"杨李相斗"事件，目前在乡中各姓均有自己流传的版本，但大致的故事就是杨姓与李姓之间的互相争斗与砍杀。

在资源匮乏的边远山区，族群纷争不眠不休是必然的。不同姓氏、房支、村落之间，必然需要分享区域内有限的生产、生活资料，激烈的武装械斗是矛盾突出时的爆发。除了明面上的不少冲突，暗地里的涌流亦不止。为了在斗争中占据优势，宗族等话语的出现与实践，成为群体谋生立足的机制和手段，风水话语则成了斗争较量中的一种载体。在侯乡，耳熟能详的"两岸戏言虎打斗，巧借风水建和谐"的风水故事，不仅体现了宗族对于玄学层面的风水话语的争夺，更体现了宗族之间对土地、水源、屋场等的争取和较量。

雍正五年，北村萧姓一房改建公祠，建在酷似一只正要下山的老虎的虎形山上，风水叫"猛虎捕羊"。河对面南村所居者以杨姓为主，"杨"与"羊"谐音，因而这风水具有针对性。杨氏也采取了相对应的措施，请风水先生设"观音行宫"，使"老虎"不敢下山。名为"观音挡虎"，平衡了杨、萧风水。（访谈编号：20-0822-02）

风水相斗的形式也是一种避免两败俱伤的冲突、但依旧可以争求输赢的有效寄托方式。可以说这是族群在文化、认同层面的碰撞和争斗，也是族群之间对激烈矛盾和斗争的一种软性化解。正如在"观音镇虎"的故事中，"狮虎相斗"并不是最终的解决方式，民间信仰中代表和平、安宁和宽容的观音的出场，为此次的两族风水相争画上了较为和谐的句号。以观音挡虎，是保持两相掣肘、两相平衡的关系，也映射了在族群纷争中协商机制的出现。在固有的地域内，面对定量的资源，争夺是必然但并不是恒常，寻求协商的机制成为不同族群在有限区域内安然存活和发展的重要途径。

除了规避现实冲突带来相互的利益损害，不同姓氏间的共同利益也是淡化宗姓间纷争的原因。一旦处于资源争夺中的不同族群共同面临更大的风险环境或更深远的发展目标，短暂的利益争夺将会让位。于侯乡，至封建后期，在经历了纷繁的械斗、围剿，认识到纷争带来的弊端后，外迁科举之路成了侯乡不同姓氏共同的目标，整体乡风呈现由武向文发展的趋势。宗族的乡绅开始将教化培养放在首要位置，为宗姓子弟设立免费"义学"，鼓励乡人读书。在宗族与乡绅的助力下，清朝，侯乡共产生了 23 位进士，130 多位文、武举人，更有"同榜三进士"等故事。流出乡外做官的人数也相应增多，一定程度上释放了乡村人口过载的压力。

然而，科举与外出做官者的增长速度远远无法追上人口增长的速度，且科举为官之路耗费心力而颗粒无收者不计其数。人口增长加速迫使侯乡人更频繁地外出谋生，"走川生"等流动贩卖的营生亦成为重要生计。乾嘉年始，侯乡出外谋生者众多，乡人竞相于吴、荆、闽等地经商。近代，外出谋生的侯乡人集中在上海、汕头等地；民国时期开始，随着沿海城市开埠，侯乡人民甚至流向海外扎根绵延，形成了后来被称为"华侨"的流出乡民。据 1929 年统计，侯乡（时称侯村）全村 1.5 万人，外出谋生人口竟达 4000 人[9]。外出之人对乡村的经济、文化等事务保有强烈的关注与参与，走卒、水客等则为外出人口与乡村搭建了中介与桥梁。他们在侯乡设置侨汇商号，前往南洋各地收取华侨汇给家乡的汇款和书信（后发展成侨批）。在《D 县县志》中记载，民国时期，每年传递的侨批达数千封，年汇入资金可达 10 万银圆，成为民国时期侯乡生产、生活的重要经济来源。

在脱离地方性的乡外、海外社会，外出乡人在做官、经商、定居等过程中，移植甚至扩大家乡的支持网络，建立联谊会、华侨会等组织，以"区域身份"的方式完成社会连接，形成了具有强内聚力的"移民共同体"，并对整个侯乡社会的发展作出了巨大的贡献。在"客乡"与"家乡"的时空转换中，流动乡民将时间和空间组织、转化、利用，成为超越自然时空的资源。体现在迁出之地，就是一种"客乡为家"的"流动权利"，体现在家乡，就是一种"泽被乡邻"的"反哺能力"。

客家族群的千年南北迁徙、百年海内外流动的历史表明，在前现代社会时，该族群的社会互动就已脱离地方性的乡村空间，他们在离土境域中"移植乡土性"，复制甚至扩大家乡的支持网络，以"区域身份"的方式完成社会空间再生产，形成了具有较强内聚力和团结性的"共同体"。族群在异地生产的"共同体"反向强化了本土区域人们的"地域认同"，强化了同区域内不同宗族、不同行政区域内村民的"共同体属性"。族群关于"流动"的记忆，也成为族群在现代社会面临全新的社会流动时重新团结组合的重要动因。

二、现代流动视域下的发展困境与自组织行动

改革开放以来，伴随着城镇化、工业化进程的不断推进，农村的劳动力尤其是劳动素质较高的青、壮年群体，不断地向城市、城镇流动和转移。

（一）侯乡的流动现状

远离城区的侯乡缺乏大工业企业，集体收入较匮乏。村民多外出务工、经商，人才外流、劳动力稀缺、老龄化等社会问题又进一步影响经济增长。侯乡所在省份虽是全国发展排头兵，所在城市却是经济发展落后市。2020 年，梅州市所占广东省 21 个市总和区域生产总值比值仅有 0.9%，与深圳市相比相差近 27 倍①。侯乡所在 D 县是山区县，经济发展水平较低，年度生产总值占全市的 8%，位居全市倒数第二，与生产总值最高区相差超 4 倍。省内经济资源分配的巨大差异、市内城乡区域发展的不平衡进一步加速了侯乡的人口流动。

2020 年，梅州市人口净流出的镇（街）占全市 90% 以上。在本市内，现居住地与户口登记地县（区）相异的，且离开户口登记地 6 个月以上的人口超 150 万人，与 10 年前的第六次全国人口普查相比，增加约 56.7 万人；流动人口增加超 33 万人，增长超 76%。2020 年，D 县辖域内户籍人口有 55.23 万，常住人口却仅有 33.09 万，与"六普"相比，下降 11.7%。离户人口达 22 万，占总户籍人口的 40% 以上。而以侯乡两村为主要范围的侯镇，其人、户分离比例亦超过40%。"人才涓流"源源向外，让侯乡的产业发展和经济形式受到了相当的制约。

（二）流动的"未预期后果"：活跃的乡村社会组织

侯乡人口流失及老龄化的加速，进一步导致乡村资源匮乏、产业凋零，经济发展越加迟缓。在以往的研究中，人口的大量外流不仅会导致经济发展的困境，还会带来集体行动缺失和发展力量匮乏等治理困境，农村共同社会行动将普遍缺失[10]。然而，侯乡的表现却有点不同寻常，在如此悬殊的经济差距与庞大的人口流失下，侯乡的自组织行动与公共生活却依然活跃。例如，乡贤、华侨等提供了大量的建设资金；宗族委员会、村民理事会等积极修缮公共设施、提供乡村福利；集体祈福、宗族祭祖、民俗展演等定期举办，村民无论在乡、在外都纷至归来。在近 20 年中，许多公共活动的规模甚至不断扩大。乡村内外村民的联结依然保持紧密，在外村民自发建立交流网站、公众号，甚至整理出版了许多关于侯乡历史、文化、建筑等相关书籍（见表3）。可以发现，频繁流动没有消解侯乡人的共同行动，反而呈现出新兴、多元的联结。

---

① 数据来源：《2020 年梅州国民经济和社会发展统计公报》《梅州市第七次全国人口普查公报》《D 县第七次全国人口普查报告》《梅州统计年鉴 2021》等。其中，侯乡老龄人口数据为不公开数据，不做展示。

表 3　改革开放以来侯乡的主要社会组织及相关行动

年份	侯乡	
	南村	北村
1980	老人联谊会成立（1984） （离退休干部职工联谊会）	萧氏兰陵福利会成立 重建萧姓代表性宗祠——鸳鸯祠 大宗祠（1983）
1996	/	肇基祖墓重建并举行祭祖大典
1999	/	重建鸳鸯祠小宗
2002	杨姓族谱编委会成立	/
2006	《侯乡杨氏族谱》出版	/
2007	《鲤鱼灯舞》申广东省非遗 南村龙狮鲤队成立	/
	延庆堂重建筹委会成立 重建代表性宗祠——延庆堂	
	杨氏祭祀管理委员会成立	
2008	建立三世祖祭祖亭	《广东D县萧氏族谱》出版
2009	镇政府牵头，侯乡首本通俗性方志——《人文侯乡》出版	
2012	南村设置为旅游区	/
2013	老人联谊会更名 （老人活动中心联谊会）	/
2014	南、北村设置为旅游区	
	《五鬼弄金狮》申梅州市非遗	/
	杨氏祭管会建立"侯乡亲情网"	
2015	龙狮鲤俱乐部建立 杨氏家庙设置宗祠文化展览馆	/
2016	北村萧姓乡贤牵头，"侯乡人文"群与"侯乡人文"公众号建立	
	/	《龙珠灯》申D县非遗
		D县兰陵福利会注册，并发布公众号
		萧氏奖学金仪式起始
		成立北村志愿队

年份	侯乡	
	南村	北村
2017	/	鸳鸯祠再修缮，打造宗族文化馆
2018	侯乡人文系列丛书《侯乡拾遗》出版	
2019	《侯乡古屋》第一卷·南村篇出版	
	侯乡旅游区移交梅州电视台管理运营	
	龙狮鲤俱乐部注册	九苞公祠（老人福利会会址）修缮完成
		《龙珠灯》申市级非遗
2020		北村志愿队正式注册
		"童声合唱乡村行"活动起始
2021		兰陵广场建成

注：本表内容据口述、文献等整理，不完全统计。

现代化进程中，得益于城市、城镇从外部为农村提供了横向流动的机会，大多数国家的农村相对稳定[11]。但如果仅仅看到它们的部分现存形式的稳定性是不够的，现在的乡村呈现出来的"似旧"的样貌并不是一成不变遗留下来的，而是经过了重构再造呈现的。可以说，现有的关联状态并不是由于传统乡村经济发展迟缓进而直接保留了乡村的传统结构，而是重构出现的全新的关联形式。在现代化、城市化人、物的全面流动中，乡土文化能够在不断转换形式之后保持延续，这其中的原因、逻辑和机制成为一个待梳理的故事。

第三章　传统复兴：流动初期传统组织的 续建及行动复现

20世纪80年代伊始，国家权力因由村民自治的推进而逐步撤离乡村基层社会，乡村恢复了一定程度的"自我组织"空间，乡村的传统结构逐渐恢复并得以重建。位于岭南地区的侯乡，伴随着人口流动的恢复，重新出现了自发的组织或团体。在这个阶段，对传统的"复制"是组织化行动最为明显的特征。乡村在试图恢复国家行政力量介入前的乡村传统，诸如重建宗族组织、恢复宗族活动、复兴民俗仪式等，以应对"公社"等外生性组织退场后的"秩序空缺"和现代化流动初期逐渐衰弱的乡土团结。

一、结构基础：乡土间流动的恢复

行动主体的聚集是组织行动的基础。20 世纪 80 年代，经历了生产建设等阶段的侯乡，迎来了改革开放政策和乡土秩序的恢复，重新出现了一次短暂的经济上的"繁荣"。曾经被禁止的各项"旧"活动重新获得了空间，集体活动在松动的空间中萌芽。

20 世纪 80 年代，在中央释放制度与文化空间后，地方政府带有经济、发展目的重构客家符号。1994 年，世界客属第 12 届恳亲大会在梅州市举办。这是首次在大陆举办的客属恳亲大会，来自世界各地 40 多个国家（地区）的 2000 多位客家团体代表参加，梅州也从此有了一个"世界客都"的称号。

20 世纪 80 年代，许多在外或在乡的老干部等乡村精英回到家乡，自发建立内、外组织。侯乡南村本地或外地离退休返回村中定居的 60 岁以上的干部、职工、归侨等总计达到 400 人左右。在改革开放、家庭自主承包经营等新政突然"恢复个体化、流动化"的背景下，这些对集体生活有着惯性的老干部们重新联结在一起，试图组建一个老人组织，寻求一个老人活动场所。

在我国，乡村精英一直扮演着重要的角色。随着 20 世纪 80 年代前后政策的变化，国家政权建设的乡村外生权威开始弱化与让位，乡村精英重新回到了乡村的舞台，恢复了一定的社会建设、公共服务提供的功能。组织载体往往是推动集体行动的一个途径[12]。通过构建组织的方式，这些老年精英在乡村之中建立起集体行动的平台。如此的契机之下，侯乡南、北两村的各类乡村社会组织与集体活动应运而生。

二、行动复现：重建传统组织

乡村精英组织起来，建立了个体与个体、组织与组织、乡内与乡外的关联。在村内，乡村精英特别是中老年精英自我组织，似乎恢复了传统缙绅、耆老的"再联结"，在乡村外就是乡村精英和乡村外的贤达人士如华侨等的"组织化联结"。

（一）建立精英组织：联谊、联侨、提供公共服务

1984 年，南村退休回乡的老干部们，组建了南村离退休干部职工联谊会，简称"老人会"。两年内就组织了 200 多位会员。老人会并不是只供娱乐、休闲的组织，也不仅仅有凭吊、慰问等互助功能，最重要的是成了在乡村之中提供公共产品、生产文化活动的具有威信的组织。正如其中一位会员曾写道："决心在第二生命的征途中，为两个文明建设贡献更多的力量。"

在侯乡的宗族活动、民俗活动复兴方面，老人会中的乡村精英是主导力量。

南村的祭祖仪式、宗祠修缮、族谱编订等，都由老人会中的精英牵头、全程推动。在公共产品的提供上，作为乡村精英的他们直接推动并积极参与了建设或优化乡中道路、兴建剧院、学校等公共产品的募捐、推进。比如，20世纪90年代末，南村老人会中的一位老教师与会员们商讨重新修缮校舍，联系各自在海外的华侨、亲人，发动他们捐资修建家乡的学校。21世纪初，南村、北村的几位老干部，带着乡镇卫生院的院长前往东南亚，筹得了修建卫生院大楼的资金……在这之后的10年里，掀起了华侨回乡祭祖、修宗祠、建学校、建医院等的热潮。有着非常自然的山水景貌和秀丽风光的侯乡，却"长出来"一批教学楼、医院、影剧院、文化广场等不输县城的配套设施。

（二）宗族组织重建：复祀、续谱、修祠

20世纪末至21世纪初，中国的许多农村特别是南方地区的乡村，开始出现了复建宗族、复办民俗仪式等的热潮。到20世纪50年代时，组织上严密、结构上完整、制度上完善的乡村宗族组织可以说已结束了进程。但是，制度层面上宗族的消失，并不意味着文化机制的宗族关系的解体[13]。有着浓厚宗族传统的侯乡南、北两村，同样重新组建了"相关组织"，开展相关行动。

1. 恢复祭祀与祭祀空间：修坟祭祖

祖先坟墓，是重要的祭祀空间，代表着族群的祖先崇拜、独特的族群历程以及风水信仰。中华人民共和国成立以来，侯乡的祖先祭祀一直处于停断状态，先祖坟墓被破坏。20世纪80年代末，祖坟重建、修缮行动才逐渐开始，大型祭祖行动也逐渐恢复。

1988年，南村老人联谊会筹建的"华侨联络会"组织了侯乡第一次华侨回乡祭祖活动，祭祀南村杨氏有着"倒挂金钩"风水的三世祖祖坟。当时"光鲜富有"的杨氏华侨们的隆重祭祖，引起周边地区的轰动，成为一时火热的新闻。自此，北村、南村形成了每年举办大型祭祖的习俗。祭祖仪式中的联谊、联欢特质，将活动的社会功能调动起来，不仅作为宗族文化的传承活动，更成为以宗族名义进行乡村联谊的载体活动。

2. 修复宗族标志空间：重建宗祠

"敬宗谒祖"，是宗族最基本的功能。宗祠既是亲缘关系的象征，也是地方认同的重要场所。在侯乡，大大小小的祠堂不下20座。侯乡各姓的宗祠大多都是在改革开放之后重建或修缮而成现今的样貌。

侯乡南村最重要的祖祠，荒废了50余年之久的"杨氏家庙"——延庆堂，同样在2007年重新建造。2007年，南村的几位退休老干部成立起了"修建延庆祠委员会"，动员在村村民、村外人员、海外华侨等捐款，共筹集资金70余万元人民币，最终重建了杨氏总祠"延庆堂"。祖祠建设完成后，委员会便组织举行了延庆堂重光暨祭祖大典，参与祭祀人员超千人。重修的祠堂将因为旁支扩张、政权建设、人员外流后变得涣散的宗族成员，重新通过一个空间聚集起来，使得流动在外的乡人不需要过多地因为繁复的关系、礼节去拜祭过多的祠堂，而只需要将一个空间作为亲族关系的载体。

3. 梳理宗亲谱系：续编族谱

族谱，是一个"宗族认同"的文案标识。21世纪初，乡里掀起了续编族谱的风尚。2002年，南村"族谱编纂委员会"成立，对康乾年间的族谱进行重新整理并续编。直到2006年，历经4年的《侯乡杨氏族谱》才正式出版。北村的《广东D县萧氏族谱》也在萧氏福利会的主导下正式出版，两大姓的族谱都正式续编完成。

在人口流动趋势日渐显著的21世纪初，侯乡精英修族谱的行动是对宗族关系的再次觉醒，同时有种"修复"的性质。日渐的流动、熟人的离去，让留在乡村中的精英、乡人对乡村关系的"隐约"流逝有着超乎常人的敏感，试图通过对宗族关系的重新梳理和网络的搭建缓解日益弱化的乡村关联。

（三）重现民俗队伍：延续"灯"与"火"

"灯""火"，在客家地区一直分别有着"丁""财"之寓。在侯乡，"龙珠灯"是一个重要的"添灯"仪式。南村、北村之前都有正月十五迎龙珠灯的民俗，1949年后在乡村政权建设及相关活动后暂停了下来。20世纪80年代初，在村中宗族长者们的带领下，北村开始修补或重新制作龙珠灯，并于正月十五举行了"迎灯"仪式，此后，龙珠灯队重建，龙珠灯重新成了北村的一项固定民俗活动。

"鲤鱼灯"，也是具有侯乡特色的民俗活动之一。20世纪80年代，鲤鱼灯舞的"鲤跃龙门"表演被纳入《中国民族民间舞蹈集成》，侯乡的一部分曾经传习制作技艺和灯舞表演的乡中文艺人士，开始重新整理并建立鲤鱼队，在同乡联谊活动如第二界世界D县同乡联谊会等场合表演，被许多华侨、乡贤等熟知，之后成为乡中节庆时，乡镇政府、归侨、归商等出资于乡中"热闹"的必要节目。

（四）阶段特征：传统组织及复兴行动

改革开放初期侯乡组建的民间组织及其行动，以恢复宗族空间、梳理宗亲谱系、复兴宗族与民俗活动为主，同时为乡村提供了部分乡村公共物品。应该说，这个阶段的组织成立及行动，实际上是建立在经济、制度和文化等客观基础上的传统集体文化的复兴（见表4）。

表4 流动初期侯乡南、北村建立的主要乡村组织及其行动

组织	北村	南村	行动表现
精英组成的一体化的宗族组织	萧氏福利会↓	老人会↓华侨联谊会杨氏族谱编委会	联谊、福利、文化活动、公共事务等
			联络华侨、复祀
	族谱编委会		编修族谱
			修复宗祠祭祖管理委员会
	修祠委员会	修祠委员会	常态化祭祀
民俗团体	各宗龙珠灯队	龙狮鲤队	恢复民俗活动

乡村中一时没有新兴的意识形态代替，融合了宗族要旨的传统文化，诸如民间信仰与民俗生活，就会重新填补乡村中民众的思维与生活[14]。乡村精英重新组织，将文化记忆中的宗族、信仰等要素重新整合，试图通过传统为乡村秩序、文化提供一种模式，以填补集体生活褪去之后的集体行动的空缺。而普通村民则通过参与和融入精英组织的共同乡村集体活动，激活了乡村的宗族、民俗等意识，自觉或不自觉地浸润在家乡文化的氛围之中。

三、行动的逻辑：传统地域文化的重现与运用

剖析此时段侯乡南、北村的乡村组织及行动，可以认为，这实际上是建立在经济、制度和文化等客观基础上的传统集体文化的复兴。在文化记忆的作用下乡村精英重新组织，将传统地域文化中的宗族、信仰等要素重新整合，恢复乡村非制度性的规范、关系网络等。

（一）内向凝聚：地域文化成为行动动力

在侯乡的乡村精英组织起来，发起修复宗祠、编族谱、集体祭祖等集体行动之时，传统文化形成的文化记忆不仅是他们的行动工具，本质上也是他们的动力之源。在具体的行动过程中，文化记忆则作为他们行动的参照和行动的范本。

修宗祠、续族谱，都是为了通过重新确立宗族远近、关系脉络，再次串联起一个紧密的社会关系网络。特别是在乡中人逐渐流出乡外的情况下，族谱建立的广大的网络成为日渐疏远的乡人获得地缘和血缘的关系网络。

侯乡历史遗留的文书、碑文、族谱、私人文稿等，储存了跨越时间界限的记忆，使得文化传统在更广阔的范围内实现。在重建杨氏宗祠时也发生了两个祠堂"争总祠"的冲突。贴字报、阻挠捐款、查文献、拉支援等情况均出现。

最终，乡村中的宗祠纷争还是以"传统"为准则落下了帷幕。历史文献中"善庆堂建祠时间比延庆堂迟二百多年"[①] 定下了延庆祠"杨氏总祠"的身份。这个时候，文化记忆成为乡村精英行动的底气，也成为行动成功的根据，影响了乡村行动的结果。

（二）外向动员："亲缘"等文化符号构建信任

视野转向组织外，可以看到重建后的组织是如何运用传统文化进行向外动员的。宗族、信仰等作为传统乡村中的文化资本，是乡村权威重建的有效工具，通过组织集体行动，乡村精英将此类象征资本重新建立并合法化。

首先，是交流过程中的传统符号化，体现在乡村精英重新与海外华侨建立交流、长久互动上。一是亲近符号的运用。"故乡""家乡""客家""亲房"甚至更亲近的关系符号等是乡村精英重新联络海外华侨的过程中善用的词语与话语，能够有利于拉近关系。

其次，是集体行动中的符号化，应用传统的文化记忆等为行动正名。如在筹备华侨第一次回乡祭祖的活动中，联谊会特意让老人们回忆过去祭祖仪式，甚至从文籍中确认，试图恢复"最传统、最符合礼节"的祭祖仪式，希望通过记忆符号的运用来显示新恢复的仪式的权威性、正统性，也为所有的行动参与者提供一种对宗族仪式的认同感。

最后，是对主体行动、主体形象进行符号化，体现在乡村精英对自身行动的解释以及参与者的激励动员上，以及乡村精英对自身身份和华侨身份的象征化表达上。这样，既运用了道义的符号，也使用了经济理性的符号。在乡村精英自身，主要是对行动目的道义化，将自身塑造成为具有公益精神或者权威话语的代表。而在对华侨等的动员上，乡村精英不仅将华侨、外出精英等捐资的行为塑造为捐助宗族的行为，更将其作为热爱祖国、公益慈善目的的体现。为其捐资行为挂名、登报等，如侯乡多个教学楼、道路的命名即为捐资者或捐资者父母的姓名，族谱中有专门介绍捐资华侨的流芳扉页，等等，美化外出精英的形象。

综合来看，在改革开放初期，面对国家政权建设带来的地方权威衰弱以及现代化的人口流动影响下乡村文化初显衰败的端倪，历史记忆和文化记忆开始产生作用，推动乡村精英通过复现传统文化的组织行动，以试图重塑并保留乡土团结。然而，在传统流动中起作用的直接复制文化记忆的组织方式，在现代性流动背景下呈现僵硬、无法适应，随着流动的加剧，组织及其行动开始面临新的挑战。

---

① 根据访谈及侯乡亲情网文章整理，《善庆堂的历史》，http：//acsscn. icoc. me/nD. jsp？iD = 82&groupID = -1.

第四章　应变改造：流动增强带来的组织转型与行动分化

随着改革开放进程的推进，逐渐拉大的城乡差距促使乡村的人、资源频繁地向外流动，保持传统形式、依赖宗族记忆作为动力的乡村组织及其行动已不再符合越来越多的在城乡之间流动的人的需求。流动加剧对乡村组织提出更新的要求。

一、结构转型：流动加速下传统组织的弱化

20世纪90年代肇始，乡村流动性已然加剧。彼时，位于改革开放先行地的珠三角发展迅速，在政策优惠下涌入了一大批劳动密集型产业，产生大量劳动力需求。作为同省的人口大市的梅州市，人们大量外出打工。至2000年，梅州市全市普查中人户分离人口就已经超100万人①，占比超过21.6%，侯乡亦是如此。

人口的大量外流，使得侯乡的关系网络与关联方式出现了变化，乡村中的个体、组织对乡村关联形式提出了全新的需求。但同时，乡村已有的关系网络依然是传统乡村公共事务运行的依据，乡村人的日常生活虽抽离乡村，但许多公共生活依然在乡村进行，公共事务的运营和主导上依然依靠乡土关系的熟人关系运营。乡村组织及所带来的集体行动形式，以及相应的文化、记忆并不会立马被流动带来的现代秩序消除，而是重新整合，与现代秩序互相建构。因此，"兼容"往往成为这样关联形态下长存的行为，在两种力量的共谋下，似旧却新的乡村关联形成，使得流出乡村之人的经济活动、政治参与可能在脱离乡村的背景下，乡村组织所具有的部分形式被改造，部分得以保持。

二、行动分化：传统组织的转型

（一）成为公益团体：宗族组织的转型

侯乡的宗族组织在人口流动的背景下出现了相应的转型与变化。侯乡两村的宗族组织开始从传统宗法制度的组织形式向公益化的民间团体转化，宗族中的精英成员的权威来源，从依赖宗法、血缘的耆老身份来获得，转变为依靠公心与能力的乡贤身份而获得。同样，宗族组织的信任从宗法、血缘信任，转向

---

① 数据来源：梅州市第五次全国人口普查主要数据公报（第一号），2001-04-18。

资源链接能力、公正度等的信任。

一是体现在组织定位和组织架构上，福利化和功能化表征取代宗族表征，组织架构趋于完善。从南、北两村宗族组织的新命名过程来看，弱化宗族表征，强化福利、公益表达的趋势明显。侯乡北村"兰陵福利会"的称呼刻意规避了可以代表宗族特质的一些符号，不取萧姓理事会。即使它是北村现存的唯一且具有强认可度的宗族组织，也是 D 县最大的萧姓宗族组织，组织名称也有意识地在突出福利性质而非宗族性质。南村的几个集体行动中生成的宗族组织也同样如此。从"杨氏族谱编纂委员会"到"延庆堂修缮委员会"，到现在被认为是南村杨氏宗族组织的"延庆祠公益慈善会"，宗法性质的宗族名称在不断弱化，按事务和功能划分的名称凸显（见表5）。

表5　完善架构后的代表性宗族组织

成员	北村	南村
	兰陵福利会	延庆祠公益慈善会
顾问	\	2人
会长	1人	1人
常务副会长	1人	1人
副会长	6人	1人
秘书长	1人	\
会记	1人	1人（常务理事兼）
出纳	1人	1人（常务理事兼）
财监	1人	\
常务理事	6人	6人
理事	\	11人

二是体现在组织的制度化上，纷纷注册为民间团体，完善组织架构。自修宗祠、续族谱完成，侯乡的宗族组织便开始注册成为民间团体，设置公共账户、设立会徽等。2010 年前后，侯乡南村延庆祠公益慈善会正式注册为民间团体，成为侯乡第一个注册的宗族组织。北村的宗族组织也于 2015 年前后正式注册。

南村的延庆祠公益慈善会，以年度财务报表公示方式，将每年的收、支以较为明细的方式统计并公示，以显示组织的公正。注册成为制度化的组织，以较为完整的架构和账目管理方式成为更受欢迎的选择（见表6）。

表6　侯乡延庆祠公益慈善会财务报表

2018.12.31—2019.06.30

收方		付方	
上年结余	＊＊＊＊元	联系联络接待	＊＊＊＊元
香油箱款	＊＊＊＊元	水电费	＊＊＊＊元
店租收入	＊＊＊＊元	值班工资	＊＊＊＊元
银行利息	＊＊＊＊元	购置物件	＊＊＊＊元
宗亲捐款	＊＊＊＊元	办公场所维护	＊＊＊＊元
合计	＊＊＊＊元	常务理事会年终差旅电话补助	＊＊＊＊元
		其他	＊＊＊＊元
		祠堂和三世祖祭祀	＊＊＊＊元
		合计	＊＊＊＊元

盈 ＊＊＊＊元

（签名）监理：　　　　主管：　　　　会计：　　　　出纳：　　　　制表：

会计、出纳、财监、集体账户等的出现，代表着宗族组织和宗族名义的集体活动对流动带来的信任关系的要求的适应性转变。宗族组织团体化、设立公共账户、明细收支、报表公示等是一种更彻底的缔造契约信任的方式。

（二）多套班子：宗族事务分化与组织间竞争

侯乡宗族组织的转型与变化除了逐渐往制度化的公益团体上转变，也逐渐成为事务性的组织，事务成为组织存续的主要体现。同时，对事务的把控也相应出现了组织分化，甚至导致了组织之间的竞争与博弈。

乡村人口的大量外流，造成了参与乡村日常生活、公共生活主体的减少。同时，国家正式权力在乡村中的组织建设，更使得宗族组织无法再获取行政上的话语权。为此，宗族组织只能通过对宗族、民俗、文化类事务的把控以获得"正名"与认可。乡村民众需要通过参与祭祀、拜祖等重大的乡村集体活动，唤醒宗族、亲缘记忆在活动中获得次群体归属感[15]。因此，以事件为主，通过事件赋能的事务性宗族组织的出现与延续，显示了乡村关联的形式变化。"因事而聚，事罢而散"的关联方式，为流动性中乡村公共事务的延续提供了模式。

宗族组织的事务化，也容易产生多个不同成员的宗族组织。在南村，就出现了功能区别的分化组织，大一统形式的宗族组织未形成，出现了多个小而具体的事务组织。目前，南村现存的与宗族事务、民俗事务相关且持续较久的组织有多个，延庆祠公益慈善会、祭祖管理委员会、杨氏宗亲促进会，等等，呈现多足鼎立之势。

"一个祠堂会、一个祭管会，反正现在各自有一套班子。我们村里都知道它们是两套人马、两套班子。反正我们好多杨姓人，两边（搞活动）都会去，两边都会出钱。"（访谈编号：21-0802-01）

应该说在村民看来各搞各的两股力量的生成以及事务性的宗族组织的逐渐增多，并不意味着宗族事务在乡村中的影响力与重要性加大，反而意味着宗族组织的衰落。可以看到，两个相似功能组织的存在，引起了对有限的注意力资源的争夺，在普通村民的公共注意力逐渐在流动中消退的背景下，宗族组织对有限注意力的获取就变得更加困难。这也体现了流动社会乡村联结形式的变化，哪种联结形式更适合现在乡村的发展，更符合现代化中个体的行动逻辑，哪个宗族组织就更有可能在流动的现代社会中存活下来。

（三）从有为到有乐：老年精英组织转化为互助团体

流动加剧带来了乡村人口的不断流失，乡村精英的公共治理能力逐渐失去发挥的空间。在侯乡，由于功能逐渐分化，曾经发挥巨大公共服务作用的乡村精英组织"老人会"，逐渐向养老共同体转变。

2014年是南村老人会成立30周年，南村老人会从"退休干部职工联谊会"正式改名为"老人活动中心联谊会"。过去比村委会还要厉害的老人会，成了较为纯粹意义上的老年人联谊组织。即使老人会中的大部分成员，依然是退休的干部、教师，有文化、有知识、有资源链接能力，但老人会的主要活动就是文娱与联谊，成了乡村福利互助团体。可以说，侯乡老人会现在是一个乡村养老共同体的存在。虽然它不能完全承担身体、医疗意义上的养老服务，但对于乡村老人、留守儿童等，在物质互助、精神联结、心理陪伴、情感支撑等方面发挥着重要的作用。

从"老有所为"到"老有所乐"、从"外向建设群体"到"内向互助群体"的转变是必然的，更是顺应人口流动加强以及现代化的结果，是乡村老龄化、衰弱化下的一种适应性更新与"抱团互助"。改革开放初期，城乡二元结构尚不明显，乡村发展地位尚未趋于弱势，流回乡村中的老年精英的行动推进阻力较小、成果显著。而随着流动的加剧，乡村衰弱加剧，城乡发展的鸿沟难以逾越，流回乡村或在乡村中生活的老人不仅无法获得同城市一样的养老公共服务，更难以通过小部分群体的行动改变乡村不发达的情况，只能继续维持老人会在情感互助、心灵支持等部分的功能。

（四）阶段特征：转变的组织及行动体现

社会流动的加速，带来了乡村行动主体的流离。侯乡的社会组织伴随着结构与场域的变迁也相应出现调整。权威化的组织转变为福利团体化的组织；一体化的宗族组织，分散了多个事务型组织，甚至出现组织之间对乡村有限注意力的争夺。而老年乡村精英组织起来的精英联盟，也不复曾经在乡村中的地位与权威，逐渐演变为养老互助团体。这些转变，体现了流动社会乡村关系的变化。流动在外的乡村人的社会、经济关系已远离乡村，能够调动回他们对乡村注意力的，只有短暂的关键事件，如大型仪式等。因此，乡村组织将通过对这些关键事件的把握来维系自身的存在意义。这样一种关联模式，与一些学者总结的"事件团结"[16] 相当。乡村中的人以重要事件作为关联方式，形成短暂互动与团结（见表7）。

表7　流动加速下侯乡南、北村主要乡村组织的变化

组织类型	具体组织	行动表现
一体化宗族组织 ↓ 福利团体化 ↓ 事务化、分化 ↓ 组织间博弈	杨氏理事会、萧氏理事会 ↓ 延庆祠公益慈善会、兰陵福利会	定位变化和架构完善 财务制度化 权力获得：公心 组织权威来源：信任
	延庆祠理事会→太平福理事会	事件塑造团结 事务分化
	祭祖管理委员会——延庆祠理事会	以实物或话语争取有限注意力
精英组织 ↓ 福利团体	南村老干部联谊会	以公共事务参与功能为主导
	南村老人联谊会	以文娱、休闲、互助等功能为主导

三、行动的逻辑：理性的文化改造与运用

伴随着流动的加剧，精英组织、宗族组织等在处理公共事务的过程中所遇到的挑战，看似是个体与组织、组织与组织之间的直接利益和矛盾冲突，本质上却反映了从传统到现代的社会转型过程中传统文化逐渐势弱的问题。传统的乡村共同体时期的文化、记忆与行动模式，已经在现代化中丧失了留存的根基与土壤，面临着消解。乡村精英和乡村社会组织不再扮演绝对权威的角色，如果在公共服务或公共物品供给方面无法满足乡村村民需求、市场契约、公共秩序，则无法在乡村中保有认可。但同时，乡村的文化、记忆、内生秩序依然有着存在与传播的惯性，可能会与现代秩序进行整合、互相建构。

首先，乡村社会组织中的主导者的权威获得，就交织着现代契约信任与传统威权信任的结合。现今的宗族组织的权威来源不再是血缘、亲缘、宗亲辈分

等先赋的权利或资源，而是在对现代"公共利益"或新时代的"公序良俗"的适应和维护中树立的。北村的兰陵福利会的会长，是北村宗族组织进一步发展的关键人物，他被如此多村民、理事、外出老板等信任并尊敬，是因为他的"公心"，其推动宗族组织正式注册为民间团体，并向正规流程、公正环节走，使得宗族组织成为符合市场契约的组织。南村的会长同样如此，曾经乡村医生的身份让他有着良好的人缘和口碑。在刚进入宗族组织时，他是组织的会计，对资金收支登记造册，使得他在宗族组织中有着"公正"的评价，从而也顺理成章地成为理事会和村民心中的新一任会长。

此外，组织的信任维系开始与资源调动、办事能力等直接挂钩。如果说宗族组织调整定位，注册为公益福利团体且采取制度化财务管理模式是对社会流动以及现代化下的适应，那么这些同时扮演公益福利团体角色与宗族组织角色的组织，其资源调动能力与事务处理能力则决定了其在乡村中的命运、地位。这种能力对外表现为资源吸纳（如吸引捐资）、政策适应能力（结合政策设公账），对内表现为在项目和事务的把握与控制能力，如组织宗族事务（祭祖、修祠、编谱）、组织民俗活动（龙珠灯、做福）、提供福利（救济、奖学）等。而且，其在乡村中的信任是伴随着一件事项又一件事项的完成增加的。流动在外的乡贤与华侨对于一个乡村宗族组织或民间组织的信任往往建立在一件事项办得好不好、是否公廉的基础上，进而决定是否对该民间组织的下一件事项予以支持。

如果宗族组织提议或推动的事项无法得到绝大多数人的同意或获得足够的资金，不仅意味着该事项的搁置，更意味着这个组织在乡村与外出精英中丧失信任，组织也将无法存续。所以往往宗族组织在产出的族谱、祠堂、建筑等方面都尽量呈现或表达出一种高规格、高标准、益处多等经济理性的话语。例如：

新祠逾两载而成，去朽木，盖琉璃，丹漆立面，内整外修，远观庄严堂皇，近看柱固梁坚，斗角飞檐，气势万千。九苞公泉下有知，亦当感欣慰矣。

宗族组织试图表现产出物品与所获资金匹配的话语，包括强调组织过程的艰辛、产出之品的美好等话语，以维系支持其事项的乡人的信任。这不仅是乡村组织的自我规范，也是乡村众人在与宗族组织互动中构建的组织的规范。它作为一种制度形式，使得外出的乡贤对乡村的资源投入与资源链接有了更强的信心，而对于宗族组织来说，则为其开展事项、举办活动提供基础。

综合来看，进入 21 世纪，城市化不断推进、人口流动加剧、乡村关系弱化，宗族组织和精英组织不断调整自身的角色定位与功能，以适应现代秩序。此阶段的宗族组织的改造和精英组织的角色转化，一方面体现着固有文化传统的妥协与弱化，也体现着一定的适应与改变，显示了碎片化、事件化记忆的影响。这样一个创新、创造过程，体现的是记忆的连续性和累积性[17]。在组织行动中，个人以公共理性参与其中，在与他人的行为选择中相互作用。多主体在交互结构中形成集体理性，影响了最终的行动结果。公共信任、经济理性、集体利益等，成为此阶段组织建立与共同行动的客观基础，也是此阶段乡村社会组织的行动依据。

第五章　创新突围：流动常态化下组织的重构和行动转向

随着现代化的进程，人口流动成为恒常。在人口流动的背景下，以宗族为符号的行动和组织方式难再适应，乡村的新生精英以更广泛的群体框架、更符合现代意涵的文化符号，扩展集体行动以联结日渐松散、疏离的人群。脱域的联结成为此时段乡村联结的模式。

一、重构契机：一个文化之乡的"自觉"

流动的现代社会，个体逐渐融入城市，但也将个体带入了未知的风险、紧张的关系以及陌生的场域。在现代化发展的危机中，似乎回归"共同体"才能避免跌入发展背后的深渊[18]。在对亲密关系以及集体行动的寻求过程中包含着"再嵌入"现代社会的"时空脱域"[19]。侯乡众人也在流动已成常态、关系游离于乡村空间的脱域中重新构建、重新嵌入新的集体行动的模式和相互关联的方式。

侯乡的"文化底蕴"经历了一个"文化自觉"[20]的过程。21世纪初，侯乡还与客家文化区域的其他乡村没有太多不同。被编织在相互依赖的关联网络、沉浸在习以为常的文化背景中的侯乡人，并非都对这个关联网络与文化有所察觉与反思，只是以一种怡然的方式接纳这样的生活世界。直到它被外部的眼光和乡村中的一些文化素养较高的人士"发现"。2008年前后，侯乡陆续迎来了一些外来的研究者和管理人员。在"他文化"与"自文化"的比较与辉映下，侯乡的文、史独特性被发掘出来。侯乡所在镇政府结合当时在乡村做调研的一位研究者的材料，整理出版了侯乡第一部方志类的书籍《人文侯乡》（化名），展现出了侯乡的地方文化特色（见表8）。

表8　《人文侯乡》（化名）书籍刊目

栏目	大致内容	文章数量（篇）
悠久历史	概况、建制沿革、历史等	8
侯乡儿女	古代、近代人物及其作品	29
史海拾遗	历史人物介绍、历史事件等	23
逸事杂论	历史故事、文化韵事、传说	14
风光风情	建筑、景观、民俗、特产等	18
附录	科举名录、乡贤名单、文献名录等	16

正是这一次较为全面、系统地对侯乡的历史、文化、民俗等的梳理，"侯乡"的形象建立了起来。而也是这一次的整理，让侯乡人重新找到了地方意义的落脚点，为流动社会下乡村重新联结日益松散的人群提供了重要的支撑。在这个"侯乡"形象的建立过程中，南、北等村落，杨、萧等姓氏之间的界限开始模糊。由于大文化团体形象的树立，内部的形象区隔的意义开始淡化。

二、行动转向：组织重构与新型组织萌发

苏醒了的"文化之乡"也面临人口的流失以及现代经济建设带来的边缘化、衰落化危机。但在乡村文化的浸润下，衰落的程度得到了缓解，甚至在国家乡村新政的介入下，重新焕发了些许生机。经过了"文化自觉"，流动于乡村内外的侯乡人保有了较为强烈的地方认同，并以此获得了精神上的联系与支持，甚至通过扩大地方文化的影响，将文化转化为发展的资本，实现乡村的外向推广。

（一）重建地方意义：区域文化团体的构建、交流与行动

新一代的乡村精英选择将地域文化作为重新构建地方意义的符号，近20年来涌现的一批新一代的乡村精英是彻彻底底居住在乡外，偶尔才回到乡村的流动精英，本可以彻底地和乡村社会割裂，但他们依然花费精力、时间去重塑关于乡村的记忆。通过建立微信群、开设公众号、整理出版书籍等方式组织集体活动。也选择了和传统精英不一样的符号——地域优秀文化而非宗族文化作为标志，重新组织了侯乡人的集体行动。

2016年5月，侯乡北村组建了一个涵盖了侯乡南村、北村及镇域内其他村落的部分乡村精英的"侯乡人文"微信群。群中的成员最开始主要是一些在人文、历史等领域颇有建树的退休干部等文化精英，后来逐渐扩大，吸引了许多政府官员、经济精英等加入其中，现已达到200多人。

在建群的基础上，2016年9月，"侯乡人文"群的精英打造了一个公众号

"侯乡人文"，以人文、地方文化、民间传说、建筑古迹、史料等为主要内容，甚至包括防疫通知等政务信息。至 2021 年 9 月 19 日也是公众号创办 5 周年，公众号发布了 1763 篇文章，关注人数超 6000 人，成为侯乡最重要的信息流转中心。

在文化自觉与文化团体组合生成的背景下，相关的集体行动促成地域文化的推广和宣传。2019 年，侯乡人文群成员整理了南村 270 个老屋的建筑如门楼、老屋、亭台等的牌匾、门联、碑刻等，出版了第一本关于侯乡老屋的图志《侯乡古屋·第一卷》。该系列丛书的出版，是在乡村文化认同的基础上对区域文化进行抢救、传承。在城乡二元结构下处于弱势地位的乡村，其文化也逐渐凋敝，被视为是落后的、不发展的。在这样不平衡的文化话语统御以及纷繁文化的交流中，区域的、乡土的文化的"突出重围"更加艰巨，也呈现出重要的意义。

"侯乡人文"群成员和公众号关注者通过交流与互动，形成了较为强烈的认同感和内聚力，在促成了一种基于线上的较为稳定的社会网络的同时，反向促进了跨越村落、宗族的"侯乡"层面的实体乡村社区的关系网络和认同感。在发展和流动的不确定性中，乡村精英再次采用带有"共同体"框架的集体行动。

（二）成为"标志"和"喇叭"：当宗族乘上"文明乡风"

伴随着国家对基层治理、乡村振兴等工作的重视，乡村精英被树立为"新乡贤"群体，宗族文化等也成为"家风""乡风"的代表。侯乡的宗族组织及其负责人获得了重新嵌入乡村正式制度与文化体系的机会，宗族组织在向福利团体转变后，逐渐成为文化符号的承载。

1. 身份赋予：宗族组织的"德治化"与附属化

在宗族组织发展过程中，"会长""组织者"等逐渐成为新的身份、新的称谓。在基层治理、乡村振兴等工作中，宗族精英成为基层工作建设的"助推"，"新乡贤"的身份被赋予在他们身上，以作为乡村基层治理建设的成果。让他们拥有参与社会治理的规范许可，获得了制度的信任。

大家乡里乡亲，化解矛盾啊……有些单单干部做不了的，需要调解的我们就会过去，还发了一个调解员证。（访谈编号：20-0822-02）

当然，重新获得参与治理的名义，并不意味着宗族组织和乡村精英重新掌握基层治理的权力，只是说宗族文化以及个体精英获得了留存于乡村的文化支持。在其与乡村正式权力的互动中，也可见宗族组织的附属化。这样一种组织关系的变化，不仅是国家基层政权建设中对乡村自组织吸纳、整合的结果，还因为侯乡人口的流失，以及精英的流动，导致自组织在乡村中的力量难以稳定维系。宗族组织等自组织的附属化，是在乡村空心化背景下、基层治理制度机遇下的最优选择。

2. 文化展览：宗族文化与家风文化

伴随着宗族组织以及组织成员被赋予"德治"的符号，与之相关的空间、载体也被相应地改造。2019 年，南村的杨氏宗祠改造成了宗族文化展览馆，北村的萧氏宗祠也增添了许多宗族文化宣传展览。从祖祠到文化展馆是宗族空间作为文化空间保留和传承的体现。在乡风文明建设逐渐成为乡村治理的重要环节之时，有一定良好教育意义的宗族风尚被作为优良乡风的代表之一。

宗族文化背后代表的更为广泛的文化则是家族文化。即使宗族关系在现今的社会关系中的地位有所下降，但在族训、族规等保留完好的村落，家风、家训依然容易被作为一种可树立的文化。在基层管理者眼中，家风元素刚好符合顶层设计对乡风文明建设的要求。因此，侯乡每家每户门牌都安上了一个家风、家训的小公示牌，是地方政府在建设需求下对地方文化的一种化用。

3. 宗族分出志愿队：从宗族活动到公益行动

从侯乡北村宗族中脱离而出的志愿队的出现，正式意味着乡村宗族组织与社会组织间鸿沟的跨越。2016 年，北村建立了侯乡的第一支志愿队。志愿队最开始的组建目的是服务于乡村大型宗族活动，如做福、集福。2020 年，侯乡北村志愿队正式注册，向正式的公益组织转变。这支建立在宗族、村落基础之上的志愿队具有 50 多名正式志愿者，每个周末以及节假日，开展一系列针对儿童、老人等困境群体的公益活动，如针对乡村留守儿童艺术、音乐培训等。北村志愿队，完完全全由乡村内部力量生成、组织，无论是资金、物资、成员，均是乡村中的本身力量。从宗族的福利功能中独立形成的志愿服务组织，标志着乡村自我服务与提供福利的能力形成。

（三）民俗仪式展演化：民俗组织的经济效用

传统的乡村民俗仪式是乡村生活中的重要文化活动，也是集体记忆传承的重要载体。民俗活动具有仪式性、日常性、自娱性等重要特征。伴随着人口外流的加剧以及旅游经济的发展，这些特征逐渐减弱，变得更具经济性与展演性。主导侯乡民俗仪式的民俗组织更加适应市场与舞台，组织形式和结构出现调整。

侯乡最具代表性的民俗组织多综合了客家舞龙、舞狮、鲤鱼灯舞的舞台表演、器具制作等功能。侯乡现存两种类型的民俗组织并驾齐驱，一种是官方认定的非遗队伍，另一种是民俗文化俱乐部。前一种是师徒传承的，后一种是较为年轻的群体另起炉灶组建的。非遗传承队由非遗传承人带领，拥有县、镇、村等的资金支援，目前多以项目式集训为主，活跃于旅游区的表演性活动中。而新生的俱乐部自负盈亏，通过培训班形式定期集训，外出表演活动较多，也会被邀请在迁居、宴会等活动上表演。

从酬神娱人的传统仪式，向经济展演、兴趣培训的文化活动转变，民俗仪式在强化地区文化认同的功能上拓展了经济功能，开始为经济发展服务，融合为乡村经济发展的重要环节，体现出"文化经济"的作用。地方文化系统本身是一种目的、一套权利或一套资源，以促进地方经济发展[21]。在区域发展的需求下，经过民俗组织的运作，侯乡的独特民俗仪式成为一套可运用、可改造、可展演的资源，为地方文化的外向竞争和经济的发展服务。

（四）阶段特征：重构的组织及行动表现

现代性的全面扩张、更剧烈的流动成为恒常，以宗族为行动符号的组织方式难再适应，乡村振兴战略等制度变化亦为乡村的自我发展重建契机。此阶段，以文化和发展为名义的地方发展团体建立，成为最重要的组织；宗族组织改造成为"德治"符号；俱乐部式民俗团体出现，民俗仪式呈现出展演化、经济化特质。新生精英以更广泛的群体框架、更符合现代意涵的文化符号对组织进行扩展，以联结日渐松散、疏离的乡村人。这一阶段的转变是跨越性的，组织所倚重的符号、内涵发生了全新的转变。乡村中的组织已是现代的社会组织的形式（见表9）。

表9　流动常态化下侯乡南、北村主要乡村社会组织的变化

组织类型	具体组织	行动表现
宗族、精英组织弱化 ↓ 区域文化团体兴起	侯乡人文群	区域的文化自觉 文化团体组建 出版民间方志、图志
福利团体化、分化的宗族组织 ↓ 乡风建设中的"德治"组织 & 乡村事务的"喇叭"	杨氏慈善福利会 ↓ 宗亲理事会	宗族德治组织 文化展览组织 志愿公益队
民俗组织 ↓ 展演化团体	旅游表演队 龙狮鲤文化俱乐部	展演目的、形式、对象改变 民俗仪式成为观赏活动 俱乐部式非遗组织成立

三、行动的逻辑：文化创新形成"文化团体"

当剧烈流动成为恒常，乡村以更广泛的群体框架、更符合现代意涵的文化符号构建新组织，扩展、组建起地方发展团体。现代流动社会中的组织重构，促进了全新的带有组织框架的村际合作、农户合作、网络互联、精英合作等的

形成。在不确定的技术、市场与世界中，凭借着独特的地方文化突显地方特殊性与外向竞争力，重寻"温馨港湾"。

目前，中国乡村治理范式正处于制度创新的变革之中，从外部性制度安排为主向基于内生型需求建设的范式推动[22]。乡村内生的文化底蕴成为重新发掘的资源，改造和重塑后凝聚形成了地方文化认同，成为发展的有效助推。地方文化是一个动态、"进步"和灵活的内生发展方式的基础[23]。它不是在固有的文化与传统上形成的认同，而是强调在乡村中重新组织和应用传统的内生秩序，试图"创造"并发挥出积极的作用。

流动导致乡村社会边界的扩展，异质性关系和丰富的信息资源联结了乡村与外界，处于经济发展弱势的乡村，往往也面临秩序、文化话语的劣势。如今，各类文字或记载对侯乡建筑、乡情、行动褒扬的态度，体现着对地方文化的强烈自豪和对文化劣势地位的逆转。这种自信让地方文化在大量的外来文化席卷之下依然保持独特性，显示出地方文化在新兴发展格局中的"突出重围"。

地方文化是乡村有效组织的基础，其推动形成的乡村合作成了乡村的发展动力。传统组织的历史痕迹让侯乡保留着集体行动的内在力量，现如今组织在继承的基础上改造，形成了亲缘、地缘、趣缘多元重合形成的新产物，重新推动形成了具有"共同体"意义上的乡村组织，从而推动乡村的发展。"侯乡"就是一个以文化为介质形成的连贯而独特的区域，可以看作侯乡的行动者构建的"文化区域"。行政层面上早已没有了"侯乡"的设定，只有"侯镇"这一镇级区域。但在南、北两村共建旅游区的经济合作、文化共同体确立等的活动中，"侯乡"重新成为一个共同的凝聚区域。

综合来看，随着乡村新发展格局的建立，流动已成为乡村普遍接受甚至主动应对的常态。乡村以"文化区域"的框架，重新扩展形成更具现代意涵的乡村组织或类组织团体，促成了有利于乡村长久发展的合作。"文化"与"发展"成为萦绕在乡村及乡村组织之上最为重要的符号，其推动形成的独特的地方文化，促使乡村在不确定的市场与社会中"突显"地方特殊性与竞争力。

第六章　结论与讨论

一、结论："流而不散"的乡村社会组织及其文化再生产

是闯出一片路，还是在城市化中萎缩？这样一个相对偏远、相对贫困、人口流失、老龄化严峻的侯乡的回答显然是前者，其自我组织能力的延续为乡村

命运之问提供了一个全新的回答。侯乡乡村组织在过去40多年里的变迁不仅反映了制度结构的变化对乡村的影响，更重要的是体现了乡村及乡村文化在制度结构的变迁中所表现出来的内生活力。

（一）传统社会组织的转型与新型社会组织的萌发

侯乡乡村社会组织的发展体现了新旧的延续与交接。首先，传统乡村社会组织及行动出现衰弱态势，但也在不断地适应性转变。这是乡村内生秩序与文化在现代社会的适应体现。一是改革开放后重建的一体化的、权威性的宗族组织，在人口流动、关系变动的影响下，逐渐成为提供福利为主的福利团体，亦演化成一种"文化符号"；二是老年精英组织从有权威、有影响力、为乡村提供公共产品的精英联盟，转化为以互助、文娱性质为主的养老团体；三是传统民俗组织的经济、展演性质增强。更为特别的是，传统宗族组织向现代型社会组织"跃升"。这些过程并非一蹴而就，而是在经历了多次转型和形态变化后，最终发展为具有现代社会组织形态的以宗族为名的社会福利组织。

除了从保有传统形式的组织的改造、扩展，侯乡乡村社会组织的新变化还包括：具有现代形式的组织开始生成。从结构和秩序来看，出现了符合现代市场契约、规范、章程的社会组织；从文化与内涵来看，出现了以趣缘、业缘等脱离血缘、地缘关系而建构的组织；从成员和范围的角度来看，出现了从超越单一村落、单一姓氏的跨村、跨姓组织。正如"侯乡人文"团体这一新型社会组织，侯乡内部的乡村社会组织的边界在不断地跨越和扩宽，内涵不断地丰富。

此类现代型的乡村社会组织的萌生，意味着侯乡社会关系的现代化适应，不仅显示了来自乡村外部的现代化力量在乡村的改造痕迹，更体现了城市与乡村同构、现代与传统共融的趋势。这体现了来自传统和现代两种话语的合谋：既以传统文化又以现代发展的名义重新整合、会聚起了日益松散的乡村人群。这是在脱离地方性的流动社会中对家乡支持网络的运用，显示了"区域身份"的社会连接功能，强化了乡村区域内、乡村外部区域中的各种人群的地域认同。

现代形式的内生社会组织，与现今设立于侯乡的外来社会组织，诸如社工组织等相比，更具活力与适应性。其吸纳了传统社会组织的熟人、半熟人关联，也保持了现代社会组织的独立章程与契约。既满足乡村外部社会的规范，也符合乡村内部人员的惯习。正是这样的"双向"特性，使得它们比外来的乡村社会组织更能在乡村中起到推动发展的作用。这也启示着在乡村振兴等政策落地和乡村社会组织建设过程中，引导和培育乡村内生性的现代化组织的重要性（见表10）。

表 10　侯乡乡村社会组织及要素的变迁

阶段	组织/类组织团体	组织的行动	成员	范围	符号
流动初期	1. 一体化的宗族组织 2. 老年精英组织 3. 民俗团体	1. 重办宗族活动 2. 联侨、联谊 3. 恢复民俗仪式	在域	村姓	传统亲缘
流动加剧	1. 事务化的宗族组织 2. 分化的宗族组织 3. 精英组织福利团体化	1. 宗族组织公益团体化 2. 宗族事务分化与博弈 3. 老年精英福利互助	在域	村	理性公信
流动常态化	1. "德治化"的宗亲理事会 2. 区域文化团体 3. 展演性质的民俗团体	1. 宗族成为文化符号 2. 地方意义与文化自信 3. 民俗活动经济展演化	跨域	乡镇	文化发展

（二）"结构—行动"视角下组织延续的逻辑

从侯乡的实例中可以看到，流动背景尽管会制约人们的行动，同时也会促使人们重塑行动，使得农村组织结构不断被重塑，以适应现代化社会。侯乡社会组织及行动在转变中成功维系的原因，一方面来源于行动者从旧有行动模式中的传承，另一方面来自行动模式调整适应了流动社会带来的新的要求。

随着人口流动的增强，侯乡重建的活动组织也相应地为自身寻求更符合时代发展的名义，将传统道义转化为成文的规范，组织结构也更趋向于规范化与章程化。此外，在村民对乡村社会的关注度日益降低的背景下，组织通过宗族、民俗活动等事件吸引和维持村民的"再关注"，更意味着对传统的改造与重构。在流动成为常态后，传统、宗族等被转化成文化符号，成为一种文化载体，被作为新乡村社会组织组建和行动的动力来源。流动在外的村民有效地学习、借鉴了乡外现代化组织的组织结构、管理方式、理念等，为重塑和改造乡村中的传统组织提供了借鉴。通过融入全新的名义，组织及其打造的活动，激活了参与其中的乡村民众的家乡意识，自觉或不自觉地浸润在家乡文化的氛围中。

综观侯乡乡村社会组织的脉络与发展，可以说，这是一种"结构—行动"互构的过程。组织结构在受到不同程度的流动状态的影响下呈现不同的变化情况，行动者也相应产生调适性行动。一旦结构变化加速，过去的行动失效之后，行动者会马上改变行动方案，选择其他的资源和规则来重塑组织结构。组织中的行动者们将旧有的文化、符号等加以复制、改造，再生产为新组织的动力、名义与符号，使得在流动性和老龄化加剧的情况下，组织化行动依然在侯乡有生成的可能。侯乡的乡村社会组织及行动，实际上是建立在经济、制度和文化等客观基础上的共同文化创造。正是这样的文化创造，让侯乡乡村社会组织及所代表的乡村文化赓续、绵延、发展并逐渐扩大影响力。

（三）行动的驱动力：地域文化及其再生产

侯乡乡村社会组织变迁过程中，行动者需要所在地域的特有文化这一资源作为行动的驱动力。已有学者将文化视角与认识组织的方式相融合，得到了"作为文化的组织"的思想[24]。在流动性的冲击下，侯乡乡村社会组织的延续过程中，组织中的行动者们行动的动力，与文化的存储、流传、重塑也就是文化的再生产相关。

融合了传统与现代、地域与外界的侯乡文化，其作用路径可以放置在行动实际开展的社会结构和组织结构之中进行考量。首先，独特的地域文化推动形成了乡村行动者的心态与认同，包括共同体认同、反哺家乡的热情、对乡村文化的自豪感等。其次，行动者的心态与认同推动行动脉络的发生，行动者结合自身所处的情境，切实落实到具体的行动过程中，包括组建、改造相应的社会组织，组织相关集体活动，等等。这些具体的行动落实到组织结构的变化上，就呈现为侯乡传统社会组织重现、改造以及新乡村社会组织的出现。

结合侯乡的具体发展阶段可以看到，首先，印刻在侯乡人的文本、记忆中的地域文化，是侯乡人的流动记忆、族群文化、组织经验等的结合体。历史上的侯乡就有构建多层次的共同社会组织的传统：以侯乡南、北两村为代表的客家族群在历史的流动迁徙中，通过组建具有较强内聚力的共同体的方式在颠沛流离、土客争斗中存活；构建强有力的社会组织如宗族组织等的形式也帮助他们在贫瘠、封闭的山区开拓荒野、组建市场、建立教育体系进而绵延发展；建立华侨会社、乡族联谊体等组织更帮助他们在流动到海外时通过复制和扩大家乡的支持网络进而创造财富、获得地位。因此，关于传统社会组织的认同感被该地域的人民选择、保存了下来，通过仪式、文本、语言、空间、传媒等的承载，成为该地域的特有文化与核心记忆。

侯乡独特的地域文化及其再生产在侯乡传统乡村社会组织的重现、改造以及新型乡村组织的创设中起到了重要作用。侯乡的地域文化是延续性与创新性的多方结合体。它从传统文化中延续和汲取，并结合时代的变化，移植进新的形式，成为适应于现代社会的独特文化，推动了侯乡特有社会组织的出现以及变化，影响了侯乡的发展格局与乡村秩序，让侯乡成为粤东客家大地上的一颗独特明珠。

二、讨论：以何为"家"——新乡村共同体的想象

中国的乡村社会组织，无论是传统的宗族组织、会社组织、华侨组织，还

是现今的各种家乡发展团体，都深刻烙印着"家"与"家乡"的痕迹。家、家乡以及对应的关系，是最为重要的人际关系，也是社会秩序的重要基础。"家"、"家乡"，萦绕在每一个人的梦魂中，即使在原子化、个体化加剧的现代社会，依然无法割裂。

"家"是中国文明构成的总体性范畴[25]。在中国社会，城乡流动中与家、家乡的关联，就像一道关系丝柔软地牵连着离乡者和乡村。"尔居外境犹吾境，身往他乡即故乡"①，客家唐诗所描绘的传统社会中流离的客家人对"家乡"的精神依恋，在现代社会中依然存在。处于流动的关系网络中的人，既有乡村的联结，又有着城市的关联，既无法与乡村割裂、甩开附着于身上的天然的关系丝，又牵连了在城市的生活、工作所搭建的网络。许多流动在外的人，虽然在流入地有着新的社会关联，却保有情感归依的需要。因此，身在他乡即故乡的心态，存续于现今之人。"离乡"而不"失根"，这是流动的游子保有精神归属的一种心理调节方式。大部分游子，以一种怡然的方式接纳自己存在于这样的"城—乡"牵连的生活世界，融合着两种关联网络带来的行为选择。

这种对于"城—乡"关联网络双向接纳，在"实体—想象"的家乡中辗转留恋的状态，为现代社会流动中个体的归属、城乡共融发展等均提供了一种可供借鉴的模式。这是一种新形式的乡村共同体的存在：以共同的文化、精神塑造而成的认同共同体，这种形式在人口流动中依然保持，并不依赖实体的组织。正是流动的现代社会促成了这种共同体的形成，在长期迁徙、向外发展的同时，行动者致力于维系地方特色或族群凝聚力，进而形成共同认同。它们独有的文化、精神在现代化背景下的人口流动中呈现出紧密而多元的特性。

这样一种精神意义上的乡村共同体的存在，是立足于社会基础与个体需要的。伴随着现代化进程中农村经济模式的演化，与之相对应的内聚式的乡村共同体的社会结构形态也受到了冲击，发生了强烈的变迁，实体共同体的边界早已被打破。因此有学者认为，"共同体一旦'解体'，就不能像凤凰涅槃一样再次被整合为一体"[26]。的确，实体的乡村共同体，在社会流动不断加剧下受到冲击，已面临消散。但是，结合中国广袤乡土上的种种实践，结合千千万万个"侯乡"的实证案例，我们却看到了新的契机：在急剧的社会变迁中，人们在被摧毁、重组的熟人圈子和社会关系中，试图重新找寻回具有确定性的关系，在冷冰冰的利益计算中，重新寻回温情与亲密关系。着眼于人对群体、社会的自然和必然的需要，乡村共同体的存在是可能的，更是必要的。以情感、认同为纽带的精神意义上的乡村共同体重新成为许多人的强烈诉求。

---

① （唐）黄峭·遣子诗。

在这个意义上，乡村共同体具有了开放性、虚拟性的特征，不再局限于封闭的村落范围，这有助于重新认识共同体以及中国乡村社会的共同体性质。这种认同、精神等文化意义上的新乡村共同体，让乡村重新成为无可取代的社会交往场域。甚至让许多学者认为，重建乡村社会的根本途径已然只能寄托在重建乡村情感共同体之上了[27]。的确，情感、认同意义上的乡村共同体，维系的是道不明、说不清的心理皈依。即使在网络的许多时髦用语中，也映射着对于"归去"的眷恋，映射着游走四方后对家和亲密社会关系的依赖。

"试问岭南应不好，却道：此心安处是吾乡。"现代社会中最美好、给人最强烈精神支柱的家与乡，存在于每个现代人由认同而构建的想象之中。

参考文献

［1］程贵铭. 农村社会学［M］. 北京：中国农业大学出版社，1998.

［2］中田实，等. 日本的社会学·农村［M］. 东京：东京大学出版社，1986：257.

［3］田毅鹏. 乡村过疏化背景下村落社会原子化及其对策：以日本为例［J］. 新视野，2016（6）：26–31.

［4］庄孔韶. 时空穿行：中国乡村人类学世纪回访［M］. 北京：中国人民大学出版社，2004.

［5］齐格蒙特·鲍曼. 流动的现代性［M］. 欧阳景根，译. 北京：中国人民大学出版社，2018.

［6］毛丹. 村落共同体的当代命运：四个观察维度［J］. 社会学研究，2010，25（1）：1–33，243.

［7］安东尼·吉登斯. 社会的构成［M］. 李康，李猛，译. 北京：中国人民大学出版社，2016.

［8］高宣扬. 布迪厄的社会理论［M］. 上海：同济大学出版社，2004：16.

［9］温廷敬，纂修. D县县志39卷，卷首1卷（民国新修）［M］. 1929.

［10］刘华芹，耿智妍，林珠云. 农民共同社会行动的缺乏与新农村建设［J］. 社科纵横，2010（5）.

［11］塞缪尔·P. 亨廷顿. 变化社会中的政治秩序［M］. 上海：上海人民出版社，2008.

［12］杨涛. 共同行动的逻辑从自主自治到复合共治的层次转换［D］. 南京大学，2013.

［13］麻国庆. 宗族的复兴与人群结合：以闽北樟湖镇的田野调查为中心［J］. 社会学研究，2000（6）：76–84.

［14］庄孔韶. 银翅：中国的地方社会与文化变迁［M］. 北京：生活书店出版有限公司，2016.

［15］吴重庆. 从熟人社会到"无主体熟人社会"［J］. 读书，2011（1）：19–25.

［16］田雄，曹锦清."事件团结"与村庄生活共同体再造：基于一起乡村事件的实证分析［J］．中国农业大学学报（社会科学版），2016，33（6）：37-46．

［17］冯亚琳，埃尔．文化记忆理论读本［M］．余传玲，等译．北京：北京大学出版社，2012．

［18］斐迪南·滕尼斯．共同体与社会［M］．张巍卓，译．北京：商务印书馆，2019．

［19］吉登斯．现代性的后果［M］．田禾，译．南京：译林出版社，2000．

［20］费孝通．反思·对话·文化自觉［J］．北京大学学报（哲学社会科学版），1997（3）：15-22，158．

［21］RAY C. Culture Economies：a perspective on local rural Development in Europe［D］．Centre for Rural Economy Dept of Agricultural Economics and Food Marketing University of Newcastle upon Tyne，2001．

［22］侣传振，崔琳琳．外生型与内生型村民自治模式比较研究：兼论外生型向内生型村民自治转型的条件［J］．湖南农业大学学报（社会科学版），2016，17（1）：71-76．

［23］RAY C. Culture Economies：a perspective on local rural Development in Europe［D］．Centre for Rural Economy Dept of Agricultural Economics and Food Marketing University of Newcastle upon Tyne，2001．

［24］庄孔韶，方静文．作为文化的组织：人类学组织研究反思［J］．思想战线，2012，38（4）：7-12．

［25］肖瑛．"家"作为方法：中国社会理论的一种尝试［J］．中国社会科学，2020（11）：172-191，208．

［26］齐格蒙特·鲍曼．共同体［M］．南京：江苏人民出版社，2003．

［27］狄金华，钟涨宝．从主体到规则的转向：中国传统农村的基层治理研究［J］．社会学研究，2014（5）．

信贷行为与住房财富分化：
重思社会分层机制

❖ 李玉婷（南京大学）

　　方长春（指导教师）

摘要： 全球财富不平等的扩大及其原因引发了诸多讨论，不少研究者意识到金融化（financialization）的力量可能成为社会分层的新机制，在不平等生产过程中扮演重要角色。而住房作为家庭财富的主要组成部分，其近半个世纪以来的金融化进程更是受到了广泛的关注。国内外诸多理论和经验研究都强调重新思考住房与金融的互动在经济增长以及财富分化过程中的地位，同时，住房不应当被简单地视作收入工资的代理变量，因为它似乎正逐步"脱嵌"于劳动力市场，成为一种可以提取收入流的资产。本研究在梳理关于住房资产化、金融化相关理论观点的基础上，提出应当超越住房分层研究的市场转型论和权力维续论传统，将金融化视角引入我国社会分层研究的讨论中，因为住房信贷放松管制可能已经成为财富不平等持续扩大的重要原因。本研究将金融视作一种不可忽视的住房财富分层机制，对信贷扩张导致住房财富不平等加剧的微观基础进行更深入的检验。本研究首先使用中国家庭收入调查（Chinese Household Income Project，CHIP）项目 1995 年、1999 年以及 2002 年的数据，中国综合社会调查（Chinese General Social Survey，CGSS）项目 2005 年数据，以及中国家庭追踪调查（China Family Panel Studies，CFPS）项目 2010 年、2012 年、2014 年、2016 年和 2018 年的数据组成的截面数据集描述了 1995—2018 年间我国城镇居民住房财富分化趋势。然后，使用中国家庭追踪调查 2010—2018 年 5 期面板追踪数据，通过逆概率加权法处理自选择带来的内生性问题，再进行 Tobit 增长曲线模型（Growth Curve Model）拟合。

　　本研究的主要结果发现：（1）住房财富分化与收入不平等、住房自有率之间存在复杂的动态关系，而非简单的线性相关。在 1995—2002 年期间，城镇住房改革带来的住房产权普惠性扩张使得住房财富不平等程度有所下降，居民家庭平均住房财富也仅有温和的上涨。但是，2002—2010年间住房市场逐渐成型，加之2008年后住房市场涌入大量资金造成的金融化加深，住房自有率增长不再产生平等化效应，财富基尼系数急剧上升；而2010年后即住房金融属性越发凸显的时代，住房产权获得的排斥性开始显现，自有率开始下降，财富基尼系数继续提升，住房财富也迅速膨胀并在2014—2016年间加速累积。（2）在控制了传统住房分层研究中关注的市场能力和体制因素变量后，那些获得了住房贷款的优势家庭的平均住房财富，以及后续年份的财富增长速度显著高于没有使用住房信贷的家庭。加之购房时机和购房信贷地点的交叠作用，在2008年后住房低息贷款扩张、住房价格快速上涨时期使用了住房贷款的家庭，其住房财富将显著更多、增长更快，呈现出优势累积的上升轨迹。而那些未能在合适的时机、合适的地点使用住房贷款的家庭则处于住房财富增量分配的相对劣势，甚至呈现出平均住房财富逐渐减少的趋势。最终，家庭住房轨迹的差异在总体层面上表现为财富不平等的扩大。

本文的研究结论表明，从长期趋势来看，城镇住房体制改革建立住房市场、2008年后的住房金融化举措是两个影响住房财富分化程度的重要事件。更重要的是，信贷行为与家庭住房财富分化的机制检验也揭示并支持了金融化通过渗入住房而对财富分化逻辑产生了新的影响，并可能重塑了阶级和分层结构。本研究不仅为拓展分层研究的理论进路和解释机制提供了可能的图景，也为政府制定房地产市场相关政策提供了经验依据。

关键词：财富不平等；金融化；住房分层；信贷行为；分层机制

第一章　绪　论

一、研究背景

近半个世纪以来，伴随着快速的经济增长和社会发展，我国居民的收入和财富水平迅速提高，但随之而来的分配均衡问题也引起了决策者的高度关注。2022年，党的二十大报告中强调："我国社会主要矛盾是人民日益增长的美好生活需要和不平衡不充分的发展之间的矛盾"，可以说，如何认识和理解社会主要矛盾的变化，是全面建成小康社会、实现共同富裕和中国梦的战略基础。当前，我国居民的财富差异较之收入差异更为突出，数据显示，我国家庭净资产基尼系数从1995年的0.4上升到2002年的0.55，到2016年达到0.7，最富有的前

10%家庭拥有的财富约为底层 10%家庭拥有的财富的 33 倍（PIKETTY et al.，2019；XIE et al.，2015）。与大部分市场转型国家和欧美发达国家不同的是，我国居民家庭财富构成中，房产是最主要的形式（房产占中国城镇家庭总财富的78.7%）（JÄNTTI et al.，2007；XIE et al.，2015；YEMTSOV，2007）。认识住房差异及其形成机制也因此成为把握当前我国居民财富差异的重要切入点。

自 1998 年实施住房体制改革之后，我国城镇住房从单位福利转变为可以被市场交换的商品。2003 年后，房地产业被视为国民经济支柱产业[①]，土地金融和住房金融政策逐步确立（CHEN et al.，2022；WU et al.，2020）。研究者们通常将 2008 年视作住房金融化加速的关键节点（DENG et al.，2019；吴开泽，2019），因为在这一年后，为了应对国际金融危机（Global Financial Crisis），我国政府出台了一揽子投资刺激计划并放松金融管制，通过增加低息贷款为基础设施建设和城市发展注入资金，房地产市场中的供需双方吸纳了大量资本，直接导致全国城镇尤其是东部沿海城市的住房价格开始快速上涨（魏万青 等，2020）。

如图 1 所示，2000 年到 2008 年，全国商品房平均销售价格从 2103.1 元/平方米波动上涨至 3876.9 元/平方米；而到 2021 年，全国商品房平均销售价格上涨到了 10139.13 元/平方米，最近 10 余年间涨幅约 161.5%，增速远快于 21 世纪初 10 年。与此同时，城镇居民人均可支配收入从 2000 年的 521 元/月增长到 2021 年的 3951 元/月，收入增长速度远远慢于房价，从而呈现出逐步扩大的房价—收入差距。

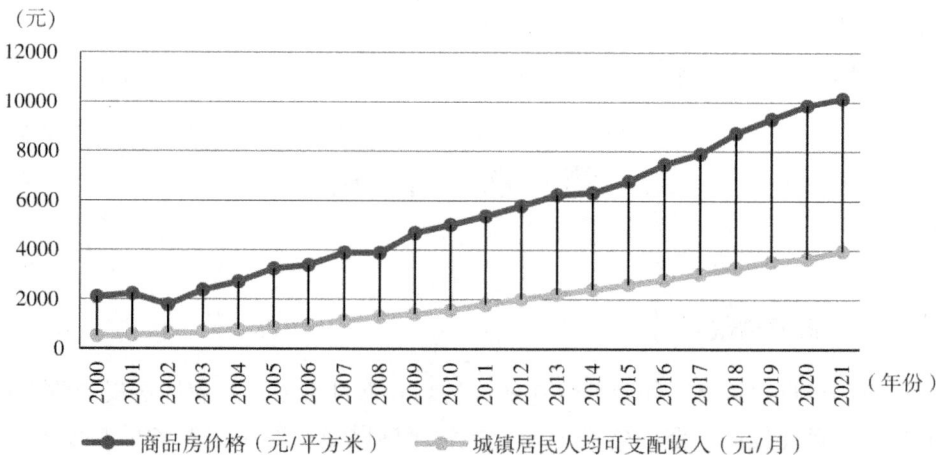

图 1　全国商品房平均销售价格及城镇居民人均可支配收入变动趋势（2000—2021）

数据来源：作者使用国家统计局房地产指标和收入指标计算，https：//data. stats. gov. cn/index. htm。

---

① 详情见：《国务院关于促进房地产市场持续健康发展的通知》（国发〔2003〕18 号）。

二、研究问题

随着我国城镇住房制度改革和房地产业的发展，住房财富差异扩大的现象引起了社会分层研究领域学者们的普遍关注。总结而言，住房分层研究者们继承了 20 世纪 90 年代提出的市场转型（Market Transition Theory）和权力维持（Power Persistence Theory）两种竞争性理论视角（BIAN et al.，1996；NEE，1996），将住房不平等视作个体"市场能力"或"体制位置"的结果：在经验层面，即通过检验个体在市场中的处境（如收入、职业地位或学历水平）或者在体制中的地位（如单位类型、行政等级或党员身份），来解释其在住房产权获得或住房财富积累方面的差异。然而，诸多经验研究的结果表明住房分层的机制是混合的，在不同时期或不同地点"市场能力"和"体制位置"的作用有所不同（JIN et al.，2017；WU，2019；唐斌斌 等，2021；林宗弘 等，2010）。因此，有观点认为需要超越"市场"和"再分配"之间此消彼长的潜在假设，转而考察具体的制度环境中特定机会结构的变化及其对住房财富差异的影响（SZELE-NYI et al.，1996；WALDER，1996）。在此意义上，少数国内研究者关注到住房财富分层机制可以相对独立于劳动力市场，同时又深度嵌入其他新生成的社会结构之中，揭示了诸如地理空间（方长春 等，2020）、以投资为主导的经济发展模式以及金融市场在形塑住房差异中发挥的结构性力量（吴开泽，2019；魏万青 等，2020）。然而，关于我国金融市场之于住房差异的影响还未得到深入的理论分析和实证检验。

国外针对金融市场这一新兴结构的研究已经累积了大量的文献。研究者们普遍同意金融（包括金融参与者、金融机构和金融市场）已经改变了以往的资本结构和产业结构，日渐在全球经济和社会日常生活中起支配作用（CETINA et al.，2012；DAVIS et al.，2015；杨典 等，2018）。虽然发达国家的住房制度和历史路径差别显著，甚至那些通常被认为是住房福利体制相近的国家也有不同的住房政策选择，但越来越多的文献认为这一被称为金融化（financialization）的进程塑造了全球住房市场和住房财富不平等的新样貌：抵押贷款融资市场的迅速扩张推动了城市化以及房地产业的蓬勃发展（AALBERS，2016，2019；HAR-VET，1985，2006）、金融信贷系统放松管制、住户部门债务水平持续上升、新自由主义意识形态盛行，其直接后果是基于住房的资产财富迅速增长并成为个体财富积累的主要来源，无论其劳动收入和储蓄如何（DI et al.，2007；LERSCH et al.，2018），并且由于资产价格的正反馈，进一步刺激了普通家庭的投资需求。因此，那些不能、不愿获得（多套）住房或住房抵押贷款的人被排除在住房和信贷市场之外，即意味着被排除在社会财富增量的再分配之外，加之住房具有在几代人之间合法传递的特殊性，导致了社会不平等的直接或间接再生产（GALSTER et al.，2019；HÄLLSTEN & THANING，2022；MULDER et al.，2013）。

本研究试图在梳理既有住房分层研究现状和住房金融这一新现实的基础上，讨论住房金融化与财富不衡增长之间的理论联系，进而在实证层面检验：家庭的信贷行为在多大程度上推动了住房财富的非均衡增长并导致了不平等的扩大。更为重要的是，本研究旨在劳动力市场之外引入一种研究社会分层的新视角，强调金融化通过渗入住房而在更广泛的层面重塑了社会不平等的模式，拓展分层研究的理论进路和解释机制。

三、研究意义

本研究的理论意义在于能够拓展社会学分层研究中住房和财富不平等的理论视角，并提供经验支撑。住房不平等研究长期受到市场转型理论和权力维续论的影响，强调从劳动力市场制度变迁的角度考察分层机制的变化，后来也有部分研究将住房不平等的解释机制发展得更加丰富和细致，提出了诸如生命历程（吴开泽，2016，2017）、居民的自我选择性（毛小平，2014）等因素对住房不平等的影响。本研究旨在前述理论解释的基础上，进一步考察金融化背景下居民的信贷行为可能对住房财富轨迹乃至财富分化产生的影响，从而将劳动力市场之外的分层机制引入当下的学术讨论之中，以期为社会分层研究贡献新的研究视角。此外，过往住房分层研究受限于数据可得性，多采用几个重点城市数据或全国截面数据，很少从动态历时的角度考察家庭财富变化轨迹。本研究将主要使用中国家庭追踪调查面板数据在经验层面上弥补这一缺憾。

从现实意义来说，1998 年全面实施商品化住房改革以后，房地产市场迅速发展，城镇住房价格长期上涨，造成了有房者和无房者、多房者之间的地位和财富差距越发扩大。《中华人民共和国国民经济和社会发展第十四个五年规划和2035 年远景目标纲要》中就提出，"十四五"期间仍要坚持"房住不炒"，而且稳地价、稳房价和稳预期的"三稳"目标更加明确。因此，本研究也是对当下现实的集中回应，即在了解住房市场分化机制变化的前提下，为政策制定或改进提供一定的现实依据。

第二章 文献综述

一、住房分层研究传统

住房不仅是人类的基本需求之一，也是家庭财富的重要组成部分，雷克斯和摩尔甚至更进一步提出"住房阶级"这一概念，将住房视作阶层分化的标志（RATCLIFFE, 2015; REX, 1971）。在此意义上，住房主要被视为社会行动者——往往是以家庭为单位——占有的一种财产形式，这意味着它可以在特定市场上以特定的价格进行交易。然而，这种将住房视为私人产权所有物的观念在当代中国仅有很短的历史。

在计划经济时期，中国建立了以单位制为核心的福利性城镇住房制度，住房是一种分配给单位职工的居住福利。1998 年，全国开展城镇住房制度改革：一方面，福利住房货币化、产权化，将单位福利房的产权出售给职工家庭；另一方面，实施住房商品化，即允许私人建房和私建公助，鼓励外商和房地产企业开发商品住房[①]。此后的 20 余年间，住房从公共福利品逐步转变为私有产权物，再进一步变成商品乃至于投资品。"98 房改"正式打破了原有的由单位制形塑的城镇住房福利体系，住房开始被视作一种商品交由市场进行调节，其直接后果是城镇居民的居住平均水平的提升、住房获得主要途径的转变以及住房财富差异的扩大（方长春，2020，2022；边燕杰 等，1996；边燕杰 等，2005）。

由此，住房作为透视中国社会转型、分层机制变化的最佳视角之一，引起了市场转型论及其挑战者们的学术争鸣，并积累了许多研究文献。在市场转型论的支持者们看来，市场化进程将直接导致人力资本回报的上升和政治权力回报的相对贬值，从而有效缓解不平等（NEE, 1989, 1996）；但权力维续论者们认为政治权力在旧体制中的地位优势将在市场中得以延续，权力因素对解释不平等依然十分重要（BIAN et al. 1996; LOGAN et al., 2010）。诸多研究使用采集自不同时期的调查数据尝试检验这一对竞争性理论，结果发现住房分层的机制是混合且复杂的，市场因素和体制因素都不同程度地导致了住房财富差异的扩大（CHEN et al., 2010; JIN et al., 2017; LOGAN et al., 2010; SATO, 2006;

[①] 详情见：《国务院关于进一步深化城镇住房制度改革加快住房建设的通知》（国发〔1998〕23 号）。

WALDER et al., 2013；WALDER et al., 2014；YEMTSOVOV, 2007）。

面对相互矛盾的证据，不论是市场转型论还是权力维续论都表现出了理论整合的困难，在本研究看来，这种困难根源在于它们都将视角局限在了转型时期劳动力市场的结构变迁中，都潜在地将人们的住房差异视为职业—劳动力市场差异的衍生物，将住房视为人们使用劳动收入和储蓄购买的耐用消费品，忽略了住房市场本身具有的可以相对独立于劳动力市场的特性（KURZ et al., 2004）。具体而言，两种视角都将住房利益视作个体在特定政治场域或市场结构中相对位置的回报，曾经的单位职工以低于市场的价格获得了转型红利——产权住房（LOGAN et al., 2010；WALDER et al., 2014），新的市场精英则由于高人力资本和工资收入购置了商品房（刘祖云 等，2012；吴开泽，2019），而由于单位职工身份与市场精英身份之间叠加、转化的可能性，导致不平等程度持续扩大（方长春，2014；李斌，2002）。尽管单位制有其特殊性，但究其本质也是分割劳动力市场中的一部分。

市场转型论和权力维续论都忽视了劳动力市场与住房之间的弱关联性。首先，住房财富并不必然与职业收入有密切关联，随着住房市场化的推进，劳动收入对居民家庭房产差异的解释力越来越微弱（方长春，2019）；其次，世界范围内大多数国家的住房资产性收入的增长速度已经远远高于劳动工资的收入，住房是普通中产阶级实现财富积累的主要途径（International Monetary Fund, 2022；PFEFFER et al., 2021）；此外，住房可以相对独立于职业而构成特定的生活机会并带来诸种社会后果，例如影响阶层认同和地位流动感知等（李骏，2021；魏万青 等，2020）；最后，住房更有可能导致社会不平等的直接或间接再生产，因为相较于传统社会流动研究关注的职业、教育或收入，它可以合法地、普遍地实现代际传递。因此，部分研究者已经意识到住房不平等的主要根源已经不在于劳动力市场，进而积极地寻找替代性解释方案。如方长春和刘欣（2020）提出地理空间是导致住房差异的重要结构性因素，房地产业发展和城乡土地制度的地理差异经由房价的不均匀上涨而作用于个体住房财富的累积过程中；又如魏万青和高伟（2020）论证了我国投资驱动与经济房地产化的发展模式是导致住房财富越发集中、住房成为社会分层关键标志的原因。

在本研究看来，就住房财富分化问题而言，近10年来金融市场的影响越发突出，这一新兴机会结构在社会分层过程中发挥的作用是不可忽视的。尽管有研究者已经注意到了我国住房市场的金融化进程（吴开泽，2019），但并未给予足够的重视，也未将金融视作独立影响住房分层的结构性因素进行论证和检验，下文将进一步梳理并论证金融化及相关领域的理论进展和社会现实。

二、住房金融化与财富不平等

社会学对金融的兴趣早已有之，但对这一议题重要性的分外强调则与 2008 年美国住房市场次级贷款危机引发的全球金融风暴（The Global Financial Crisis）息息相关（杨典 等，2021），因为住房在这场危机中显示出了足以使得整个世界经济近乎瘫痪的力量（PATTILLO，2013）。诸多基于欧美各国的比较研究普遍发现，自 20 世纪 80 年代以来，新自由主义的公共住房私有化、金融信贷约束放松并迅速扩张至普通家庭、新一轮城市化政策等因素（HARVEY，1985，2006）推动住房价格远超工资收入实现快速上涨（International Monetary Fund，2022；LEE et al.，2022）。住房因此成为财富分化的主要来源、金融风险集中的环节（AALBERS，2019；KOHL，2021；WEBER，2010；WIND et al.，2017）。然而，美国住房次级贷款市场的危机并未完全阻止住房金融化进程；相反，在后危机时代，欧美主要发达经济体的住房市场吸纳了大量无处可去的过剩资本，并建构出一种增值期待推动的投资需求（BECKERT，2016），加深了住房的资产属性并排斥其居住属性。

金融化与住房市场、财富分层之间存在密切关系的假设可以追溯到两类文献中：（1）比较/国际政治经济学（Comparative/International Political Economy）的研究者们近 10 年来越发强调住房在福利国家（welfare state）转型中具有区别于劳动力市场变动的特殊路径，并将研究视角转向金融化对住房保有权（housing tenure）的影响及其社会后果；（2）阶级和社会分层的跨学科领域对不平等机制的解释也不再局限于劳动力市场之中，转而强调对金融市场作进一步考察。

受到经典的福利国家的"三个世界"类型学分析和资本主义多样性理论影响（ESPING-ANDERSEN，1990；SCHWARTZ et al.，2009），关于住房的比较政治经济学研究旨在描述或解释住房市场如何与福利国家（welfare state）互动并导致不同的住房体制（housing regime），其中，国家早期制度选择的"黏性"或"路径依赖"是核心解释要素（AALBERS，2016；BLACKWELL et al.，2019；BRYANT et al.，2022；MALPASS，2008）。然而，尽管福利制度和住房历史存在巨大差异，无论是自由主义的英国、社会民主主义的丹麦，还是欧陆保守主义的荷兰都极度依赖抵押融资，这引发了学者们对住房体制之外的政策，尤其是金融政策的关注。

公共住房私有化和金融化进程被认为对住房保有权（housing tenure）不平等产生了深远影响。自 20 世纪后半叶以来，英美等国进行新自由主义经济改革，其核心措施之一是公共住宅的私有化（FORREST et al.，2014）。在市场经济框架下，这些国家在意识形态和购房融资工具等多个方面鼓励并支持国民购房而非租房。诸多经验研究发现，住房自有率在欧美各国普遍上升（ANDREWS et al.，2011；CHAMBERS et al.，2009），但同时也发现，这种上升并未实现福利国家和市场效率平衡的理想：在初期，住房所有权向中下阶层的扩张降低了住房保有权的不平等，但并未缓解社会阶层之间的住房财富不平等，尤其随着世纪末金融资本的进入，许多国家住房自有率反而开始下降、家庭负债率上升、财富不平等扩大，换言之，住房所有权的排斥效应及其作为再融资工具的财富效应越来越显著（GOODMAN et al.，2018；KOHL，2018；PFEFFER et al.，2021；RYAN-COLLINS，2018；SHLAY，2006）。因此，有研究批判性地反思了住房在资本主义经济增长中的地位（AALBERS，2016；HARVEY，2014），并指出，住房正偏离其居住属性而成为过剩资本的去处。这一金融化进程扰乱了原本各国福利住房体制的历史路径，重构了 21 世纪的住房制度。

另一类关于住房金融化的文献集中在阶级和社会分层的跨学科领域之中，关注住房资产之于理解财富分化的重要地位。在社会分层研究中，相较于收入和职业，住房长期处于边缘地位，往往被视为市场地位差异的结果（HAURIN，1991；MULDER et al.，2013）或劳动收入的代理变量（BIAN，2002），但最近的证据和辩论逐步确定了住房市场相对于劳动力市场的独立性，它不仅是财富不平等国际差异的重要原因（FULLER et al.，2020；PFEFFER et al.，2021；WIND et al.，2017），阿德金斯等人（2020，p. 4）甚至在皮凯蒂（2014）关于顶层财富极化的基础上更进一步提出，财富不平等加剧的动力植根于更广泛的制度和社会结构，即中产阶级的资产增值的愿景和相关制度的支持之中。这种可以被称为住房资产化（assetization）①的观点批判性地将住房重新聚焦于关于出租（rent）和所有权的分层逻辑，认为基于劳动分工和职业的传统阶层划分方法是不充分的，资本主义的中心正从利润（通过商品生产和流通积累起来的）转换到租金和占有。因此，以住房为核心的资产分布不均衡对于理解全球金融危机以来的不平等加剧有着重要意义，需要重新审视当代阶级和分层理论以纳入"21 世纪资本的现实"。

住房资产化的观点引发了社会分层学者对信贷和金融市场的关注，因为在当下，住房资产几乎必须经由抵押贷款市场才能获得，住房财富的增值过程也不单纯来自出租利润，而包括了住房抵押贷款的利息膨胀甚至抵押贷款证券化

---

① 资产化的概念被 Birch（2017）定义为将原本非流动性的所有物（如土地、住房、知识）货币化并转变为可以提取收入流的过程。在住房的例子中，人们可以购买房屋自住、出租或空置，都不影响它是一项资产，因为产权所有者可以在持有期结束时收回初始资本投资，并获得额外的资本增值。因此，资产的核心特征在于其具有实现未来价值增值的潜力，并在当下提供使用价值以及持续或间歇性的经济收益。资产化将以前被认为只有使用价值的东西赋予了（不需要立即兑现的）交换价值。

过程（mortgage-backed securitization）。这种住房和金融信贷的双向互动在以北美、英国和澳大利亚等国为代表的发达经济体尤其显著，以至于有研究者提出所谓的"住房—金融反馈循环（Housing-finance Cycle）"来描述这种政府主导下的信贷宽松政策、大量资金流入房地产市场，以及住房投资者和投机者的参与导致的财富分化过程（RYAN-COLLINS，2018）。这一循环包括：由政府或私人出让土地、商业银行向私人预支贷款购房、刺激住房长期上涨预期和投机行为、政府或私人继续推动土地出让。在这种循环中，土地和住房既成为对于银行来说最有吸引力的抵押品形式，也成为家庭和投资者最理想的金融资产形式，更是各经济体在工资收入增长相对停滞的情况下维持需求端的手段（RYAN-COLLINS，2021）。在宏观层面，"住房—金融反馈循环"描绘了在国家和银行投资主导下的住房具有如证券般可以脱离实体价值而持续上涨的潜力；在微观层面，有（多套）房者可以通过重新抵押他们的住房来提取更多的资产性收益，或再次购买用于出租或转售的新房屋，而无房者、年轻人以及工作不稳定者更容易被排斥在信贷市场之外，从而被排斥在住房之外，最终表现为总体层面财富差异的扩大。

总的来看，尽管诸多基于欧美国家的住房金融化文献已经不同程度地支持了信贷扩张与住房财富不平等之间的关联，但绝大多数研究关注的是住房金融化的宏观后果比较，例如住房自有率、债务率或住房价格，对信贷扩张导致住房财富不平等加剧的微观基础尚未进行细致的检验。在本研究看来，社会行动者在住房抵押贷款方面的不均衡获取是导致住房财富分化的重要原因。

三、中国家庭信贷行为与财富不平等

我国住房金融化的特征首先表现为从商品转变为兼具使用价值和资产价值的投资品的过程。一方面，由于住房价格上涨的乐观预期、潜在收益远超过工资和银行存款利息的特征[①]，在过去 20 年间，许多家庭出于经济理性进入住房和信贷市场，将储蓄和借款转化为住房消费和投资，以此实现家庭财富的保值甚至增值（FORREST，2021；WU et al.，2020；李嘉等，2021），推动了住房的资产化。另一方面，住房产权也是居民分享城市发展红利的凭证，与公共服务资源获取紧密相关，买房无异于"入股城市的未来"（赵燕菁，2010）。

我国住房金融化另一核心特征是信贷自由化、家庭杠杆上升并集中于住房

---

① 根据 CGSS 数据，2008 年后中国家庭住房价值及其滋生的资产性收益差异对家庭收入增长的贡献提升约一倍，住房资产收益超出个人工资收入（张传勇，2018）；根据国家统计局数据，2010—2016 年全国 35 个中心城市的住房增值收入和同期职业收入比值范围在 1.01 倍（银川）至 6.16 倍之间（深圳）（魏万青、高伟，2020）。

贷款。2008年后，金融管制的自由化使得以往主要流入工业生产领域的资本大量进入房地产市场，在金融部门和政府措施的支持下，建立起了以政策性住房融资渠道——住房公积金（Housing Provident Fund）和市场化住房融资渠道——以商业银行为核心的住房融资市场（DENG et al.，2012），借贷范围迅速扩大到普通家庭和个人，最终表现为居民部门住房抵押贷款债务的迅速上升。根据测算，我国住户部门债务占GDP总量的比重从1996年的3%上升到2003年的18%，此后一致围绕18%上下波动（李晓嘉，2018），但2008年末开始从18.2%上升到2020年末的72.5%，增速超过许多发达国家（中国人民银行金融稳定分析小组，2021），而在所有负债当中，住房按揭贷款占家庭负债的比例超过了50%，考虑到非住房消费贷款可能挪用到购房，住房贷款实际占比可能更高（易成栋 等，2022；阮健弘 等，2020）。随着银行抵押贷款逐渐成为普通家庭购房的主要资金来源，信用贷款的使用与住房财富的获得、财富增值息息相关（CHEN et al.，2022；XIE et al.，2015）。

本研究认为住房贷款的获得将直接影响家庭的住房财富的积累过程，并最终导致宏观层面财富不平等状况的变化，这一影响路径如图2所示。首先，我们将住房财富视为一种动态轨迹而非静态的结构位置，强调通过考察财富积累的轨迹来解释住房市场的金融化与财富不平等之宏观现象的微观基础。只有把行动者带回来，才能够捕捉到传统福利国家类型学比较研究和社会分层理论重合地带的视域空白。其次，家庭信贷行为受到住房金融化背景结构的影响，也反向与之互动，最终导致宏观层面财富不平等状况的变化。具体而言，家庭信贷行为对财富不平等的影响机制可以被概括为如下三种。

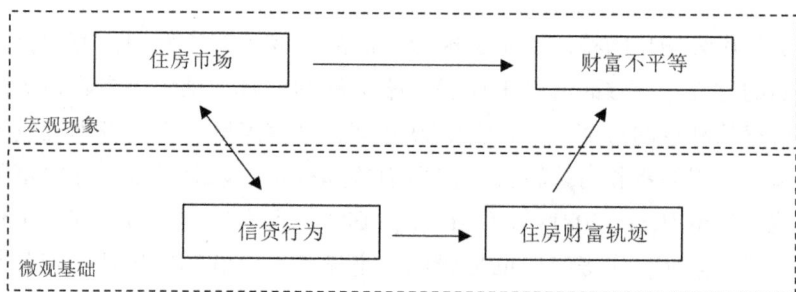

图2 家庭信贷行为对住房财富分化的影响机制示意

（一）信贷深化（intensification）

宏观层面的个人住房贷款规模增长并不一定意味着信贷的扩展（extension），而是信贷的深化（intensification），二者的区别在于更多的家庭借贷还是单个家庭借贷得更多（VAN GUNTEN et al.，2018）。前者往往暗示了更多家庭通过获得住房融资机会从而成为业主，而后者并不包含任何关于住房自有率提升的许诺。在中国情境中，信贷扩展和信贷深化过程几乎是同步发展的，但信贷扩展程度相较于欧美国家依然偏低（WU et al.，2020）。更类似于许多东欧转型国家，我国的住房私有化和信贷融资市场迅速推升了住房自有率水平，自2000年之后持续保持在75%~80%（易成栋 等，2018）。然而，2008年以后迅速扩张的贷款资金并没有持续提升住房自有率并促进住房平等化；相反，银行贷款资金更多地流向了多套房家庭并加剧了住房财富的分化，住房自有率在2010年开始小幅下降（ZHANG et al.，2021；方长春，2022），侧面印证了住房贷款规模与住房自有率的脱钩，以及住房金融化加深导致的房价上涨对非业主的挤出效应。中国家庭金融调查（CHFS）发布的调查报告发现，2017年中国城市住房存量的空置率为21.4%，高于国际间比较和自然空置率水平；报告还指出，家庭新购房为首套房的占比在过去10年间持续下降，从2008年的70.3%下降到2018年的30.8%，而新购房为第二套、第三套的占比分别为43.8%、25.4%，此外，在2018年第一季度的新购房中有50.3%是出于投资目的而非刚需或改善居住（中国家庭金融调查与研究中心，2018，2019）。

住房价格持续上涨、居高不下的住房空置率加之对多套住房的强烈投资需求，表明越来越多的家庭把住房视作投资品，更重要的是，这一投资行为的实现很大程度上依赖于获得信贷融资工具或者增加杠杆而且相较于首套房家庭，非首套房家庭债务余额显著更多（盛夏 等，2021）。综上所述，本研究认为住房贷款的使用已经越发成为家庭利用有限的储蓄撬动未来更大财富的重要手段，家庭是否选择使用住房信贷会直接导致财富累积和增长速度的差异，故提出如下假设：

H1：在控制体制因素和市场因素之后，相较于未使用住房贷款的家庭，使用住房贷款的家庭在住房财富的总量及累积速度方面具有显著优势。

（二）信贷时机（timing）

除了住房贷款的使用与否，能否在正确的时间使用金融工具获得住房资产产权也是家庭实现财富加速增长的关键条件。Toussaint（2013）对荷兰住房市场的研究发现，老一代人在住房价格快速上涨前的"正确时点"购买了住房并使用了抵押贷款，因此获得了住房价值上涨后的收益以及完全产权住宅附带的金融抵押利益。而相对弱势的年轻世代、多子女或收入不稳定群体，由于负担能力或金融知识不足，在使用住房贷款时面临着潜在的歧视或排斥（LI，2010；STEIL et al.，2018；YU et al.，2021），这导致相较于优势群体，这些未能在正确时间购入住房的家庭的财富处于劣势积累的境地。在中国情境中，2008年是住房价格快速上涨和住房贷款迅速扩张的关键节点，也是住房金融化的标志。例如，有研究发现2009年居民部门债务率增幅显著扩大，商品房销售额增速也在短期内达到峰值（阮健弘 等，2020），并直接推动住房价格进一步上涨（段军山，2008；郭晔，2011；魏玮 等，2017）。本研究看来，在上述时间点前后进入住房市场的家庭其住房财富可能存在显著的差异，并提出如下假设。

H2：在控制体制因素和市场因素之后，金融化之前，即2008年之前使用住房贷款的家庭，此后其家庭住房财富显著更多、累积速度更快。

（三）信贷地点（location）

正确的地点是另一关键要素。尽管金融化将不可移动的土地和住房变成了可流动的资产，却又无法挣脱本质上的空间黏滞性，有研究更是发现地理空间本身就能是住房财富不平等的原因（方长春 等，2020）。在中国，由于地区和空间的优劣势各异，加之改革的渐进性，东部沿海地区往往具有先发优势，住房价格的上涨过程也呈现出东部沿海城市更早更快，并由东部沿海城市逐渐向临近内陆省会城市扩散的趋势（丁如曦 等，2015）。因此，在正确的地点购置房产，成为家庭财富大幅增值的保障。虽然之前有少数研究的几个大城市数据验证了信贷对住房财富增长的影响（LI et al.，2007；YU et al.，2021；杨城晨等，2021），但并未比较家庭信贷行为的地理位置差异，本研究即在此基础上提出如下假设。

H3：在控制体制因素和市场因素之后，相较于其他地区，在东部地区使用住房贷款的家庭，其家庭住房财富显著更多、累积速度更快。

为了回答本文提出的研究问题，需要对我国城镇家庭住房财富的总体变化趋势做出描述，再使用追踪面板数据对以上研究假设进行检验。因此，研究的经验实证部分将分为以下两个章节，第三章将中国城镇家庭住房财富分化趋势以及信贷市场发展的不同阶段进行总体概括，第四章将对信贷行为与住房财富分化的影响机制进行检验。

第三章　分析策略

一、数据资料

（一）截面数据来源

本章使用的截面数据来自中国家庭收入调查（Chinese Household Income Project，CHIP）项目 1995 年、1999 年以及 2002 年数据，中国综合社会调查（Chinese General Social Survey，CGSS）项目 2005 年的数据，以及中国家庭追踪调查（China Family Panel Studies，CFPS）项目 2010 年、2012 年、2014 年、2016 年和 2018 年的数据。在所有公开可用的微观数据中，CHIP 项目是唯一涵盖 1998 年城镇住房体制改革之前年份的调查项目，收集了有关家庭住房和财富状况的详细信息，但 CHIP2008 并不具有全国代表性，其城市样本抽样框仅覆盖省会和经济重要城市，因此，本研究选择了 CGSS2005 作为替代。CFPS 是一个大型的、具有全国代表性的、执行连续性较好的调查项目。由于城乡土地和住房制度存在显著差异，本研究仅考察城镇住房财富的分化过程，在筛选出由国家统计局定义的城镇家庭之后，共获得 9 个时间点的 58803 个家庭作为描述分析样本。其中，住房自有率的计算方法是将拥有房屋完全所有权的家庭数除以家庭总数，在确定住房产权的时候，仅完全自有产权住房被视为家庭的自有住房，仅拥有部分、不完全产权的住房不纳入考虑。

值得注意的是，用于截面描述统计的三个社会调查项目抽样方法、样本规模以及抽样框等方面存在差异，这不可避免地会对研究结果产生影响，特别涉及数据库之间的可比性问题。但这些项目均是全国性的抽样调查，各自具有一定的抽样代表性，能够近似地用于对全国城镇居民住房总体状况进行变动趋势的描述。具体来说，CHIP1995 覆盖 11 个省份，CHIP1999 覆盖 6 个省份和 13 个城市，CHIP2002 覆盖 12 个省份；CGSS2005 覆盖全国 32 个省/市/自治区，而 CFPS 调查覆盖了 25 个省/市/自治区。

（二）追踪数据来源

本研究追踪数据使用中国家庭追踪调查，该项目是全国性、综合性的社会追踪调查，2010 年在全国 25 个省/直辖市/自治区正式实施基线调查，此后每两年进行一次追踪访问。为了考察家庭住房财富的动态变化过程及住房信贷在其中发挥的作用，本研究使用 2010 年、2012 年、2014 年、2016 年、2018 年 5 期面板数据，选取其中国家统计局定义的城镇家庭作为分析对象①。由于住房通常是家庭财产，因此本研究的分析单位是家庭，使用家庭成员中的户主个体信息作为家庭特征信息的补充。在删除农村、无法匹配到户主信息、户主年龄小于 18 岁、仅有一期调查数据的家庭后，共有 8452 户家庭进入分析；在 8452 户家庭中，被观测五期、四期、三期和两期的比例分别为 43.88%、19.20%、18.21% 和 18.71%，共计户—年（household-year）观测 32816 次。

---

① 考虑到城镇化进程的影响，本研究将后续年份中转为城镇家庭的前期观测也纳入了样本。

二、变量及其测量

本研究的因变量是家庭的住房财富（Housing Wealth），指家庭名下的完全自有产权住房在调查时的市场价值总和，包括现居产权住房和其他产权住房。由于分布过于偏态，在模型中取对数后使用①。核心自变量是住房信贷二分变量（1=是，0=否），在问卷中的题项是"您家是否正在用按揭贷款来购买、建造或装修您现在居住的这所房子"，并使用"其他住房贷款"和综合变量"住房按揭支出"进行校正。

本研究认为获得住房贷款的时机和信贷地点也是导致住房财富分化的重要因素。信贷地点使用家庭所在的经济区域来测量其地理位置的差异，共涵盖全国31个省/市/自治区，编码为东部地区、中部地区、西部地区和东北地区四类②。信贷时机使用的是问卷中"家庭现居住房获得完全产权的年份"这一题项，因为家庭购房获得产权与使用住房贷款的时间往往是同步的，信贷时机变量编码为金融化之前（2008年之前）、金融化之后（2008年及之后）以及未贷款三类。

家庭在观测时点的市场能力和体制位置两类因素变量包括：家庭人均年收入③、户主④最高学历；户主工作单位，取值为"1=体制内（包括政府部门/党政机关/人民团体、事业单位和国有企业）、0=体制外"，以及户口类型（1=非农业，0=农业）、是否为共产党员（1=是，0=否），农转非家庭（1=是，0=否）。其他控制变量还有婚姻状态（1=在婚，0=非在婚）和户主年龄。变量描述见表1。

---

① 对于原始取值为0的样本，先加1后再取对数。

② 东部地区：北京市、天津市、河北省、上海市、江苏省、浙江省、福建省、山东省、广东省、海南省；中部地区：山西省、安徽省、江西省、河南省、湖北省、湖南省；西部地区：内蒙古自治区、广西壮族自治区、重庆市、四川省、贵州省、云南省、西藏自治区、陕西省、甘肃省、青海省、宁夏回族自治区、新疆维吾尔自治区；东北地区：辽宁省、吉林省、黑龙江省。

③ 其计算方式是家庭经营性收入、转移性收入、财产性收入、工资性收入和其他收入的总和除以家庭规模，并将后续调查年调整为与2010年可比，在模型中取自然对数后使用。

④ 户主定义为CFPS家庭中的"主事者"或"财务负责人"。

表 1 追踪数据变量的描述统计

变量	调查年份				
	2010	2012	2014	2016	2018
住房财富（对数）	10.27 (4.38)	10.35 (4.56)	10.33 (4.87)	10.34 (5.11)	10.58 (5.13)
信贷使用（1＝是）	0.0967	0.0665	0.1819	0.2027	0.2105
信贷时机					
金融化之前	77.56	72.26	65.78	58.45	56.03
金融化之后	10.13	18.54	22.95	28.71	31.29
未贷款	12.31	9.20	11.27	12.84	12.69
信贷地点					
东部地区	39.49	39.54	39.82	40.64	40.04
中部地区	22.41	22.86	22.66	21.94	22.71
西部地区	19.16	19.18	19.34	20.12	20.35
东北地区	18.94	18.42	18.18	17.30	16.89
家庭人均年收入（对数）	8.85 (1.54)	8.45 (2.55)	9.6 (1.04)	9.77 (1.09)	10.00 (1.05)
农转非（1＝是）	0.149	0.123	0.093	0.044	0.00
婚姻状态（1＝在婚）	87.72	86.37	83.69	82.34	82.93
党员（1＝是）	14.61	12.36	11.15	12.74	13.63
户口（1＝非农业）	50.54	52.90	50.41	48.64	48.91
工作单位（1＝体制内）	12.40	11.70	14.72	15.69	15.24
户主年龄（岁）	50.53	50.9	49.56	49.68	51.16
受教育年限（年）	7.99	7.75	8.23	8.49	8.87
样本数（个）	6538	6391	6903	6828	6156

注：括号中为标准差。

三、模型选择

本研究核心假设可以被操作化地理解为住房信贷（包括时机和地点）对家庭住房财富的影响如何随着时间的变化而变化。因此，可以使用增长曲线模型（Growth Curve Model）捕捉家庭住房财富变化轨迹（trajectory）及其系统性差异，将追踪数据中家庭的多次观测（observation）视为嵌套在家庭（household）之中。增长曲线模型是多层线性模型（Multilevel Linear Model）中的一种特例，其优势在于其对非平衡面板的高容忍度，理论上每个个体的观测次数在 2 次以上就可以最大限度地捕捉其特征变化（CURRAN et al.，2010；GRIMM et al.，2016）。另外，由于因变量在 0 处的删截分布性质，本研究进一步使用多层线性 Tobit 模型（Multilevel Tobit Model）进行最大似然估计。

模型公式如下：

第一层模型（Level-1）：

$$\log HW_{ti}* = \pi_{0i} + \pi_{1i}Year_{ti} + \sum_{k>1}\pi_{ki}X_{kti} + \varepsilon_{ti} \tag{1}$$

$$\log HW_{ti} = \begin{cases} \log HW_{ti}* & if & \log HW_{ti}* > 0 \\ 0 & if & \log HW_{ti}* = 0 \end{cases} \tag{2}$$

第一层模型（1）刻画了不同家庭在不同时间观测点住房财富的初始状态和变化率，即家庭住房财富随调查年 $Year$ 变化的轨迹（trajectory）。其中 $\log HW_{ti}*$ 是潜在因变量，代表不同家庭 i 在调查年 t 时的住房财富对数值，潜变量大于 0 时被观察到，取值为 $\log HW_{ti}$，$\log HW_{ti}*$ 等于 0 时在 0 处截尾，公式（2）中仅展示 $\log HW_{ti*}$ 大于 0 时的公式；对于特定家庭来说，π_{0i} 代表的是家庭 i 在截距处，即 $Year$ 取值为 0 时初始调查年份 2010 年家庭住房财富的水平[①]；π_{1i} 代表的是家庭 i 的住房财富随着调查年 $Year$ 推移而发生变化的程度。其中，家庭 i 的住房财富的初始水平不同（截距不同），并且随调查年 t 不同有不同的变化水平（斜率不同），ε_{ti} 是不同家庭 i 在时间 t 上的残差即随机效应，服从均值为 0 方差为 Σ^2 的正态分布，其中 Σ^2 为 ε_{ti} 的方差-协方差矩阵。其他控制变量 X_k 也放进了第一层模型中，这些变量在第二层模型中被视为固定的，后续公式中不再加以说明。

为了进一步考察信贷行为对家庭住房财富影响的异质性，以及信贷时机和信贷地点的差异对家庭住房财富变化轨迹的影响，我们在第二层模型中加入信贷时机和信贷时机变量以检验其对第一层模型中家庭住房财富的截距参数和斜率参数的影响。包含如下系列公式：

第二层模型（Level-2）：

截距参数模型：

$$\pi_{0i} = \beta_{00} + \beta_{01}HLoan_i + \beta_{02}Timing_i + \beta_{03}Location_i + \varphi_{0i} \tag{3}$$

斜率参数模型：

$$\pi_{1i} = \beta_{10} + \beta_{11}HLoan_i + \beta_{12}Timing_i + \beta_{13}Location_i + \varphi_{1i} \tag{4}$$

公式（3）代表截距参数 π_{0i} 在不同家庭之间的差异，公式（4）则代表斜

---

① 调查年 $Year$ 变量被重新编码使得截距具有实际意义，取值分别为 0、2、4、6、8。

率参数 π_{1i} 在不同家庭之间的差异，它们在结构上都包括固定效应 β 和随机效应 φ 两个部分。具体来说，截距参数模型（3）中 β_{00}-β_{03} 代表平均固定效应，代表信贷时机 *Timing*、信贷地点 *Location* 对不同家庭初始家庭财富的影响期望；类似地，公式（4）代表的是固定效应 β_{10}-β_{13} 对家庭住房财富斜率参数 π_{1i} 的影响，也可以视作与调查年的跨层交互项。φ_{0i} 和 φ_{1i} 是截距参数和斜率参数的随机部分，代表不同家庭与固定效应参数 $\beta_{00\text{-}13}$ 以及控制变量系数 π_{ki} 之间的偏差。最后，模型可以被整理成如下形式的混合效应模型，其中 β_{01}、β_{11} 对应本研究的假设 H1，β_{02}、β_{12} 对应本研究的假设 H2，β_{03}、β_{13} 对应本研究的 H3：

$$\log HW_{ti}* = \beta_{00} + \beta_{01}HLoan_i + \beta_{02}Timing_i + \beta_{03}Location_i + \beta_{10}*Year_{ti} +$$
$$\beta_{11}HLoan_i*Year_{ti} + \beta_{12}Timing_i*Year_{ti} + \beta_{13}Location_i{}^*Year_{ti} +$$
$$\sum_{k>1}\pi_{ki}X_{kti} + (\varphi_{0i} + \varphi_{1i}*Year_{ti} + \varepsilon_{ti})$$

此外，在进行家庭行为对家庭住房财富的影响机制拟合之前，本研究使用由 Ertefaie & Stephens（2010）提出的适用于追踪数据的倾向值逆概率加权方法克服由于个体特征、家庭特征导致的自选择内生性偏误。其步骤如下：首先使用二分类 Logistic 模型估计家庭获得贷款的概率，因变量为"信贷使用"，协变量包括家庭年人均收入、农转非、婚姻状态、户口、党员、单位性质、年龄、受教育年限；然后根据 Logistic 模型预测家庭获得贷款倾向值（概率），并依据逆概率加权公式构造出每个家庭 i 的权重。对于 2012 年之后观测到的家庭，还纳入其上一期信贷使用滞后变量作为协变量。

权重 W_{ti} 的构造方法如下：

$$W_{ti} = \frac{D_{ti}}{e_{ti}} + \frac{1-D_{ti}}{1-e_{ti}} \tag{5}$$

其中，D_{ti} 是家庭 i 在时间 t 时观测到的干预状态（1＝获得贷款，0＝未获得贷款）。根据这一公式，当获得贷款 $D_{ti}=1$ 时，该干预组家庭权重 $W_{ti} = \dfrac{1}{e_{ti}}$；当没有获得贷款 $D_{ti}=0$ 时，该干预组家庭权重 $W_{ti} = \dfrac{1}{1-e_{ti}}$。其中，$e_{ti}$ 是家庭 i 在时间 t 时 Logistic 模型预测的获得贷款倾向值（概率）。当 $t=0$ 即调查初始 2010 年时，其倾向值计算公式为：

$$e_{0i} = \log it\{p(D_{0i}=1)\} = \gamma_0 + \sum_{n>0}\gamma_n Z_n \tag{6}$$

Z_n 是上述提到纳入模型的所有协变量。当 $t>0$ 即调查年为后续年份时，将获得贷款的滞后变量 $D_{(t-1)i}$ 纳入 Logistic 模型中进行倾向值估计，其倾向值计算公式为：

$$e_{ti} = \log it \{ p(D_{ti} = 1) \} = \gamma_0 + \gamma_1 D_{(t-1)i} \sum_{n>1} \gamma_n Z_n \qquad (7)$$

在使用逆概率加权方法处理内生性问题后，需要对数据进行平衡性诊断。将计算出的权重 W_{it} 加入倾向值预测模型中，检验发现加权模型中所有协变量均不再显著影响家庭信贷使用的概率。因此，本研究构造的权重实现了平衡，将纳入后续分析之中。

第四章　中国城镇家庭住房财富分化趋势

在深入检验家庭信贷行为与住房财富分化趋势之间的关系之前，本章将基于中国家庭收入调查、中国综合社会调查和中国家庭追踪调查三项社会调查截面数据的样本，对我国城镇家庭住房财富的变化趋势作出简要的回顾性描述，并对住房财富分化轨迹的差异进行初步考察。

一、住房财富分化总体趋势

图 3 描绘了 1995 年以来我国城镇家庭自有率、住房财富基尼系数以及户均住房财富水平[①]的变化趋势，并纳入同一时期标准化世界收入不平等数据库（Standardized World Income Inequality Database）的中国居民市场收入（market income）基尼系数[②]。

值得注意的现象是，在收入不平等逐渐上升的 1995—2002 年期间，住房财富不平等程度却迅速下降，与此同时，住房自有率在此期间迅速增长。住房自有率的显著增加与 20 世纪 90 年代以来的城市住房私有化改革有密切联系，如前所述，城镇住房体制改革旨在建立市场化的城市住房供应体系，而在改革实施过程中，诸多城镇家庭以极低的价格获得了曾经属于企事业单位的住房所有权，因此，住房产权的扩张在改革初期确实产生了平等化效应。也就是说，在 1995—2002 年间，尽管人们的收入差距在扩大，但由于广泛、普遍的城镇住房私有化进程，居民的住房财富不平等程度得到缓解。然而，随着 21 世纪初我国城镇住房供应体系几乎实现彻底的市场化转型，以及大城市房价的上涨趋势，住房自有率扩张不再具有平等化效应。自 2002 年之后，收入不平等程度持续上升，但住房财富基尼系数的增幅更加明显，从 0.5 左右急剧上升至 0.7 左右。在 2010 年之后，城镇居民住房自有率甚至开始下降，住房产权获得的排斥性在

---

① 其中，CGSS2008 未询问家庭的住房价值，故该年为缺失。

② 数据来源：Standardized World Income Inequality Database, V9.4.（Solt, 2020）。

2010 年之后越发凸显。

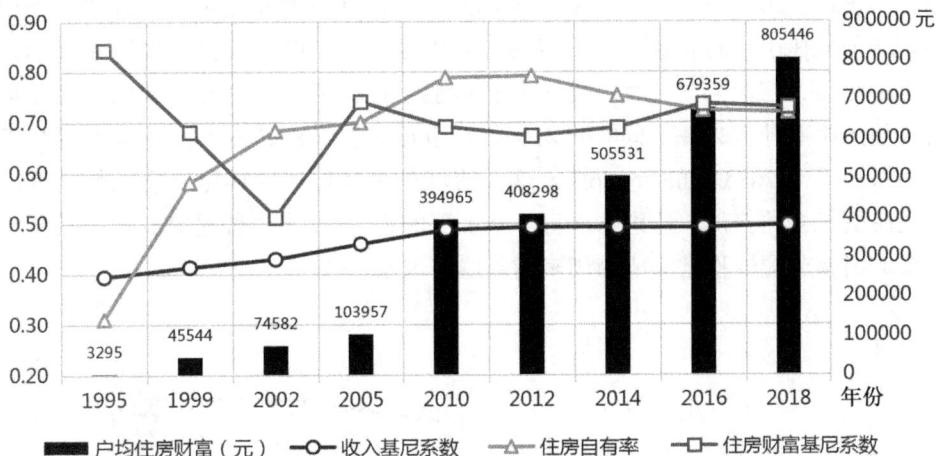

图 3　中国居民收入/住房财富基尼系数、住房自有率及户均住房财富 （1995—2018）

2005 年至 2010 年之间发生的住房金融化加速是中国城镇家庭的住房财富迅速扩张的关键事件，虽然由于数据可得性问题，我们无法获得 2008 年我国城镇居民的户均住房财富，但从图 3 仍然可以看出，家庭住房财富的平均水平在 1995—2005 年 10 年间的增长是较为温和的。但在下一个观测时点即 2010 年时，城镇居民户均住房财富水平激增至 39 万元，此后迅速增长至 2018 年的 80 万元。这一时期，住房财富的年均涨幅和年均增长额远远高于同期城镇居民可支配工资性收入①。从长期趋势来看，城镇住房体制改革建立住房市场、2008 年后的住房金融化举措是两个影响住房财富分化程度的重要事件。以往的研究往往关注前者，即住房体制转型中"权力"和"市场"关系的消长作为两种不同的分层机制对住房不平等造成的影响，并未深入检验住房金融化时期，即 2008—2010 年之后的信贷扩张对家庭住房财富分化模式的影响。

二、家庭信贷行为总体趋势

更进一步地来看住房金融化时期我国城镇居民家庭信贷行动的变化趋势。图 4 呈现的是使用 CFPS 截面数据计算的 2010 年至 2018 年我国城镇家庭房贷使用率②、户均房贷额、户均非房贷债务额以及房贷债务比③的变化趋势 （N =

---

① 2010 年，城镇居民人均可支配工资性收入为 12372 元，2018 年为 23792 元，数据来源于国家统计局年度数据。

② 计算方式：使用住房信贷的家庭占所有家庭的比例。

③ 计算方式：户均房贷额/（户均房贷额+户均非房贷债务额）×100%。

34439）。相较于英、美等金融自由化程度较高的国家，中国使用住房贷款的家庭比例偏低，2010 年为 10% 左右，说明此时住房获得的途径主要来源仍然是旧体制的公共住房，而非金融住房市场，更接近东欧住房市场化转型国家（STEPHENS et al.，2015）。然而，这一趋势可能正在转变，2018 年，我国城镇家庭房贷使用率上升至 21%，同时户均房贷额也迅速上升，其占家庭总债务的比例从 50% 上升至 2018 年的 75.76%。这说明城镇家庭住房获得愈来愈依赖于金融市场融资机会的获得，特别在住房价格上涨的近 10 年来，普通家庭使用信贷工具参与财富分配过程已经成为越来越普遍的现象。

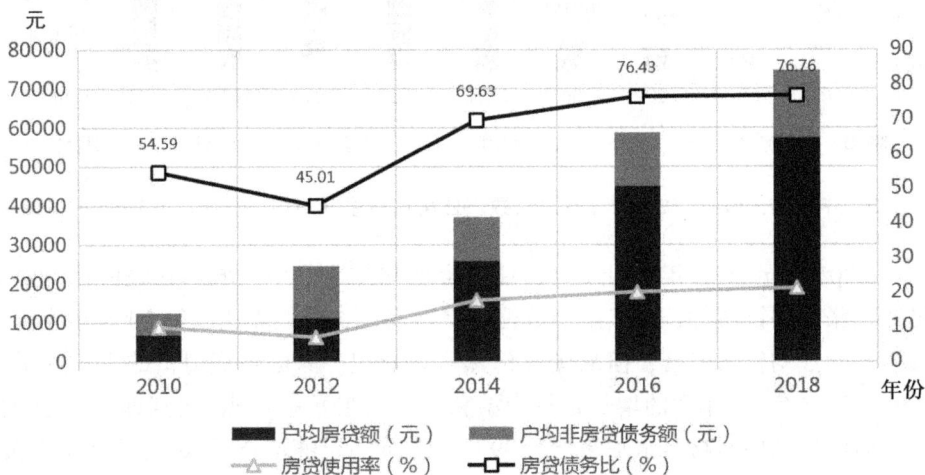

图 4　中国城镇家庭信贷使用与信贷额总体趋势（2010—2018）

换言之，曾经的单位房可能已经在城市发展进程中彻底商品化、市场化，并作为存量住房市场的一部分嵌入新生产的住房金融增量市场之中。如前所述，在工资水平相对房价增长缓慢的时代，家庭利用信贷工具以促进财富资产的升值，是一件出于经济理性、得到国家话语和制度支持，并能够实现未来价值潜力的行动。而这种微观层面的行动可能已经导致了宏观层面住房财富不平等的扩大。下节将从不同的角度进一步描述住房财富的分配差异。

三、住房财富的分化特征

图 5 描绘了不同家庭住房信贷使用与否及其在房产价值方面的差异。从总体来看，信贷使用与否使得我国城镇家庭住房财富有着明显的差异，相较于不使用信贷的家庭，使用信贷的家庭其住房财富平均高 56.5 万元，而这种财富差异也有扩大的趋势。2010 年至 2012 年，非信贷使用家庭的平均住房财富仅有较为温和的上涨，自 2014 年后，非信贷使用家庭的住房财富开始有较明显的增

长，到 2018 年，其平均住房财富为 65.8 万元。然而，信贷使用家庭的财富增长趋势明显，尤其在 2014 年之后，信贷使用家庭的财富急速上涨，从 2014 年的 74.2 万元提升至 2018 年的 135.1 万元，4 年间将近翻了一番。

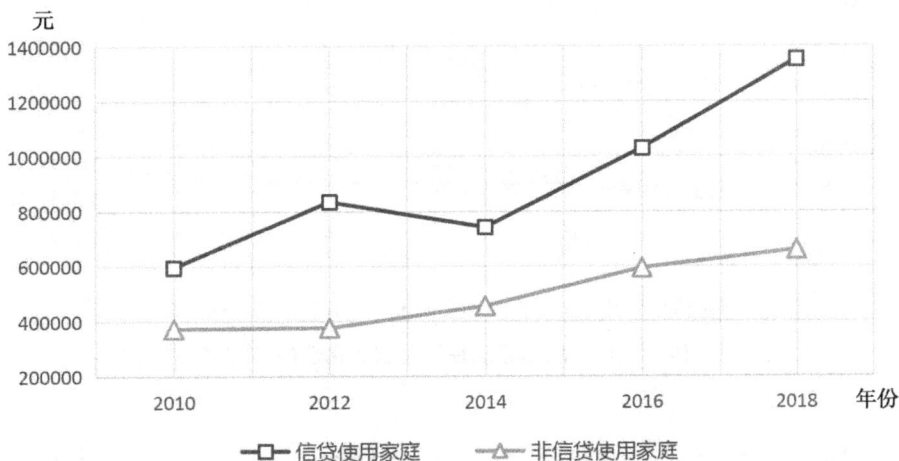

图 5　中国城镇（非）信贷使用家庭住房财富变化趋势（2010—2018）

图 6 描绘了我国不同地区城镇家庭住房财富的变化趋势。其中，东部地区家庭住房财富的状况与其他地区家庭的状况有明显差异，不仅其住房财富的平均水平显著高出其他地区家庭，更是在 2012 年之后出现家庭住房财富水平的加速上升，东部地区城镇家庭的户均住房财富从 2012 年的 63.3 万元快速上涨至 2018 年的 133.3 万元。相较而言，无论是中部、西部还是东北地区的家庭，其户均住房财富水平在同一时期内仅有温和的上涨，而东北地区城镇家庭住房财富的上涨幅度最小。2010 年至 2018 年，东北地区城镇家庭的户均住房财富从 15.3 万元上涨至 28.2 万元。

图 7 展现了按家庭年总收入五分组划分的城镇居民住房财富变化趋势。可以看到，收入最高的最上层 20% 家庭其住房财富水平显著高于剩下 80% 的家庭，且这部分家庭的平均住房财富在 2012 年之后也呈现出更快的增长速度。然而，无论是家庭年收入处于中上、中、中下还是下层的家庭，其家庭住房财富水平在 2010 年至 2018 年之间的变化趋势都较为稳定，几乎没有看出明显的增长趋势。这也在一定程度上解释了为什么家庭收入水平对住房财富差异的解释是十分有限的，因为财富积累的逻辑可能仅和收入最高的人群有关，而对于绝大多数即 80% 的家庭而言，收入水平与住房财富之间并没有那么密切的联系。当然，考虑到调查数据本身的限制尤其是对顶层收入者和社会底层的"忽略"，此处住房财富的变化趋势差异应当被考虑为低估了。

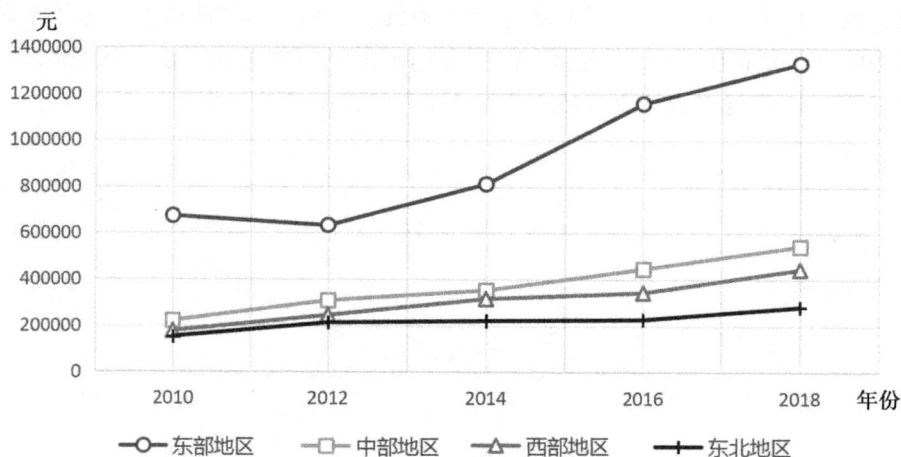

图 6　中国不同地区城镇家庭住房财富变化趋势（2010—2018）

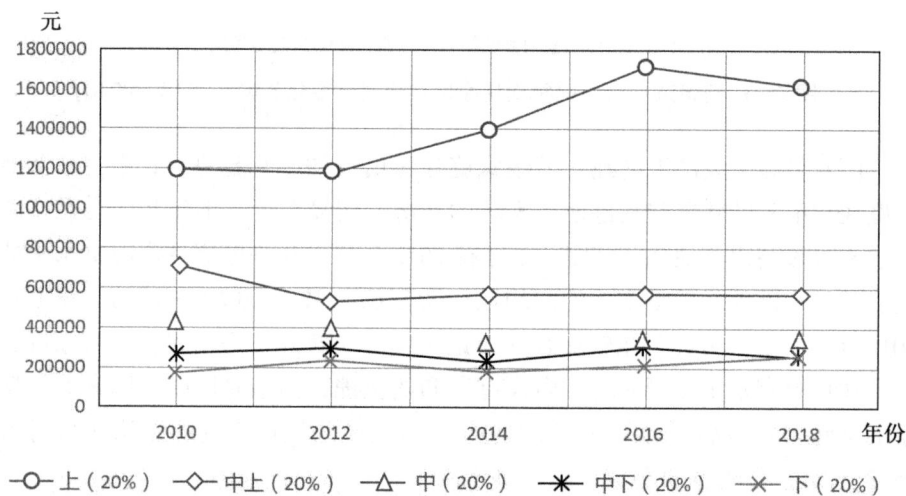

图 7　中国城镇按家庭收入分组的住房财富变化趋势（2010—2018）

　　本章我们对中国城镇家庭 1995—2018 年住房财富的总体趋势进行了简要的描述，着重对 2008 年住房金融化加深后的住房财富分化特征进行了分析。下一章将更加细致地检验家庭信贷行为对我国城镇住房财富分化的影响机制。

第五章　信贷行为与住房财富分化机制检验

在第四章中，我们已经发现在金融化力量的推动下，城镇家庭的贷款比例从 2010 年的不到 10% 提升至 2018 年的 20% 以上。本章使用 CFPS2010—2018 年追踪数据检验家庭信贷行为对家庭住房财富不平等分化的影响。表 2 的 Tobit 增长曲线模型使用 CFPS2010—2018 年追踪数据检验了家庭信贷行为对家庭住房财富不平等分化的影响，所有模型均使用逆概率加权消除由家庭特征、个体特征导致的自选择偏误。

从零模型（0）中可以看到，在纳入了包括市场能力和体制因素在内的所有控制变量之后，住房金融化背景下信贷使用与否、信贷时机以及信贷地点均对我国城镇家庭平均住房财富水平有着显著的影响；同时，随着调查年份的推移，家庭平均住房财富有小幅下降，虽然这一系数在统计上并不显著。但结合第四章的描述性统计结果，我们认为住房自有率的下降是一个值得注意的现象。下文将对模型检验结果作进一步具体分析。

表 2　家庭信贷行为对住房财富分化影响的 Tobit 增长曲线模型（2010—2018）

变量名称	(0) 零模型	(1) 信贷使用模型	(2) 信贷时机模型	(3) 信贷地点模型
跨层交互变量				
信贷使用×调查年 β_{11}		0.200 *** (0.0314)		
信贷时机×年份 β_{12}（参照组：金融化之前×调查年）				
金融化之后×调查年			0.240 *** (0.0301)	
未贷款×调查年			-0.0484 (0.0695)	
信贷地点×年份 β_{13}（参照组：东北地区×调查年）				
东部地区×调查年				-0.0171 (0.0320)
中部地区×调查年				0.0744 * (0.0340)

续表

变量名称	（0） 零模型	（1） 信贷使用模型	（2） 信贷时机模型	（3） 信贷地点模型
西部地区×调查年				0.0808 * （0.0362）
调查年 β_{10}	0.0262 （0.0135）	−0.0150 （0.0143）	−0.0255 （0.0142）	0.000151 （0.0263）
截距参数变量				
信贷使用 β_{01}（参照组：否）	1.928 *** （0.0863）	1.062 *** （0.158）	1.951 *** （0.0865）	1.928 *** （0.0863）
信贷时机 β_{02}（参照组：金融化之前）				
金融化之后	−0.256 ** （0.0801）	−0.250 ** （0.0802）	−1.141 *** （0.152）	−0.257 ** （0.0801）
未贷款	−8.377 *** （0.230）	−8.384 *** （0.229）	−8.206 *** （0.353）	−8.379 *** （0.229）
信贷地点 β_{03}（参照组：东北地区）				
东部地区	0.994 *** （0.107）	0.996 *** （0.107）	1.010 *** （0.107）	1.064 *** （0.153）
中部地区	0.706 *** （0.113）	0.708 *** （0.113）	0.709 *** （0.113）	0.423 ** （0.159）
西部地区	0.108 （0.125）	0.119 （0.125）	0.118 （0.125）	−0.201 （0.187）
截距 β_{00}	8.169 *** （0.337）	8.358 *** （0.338）	8.414 *** （0.338）	8.281 *** （0.347）
控制变量 π_{ki}				
家庭人均年收入（对数）	0.110 *** （0.0223）	0.111 *** （0.0225）	0.107 *** （0.0224）	0.110 *** （0.0223）
婚姻（参照组：未在婚）	0.762 *** （0.124）	0.751 *** （0.123）	0.735 *** （0.123）	0.762 *** （0.123）
农转非（参照组：否）	−0.452 *** （0.134）	−0.469 *** （0.134）	−0.478 *** （0.134）	−0.469 *** （0.135）
户口（参照组：农业）	0.157 （0.109）	0.165 （0.109）	0.170 （0.109）	0.156 （0.109）
受教育年限	0.0330 *** （0.00784）	0.0328 *** （0.00783）	0.0319 *** （0.00784）	0.0332 *** （0.00784）

续表

变量名称	（0） 零模型	（1） 信贷使用模型	（2） 信贷时机模型	（3） 信贷地点模型
年龄	0.00473 （0.00332）	0.00427 （0.00332）	0.00431 （0.00333）	0.00469 （0.00332）
党员（参照组：否）	0.125 （0.126）	0.127 （0.126）	0.105 （0.126）	0.124 （0.126）
单位性质（参照组：体制外）	0.00871 （0.110）	0.0160 （0.110）	0.0131 （0.110）	0.00838 （0.110）
随机效应方差构成				
增长率随机效应方差 μ_{1i}	0.746 *** （0.0379）	0.729 *** （0.0370）	0.735 *** （0.0378）	0.744 *** （0.0378）
截距随机效应方差 μ_{0i}	19.14 *** （1.208）	18.88 *** （1.180）	18.84 *** （1.189）	19.04 *** （1.203）
协方差 Cov（μ_{0i}，μ_{1i}）	−2.712 *** （0.195）	−2.650 *** （0.189）	−2.652 *** （0.193）	−2.697 *** （0.194）
残差方差 ε_{ti}	5.937 *** （0.178）	5.935 *** （0.177）	5.927 *** （0.178）	5.937 *** （0.178）
N	32816	32816	32816	32816
AIC	314131	313966	313967	314120
BIC	314299	314142	314151	314313

注：Standard errors in parentheses；* $p<0.05$，** $p<0.01$，*** $p<0.001$。

一、信贷使用与住房财富分化

在信贷使用模型（1）中，家庭使用信贷与否对住房财富分化有着突出的解释力。模型（1）的截距参数部分显示，在同一调查年中，相较于没有使用住房贷款的家庭，使用住房贷款的家庭其住房财富平均高出 189.2%（$e^{1.062}-1$）。与此同时，信贷使用与调查年的交互项在统计学意义上显著，意味着随着调查时间的推移，信贷使用与否导致的家庭间住房财富差异越来越大，具体而言，使用金融杠杆的家庭住房财富增长速度更快，使用、未使用贷款的两类家庭其住房财富的差异平均每两年扩大 22.1%（$e^{0.200}-1$）。

图 8 直观地描绘了模型（1）中我国城镇家庭住房财富 2010 年至 2018 年间的变动趋势，以及这种趋势受到信贷使用与否的调节效应影响后的轨迹。可以

看到，在住房金融化背景下，对于使用了信贷工具的家庭来说，其住房财富的平均起始点和增长速度都显著更高、更快，而无贷款家庭的住房财富随着时间推移甚至有缓慢下降，最终在整体上随时间的推移住房财富分化水平明显扩大。这一发现支持了本研究提出的假设 H1。

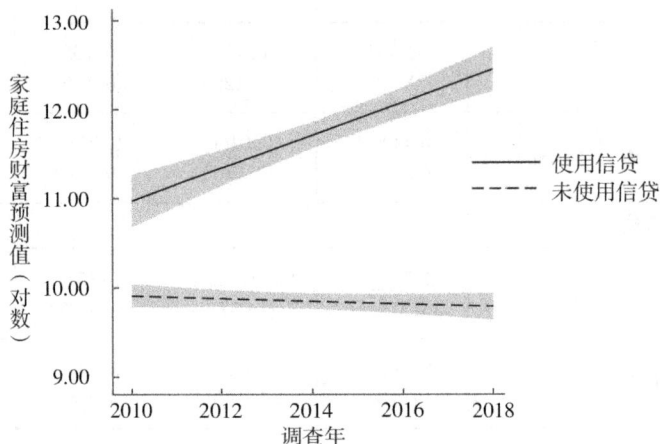

图 8　中国城镇家庭住房财富的变动趋势及贷款使用的调节效应（2010—2018）
注：图中灰色区域为 95% 置信区间。

二、信贷时机与住房财富分化

信贷时机模型（2）中加入了家庭信贷时机与调查年的跨层交互项，以检验金融化前后信贷使用的时机对住房财富分化的影响。从截距参数部分可以看到，在同一调查年中，相较于在金融化之前（2008 年之前）使用贷款的家庭，在金融化之后（2008 年及之后）使用贷款、未贷款（这往往也意味着没有房产）的家庭住房财富都显著更少。在跨层交互部分，信贷时机和调查年交互项统计显著，这意味着家庭住房财富的增长速度存在显著的时机差异：相较于在金融化之前贷款的家庭，在金融化之后贷款的家庭，其住房财富的信贷效应将随着时间的推移而明显增加，两类家庭的住房财富差距平均每两年扩大 27.1%（$e^{0.240}$ - 1）。这部分支持了本研究提出的假设 H2，不同之处在于，2008 年之后即金融化之后使用住房贷款的家庭住房财富增速更快，而不是金融化之前使用杠杆的家庭。

图 9 直观地呈现了家庭住房财富在 2010—2018 年间由不同信贷时机导致的初始水平和增长速度差异。可以看到，信贷使用时机对家庭住房财富的影响是巨大的：相较于在金融化之前就使用金融杠杆的家庭，尽管在金融化之后才使

用金融杠杆的家庭其在调查初始年的住房财富更低，但随后其住房财富增长速度显著更快，甚至在 2015 年左右超越了在金融化之前使用金融杠杆的家庭。

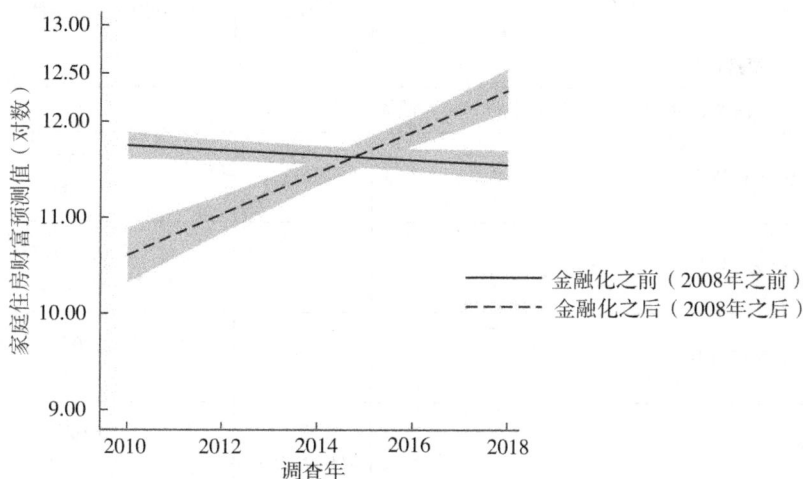

图 9　中国城镇家庭住房财富的变动趋势及信贷时机的调节效应（2010—2018）
注：图中灰色区域为 95% 置信区间。

三、信贷地点与住房财富分化

信贷地点模型（3）在零模型的基础上加入了信贷地点与调查年的交互项。从截距参数部分来看，信贷地点是家庭住房财富分化的重要来源：相较于东北地区的家庭，东部地区和中部地区家庭平均住房财富分别显著高 189.8%（$e^{1.064}-1$）、54%（$e^{0.423}-1$），而东北地区则与西部地区家庭的住房财富没有显著差异。在控制其他变量后，信贷地点与调查年的交互项仅有部分显著，即相较于东北地区、西部地区和中部地区家庭的住房财富增速显著更快，但东部与参照组地区没有明显差异。具体而言，相较于东北地区的家庭，中部和西部地区家庭的住房财富平均每两年分别增加 7%（$e^{0.0744}-1$）和 8%（$e^{0.0808}-1$）。

为了更进一步地考察地理位置与住房信贷使用在家庭住房财富分化过程中发挥的不同影响，我们在零模型（0）的基础上加入了信贷地点×信贷使用交互项，检验家庭住房财富的信贷效应受到地理位置调节作用（见表 3）。对于同一年份，相较于东北地区的家庭，中部地区、西部地区家庭住房财富受到金融信贷的影响显著更小，也就意味着在这些地区信贷使用与否导致的住房财富分化程度更低。其中，相较于东北地区，中部地区、西部地区家庭信贷使用与否导致的住房财富不平等程度分别降低 50%（$1-e^{-0.699}$）和 46%（$1-e^{-0.623}$）。

表3　家庭住房财富的信贷地点×信贷使用交互效应模型（2010—2018）

变量名称	（0）零模型	（4）信贷地点×信贷使用模型
跨层交互变量		
信贷地点×信贷使用（参照组：东北地区×有贷款）		
东部地区×有贷款		0.0274 （0.244）
中部地区×有贷款		−0.699** （0.253）
西部地区×有贷款		−0.623* （0.262）
调查年	0.0262 （0.0135）	0.0252 （0.0135）
截距参数变量	已加入	已加入
控制变量	已加入	已加入
N	32816	32816
AIC	314131	314048
BIC	314299	314242

注：截距参数部分和控制变量同表3；Standard errors in parentheses；$^*p<0.05$，$^{**}p<0.01$。

四、稳健性检验

为了交叉验证金融杠杆对家庭住房财富分化的影响效果，我们进行了稳健性检验（见表4）。考虑到金融杠杆对住房财富的加速累积效应主要是通过协助家庭获得多套房、投资性房产实现的，我们将住房财富为0的家庭剔除，即筛选出有产权住房的子样本并使用与上述模型相同、加权方式一样的增长曲线模型（Growth Curve Modeling）再进行拟合。结果显示，对于已有房产的家庭而言，信贷使用与否、信贷时机、信贷地点对家庭住房财富的效应与表2的结果类似，均显著提高了家庭住房财富平均水平。与表2研究结果不同的是，信贷使用与否和信贷时机对有房产家庭的财富增速并无影响，换言之，对于业主家庭而言，财富累积速度差异可能来自信贷使用的多少和程度，而不是有无。信贷地点对家庭住房财富的累积速度影响十分显著，相较于东北地区的家庭，东部、中部和西部有房产家庭的住房财富增速显著更快。

此外，在表4的三个模型中，调查年均显著且方向为正，即子样本城镇有房产家庭的平均住房财富持续上升，因此，可以反向推测认为住房自有率下降特别是东部地区的住房自有率偏低是表2调查年不显著的重要原因。

表4　因变量非零样本的家庭住房财富稳健性检验（2010—2018）

变量名称	（5）信贷使用模型	（6）信贷时机模型	（7）信贷地点模型
跨层交互变量			
信贷使用×调查年	0.0113 （0.00787）		
信贷时机×调查年（参照组：金融化之前×调查年）			
金融化之后×调查年		0.00306 （0.00804）	
未贷款×调查年		0.0297 （0.0154）	
信贷地点×调查年（参照组：东北地区×调查年）			
东部地区×调查年			0.0562 *** （0.00693）
中部地区×调查年			0.0569 *** （0.00688）
西部地区×调查年			0.0599 *** （0.00795）
调查年	0.0879 *** （0.00286）	0.0883 *** （0.00334）	0.0433 *** （0.00536）
截距参数变量			
信贷使用（参照组：否）	0.313 *** （0.0421）	0.361 *** （0.0219）	0.361 *** （0.0220）
信贷时机（参照组：金融化之前）			
金融化之后	0.347 *** （0.0271）	0.336 *** （0.0402）	0.348 *** （0.0270）
未贷款	−0.360 *** （0.0571）	−0.453 *** （0.0857）	−0.359 *** （0.0568）

变量名称	（5） 信贷使用模型	（6） 信贷时机模型	（7） 信贷地点模型
信贷地点（参照组：东北地区）			
东部地区	1.149 *** （0.0436）	1.149 *** （0.0436）	0.925 *** （0.0434）
中部地区	0.513 *** （0.0397）	0.513 *** （0.0397）	0.287 *** （0.0436）
西部地区	0.109 * （0.0467）	0.109 * （0.0468）	−0.131 * （0.0513）
截距	10.54 *** （0.0935）	10.54 *** （0.0929）	10.73 *** （0.0936）
控制变量	已加入	已加入	已加入
N	27361	27361	27361
AIC	114796	114801	114715
BIC	114969	114982	114904

注：控制变量同表 3；Standard errors in parentheses； $* p < 0.05$， $*** p < 0.001$。

第六章　总结与讨论

一、研究结论

财富不平等被视作是 21 世纪各类社会不平等中最突出、最醒目的维度（PIKETTY et al.，2014），住房则是家庭财富的重要组成部分。我国自 1998 年实施城镇住房体制改革以来，住房逐步实现了产权化、商品化，城镇居民住房自有率、平均居住水平和住房资产占家庭资产的比重持续上升，住房导致的财富不平等状况也越发醒目。

本研究简要总结了住房财富分层研究理论传统的贡献和局限。受到 20 世纪 80 年代提出的"市场转型论"和"权力维续论"理论范式影响，过往的住房分层研究结论支持了住房分层机制的混合性，即市场因素和体制因素都不同程度地导致了住房不平等的扩大。近 10 年来，住房分层研究领域的传统理论已经逐渐显示出了对经验现实解释上的困难，特别是随着住房市场化、金融化的推进，体制因素对住房获得、财富分化的影响已经逐渐难以捕捉（例如，在本研究中，党员、单位性质对住房财富的影响并不显著），住房与劳动力市场之间的关联逐渐减弱，市场能力的差异也很难完全解释住房财富不平等的迅速扩大。更重要的是，市场转型论和权力维续论潜在地将住房视作劳动力市场的后果这一假设，忽略了在我国住房金融化程度加深的背景下，住房财富分化过程可能受到金融市场这一新兴结构性因素深刻影响的现实。实际上，自 2008 年由美国次级住房贷款市场危机引发全球经济动荡以来，国内外诸多理论和经验研究都强调重新思考住房与金融的互动在经济增长以及财富分化过程中的地位，住房也不应当被简单地视作收入工资的代理变量，因为它似乎正逐步"脱嵌"于劳动力市场，成为一种可以提取收入流的资产。本研究进而在理论上梳理了关于住房资产化、金融化的理论观点，并指出住房信贷放松管制是房价迅速上涨以及财富不平等持续扩大的重要原因，应当对信贷扩张导致住房财富不平等加剧的微观基础进行更深入的检验。

本研究首先使用中国家庭收入调查（CHIP）1995 年、1999 年以及 2002 年数据，中国综合社会调查（CGSS）项目 2005 年数据，以及中国家庭追踪调查（CFPS）项目 2010 年、2012 年、2014 年、2016 年和 2018 年的数据组成的截面数据集描述了 1995 年至 2018 年间我国城镇居民住房财富分化趋势。结果表明，住房财富分化与收入不平等、住房自有率之间存在复杂的动态关系，而非简单的线性相关。1995—2002 年间，城镇住房改革将大量原单位福利住房出售给普通家庭。这种住房产权普惠性的扩张带来了住房财富不平等程度的下降，居民家庭住房财富的平均水平也仅有温和的上涨。但是，2002—2010 年间住房市场逐渐成型，加之 2008 年后住房市场涌入大量资金造成的金融化加深，住房自有率增长不再产生平等化效应，财富基尼系数急剧上升；而 2010 年后即住房金融属性越发凸显的时代，住房产权获得的排斥性开始显现，自有率开始下降，财富基尼系数继续提升，住房财富也迅速膨胀并在 2014—2016 年间加速累积。从长期趋势来看，城镇住房体制改革建立住房市场、2008 年后的住房金融化举措是影响住房财富分化程度的两个重要事件。以往的研究往往关注前者，即住房体制转型中"权力"和"市场"关系的消长作为两种不同的分层机制对住房不平等造成的影响，而本研究旨在检验住房金融化对城镇家庭住房财富分化的影响机制。

使用 2010 年至 2018 年中国家庭追踪调查（CFPS）5 期追踪数据，本研究探究了家庭金融杠杆使用对住房财富轨迹的影响，在经验层面验证了自 2008 年全球金融危机后，加速扩张的金融杠杆确实在我国城镇住房财富分化过程中起着重要推动作用。结果表明，在控制了传统住房分层研究中关注的市场能力和体制因素变量后，那些获得了住房贷款的优势家庭在调查初始年的平均住房财富，以及后续调查年的财富增长速度显著高于没有使用住房信贷的家庭。加之购房时机和购房信贷地点的交叠作用，在2008年后住房低息贷款扩张、住房价格快速上涨时期使用了金融杠杆的家庭，其住房财富将显著更多、增长更快，呈现出优势累积的上升轨迹。那些未能在合适的时机、合适的地点使用金融杠杆的家庭将处于住房财富增量分配的相对劣势，甚至呈现出平均住房财富逐渐减少的趋势。在进行稳健性检验之后，本研究的基本结论依然成立，甚至发现总体住房自有率下降主要是由东部地区的住房自有率下降带来的，因为在排除了无房家庭样本之后，东部地区家庭住房财富增速显著更快。这意味着，东部地区住房金融化加剧了有房产者和无房产者之间的距离，通过信贷以及产权获得的"门槛"将城市新移民、年轻人、工作不稳定家庭排除在财富增长的机会之外。东部地区的住房金融化可能已经出现了我们在欧美发达国家的研究中观察到的住房金融排斥效应。研究结果表明，金融信贷通过影响微观层面家庭信贷行为和住房财富变动轨迹，最终导致住房不平等程度的加剧。

二、研究局限

不可否认的是，家庭是否使用加杠杆的方式进行住房投资既有一定的门槛，同时也是一个自我选择过程。住房金融化产生了崭新的机会结构，它意味着购买住房的外部规则和资源结构发生了改变，这一机会结构可以直接导致社会分层因果机制变化，而行动者对机会结构的把握和选择同样也影响着其在分层过程中的地位：居民会出于不同的动机选择使用或不使用信贷工具，内生的选择偏好毫无疑问将影响行动者的住房财富。出于问题聚焦的考虑，本研究的重心是论证和检验金融作为一种分层逻辑对住房财富分层产生的不可忽视的影响，并未对其中由于自选择造成的因果估计偏误做细致的分析。

尽管因果推断并非本研究的重点，但对于可能存在的内生性问题，在此进行简要的讨论。根据陈云松和范晓光（2010）的总结，社会学定量分析中内生性问题的来源可以划分为四个不同的类别：遗漏变量偏误、自选择偏误（self-selection bias）、样本选择偏误（sample-selection bias）和联立性偏误即双向因果。其中，本研究中存在的内生性问题主要来自自选择造成的估计偏误，它指的是因变量在某种程度上是由个人选择决定的，本质上也可以理解为特殊的遗漏变量偏误，即存在一种未被观察到的个体因素同时影响了选择以及选择的结果。例如，如果家庭是由于自身的某些特质选择了使用信贷这种工具来获取更高的住房财富（如有见识、有勇气和投资判断力），那么家庭信贷行为本身对住房财富的影响就很难说是因果性的。

本研究中存在自选择问题通过面板数据使用、混合效应模型选择，以及逆概率加权技术得到一定程度的解决。CFPS 5 期面板数据为控制不可观测的家庭特征和个人特征的影响提供了基础，加之增长曲线模型（Growth Curve Model）作为一种混合效应模型，可以同时捕捉随时间变化的个体内趋势以及不随时间变化的个体间异质性。最后，利用基于倾向值逆概率加权方法克服由已观测个体特征、家庭特征导致的自选择偏误，即构造信贷使用存在差异的两组家庭的协变量分布趋于一致的"理论样本"，从而一定程度上缓解了遗漏家庭特征变量造成的内生性偏误。

三、研究展望

住房金融化可能带来的后果已经引起了决策者的关注。党的十九大报告提出"房子是用来住的，不是用来炒的"，反映出中央对住房投资属性越发突出的担忧，也体现了政策调控中对住房居住权利属性的强调。本研究的发现不仅回应了对住房金融化属性加深的现实担忧，也拓展了社会分层领域对住房和财富不平等生产机制的理论解释。

虽然住房不平等现象得到了大量的关注，但在以更系统的方式思考阶级和不平等时，我们往往倾向于回到基于工作和职业的传统模式。然而，塑造不平等的关键因素可能不再是雇佣关系，而是人们是否能够购买升值速度快于通货膨胀和工资的资产。当然，职业仍然是一个重要的因素，因为它部分决定了获得和偿还抵押贷款的能力，但它越来越只是诸多因素的其中之一。也因此，卡拉瑟斯及其合作者在《金融社会学》（*The Sociology of Finance*）一文中直接指出，包括财富不平等在内的所有社会不平等研究都应系统地扩展到信贷市场之中（CARRUTHERS et al.，2011）。

以住房抵押贷款为代表的金融市场融资工具在国民经济生活中的影响日益突出，它们在调整财富分配、重塑不平等的机制等方面发挥的作用应当给住房不平等乃至社会分层研究带来全新的刺激。正如托马斯·皮凯蒂（Thomas Piketty）在其著作《21 世纪资本论》（*Capital in the Twenty-First Century*）中所谈的那样，全球资本收益率在长时段历史中已经超过劳动生产收入和经济增速实现了快速上涨，就算在实体经济增长放缓的长期趋势和金融危机的影响下，富人也可以利用金融资本跑赢经济增长本身带来的较低收益，使得他们与一般劳动收入者的财富差距越来越大。更重要的是，财富不平等扩张的动力根植于更广泛的制度和社会结构，即中产阶级的资产增值愿景和相关制度的支持之中，而家庭的资产增长尤其依赖住房，住房资产化、金融化的社会分层逻辑在现实中正发挥着越发重要的作用。

展望未来的住房分层和财富不平等研究，金融化趋势尤其值得引起社会分层研究者们关注。首先，金融化是一种行政力量与市场力量双重互动的结果。各地政府在过去几十年间以高杠杆的债务和高风险的融资谋求城市发展（WE-BER，2010），推动了土地和住房的金融化。尽管相较于西方尤其是英美国家，住房金融化在中国的进程和表现形式仍然较为有限，住房产权滋生的再次抵押收益或证券化收益仍不算突出，但住房作为一种资产投资产品的趋势已越发显著。其次，金融化结构本身可能通过多种微观机制扩大社会不平等。如本研究发现的那样，在金融化推进时期，人们通过金融信贷实现了更快的住房财富积累，从而加剧了财富差距。而针对金融危机时期的研究发现，处于底层的家庭往往会因为资产结构单一（主要是房产）而失去大部分财富，而处在财富分布顶层的富人能凭借更多元的资产组合迅速恢复资产损失，导致贫者愈贫、富者愈富（FLIGSTEIN et al.，2016）。最后，住房之所以受到关注，不仅因为它是今天财富分化的重要表现形式，也因为住房不仅具有商品—权利二重属性（PAT-TILLO，2013），而且也可能衍生出多重属性，比如与城乡户籍制度耦合并与城市落户、子女入学等重要城市福利挂钩并成为享受公共服务的权利资格凭证。因此，住房财富方面的不平等可能传导至诸如教育、医疗乃至社会保障体系等社会系统中，并形成新的特定的社会排斥—区隔机制，而这些都应该引起未来学术和政策层面的密切关注。

参考文献

［1］AALBERS M B The financialization of housing：A political economy approach［M］. Routledge，2016.

［2］AALBERS M B Financial geography Ⅱ：Financial geographies of housing and real estate［J］. Progress in human geography，2019，43（2）：376 – 387. https：//doi. org/10/gfx8b5.

［3］ADKINS L，KONINGS M，COOPER M. The asset economy：Property ownership and the new logic of inequality［M］. Polity Press，2020.

［4］ANDREWS D，SÁNCHEZ A C. The evolution of homeownership rates in selected OECD countries：Demographic and public policy influences［J］. OECD Journal：Economic Studies，1，1–37. https：//doi. org/10/b85gs5.

［5］BECKERT J. Imagined futures：Fictional expectations and capitalist dynamics［M］. Harvard University Press，2016.

［6］BIAN Y. Chinese social stratification and social mobility［J］. Annual review of sociology，28（1）：91–116. https：//doi. org/10/fb3p8p.

［7］BIAN Y，LOGAN J R. Market transition and the persistence of power：The changing stratification system in urban China［J］. American sociological review, 739-758. https：//doi. org/10/brs9cv.

［8］BIRCH K. Rethinking Value in the bio-economy：Finance, assetization, and the management of value［J］. Science, Technology, & Human Values, 2017, 42（3）：460-490. https：//doi. org/10/gfxrbm.

［9］BLACKWELL T, KOHL S. Historicizing housing typologies：Beyond welfare state regimes and varieties of residential capitalism［J］. Housing studies, 2019, 34（2）：298-318. https：//doi. org/10/gd8s6p.

［10］BRYANT G, SPIES-BUTCHER B, STEBBING A. Comparing asset-based welfare capitalism：Wealth inequality, housing finance and household risk［J］. Housing studies, 2022：1-22. https：//doi. org/10/gr4xxp.

［11］CARRUTHERS B G, KIM J-C. The sociology of finance. Annual Review of Sociology, 2011（37）：239-259. https：//doi. org/10/b2qm2x.

［12］CETINA K K, PREDA A. The Oxford handbook of the sociology of finance［M］. Oxford University Press, 2012.

［13］CHAMBERS M, GARRIGA C, SCHLAGENHAUF D E. Accounting for changes in the homeownership rate［J］. International economic review, 2009, 50（3）, 677-726. https：//doi. org/10/fcp3j4.

［14］CHEN J, HAO Q, STEPHENS M. Assessing housing affordability in post-reform China：A case study of Shanghai［J］. HOUSING STUDIES, 2010, 25（6）, 877-901. https：//doi. org/10/fnkjxv.

［15］CHEN J, WU F. Housing and land financialization under the state ownership of land in China. Land Use Policy, 112, 104844. https：//doi. org/10/gr4xzr.

［16］CURRAN P J, OBEIDAT K, LOSARDO D. Twelve frequently asked questions about growth curve modeling［J］. Journal of cognition and development：official journal of the cognitive development society, 2010, 11（2）, 121-136. https：//doi. org/10/ftbr34.

［17］DAVIS G F, KIM S. Financialization of the economy［J］. Annual review of sociology, 2015（41）：203-221. https：//doi. org/10/ggcgp3.

［18］DENG L, CHEN J. Market development, state intervention, and the dynamics of new housing investment in China［J］. Journal of urban affairs, 2019, 41（2）, 223-247. https：//doi. org/10/gm645k.

［19］DENG Y, FEI P. Mortgage market, character and trends［J］. China, 2012.

［20］DI Z X, BELSKY E, LIU X. Do homeowners achieve more household wealth in the long run［J］. Journal of housing economics, 2007, 16,（3-4）, 274-290. https：//doi. org/10/b293dk.

［21］ERTEFAIE A, STEPHENS D A. Comparing approaches to causal inference for longitudinal data: Inverse probability weighting versus propensity scores ［J］. The international journal of biostatistics, 2010, 6 (2). https: //doi. org/10/bsgg7n.

［22］ESPING-ANDERSEN G. The three worlds of welfare capitalism ［M］. Princeton University Press, 1990.

［23］FLIGSTEIN N, RUCKS-AHIDIANA Z. The rich got richer: The effects of the financial crisis on household well-being, 2007-2009. In A Gedenkschrift to Randy Hodson: Working with Dignity (Vol. 28, pp. 155-185) ［M］. Emerald Group Publishing Limited. https: //doi. org/10. 1108/S0277-283320160000028011.

［24］ FORREST R. Housing wealth, social structures and changing narratives ［J］. International journal of urban sciences, 2021, 25 (1): 1-15. https: //doi. org/10/gr4xzn.

［25］FORREST R, MURIE A. Selling the welfare state: The privatisation of public housing. Routledge.

［26］FULLER G W, JOHNSTON A, REGAN, A. Housing prices and wealth inequality in Western Europe ［J］. West european politics, 2020, 43 (2): 297-320. https: //doi. org/10/grhztf.

［27］GALSTER G, WESSEL T. Reproduction of social inequality through housing: A three-generational study from Norway ［J］. Social science research, 2019 (78): 119-136. https: //doi. org/10/gfxjc6.

［28］GOODMAN L S, MAYER C. Homeownership and the American dream ［J］. Journal of economic perspectives, 2018, 32 (1), 31-58. https: //doi. org/10. 1257/jep. 32. 1. 31.

［29］GRIMM K J, RAM N, ESTABROOK, R. Growth modeling: Structural equation and multilevel modeling approaches ［M］. Guilford Publications, 2016.

［30］HÄLLSTEN M, THANING M. Wealth as one of the "Big Four" SES dimensions in intergenerational transmissions. Social Forces, 2022, 100 (4): 1533-1560. https: //doi. org/10/gm77hf.

［31］HARVEY D. The Urbanization of Capital ［M］. The Johns Hopkins University Press, 1985.

［32］HARVEY D. Neo-liberalism as creative destruction ［J］. Geografiska annaler: series B, human geography, 2006, 88 (2): 145-158. https: //doi. org/10/cbr4z5.

［33］HARVEY D. Seventeen contradictions and the end of capitalism ［M］. Oxford University Press, USA, 2014.

［34］HAURIN D R. Income variability, homeownership, and housing demand ［J］. Journal of Housing Economics, 1991, 1 (1): 60-74. https: //doi. org/10/cn62sx.

［35］International Monetary Fund. Global Housing Watch. https: //www. imf. org/external/research/housing/.

［36］JÄNTTI M, SIERMINSKA E. Survey estimates of wealth holdings in OECD countries: Evidence on the level and distribution across selected countries ［J］. Wider Research Paper, 2007.

［37］JIN Y, XIE Y. Social determinants of household wealth and income in urban China ［J］. Chinese journal of sociology, 2017, 3（2）: 169-192. https://doi.org/10/ghn7mm.

［38］KOHL S. More mortgages, more homes? The effect of housing financialization on home-ownership in historical perspective ［J］. Politics & Society, 2018, 46（2）: 177-203. https://doi.org/10/gdnwsn.

［39］KOHL S. Too much mortgage debt? The effect of housing financialization on housing supply and residential capital formation ［J］. Socio-Economic Review, 2021, 19（2）: 413-440.

［40］KURZ K, BLOSSFELD, HP. Introduction: Social stratification, welfare regimes, and access to home ownership. In Home ownership and social inequality in comparative perspective.

［41］LEE Y, KEMP P A, REINA, V J. Drivers of housing（un）affordability in the advanced economies: A review and new evidence ［J］. Housing studies, 2022, 37（10）: 1739-1752. https://doi.org/10/grjqmn.

［42］LERSCH P M, DEWILE, C. Homeownership, saving and financial wealth: A comparative and longitudinal analysis ［J］. Housing studies, 2018, 33（8）: 1175-1206. https://doi.org/10/gmmnxt.

［43］LI S-M. Mortgage loan as a means of home finance in urban China: A comparative study of Guangzhou and Shanghai ［J］. Housing studies, 2020, 25（6）: 857-876. https://doi.org/10/dzsg76.

［44］LI S-M, YI Z. Financing home purchase in China, with special reference to Guangzhou ［J］. Housing studies, 2007, 22（3）: 409-425. https://doi.org/10/dtxxgs.

［45］LOGAN J R, FANG Y, ZHANG Z. The winners in China's urban housing reform ［J］. Housing studies, 2010, 25（1）, 101-117. https://doi.org/10/dr5c5g.

［46］MALPASS P. Housing and the new welfare state: Wobbly pillar or cornerstone? ［J］. Housing Studies, 2008, 23（1）: 1-19. https://doi.org/10/dzbz36.

［47］MULDER C H, SMITS A. Inter-generational ties, financial transfers and home-ownership support ［J］. Journal of housing and the built environment, 2013, 28（1）: 95-112. https://doi.org/10/gr4xwx.

［48］NEE V. A theory of market transition: From redistribution to markets in state socialism ［J］. American Sociological Review, 1989, 663-681. https://doi.org/10/fs9gpj.

［49］NEE V. The emergence of a market society: Changing mechanisms of stratification in China ［J］. American journal of sociology, 1996, 101（4）: 908-949. https://doi.org/10/fhvfbh.

［50］ PATTILLO M. Housing: Commodity versus right ［J］. Annual review of sociology, 2013 （39）: 509-531. https: //doi. org/10/gmhzjd.

［51］ PFEFFER F T, WAITKUS N. The wealth inequality of nations ［J］. American sociological Review, 2021, 86 （4）: 567-602. https: //doi. org/10/gm7qsb.

［52］ PIKETTY T. Capital in the Twenty First Century （A. Goldhammer, Trans. ） ［M］. Belknap Press: An Imprint of Harvard University Press, 2014. https: //book. douban. com/subject/25811092/.

［53］ PIKETTY T, SAEZ E. Inequality in the long run ［J］. Science, 2014, 344 （6186）: 838-843. https: //doi. org/10/f54xrh.

［54］ PIKETTY T, YANG L, ZUCMAN G. Capital accumulation, private property, and rising inequality in china, 1978-2015 ［J］. American economic review, 2019, 109 （7）: 2469-2496. https: //doi. org/10/ggbwg3.

［55］ RATCLIFFE P. Reflections on race, community and conflict: A study of sparkbrook ［J］. Ethnic and Racial Studies, 2015, 38 （3）: 405-411. https: //doi. org/10/gr4xzc.

［56］ REX J. The concept of housing class and the sociology of race relations ［J］. Race, 1971, 12 （3）: 293-301. https: //doi. org/10/cp35bw.

［57］ RYAN-COLLINS J. Why Can't You Afford a Home? John Wiley & Sons.

［58］ RYAN-COLLINS J. Breaking the housing-finance cycle: Macroeconomic policy reforms for more affordable homes ［J］. Environment and Planning A: Economy and Space, 2021, 53 （3）: 480-502. https: //doi. org/10/gf8vct.

［59］ SATO H. Housing inequality and housing poverty in urban China in the late 1990s ［J］. China Economic Review, 2006, 17 （1）: 37-50. https: //doi. org/10/fdzvrv.

［60］ SCHWARTZ H M, SEABROOKE L. Varieties of residential capitalism in the international political economy: Old welfare states and the new politics of housing. In The politics of housing booms and busts （pp. 1-27）. Springer.

［61］ SHLAY A B. Low-income homeownership: American dream or delusion? ［J］. Urban Studies, 2006, 43 （3）: 511-531. https: //doi. org/10/dc6ttn.

［62］ SOLT F. Measuring income inequality across countries and over time: The standardized world income inequality database ［J］. Social Science Quarterly, 2020, 101 （3）: 1183-1199. https: //doi. org/10/gjtvk8.

［63］ STEIL J P, ALBRIGHT L, RUGH J S, et al. The social structure of mortgage discrimination ［J］. Housing Studies, 2018, 33 （5）: 759-776. https: //doi. org/10/ghpgmn.

［64］ STEPHENS M, LUX M, SUNEGA P. Post-socialist housing systems in Europe: Housing welfare regimes by default? ［J］ Housing Studies, 2015, 30 （8）: 1210-1234. https: //doi. org/10/gnt8pp.

［65］ SZELENYI I, KOSTELLO E. The market transition debate: Toward a synthesis?

[J]. American journal of sociology, 1996, 101 (4): 1082-1096. https://doi.org/10/dx26qp.

[66] TOUSSAINT J. Mortgage-equity release: The potential of housing wealth for future Dutch retirees [J]. Journal of housing and the built environment, 2013, 28 (2): 205-220.

[67] GUNTEN V T, NAVOT E. Varieties of indebtedness: Financialization and mortgage market institutions in Europe [J]. Social science research, 2018 (70): 90-106. https://doi.org/10/gdbb99.

[68] WALDER A G. Markets and inequality in transitional economies: Toward testable theories [J]. American journal of sociology, 1996, 101 (4): 1060-1073. https://doi.org/10/b3tvtn.

[69] WALDER A G, HE X. Public housing into private assets: Wealth creation in urban China [J]. Social science research, 2014 (46): 85-99. https://doi.org/10/f5z4b7.

[70] WALDER A G, LUO T, WANG D. Social stratification in transitional economies: Property rights and the structure of markets [J]. Theory and society, 2013, 42 (6): 561-588. https://doi.org/10/f5gvbm.

[71] WEBER R. Selling city futures: The financialization of urban redevelopment policy [J]. Economic geography, 2010, 86 (3): 251-274. https://doi.org/10/gf4cvq.

[72] WIND B, LERSCH P, DEWILDE C. The distribution of housing wealth in 16 European countries: Accounting for institutional differences [J]. Journal of housing and the built environment, 2017, 32 (4): 625-647. https://doi.org/10/gcj8k8.

[73] WU F, CHEN J, PAN, F, et al. Assetization: The Chinese path to housing financialization [J]. Annals of the American association of geographers, 2020, 110 (5), 1483-1499. https://doi.org/10/gr4xzq.

[74] WU X. Inequality and social stratification in postsocialist china [J]. Annual review of sociology, 2019, 45 (1): 363-382. https://doi.org/10/gf6rv6.

[75] XIE Y, JIN Y. Household wealth in China [J]. Chinese sociological review, 2015, 47 (3): 203-229. https://doi.org/10/gmfgzx.

[76] YEMTSOV R. Housing privatization and household wealth in transition. WIDER Research Paper, 2007 (2): 1-32. http://hdl.handle.net/10419/63560.

[77] YU S, CUI C. Difference in housing finance usage and its impact on housing wealth inequality in urban china [J]. Land, 2021, 10 (12): 1404. https://doi.org/10/gr4xzv.

[78] ZHANG P, SUN L, ZHANG C. Understanding the role of homeownership in wealth inequality: Evidence from urban China (1995-2018) [J]. China economic review, 2021, 69, 101657. https://doi.org/10/gr4x2g.

[79] 丁如曦, 倪鹏飞. 中国城市住房价格波动的区域空间关联与溢出效应: 基于 2005—2012 年全国 285 个城市空间面板数据的研究 [J]. 财贸经济, 2015 (6): 136-150.

[80] 中国人民银行金融稳定分析小组. 中国金融稳定报告 (2021) [R].

［81］中国家庭金融调查与研究中心．2018年一季度城镇家庭资产指数报告［R］．2018.

［82］中国家庭金融调查与研究中心．2017中国城镇住房空置分析：超20%的城镇自有住房未充分使用［R］．2019.

［83］刘祖云，毛小平．中国城市住房分层：基于2010年广州市千户问卷调查［J］．中国社会科学，2012（2）：94-109，206-207.

［84］吴开泽．生命历程视角的城市居民二套房获得［J］．社会，2016，36（1）：213-240.

［85］吴开泽．房改进程、生命历程与城市住房产权获得（1980—2010年）［J］．社会学研究，2017，32（5）：64-89，243-244.

［86］吴开泽．住房市场化与住房不平等：基于CHIP和CFPS数据的研究．社会学研究，2019，34（6）：89-114，244.

［87］唐斌斌，刘林平．市场转型理论哪一些研究结论是可信的？：对市场转型实证研究结果的Meta分析［J］．社会学评论，2021，9（5）：214-235.

［88］方长春．体制分割与中国城镇居民的住房差异［J］．社会，2014，34（3）：92-116.

［89］方长春．住房不平等与劳动力市场间的弱关联性［J］．江苏社会科学，2019（2）：73-80.

［90］方长春．"98房改"的历史与社会影响：基于利益分化的视角［J］．河海大学学报（哲学社会科学版），2020，22（2）：79-87，108.

［91］方长春．从产权差异到资产分化：98房改以来城镇居民的住房［J］．浙江工商大学学报，2022（6）：127-137.

［92］方长春，刘欣．地理空间与住房不平等：基于CFPS2016的经验分析［J］．社会，2020，40（4）：163-190.

［93］易成栋，樊正德，王优容，等．收入不平等、多套房购买决策与中国城镇家庭杠杆率［J］．中央财经大学学报，2022（3）：93-104.

［94］易成栋，高璇，刘威．中国城镇住房制度改革的效果：总体改善、阶层分化以及对房屋普查、人口普查等数据的实证分析［J］．中国房地产，2018（15）：23-35.

［95］李嘉，董亚宁，任卓然．住房金融化、居民存贷比下降与住房资本转化：越储蓄，越买房［J］．现代财经（天津财经大学学报），2021，41（10）：68-83.

［96］李斌．中国住房改革制度的分割性［J］．社会学研究，2002（2）：80-87.

［97］李晓嘉．中国家庭债务激增的成因和化解对策［J］．人民论坛，2018（13）：82-84.

［98］李骏．从收入到资产：中国城市居民的阶层认同及其变迁：以1991—2013年的上海为例［J］．社会学研究，2021，36（3）：114-136，228.

［99］杨典，欧阳璇宇．金融资本主义的崛起及其影响：对资本主义新形态的社会学

分析［J］．中国社会科学，2018（12）：110-133，201-202.

［100］杨典，欧阳璇宇．社会学视角下的金融研究：发展脉络与主要议题［J］．金融评论，2021，13（4）：1-11，123.

［101］杨城晨，张海东．累积优势、金融化效应与住房资产不平等：以北京、上海、广州为例［J］．济南大学学报（社会科学版），2021，31（6），138-149，176.

［102］林宗弘，吴晓刚．中国的制度变迁、阶级结构转型和收入不平等：1978—2005［J］．社会，2010，30（6）：1-40.

［103］段军山．信贷扩张、房地产价格波动与银行稳定：理论及其经验分析［J］．现代经济探讨，2008（4）：9-13.

［104］毛小平．购房：制度变迁下的住房分层与自我选择性流动［J］．社会，2014，34（2）：118-139.

［105］盛夏，王擎，王慧．房价升高促使中国家庭更多地"加杠杆"吗：基于购房动机异质性视角的研究［J］．财贸经济，2021，42（1）：62-76.

［106］赵燕菁．投资型住宅需求与社会财富再分配［J］．北京规划建设，2010（6），150-152.

［107］边燕杰，刘勇利．社会分层、住房产权与居住质量：对中国"五普"数据的分析．社会学研究，2005（3）：82-98，243.

［108］边燕杰，约翰·罗根，卢汉龙，等．"单位制"与住房商品化．社会学研究，1996（1）：83-95.

［109］郭晔．政策调控、杠杆率与区域房地产价格［J］．厦门大学学报（哲学社会科学版），2011（4）：43-50.

［110］阮健弘，刘西，叶欢．我国居民杠杆率现状及影响因素研究［J］．金融研究，2020（8）：18-33.

［111］陈云松，范晓光．社会学定量分析中的内生性问题测估社会互动的因果效应研究综述［J］．社会，2010，30（4）：91-117.

［112］魏万青，高伟．经济发展特征、住房不平等与生活机会［J］．社会学研究，2020，35（4）：81-103，243.

［113］魏玮，陈杰．加杠杆是否一定会成为房价上涨的助推器？：来自省际面板门槛模型的证据［J］．金融研究，2017（12）：48-63.

组织决策分析视角下大城市菜市场的运作机制研究

——以上海市 G 菜场为例

❖ 华　仁（华东理工大学）

　　熊万胜（指导教师）

摘　要： 菜市场关乎民生大计，在保障城市居民的食物供应方面具有重要地位。随着近年来消费升级、生鲜零售行业竞争加剧以及政府治理水平提升带来的影响，国内大城市中的菜市场正在发生巨大变化。作为全国率先提出"菜篮子工程"的城市，上海菜市场的变化尤为典型。在政府主导的第二轮菜市场标准化建设中，菜市场管理公司被视为菜市场转型升级的关键，开始参与菜市场的日常经营。这一组织层面的变化正在潜移默化地改变既有菜市场的运作模式。开展对上海"管理公司+商户"联营式菜市场的研究，对于探索人民城市建设中的食物供应模式，推动菜市场的转型升级，具有重要的理论和现实意义。

　　本文借助组织决策分析的理论视角，以 Z 菜市场管理公司旗下的 G 菜场为研究个案，在梳理上海菜市场行业变迁基础上，从管理公司与商户在菜市场日常经营中的分工协作入手，来探讨"管理公司+商户"联营式菜市场的组织运作机制。

　　研究发现当前上海的菜市场所处的组织环境是一种由市场规则、流通规则、治理规则组成的复杂环境。而"管理公司+商户"联营式菜市场的出现正是回应了菜市场外部环境中不同利益相关者在各个层面提出的要求。在菜市场的日常经营中，管理公司与商户能够通过协商合作建构起一种具体行动体系，从而对内运用合同治理所代表正式规则以及组织成员之间的非正式关系来处理组织内部矛盾，对外能够以有组织的行动来应对市场规则、流通规则、治理规则带来的种种挑战。

　　这一行动体系的维持关键在于建构一种统分结合的双层经营机制。双层经营的分工机制使得管理公司与商户可以根据自身中继者的环境建构能力，来回应组织环境中治理规则与流通规则带来的不确定性。统分结合的整合机制使得管理公司与商户可以建立有组织的合作，从而去回应组织内部的矛盾冲突以及市场规则制造的诸多不确定性。其原理是在确保商户自主性与经营积极性的基础上，依托管理公司对商户经营的干预，来达到化解内部纠纷、提升市场竞争力的效果。最后，本文也指出这种统分结合的双层经营机制是存在限度的，它难以适用于一种竞争高度激烈的环境，且难以有效回应组织环境存在的整体性风险。

关键词：菜市场；组织决策分析；运作机制；统分结合；双层经营

第一章　绪　论

一、问题提出

近年来，国内大城市中的菜市场正在遭受各方面的巨大冲击。随着生鲜零售行业的发展，互联网技术的使用逐渐改变了城市居民食物消费的习惯。社区团购、生鲜电商等新兴市场主体日益成为菜市场的有力竞争对手，不断挑战菜市场在食品流通体系中的核心地位。

面对外部环境的变化，菜市场的改造升级成为近年来普遍的趋势。一方面，资本、艺术家、建筑师们开始参与其中，并在各地引发诸多讨论。在北京，国内一线知识服务公司"得到"与三源里菜市场联合办起了经济学的主题展。在苏州，老城区双塔集市的改造登上了东方卫视的《梦想改造家》节目。在上海，时尚奢侈品牌 Prada 与乌中市集的联动使这家小菜场成为著名的网红打卡地。另一方面，各地政府也都在积极推进标准化菜市场的建设，试图改变菜市场在管理和功能上的落后，扭转菜市场"脏、乱、差"的现状[1]。而上海作为当初在全国率先提出"菜篮子工程"的城市，在 2015 年就开始了新一轮标准化菜市场的建设，并围绕优化管理模式、提升数字化水平、完善追溯系统、实现价格稳定、强化品牌培育、提升供应链能级等方面开展了诸多探索。其中，规模化、专业化的菜市场专业管理公司在政府的引导下开始参与标准化菜市场的管理与建设。原本的老式菜市场正不断转型为一种"管理公司+商户"联营式的菜市场。

这一具有理性化色彩的行业变迁过程凸显了菜市场作为经济组织的面向。菜市场不仅是城市居民购买食材和生活用品的重要场所，更是在系统层面受到多方干预的一种经济组织。这一新现象的出现使得研究视角有必要从原有的空间与生活维度转向组织维度。

因此，本文的研究问题在于目前上海这种"管理公司+商户"联营式的菜市场是如何运作的，其运作机制是什么。并回答以下几个分问题：为什么要在传统菜市场的基础上引入管理公司？其动力机制和制度基础是为何？这种引入了管理公司的菜市场回应的是什么样的环境要求？这种环境如何作用于菜市场的组织运作？菜市场内部，管理公司与商户之间的权力关系和运作特征是怎样的？形成了怎样的运作机制来协调组织内外的矛盾？

二、文献综述

国内城市中的菜市场位于城市食物供应体系的末端，是居民日常获取食物的主要渠道之一。它的发展与变迁受到城市规划、流通体系、社会治理、消费升级等诸多因素的影响，并与全球的农业与食物系统转型密切相关。这些因素构成了菜市场行业的组织环境。

（一）农业与食物系统转型下的菜市场研究

学界对于菜市场的关注是与当代正在发生的全球农业与食物系统转型关联在一起的。"二战"以后，全球农业生产方式及食物供给模式的转型使得西方农村社会学的学者将农业和食物纳入研究议程[2]。这种转型的结果是一种权力集中于全球食品加工以及零售商的"沙漏型"体系被建立起来[3]。而作为农业与食物系统全球一体化的反作用力，各类追求替代性或补偿性的食物运动也开始出现[4]。

这一体系带来的直接影响是作为现代零售模式代表的超市从欧美发达国家扩散到了拉美、亚洲与非洲的发展中国家[5]，而菜市场这种传统的、具有地方性色彩的食物零售模式则逐渐被取代。Reardon 认为超市革命意味着超市在一个国家内呈波纹状不断扩散，空间上从大城市到小城市、再到农村地区，消费者从富裕阶层到中产阶层、再到贫困无产者，品类上从加工品到半加工品、再到生鲜农产品[6]。随着"超市革命"的继续，发展中国家的传统食品市场在零售方面具有的长期竞争优势将会在拥有大型集中分销系统的现代食品零售模式面前不复存在[7]。中国台湾地区的学者吴郑重就指出全球化背景下台北市菜市场的演化呈现出多元、混杂的市场特征，并且有着从传统模式向现代化大型连锁经营转变的趋势[8]。

与此同时，有一批持怀疑态度的学者却认为以欧美发达国家为原型提出超市革命并不具有普遍性。尤其在东亚地区，由于一系列社会结构和文化因素的阻碍，超市不会在东亚的食品零售中占据过多的市场份额[9]。之后，陆续有学者在中国的大型城市进行了消费者行为的调查，涉及城市包括青岛、大连、北京、上海、广州、南京等。其结果均表明菜市场在超市的竞争下仍然具有优势，菜市场仍然是大城市新鲜食物的重要来源[10]。在消费者行为层面，经济因素对中国消费者行为的选择影响很小，而食物的新鲜度、讨价还价的购物习惯、群体特征、购物便利性因素的影响更大[11]。学者司振中所在的研究团队发现，当前的结果是超市与菜市场之间处于一种错位竞争的状态，超市是市民购买乳制品、加工食品的主要渠道，而菜市场是生鲜农产品和肉类的主要购买渠道[12]。

相比于在超市革命语境下讨论发展中国家菜市场的存续问题，发达国家的研究更看重菜市场在全球食物运动中的重要意义。到21世纪初，农业与食物研究以及乡村研究的学者开始以替代性食物体系的框架来分析这些全球的食物运动[13]。在这一脉络下，作为生产者直接向消费者销售当地食品和其他农产品的场所，发达国家的菜市场被地理学家和社会学家认为是替代性食物体系的组成部分。他们认为菜市场"位于当地食物系统的交叉点……并为公民参与食物系统提供了一个具有战略意义的位置"[14]。对照国内的标准化菜市场，作为替代性食物体系组成部分的欧美菜市场在组织模式上更类似于集市、露天马路菜场等国内菜市场的早期形态。在性质上，这种追求有机食品、生态保护、在地化的食物交换模式在国内对应的是具有中产阶层色彩的农夫市集[15]。可见，国内的食物供给模式尽管呈现出全球同步的大趋势，但本土特色依然深厚[16]。

（二）中国菜市场转型的结构性因素研究

中国菜市场的转型，除了涉及上文提到的东亚地区的文化特殊性，更是受到政治层面结构性因素的影响。学者施坚雅指出，计划经济时期菜市场背后的统购统销体制在当时社会主义中国的具体背景下具有诸多优势。在30多年的运行中，它在一个物质资源相对匮乏、物流基础设施严重落后的条件下，以低成本的方式为中国庞大的城市人口提供相对稳定的新鲜农副产品[17]。改革开放以后，中国菜市场的恢复以及其相对于其他食品零售主体的竞争力也是国家干预的结果。张谦等学者指出在当时副食品产销管理体制改革的过程中，各地政府通过菜篮子工程推动了城市中的菜市场建设。这种制度上的支持以及对基础设施的投入使得菜市场在城市食品零售网络中依然占据中心地位[18]。

然而，政治导向的变化也会抑制菜市场的发展。在2004年前后，国家政策对于"农改超""农超对接"等模式的肯定使得国内学者当时普遍认为超市模式会在中国得到推广[19]。在这些条件下，超市被赋予了改革传统农产品流通体系，带动农民增收的地位[20]，是未来生鲜食品供应的发展趋势。相比之下，菜市场则被认为是一种传统的、效率低下、缺乏资金投入以及难以监管的"落后"模式，其背后传统的农产品流通体系会难以避免地产生食品安全问题[21]。

在当前阶段，尽管中国政府鼓励社会资本在菜市场的建设与运营中发挥作用，但是其具有社会主义特征的制度安排则对资本的扩展施加了限制。因此，在实现层面，中国的菜市场往往表现出一种公私混合的特点[22]。它不同于当前西方在食品安全问题上基于公私合作伙伴模式，即围绕法规制定、政策执行与监管而开展的公共部门与私营部门的合作[23]，而是在权力结构层面是产权与治权的分离，在权能结构层面是所有权与经营权的分离。近期的研究表明，在获得政策和城市规划的支持后，菜市场能够与超市相辅相成、共同演进，从而形成一种具有多样性的食物零售系统[24]。这种菜市场的现代化转型往往呈现出三种不同的路径，分别是更新改造、绅士化转型与社区化转型[25]。

（三）城市更新与菜市场的空间治理研究

在菜市场转型的过程中，围绕空间因素开展的城市更新以及随之而产生的空间治理是国内研究者主要讨论的议题。菜市场是外来务工群体来大城市谋生过程中的重要就业场所之一。这一灵活的创业空间，不仅为他们实现社会流动提供了机会，也帮助他们与城市居民建立社会关系，从而实现城市的融入[26]。但是，在城镇化的过程中，位于市中心的菜市场往往因为旧城改造而需要被拆除或改建。[27] 在这充满张力的议题下，城市规划与建筑设计的研究者关注的是菜市场的空间改造如何满足现代大城市发展的需要[28]。而持保护菜市场观点的研究则会关注菜市场背后的城市的地方性[29]、城市日常生活[30] 以及菜市场具有的生计意义[31]。菜市场的拆除破坏了菜市场背后蕴含的历史文化传承、社会经济关系以及食物交互网络，最终的结果是城市多样性的减少、公共空间的丧失、地方性的断裂以及菜市场原有从业者和周边居民的生计受损[32]。

城市更新过程中围绕菜市场空间而产生的矛盾在本质上是一个绅士化问题。绅士化（gentrification）是指低收入阶层社区被改造为中高档社区，并伴随着低收入阶层被中高收入阶层置换的过程，其背后是资本、权力与阶层之间的复杂博弈与互动[33]。而市场作为中产阶级化、驱逐与剥夺街头小贩的前沿阵地，往往会发生商业绅士化的现象[34]。而中国的菜市场是作为社区公共服务设施来修建的，往往位处社区中的优质地段。地方政府为了更高的收入以及治理非正规经济的需要，往往与私人资本合谋，将菜市场拆除并改建为价值更高的商业建筑。学者钟淑如进一步提炼了中国地方政府在治理逻辑上的特殊性。她认为地方政府出于在创建全国卫生城市与全国文明城市中对于卫生与现代化的追求、菜市场的位置与其商业价值之间的不匹配带来的效益追求以及大型城市对于人口结构调整的考量，从而会在城市更新的过程中对菜市场进行不断的整治[35]。

（四）既有研究述评

菜市场的相关研究背后关联的是全球农业与食物系统转型。在此背景下，发达国家的研究者一方面关注超市革命对于发展中国家本土食物零售模式的影响，另一方面则将菜市场视为一种社会的自我保护的运动，一种对于全球零售集约化的反抗。而国内由于食物议题的政治性不显著，学界对于菜市场研究更多是在本土语境下进行的探讨。既有的研究表明流通层面的制度变迁以及国家在产权上行动是影响菜市场经营的重要因素。除此之外，空间是国内学界理解菜市场变化的另一重线索。面对城市更新过程中不同主体围绕菜市场的空间而引发的冲突，建筑学与地理学的学者倾向于站在居民和菜市场商户的角度来反对城市更新背后的绅士化。

总体而言，以往的研究为笔者分析菜市场的运作提供了宏观结构与微观行动层面的支撑，但是依然存在以下几方面的问题。从研究视角来看，着眼于结构因素的研究注重探讨制度对于菜市场的影响，而没有将菜市场本身作为行动者，来探讨菜市场如何在制度的约束下接纳、利用既有制度。而着眼于空间的研究则直接将菜市场视为一种发生场所，而没有看到菜市场内部行动者之间的复杂性，以及其背后系统层面的约束力量。因此，有必要将研究视角从菜市场的外部转移到内部，来对菜市场进行更为细致的分析。从分析路径来看，既有的研究缺乏一种组织层面的分析。在现实生活中，菜市场也是作为一种组织行动者来积极参与社会转型的过程的。因此，有必要从组织层面来探讨菜市场内各个主体的行为逻辑，从而把握当前菜市场的运作机制。以上存在的问题为本文提供了进一步研究的空间。所以本文试图从一种组织的角度去探究大城市菜市场的经营过程，从而进一步去理解菜市场背后运作逻辑。

三、研究设计

（一）理论视角与分析框架

法国社会学的组织决策分析理论兴起于 20 世纪 60 年代，是行动者系统理论的一种。这一具有建构主义色彩的理论是在批评传统理性主义组织理论的基础上发展出来的，是一种对有组织的行动如何建构进行经验研究的分析性步骤。其关注组织过程的研究取向在一定程度上能够克服当前主流制度主义组织理论内部存在的那种把组织抽象化的倾向[36]。围绕行动领域中的权力和规则，组织决策分析理论提出了行动者、决策、不确定性领域、权力游戏、中继者、具体行动体系等分析性概念。

组织决策分析的出发点在于预设了一种有限理性的行动者。这些行动者为了达到自己的目标而进行决策。因其决策理性是相对的和有限的，他们并非完全受到组织结构的限制，其行为也不能被完全预料[37]。行动者拥有一定的"自由余地"，并且能够运用自身控制的不确定性领域来对其他行动者建立起一种权力关系。这种不确定性领域是行动者拥有的自由余地及权力的主要来源[38]。如果行动者通过掌握某一领域的实用知识，获得控制相对应不确定性的能力，那他就能够形成对此不确定性领域的管辖权[39]。

在对组织过程的研究上，组织决策分析是在更为一般意义的层面去反思社会秩序和行动的协作，它把集体行动的视角重新带回到组织研究之中。[40] 该理论认为组织现象在本质上是行动者对行动领域进行构建与再构建的过程[41]。因此，克罗齐耶将组织视为一种"由个人或集团的主动行为组成并支撑的行动体系"。[42] 这种"具体行动体系"是"权力与交换的策略性交互作用及过程的产物，同时有助于权力与交换的互动与过程进行调节与规制"[43]。而关系的调节体系和行动者之间的联盟体系是具体行动体系的两个基本要素[44]。至此，权力与规则成了建构行动领域的关键。相互依赖但又有着不同利益的行动者们不断利用游戏规则建构于己有利的协商性交换。这种伴随着权力的协商性交换是组织内的行动者开展合作的基础。

在组织决策分析的视角下，组织过程被视为一种行动者之间竞争性合作的建构过程，而不仅仅局限在市场或等级制度的二分之中。费埃德伯格特别强调市场实际的运作依赖于组织的结构和诸种规则对其的调控[45]。在这个意义上，市场与组织只是一种由相互依赖、相互竞争的行动者构成的连续统的两端。因此，本文得以将上海市在第二轮标准化建设中改建的菜市场也视为一种具体行动体系，从而探讨菜市场管理公司与商户之间行动领域的建构过程。

为了揭示当前上海市这种引入管理公司的菜市场的组织过程及其运作机制，本文在组织决策分析理论提出的诸多概念的基础上建构起一个分析框架（见图1）。

该框架分析的组织过程是面对共同问题的行动者如何通过协商性交换来建立一种具体行动体系，从而实现组织的良性运作。在菜市场的具体情景中，管理公司与菜场商户出于共同面对经营问题的需要而开展了合作，双方之间的权力关系得以从中建立。由于管理公司和商户都是具有中继者特征的策略行动者。一方面他们能够基于自身的行动能力和控制的不确定性领域来对环境进行建构，另一方面他们能够认知组织内外的规则，并选择自身的行动策略。因此，为了他们之间有组织的合作能够长期持续，他们会在菜市场这一具体行动体系内部建构一种统分结合的双层经营机制。

这一组织运作机制可以达成化解内部矛盾和建构外部环境的双重目的。其中，组织内形成的正式规则和非正式关系是内部矛盾化解的关键。而对于治理规则、流通规则、市场规则所在的组织环境进行建构则能够控制影响组织运作的不确定性。这内外两方面的达成便能够促使组织进入一种良性运作的状态。

值得注意的是，这种统分结合的双层经营机制只能够应对，但不能掌控市场规则中的不确定性。一旦市场环境严重恶化，管理公司与商户建构的行动体系依然有瓦解的可能性。

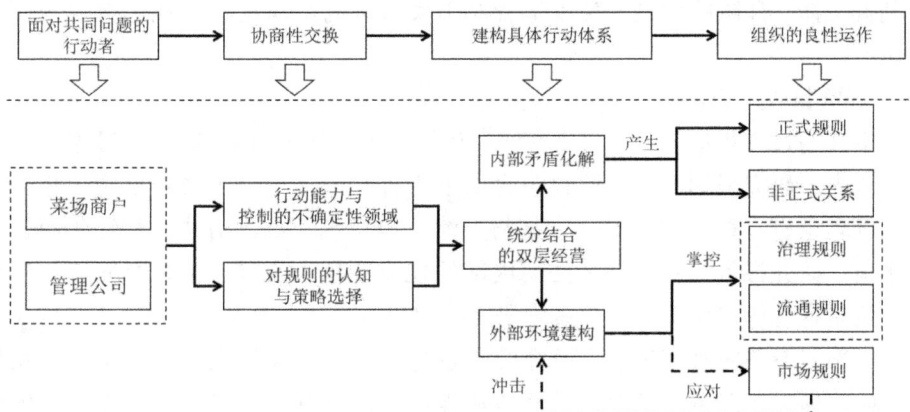

图 1 分析框架

进一步而言，统分结合的双层经营机制就是对该组织运作过程中内外两个方面的提炼。这一概念是对我国农业经营制度的研究成果进行组织层面的再阐释。它的适用性在于能够把组织过程中行动者之间的分工与合作、组织与环境的交互统一到一个行动框架之内。

（二）研究方法

1. 研究对象选取与入场

本研究选择的研究对象是 Z 公司旗下的 G 菜场。Z 公司成立于 2014 年，注册资金 2000 万元，是一家资产投资管理公司。主营业务是标准化生鲜菜场的改造与管理，也涉及酒店、公寓、美食广场等项目。自 2018 年开始，Z 公司在上海 5 个区打造并经营的标准化星级菜市场累计已达 10 家，参与招投标的菜场还有 5 家。这些菜市场的改造效果显著，在业内形成了良好的口碑。因此，Z 公司在上海诸多菜市场管理公司中具有典型性，能够更好地回应本文的研究问题。而 G 菜场是 Z 公司旗下一个面积较大的菜场，并且正在经历改造升级。以 G 菜场为研究对象可以对菜市场从筹备到日常经营的每个环节进行细致的研究，从而更有可能对菜市场的运作机制进行深入分析。

本研究开展预调研的时间为 2022 年 2 月 28 日至 3 月 7 日。在与 Z 公司老板 S 先生进行访谈，并走访了他们位于 S 区、J 区、H 区的三家菜市场后，笔者形成了对上海菜市场行业的初步认识。在 6 月上海疫情好转之后，笔者终于得以在菜市场开展田野调查，时间为 2022 年 7 月 1 日至 10 月 27 日。其间笔者以实习生的身份入职 Z 公司，在 7 月至 8 月中旬通过参与运营部的工作对 Z 公司整体的运作进行了考察。从 8 月中旬至 10 月底，笔者深入参与 Z 公司 G 菜场的开业工作，并在从事招商、办证、市场管理的过程中接触到与菜市场运作相关的各利益主体。此阶段的经历使得笔者对于菜市场的组织运作形成了更为全面的认识。

2. 资料收集方法

本文通过文献法、参与式观察法、访谈法来收集上海菜市场的相关资料。

首先，研究采用的文献资料包含以下内容：一是上海市政府出台的相关文件、管理条例、宣传读本等；二是与上海菜市场相关的地方志、统计年鉴、新闻报道、研究报告等；三是 Z 公司内部的规章制度、合同、汇报材料等。广泛地收集多样化的二手资料是开展本研究的前提。

其次，参与式观察法在本研究的资料收集上处于关键地位。在与 Z 公司员工、G 菜场工作人员、商户以及相关职能部门的交往中，笔者得以充分了解他们决策、选择和互动的逻辑，并逐步明确观察的内容。这一过程为进一步分析菜场的运作奠定了基础。

最后，在访谈法上，受限于菜市场的环境和笔者入场的方式，本研究采取的是无结构访谈法，在确定访谈主题的基础上，围绕访谈对象进行不同的访谈。这些访谈对象包括 Z 公司的工作人员、Z 公司旗下菜市场场长、G 菜场的管理人员、G 菜市场商户以及 GQ 街道市场监督管理所的工作人员。

第二章 上海菜市场的历史变迁与行业图景

一、上海菜市场的历史变迁

（一）从民营到国营：中华人民共和国成立后上海菜市场的沿革

近代意义上的菜市场与城市商品经济的发展密切相关，是城市化进程中的产物。它在诞生之初便受到政府治理的干预，其组织化程度取决于特定时期内政府的干预力度[46]。据《上海蔬菜商业志》记载，上海第一家菜场——中央菜场，是清同治三年（1864）由英国商人拉波尔德里与汉璧礼在和租界行政管理机构公董局商定后，于法租界洋泾浜南岸菜市街附近建立的。20 世纪 20 年代起，上海租界当局开始陆续建造西欧式的大中型室内菜场。抗战胜利后，国民政府接收了 22 家室内菜场，称为市立菜场，并在管理模式上延续租界当局的做法。除此之外，上海还有私立菜场、马路菜场，以及自然形成的集市，共计有

200 余个[47]。此时上海的菜场只是一种由个体摊贩集中经营蔬菜副食品的场所，这些处在零售环节的摊贩往往在经营上受到上游批发环节的各类私人地货行的压迫。

上海解放后，人民政府接管国民政府菜场管理所，并着手对菜场摊贩进行改造。1953 年 11 月，中共中央召开互助合作会议后上海的批发市场开始走合作化道路，此后下游零售菜场的摊贩也自发要求组织起来。1956 年 1 月，菜场开始实行全行业公私合营，国营批发商业对零售菜场进行供货。1958 年，菜场从小合作转为大合作，成为集体所有制的合作企业，并由上海各区成立国营区副食品公司来统管。1963 年，上海组建 10 余个国营菜场，至此国营菜场与合作菜场一起成为上海农产品零售的主渠道。20 世纪 70 年代，上海中心菜场稳定在 150 个左右，供应网点有 500 余个。在统购统销时期，上海菜市场在经营上从原来的由商户自主经营的市场模式转变为菜场雇用正式员工来经营的科层模式，商户的身份也从摊贩转变为国企或集体企业的职工。

（二）市场化转型：改革开放时期上海菜市场的变迁

党的十一届三中全会后，上海于 1979 年 1 月恢复了郊区的集市贸易，随后在市区设置 20 多处农贸市场，允许商贩和农民进城卖菜[48]。面对集市贸易、知青菜场以及农办菜场的冲击，主管部门和专业公司开始对作为主渠道的菜场进行经营体制改革，并着手加强菜场网点建设和改善露天菜场的设施。到 1982 年底，实行经营责任制的菜场发展到 41 家。到 1983 年，又增加到 101 家，占全市 144 个中心菜场的 70%。

此后，为缓解当时出现的农副产品供应偏紧和物价上涨过快的矛盾，1985 年上海市开始了副食品产销管理体制改革，并出台《上海市城乡集市贸易管理规定》，农产品由统购包销改为合同订购，副食品价格开放[49]。1988 年"菜篮子工程"成为上海系统性改革副食品生产和供应的突破口，当年全市 209 个国营和集体菜场中实行三级承包制菜场达到 115 个，而由 120 个农贸市场组成的集市贸易在销售额已占上海市区副食品零售总额的 30%[50]。1992 年是改革的重要转折点，此后的 1993 年，290 家原国有或合作菜场普遍实行经营承包责任制[51]，集市贸易的销售额则上升到 80%，由私人承包商和众多个体商贩组成的菜市场成为农副产品流通的主体。各区副食品公司也在这年改制为集团公司。

除了副食品产销管理体制改革，上海在 20 世纪 90 年代还同时进行了大规模的旧区改造。1999 年上海内环线以内 87 家马路菜场在改造后被搬入室内，到 2000 年内环线以内 108 个马路菜场集市全部入室[52]。随着轨道交通建设与新一轮中心城区市民的大规模动迁，政府对城区原有菜市场的改建工作再次开始。2005 年起，上海开始了第一轮标准化菜市场的建设，在出台地方标准的基础上开始分批对全市 600 余家菜市场和部分集贸市场进行标准化菜场改造。2006 年，上海市政府批准了《上海市菜市场布局规划纲要》，计划在中心城区把生鲜超市作为菜市场的补充。家乐福、易初莲花等大卖场也参与农产品的销售[53]。

21 世纪初，菜市场的主要矛盾在于上海市在菜市场的规划与建设上跟不上城镇化的发展速度，在大量外来人口进入上海的背景下，部分新建居住区或改造好的旧区出现配套上的诸多问题。[54] 这些问题为日后上海市政府开启新一轮标准化建设埋下了伏笔。现在上海市民印象中开在室内的老式菜市场便是在这一时期兴建的。在经营模式上，老式菜市场退回到原来的市场模式。菜市场内部往往会有一个由产权方雇佣或通过外包方式找来的管理方。管理方负责菜场日常的工作，并收取租金、垃圾清运、设施维护等，并在总体上维持市场的秩序。由于当时上海处在一个城市化的高峰阶段，大量的外来人口给菜市场带来了充足的客流，菜市场行业整体的利润率很高。但由于当时执法部门在管理制度上的不完善，导致菜市场的内部秩序往往处在一种丛林化的状态，存在菜霸等黑恶势力。他们与菜场管理方相互勾结，不断对菜场内的商户进行寻租。

（三）治理导向与改造升级：上海市第二次标准化菜市场建设的推进

2010 年上半年，主副食品价格持续快速上涨，"蒜你狠""豆你玩""姜你军"这些反映食品价格上涨的词语成为网络热词。上海居民消费价格指数也节节攀升，菜价贵给低收入群体的基本生活带来压力[55]。在此过程中，菜市场管理混乱、摊位租金过高、抬高流通费用的问题则进一步凸显[56]。

对此，公益性农产品市场开始成为社会较为认可的降低农产品流通成本、抑制价格上涨的解决方案。上海市 2011 年出台的《上海市标准化菜市场管理办法》中将标准化菜市场建设作为公益性民生工程，列入社区商业管理范畴，要求各区政府每年定期研究。此外，鼓励规模化、专业化的市场管理服务机构来对菜市场进行管理成为日后提升标准化菜市场管理水平的发展方向[57]。

一方面，在 2012 年中央一号文件中提出鼓励有条件地区建设非营利性零售市场的背景下，2013 年《上海市食用农产品批发和零售市场发展规划（2013—2020 年）》出台，上海市政府开始了对菜市场的产权回购工作，地方国有企业开始主导菜市场的建设。同时，引进专业菜市场管理团队的提法在规划中再次出现。[58] 产权回购的效果是显著的，2011 年，上海市共有菜市场 930 家，其中非公经济控制的菜市场占 80% 以上。截至 2017 年 10 月底，上海 854 个菜市场中，私有资产的菜市场只剩 233 个，公有经济控制的菜市场占 73%[59]。

另一方面，在 2013 年上海市政府官员去福州考察了永辉集团之后，永辉超市的模式开始成为一种理想的菜市场模式。到 2014 年，《上海市农产品流通骨干网络建设试点方案》出台，其中的提法"要推进标准化菜市场转型升级，培育和发展 2.0 版标准化菜市场"[60] 就是受此影响。于是，在第二轮菜市场标准化建设中，除了传统的保价稳供、食品安全等公益性目标，老式菜市场在管理模式和商业模式上的转型升级也成为本次建设的目标。从 2016 年到 2018 年，上海市政府试图以上蔬永辉、康品汇、美天旗下的菜场为样板，来打造公司化、集团化、连锁化的标准化菜市场 2.0 版新模式。"五统一"管理模式（统一标识、统一管理、统一结算、统一服务、统一品牌）[61] 在一些示范标准化菜场的基础上被逐渐推广。

但是，政府在推动菜市场经营管理模式转型升级上并非一帆风顺。其标志性事件是 2020 年 12 月 9 日永辉超市发布了《关于参股公司被法院受理破产清算申请的公告》。由国资和永辉双双背书的上蔬永辉并未经受住生鲜零售行业激烈的市场竞争。[62] 与此同时，上海的菜市场在转型过程中出现了分化，在一部分以上蔬永辉模式为样板进行改造的菜市场开始由菜场管理公司自营的同时，另一部分则依然探索管理公司与经营户合作的联营联销模式，老式菜市场中的商户在这一路径下得到了保留。

到 2021 年，随着数字化转型成为上海商业"十四五"发展的主攻方向之一，智慧菜场建设成为当前上海第二轮菜市场标准化建设的重心。[63] 提高菜市场经营管理组织化程度的目标依然在列，但这次试点旨在以信息化带动标准化，通过数字化赋能来提升管理能级。截至 2022 年 10 月，上海全市有标准化菜市场 875 家，其中智慧菜场 26 家。

二、当前上海菜市场的行业图景

在当前时期，上海的菜市场在总体上呈现出管理加强的趋势，菜场经营中的科层化色彩得到增强。在内部，是引入品牌化的管理公司来规范菜市场的日常经营。而在外部，是政府部门开始重视食品安全和扫黑除恶方面的工作。这两方面导致菜市场整体的市场秩序得到好转。

不过，该行业更为根本性的特征来自农产品流通层面。上海的农产品流通体系目前依然是以批发市场为主导的，菜市场位于该体系的末端环节。2021 年，上海全市食用农产品总消费量 2600 万吨左右，外省市供沪的食用农产品总量约占全市消费量的 80%。全市主要食用农产品批发市场 22 个，年批发交易猪肉约 43 万吨、蔬菜超过 339 万吨，其中地产蔬菜年上市供应量为 244 万吨[64]。其中，江桥、上农批、江杨、西郊国际 4 个中心批发市场主导了进沪食用农产品批发环节，承载了全市约 90% 的外省市进沪食用农产品的交易量。

批发市场主导的农产品流通体系中的交易者主要是小农户以及小商小贩，

只有少数是大型的农场、公司和批发商，其中交易的农产品也欠缺规范化的包装和分级。[65] 因此，外地的农产品想要进入上海往往要经历一个由多个环节组成的流通过程，即：生产者→产地批发市场→各级中间批发商→销地批发市场→销地零售市场→消费者。而本地的农产品，特别是本地小农户生产的"小农菜"，少数直接是对接菜市场进行销售，其余也是通过上海郊区的次级批发市场运到城中。抵达城区菜市场的农产品经过了多次转运与贩卖，是菜市场中商户的劳动使得农产品得以从批发市场来到上海的消费者手中。这些围绕农产品流通而关联起来的人和物是影响菜市场的重要行动者。他们长期以来形成的种种惯例和互动模式建构了一种流通规则。这类规范从底层约束着菜市场的经营模式。

此外，菜市场并不仅仅是销售一般农产品的场所，其经营背后体现的是当地城市居民的日常饮食模式。当前菜市场销售的商品在保留着传统色彩的同时，也正快速地迈向现代化。其中一个显著的趋势是农产品的品牌化程度正在上升。在猪肉、禽蛋、豆制品这些品类中，诸如膳博士、爱森等品牌化农产品的出现正在潜移默化地改变菜场的商品结构。上海商情信息中心发布的《2019生鲜行业发展报告》表明目前品牌食用农产品（如粮、油、猪肉、豆制品等）在上海市场份额已逾90%[66]。近些年在菜市场里兴起的预制菜则预示着一种更为商品化、工业化的食物图景。这种菜市场食物供应的现代化还包括菜市场的设施层面。随着菜市场电力系统的逐渐完善，冰柜、冰箱也陆续在菜市场中普及。那些需要冷藏才能存储和售卖的半成品、预包装食品也因此获得了供应自身的物质基础。

第三章 双重约束：上海菜市场经营环境的变化以及 G 菜场的遭遇

在组织决策分析理论看来，组织与环境的关系是一系列游戏规则的产物[67]，环境能够影响游戏的基本结构以及游戏规则的建构。因此，整个组织—环境系统的诸种规则机制是本章关注的对象。本文将菜市场外部行动者建构的规则概括为市场规则、流通规则与治理规则。流通规则已在上一章进行了分析，本章着重于分析当前上海菜市场行业在市场规则和治理规则层面受到双重约束过程，并描述 G 菜场在改造升级后面临的组织环境。

一、市场规则：新兴的竞争者与消费者的分化

（一）生鲜零售行业市场竞争的加剧

城市的发展与人口的聚集带动了菜市场这种食物零售模式的产生与扩散。在城市化的快速扩展期，菜市场作为城市居民和外来务工群体主要获取食物的方式，行业整体的利润率很高。而随着城市化进程的放缓以及生鲜零售行业竞争者的涌现，菜市场的地位从城市居民日常生活中的"刚需"转变为"备选"，菜市场的行业利润率也开始下降。在一线城市，菜市场的市场份额目前仅占生鲜零售渠道总量的38.4%[68]。

超市、大卖场、生鲜电商、社区菜店这些市场经营主体各自在价格、地理位置、便捷性等方面有其经营优势。这就导致菜市场原本的价格优势并不显著，[69]品类齐全和具备一定的社交属性成为其仅存的独特性。此外，菜市场保障农产品供应上也已不再具有过去的唯一性，早在20世纪90年代超市就已经获得政策层面的支持[70]。以上海市2700万人的消费人口以及平均每个营业面积1500平方米标准化菜市场能覆盖2万人来计算，那全市约需要1350个标准化菜市场。但这十几年来上海菜市场的总量却一直在900家左右浮动。相比之下，上海在2017年的连锁超市网点数量就已上涨到2700余家，其中标准超市约2500家，大型超市200余家[71]。可见，其中的缺口带来的市场份额是由这些新兴市场主体填补的，政府无意兴建更多的菜市场。

近年来社区菜店的兴起是这第二轮菜市场标准化建设的非预期后果。因为现在上海市政府是采取引入市场主体的方式来对老式菜市场进行改造升级，而非第一轮建设时期直接由政府出资修建。因此，出于资本回报率的考虑以及满足菜市场产权方对于租金收益的要求，菜市场经营者必然要抬高菜市场摊位的租金。这就使得菜场原本的租金优势也不复存在。最终的结果是社区菜店在上海社区的沿街路面上遍地开花，反过来挤压菜市场的经营空间。

（二）恩格尔系数与城市居民消费的变化

相比于供给端出现的竞争者，菜市场的需求端也正在发生巨大的变化。消费者、食物、场所之间的关系正在发生重构，消费分层、需求多元的情况已经开始出现。在宏观层面，随着上海经济持续快速发展，居民可持续支配收入逐年提高，食物消费的总量支出虽然不断增加，但占全部消费支出的比重已不断下降。利用2010年至2020年上海城镇居民与全国城镇居民家庭恩格尔系数的变化比较，可以发现近年来上海居民食物支出比重呈下降趋势。图2的数据表明上海城镇居民家庭恩格尔系数已经从2010年的33.52%降至2020年的25.68%，

已达到联合国划分的 20%～30% 的富足标准。

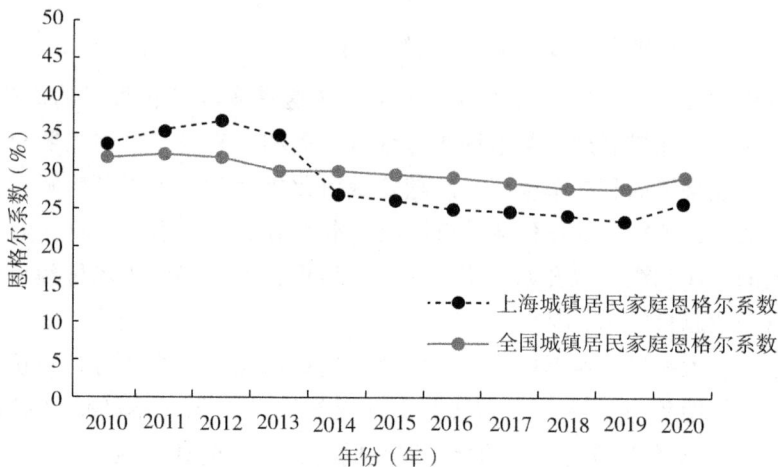

图 2　全国城镇居民与上海城镇居民家庭恩格尔系数的变化与比较

资料来源：2010—2020 年《中国统计年鉴》《上海统计年鉴》。

因此，上海的城市居民在食物消费结构层面已经由过去以粮食消费为主转向了以肉蛋奶蔬菜为主的多元消费结构。这种食物消费结构的调整，带来的是不同阶层之间消费水平的巨大差异，而菜市场往往无法满足居民更高层次的消费需要[72]。像上海这座城市中的中产阶级，对于帝王蟹一类的生猛海鲜、预包装的净菜、国外进口的高档食品，以及安全健康的绿色食物就有着更为强烈的需求，这就促成了一批高档生鲜超市的兴起。

此外，不同群体在消费体验上对菜市场也有着不同的需求。对一般的城市居民而言，来菜市场买菜不仅要买得到菜，还要买得舒适。菜市场得依然存有他们记忆中的烟火气。对于老年人而言，一个方便、安全的环境则更加重要。在 2020 年末，上海市 60 岁及以上老年人口已有 533.49 万，占上海市总人口的 36.1%。菜市场的适老化改造已经成为影响菜市场经营的重要因素。

二、治理规则：菜市场的标准化建设与政府干预的加强

（一）治理驱动下的菜市场建设

上海菜市场在新中国成立后的历史表明，菜市场作为一项民生工程，被政府寄予了相当大的期待。从农产品流通体制改革时期强调的保价稳供、经济效益与解决就业问题，到如今要求菜市场能够与上海国际大都市的身份相匹配，上海市政府对菜市场的干预从未停止。因此，治理驱动是上海菜市场在转型过程中的重要特征之一。

表1整理了2006年以来上海市政府发布的菜市场建设相关的政策文件。文件背后政策导向的变化对菜市场的建设有很大影响。在2005年第一轮菜市场标准化建设时期，市政府提出了"五个化"目标，即：购物环境商场化、商品价格大众化、主要商品品牌化、计量器具统一化、菜场设施人性化[73]。这一目标与当时侧重于与菜市场硬件改造的实际情况相匹配。而到2013年《上海市食用农产品批发和零售市场发展规划》出台时，建立健全食品安全追溯体系、强化规划布点执行力、引进专业经营团队、提高具有法人资质经营者比重等新要求开始被提出[74]。这一变化体现了之后上海市政府试图加强对菜市场的控制力，让菜市场回归公益的治理目标。

表1 2006年以来上海市政府发布的菜市场建设相关的政策文件

年度	文件名
2006	上海市菜市场布局规划纲要（沪府〔2006〕62号）
2013	上海市食用农产品批发和零售市场发展规划（2013—2020年）（沪府办发〔2013〕49号）
2016	上海市推进"互联网+"行动实施意见（沪府发〔2016〕9号）
2016	2016年标准化菜市场和社区智慧微菜场建设工作方案（沪商运行〔2016〕46号）
2017	2017年示范性标准化菜市场建设工作方案（沪商运行〔2017〕37号）
2018	2018年上海市标准化菜市场建设工作方案（沪商运行〔2018〕191号）
2021	上海市推进商业数字化转型实施方案（2021—2023年）（沪商电商〔2021〕172号）
2021	关于开展智慧菜场试点建设工作的通知（沪商运行〔2021〕78号）
2022	关于本市开展智慧菜场创建工作的通知（沪商运行〔2022〕121号）

资料来源：上海市政务网站搜集。

随着2016年第二轮菜市场标准化建设的开始，市政府的治理目标在原有的基础上进一步明确，提出了"三个转变"要求，即"重环境硬件向重经营管理"、从"单一化管理公司向公司化集团化管理"、从"分散供应向基地直供"的三大转变[75]。提升菜市场的组织程度成为那时政府治理的目标。如今，在强调商业数字化转型的背景下，以信息化带动标准化，建设智慧菜场又成为新的方向。

相比于政策文件在指导菜市场建设上具有的规范性要素，菜市场相关的法律法规和地方标准则带有强制性要素，规制着菜市场建设的基本运作。表2整理了2005年以来上海市政府发布的菜市场运行相关的标准与条例。在这些标准与条例的背后是各职能部门按照各自职责，依法对标准化菜市场实施监督管理。以2020年新修订的《标准化菜市场设置与管理规范》为例，它从菜市场的建设、经营要求、食品安全、价格、卫生、计量、人员等方面提出了更为详细的要求。可见，上海菜市场的建设与经营是在重重治理规则的约束下进行的。

表2　2005年以来上海市政府发布的菜市场运行相关的标准与条例

年度	文件名
2005	菜市场设置与管理规范（DB31/T 344—2005）（已替换）
2011	上海市标准化菜市场管理办法（沪府办发〔2011〕12号）
2011	上海市实施《中华人民共和国食品安全》办法，市人大常委会公告（第36号）（已废止）
2015	上海市食品安全信息追溯管理办法（上海市人民政府令第33号）
2017	上海市食品安全条例（上海市人民代表大会公告第18号）
2019	上海市生活垃圾管理条例（上海市人民代表大会公告第11号）
2020	上海市消防条例（市人大常委会公告第33号）（2020年修订）
2020	标准化菜市场设置与管理规范（DB31/T 344—2020）

资料来源：上海市政务网站搜集。

最后，在地方政府的治理与政策规制之外，来自中央政府的治理项目也约束着菜市场的日常运作。在创建全国文明城市、全国卫生城市的过程中，一些老菜市场会因为破旧的外观和堪忧的卫生状况成为被整治的对象。而设施较新的菜市场往往会直面这些项目带来的治理压力。在《2021年版全国文明城市测评体系及操作手册》中，实地考察部分有4个二级指标、7个三级指标涉及了菜市场。因此，作为实地测评中的重要点位，菜市场需要在宣传氛围、环境卫生、公共秩序、规范管理、设施设备5个方面达到相关要求。

（二）选择性再分配体系对菜市场扶持与干预

上文所提到的各种具有普遍主义特征的政策与监督，约束着上海所有菜市场的运作。但在现实过程中，一些条件较好的菜市场还会受到区政府的扶持，成为标准化建设中的示范点。这体现了选择性再分配体系对菜市场扶持与干预。选择性再分配体系是指国家在市场经济中依然掌握了丰富的资源，可以将这些资源有选择性地分配给特定的主体[76]。组织在接受了扶持的同时，组织自身权力被让渡给外部权力。因此，不同于政策规定和项目监督带来的合法性结构会导致所有菜市场在正式制度层面发生一种趋同，选择性再分配体系还包括一种资源性的结构，会诱使菜市场这一组织行动者积极参与这一选择性再分配体系。

在示范性菜市场的建设中，管理公司需要按照政府设定基本规则来推进示范性菜市场的改造升级，以制度化的方式去争取资源。这些指标包括规划合理、经营规模、统一结算、电子标签、追溯完备、基地对接、价格稳定、品牌入驻、供应链完善、管理制定这十个部分。上海市第二轮标准化菜市场的工作方案中明确政府要在资金、媒体宣传、人才补助上对示范企业予以支持。部分区政府也会对此进行考核，对达到要求的项目提供补助[77]。

三、改造升级后 G 菜场遭遇的组织环境

G 菜场地处上海市 P 区的 GQ 街道，周边共有 15 个居民小区。这家菜场属于附属式菜场，嵌入在一栋居民楼的一楼与二楼。菜场主体建筑是由国有企业 XB 集团在 2000 年建造的，早年由 XB 集团旗下的商业集团来经营，后由 P 区的国有企业 YC 集团接手。2017 年 G 菜场的经营权被承包给上蔬永辉公司。2022 年 G 菜场由 Z 公司接手，并在 3 月 10 日进行整体改造，到 9 月 1 日正式开业。改造后的总面积达到 3887.4 平方米，属于市区内少数的大型菜场。

（一）G 菜场在市场中的劣势

尽管 GQ 街道在 2021 年对 HL 路的街边菜店进行了整治，关闭了不少证照不齐全的菜店，但 G 菜场遭遇的市场竞争依然十分激烈。根据实地调查的情况来看，G 菜场半径 1 千米的范围内有社区菜店 15 家、超市 7 家。周边范围内如此高的密度使得 G 菜场原本客流发生了分流，限制了 G 菜场原本的服务范围。

这种激烈的市场竞争还表现在菜价层面。图 3 是笔者在 2022 年 10 月 2 日收集 G 菜场周边市场主体的菜价比较图。从图 3 中可以看出，黑色实线所代表的 G 菜场在菜价方面并不具有显著优势，只是处于一种中间位置。相比于社区菜店，尽管 G 菜场在价格上更为便宜，但与位于街边的社区菜场比，G 菜场更具地理优势。而与超市相比，尽管 G 菜场的品类更加齐全，菜的品相也更好，但在菜价上反而处于劣势。甚至与走精品化路线的小型生鲜超市相比，G 菜场的菜价也没有拉开差距。

而在居民的消费能力层面，由于 GQ 街道是典型的老式居住型社区，老龄

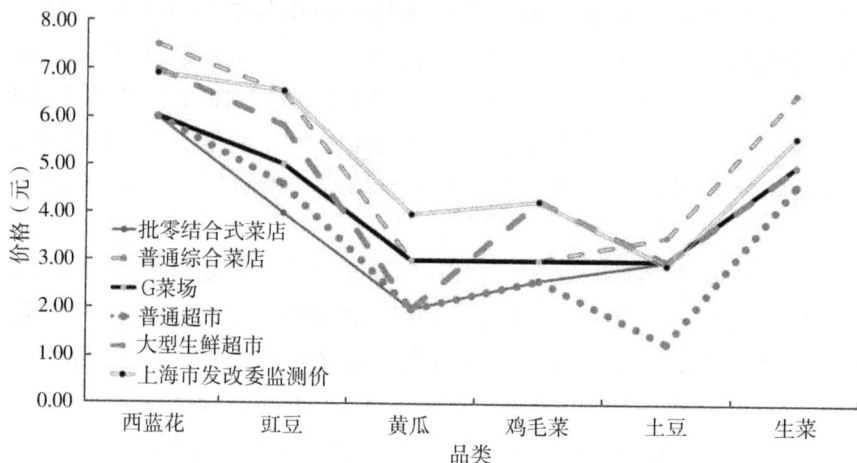

图 3　G 菜场与周边其他市场经营主体的菜价比较

资料来源：调研资料整理（数据采集时间为 2022 年 10 月 2 日）。

化比例高达 49.74%，再加上外来务工人员约占总常住人口的 1/5，所以街道内居民总体消费水平并不高。同时，老龄化也限制了周边居民来菜市场二楼买菜的意愿。尽管 G 菜场安装了可以上二楼的手扶电梯，但一些行动不便的老人还是不愿意上二楼。

（二）G 菜场面对的治理密集型环境

治理环境的复杂化体现为菜市场外部的行动者对菜场日常经营行为的干预。从图 4 可以看出 G 菜场所处的是一种治理密集型的环境。目前，道街一级的市场监督管理所是 G 菜场的直管部门，公安、城管、消防、计量中心等职能部门依法对菜市场进行监管。街道办负责菜市场相关的协调与管理，内有营商办负责菜市场的沟通工作，有党群办负责菜市场在创建文明城市上的点位准备工作。上海市副食品行业协会对菜场的标准化建设进行指导，居委会负责处理菜市场与周边居民的纠纷。而 G 菜场的产权方 XB 集团更是将 G 菜场的改造升级作为他们社区商业能级提升的重要布局，要求 Z 公司在 G 菜场的打造上要体现高颜值、高定位，同时也要具有烟火气。受此影响，G 菜场一楼的商铺由于关乎菜场形象，且能承受的租金更高，因而被全部改造为餐饮和熟食店，而传统菜场的部分则搬到二楼。以上这些行动者是给 G 菜场造成外部不确定性的重要来源。

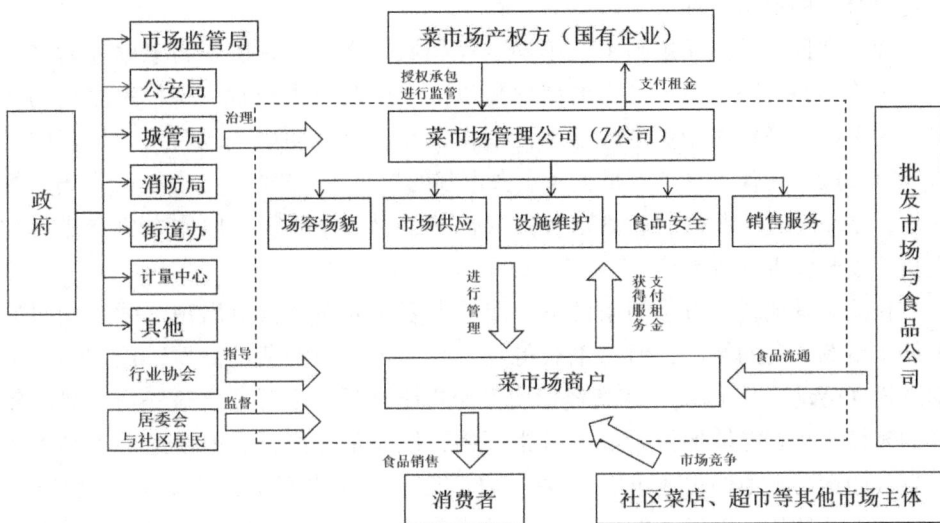

图 4　G 菜市场运作模式图

资料来源：调研资料整理。

第四章　从市场到组织：G 菜场行动体系的建构

面对组织环境中不同行动者提出的诸多新要求与新规则，上海的菜市场在近年来第二轮标准化建设的推动下，从原本以近乎市场化运作的松散结构转向一种内部行动者之间紧密程度更高的运作结构。其中，专业管理公司的出现是这种转变的关键。但是，这种转变并不是顺理成章的，其中往往伴随着冲突和妥协。这便引出了本章试图回答的两个问题：第一，管理公司与商户之间具体行动体系是如何生成的；第二，这一具体行动体系在内部是如何调节管理公司与商户之间协商性交换关系的。通过呈现 Z 公司旗下 G 菜场开业筹备与日常经营的经验，本章将对以上两个问题进行回应。

一、家庭经营与嵌入性：G 菜场商户掌握的行动能力

（一）家庭经营的抗风险性

经营 G 菜场的 Z 公司以及准备来 G 菜场开展经营的商户首先都是拥有特定行动能力的策略行动者。这种行动能力在具体情境下所展现的权力关系引发了双方对于行动领域的建构，从而使有组织的合作成为可能。这种行动能力是双

方达成合作的初始条件。

商户掌握的是流通规则中的不确定性领域。这点首先体现为家庭经营带来的抗风险能力。因为菜市场中的商户是以夫妻店模式来经营。这种家庭化的经济行为不同于公司对于资本收益率的追求，具有自我剥削式的特征。他们的日程安排一般是在晚上9点或早上4点去市郊的批发市场进货，6点在菜市场摆好摊位，之后通过不断修剪、洒水等方式保持食材的新鲜。一般丈夫负责进货与送货，妻子负责照看摊位。

在缺乏其他就业机会的条件下，即使夫妻两人在经营上出现边际劳动报酬上低于市场工资的情况，但出于获得收入来满足家庭消费的需要，他们还是会继续投入劳动。[78] 因此，家庭经营使得商户能够深入生鲜零售这一市场风险较高的领域。只要能够保持家庭的日常开销，便能正常经营。即使遭遇市场整体不景气的情况，他们也还可以通过一人打工、一人守店的方式来坚持一段时间。

此外，这种家庭经营的传统模式意味着他们还会有一些基于亲缘、地缘的社会支持网络。他们的家人、亲戚或者老乡往往与他们一起在同一座城市打拼。这种相互之间的联系使得他们在遭遇危机时，可以基于这些关系网络来获得额外的经营资源。

（二）嵌入性带来的弱关系集聚

掌握流通规则还意味着商户在一定程度上实现了自身在农产品流通这一行业的嵌入以及所在社区的嵌入。图3表明了他们与外部行动者的关联。这使得他们具有中继者的特质，能够聚合日常经营中的种种弱关系。这种嵌入性体现在以下三个方面。

首先，这种嵌入性体现为商户掌握的行业性知识。由于生鲜农产品的损耗率极高，商品周转层面的压力迫使商户需要在常年组织货源、分销商品过程中积累足够的经验与知识。如此，他们才能应对流通过程中的各种情况。

其次，商户自身积累的社会资本。拥有一批老客户是商户能够在当地长期经营的关键。他们往往通过经营关系渠道、建立熟人间的信任以及遵循交往规范的方式积累社会资本。[79] 如果菜场内的商户能够在常年的经营中积累几百个老客户，那他们就会进入一种嵌入当地社区的状态，从而极大回避市场竞争中的风险。

最后，商户与周边居民之间种种弱关系的集聚使得菜市场作为一个整体得以嵌入在周边社区居民生活圈中。这一过程的实现主要依赖于G菜场中那些老商户。他们在这一区域的长期积累使得G菜场能够与居民建立起一种人格化的联系。这些商户的老客户有些还养成了组团去逛菜场的习惯。

在流通规则的赋能下，这些商户在经营过程中会具有一种自信或者说傲气，以至于行为上给人以自由散漫的感觉。正是这些小老板在连接各种批发商、中间商以及消费者的过程中，出于追求额外附加值、提高自己劳动收入的目的，以自身的辛苦劳动实现了农产品的供应[80]。这种流通环境中的行动能力使得这些商户能够在与管理公司的互动中游刃有余，保有极大的自主性。

二、化解治理成本与科层化运作：Z 公司具有的行动能力

（一）菜市场治理的现实需要

菜场管理公司这一层级的必要性来源于职能部门等利益相关方在菜市场治理中面临的治理交易成本。因为菜市场涉及的治理规则众多，包括保价稳供、食品安全、消防安全、环境卫生、创城创卫等，这就需要管理公司将复杂的治理任务转化为商户可操作、可执行的行动。GQ 街道市场监督管理所分管 G 菜场的领导就感慨管理公司在菜市场管理上的必要性：

"市场还是要靠市场管理方来督促。你们市场算是很配合的了，我们提的要求你们都有在整改。不然，靠我们自己去盯，真的要累死。"（G02X-20221023）

但是，菜市场管理公司毕竟有效益上的考量，专业管理公司不仅要考虑政府层面的需要，还要面对生鲜零售行业极高的市场风险。如果一家公司有着强大的供应链整合能力，能够通过对流通规则的把控来降低市场风险，那它就可以采用生鲜超市模式来运作。但这种模式对组织的运营效率和成本收益控制有很高的要求，一旦在管理机制、获利能力上出现差错，那一家门店便很有可能在极短时间内倒闭。因此，作为一个具有明确管理与经营意识的行动者团体，Z 公司深知自身的优势是在应对治理规则方面，而不是深入参与市场竞争。于是，与菜市场中的商户进行合作便是 Z 公司在考量一系列因素后作出的选择。

（二）科层化运作对于菜市场经营能力的加强

为了回应治理规则下诸多行动者的要求，Z 公司逐渐发展出一套规范的现代企业制度，以科层化的运作方式来增强菜市场在整体层面的经营能力。在公司旗下各个菜市场之上，是 Z 公司的各个部门，包括办公室、财务室、运营部、工程部。因此，相比于那类只管理单个菜市场的普通管理公司，Z 公司在经营理念、规范化管理方面更加优秀。近年来，Z 公司在发展过程中不断有大卖场、超市背景的员工加入。这一新生力量的加入将生鲜零售理念和组织模式带入菜市场的经营之中。

此外，Z 公司对菜市场管理模式进行了优化，以制度化的方式来调整原有的管理制度，而不再采用传统菜场那种更具人格化色彩的场长管理模式。G 菜

场目前就设有场长 1 人、副场长 1 人、财务 1 人、管理员 3 人，总计 6 人。通过借鉴超市管理的模式，Z 公司围绕资产管理形成了一套完善的管理制度，包括打卡、例会、周报、财务、用印、监督和激励制度等。

三、G 菜场开业前的博弈与协商性交换的达成

上文的分析表明管理公司与商户处在一种相互依赖的关系上，双方均有对方所没有的关键资源，因而存在合作的可能。但是，这种相互依赖关系并不意味着双方之间就存在明确的、具有约束力的游戏规则。相反，这一系列规则的产生说明存在行动者相互之间进行协商的过程。管理公司与商户在此期间都会试图施展自身的行动能力来让自己在这段权力关系中处于优势。

Z 公司在最初的协商性交换中获得主动权是通过空间改造与租金设定来实现的。在上蔬永辉破产以后，Z 公司便接手了 G 菜场的经营。在之后改造升级的过程中，Z 公司试图以此来实现自己在这段权力关系中的优势地位。在 G 菜场的改造升级上，Z 公司投入了大量的人力、物力，仅对外公布的改造费用就多达 1600 万元。空间上的改造在组织层面的意义在于它是重新界定组织成员的开始。通过改造升级，Z 公司得以对 G 菜场的布局、商户进行整体性的调整。

在空间改造的背后，是 Z 公司在经济效益层面的考量。相比于商户考虑的是经营收入层面，Z 公司则更加关心资本的回报率。Z 公司的盈利模式是这样计算的：G 菜场预计一年的利润 = 全年经营收入 − 运营费用 − 国企房租。以 3 年收回 1600 万元的投资周期来计算，扣除每年约 80 万元的运营成本以及约 600 万元的房屋租金，G 菜场每年的经营收入要达到 1200 万元以上。这就要求 Z 公司能够找到一种基于商铺空间安排、商户投入与租金比例的最优组合。

一般来说零售业房租占商户经营收入的 10%，如果菜市场在租金上设定过高，那只会倒逼商户提高菜价，从而让菜市场失去周边社区的顾客，最终陷入恶性循环。因此，在这两重考虑之下，Z 公司在 G 菜场一楼设置商铺 32 间，外铺租金每月 16000 元，内铺租金平均每月 8000 元。在二楼设置商铺 133 间，蔬菜每月租金为 3500 元，肉类、水产每月租金为 5000~6000 元，禽类每月租金为 4500 元。租金是 Z 公司根据自身的条件和目的给商户设定的一种规则。它是管理公司与商户进行合作行动的重要先决条件之一。

在铺位规划好以后便是招商环节。Z 公司安排了一位有着丰富菜场从业经验的 D 经理来专门负责此事。在谈判过程中，一部分商户会被 D 经理描绘的未来图景打动，决定交定金、签合同。而另一部分则会因为各种原因选择放弃或是被迫放弃。其中最主要的原因是业态冲突。因为到招商的后期，大部分商铺

已经出租。考虑到市场业态保护的因素，D 经理会拒绝那些后来的、会引发业态冲突的商户。而出于经营风险和成本的考量，商户在此情景中往往处于一种弱势地位。

随着以上两个环节的完成，G 菜场内的组织成员便得到了确定。截至 2022 年 10 月 1 日，商铺出租方面，一楼有商铺 32 间，其中商户 31 家，空铺 1 间。二楼有商铺 133 间，其中商户 102 家，空铺 17 间。经营业态方面，一楼商户的经营项目主要是餐饮和熟食，其中熟食 16 家、餐饮 10 家以及其他食品零售商户 5 家。二楼是菜场的主体，其中水产 16 家、肉类 22 家、禽蛋类 13 家、蔬菜 24 家、便民服务 7 家，其余业态包括豆制品、南北货、半成品、水果、黄酒等共 20 家。

四、有组织地运作：G 菜场日常经营中的局部秩序

在双方达成协商性交换后，管理公司与商户就开始参照这些游戏规则来开展日常经营。这些内部规则贯穿在场容场貌、市场供应、食品安全、设施维护、费用收取等菜场经营的日常事务之中，促使行动者之间的协商性交换处于一种稳定状态，从而建构一种具体行动体系。建立在这些规则之上的是一些局部秩序，它们的存在使得这诸多规则得到统合。

（一）合同治理：G 菜场运作中的正式规则

在组织运作层面，这些局部秩序一部分表现为组织结构、组织的规章制度等组织的正式结构。但这些正式结构往往是组织内行动者之间一种协商的结果，以明晰化、条例化的表现形式来对行动者之间的游戏进行建构[81]。因此，想要对组织内的规则进行研究，双方签订的合同便是一个关键的切入口。

在 G 菜场管理公司与商户一般是签订为期一年的租赁合同，部分商户出于资金压力会申请签订半年的合同。就风险的承担方面而言，这份租赁合同是一种定额租约，而非风险共担的分成租约。而且合同上也明文确定，管理公司不用对商户承受的经营风险负责（见表 3）。

表3　G菜场租赁合同中对于双方权利与义务的规定

经营主体	合同规定的权利与义务
管理公司	1. 甲方应按照合同约定按时向乙方交付租赁场地。 2. 为了更好地经营管理该经营场所，维护该经营场所长期稳定的发展，甲方有权对包括但不限于经营场地内的经营业态、销售价格、位置作出合理调整，乙方必须无条件配合。同时，甲方有权对乙方所经营的商品进行定价，乙方必须无条件服从。 3. 甲方有权依据本合同对乙方的经营行为适当监督（仅限于政府要求的包括消防、安全、环保、卫生、治安、商业业态等事项），并对乙方提出整改要求，乙方应在甲方要求的期限内及时进行整改。 4. 甲方有权监管乙方的经营场所、产品质量、食品安全、产品溯源等，并有权对乙方销售的产品进行检测。 5. 租赁期间，甲方仅负责提供场地，由乙方实际经营，甲方不负担经营的亏损。 6. 乙方办理相关证照，甲方应提供必要的协助，但因无法办理证照而不能经营的，由乙方自行承担损失，甲方不承担任何责任。
商户	1. 乙方在履行本合同规定的各项义务的同时，有权合法、规范合理使用租赁场地。 2. 乙方应合法经营，依法纳税，保障职工的合法权益，做好安全保卫工作，自行承担所合作范围内的所有安全管理责任及由此延伸的一切事故的责任，包括安全生产、交通安全、食品安全、治安保卫、消防卫生、环保市容、城管、工商、税务等方面。 3. 乙方保证在经营中遵纪守法，遵守社会公德，确保菜场的整体形象和商业声誉，如有违反导致任何法律后果由乙方自行负责。 4. 乙方应接受甲方监管，包括但不限于对经营场所、产品质量、产品价格、食品安全、产品溯源等方面的监管。 5. 在甲方组织的大型营销模式包含促销活动中，乙方应无条件积极配合甲方完成各项事宜。

数据来源：摘引自G菜场租赁合同文本。

　　租赁合同对于双方权利与义务的规定直接地表明了管理公司与商户之间的权利关系及其背后的游戏规则。表3是笔者从G菜场租赁合同中摘录的部分文本。这份合同具有"不完全合同"的特征，管理公司权利多、义务少，在各项内容宽泛的管理事务中掌握着剩余控制权。

　　从合同对于双方权利与义务的规定可以看出，政府职能部门对于菜市场的各项要求被管理公司转化为合同中具体的文本。管理公司是作为治理规则的代理人来要求商户服从这些条款。商户也很清楚他们所处的权力关系，明白自己在这些事项上需要配合管理公司。不过，当菜市场商户之间因为业态冲突发生纠纷时，合同便会成为菜市场约束商户不正当行为的工具。正如Z公司运营部的 B 总监所言。

"场长手里得有筹码，合同到期菜场是可以清退你的。不能因为他拿着菜场以前的错误不放，我们就强硬不起来。……合同是管理菜场的有力工具，现在都是一年一签的合同，只有商户服从管理，合同才有续约的可能。"（C02B-20220703）

除了在维护市场秩序时会出现合同治理，在一些对管理公司极其不利的情景中，合同还会成为管理公司回避自身责任、维护自身权益的工具。比如，一些商户出于利益受损以及个人情绪的原因，不愿意配合 Z 公司的调整或是要求 Z 公司予以超额补偿时，那这份合同中的条款便成了菜市场场长约束商户、执行强制性措施的依据。由此，围绕租赁合同形成的一系列游戏规则便为管理公司和商户提供了基本的行动框架。

（二）讲究交情：日常管理中的非正式关系

除了正式规则所表现的局部秩序，那些植根于交换和协商中的非正式过程也形成了一种统合诸多规则的局部秩序。其中的典型是管理人员与商户之间的交情，以及在日常管理上表现出的"正式权力的非正式运作"[82]。

Z 公司有大卖场工作经历的 C 总在对比超市和菜市场的工作经历后，就认为超市和菜市场是两种完全不同的模式。在超市，管理层和员工之间的关系是科层式的，上级、下级在地位上差距明显，员工要执行上级的工作安排。而在菜市场，管理人员与商户之间的关系在实质上是平等的。因此，在日常经营中的大部分场合，管理人员很少使用合同中规定的强制性措施与惩罚手段，更多是借助人情、道理等非正式因素来劝导商户规范经营行为。

除了在日常管理中留有余地，菜市场管理员在工作中还会采用讲交情的互动模式。G 菜场的管理人员每天会花很多时间去跟商户打交道、建立与商户的私人联系。他们在巡场过程中，会跟商户聊天吹牛，并帮助商户解决一些小问题。在此过程中，双方的交情就建立起来了。

第五章 统分结合的双层经营：
对 G 菜场运作机制的分析

在 G 菜场遭遇的复杂环境中，与市场规则、流通规则、治理规则相关外部的行动者不断制造着诸多不确定性来影响菜场的运作。那么，G 菜场会采取何种运作机制来减少这些不确定性？管理公司与商户在其中是如何开展协商与合作的？这一运作机制的限度会在哪里？对此，本文试图用统分结合的双层经营来概括 G 菜场这种运作机制。

一、双层经营：管理公司与商户之间的分工机制

面对外部的不确定性来源，科层式组织一般是在内部建立专门的部门来对接环境，从而使这种外部不确定性保持稳定状态。而在菜市场中，这种组织内部的分化形成了管理公司与商户的双层经营。管理公司负责对接政府部门和其他能在治理方面对菜市场产生影响的行动者。而商户负责对接食物流通环节中的行动者。一旦遭遇流通规则和治理规则相互冲突的情景，相互妥协与配合的情形便会在双方之间出现。

（一）管理公司在回应治理规则上的双重角色

在 G 菜场所在的治理密集型环境中，管理公司在回应治理规则上的双重角色是明显的。一方面他们要完成各个职能部门安排的工作；另一方面一旦遭遇治理规则与当前菜市场行业的现状不相符的情况，管理公司又需要代表商户来应付职能部门的要求。

其中，证照办理最能够体现治理规则的规范性。伴随着上海近年来电子政务的改革，菜市场的商户需要在网上办理营业执照和食品经营许可证，实际流程比过去更加复杂。然而，由于目前在菜市场的从业人员文化层次不高，很难在短时间内上手这一整套流程，并准备齐全相关材料。因此，在办理证照方面菜市场管理公司会统一给商户代为办理，商户也乐意避免其中的麻烦。

一旦出现治理规则的要求与菜场现实之间存在落差的情况，管理公司就需要以策略性的方式来组织商户。由于部分食品安全的相关要求与当前菜市场的现实条件不符，其中的可操作空间极大。这就需要管理人员在解释工作上到位，并需要与市场监管所的工作人员保持良好的关系。这一点在证照办理中的平面图绘制环节体现得非常突出。例如，菜场中涉及餐饮服务的业态。因为涉及餐饮品类、食品安全等方面的规范，一旦市场监管所在图纸审核上不通过，那必然要让商户改装修。其间，管理人员会不断跟市场监管所的工作人员沟通商户的经营情况，并就商户图纸背后的实际安排进行解释。

（二）流通规则的稳定性对商户自主性的支持

菜市场商户的经营不仅有自身基于流通规则形成的行动能力，还受到流通规则背后那一整套物质基础的支持。管理公司对此难以干涉，反而还需要进行配合。流通规则中，上游的批发商、食品公司以及农产品本身都是这一规则下的行动者。他们要求商户与他们保持同步，这使得商户在经营上能够保有极大的自主性，从而免受治理规则和管理公司的影响。

流通规则的稳定性体现在近年来食品安全治理遭遇的阻力上。尽管近年来治理规则对于食品安全的要求越来越高，像豆制品、南北货、预制菜、酒类这些预包装食品已经实现了标准化，肉类也都普及了进货单据和检疫证。但是非标准化的农产品依然普遍，居民对此也有强烈的消费需求。因此，在对非标准化的农产品进行监管上，管理公司对于这类商品有极大的宽容度。G菜场在开业的时候，D经理就跟商户开会，说明菜场允许商户售卖一些农家腊肠、散装猪肝等较为敏感的农产品，给非标准化的农产品留出一些余地。

在食品安全信息追溯方面也是如此。尽管粮油、肉类、豆制品这些农产品在相关证明、票据方面已经相当完备，但蔬菜、水产、禽类的整体水平还不高。这些品类的上游批发商依然只提供传统手写的单据。菜市场通过单据只能知道这批农产品来源于哪个批发市场，无法进一步追溯其他环节。因此，尽管政府在食品安全信息追溯方面有要求，但菜市场的管理人员在平时还是会尽力去为商户做遮掩。

不过，商户也并非时刻都依仗流通规则来与管理公司进行博弈。这一点在迎接检查的时候最为突出。一旦菜市场管理人员通知会有职能部门来检查，商户其实会主动配合去隐藏敏感物品，从而避免给自己带来额外的麻烦。

（三）基于规则隔离的内部分工与风险转嫁

管理公司对于治理规则的有效回应可以极大程度上减轻商户在经营中遭遇的各种纠纷，帮助商户合法合规开展经营活动。而商户对于流通规则中不确定性的控制则使他们成为菜市场的日常经营中不可或缺的一部分。一个菜市场想要成为周边社区中具有不可替代性的场所，商户掌握的流通能力是关键。结合两方面来看，菜市场所处的组织环境构成了管理公司与商户的权力来源，这让他们难以相互替代。

这种分工机制也意味着管理公司与商户都难以对另一方占优势的领域进行干预，反而要予以配合。于是，双层经营机制对于诸多游戏规则的协调是通过将不同的规则进行隔离来完成的。这样，能够让管理公司和商户形成对各自占优势领域的理性认识，从而在自己不占优势的领域中去配合对方。

除此之外，这种双层经营机制还对组织运作中可能遭遇的风险进行了安排。由于管理公司与商户均不能对市场规则中的不确定性进行把握，出于一种转嫁风险的考虑，管理公司需要有商户来帮其共同承担市场风险。因此，这也是管理公司不愿意过多干预商户经营的原因。一旦管理公司在商户经营层面干预太多，那市场竞争中的不确定性便会需要由管理公司来面对。相反，商户这种自我剥削式的家庭经营模式是更能够抵御市场风险的。管理公司在经营层面的退出实际上实现了对商户的风险转嫁。

总体而言，作为中继者的管理公司以及商户各自拥有另一方难以替代的行动能力和资源。所以，在面对外部的多重规则及其行动者提出的种种要求下，管理公司与商户会在经营博弈中形成一种明确责任、划分风险的分工，这就是双层经营产生的基础。

二、统分结合：围绕管辖权形成的整合机制

由于管理公司与商户均不能对市场规则中的不确定性进行完全的把控，这就导致双方需要通过协商才能在提升市场竞争力上达成共识。而不像流通规则和治理规则的情境，可以由一方来主导。因此，日常经营中的管辖权是双方协商的核心。管理公司出于在维护自身租金收益的基础上提高市场竞争力的目的，必然会采取措施要求商户改变经营方式。而菜市场内部的商户则会利用既有的游戏规则来与管理公司进行博弈。于是，双方的互动就会在组织内形成一种统分结合的整合机制。

（一）目标分歧：菜市场经营中的不同诉求

不同主体对于菜市场的期望是不一样的，商户更加在乎菜市场的经济效益，而政府和居民则关注菜市场在保价稳供上的社会效益。这种经济效益与社会效益之间的张力在现在市场竞争激烈的环境中是极为显著的。相较于菜市场商户看重经济效益的目的，管理公司在行动目标上是较为矛盾的。它不仅要满足政府和周边居民对菜市场社会效益的期盼，兼顾自身的经济效益和商户的生存问题。对此，Z公司的S总将菜场的经营总结为以下四个目标。

第一是让政府放心，第二是菜市场能有足够的租金收益，第三是商户能确保合理的利润空间，第四是消费者能够买到物美价廉的食物。要让这四个目标形成一个良性的闭环，在引导商户薄利多销的同时，也要确保90%的小业主都能有钱赚。……如果大面积空摊，菜市场就会失去它的烟火气。外部的装修是容易复制的，但内部的管理和运营上是要下功夫的。（C01S-20220325）

不过，从管理公司的实际运作来看，最为基本的诉求还是自身的经济效益。因此，租金收益是管理公司首先要保障的。这一经济效益目标背后有其结构性的因素。因为随着政府在菜市场改造升级上投入的减少，管理公司开始承担起其中主要的费用，这就引发了投资回报率的问题。

但是，这并不意味着剩余三个目标是不重要的。菜市场的社会效益是菜市场管理公司合法性的重要来源。如果管理公司失去了对于菜价的把控，放任商户涨价销售，那就意味着这家管理公司的工作没有到位，对于商户的组织能力不足。从管理公司的角度出发，菜价不仅关乎一个菜场在周边社区中的名声，是吸引消费者、提升市场整体竞争力的关键，更是政府职能部门对于管理公司

的要求之一。而让商户能够有钱赚也是重要的目标，如果商户的经济效益无法保障，那他们是不可能配合管理公司来平抑菜价的。

而商户看重经济效益则是有生计方面的考量。因为菜市场的租金是一年一次付清的。在 G 菜场中，即使是最便宜的蔬菜摊位至少要 5 万元才能拿到手，一楼的熟食铺位租金更是普遍在 15 万元以上。这样一笔巨大的支出对一些新商户而言是极具风险的，这往往是他们多年打工的积蓄。在 G 菜场中，一些经营状况不佳的新商户甚至会为下一个月的摊位费而发愁。

更为残酷的是，除了菜场与菜店、超市的竞争，G 菜场内部的商户也存在竞争。G 菜场不像周边一些小菜场那样每个品类是独家经营，只有一家商户。相反，二楼 102 家商户每个品类下都有 4~5 个在相互竞争。在有限的客流下，这种市场份额的竞争是残酷的，往往挤走一家，剩余的几家就能存活。因此，商户之间也存在利益上的冲突，尤其是新老商户之间。面对管理公司与商户之间目标的差异以及这种差异背后的结构性因素，管理公司唯有以干预商户经营行为来提高市场竞争力，才能够平衡多方的不同诉求。

（二）深化管辖权：管理公司组织商户的努力

管理公司设想的理想状态是在保证管理公司租金收益的基础上，通过在菜场开展市场营销来吸引客流以及引导商户在经营上薄利多销这两大方式来达到提升市场竞争力的效果。这一过程主要是围绕平抑菜价来展开的。为了建构这样一套统分结合的运作机制，从而让商户参与其中，并服从管理公司的安排，Z公司在 G 菜场开展了一系列深化管辖权的努力。

首先是界定问题。降低菜价的责任主体是谁？管理公司应不应该干预商户的经营？要以何种方式来降低菜价？为了提高自己在协商过程中的地位，管理公司需要尽可能减少自身租金与抬高菜价之间的关联，并让商户认识到平抑菜价的重要性。用管理公司员工的话来讲，那就是得让商户相信市场的利益就是他们自身的利益，相信只有市场整体的物美价廉才能带给他们更多的收益。

不过从商户角度出发，薄利多销意味着商户自身要来承担经营风险。因为高菜价带来的短期收益是非常明显的，且部分消费者对于菜价并不是很敏感。相反，薄利多销反而是有风险的，在无法保证人流量的情况下，降价带来的损失并不一定能靠客单量来弥补。同时，商户给出的售价并非他们随意设定的，而是由上游批发市场的价格以及商户家庭的劳动力成本、菜场摊位租金三方共同决定的。下游菜市场内的商户只是在批发价的基础上再加一个相对固定的附加值。可以说管理公司在要求商户薄利多销的同时，其实是隐藏了自己在租金上寸步不让的事实。

其次要弄清商户的利润空间，这样才能对菜价的高低有合理的判断。对此这就需要管理公司考虑两方面因素：其一，是弄清菜市场内各个业态的一般的毛利点；其二，要考虑商户的生计因素。正如 Z 公司的 G 店长所言：

> 只有弄清楚商户的利润空间，才能实现菜价控制并且管好小业主。这些小商户每个背后都是有一个家庭的，所以他们每个月的成本包括房租、场租、吃喝、子女教育 8000 是跑不了的。因此，他必须每个月能做出 2 万元的营业额，才能保证他们一个家庭的生存和发展。（C01G-20220903）

然后便是开展行动来干预商户的经营行为。面对平抑菜价中主体责任上的含混性，管理公司在经营管理上的持续性投入就成了影响商户经营行为的关键。这种持续性投入在个体层面表现为对经营情况较差的商户提供杠杆服务，具体包括降低租金，对接饭店、食堂等外部资源，给商户免费的广告位，等等。

在菜场的整体层面则表现为以下两方面：一方面是以管理公司为主体开展市场促销活动，吸引更多客流来抵销商户因降价而产生的损失；另一方面是在日常管理中对菜价进行监管。一旦这些行为产生了实际效果，那管理公司对于商户经营行为进行管辖的正当性就能够确立。商户在感受到管理公司的诚意后，也会愿意服从管理公司的安排，以降低自己的利润空间来换取长期经营的可能。通过以上方式，Z 公司开始介入 G 菜场商户日常的经营行为之中，并在一定程度上实现了对商户的统合，从而建立起自身的权力优势。

（三）利用规则：商户维护自身经营的空间

统分结合的运作机制背后是一系列的协商关系与相互妥协。管理公司需要确保商户在参与这场关于平抑菜价的合作中能够不丧失自身的行动能力。因为一旦商户失去了所有的自由余地，或是管理公司的介入过于强硬，那商户更有可能采取退出的策略，拒绝在平抑菜价上与管理公司进行合作。

这就意味着商户也有利用游戏规则来与管理公司进行协商的空间。在规则层面，尽管合同规定了菜市场管理公司在涉及治理的诸多事务上具有管理权，但提供基本的物业服务是其义务。当管理公司提供的物业服务不到位时，那商户便能够在菜场的日常博弈中占到上风。而在合同之外，管理公司建构的这套游戏规则有一个隐含的承诺，即只要商户配合管理公司的工作，那就能在日常经营中获得足够的收入。如果市场运作良好，商户生意兴隆，那管理公司的优势地位就能够持续。反之，市场生意不景气，那管理人员的工作就会处处被动。商户可以用"生意不好""菜场没有人气"等话术来跟管理人员讨价还价。最后，商户还可以利用治理规则来对管理公司进行施压。当管理公司在保供稳价、疫情防控上出现重大失误，或是引发群体性事件时，原本的权力关系也会反转过来。

可见，统分结合这一运作机制并不是在静态过程中对商户产生单向的影响，而是在一个动态的协商过程中发挥双向的影响。它的核心要义在于：一方面，管理公司要通过持续性的投入来影响商户的日常经营，从而引领商户、实现对商户的组织。另一方面，管理公司又不能完全取消商户自主的空间，反而还要维护他们参与合作的积极性。这"统"与"分"都能兼顾才是一个完整的协商过程。

三、市场规则的约束与统分结合双层经营的限度

以上两节对 G 菜场运作中的统分结合双层经营机制进行了分析。作为一种具体行动体系内的规则协调机制，统分结合双层经营的建构是存在一系列前提条件的。如果说菜市场管理公司和商户对于治理规则和流通规则中不确定性领域的掌控是统分结合双层经营得以建构的根基，那双方都难以掌控的市场规则中不确定性领域则暗含着这一机制瘫痪的可能。

在一个市场规则主导的、竞争极其激烈的生鲜零售行业中，菜市场作为一种经济组织，在经营层面会遭遇极大的不确定性。尽管 G 菜场通过统分结合双层经营能够较好地回应治理规则与流通规则中的种种要求，但是它实际上并没有一种能够显著提升市场竞争力的手段。以至于 Z 公司在平抑菜价和吸引客流上投入只是让 G 菜场维持在一种有序经营的状态，并不能在周边社区菜店的竞争下形成更强的市场竞争力。

其中，市场份额问题是摆在 Z 公司和商户面前的最大难题。G 菜场是一家经营了 20 多年的老菜场。它与其周边 15 家社区菜店、7 家超市一起构成了这一区域的市场竞争格局。因此，较为稳定的客流量既是 G 菜场的优势，也是其限制。在上蔬永辉经营期间，这里的客流量可以支撑起 50 多家商户的正常经营。而到 Z 公司经营期间，商户的总数超过了 100 家，那客流有限的问题就会非常突出。

在菜市场双层经营的运作下，市场经营的风险其实大部分被转嫁到商户方面。由于管理公司在一开始就收取了商户的租金，即使市场环境严重恶化，管理公司也处在一种旱涝保收的状态。相反，商户则要经受大环境恶化带来的市场竞争考验。在这之中，商户内部产生了严重的分化，少数有着大量老客户的商户依然生意不错。大部分商户则是处在一种刚刚保本的状态，每天获得的利润能够维持摊位正常运作。剩下一部分商户已经面临亏损困境，时刻准备退租。

以上环节表明统分结合双层经营机制并不是一种万能的、可以应对一切外部环境变化的机制。当组织面临的问题已经超出双方行动者的能力范围后，这种合作机制便会走向瓦解和重构的阶段。

第六章 结论与讨论

一、结论

本文从法国社会学的组织决策分析理论出发，通过对上海市 Z 菜场管理公司旗下 G 菜场的案例研究，来分析当前上海"管理公司+商户"联营式菜市场在组织运作层面的变化。不同于当前主流组织社会学的研究侧重于宏观环境、制度规范的分析路径。本文试图聚焦于组织的实际运作过程，通过探讨菜市场中相互关联的行动者如何形成有组织的合作，来探讨这种"管理公司+商户"联营式菜市场背后的运作机制。

研究发现，在菜市场管理公司被上海市政府引入参与菜市场改造升级的同时，上海菜市场的组织环境正在因为双重约束的发生而变得越发严峻。在市场规则、流通规则、治理规则这三重规则的影响下，政府、菜市场产权方、消费者、新兴的生鲜零售商这些菜市场外部的行动者不断在社会治理、食品安全、市场竞争等方面对菜市场提出新要求。菜市场行业整体利润率也在下降。在这一新阶段，"管理公司+商户"联营式菜市场的有效运作便依赖于内部管理公司与商户能够在协商的过程中建构起一种具体行动体系。这一行动体系不仅能够基于合同治理所代表正式规则与菜市场内行动者之间的非正式关系来处理内部的矛盾，还能够通过促成管理公司与商户的合作来回应组织环境中的种种要求的。

具体而言，本研究将这一具体行动体系的运作机制总结为统分结合的双层经营。双层经营意味着这样一种分工机制，即管理公司与商户作为具有不可替代性的经营主体可以根据自身掌握的不确定性领域，来回应组织环境中治理规则与流通规则带来的不同要求。即使面对治理规则与流通规则相互冲突的情景，双方也可以通过相互配合的方式来灵活应对。双层经营是统分结合的前提，它确立了"分"的基础性地位，让两方的行动者都有一个对方难以干预的基本盘。而统分结合则意味着一种围绕管辖权而形成的整合机制。它对内确立了菜市场日常经营过程中的管理秩序，但又给了行动者一定的余地。对外则促成了管理公司与商户有组织的合作来面对市场规则制造的诸多不确定性。以上两方面的关键在于管理公司不仅要实现对商户的经营行为的统合，还要确保商户经营的自主性与积极性。最后，本文也指出这种统分结合的双层经营机制是存在限度的，它难以适用于一种竞争高度激烈的环境，且难以有效回应大环境内爆发的整体性风险。

二、讨论

本文在对于菜市场的组织运作进行考察时，发现当前这种"管理公司+商户"的组织模式与中国理想状态下的农业基本经营制度在运作机制上有共通之处。这促使笔者将统分结合双层经营的研究从农业经营制度的领域拓展到了组织领域，对其进行再阐释。从组织研究的层面来分析，统分结合的双层经营模式相比于传统的科层制组织是一种组织化程度不高的模式，其运作的严密程度不高、缺乏细密的分工和复杂的规章制度。但是，从国内这些经济组织的运作来看，它并不是一种低效率的组织模式。相反，它在一个低度组织化的层面就是实现组织运作的高效率，尤其是在调动起组织成员的积极性方面。但是，这种积极性不是通过物质激励来达到的，而是通过组织层面的分工来实现的。从过去中国农业经营体制变革产生的经验中也能够看出这一点，"宜统则统、宜分则分，统分结合"，农民参与农业生产的积极性在承包到户之后被调动起来。

如果对农业之外的运输、零售、地产等领域进行观察，那便会发现统分结合双层经营在以下行业中都是存在的：出租车市场中的承包模式、餐饮零售行业存在的加盟店、产业园区中的管理方与企业、地方政府发展地方经济时采取的行动模式，等等。可见，这种责任到人、让个体能够在组织中"承包"一部分工作的模式在中国是普遍的，它构成了不同于主流科层制模式的另一大组织模式。那么，进一步的问题就是为什么统分结合的双层经营会在中国如此普遍？

从以上行业的运作来看，行动中对于自主性的追求是统分结合双层经营得以普遍化的关键。在对中国人的自主性进行解释的研究中，学者汪和建从中国文化的层面给出了一个具有启发意义的解释。他认为是中国人那种自我主义的行动倾向使得中国人在市场经营中更偏好于自主经营，从而自雇群体和民营企业在组织模式上会呈现出一种网络化组织的样貌。[83] 这一观点对于解释统分结合双层经营机制中"分"的层面是有解释力的，行动者自身会产生一种拉力让其偏离科层制这种高度组织化的运作模式。但是，统分结合双层经营中"统"的层面要如何去解释呢？

对此，本文认为这种变化的出现是源于外来规制性力量的影响，存在一个站在自主性对立面的因素在形塑这种分散的自主性。学者李友梅在其"制度—生活"命题中提出："制度与生活的关系，最后的落脚点是制度如何处理生活领域中不断生长的'自主性'问题，如何管理、引导、约束或者释放'自主性'的问题。"[84] 从这一角度来看，制度是影响统分结合双层经营的另一重要因素。

对此进行进一步的追问，这种约束行动者的制度是何种制度？我们可以说这是一种制度或者说系统直接介入生活的环境之中，自主性日益受到约束的制度环境。[85] 面对这样一种制度，组织才需要分化出一个回应制度环境的部门。而由于我国制度因素的显著作用，所以这一部门并未像西方社会中的组织那样只是与效率部门处于相同地位。相反，它是处于核心地位的。因此，这一部门在组织中承担起了对接制度的作用，而其他效率部门出于维护自主性的考量也愿意服从它的领导。至此，可以说统分结合双层经营这一行动系统的产生源于组织内行动者对于自身日益受到约束的自主性的一种自我保护。所以，本文认为面对外部环境中多重规则的规制，统分结合双层经营是行动者们在组织层面协调各层次主体自主性的一种集体行动。统分结合双层经营之所以普遍，便是因为在这些行业中制度与自主性之间的张力极大，而需要通过组织层面的调整，才能维持组织的正常运作。以上内容是笔者对于统分结合双层经营机制何以普遍进行的一种理论性回应的尝试，进一步的研究还有待日后来展开。

参考文献

［1］孙凤 . 新时代我们需要怎样的菜市场［J］. 人民论坛，2020（28）：54-56.

［2］CAROLAN, MICHAEL. The sociology of food and agriculture, Routledge, 2016：3-5.

［3］GUPTILL, AMY E, DENISE A et al. Food and society：Principles and paradoxes［M］. John Wiley & Sons, 2017：124-128.

［4］BUTTEL, FREDERICK H. Some observations on agro-food change and the future of agricultural sustainability movements［J］. Globalising food, 2013：264-286.

［5］REARDON, THOMAS, et al. The rise of supermarkets in Africa, Asia, and Latin America［J］. American journal of agricultural economics , 2003, 85（5）：1140-1146.

［6］REARDON, THOMAS, GULATI A. The rise of supermarkets and their development implications：International experience relevant for India［J］. International Food Policy Research Institute（IFPRI）, 2008, 752. No. 589-2016-39798.

［7］GORTON, MATTHEW, SAUER J, et al. Wet markets, supermarkets and the "big middle" for food retailing in developing countries：Evidence from Thailand［J］. World Development, 2011, 39（9）：1624-1637.

［8］吴郑重 . "菜市场"的日常生活地理学初探：全球化台北与市场多样性的生活城市省思［J］. 台湾社会研究季刊，2004（55）：47-99.

［9］GOLDMAN, ARIEH, KRIDER R, et al. The persistent competitive advantage of traditional food retailers in Asia：wet markets' continued dominance in Hong Kong［J］. Journal of Macromarketing , 1999, 19（2）：126-139.

［10］BAI J F, THOMAS I. WAHL et al. McCluskey. Consumer choice of retail food store formats in Qingdao, China［J］. Journal of International Food & Agribusiness Marketing, 2008,

20（2）：89-109.

［11］MARUYAMA, MASAYOSHI, WU L H. Quantifying barriers impeding the diffusion of supermarkets in China: The role of shopping habits［J］. Journal of retailing and consumer services, 2014, 21（3）：383-393.

［12］ZHONG S Z, SCOTT S, MCCORDIC C. Supermarkets, wet markets and food patronage in Nanjing, China［J］. HCP Discuss. Pap, 2016.

［13］司振中，代宁，齐丹舒. 全球替代性食物体系综述［J］. 中国农业大学学报（社会科学版），2018（4）：127-136.

［14］WITTMAN, HANNAH, BECKIE M, et al. Linking local food systems and the social economy? Future roles for farmers' markets in Alberta and British Columbia［J］. Rural sociology, 2012, 77（1）：36-61.

［15］罗攀."有机"可乘：关于北京"有机食品"消费热潮的人类学调查［J］. 思想战线，2018（6）：46-54.

［16］李静松. 社会学视域中的农业与食物研究：一个分支学科的形成及其问题意识的演进［J］. 国外社会科学，2019（1）：4-11.

［17］SKINNER G. WILLIAM. Vegetable supply and marketing in Chinese cities［J］. The china quarterly, 1978（76）：733-793.

［18］ZHANG, FORREST Q, PAN Z. The transformation of urban vegetable retail in China: Wet markets, supermarkets and informal markets in Shanghai［J］. Journal of Contemporary Asia, 2013, 43（3）：497-518.

［19］周洁红，金少胜. 农贸市场超市化改造对农产品流通的影响［J］. 浙江大学学报（人文社会科学版），2004（3）：46-53.

［20］周应恒，卢凌霄，耿献辉. 生鲜食品购买渠道的变迁及其发展趋势：南京市消费者为什么选择超市的调查分析［J］. 中国流通经济，2003（4）：15-18.

［21］胡定寰，GALE E、REARDON T. 试论"超市+农产品加工企业+农户"新模式［J］. 农业经济问题，2006（1）：36-39, 79.

［22］ZHONG T Y, et al. Achieving urban food security through a hybrid public-private food provisioning system: the case of Nanjing, China［J］. Food security, 2019, 11（5）：1071-1086.

［23］MARTINEZ, GARCIA M, et al. Co-regulation as a possible model for food safety governance: Opportunities for public-private partnerships［J］. Food Policy, 2007, 32（3）：299-314.

［24］YUAN Y, et al. Revisiting China's supermarket revolution: Complementarity and co-evolution between traditional and modern food outlets［J］. World Development, 2021（147）：105-631.

［25］钟淑如. 菜市场的活力［J］. 文化纵横，2022（6）：148-156.

［26］CHEN Y L, LIU C Y. Self－employed migrants and their entrepreneurial space in megacities：A Beijing farmers' market ［J］. Habitat international, 2019（83）：125-134.

［27］李强，陈宇琳，刘精明. 中国城镇化"推进模式"研究 ［J］. 中国社会科学，2012（7）：82-100, 204-205.

［28］胡双婧. 当代北京旧城菜市场空间研究 ［D］. 北京：清华大学, 2014, 7-12 页。

［29］李一溪，张荷，冯健. 北京市老城区菜市场的地方性及其机制研究 ［J］. 人文地理, 2017（6）：65-71, 103.

［30］刘彬. 城市传统菜市场的地方芭蕾与地方感研究：以成都市青羊小区菜市场为例 ［J］. 城市问题, 2020（2）：39-48.

［31］陈宇琳. 北京望京地区农贸市场变迁的社会学调查 ［J］. 城市与区域规划研究, 2015（2）：73-99.

［32］许中波. 日常生活批判视角下城市更新中的空间治理：以武昌内城马房菜市场动迁为例 ［J］. 城市问题, 2019（4）：4-11, 56.

［33］黄幸、刘玉亭. 中国绅士化研究的本土实践：特征、议题与展望 ［J］. 人文地理, 2021（3）：5-14, 36.

［34］GONZALEZ, SARA. Contested marketplaces：Retail spaces at the global urban margins ［J］. Progress in human geography , 2020, 44（5）：877-897.

［35］ZHONG S R, CHEN Y L, ZENG G J. Multiple problematisations：The logics governing wet markets in two Chinese cities ［J］. Urban Studies , 2022, 59（10）：2018-2035.

［36］周雪光. 组织社会学十讲 ［M］. 北京：社会科学文献出版社, 2003：22.

［37］李友梅. 组织社会学与决策分析 ［M］. 上海：上海大学出版社, 2001：70-71.

［38］［法］米歇尔·克罗齐耶，［法］埃哈尔·费埃德伯格. 行动者与系统：集体行动的政治学 ［M］. 张月，等，译. 上海：格致出版社、上海人民出版社, 2017：57-58.

［39］［法］埃哈尔·费埃德伯格. 权力与规则：组织行动的动力 ［M］. 张月，等译. 上海：格致出版社、上海人民出版社, 2017：223.

［40］杨甜甜. 作为行动领域组织中的权力与规则：评费埃德伯格的《权力与规则》 ［J］. 社会学研究, 2007（4）：230-242.

［41］［法］埃哈尔·费埃德伯格. 权力与规则：组织行动的动力 ［M］. 张月，等，译. 上海：格致出版社、上海人民出版社, 2017：2-3.

［42］［法］米歇尔·克罗齐耶，［法］埃哈尔·费埃德伯格. 行动者与系统：集体行动的政治学 ［M］. 张月，等，译. 上海：格致出版社、上海人民出版社, 2017：67.

［43］［法］埃哈尔·费埃德伯格. 权力与规则：组织行动的动力 ［M］. 张月，等，译. 上海：格致出版社、上海人民出版社, 2017：118.

［44］李友梅. 组织社会学与决策分析 ［M］. 上海：上海大学出版社, 2001：204-205.

［45］［法］埃哈尔·费埃德伯格.权力与规则:组织行动的动力［M］.张月,等,译.上海:格致出版社、上海人民出版社,2017:134-136.

［46］王吟珊,李彦伯.基于城市政体理论的城市菜市场空间治理模式研究:以上海市为例［J］.城市建筑,2021(5):17-21.

［47］《上海蔬菜商业志》编纂委员会主编.上海蔬菜商业志［M］.上海:上海社会科学院出版社,1996:32-33.

［48］《上海副食品商业志》编纂委员会编.上海副食品商业志［M］.上海:上海社会科学院出版社,1998:271-273.

［49］上海社会科学院《上海经济年鉴》编辑部编.上海经济年鉴(1983—1985)［M］.上海:上海人民出版社,1985:532-534.

［50］胡正昌.1988年关于本市市场供应和"菜篮子工程"的情况汇报.上海市人民代表大会常务委员会公报.

［51］上海经济年鉴编纂委员会编.上海经济年鉴(1994)［M］.上海:上海经济年鉴社,1994:286.

［52］上海年鉴编纂委员会.上海年鉴(2001)　［M］.上海:上海年鉴社,2001:211.

［53］政协头条.上海"菜篮子工程"的历史变迁.网易新闻,2021年10月31日.

［54］钟骅.上海菜场布局规划思考与探索［J］.上海城市规划,2012(3):92-97.

［55］钱智,康芳华,张晔.上海市蔬菜价格持续上涨的成因及对策［J］.科学发展,2011(1):53-59.

［56］上海市人民政府.上海市人民政府办公厅印发《关于本市降低流通费用提高流通效率实施意见的通知》(沪府办发〔2013〕35号).

［57］上海市人民政府.《上海市标准化菜市场管理办法》(沪府办发〔2011〕12号).

［58］上海市人民政府.《上海市食用农产品批发和零售市场发展规划(2013—2020年)》(沪府办发〔2013〕49号).

［59］余倩.上海市菜市场转型升级的对策研究［J］.上海商学院学报,2018(2):44-48.

［60］上海经济年鉴编辑部编.上海经济年鉴(2005)［J］.上海:上海经济年鉴社,2005:226-227.

［61］上海市商务委.《2016年标准化菜市场和社区智慧微菜场建设工作方案》(沪商运行〔2016〕46号).

［62］灵兽传媒."上蔬"不再"永辉":7年走到破产清算,生鲜市场何其难,2020年12月10日.

［63］上海市商务委.《关于开展智慧菜场试点建设工作的通知》(沪商运行〔2021〕78号).

［64］上海市食品药品安全委员会办公室,上海市市场监督管理局.2021年上海市食

品安全状况报告（白皮书）［R/OL］．上海市食品安全网，2022-1-24.

［65］黄宗智．怎样推进中国农产品纵向一体化物流的发展？：美国、中国和"东亚模式"的比较［J］．开放时代，2018（1）：7-8，151-165.

［66］上海市农业农村委员会主编．上海三农决策咨询研究2020年度上海市科技兴农软课题研究成果汇编［M］．上海：上海财经大学出版社，2021：196-197.

［67］［法］米歇尔·克罗齐耶、［法］埃哈尔·费埃德伯格：行动者与系统：集体行动的政治学［M］．格致出版社、上海人民出版社，2017：107.

［68］艾瑞咨询．2021年中国智慧菜场行业研究报告［R/OL］．艾瑞网，2021-5-28.

［69］MARUYAMA, MASAYOSHI, WU L H, et al. The modernization of fresh food retailing in China：The role of consumers［J］. Journal of Retailing and Consumer Services，2016（30）：33-39.

［70］HU D H, et al. The emergence of supermarkets with Chinese characteristics：challenges and opportunities for China's agricultural development［J］. Development policy review，2004，22（5）：557-586.

［71］上海国内贸易流通体制改革发展综合试点领导小组编著．新变革 新动能：上海国内贸易流通体制改革发展综合试点报告［R］．上海：格致出版社，2018：125-126.

［72］甘依霖，等．消费升级视角下城市生活服务空间的演变及影响因素研究：以武汉菜市场为例［J］．地理科学进展，2022（1）：118-130.

［73］中国政府门户网站．上海建成100家标准化菜场市民认同率达89%，上海市人民政府网站，2005年12月9日．

［74］上海市人民政府．《上海市食用农产品批发和零售市场发展规划（2013—2020年）》（沪府办发〔2013〕49号）［A/OL］．

［75］上海市商务委．《2017年示范性标准化菜市场建设工作方案》（沪商运行〔2017〕37号）．

［76］熊万胜．合作社：作为制度化进程的意外后果［J］．社会学研究，2009（5）：83-109，244.

［77］浦东新区"菜篮子"工作领导小组办公室．关于印发《2021年度浦东新区"菜篮子"工作考核方案》的通知（浦菜篮子办〔2021〕1号）［A/OL］．

［78］黄宗智．中国的现代家庭：来自经济史和法律史的视角［J］．开放时代，2011（5）：82-105.

［79］王凡荣．外来民工个体经营的社会资本研究［D］．华东师范大学2011年硕士论文，82-105.

［80］ZHONG S R, CRANG M, ZENG G J. Constructing freshness：the vitality of wet markets in urban China［J］. Agriculture and Human Values，2020，37（1）：175-185.

［81］［法］埃哈尔·费埃德伯格．权力与规则：组织行动的动力［M］．张月，等，译．上海：格致出版社、上海人民出版社，2017：142-144.

［82］孙立平，郭于华．"软硬兼施"：正式权力非正式运作的过程分析：华北 B 镇收粮的个案研究［J］．清华社会学评论（特辑），2000：21-46.

［83］汪和建．自我行动与自主经营：理解中国人何以将自主经营当作其参与市场实践的首选方式［J］．社会，2007（6）：1-28，206.

［84］李友梅．自主性的增长：制度与生活视野下的中国社会生活变迁［C］//2008年度上海市社会科学界第六届学术年会文集：年度主题卷．2008：345-356.

［85］熊万胜，李宽，戴纯青．个体化时代的中国式悖论及其出路：来自一个大都市的经验［J］．开放时代，2012（10）：130-146.

第二部分

劳动过程与情感劳动

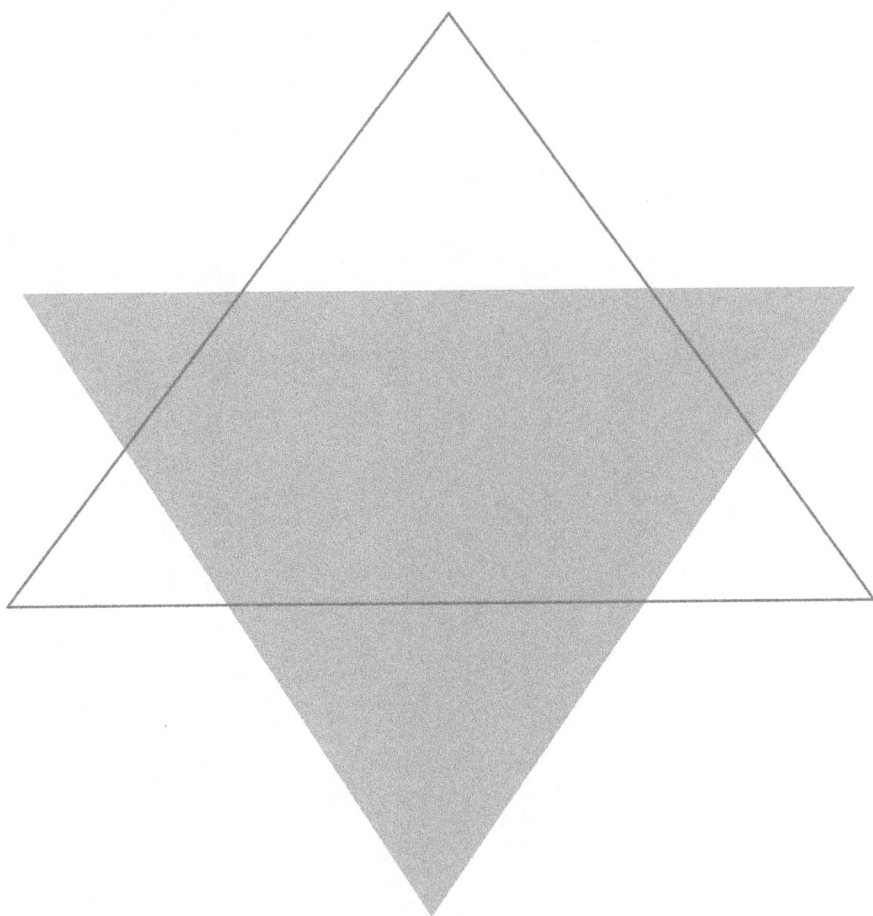

嵌入性关系和包工劳动体制运行
——对一个建筑业包工队的社会学观察

❖ 段　雨（河海大学）
　 胡　亮（指导教师）

摘　要： 包工劳动体制的运行机制一直是学者们关注的重要议题。本文基于广东省汕头市×镇的田野调查，运用深度访谈法和个案研究法深入剖析了关系在包工劳动体制整体运作中发挥的具体作用。研究发现，受经济理性驱动以及自身现实情况等因素的综合影响，刚进城的农民工很容易选择进入利润较高的建筑行业。而对于进城农民工来说，关系成为决定其能否顺利承包工程进而成为农民包工头的关键。为成功拿到工程项目，农民包工头通常会充分利用关系网的作用，并不断采取策略构建和稳固自身社会关系网。在组建包工队时，农民包工头倾向于借助自身熟人关系和工人的社会关系招募工人，因此发展出以先赋性社会关系为基础的包工队，形成了一种极为特殊的劳动用工体制。具体生产过程中，先赋性社会关系的融入一方面赋予农民包工头管理工人的权力，另一方面也能够有效约束工人们的行动选择，从而为艰苦作业的正常开展提供保障。除此之外，关系在工人工资发放和权益维护等事件中也均扮演了十分重要的作用。总体来看，关系不仅作为一种社会资本，还作为一种治理工具，嵌入了包工劳动体制运行的整个过程。但随着市场化改革的不断深入及劳动力使用成本的持续上升，农民包工头与农民工围绕关系进行的博弈越发明显，这突出表现在工人群体依托日益增强的"结构性力量"，以及通过倒卖建筑材料、宣泄式耍无赖等"弱者的武器"对农民包工头的约束与控制进行反抗。

关键词： 嵌入性关系；包工劳动体制；运行机制；先赋性社会关系；建筑业包工队

第一章 绪 论

第一节 问题的提出与文献综述

市场化改革以来，建筑业劳务用工制度经历了从固定用工到使用合同工与临时工的历史变迁，在这一过程中，包工队劳动体制因其特有的优越性而得到发展并逐渐普遍应用于建筑行业之中。包工劳动体制是指建筑公司在承包建筑工程以后，随即将工程层层分包给大小不一、规模不等的包工队，在包工头的组织带领下，建筑工人们共同劳动的劳务用工制度[1]。它最大的特点在于工程承包时的"层层分包"及工人劳动中的"灵活用工"，"层层分包"通过对工程项目进行转包来实现工程业务的纵向配发，而"灵活用工"则通过对工地劳动力需求进行灵活分配达到弹性用工目的。过去的40多年中，包工劳动体制为广大农民工进城开辟了道路，为发展中国经济和创造中国奇迹作出了不可磨灭的贡献。但与此同时，包工劳动体制也承载了中国在走向世界过程中所伴生的艰辛与苦难，以"层层分包""灵活用工"为主要特征的包工劳动体制衍生出工程质量不合格、工人权益难以保障及社会失序和社会不稳定等一系列社会问题，尤其是频频见诸新闻报纸的建筑工人讨薪事件和建筑安全事故，使得包工劳动体制受到社会各界的广泛关注。细致缕析相关文献发现，学者们从不同角度对包工制的历史起源、包工头与农民工的关系、优化包工制的实践路径进行了丰富且深入的研究。

一、关于包工制起源的考察

总体上，既有包工制历史起源的研究大致可以分为三条路径：第一种观点认为包工制起源于中国，是本土化的内生性制度；第二种观点认为包工制先起源于西方国家而后在19世纪末传入中国，本质上属于外来制度；第三种观点综合了"内源说"与"外来说"，认为现代包工制是中国传统把头制与西方包工制相互碰撞、融合后形成的产物，既不是传统意义上的把头制，也不是完全西方的包工制。其中，"内源说"与"外来说"在我国包工制缘起的争论中影响较大，以这两种观点为基础，学者们在笔尖上不断交锋，形成了关于包工制历史起源的比较完备的认识。

余名侠对包工制的历史渊源和基本特征进行了深入考察，他认为各取清军绿营兵中"把总"的"把"字和企业中"包头"的"头"就是"把头"这一名词的由来，把头制最先在洋务派官办的工业中应用，而后逐渐扩散到其他民营企业当中并发挥独特作用[2]。马学军指出，现代包工制与明清之际的把头包工制有重要联系，不仅绿营军中，在戚家军、湘军当中也有"把总"的称谓[3]，湘军中兵为将有、将换兵换、就地筹饷的特点更是为庇护关系的形成提供了保障[4]。王小嘉提到，包工制度的命运，向上可以追溯到明清时期，向下看则可以发现它至今仍然活跃在经济生活中。只不过随着经济环境的变化，不同时期的包工制度有各自的特点而已[5]。除此之外，有许多学者提到中国封建社会后期尤其是自明清以来，由于商品经济的迅速发展，"包头"逐渐在沿江沿海的某些行业内形成和发展。为完成承包的生产任务，"包头"不得不大量招募劳动力，他们一方面将因包工产生的各类开支费用算到工人头上，另一方面极力克扣工人工资[6]，从而实现利润最大化。现代包工制与包头制在组织方式与适应范围存在差异，但两者在本质上并没有太大区别，在一定程度上可以说，包工制是明清以来封建社会末期产生的包头制在当今社会的延续。还有学者深入分析了工头与工人之间的庇护—依赖关系，如华尔德发现中华人民共和国成立以后，尽管包工头及相关制度被废除，但二者之间的庇护—依赖关系却仍然存在[7]。事实上，存在于现代包工队中的家长式庇护与依附[8]，与中国秘密社会中领导者与被领导者间结成的私人依附和庇护关系[9]是一种继承与发展的关系，后者对中国现代包工制的形成产生了重要影响。

曹冰冰等学者提出了不同的观点，他们将资本主义视作培育包工制的土壤，认为殖民地时期拉丁美洲地区盛行的奴隶制度、南北战争前美国南部各州的种植园制度，都可以看作包工制的最早起源[10]。在帝国主义的武装侵略下，中国传统自然经济逐渐解体，为获取基本生存资料，一大批农民从农村迁往城市，城市地区因此具备了大量发展工业所需的廉价劳动力。但对外国资本家而言，他们与中国人语言、风俗和文化等方面的差异，在一定程度上阻碍了投资获利行为，因而需要一种将外国资本与中国市场联结起来的中介。在此情况下，包工制成为外国资本家开发中国市场、攫取巨额利润的绝佳选择，西方资本家利用包工头控制和管理工人，规避了自身在中国市场中遭遇的困境与阻碍；包工头则通过投靠西方资本家，得以掠取大量财富。二者在共同剥削和压迫工人的基础上相互利用、相互联系，紧密地勾结在一起[11]。

二、包工头与农民工关系研究

关系在中国社会中具有重大价值。比如，翟学伟曾在《人情、面子与权力的再生产》中指出中国社会运作的核心概念就是关系[12]，边燕杰等学者通过量化研究得出改革开放时代关系作用不断上升的结论[13]。许多学者看到了关系在包工劳动体制中的重要作用。如彭庆恩强调了关系资本对于农民工获得包工头地位的重要性[14]；沈原认为农民工把先赋社会关系带入工作场合之中，关系便成为一种可资利用的资源[15]，即先赋社会关系既为农民包工头更好地控制工人提供了便利，同时也使其具有同上级企业主进行博弈的权力[16]。有学者发现了关系网与农民工工资之间的"秘密"[17]，还有学者深入研究了农民工与包工头关系远近与农民工工资发放顺序问题，认为农民工工资发放呈现"逆差序格局"，即当无法支付全部工人工资时，农民包工头一般会选择先将工资发放给与自己关系比较远的边缘工人，然后才将工资发给与自己关系比较亲近的核心工人[18]。

就包工头与农民工的关系类型来看，主要包括地缘、血缘及业缘关系，多元化关系相互交织、相互影响，共同形塑着包工头与农民工之间更加复杂的关系形态。实践中，包工头与农民工之间的关系形态主要呈现为包工头对农民工的压迫剥削关系以及包工头与农民工之间的庇护—依赖关系，既有研究围绕包工头与农民工的上述两种关系形态进行深入探究并取得了丰硕成果。就前者而言，许多学者坚持马克思的立场与看法，强调包工制管理制度对工人的压迫和剥削[19]。比如：《旧中国的资本主义生产关系》编写组考察发现，包工头通过克扣工人工资、记暗账等形式来剥削工人[20]；祝慈寿认为包工头手中握有的随意开除工人的权力赋予了其剥削工人的能力[21]，工人仅是一种招之即来、挥之则去的劳动资源；潘毅、卢晖临等学者经过调查发现，当下的中国已然形成一个新兴工人阶级，时刻受到"骑在他们头上"的包工头群体的剥削压迫[22]，他们呼唤着自身作为阶级存在的合法性[23]。潘毅、卢晖临两人在另一篇文章中更一针见血地指出，包工制实际上是资本借来遮蔽劳动关系、掩盖剩余价值的一种形式，与西方20世纪80年代出现的后福特主义体制相比，现代包工制的议价能力更弱、议价方式更趋于暴力[24]。

尽管如此，包工头与工人之间的庇护—依赖关系仍然无法避免且不可忽视。实际上，农民工从熟悉的乡土社会迁移到完全陌生的城市，不仅代表着空间上的转移，同时也意味着农民工从原有关系网络中的脱离。此时，包工头及其所在包工队就成了进城农民工的重要精神寄托，农民工很容易对其产生依赖。并且在现实中，如果包工头无法顺利承包工程，农民工自身便面临着失业的风险，的确需要依赖包工头来获得工作。而包工头对农民工的庇护也在情理之中，这是因为信任是工人愿意加入包工队并跟随包工头一起干活的关键原因，而信任之所以产生，在于乡土文化对"人带人模式"的责任义务和道德伦理进行了实际规定，对此类规定的违反便是对乡土文化的否定与背叛。这样一来，个人在原生环境中的生存将受到很大威胁，因此，从客观上来说包工头也必须庇护农民工。正是包工头与农民工庇护—依赖关系的存在，为工地上的压迫剥削披上了一层"温情脉脉的面纱"，让建筑工地这座"孤岛"充满了人情味[25]。还需要指出的是，针对从劳务市场招聘来的陌生工人，包工头会积极采取措施使陌生关系熟悉化[26]，进而逐渐发展出庇护—依赖关系，提高自身应对市场风险与竞争的能力。

三、包工制改革相关研究

现代包工劳动体制是顺应市场经济发展的必然产物，其衍生出的系列问题归根结底可以总结为两个方面的问题，即工程质量问题与农民工权益问题。农民工权益难保障是学者们关注的重点问题，为此提出许多改革方案与政策建议。例如，李海明强调从"政策之治"向"法治之治"的逐步转变、救济理念从治标向治标与治本兼顾转变，利用上述两种转变达到根治农民工欠薪问题的目标[27]。潘毅及卢晖临认为应当充分调动国家和社会等多方力量，落实有关政策与法律规定，加快取缔包工制[28]。严晓东等学者对此提到，应当立足我国目前劳务分包的现状，进一步完善国家劳务分包制度[29]。

针对包工劳动体制带来的不足与弊端，普遍认为实施劳务派遣能够有效缓解其面临的困境。劳务派遣又称劳动派遣或者劳动力派遣，是指派遣单位按照用工单位或劳动力市场的需要招收劳动者并与之订立劳动合同，按照其与用工单位订立的劳务派遣协议将劳动者派遣到用工单位劳动，劳动过程由用工单位管理，工资和社会保险等待遇由用工单位提供给派遣单位，再由派遣单位支付给劳动者，并为劳动者办理社会保险登记和缴费等事务，用工单位向派遣单位就提供的服务支付劳务费的一种用工形式[30]。与包工劳动体制相比，劳务派遣通过成立劳务公司取代包工头，对劳动用工依据法律规定签订合同，从而避免了包工劳动体制下工人权益模糊不清的境况，使工人合法性权利得到一定保障。另外，不同于包工劳动体制下利用人情关系对农民工进行"软约束"，劳务派遣制度一般在合同中对劳务公司与工人双方的权利义务进行了明确规定，实现了工人的规范化管理。当前全国劳务派遣用工呈增长态势，尤其是第三产业，普遍使用劳务派遣工，劳务派遣呈现出势不可当的态势[31]。

近年来，许多学者将关注点聚焦在包工制的正向效益上，提出了一些较为新颖的观点。如郭宇宽认为现代包工制及包工队，实际上更应该被理解为受限于当前某些政策法规和制度，建筑业与农民工的理性合约选择及组织形式，可以被视为有行业和时代特色的原生性市场组织，甚至体现了中国农民在不完全的城市化下向市场寻求发展机遇的现代企业精神[32]。相较于正式制度约束，包工制能够借助不成文规定达到对农民包工头与农民工行动的约束。特别是在遭遇风险时，两者可以采用"行业共识"解决，即便风险过大超出农民包工头的承受范围，也还能够选择次优方法解决问题。这是对包工劳动体制的新解读，但它并非忽视了包工制所产生的社会问题，而是试图以客观的态度对待包工劳动体制，并从不同视角全面认识和理解它。此外，高超群着眼于包工制"长久不衰"的社会事实，推测包工制或工头制就是中国企业制度的特征，具有非常大的启发意义。他提到，非层级制的企业组织形态长期存在，它并没有因为社会政治环境或企业规模、技术升级而趋于消亡……它或许就是中国企业制度的特征，而且很可能具有超越中国文化边界的普遍性价值和意义[33]。任焰等学者也强调，包工制使中国农村中剩余劳动力得以进入城市各行各业，一定程度上突破了户籍制度造成的城乡二元分割，满足了城市的发展需要和资本的弹性积累[34]。

综上所述，上述成果为深化包工劳动体制研究提供了扎实的理论支撑和丰富的经验基础，但仍存在进一步的学术推进空间。具体而言，第一，既有研究对作为包工劳动体制主体的包工头与农民工群体关注还不够，后续要将人带回包工劳动体制的研究之中；第二，既有研究深入分析了包工劳动体制的组织运行过程，但却将关注重点集中在欠薪机制的形成及其再生产上，未能揭示出关系在包工劳动体制整个运作过程中如何发挥作用及发挥了何种作用；第三，鲜有研究注意到包工头对农民工的控制及工人进行的反抗，个别学者将两者之间的控制与反抗简单归纳为二元对立关系，未能理解到其复杂性，更未分析这种"控制—反抗"关系在具体实践中有何种表现形式及如何发展。鉴于此，本文聚焦于包工劳动体制，在将人带回包工劳动体制研究的基础上，具体论述了下述两个问题：一是关系在包工劳动体制运行的全过程中如何发挥及起到了何种作用；二是农民包工头怎样完成对农民工的控制，农民工又采取了什么抵抗策略。通过对上述问题的集中探讨，包工劳动体制的运行逻辑也将清晰地显现在我们眼前。

第二节　材料获取与分析视角

×镇位于粤东，地处潮州、汕头、揭阳三市交界地带，行政区划总面积约30平方千米，下辖31个行政村，总人口近13万。×镇拥有大量旅居海外侨胞以及港澳台同胞，近年来，民营经济的快速发展在×镇催生了一批享誉全国的公司企业，×镇因而获得了"中国食品第一镇"和"中国印刷第一镇"的称号。在×镇，民营经济的扩张带动了相关产业的发展，尤其是以食品加工为主的产业发展模式，使当地产生了很大的建造厂房的需求。而建筑业较低的准入要求、较高的工资标准，吸引了许多进城农民工和被工厂淘汰的农民工，他们利用自身社会关系网陆续进入建筑业工作。包工劳动体制在×镇的建筑行业中被广泛运用，正是在此背景下，2020年10月，笔者利用国庆小长假前往×镇开展了为期半个月的田野调查，本文的田野材料及访谈案例均来自本次调研。

卡尔·波兰尼在《大转型：我们时代的政治与经济起源》一书中明确提出经济关系必然受到宗教、信仰、政治及社会等多重领域的限制与束缚，没有完全自由的市场经济也不可能出现完全自由的市场经济，一旦超越既有框架的束缚，市场经济将不可避免造成人类社会与自然界的灭亡[35]。马克·格兰诺维特也提到，各种各样的经济活动都镶嵌在社会结构中，受关系、信任及权力等因素的影响[36]。本文受上述嵌入性思想启发，将包工劳动体制作为研究对象，从经济行为镶嵌于社会关系的视角出发，全面且细致地梳理了包工劳动体制的运作过程，并深入探究了关系在包工劳动体制运作的全过程中起到的作用。

第三节　案例选择与研究方法

案例研究适用于探索"为什么"和"怎么样"的问题，研究对象大多属于正在发生的事情，研究者难以对研究对象进行干预。本研究采用案例研究的办法对包工劳动体制运作的全过程进行剖析。将研究地点选定在广东省汕头市×镇，选择×镇的部分小型包工队作为调查对象，主要原因包括以下几个方面。首先，×镇经济比较发达，对中西部农村地区外出务工者具有很大吸引力，这使当地形成数量庞大的农民工群体。许多从事建筑业的农民工积累一定社会资源和创业资金后，先后发展成农民包工头，当地因此出现了许多农民包工头。其次，×镇制定了许多吸引资本落户的优惠政策，经济环境自由，为建筑行业发展创造了有利的制度环境。再次，×镇近几年经济的快速发展极大改善了当地民众的生活水平，人们对住房质量要求的提高以及厂房扩建，形成了巨大的建房需求，为建筑业发展注入强大动能。最后，熟人关系的存在能为笔者研究提供许多便利，并且，能够时刻同关键报告人相处，这种特殊的关系对笔者观察被调查者极为有利。通过关键报告人接触其他访谈对象，也更便于获取详尽真实的访谈资料。总之，调查对象的选取遵循案例选择的典型性和代表性，可以通过对其进行考察形成关于建筑业包工劳动体制深入且全面的认识。

系统进行论述或将经验材料理论化均不是本研究追求的目标，而是力图通过研究对象的对象化及研究者对象化的平衡，即对象化对方与对象化自我之间的均衡，把研究方向从建筑业包工制的概述转向对包工劳动体制整体运作的探讨。鉴于此，本研究主要采用实地调查和"深描"的民族志方法，通过将研究者作为研究工具，重新进入经验世界，具体资料收集方法包括观察法和深度访谈法。观察法主要是在明确研究目的的前提下，利用提前制作的研究提纲，借助耳、眼等感官及其他辅助工具直接观察被研究对象。调查过程中，笔者时刻跟随关键报告人，参加了其组织生产、社交活动、日常生活等一系列活动，并对其行为进行观察，获取了丰富、生动、具体、详细的田野资料。深度访谈法是与访谈对象进行一对一或一对多的半结构式访谈方法，笔者围绕包工劳动体制，访谈了数十位农民包工头及大量农民工，且与数位访谈对象还保持着长期联系。此外，针对部分包工头及农民工进行了重点访谈，对其中的重点对象进行了多次访谈。另外，笔者收集了大量有关包工劳动体制的研究文献，希望通过系统梳理既有文献，掌握包工劳动制度研究现状及研究动态。同时利用互联网搜集包工制的相关报道，通过分析新闻报道的内容，不断加深对包工劳动制度的理解。

就研究方法而言，既采用了科学的研究方法，又具备来自社会内部的细致观察，因而能够赋予其社会学上的普遍意义。卢曼说："社会学家不能从外部观察社会，而是在社会中进行操作，社会学也应该意识到这一点。"[37] 因此，在田野中写作和思考也为社会学者观察社会提供了一种新的视角。因为，田野调查最重要的特征就是："研究者通过与研究对象互动来获得对其行为和意义建构的解释性理解，并试图根据人们对社会现象所赋予的意义来理解和解释社会现象。"[38]

第二章　从农村到城市：顺应时代潮流的农民包工头

农民包工头作为活跃在城市中的农民工精英，他们以独立自主的姿态迎接现代化经济浪潮，通过组织一批又一批农民工进入建筑业劳动力市场，不断实现社会地位的向上流动。在建筑行业中，看似简单的"农民工—农民包工头"地位获得逻辑背后实际上蕴藏着相当复杂的发展轨迹。本章试图通过对农民工地位变迁具体过程的考察，对"城市新进入者们"嵌入市场经济的全过程进行刻画和展现。本章选取农民包工头鹏飞作为个案，对其如何实现从农民工到农民包工头的转变进行了一般性描述，在此基础上，进一步分析关系如何帮助"城市新进入者们"克服"新进入缺陷"[39]。而在见识到关系的极端重要性之后，农民包工头又想方设法维系和扩展自身关系网。需要指出的是，我们更加注重将农民包工头作为"有血有肉的人"，而并不单纯将其视为社会结构中的某个组成部分。

第一节　一个农民包工头个案

　　进入城市初期，农民工面临着许多未知的困境与阻碍。一方面，他们长期从事农业生产活动，建筑行业相对来说是一个比较新颖的领域，对建筑知识了解的就更少，存在 Stinchcombe 所说的"无知缺陷"[40]；另一方面，农民工很难取得其他人的信任。可以说，农民工进城的过程充满"荆棘"，他们以个体的苦难记忆书写了一部"发家血泪史"。

　　……我来汕头那会儿已经有很多人出来打工了，听说赚头很大，一年最少也能挣好几万。出来的时候老婆刚生完孩子，家里的两个老人也需要照顾，都是含着泪水走的。也是没有办法，那么几口人，不能就守着家里几亩地过日子，所以我决定无论如何都要出去试一试，带着同村的一个朋友和几百块钱就来了汕头。因为汕头是经济特区，贸易环境自由，经济发展速度也比较快……刚开始本地人做食品加工，主要都是将自己家空余的地方腾出来，摆几台机器就可以开始工作了。当时我姐就在一个本地人开的食品加工厂里面工作，连正规的厂子都没有，上班就是去本地人家里，住宿就在厂子边修建的不到 100 平方米的小院子里，在厂里上班的工人基本住在院子里。后来生意好做，经济发展快，来的人越来越多，很多本地人的厂子都要扩建，不然机器没地方摆，就招不到那么多人。我刚过来的时候也是在别人手下当泥瓦工，但是我看清了这个形势，我就留了个心眼，很留心这个事情。同行的工人下班以后基本就没什么事情了，但是我就利用下班时间挨家挨户地问本地人需不需要建房子或者扩建厂房。问之前还得好好收拾一番，灰头土脸地去问别人，本来就不熟悉，他们拿什么来信任你？所以对自己的形象必须管理好，要看上去像承包工程的老板，我为此还专门买了一身新衣服。去问本地人的时候就要拉得下面子，我感觉本地人都比较傲，不怎么看得上我们这些外地过来打工的，所以我去问的时候经常吃"闭门羹"，就是愿意理你的人很少。这样一边做着泥瓦匠的工作，一边找本地人问有没有工程要做，持续了很长一段时间，我才终于有了收获。归根结底还是我问得多了，周围的人都对我熟悉了，慢慢地也开始信任我了。再加上我经常利用下班时间跟本地人拉家常，本地人知道什么工程项目也愿意告诉我。2004 年，我承包了第一个工程，是我自己找到的。我姐告诉我她工作的食品厂可能要扩建，我就跑去问他们老板是不是要扩建，可不可以把工程承包给我，让我来做，没想到对方还真答应了。这是我第一次自己揽到活儿，当时开心地去饭馆吃了一顿饭。承包到工程以后，我自己没有独立搞好这项工程的能力，首先是我手底下没有那么多人，其次是工具也不够。我找到两个好哥们儿，他们都是老家那边的人，从小跟我一起长大的，这个工程后来就是我们三个人一起完成的。需要的工具及其他在施工过程中的全部开支都是由我们三个人平摊，最后剩下来的钱我们三个人就均分。因为工程是我揽过来的，所以最后给到我手上的钱比他们俩也稍微多一点。

这次经历给了我很大鼓舞，所以在修建食品厂的过程中我也没有闲着，仍然利用下班时间四处去找，去问本地人有没有建房需求或者扩建厂房的需求。功夫不负有心人，我又找到一家住户要重新建房子，而且报价比当时的平均水平要高出很多，可以赚取的利润空间很大。我记得非常清楚，那天是 4 月 17 日，我找到那户人家问主人需不需要建房，主人把我迎进屋里，给我倒了茶，我们就详细地聊了起来。那时候有人愿意把工程承包给你都得开心坏了，所以还没等食品厂这边完工，我立马打电话从老家叫了几个亲戚过来给我帮忙，决定等他们一到汕头就开始动工修建这边的住房。把我老婆也叫过来了，孩子已经长大了，可以交给爷爷奶奶带，她来了就专门负责做中午饭和晚饭，这样就省了给工人买饭的钱。而且她也可以利用闲暇时间去厂里面做"钟点工"，挣得虽然不多，但是够我们一个月的生活开销。建房子这边原材料都是老板自己出钱，他亲自去市场上购买，我负责出劳动力工作就行。所以刚开始施工的时候我没有找他拿钱，等施工进度大约到了一半我去找他要钱，他就说让我再等等。我寻思着在大城市的人总不会骗我们，就没有太把这件事放在心上，还是尽心尽力地给他干活儿。等到工程都已经干完了，我去找老板拿钱，结果老板人已经跑了！后来才知道那个老板其实不是真正的老板，他是从别人手中把工程承包过来的，然后再找我去施工，而我则成了"冤大头"，白白给人家干了那么久的活。好在跟我干活的一群人都是乡里乡亲，不仅没有急着找我拿钱，而且还愿意跟着我一起干，我就向他们保证，年底一定会把工资如数地送到每个人家中。因为我承建的食品厂工程效益还不错，后来找我施工的人就越来越多了，我招的工人也多了起来，而且基本要把工人分成几拨，在不同的工地上做事。

第二节　承包工程的具体形式

包工劳动体制是由工程承包、包工队组建及开展建筑作业等许多环节共同组成，而工程承包是农民包工头最基础的活动和最重要的需求之一，是包工队开展建筑作业的首要步骤和基本条件。因此，考察农民包工头承包工程的具体过程和基本形式是深化认识包工劳动体制的应有之义，在个案分析的基础上，本节将详细呈现工程承包的三种主要形式。

一、"自己找"

所谓"自己找"，就是凭自身能力找工程承包，这一过程面临着许多不确定性与风险，所以成功率相对较低。具体而言，农民包工头通过一家一户询问的方式，或利用熟人关系打听有建房需求的客户，获取信息之后再上门与客户商谈。这种谈判发生在彼此互不熟悉的情况下，农民包工头作为外来者实际上很难取得本地人的信任，所以最终成功包下工程的可能性不高。除非农民包工头在房子总造价上让到对方没有拒绝的理由的程度，否则彼此很难达成一致并建立合作关系。但让价并非"万能钥匙"，现实中，很多时候即便农民包工头愿意给低价，本地人仍倾向于将工程交给互相熟悉、知根知底的人去做，他们甚至宁愿为此付出偏高一些的价钱。以鹏飞为例，他来到汕头的初期，将大量时间用于"找工程"上，却几乎没有成功的案例。而他之所以顺利拿到建食品厂的工程，关键在于他经常在本地人面前"露面"，因而"混了个眼熟"，随着本地人对他了解的增多，便逐渐对他产生了信任。此外，鹏飞的姐姐是食品厂员工，能够及时为鹏飞提供有效信息，并帮助鹏飞在中间周旋。正是这样，鹏飞才得以在一定程度上化解了本地人与外来者之间的"信任危机"，成功拿下食品厂工程。以食品厂工程为招牌，鹏飞将自己的名声"立了起来""打了出去"，因而能够承包到越来越多的工程。

二、转包

包工队中有"大老板"和"小老板"的分别，"小老板"从"大老板"手中承包工程是一种十分常见的现象，这即转包。一般而言，关系是工程转包时的首要考虑因素，也是决定工程转包给谁的关键点。发包方将工程发包出去时，为最大化地降低风险，往往遵循着"核心—次核心"的逻辑，把工程包给与自己关系更加亲密的熟人。转包的成交率较高，这种渠道获得的工程比农民包工头"自己找"难度小得多。并且，农民包工头在建筑行业"摸爬滚打"多年，或多或少积累了一定的关系资源，这既为"大老板"转包工程提供了条件和方式，也保证了"小老板"能"有工程可做"。在包工头群体内部，部分工程项目经过一层一层地多次分包，能够有效缓解大型包工队的施工压力，确保小型包工队的正常施工并维持其生存与运转。事实上，工程层层发包、几经转手，每一层级的承包方都要从中赚取利润，表明用于工程建设的费用减少，这构成了工程质量隐患、安全事故及拖欠农民工工资等问题的关键。工程转包背后隐藏着金钱、权力和利益，本质上是为了少投入、少管理、多赚钱，但由于建筑作业的特殊性，加之较高的建筑资质管理门槛，转包已经成为建筑业中的"无奈之举"。

三、熟人介绍

熟人介绍也是农民包工头承包工程的重要渠道。通过广泛建立社交圈，农民包工头基本克服了"新进入者缺陷"问题，取得了本地人的信任。因此，有建房需求的客户通常会主动找到农民包工头，直接将工程交给他，或者找一位对自己和农民包工头双方都比较熟悉的中间人，让中间人与农民包工头就工程事宜接触，最后自己再与农民包工头商量工程施工等具体问题。熟人关系对农民包工头来说非常重要，他们会通过请人吃喝玩乐来强化彼此的关系、拉近彼此的距离，也会在上述活动中让熟人帮忙留意工程信息，或让其帮自己多拉工程项目。一次与农民包工头大伟的饭局上，大伟就试图利用本地熟人的关系获得一个占地3000平方米、高7层的大工程。饭桌上，大伟不断同他敬酒、装烟，而这个本地人表示，一定会尽最大努力帮助大伟拿到承包权。

第三节　关系成为资本

有学者将我们的社会比作一个具有强大磁性的"引力场"，人情世故则是社会场域中的一种磁力，它宛如毛细血管般遍布了社会有机体的各个部位[41]。在建筑行业，只有懂人情世故才能"混得开"。大伟说："工地不是拼低价，做工地是做人情世故。什么是人情世故，说到底就是会搞关系。20世纪90年代那会儿，包建筑工程在村里属于社会地位高和经济能力强的活路，什么样的人在搞包工呢？就是那些有能力的、会钻的，也有靠关系的。但实际上三者的意思差不多，归根结底都离不开关系。搞建筑的，没了关系就好比人失去了双腿，走不动路！"

建文跟我谈过他"搞关系的艺术"。"关系这东西不简单，你要耐得住性子跟别人去周旋。俗话说'万丈高楼平地起'，搞关系也是一样，不要想一步登天，一定不能心急，要慢慢磨。就拿送礼来说，刚开始送礼的时候目的性不能太强，也不要送太过贵重的礼物，准备点小礼物，一起吃顿饭、聊聊天就行了。主要目的是要把这个人的底细摸透，他是一个什么样的人，能不能给你拉来工程。……第二次送礼就不一样了，这时候送礼必须一步送到位。关系啊，讲究的是细水长流，不能有事才去找别人，逢年过节什么的得把人放心上，也得给人捎点礼物过去。"

关系对农民包工头来说非常重要，如果缺乏关系，他们很可能被排斥在生产方式之外。从这个意义上出发，关系成了农民包工头赚取利润的资本。资本家把货币变作了资本，农民包工头则把关系变成了资本，资本家用货币生产货币[42]。建筑行业中，没有关系的人很难做成事、做大事。因此，农民包工头需要不断发掘新关系，同时维持和稳固旧有关系。失去了关系网的支撑，无论是在"向上"的承包工程还是在"向下"的工人招聘与管理中，农民包工头都将面临重重阻力，甚至有可能重新成为农民工。关系作为一种特殊的资本，为农民包工头带来许多好处。实践中，农民包工头主要采取认干亲、送礼物和给回扣以及营造家庭氛围的聚餐等方式稳固已有关系并挖掘新关系。

一、认干亲

认干亲通过在事件双方建立起一种虚拟亲属关系，能够使生疏者变得亲密起来，将陌生人转化为自己人、把边缘人群纳入自身核心交往圈。本次调查过程中遇到了一起认干亲事件。金水是县城一家装修公司的老板，秀秀将自家房屋装修工作承包给了金水，装修过程中，金水不仅花费了很多精力，最后收取费用时还给了秀秀很多优惠。金水很喜欢秀秀家的双胞胎女儿，每次去她家都会为其买一些糖果、玩偶之类的小玩意儿。一天，秀秀母亲与金水聊天时用开玩笑的口吻说："你这么喜欢这两个小孩，干脆让她们俩认你做干爹好了。"金水当即答应了下来。选定日子以后，就在秀秀家举行了认干爹的仪式。金水原本有一个儿子，通过这次认干亲，他也算实现了"儿女双全"的人生愿望。在干亲关系这条纽带的联结下，两家往来变得更加密切，除了平常过节时的走动，双方还经常在空闲时间互相拜访。

汪和健曾经提出中间性人际关系的概念[43]，认干亲的行为实际上属于构建中间性人际关系一种印证[44]，它具有情感性和工具性的双重性质，既能满足个体对友情、亲情、安全感与归属感等情感的诉求，又能够满足个体对工具性与功利性的利益的追求。但应当明确的是，缔结干亲关系并非代表两个家庭重新组合成一个家庭，而是仅意味着举行了认干亲仪式的干子女从此成了两个家庭的共同子女。并且，干亲关系并不稳固，既可以进一步发展，也可能遭遇解体。通常，家庭社会地位与经济能力是影响干亲关系的重要因素，社会地位高、经济能力强会增强认干亲双方的来往频率，而社会地位低、经济能力弱则很有可能导致干亲关系的终结，用秀秀母亲的话来说，"很少有人愿意跟穷亲戚来往"。

二、礼物与回扣

礼物在农民包工头建构关系圈的过程中发挥着"润滑剂"作用，通常表现为实物形式的馈赠。逢年过节是农民包工头赠送礼物的重要时期，他们通常选择在此时向处于圈内的熟人送上问候、祝福以及用来打通和维持关系的实质性礼物。作为一种象征性媒介，礼物尽管是以实物的形式送出去，但却更多与人情、面子、关系等抽象概念关联在一起，它关涉的是"看不看得起这个人"的问题。换言之，送礼行为代表的是你在我心中占据何种地位，礼物的具体属性反而成了次要问题。送出的礼物既蕴藏着农民包工头的工具性目的，也含有浓厚的情感色彩。馈赠对象接受礼物，便意味着进入了莫斯所说的礼物流动圈中，接受者在未来某一时期需要对赠予者进行某种形式的等价回馈，否则便违反了礼物交换的规则，将直接造成礼物收受双方关系的破裂[45]。由此可见，以礼物为中介，礼物接受者与赠予者的关系变得更加紧密，也正是因为如此，农民包工头的关系圈才有可能实现巩固和拓展。

回扣是一种共谋行为，指卖方从买方支付的款项中按照一定比例返还给买方。在建筑行业中，卖方指代承包方，买方指代发包方。承包方承诺给发包方一定比例的回扣，发包方则允诺将工程承包给承包方，回扣成为双方交易的重要筹码。这是建筑行业不成文的规则。某些情况下承包方不需要支付发包方回扣，那就是直接跳脱"层层发包"的体系，回扣此时因而消失了。但离开了发包体系的农民包工头在建筑市场中仍处于不利地位，因为他们在竞标时显然无法与实力更加强劲的建筑公司竞争。所以，由于资金薄弱，农民包工头最终仍不得不回归到"层层发包"的体系之中。

三、家庭式聚餐

为了与"大老板"和工人"打成一片"，农民包工头经常将工人或"大老板"请到家中吃饭喝酒，以家庭式聚餐的形式稳固彼此的关系。吃饭之前，农民包工头、工人与"大老板"会一起参与做饭的过程，他们一边聊天一边准备饭菜。吃饭时，酒是饭桌上必不可少的。在中国，敬酒时讲究礼数，但在农民包工头、工人与"大老板"的家庭式聚餐中礼数并不被重视。通常情况下，请客的农民包工头会先轮流给"大老板"和工人敬酒，说一些"感谢""日后多多关照"之类的话，随后就进入相互敬酒环节了。几杯酒下肚，人与人之间的隔阂烟消云散，剩下的只有说不尽的惺惺相惜与道不完的兄弟情谊。通过上述活动，农民包工头顺利达到了增进感情的目的。吃完饭以后，农民包工头往往还会安排一些像打牌、去KTV唱歌之类的娱乐活动，在轻松欢愉的氛围中，包工头与工人和"大老板"的关系"镶嵌"得更深、更加稳固。

总体来看，在市场化力量日益深入的当下，农民包工头面临着许多机遇与挑战。一方面，他们有可能进一步扩大包工队伍规模，实现阶层跃迁；但另一方面，他们也可能被激烈的市场竞争淘汰，重新成为农民工。应对市场风险与挑战，关系起着十分关键的作用。在市场体制下，关系逐渐发展成能够加以利用的资本，是否拥有以及拥有多少关系资本很大程度上决定了农民工能否成功实现到农民包工头的转变。换言之，在竞争程度日趋激烈的转型经济中和体制不确定性程度逐渐增加的情况下，关系作为一种社会资本，其发挥作用的空间也越来越大[46]。意识到关系的重要性，农民包工头通过认干亲、送礼物和给回扣以及家庭式聚餐等途径，主动寻求关系资本的增加，希冀在维系和稳固现有社交圈的基础上不断拓展关系网，从而提升自身应对市场风险与不确定性的能力。

第三章　"舍近求远"劳动用工体制的形成

有学者研究指出，中国社会运作的核心概念就是关系，它在人们的日常生活和职业生涯中发挥着巨大作用[47]。事实上，关系也是影响包工劳动体制用工模式的关键核心。具体来讲，农民包工头借助人情关系从家乡招募了大批劳动力，组建了一支以家乡劳动力为主的包工队，进而形成了一种"舍近求远"的劳动用工模式。

第一节　内外有别的乡土逻辑与包工队劳工雇用

费孝通先生曾指出："亲密社群的团结性就依赖于各分子间都相互拖欠着未了的人情。"[48] 以此为基础，形成了乡土社会中的"人情法则"，人们在"人情法则"的指引下开展生产活动与经济活动，最终便型构出一种人情社会。在人情社会中，人们的行为围绕着人情关系展开，以互惠规范作为行动准则，这种人情取向的行动逻辑就是"乡土逻辑"[49]。简言之，在血缘、地缘及业缘关系基础上发展而来的乡土熟人社会，存在一套指导人们行动的非正式规则，这套规则以互惠性为根本准则，规定了在乡土社会内部如何处理熟人关系、纠纷以及矛盾，促使乡土社会呈现出一种内外有别的特质。显然，农民包工头也受这种内外有别的乡土逻辑影响，在招募工人时始终将重心放在"自己人"和熟人上，这批村内人可信度高，并且自身对其也知根知底，比"外人"更便于管理。

渠敬东认为经营者只有遵循当地社会隐性的社会合约，适时为当地百姓提供公益保障[50]，才能更好地融入本土社会。如果经营者无法完成上述目标，就难以形成与乡土社会的和合互动，进而导致在短时间内失败并且退出[51]。在此过程中，一些经营者为了避免受到本土社会的排挤，会策略性地招募一些"不会做"的劳动力，并将他们安排在非核心工作岗位上，以此达到融入当地社会的目的[52]。理论上来讲，农民包工头及其包工队对×镇的百姓而言属于外来经营者，只有"扎根乡土"实现"本土化"，农民包工头才不至于遭受失败而退出。但在现实中，农民包工头却很少招募本地工人，这似乎违反了内外有别的乡土逻辑，实则不然。一方面，农民包工头进入的地方社会经济发达、就业机会多，本地人更青睐压力和强度低、环境好的工作，建筑业自然而然成了进城农民工的聚集地。并且，即使本地人从事建筑业，他们也愿意加入由本地包工头带领的包工队，因为在外地农民包工头手下工作，不仅有许多不便，还会被其他本地人"看低"。另一方面，农民包工头进入当地社会后，通常会投入大量资本维系和开拓关系圈，这实质上就是遵循当地社会隐性社会合约的一种体现。可见，在劳工招募和融入×镇当地社会的过程中，农民包工头的行动始终遵循着一种内外有别的乡土逻辑。

第二节　雇用劳工的方式与途径

费舍尔通指出，农业劳动力市场的一个重要特征即农民在包工头等"第三方势力"带领下寻找工作[53]。实际上，这种现象同样存在于建筑领域。详言之，农民包工头在内外有别的乡土逻辑思维下，利用自身关系网从老家"带人出来"，如果自身关系网无法招募足量的符合要求的劳动力，便调动工人们的关系网寻找劳工。在包工队中，农民包工头与农民工不仅存在雇用关系，往往还存有亲戚、朋友或熟人关系，各种关系相互交织，在队伍中形成了复杂交错的关系网，农民包工头与农民工因而能够借助关系"套"住彼此。

一、农民包工头的关系网

弗里兰德等人的研究发现，劳动力招募及其组织不仅受企业组织形式的影响，同时也取决于具体技术实践与工作内容[54]。在建筑领域，农民包工头为组建一支满足弹性用工需求的劳工队伍，主要通过两种渠道完成招工，关系在其中均扮演着重要角色。第一种是农民包工头利用自身熟人关系和社会资源招募工人，这时的劳工招募不像现代企业雇工那样规范，也不用签署合同，通常是以"帮忙"的形式出现。这是因为农民包工头与农民工本身存在各种先赋性关系，农民包工头尽管是招募工人为自己工作，但工人却很可能是其某位重要亲属或朋友，所以农民包工头需要放低姿态，表现出尊敬。否则，很容易让工人产生被看不起的想法，这不仅不利于招工，甚至会造成两个家庭人情往来的疏离。此外，因为先赋性社会关系的存在，农民工认为自己是来给农民包工头

"帮忙的""捧他的",所以雇工更多体现的是创业合伙人的性质,而非严格的雇佣劳动。总之,关系网是农民包工头招募工人的重要资源,以先赋性社会关系为依托,农民包工头才组建起一支具有高度灵活性且能满足建筑业弹性用工需求的包工队。

张金文是一位拥有两支包工队的农民包工头,目前,在他名下注册成立了两家建筑公司,他告诉笔者:"长期在我手下做事的有100多人,本村的就有五六十人,其他人也是隔壁村的……工人都是靠关系拉过来的,一个村的,主动联系联系、开一个合理的工资人就愿意过来了。后来就通过人拉人,包工队的规模就比较大了。"春节、五一、八月十五等重大节日是农民包工头借助先赋性社会关系招募劳工的"黄金时期",他们通过节假日的回家时间,邀请亲戚朋友来"为自己帮忙"。鹏飞说:"回家过年……一方面是跟家人团聚、一起吃年夜饭,另一方面也可以借这个机会在家乡请到更多工人……在家务农有什么出路?所以心里都是想出去打工的,但有的人找不到出去的门路,有的人出去了也不会找工作,知道我在外面干包工,就会主动上门来跟我联系。"

二、关系扩散:"以工招工"

劳工招募的第二种渠道是借助包工队内工人的社会关系网,雇用与工人熟识的劳动力,这便是"以工招工",这种招工方式在建筑业同样十分常见。实际上,受长期城乡二元分割的影响,农民工即便进城以后仍会继续依附于乡土社会的人情关系,通过亲戚朋友获取城市务工信息,或经亲戚朋友介绍直接得到某份工作。农民包工头敏锐地洞察到了人情关系下隐藏的巨大隐性劳动力市场,他们积极调动包工队内工人的关系网,鼓励工人们将自己周围的亲朋好友"带"来一起工作,从而解决劳动力不足的困境。在鹏飞的包工队中,好几个工人都是通过"以工招工"来的。召柱今年快50岁了,他是在光耀的联系下才加入鹏飞的包工队的。召柱说:"我们是光耀联系过来的,他是技术工,我们过来给他打小工,以前在×手下打小工,跟他不熟,光耀联系后就决定过来这边。"小洋的叔叔跟着鹏飞一起工作了20多年,经过其叔叔的劝说,也来了鹏飞的包工队。"之前是一个人在浙江那边的工厂上班,啥都干过,进厂做鞋子、上工地搬砖,还送过外卖……在浙江做了好几年,什么钱也没挣到,叔叔就让我过来跟他一起做,他在汕头打了二十几年工,过来了互相好照应。"

上述两种招工方式比较而言,通过第一种方式招募的工人,农民包工头对他们相当了解,能够根据其能力和具体情况安排工作,通过合理地分工来提高工作效率。并且,这批工人作为包工队中的核心工人,他们的忠诚度通常更高,不会随意"跳槽",也更少出现"磨洋工"的情况。但这种招募方式最大的缺陷在于积累社会资源、建立关系圈是一个长期过程，需要投入大量时间、金钱和精力。此外，都是相互熟悉、知根知底的朋友，碍于人情面子，对他们进行管理时不能采取过于强硬的措施，造成管理上的不便。第二种招募方式的优势在于，以包工队内工人的社会关系为基础，能够在较快时间内迅速组建起一支包工队。但对农民包工头来说，"以工招工"的工人通常位于其关系圈的边缘位置，不仅其忠诚度难以得到保证，与核心工人相比还更懒散，不愿出全力工作，因而更需要监督。组建包工队的过程中，农民包工头会兼用两种招工方式，从而满足用工需求。但无论是哪种招工方式，关系始终在当中发挥着核心作用。可见，包工劳动体制实质上构造出一种基于关系招募劳工的独特用工体制。

第三节　为何不用本地劳工

从内外有别的乡土逻辑出发，招募本地劳动力，组建一支以本地劳动力为主的包工队更有可能帮助农民包工头顺利融入当地社会并取得成功；从专业技能来看，本地劳动力市场竞争激烈，本地劳工所具备的技术与素质通常比农村劳动力更适合建筑工作；就自身能力而言，农民包工头不仅积累了一定原始资金，且构建了以己为核心的关系圈，因此有能力雇用本地劳工。但实践中，农民包工头却极少雇用本地劳动力，而是宁愿"舍近求远"，从千里之外的家乡招募劳动力。这背后的深层原因值得引起我们的关注。

一、外来者与本地人的故事

鹏飞的姐姐有云属于来×镇务工的首批农民工，她总是感叹自己在汕头的遭遇都可以拍成一部电影了。

刚到汕头来的那几年，真的是吃了本地人的很多亏！厂里的老板跟本地的小混混合起伙欺负你。你在厂里老老实实地上班，一门心思地想着如何赚钱，外面的小混混把你哪天发工资、发多少钱都摸得一清二楚，你一出厂钱就没了。真的是苦到不行，你还没地方去告！1995年，那年厂里事儿比较多，我就没有回家过年。农历腊月二十七，我起了个大早去赶早市，忙着购置年货准备过年。早市菜品种类比较多，而且菜相对来说也比较新鲜，所以赶早市的人就比较多。我推着自行车在农贸市场里面走，一边走一边看菜的样式，走得非常慢。突然一个骑自行车的本地人从后面撞了我一下，我的手随即从自行车手柄上滑开，车子就撞到本地人开的菜摊上去了。其实根本没给他的菜摊造成任何损失，哪知开口就要500块钱的赔偿费。我当然不干，我那时候在厂里工作满打满算能挣800块钱，500块钱是我大半个月的工资了。没想到摊主随手就从菜摊上抓起一个鸡蛋砸在我的衣服上，我根本不敢说什么，还一个劲儿地跟人道歉。真的一点办法都没有，你敢跟别人较劲？我就住在菜市场对面，随便哪一天他都可以叫上一批地痞流氓找到家里收拾你一顿！本地人还有很多办法欺负外地人呢，比如把喝光的茅台瓶里面灌上便宜酒，也有直接灌水的，等你经过的时候，他们就随手把瓶子碰倒，然后赖到你头上。非说你把酒碰倒了，能怎么办？赔钱呗，不赔钱就只有等着挨打。

进城农民工为地方经济发展提供了廉价劳动力，为地方经济增添了活力。但在改革开放初期，外来群体进入本地社区以后，经常受本地人欺负，本地人看不起外地人很普遍。外来群体为了保护自己，有时甚至会借助其他力量反抗当地的"小混混"。随着现代化和城镇化的深入推进，本地人看不起外地人的格局逐渐发生改变，本地人开始用新的眼光审视外来务工者，一位本地商贩告诉笔者："这些外地人大老远地跑出来挣钱也不容易，前些年看着他们被欺负，我也为他们感到难受……"尽管如此，外来人与本地人的关系仍然具有复杂性，访谈中的许多农民包工头都表示不愿雇用本地劳动力。大伟曾雇用过几个本地劳工，但很快就被他辞退了。"2015年的时候忙不过来，我雇用了几个本地劳动力。这还是因为当时手上有个工程，眼看工期就要到了，别的地方又抽不出人，无奈之下只能雇了几个本地劳动力。本地劳动力相对于老家的来说，技术是过硬一些。就拿贴瓷砖来说，他们贴得要比老家过来的工人贴得好看。但是本地劳动力的工资比老家那边工资水平高一些，最关键的还是本地劳动力难管理。所以当时那个工程完工之后，我就把他们辞了。"

二、"舍近求远"的具体原因

其一，本地劳动力难以管理。一方面，本地劳动力的家庭和关系圈都在当地，只在上班时间才与农民包工头及其他工人发生联系，下班后便回归家庭，又重新回到了自己的社交圈。由此出发，本地劳动力与包工队的其他工人本质上隶属于两套不同的情感体系，本地劳动力很难真正融入其他工人的圈子。另一方面，即使是在日常工作中，本地工人也很少与包工队的其他工人产生过多交集，秉持着"工作就是工作"的原则。此外，语言是影响群体内部团结的重要形式[55]，语言沟通的障碍，也进一步导致本地劳动力与工人们互动频率和团结度的降低。光耀说："这边的本土话是潮汕话，潮汕人讲普通话很不标准的，夹杂着一股浓厚的地方口音，尽管我在汕头待了这么多年，有时候也都听不懂他们讲什么，只能靠猜。"在上述背景下，缺少了人情关系的嵌入，农民包工头与本地工人之间的雇佣劳动关系被"赤裸裸地暴露出来"，缺少人情关系的"软控制"，两者之间的小矛盾、小摩擦也很容易被放大，以更激烈的形式表现出来并产生更严重的后果。相比之下，从老家"带"过来的劳动力，不仅工人之间凝聚力与向心力强，农民包工头也更容易与他们"打成一片"，还能够借助一起吃饭喝酒的时间对工作进行安排，这样不仅有利于加强情感沟通和联系，还节省了时间，提高了时间利用效率。

其二，本地劳动力对工资要求更高。×镇地处经济高度发达的东南沿海地区，生活和消费水平自然比中西部农村地区高，本地劳动力因而对工资要求也更高。"同工种来说，本地工人的工资水平要比外地过来的劳工每天多50元到100元，在这种情况下，本地工人还不怎么满意，所以工作起来积极性也不高。老家带过来的工人，工资其实没有本地工人的工资高，但是工资比在家里干的工资要高一些……按照现在的工资水平，在老家搞建筑，大工一天的工资是300~450元，小工一天是150~200元；跟着我们出来干，大工一天至少400元，有的干得好一天能挣五六百元钱，小工一天最低也能挣200元钱。"

综上所述，组建一支以本地劳动力为主的包工队能够帮助农民包工头克服各种"乡土问题"，增强自身的"本土性"，从而加快融入本地社会的步伐。实践中，"舍近求远"劳动用工体制的形成似乎有违内外有别的乡土逻辑，但事实上，进城农民工一般都是从事手工制造、建筑等利益链末梢的工作，基本不会与本地人产生"争利"矛盾，因而更容易被本土社会所接纳。此外，农民包工头投入大量资本维系和拓展交往圈，本质上也是遵循内外有别的乡土逻辑的体现。总之，正是在内外有别的乡土逻辑的指引下，包工劳动体制才呈现出"舍近求远"的用工模式。另外，专业技能强、整体素质高是农民包工头在招募劳工时的考量因素之一，但为满足弹性用工的需求，他们更注重包工队的灵活性，要能够"招之即来，挥之即去"。本地劳动力管理困难，显然无法满足上述要求，加之他们对工资的要求更高，才最终导致农民包工头选择放弃雇用本地劳动力。这是农民包工头"舍近求远"的直接原因。

第四章　包工劳动体制生产组织流程分析

本章关注的主要问题是包工劳动体制的生产组织流程，如工人工资发放、农民包工头的收账、合同签订与工人权益、施工进度与安全管理等内容，试图在对包工劳动体制生产组织过程进行全景式描述的基础上，进一步揭示关系在各个环节发挥了何种作用。

第一节　工人工资与包工头的收账

一、工人工资的发放

工资是工人开展劳动以后应有的回报，是工人通过辛勤劳动获取的报酬。与"工厂政体"下的计时、计件工资制度不同，建筑业工资计算方式主要遵循"按工计酬"原则，即以工人出工天数为标准计算工资，出工天数越多，工资相应地就越高。工资发放主要分为两种情况：

其一，发给临时工人的工资。临时工一般是赶工时才会出现的用工形式，日工资较高，有的临时工也或许是别的包工队内的长期工人。临时工的工资支付方式比较简单，属于日结，干完活就能拿到钱，出了多久工就拿多少钱，一般很少出现拖欠的情况。招募临时工的途径主要有两条：一是从其他包工队"借人"。鹏飞告诉笔者："遇到赶工的情况我一般都是向别的包工队'借人'，很少去发布正式的募工信息，主要是太麻烦了，'借人'很方便……别人遇上赶工，我也经常给他们'借人'。"在"借人"时，农民工是在"帮忙"的名义下从一个包工队流动到另一个包工队，"借出去的人"一般是核心工人，赶工结束以后就马上回到原包工队中。事实上，包工队中的"借人"与乡土社会中春播秋收时的"帮工"具有很强的相似性。乡土社会中，村民们在农忙时节要找亲戚朋友"帮工"，在未来某个时期要"还工"，包工队中的"借人"逻辑与此基本相同。不一样的是，包工队中的"帮工"与"还工"都有现实经济利益作为补偿，否则就难以实现。这或许在一定程度上映射出乡土逻辑与市场化力量的交融与碰撞。二是通过发布募工信息招募临时工。这往往是"借不到人"的无奈之举。大伟说。"每个村都有'求职墙'，上面有很多岗位信息……我当时有一个项目眼看着快完工了，差人手，就让我小娃帮忙写了一则招聘广告，也贴到'求职墙'上面去了。过了好几天都没人联系我，我就感觉是墙上信息太多的缘故，没人注意到，所以后来又把招聘广告贴在村里面的电线杆上，每一根都贴……后来招了四个越南人，是别人看到我的招工信息后介绍他们过来的。"

其二，发给长期工人的工资。长期工人的工资一般是在一项工程结束以后统一发放，此外，过年回家前、中秋节等重大节日也是工资发放高峰期。一般来讲，在施工期间，农民包工头只给工人少量生活费用维持基本生活，如果工人出现紧急状况急需用钱（如老人生病、小孩上学等），农民包工头也会"帮助"工人解决"燃眉之急"。总之，工程施工期农民包工头不必按时足额发放工资，一般只需确保工人正常生活即可，但如果工人急需用钱，农民包工头要尽可能将其工资发放到位，帮助解决他们面临的难题。否则，工人对农民包工头的信任就会被削弱，亲密关系也容易出现裂痕，由此产生的"多米诺骨牌效应"给农民包工头带来的损失和麻烦往往更大。鹏飞说："什么时候一定要满足工人的需求，什么时候又不用满足他们，这要自己去辨别。工资不工资的先放在一边，人家家里真有事的话，我作为老乡来说，帮忙也是应该的，更不用说我给出去的钱本来就是他们自己的工资……像前几年老大的儿子结婚，我一次性给了他 3 万块钱，那时候手上没钱，我是从我姐姐那里借钱拿给他。"

值得注意的是，工人工资发放作为一种活动和现象，在事实上增加了包工队与包工队之间、农民包工头与工人之间的关系联结。以农民急需用钱时拿到的工资为例，这份工资原本就是工人辛勤劳作后应得的，是原本就属于他们的。但由于建筑业的特殊性，这时候发的工资更像是农民包工头对工人的"施惠"——在本该可以不发工资的时间发了工资来帮你解决眼下的困难。可见，"用工人的钱帮助工人"，使工人欠下一笔人情账。正是在这种"欠人情"与"还人情"的往复循环中，农民包工头与农民工之间的联系越来越紧密，关系嵌入得也越来越深。

二、农民包工头的收账过程

2022 年农历三月份，笔者接到了农民包工头大江的电话，他希望笔者陪他一起去四川收账。这位四川老板将工程转包给大江，结果完工以后人却"消失了"，欠了大江几万元钱，大江向工人打听到了这位老板的家庭住址，准备亲自去他老家收账。收账是农民包工头进行的主要经济活动之一，能否收到钱直接决定了工人工资发放情况，也关系到两者的"饭碗"。直到现在，收账难、收不到账仍给农民包工头造成了很大困扰，像上述案例中，工程完工以后发包方携资"失踪"的现象并不少见，有的农民包工头甚至是垫资施工，最终却收不到账，从而引发许多恶性讨薪事件。访谈中，多位农民包工头提到："要钱（收账）也是一门技术，能不能顺利拿到钱要看本事。"收账时，农民包工头会采取各种措施，如诉苦、拉关系等。为了确保按时把钱收回来，面对一些"难收的钱"，他们最常用的手段是"软磨硬泡"，而遇到极端情况（如赖账、死账等），农民包工头也会选择求助国家法律。

实地调查中，笔者曾多次跟随鹏飞去收账，一次鹏飞临时需要用钱，他到"大老板"家里以后，先是向其诉苦。鹏飞说："实在是没钱了，父亲生病急着用钱，小娃的生活费也该打了。"希望对方体谅自己的处境，但"大老板"并不为之所动，找了各种理由如货卖不出去、资金周转不灵、工程未完工等搪塞过去。这时候，鹏飞见来"软"的没效果，就改变策略。鹏飞先是以严肃的口气说："那你这段时间内必须想办法给我先搞点钱，不然工资发不出去，谁来给我干活儿？工程进度也会受到影响。"然后又用相对平缓的语气说："老板呢，我也是没办法，你多体谅体谅，先把我的钱结一部分。"双方你来我往，持续了几个小时，鹏飞最后也未能成功收到钱。到家以后，鹏飞对我说："你看我们挣点钱是不是也不容易？"

因收不到钱而出现坏账、死账的情况虽然不多，但许多农民包工头都有类似的经历。例如鹏飞和光耀曾经从滕老大手里承包了一项工程，工程完工后，滕老大在鹏飞处约有 40 万元工程款未结清，在光耀处约有 7 万元工程款未结清，因三人关系较好且都是一个村的，鹏飞与光耀便没催他结账。但后来滕老大生意出现问题，亏损几百万元，不仅财产被抵押，人也找不到了。鹏飞和光耀的这笔工程款也就没了下文。大军也遭遇过故意躲避、逃账的情况，"找一位老板收了多次账，去他家找人也不给我开门，最后还把我电话拉黑了"。

第二节　合同签订与工人权益

像鹏飞、大伟这种小型包工队，签合同是鲜见的，不仅发包方与农民包工头不签合同，农民包工头与工人也不签正式合同。在此背景下，上级发包方与农民包工头之间责任与义务如何界定，农民工权益如何得到保障，这是本节关注的核心问题。

访谈的许多农民包工头都认为，不跟上级发包方签合同，主要原因在于彼此很熟悉，因而没有必要，签合同就显得不信任对方，把相互之间的关系"搞生疏了"。并且，不签合同并不代表两者的行动不受约束，或责任义务界定不清晰，因为大工地隐性规则的存在，彼此对自身的责任与义务都很清楚。即便产生问题，由于熟人关系的存在，二者也能直接就相关问题进行协商，或者借助都熟识的中间人的牵线搭桥，共同解决问题。此外，不签合同意味着农民包工头分享了上级发包方面临的风险与不确定性，一定程度上也构成了农民包工头承包工程及与发包方议价的筹码与资本。在包工队内，农民包工头与工人基本上存有血缘、地缘或业缘关系，更没有签合同的必要。光耀说："相互之间这么熟还签合同不像话。再说都是一个地方的，有什么问题可以直接去老家找我，我跑不掉。"可见，一定程度上可以说，建立在熟人关系基础上的包工队，本身对签合同这种行为就有一定的抵触与反感。他们更习惯于依赖大工地约定俗成的非正式规则，也正是因为如此，农民包工头在传递自身风险的同时，实现了灵活用工的目的。

工人权益主要涉及工资与工伤事故赔偿两方面内容。关于工人工资，上文中已经有过详细的论述，此处需要进一步补充的是，调查的农民包工头普遍存在垫付工资情况，光耀一年垫付工资金额 2 万~3 万元，鹏飞一年垫付工资金额 18 万~30 万元，大伟一年垫付工资金额与鹏飞差不多。大伟说他这几年垫付的工资少说也有两三百万元了。关于工伤事故，农民包工头一方面会主动为工人购买工伤保险和意外伤害险，以此降低风险；另一方面，他们会积极采取措施避免建筑作业过程中的安全事故（这将在下文展开论述）。针对一些经常发生的磨皮擦伤之类的小事故，农民包工头与工人都习以为常了，很少会深究责任。需要明确指出的是，熟人关系实际上也在合同缺失的情况下为工人权益提供了保障。尤其是在改革开放初期，由于国家权力的大规模"撤离"，政府提供的服务并非"面面俱到"，进城农民工的权益很难得到有效保证。这时，农民包工头作为农民进城的组织者和"经纪人"，能在一定程度上保护农民工权益。尽管在现代化进程中，农民工权益已经得到了较好保护，但熟人关系在维护农民工权益中的作用仍不可小觑，特别是在建筑业领域。

第三节　施工进度与安全管理

建筑业中的施工与安全通常相互勾连、紧密联系在一起。由于建筑作业大多为露天工作，受天气气候状况影响大，一旦遇上恶劣的极端天气，施工条件差，就不得不中止施工。而为在限定日期内完工不得不赶工，工人们休息时间少、工作压力大，安全问题往往在此时最容易出现。

一、施工进度保障

拥有建筑资质的建筑公司通常会与发包方签订合同，以文件形式对施工进度进行明确规定。在小型包工队中，虽然未签订合同，但发包方与承包方仍就完工日期达成了"口头约定"，农民包工头需要依据约定制订施工计划，按时完工。施工过程中，发包方充当了监督者角色，一是确保工程质量达标，不偷工减料；二是防止施工进度过慢，一旦发现施工进度不对，就会督促承包方多"上人"赶进度。如果承包方无法在工期内完工，发包方一般选择在对方收账时故意"卡"对方，通过这种非正规形式对违约行为进行惩罚。正如秀秀丈夫阿凤所说："施工方施工不着急，到时候他来收账我也不着急。"此外，能否按时完工与农民包工头自身信誉及名声好坏交织在一起，假设拖延工期现象频繁发生，将直接影响农民包工头未来生意。所以，农民包工头通常会采取措施按时保质地完工，"打突击"就是一种有效且常用的方式。"打突击"是与正常上班相对而言，一般来讲，上午七点半到下午六点是工人们正常上下班时间，而

"打突击"则意味着加班，要求工人们"到（工地）得更早、走得更晚"。并且，"打突击"时间一般不给工人加班费，农民包工头会将"打突击"说成是为自己帮忙。赶工结束以后，农民包工头才请工人们吃饭、按摩或唱歌，作为对后者加班加点工作的补偿。另外，为了确保工程施工进度不受影响，农民包工头也有一套方法来应对施工环节中可能遭遇的问题。例如面对资金周转不灵，农民包工头往往会筹资垫付；遇到极端天气阻碍施工，则通过灵活安排工作时间、明确工人责任与分工、合理配置资源，不断提高工作效率，全力保证在规定期限内完工。

二、安全生产问题

施工安全问题是社会各界都十分关注的重大问题。根据田野调查来看，为确保施工安全，农民包工头主要采取了下述两方面举措。

其一，农民包工头作为第一责任人，需对安全生产以及事故处理承担主要责任，因此，农民包工头十分重视宣传和传授安全生产知识。大伟告诉笔者，"安全生产是大问题，要严谨对待，我们出来都是挣钱的，不是来玩儿命的，所以工人的安全问题一定要保障。一般来说，自己带过来的工人都是在建筑业待了十几二十年的老工人了，安全生产知识比较丰富。针对一些新来的工人，或者有一些工作条件比较恶劣的工地，我们会多加提醒：哪个地方是容易出现问题的，应该怎么做……一起聚餐的过程中，安全生产问题我也经常提及，因为有些人在这个行业待久了没出过事，对安全生产就没那么重视了。"

其二，确保生产过程的标准化，降低出现施工事故的可能性。比如，施工前做好设备检查工作，尤其是木工切割机、电焊机、电锯，以及吊机、运输车等，特别重视"搭架子"是否规范，生产设备使用以及架子工作业要严格遵守相关规定，确保施工安全。另外，施工时必须全程佩戴安全帽。此外，禁止工人带病上工地。大江说："我们包工队工人平均年龄已经快接近50岁了，在工地上干了这么多年，要说没病也不可能……但是我只要发现了都会劝他赶紧回家休息，休息好了再回来上班，带病上班很容易出现问题的。"近年来，访谈的农民包工头对安全生产问题越发重视，工伤事故发生的概率和频率呈现稳步降低趋势。

第五章　控制与反抗：生产劳动中的双方博弈

尽管熟人关系是包工队成功组建的重要基础，但农民包工头与农民工本质上仍属于雇佣劳动关系，两者外出务工的首要目的是挣钱，且都有明显的"自利"倾向。马克思曾指出，中间人的利润完全来自资本家支付的实际价格和中间人实际付给工人的那部分价格之间的差额[56]，农民包工头作为马克思意义上的中间人的一种，为维护自身利益，往往会不断增加对工人劳动力的占有程度。面对农民包工头的占有与控制，农民工并非绝对服从，而是会采取各种措施进行反抗。两者正是处于这种互动博弈的动态过程中，本章致力于对双方博弈策略进行考察。

第一节　引子："不那么和谐的自己人"

本节以大伟包工队发生的一起"讨债"事件为例，试图呈现农民包工头与工人之间的复杂博弈过程。大伟出生于湖北省×村，从 20 世纪 90 年代开始，×村的人开始陆续出门打工，大伟就属于其中一员。他从事建筑行业比较早，认识的人多，目前组建了一支自己的包工队。×村好几个人都在他手下干活，大伟的姨父蔡某就是其中之一。一次，由于"大老板"手头紧，未能及时给大伟结算剩余工程款，大伟也拿不出钱，所以就拖欠了工人工资。此后，大伟的姨父蔡某多次找到大伟，让其赶紧发工资，但大伟始终称自己也收不到钱，所以蔡某对此也无可奈何。但是蔡某情况特殊，其母亲在家中摔倒，目前正等着要钱看病，因此蔡某不多久又找大伟要工资。蔡某希望大伟能先支 8000 块钱，好把钱寄回家给母亲交纳治疗费用，剩下的工资则等大伟收到钱以后再一起发。大伟认为自己已经给蔡某解释得很清楚了，目前手上没有钱，也没有收到账，所以发不出工资。但蔡某仍然反复上门要债，大伟觉得这不仅是不给他面子，更是不把他当亲戚看，所以在蔡某讨债时，与其发生了激烈的争吵。两人各有各的理由，蔡某坚持要大伟发工资，作为给母亲治病的费用，大伟则坚持自己收不到钱，发不出工资。蔡某见争吵无果，于是跑回去叫来了自己的侄子李某一起去找大伟要钱。大伟见状，提出宽限两天的请求，并保证两天以后一定会给蔡某一个说法，但是蔡某和李某怎么说也不同意，坚决要求大伟当场拿 8000 块钱出来，否则就要大伟"吃不了兜着走"。大伟听完气不打一处来，于是也打电话叫来了几个本地小流氓要给年轻的李某"一点教训"。随后，两帮人就陷入了冲突之中，冲突中李某被大伟叫来的小流氓打伤，蔡某看侄子受伤，马上报了警。经过警察协调，这起事件最后才得以平息——大伟从亲戚处借了 5000 块钱拿给蔡某，并保证过两天再给蔡某其余的 3000 块钱，剩下的工钱等自己收到账以后再一并结清。

通过上述案例不难发现，在包工队内，即使都是"自己人"，也并不那么和谐，其中的关键原因在于包工队内各种社会关系、经济利益盘根错节、相互交织在一起。也正是因为如此，在生产劳动过程中，农民包工头与农民工双方采取了多种方式进行博弈。

第二节　生产过程中的资本控制

上级发包方将工程承包给农民包工头的同时，也将风险一并转移到农民包工头身上，为了提升自身应对市场风险与不确定性的能力，农民包工头需要强化对工人的劳动控制，达到转嫁市场风险的目的。

一、隐性契约与"硬约束"

中国是一个讲究情理的社会，而在情理社会中，隐性契约的产生是必然的。隐性契约主要包括人际交往中一些约定俗成的规则、在长期生活与工作中形成的是非成败的价值判断和价值观念，以及调整和把握人们关系的群体公认的非正式制度等内容[57]。在建筑行业中，隐性契约存在于方方面面。以农民包工头与农民工雇佣关系中的隐性契约为例。一旦双方确立了劳动雇佣关系，农民包工头就要对工人负责，具体包括引导甚至帮助工人购买车票、"带"工人一起出门，抵达目的地以后，要帮助工人处理租房等相关事宜。更关键的是，要确保工人能够按时拿到工资及其人身安全。而农民工在工作中则要无条件服从农民包工头的安排。尽管隐性契约不具备正式的法律效力，但它对农民包工头和工人的权责进行了明确划分，实际上是一种"有履行效力的合约"。农民包工头与农民工对隐性契约的默认，构成了包工劳动体制有效运作的重要基础，同时也赋予了农民包工头对农民工进行控制的实际权力与合法性。

二、人情关系与"软约束"

中国社会讲人情面子[58]，中国人十分看重人情关系。在建筑行业中，人情关系与经济活动的"互嵌"为农民包工头控制农民工提供了另一条有效途径，借助于包工队内的亲戚、朋友及老乡关系，农民包工头能够较好实现控制工人的目的。但由于建筑作业集脏活、重活、累活于一身，工人们在严酷的工作条件下很容易滋生对农民包工头的不满情绪，人情关系因而会不断弱化。为了维系关系，加强对工人的控制，农民包工头不得不采取相应的应对措施，具体包括请工人吃饭喝酒、主动关心工人及其家人、帮助工人解决困难、保证工人能拿工资、能赚钱等。鹏飞告诉笔者为了拉近与工人的关系："每年回去都会去工人家拜年，买一大堆东西，还要给他们的小孩派红包……现在这个社会，你尊重别人，别人也才尊重你，你要是装着一副高高在上的样子，他也懒得理你。"针对边缘工人、次核心工人等与自身关系较为疏远的农民工，农民包工头也会采取"套近乎"、"让利"及"表示关心"等方式拉近与其的距离，强化对其的控制。

三、日常生活"经济化"

日常生活"经济化"是指农民包工头请工人吃饭喝酒或一起娱乐的本质目的在于利用这些日常活动加强与工人的联系、拉近与工人的距离，以促使其更加卖力地工作。此时，农民包工头将重心聚焦于事业发展与利润赚取上，几乎一切社会活动和人情往来都是围绕上述两个目标开展。日常生活"经济化"还有另外一层含义，意指农民包工头在日常活动中掺入带有经济性的目的，如农民包工头趁饭局期间或娱乐时间给工人安排工作等。总体来看，通过日常生活的"经济化"，农民包工头巧妙地将工作时间与非工作时间联系了起来，不仅控制了工人的非工作时间，实现了对工人时间的最大化占有，还通过提高与工人互动的频率稳固了彼此的人情关系，为建筑工作的开展带来很大便利。

四、返工制度与劳工控制

返工制度是为应对工程质量不合格而建立的制度。如果工程质量不达标，包工队需要按照发包方的要求进行返工，直至满足发包方的要求。一般而言，发包方不会为返工的劳动提供任何补偿，农民包工头拒绝返工的话，发包方甚至会扣除工程款，而如果农民工拒绝返工，农民包工头有时也会根据情况扣除工人工资。对工人来说，返工不仅不能带来经济收入，还耽误了正常上班时间，所以工人们大多对返工十分抵触。从形式上看，返工制度是作为一种正式制度发挥作用，但从实际运行来看，包工队中复杂交织的人际关系才是返工制度有效运作的深层原因。包工队内部或多或少有着亲戚、老乡或朋友的联系，虽然内部有分化、有对抗，但仍是一个同质群体，工人们有强烈的群体意识。在他们眼中，农民包工头是"自己人"，而发包方、"大老板"是外人，工人们充分信任"自己人"，对于返工，工人们相信作为"自己人"的农民包工头已经尽力为自己争取过，而发包方则不讲情理、过于严苛。可见，返工制度的运作逻辑从侧面印证了农民包工头利用人情关系对工人进行约束和控制的社会事实。

第三节　劳动过程中的工人反抗

面对农民包工头的控制，工人们也会采取各种举措如倒卖建筑材料、诉诸人情关系、宣泄式耍无赖等进行自发式反抗。除此之外，工人们的结构性力量也是其进行反抗所依托的重要资本。本节将对此进行具体分析与讨论。

一、工人们的结构性力量

贾春增认为，社会作为一个整体，社会结构中任何一个部位的细微变动都会对整体的其他部分产生重大影响[59]。倘若将建筑业视作一个"小社会"，包工队就是组成这个"小社会"的重要元素，发包方、农民包工头与工人，都在建筑业这个"小社会"中扮演了重要角色，分别发挥着不同的功能与作用。工人所扮演的角色和发挥的功能使其具备了一种结构性力量。并且，随着劳动力市场的供不应求，以及工人对关键性岗位的占据，工人的"结构性力量"也会随之增强[60]。

其一，建筑工人劳动力市场的供不应求。首先，过去几十年中，我国房地产市场的繁荣与发展催生出一大批包工队，包工队的规模越来越大、数量也持续增多。但由于建筑作业中机械化施工能力有限，大多工作仍需依赖人力完成，这不可避免地造成劳动力市场短缺的局面。劳动力不足给小型包工队带来许多现实麻烦，一些农民包工头为缓解用工困境选择招募外国工人，但语言上的障碍十分不利于对其进行日常管理和工作安排，还有的农民包工头从别的包工队中"挖人"，而这种行为又会给维系人情关系形成负面影响。鹏飞常说："现在不差工做，只差人做。""招募工人的问题不好解决，我现在就是担心现在这群人不干了还能去哪儿招人，其实活儿是有的，活儿挺多，不愁没有事儿做。"其次，在国家产业结构升级转型的大背景下，政府、市场和社会能够提供的就业机会与岗位越发丰富，大量"农二代""农三代"更倾向于选择工作环境自由、工作任务相对轻松的第三产业，导致农业、建筑业等二、三产业普遍陷入缺人、缺人才的困境。并且，随着受教育水平的提高，人们对好工作的期望值也不断增高，很少有人愿意上工地务工。面对建筑作业的"脏活、重活、累活"，许多青年劳动力直言"自己吃不了那份苦"，而且搬砖提桶的工作也会让他们觉得"很没有面子"。由于普遍面临招工难的问题，许多农民包工头对包工队未来发展前景并不看好。

其二，工人对关键职位的占有，同样能够增强其"结构性力量"。包工队中有大工、小工之分，小工专业技术水平低，主要负责帮助大工打打下手，因此可替代性强；大工则具备较高的生产技能，是各环节生产作业的核心力量，大工熟练的技能一般也需要长时间锻炼与学习才能获得，可替代性很低。正是基于大工及其技能的重要性，农民包工头给大工的工资比小工高2~3倍，并且，为了吸引技能出色的大工，农民包工头还在不断提高大工工资。由此而言，工人具备的较高专业技术及其对关键岗位的占有，使其具备了主导和中断生产的能力，因而客观上增强了其"结构性力量"，增加了其与农民包工头进行博弈的筹码与资本。

二、建筑劳工的自发式抵抗

其一，倒卖建筑材料。偷工减料是建筑业中普遍存在的现象，对部分农民工来说，偷工减料甚至构成其收入的重要来源，尽管发包方与承包方都努力杜绝这种现象，但类似事件却时有发生。以粉刷墙面为例，粉刷墙面一般包括四道工序：要先清理掉墙面上的污垢残渣，然后上第一层涂料，等第一层涂料凝固后接着上第二层涂料，以此类推再进行第三次。粉刷工作结束后，整个墙面十分顺滑。但为偷工减料，很多工人只上两层涂料，省下来的涂料则悄悄卖入市场。这种做法风险较高，发包方在验收时容易发现问题，于是也出现了应对办法——上涂料包括四周墙体和天花板两个部分，墙体在验收时可触及性强，一旦偷工减料，比较容易被发现；但天花板的验收主要靠看，只要看着行就行。因此，工人们给墙体上涂料时一丝不苟，粉刷天花板时却存在偷工减料现象。此外，许多"小面"如房门上沿、窗台板下面等眼睛看不到或平时不怎么留意之处，也是偷工减料频繁出现的地方。

其二，诉诸人情关系。农民包工头与农民工之间存在的庇护—依赖关系，使农民工能够依赖人情关系与农民包工头进行博弈。以"老大辞退风波案"为例进行说明。老大是光耀手下的一名小工，已经60多岁了，但平常还跟着光耀一起贴瓷砖。由于上了年纪，老大工作进度不如从前快了，更关键的是，潜在的安全问题让光耀无法安心。于是一次饭局上光耀就试图让老大"别干了"，回家养老。"您看您这把年纪，整天在架子上贴瓷砖，劳动强度那么高，别说家里儿女担心，我都担心得不行。"老大领会光耀的真实意图后，开始与光耀攀关系、套近乎。最后，碍于情面，光耀仍把老大留了下来。老大利用人情关系成功化解了被辞退的风险。

其三，宣泄式耍无赖。工地不一样，工作环境也不一样。有的工地工作任务重、工作条件差，有的就相对好一点，工人们都希望农民包工头将自己安排到工作条件好的工地，如果无法达到目的，便会通过耍无赖的方式宣泄心中的不满。例如，当吴某知道自己被安排到一个距离较远且工作条件不好的工地时，他便与鹏飞周旋起来。"老板，那边的工地缺工具，施工没法儿正常开展。我身体也不太好，不给我换工地的话就给我放假，让我休息一天。"但事实上，该工地不仅不差工具，吴某身体更没有不适，关键原因在于该工地不具备机械化施工条件，所有工作都靠人力完成，因此比其他工地更累。类似的耍无赖事件基本上每个月都会发生。这从本质上反映了工人对农民包工头的抵抗，尽管很多时候不能达到自身的真实目的，但通过这种反抗形式，工人至少向农民包工头传递了自身的不满情绪。

第六章　结论与讨论

以汕头市×镇部分小型包工队为例，本研究深入分析了建筑业包工劳动体制运作的整个过程，试图证明关系对包工劳动体制影响的深入性与全面性。对工程承包和包工队组建具体过程的一般性描述表明，关系不仅是"一张网"，同时也是"一条线"，有效将包工劳动体制的各部分各环节串联了起来。具体而言，农民包工头不仅需要借助关系获取工程承包权，也正是利用先赋性关系组建起了一支以家乡劳动力为主的包工队，进而形成了"舍近求远"的劳动用工模式。意识到关系的重要性，农民包工头积极采取措施稳固和拓展关系圈，具体包括认干亲、送礼物和给回扣以及家庭式聚餐等途径，此时，关系变得不再纯粹，而是已然成了一种能够帮助农民包工头赚取利润的资本。另外，对包工劳动体制生产组织流程的全景式展示也印证了关系在工人工资发放和维护工人权益中扮演的重要角色与地位。事实上，在改革开放初期，由于国家权力的大规模"撤退"，正是人情关系的存在才使建筑工人的自身权益得到一定保证。在新时代，人情关系在维护工人权益中仍起到了不可小觑的积极作用。随着市场化力量和现代化因素的不断渗入，社会陷入了一种高度不确定性和深度复杂性的境遇之中，而为了增强自身应对市场风险与不确定性的能力，农民包工头不断强化对工人的管理与控制，此时人情关系毫无疑问地成了农民包工头管理和控制工人最常用、最有效的方式之一。面对农民包工头试图施加的控制，工人们也会借助各种手段如倒卖建筑材料、诉诸人情关系、宣泄式耍无赖等进行自发式反抗。除此之外，工人们的结构性力量也是其进行反抗所依托的重要资本。农民包工头与农民工互动博弈的动态过程，一定程度上构成了对包工劳动体制稳定运行的冲击。

近年来，对包工劳动体制进行改革及要求取消包工劳动体制的呼声日益强烈，为维护劳动者权益，构建和谐稳定的劳动关系，政府出台了相关法律法规取缔包工劳动体制。但随之而来的一个问题是取消包工劳动体制以后，在这一体制下组织起来的多达千百万人的建筑工工作该如何解决的问题，让他们重新回归农业生产似乎不具备可行性，也不符合广大人民群众最根本的利益需求。笔者在访谈过程中曾问过这样一个问题："如果包工劳动体制被取消了，你们打算做什么呢?"大多数人开始表现得困惑，因为他们不理解为什么包工劳动体制取消就意味着失去工作，在进一步问"如果没了工作，你们打算做什么"时，对方表示如果在外面找不到工作，最后一定会选择回老家，只不过挣的钱少些，但无论如何可以解决温饱。继续问"回老家了做什么呢?"此时得到的回答是"回家搞农业生产"。回家务农，这是多数出门打工人给自己留下的一条后路，也是在田野调查中常听的一句话。但从农村实际情况来看，数量庞大的工人真的能在村里寻找到工作机会吗?笔者接触到的调研对象几乎全部来自中西部地区的贫困山区，尤以鄂西南宣恩县下坝村人数居多。从农业用地方面来看，目前下坝村的农业用地一部分被湘西农民承包，用于种植西瓜、核桃等经济作物，有一部分山上的耕地由于长期无人耕种已经还林，开发利用难度大，剩下的土地则由村庄留守人口耕种。此外，下坝村除了村集体的茶叶合作社再无其他企业，有4家杂货店，分散在村庄的主要马路边上。另外，还有2户养猪大户、2户养鸡大户，1户购买了犁土机和收割机，4户水泥砖生产厂，服务对象均以本村居民为主。上述呈现了下坝村基本的经济格局，该村显然无法为返乡农民工提供合适的工作岗位。实际上，该村支书也明确表示了担忧。"我们村子人多地少，这么些在外面打工的人都回来了，村民生计如何才能得到维持呢?人多了矛盾也随即就多，就这么几个村干又怎么管得过来?尤其是治安问题，这些人成天没事瞎晃悠，迟早闹出一些事情来。所以说，出去一部分人打工是应该的，是正确的。"家是在外打工人魂牵梦萦的牵挂，是他们努力奋斗的起点和目标，然而也是在此过程中，外出务工者与家渐行渐远，家慢慢变成了回不去的故乡。

学者对以劳务派遣取代包工劳动体制的做法较为认同。但从劳务派遣实际运作来看，同样存在许多问题，工人们仍难以享受本该享有的权益。更糟糕的是，由于缺乏人情关系对劳务派遣单位与用工单位的约束，工人的处境事实上更加恶化了。因此，包工劳动体制未来的出路究竟在何处还需进一步研究。总的来说，在改革开放初期，包工劳动体制在引导农民工进城、解决农民工就业问题以及维护其权益方面发挥了一定的积极效用，但随着经济社会发展转型和国家现代化进程的加速推进，包工劳动体制逐渐变得不合时宜，因而需要对其进行改革。在新的时代背景下如何进行合理取舍，使其符合时代发展潮流，是需要重点考虑的问题。

参考文献

[1] 谷玉良. 建筑业劳务分包制研究：现状及其展望 [J]. 中国劳动关系学院学报，2016（2）：16-22.

［2］余名侠．近代封建把头制度探析［J］．江海学刊，1994（2）．

［3］马学军．把头包工制：近代中国工业化中的雇佣和生产方式［J］．社会学研究，2016（2）：102-122，243.

［4］罗尔纲．罗尔纲全集：第14卷［M］．北京：社会科学文献出版社，2011.

［5］王小嘉．近代中国企业包工制度新探［M］//刘兰兮主编：中国现代化过程中的企业发展．福州：福建人民出版社，2006：233.

［6］峄县枣庄虐待煤夫节略［N］．申报，1883-06-26.

［7］华尔德．共产党社会的新传统主义：中国工业中的工作环境和权力结构［M］．龚小夏，译．纽约：牛津大学出版社，1996.

［8］任树正，江立华．建筑业包工头—农民工的关系形态和行动策略：基于某地铁建筑工地的调查［J］．社会科学研究，2017（1）：115-120.

［9］马学军．把头包工制：近代中国工业化中的雇佣和生产方式［J］．社会学研究，2016（2）：102-122，243.

［10］曹冰冰，朱正业．民国期刊视角下近代包工制探析［J］．海南热带海洋学院学报，2018（4）：122-128.

［11］南开大学经济研究所．旧中国开滦煤矿的工资制度与包工制度［M］．天津：天津人民出版社，1983.

［12］翟学伟．人情、面子与权力的再生产［M］．北京：北京大学出版社，2005.

［13］边燕杰，缪晓雷．如何解释"关系"作用的上升趋势？［J］．社会学评论，2020（1）：3-19.

［14］彭庆恩．关系资本和地位获得：以北京市建筑行业农民包工头的个案为例［J］．社会学研究，1996（4）：53-63.

［15］沈原．市场、阶级与社会［M］．北京：社会科学文献出版社，2007.

［16］贾文娟．"工头"：权力来源及其对劳资关系的影响：一种历史比较的视角［J］．社会，2006（5）：134-157，208.

［17］张春泥，刘林平．网络的差异性和求职效果：农民工利用关系求职的效果研究［J］．社会学研究，2008（4）：138-162，244.

［18］蔡禾，贾文娟．路桥建设业中包工头工资发放的"逆差序格局"："关系"降低了谁的市场风险［J］．社会，2009（5）：1-20，223.

［19］王鑫，雷鸣，刘梦君．管理控制与劳动剥削：一个基于量化史学的考察［J］．经济学动态，2017（9）：44-56.

［20］《旧中国的资本主义生产关系》编写组．旧中国的资本主义生产关系［M］．北京：人民出版社，1977.

［21］祝慈寿．中国工业劳动史［M］．上海：上海财经大学出版社，1999.

［22］潘毅，卢晖临，张慧鹏．分包体制下建筑工人的阶级经验和感情［J］．中国研究，2009（2）：109-127，258.

［23］潘毅，卢晖临，张慧鹏．阶级的形成：建筑工地上的劳动控制与建筑工人的集体抗争［J］．开放时代，2010（5）：5-26.

［24］潘毅，卢晖临．谁更需要包工头［J］．南风窗，2009（9）：52-55.

［25］任树正，江立华．建筑业包工头—农民工的关系形态和行动策略：基于某地铁建筑工地的调查［J］．社会科学研究，2017（1）：115-120.

［26］谷玉良．市场嵌入过程中"陌生关系熟悉化"的实践逻辑：基于建筑业包工头创业过程的分析［J］．中共南京市委党校学报，2019（3）：96-103.

［27］李海明．农民工欠薪问题的成因及其治理：以建筑业农民工工资拖欠及其法律救济为例［J］．河北法学，2011（7）：26-37.

［28］潘毅，卢晖临．谁更需要包工头［J］．南风窗，2009（9）：52-55.

［29］严晓东，倪炜．对我国建立建筑劳务分包制度的思考［J］．建筑经济，2008（5）：19-22.

［30］杨芳霞，曹钟安，邓彪．弹性用工的安全保障：对我国劳务派遣法律规制的思考［J］．前沿，2011（13）：116-118.

［31］全总劳务派遣问题课题组．当前我国劳务派遣用工现状调查［J］．中国劳动，2012（5）：23-25.

［32］郭宇宽．"包工队"模式再认识：合约性质、制度约束及其利益相关者［J］．开放时代，2011（6）：132-141.

［33］高超群．中国近代企业的组织形态初探：以包工制为中心［J］．东南学术，2018（3）：159-172，248.

［34］任焰，贾文娟．建筑行业包工制：农村劳动力使用与城市空间生产的制度逻辑［J］．开放时代，2010（12）：5-23.

［35］［英］卡尔·波兰尼．大转型：我们时代的政治与经济起源［M］．冯钢，刘阳，译．北京：当代世界出版社，2020：71-197.

［36］［美］马克·格兰诺维特．社会与经济：信任、权力与制度［M］．王水雄，罗家德，译．北京：中信出版社，2019.

［37］［德］尼克拉斯·卢曼．风险社会学［M］．孙一洲，译．南宁：广西人民出版社，2020.

［38］杨善华．田野调查：经验与误区：一个现象学社会学的视角［J］．中国社会科学评价，2020（3）：59-65，158-159.

［39］杜运周，任兵，张玉．新进入缺陷、合法化战略与新企业成长［J］．管理评论，2009（8）：57-65.

［40］STINCHCOMBE A. Social structure and organization. March J G（eds.）. Handbook of organizations［M］. Chicago IL：Rand McNally，1965：142-193.

［41］吴小强．对人情世故要有正确导向［J］．社会，1994（7）：17-18.

［42］彭庆恩．关系资本和地位获得：以北京市建筑行业农民包工头的个案为例［J］

. 社会学研究，1996（4）：53-63.

［43］汪和健. 经济社会学：迈向新综合［M］. 北京：高等教育出版社，2006：81-82，165.

［44］朱艳. "层层分包"在建筑工地中的实践逻辑：一个建筑项目的经验研究［D］. 河海大学社会学专业硕士论文，2013.

［45］阎云祥. 礼物的流动［M］. 上海：上海人民出版社，2019.

［46］边燕杰，张磊. 论关系文化与关系社会资本［J］. 人文杂志，2013（1）：107-113.

［47］翟学伟. 人情、面子与权力的再生产［M］. 北京：北京大学出版社，2005.

［48］费孝通. 乡土中国：生育制度［M］. 北京：北京大学出版社，1998：73.

［49］刘腾龙. 内外有别：新土地精英规模化农业经营的社会基础：基于乡村创业青年的视角［J］. 中国青年研究，2021（7）：46-54.

［50］渠敬东. 占有、经营与治理：乡镇企业的三重分析概念（下）：重返经典社会科学研究的一项尝试［J］. 社会，2013（2）：1-32.

［51］徐宗阳. 机手与麦客：一个公司型农场机械化的社会学研究［J］. 社会学研究，2021（2）：92-114，227-228.

［52］陈航英. 土客结合：资本下乡的用工机制研究［J］. 社会，2021（4）：69-95.

［53］FISHER，LLOYD H. The Harvest Labor Market in California［M］. Cambridge：Harvard University Press，1953.

［54］FRIEDLAND W H，BARTON A E，THOMAS R J. Manufacturing Green Hold：Capital，Labor，and Technology in the Lettuce Industry［J］. New York：Cambridge University Press，1981.

［55］科塞. 社会思想名家［M］. 石人，译. 上海：上海人民出版社，2007：10.

［56］马克思. 资本论：第一卷［M］. 北京：人民出版社，2004.

［57］罗明忠. 潜规则下的和谐劳动关系［J］. 中国人力资源开发，2007（3）：26-29.

［58］翟学伟. 人情、面子与权力的再生产：情理社会中的社会交换方式［J］. 社会学研究，2004（5）：48-57.

［59］贾春增. 外国社会学史：第三版［M］. 北京：中国人民大学出版社，2019：181.

［60］WRIGHT E O. Working-class Power，Capitalist-class Interests，and Class Compromise［J］. American Journal of Sociology，2000，105（4）：957-1002.

技术牢笼与自由幻象：微观权力视角下外卖骑手劳动过程中的控制与"同意"

❖ 赵　君（上海大学）
　金　桥（指导教师）

摘　要：传统工厂中流水线式的工作样态还未完全消弭，以高速发展的互联网技术为依托产生的各种新经济浪潮已呈席卷之势，平台经济无疑是其中引人注目的一种新经济形式。在O2O的服务业模式中，顾客的需求在平台上得到展现与统合，平台经济形式在给人们带来便捷的生活体验的同时，也"生产"了一批平台劳工，塑造了全新的劳动政治。外卖骑手就是平台劳工的典型代表，他们没有固定的工作场所，也没有可见的劳动产出，最主要的工作内容浓缩在间断性的空间移动过程中。调查显示，对大多数的外卖骑手来说，手机里的应用程序是他们在劳动时需要遵循的唯一指示来源，但他们却能据此给顾客提供标准化的送达服务。一个App如何组织起如此严谨有序的劳动秩序，骑手们为什么甘愿让渡一部分自主性来迎合平台的指示，这是本文试图探讨的核心问题。受福柯的微观权力理论启发，本文将外卖平台视作一个完整的权力场域，从骑手的劳动过程入手，综合采用访谈法与问卷调查法进行探求。

研究发现，一方面，平台通过纪律性的规训机制对骑手的行为作出程式化的规定：设置严格的监视机制掌握劳动细节；在送单全过程中采用规范化的设定为骑手框定行动标准；在送单结束之后对骑手的劳动进行记录、判定与评价。另一方面，平台也通过巧妙的细节设定塑造着骑手的认知，消解骑手的部分抗争意愿：强化平台天然的"中立"属性；设立"数字竞技场"将骑手的个人价值实现与平台认可紧密绑定；打造"时空陷阱"迎合骑手对自由感受的追求。

如此，平台不仅保证了整个劳动过程的有序开展，甚至能够吸引骑手主动投入其中，探索自身的劳动极限，实现了平台与骑手间的"行动共谋"。平台将附着于其上的劳动者锻造成扁平化的劳动者甚至"可供替换的零件"。当资本剥削关系隐匿在驯服叙事之下，劳动异化更加不易察觉，在"灵活""自由"的话语大行其道的当下，找寻更可持续、健康的平台与劳工之间的互动方式，是共享经济的应有之义。

关键词：微观权力；外卖骑手；劳动控制；制造同意

第一章　绪　论

一、研究背景与缘起

作为一种历史趋势，信息时代的主导性功能与进程日益紧密地与网络结合起来，网络化的逻辑正逐渐扩展到社会生活的各个方面，对社会形态造成了根本性的冲击。《中国互联网发展报告（2021）》[①] 的数据显示，截至 2020 年底，中国网民规模为 9.89 亿人，互联网普及率达到了 70.4%，特别是移动互联网用户总数超过了 16 亿，庞大的互联网用户为新兴经济形式的发展铺垫了良好的用户基础与环境条件。

伴随着技术变迁和相关扶持政策的实施，工作与劳动的信息化趋势表现得越发显著，后福特制的工作形态兴起，它与强调严格管理和讲求精细化分工的福特制相背离，是一种以满足个性化需求为目的、生产过程和劳动关系都具有一定灵活性的生产方式（罗珉 等，2012）。工作自由化是后福特制最显著的特征，进入数字信息时代以后，企业与员工之间的强力联系被新的工作形态所解构。

后福特制的工作形态催生了"零工（gig）"这一工作形态，其最明显的特征就是持续时间较短且不固定。在零工经济形态中，清晰、确切的雇佣形态被彻底打破，雇员甚至能够成为"独立承包商（independent contractors）"，在没有明确雇主的情况下展开工作（STEFANO，2016），能支持这种独立工作形式的公司和商业体系就是"零工经济"（玛丽昂，2017：18）。零工经济主要包含两大类型：一类是基于网络平台而产生的新型工作方式，如网络直播、内容的创作与编辑等；另一类是因网络平台对传统就业方式的颠覆而产生的新型工作方式与业态，主要集中于快递、家政、交通等服务行业，也称共享经济或平台经济，平台充当经济活动的核心，成为这类经济形态中的"新式雇主"，衔接线上需求与线下劳动，平台经济从业者由此产生，包括快递员、互联网家政工、外

---

① 中国互联网协会 . 中国互联网发展报告（2021）［R］，2021-07-13.

卖骑手、网约车司机等。

我国高度重视新经济业态的发展：2015 年 7 月，国务院印发《关于积极推进"互联网+"行动的指导意见》①；2016 年，"分享经济"一词首次出现在《政府工作报告》② 中；2017 年，发改委等印发了《关于促进分享经济发展的指导性意见》③；2019 年，国务院下发了《关于促进平台经济规范健康发展的指导意见》④。在政策的大力推动下，共享经济业态飞速发展。根据《中国共享经济发展报告（2021）》⑤ 中公布的数据，2020 年我国共享经济市场交易规模约为33773 亿元；2020 年共享经济参与者人数约为 8.3 亿人，其中服务提供者约为8400 万人，平台企业员工数约 631 万人。送餐和叫车服务是我国平台经济中增长最快的两个领域（CHEN，2020）。2020 年，人力资源和社会保障部与国家市场监管总局、国家统计局向社会发布了 16 个纳入国家职业分类目录的新职业，其中就包括网约配送员⑥，其定义为通过移动互联网平台等，从事接收、验视客户订单，根据订单需求，按照平台智能规划路线，在一定时间内将订单物品递送至指定地点的服务人员⑦。至此，外卖骑手这一职业拥有了来自官方的认证⑧。

我国的外卖餐饮市场发展迅速，在线外卖用户在网民中的普及率达到了43.52%。2019 年，餐饮外卖交易规模突破 7200 亿元，2020 年人均在线外卖支出在餐饮消费支出中的占比约为 16.6%⑨。外卖经济的迅速发展带动了外卖骑手

---

① 新华网.国务院印发《关于积极推进"互联网+"行动的指导意见》［EB/OL］.（2015-07-04）.http：//www.xinhuanet.com/politics/2015-07/04/c_ 1115815942.htm.

② 国新网.李克强作 2016 年政府工作报告（全文）［EB/OL］.（2016-03-05）.http：//www.scio.gov.cn/ztk/dtzt/34102/34261/34265/Document/1471601/1471601.htm.

③ 中国政府网.发展改革委等印发《关于促进分享经济发展的指导性意见》的通知［EB/OL］.（2017-07-03）.http：//www.gov.cn/xinwen/2017-07/03/content_ 5207691.htm.

④ 中国政府网.国务院办公厅关于促进平台经济规范健康发展的指导意见［EB/OL］.（2019-08-08）.http：//www.gov.cn/zhengce/content/2019-08/08/content_ 5419761.htm.

⑤ 国家信息中心.中国共享经济发展报告（2021）［EB/OL］.（2021-02-19）.http：//www.sic.gov.cn/News/557/10779.htm.

⑥ 新华社.16 个新职业诞生！［EB/OL］.（2020-03-03）.http：//www.mohrss.gov.cn/SYrlzyhshbzb/rdzt/zyjntsxd/zyjntsxd_ zxbd/202003/t20200303_ 361187.html.

⑦ 中华人民共和国人力资源和社会保障部.新职业：网约配送员就业景气现状分析报告［EB/OL］.（2020-08-25）.http：//www.mohrss.gov.cn/SYrlzyhshbzb/dongtaixinwen/buneiyaowen/202008/t20200825_ 383722.html.

⑧ 这里的网约配送员与外卖骑手概念一致，同时囊括了餐饮外卖、B2C 零售、商超便利、生鲜宅配、C2C 递送等，但鉴于本文研究的配送订单仅限于餐饮的即时配送单，外卖骑手的表述更贴合配送的订单特点，因此下文仍使用外卖骑手这一称呼。

⑨ 美团研究院、中国饭店协会外卖专业委员会.2019 年及 2020 年上半年中国外卖产业发展报告［R］.2020-06.

队伍的迅速扩张，仅 2020 年上半年，通过美团平台获得收入的骑手总数就达到了 295.2 万人①。

依托共享平台浮现的新就业形式为社会重点群体的就业创造了更广阔的空间和更多机会，外卖骑手这一职业因准入门槛低、工作内容简单、时间灵活、薪酬机制透明等特点吸引了大量人群加入，其中包括许多在就业市场上处于劣势的人群。但同时，反映骑手糟糕的劳动处境的新闻也屡见报端，骑手们大多缺乏传统雇佣关系中所包含的劳动权益保障、明确的工作与休息时间分界等应得的职业福利。"全球资本主义的革新往往以改善工作状况为名，但承受着革新之痛的，却依然是普通劳动者。"（贾文娟，2020）作为新生代职业群体，他们亲身实践的劳动政治带有独特性和鲜明的时代色彩，是我们窥视资本秩序对社会渗透与改造的一个窗口。

"外卖嘛，会骑车、会看导航就能跑，很简单的。"这是笔者在初访骑手时经常听到的一类表达。在职业竞争日益激烈的当下社会，外卖骑手这一职业却始终保持着极为精简的准入条件，也因此容纳了异质性较强的劳动群体。但大多数消费者却能随时随地享受到标准的外卖服务，手机里的一个应用程序何以组织起如此严谨有序的劳动秩序？这是本文意欲探讨的核心问题。

二、理论基础与文献综述

（一）劳动过程理论

劳动过程理论由马克思开创，他以批判性的视角尖锐地指出了资本主义生产过程的本质——攫取剩余价值，意图揭露资本主义建构范式背后的财产和交换关系。资本家对劳动生产力和剩余价值的无限制追求使得劳动者的具体劳动失去了真实的意义，劳动者只能作为一种被资本剥削和支配的对象而存在。

马克思开创的劳动过程理论范式将劳资关系摆在了劳动价值理论的视野中心，然而此后的很长一段时间，劳动过程研究一直未能进入主流劳动学者的视野，直到布雷弗曼著成《劳动与垄断资本》一书，才开启了劳动过程理论研究的复兴之路。布雷弗曼提出劳动控制是一切管理制度的中心思想（布雷弗曼，1973：63），提出了劳动过程中概念和执行的分离。这是泰勒式组织和控制劳动过程的重要原则之一，基本含义是计划、指挥、设计等环节完全由经理部门来控制，工人的责任就是执行指示而无须理解基本的技术理论和数据，以此剥离工人理解劳动过程之外更深层的控制机制的可能性，强化了他们的弱势地位。

---

① 美团研究院 . 2020 年上半年骑手就业报告［EB/OL］.［2020 - 07 - 21］. https：//about. meituan. com/research/report.

布雷弗曼眼中的劳动者是一种"被解除了武装的工人"，同时也是一种需要被掌控的管理客体。

布雷弗曼奠定了劳动过程研究的主基调，将资方对劳方的控制放在了研究的核心位置，但对劳动者主体意识的忽视成为他一直受到批评的主要原因。随着资本主义管控模式的深入发展，劳动者对于资方控制的抗争意识与行动开始进入学者的研究范围。弗莱德曼提出了"责任自治"的概念，即给予工人一定的灵活性，允许他们在生产中根据实际情况主动采取相应措施，以此增强工人的忠诚度并帮助企业获益（FRIEDMAN，1977：78）。责任自治策略的提出突破了以往将完全的控制手段视为唯一管理方式的思想，指出为工人预留一定程度的自治空间能起到与控制等同的效果。埃德沃兹对管理者的控制方式作出了更精确的划分，他将工作场所看作一个劳资争夺的场域，将雇主对劳工的控制类型划归为简单控制、技术控制和科层控制三种类型，工人们对每一种控制类型的抵抗都会促使雇主去寻找新的控制方法，在双方的循环争夺中形成了控制和抵抗模式的革新与精进。

总之，上述学者的分析方法都是将劳资双方的认知与举动进行联结性的考量，从控制和反抗的特定结合面向分析劳动过程，自此之后，生产场域中不再表现为单一的压制性力量，"为了发展生产的力量，资本必须寻求把劳动作为主体力量来发展"（CRESSEY et al.，1980），让劳动者维持一定的主体性有利于增加生产的整体效能。换言之，劳动的成果可以因劳动本身的运作过程对资本的主观依赖得到促进。布若威通过考察一个工厂中工人们自发主动地投入超额生产中的现象，阐述了工人们在生产过程中产生了"相对满意"的心理，劳动"同意"成为一种工作体验，资方使用了更高明的手段塑造了工人对劳动的认识，表面上的顺从与同意造成的和谐局面掩盖了内在的剩余价值剥削机制（周霞，2018）。布若威的分析将劳动者在劳动过程中表现出来的主体性格放在研究视野的中心。此后，对劳动者主体性的分析逐渐成为劳动过程理论的主流研究动向，劳动过程理论更加重视对具体的劳动运作实践中形式各异的制度安排、组织特色、实际运作方式的解读。

总的来说，控制一直是劳动过程理论的中心聚焦点。控制的形式和策略随着时间的推移而变化，并与观察到的资本—劳动关系的积累逻辑有关（VEEN et al.，2019），它和劳动过程中的自主、同意和抵制相结合，交织在资本主义生产方式的进步和生产组织模式的发展进程中。自第一次工业革命以来，技术就开始作为一种系统控制工人的形式投入使用，随着技术的飞速发展和在工作场所的应用，劳动者受到的控制程度和范围在逐渐加深且越发精细。在抗争活动时有发生的工作场景中，这些控制手段开始趋于隐匿，垄断资本主义阶段的控制实践在某种程度上甚至转换成了工人的主动"同意"，控制与反抗的分界线逐渐模糊且不易辨识，劳动场景中的具体实践及劳动者主体意识的生发与塑造显得越发重要。进入 21 世纪以来，劳动场景的建构和组织形式发生了程度剧烈的变更，奈特和魏尔马特从劳动过程的后现代视角出发，认为劳动过程理论存在"缺失的主体"（O'DOHERTY et al.，2001）的问题，始终没有建构起真正的自我概念，应结合当下现实，重新挖掘劳动者主体性，突出主体的自由和创造性行为。

从 20 世纪 50 年代到 80 年代，资本主义的生产组织模式和积累特征发生了深刻转变，谢富胜（2007）对后福特制企业组织进行了分析，资本主义由此开始通过网络化、分散化的模式重新组织生产过程。哈维指出近代资本主义生产方式最重要的改变就是从福特主义的兴起以及福特主义朝向后福特主义的转变开始的，西方社会在推进现代化以及 20 世纪的后工业社会变迁中，资本主义的生产架构展开了新的内容和形式，"灵活积累"是其显著特征。与刻板的福特主义形成显著对比，全新的生产部门、提供金融服务的各种新方式、新市场出现，而商业、技术和组织的创新也得到了极大强化，卡斯特将这种模式概括为"精瘦生产"（卡斯特，2003：202）。生产组织模式的变更引发的是雇佣关系的变迁，大量工人退出劳动领域中的核心生产部门，分散在"外围部门"，原本坚实的雇佣关系开始被这种变化冲淡，劳动者与雇主的联系越来越脆弱，原先对劳动者那种机械的控制难以通过规范化、渠道化的方式施加，只能借助新的技术工具进行控制方式的变更。

不难看出，劳动过程理论在资本主义管理模式的嬗变进程中客观上充当了反映技术与社会关系变更的媒介与窗口（赵秀丽，2015）。作为资本主义生产模式的一次重大革新和重组，平台经济的出现，改变了资本控制劳动过程的方式、强度和性质，也深刻影响了劳资关系的从属特点与劳动关系的形成和运行范式，资本摇身一变直接以平台的面貌出现，工人与资本的对抗变成了和平台的互动，劳动不在任何形态的工厂中进行，直接的监督管理者被数字技术形式所取代（WOOD et al.，2019），原先需要严格遵循的纪律条文与规章制度演变成在平台指引下形成的"头脑中的装配线"，劳动形态和劳资关系呈现出"异形"甚至"异质"的特征（胡磊，2019），劳资结合的本质遮隐在精巧的数字化信息搭建的劳动场景背后。劳动过程理论一贯注重对于管理技术的考量，有利于评估不断变化的劳动—资本的关系（HALL，2010），在平台经济的语境中仍具有相当的解释力。

（二）关于平台经济及平台劳工的研究

尼克·斯尔尼塞克将平台（platform）定义为数字化的基础设施，它使两个或两个以上的群体能够进行互动，同时，这些平台还会提供一系列工具，使用户能够构建自己的产品、服务和市场（尼克，2018：50）。20 世纪 70 年代以来，资本主义进行了自发调整，新自由主义积累体制就是这种调整之下的结果，与此同时，全球化和金融化的发展也重塑了资本积累方式和劳资关系，工作形式发生了剧烈变迁，传统工作形态中包含的标准就业保护开始向灵活工作安排过渡，平台经济便是在这种背景下产生。

这种变革催生了平台经济模式的诞生。美国商务部在 2016 年发布了《数字匹配公司：在共享经济领域中的新定义》报告①，报告中道出了平台组织劳动的特点，即通过应用数字技术将人与合适的岗位相匹配。平台在劳动领域的应用与流行推动了生产、交换、就业方式和劳动过程的变更，也从根本上改变了裹挟其中的劳工所处的劳动环境，从多个方面冲击、重塑了现有的劳动关系和安排。平台经济的应用已经成为数字资本主义劳动转型的一个重要趋势（ALTEN-RIED，2019），平台模式成为继资本、劳动、技术之后的一种新生产要素（王志鹏，2016）。有学者将平台理解为一个基于数字的"生产点"（point of produc-tion），是为工人制定劳动流程的"场所"（GANDINI et al.，2018）。在这个场所中，生产的社会过程被置于一个单一的、明确界定的逻辑之下，平台在劳动场景中充当"影子雇主"（FRIEDMAN et al.，2014）。

平台经济是新经济范式的产物，但不是所有学者都认可平台经济本身的创新性。例如，Finkin（2016）就认为，零工工作只是技术上促成的对早期工业资本的"投放"和"承包"系统的回归。还有学者使用"新泰勒主义"或"数字泰勒主义"来描述这种工作形态，"像泰勒主义一样，员工被侵入性地监测和控制，他们的任务是由驱动他们工作的数据背后的算法设定的，细节非常详细"（MCGAUGHEY，2018：465）。正因此，许多学者强调了其受到更多管控的一面，刘皓琰、李明（2017）指出，平台运营商对工作实现了前所未有的控制，却声称只是一个中介。有学者指出计算机的控制让工人在管理层精心打造的"数字竞技场"中几乎没有互动需要，"参与劳动的共同过程似乎被打乱了"，控制变得更具结构性（ELLIOTT et al.，2016）。梁萌（2017）发现平台企业拓展了监控维度，引入了消费者作为监控主体，对劳动者的劳动过程展开了严密的管理控制。

另外一些学者则认为平台并不是对劳动者施加单一的控制，也为劳动者提供了一定程度的自主空间。吴清军、杨伟国（2018）指出分享经济平台仅对劳

---

① ESA，U. S. DEP'T OF COMMERCE. Digital Matching Firms：A New Definition in the "sharing E-conomy" Space，http：//www. esa. gov/reports/digital-matchingfirms-new-definition-%E2%80%9Csharing-economy%E2%80%9D-space，2016.

动者完成工作任务的过程进行监管和控制，对其他时间则不加以管理和控制，因此平台对劳动过程的控制与劳动者拥有的工作自主权并存。庄家炽（2019）发现，在资本严密的监控与管理之下，快递工人仍然可以通过各种方式来增加劳动过程的自主性。Wood 等（2019）认为平台劳动的模式绝非泰勒主义的简单回归，基于平台形成的高度自治、任务多样性和复杂性是泰勒主义控制手段所不能及的。

总的来说，数字技术在平台经济中的应用是其最鲜明的特点，它本身是技术逻辑驱动的一种工作转型形式，技术也理所当然地幻化成对平台劳工最有力的控制手段，算法是支撑平台经济运行最基础的技术架构，也被赋予了制定和执行影响劳动的决定的责任，从而限制了人类对劳动过程的参与和监督（DUG-GAN et al.，2020）。一些学者以实际的平台工作为例说明算法控制工人的有效性，对优步公司[①]的算法调度系统的研究发现了它是如何通过经济奖励和心理技巧的结合，鼓励并有时迫使司机接受他们可能拒绝的旅行。Rosenblat 和 Stark（2016）将优步鼓励司机前往需求较高的地区从而提高乘车率的设计，称为"对工人的结构控制能力的基础"。

与平台工作者的概念联系的常常是自由的工作时间和普遍性的高收入，但在实际的调查中发现，他们的收入与付出的时间紧密相关。Hall 和 Krueger（2017）发现，优步司机们的收入高低几乎完全取决于所付出的工作时间长短。国际劳工组织对五个主要平台工人的调查也发现，在 2017 年，如果只考虑有偿工作，工人平均每小时收入 4.43 美元；如果考虑无偿工作时间，如用于搜索任务的时间，那么平均收入会下降到每小时 3.29 美元（BERG et al.，2018）。

相当一部分学者表达了对这种劳工境遇变动的忧虑，认为这种对福特制下标准雇佣劳动的侵蚀可能会使人成为机器的附属品（CHEN，2020）。也有许多学者认为，平台经济一直宣扬的灵活话语与不稳定性密切相关，尤其是平台的许多举动在故意剥离劳动责任，以自由的话语作为包装与宣传的手段，从而将现实存在的雇佣关系转移到许多标准劳动法律和法规范围之外，灵活就业所承诺的自由是虚幻的；相反，工人在这种劳动环境中承担了极大的风险。

在是否应当将平台经济纳入传统劳资框架中进行审视方面，不同学者存在一定的分歧。有学者认为平台经济的语境天然不适用劳动关系的保护框架（STEFANO，2016），另外的学者则认为不能脱离马克思主义的劳资框架去审视劳动关系，平台经济依然是以雇佣劳动制度为基础的，它转化或遮蔽的只是劳资结合的形式而非本质（刘皓琰，2019）。胡磊（2019）则从传统与非传统框架

---

① 美国科技公司，旗下的打车 App 是网约车平台的典型代表。

的讨论中抽离，认为平台化推动了劳动和资本的"双重解放"，劳资要素进行的是远距离、不定时的结合。

（三）关于外卖骑手的研究

外卖行业是互联网和传统餐饮业结合的结果，它并非完全架构于虚拟平台之上，要打通这"最后一公里"，必须借助骑手在现实空间中的真实劳动，从而实现平台经济和现实生活的有效链接。

国外部分学者着眼于骑手们本身的工作体验，从劳动者的角度解释了平台的运行特点。Goods 等人（2019）从经济性、自主性和享受性三个维度评估了骑手的工作质量，认为平台将他们置于不稳定的经济安全保障状态中，即便骑手要面对来自应用程序的多种限制，他们仍认为自由感是这份工作的最大优势，但骑手们实际上所感受到的是一种受限的、"低形式"的自主性。Griesbach 等（2019）对美国的 Doordash、Postmates、GrubHub 等主流的外卖平台配送员工进行调查之后得出，工作的灵活性和自由度是最能吸引劳动者们的因素，劳动者们在没有老板的监督和与客户的大量互动下就能完成工作。另一个方向是通过对特定外卖平台的分析来阐述平台语境下劳动管理的特点。Veen 等（2020）分析了 UberEATS 和 Deliveroo 这两大食品配送平台在澳大利亚运营过程中的管理方式，发现平台借助应用程序对工人们进行实时监控，同时利用平台与工人间的信息不对称与模糊的绩效管理体系促使他们接受规则，接受订单。

目前，国内对外卖骑手这一群体的研究主要集中在三个方面。第一类是从劳动法律的角度探讨骑手的劳动关系认定与劳动权益保障的问题。这一劳动群体不同于传统雇佣经济下的劳动者，"灵活不受限"的宣传话语一定程度上掩盖了行业整体劳动权责认定不清、劳动者权益保障不足的现实问题。谭书卿（2019）认为骑手与平台之间并不构成劳动关系。张瑞涵（2018）指出骑手与平台之间的法律关系处于受劳动法"完全保护"的劳动关系和"完全不保护"的劳务关系中间的灰色地带；周子凡（2018）认为现有薪酬机制存在社会保障缺位、企业处罚不当、计件薪酬粗暴等问题；蓝定香等（2021）认为"平台+组织+个人"用工模式下三个主体间模糊不清的协议是外卖骑手的劳动关系难以准确界定的主要原因。总的来看，正如李怡然（2022）所指出的，骑手的困境反映出平台经济的治理目前依旧停留在平台自治的维度，外部维度的各个社会主体和社会系统的功能并未得到有效发挥，外部权益保障还不足以满足所有平台劳动者的需求。

第二类是由于骑手属于新生代农民工的一部分，因此还有一部分学者从外卖骑手的生存境况入手，探讨他们的社会融入与适应水平。高文珺（2021）认为外卖骑手这一职业的出现为客观社会经济地位相对较低的人群提供了向上流动的机会；朱迪、王卡（2021）则发现这一群体形成了具有自身特点的社会流动模式，既存在因入行容易、时间灵活自由而进入行业的职业向上流动骑手，也有着将骑手职业作为缓冲平台、注重其对自身的内在成长价值的主动向下流动人群；邢海燕、黄爱玲（2017）认为选择外卖骑手是个体崛起的表现，也是被动个体化的体现；赵莉、王蜜（2017）发现骑手们的总体适应水平较差；黄爱玲（2018）发现他们在城市中的融入呈现出总体水平较低、融入意愿不强但融入行为明显等特征；李升等（2019）通过外卖骑手的劳动实践发现他们存在劳动强度较大、劳动报酬不高、劳动保障不完善等问题；金桥、赵君（2020）将外卖骑手的困境概括为"制度脱嵌、传统脱嵌、组织脱嵌"，指出他们与主流社会的三重结构性偏离。

第三类是从劳动过程角度着手，分析外卖骑手的劳动过程中体现出来的特征。许多学者指出了骑手所经受的严密控制，沈锦浩（2019，2020）将骑手的劳动性质框定为包含体力劳动、脑力劳动与情感劳动的复合性劳动。平台将大量技术应用于即时配送智能调度系统，使外卖配送好像成为流水线般的"无脑操作"，但由于系统强制派单和技术盲区的存在，骑手们又必须根据自己的经验提前做好规划，以保证按时送达。平台通过制度和技术控制将骑手牢牢控制在系统规则中，四重监控体系和平台、代理商、消费者这三方监控主体重构了传统的劳动实践，织造了精密而完整的控制体系。李胜蓝（2018）指出资方通过设置时间陷阱使劳动者的私人时间遭到工作的严重侵蚀而被迫成为"全天候工人"，并采取内化时间规则、引起劳动者之间的竞争等方式对工人进行时间剥削。陈龙、韩玥（2020）提出平台系统通过重新分配控制权，采用"数据化控制"，将劳动过程纳入精准且隐秘的计算程序之中，不断蚕食着骑手的自主性空间，同时利用转移矛盾焦点和重新分配控制权淡化真正的雇主责任。有学者从骑手劳动过程的细微处着眼，认为平台无法实现完全意义上对骑手的掌控。付埔琪（2021）发现骑手们能够将在复杂现实情境中的配送实践中汲取到的经验内化到主体中，从而将自身打造成灵活变通的劳动者。李胜蓝、江立华（2020）却道出骑手表面上所拥有的自由只不过是一种选择上的自主，在平台的劳动时间规则安排下几乎是没有真正的自主性的。孙萍（2019）认为平台经济下的管理逻辑问题实则是人的逻辑和算法逻辑的糅合与对抗。

相比于其他的平台经济从业者，外卖骑手进行配送时所要求的时效性最强，整个劳动过程都处在严密而精细的控制体系之下。然而，通过以上文献的梳理，我们几乎未能发现他们做出过真正的、激烈的抗争行为，大多数既有研究对这个问题的回答都可以归结为资方通过新的数字技术与管理模式的应用消解了抗争意识与行动的发生，使他们在不知不觉中参与对自身的管理行动（陈龙 等，

2020），加入对自己的剥削当中，通过自我管理和安排时间这种看似自由的工作模式，"跌进对资本的臣服之中"（李胜蓝，2018）。沈锦浩（2020，2021）提出了互联网技术消解骑手抗争的三种机制，分别是依附机制、分化机制和屏障机制，他也指出了骑手的妥协同时包含着被动接受与主动认可的两方面原因。

三、文献述评与问题的提出

劳动过程理论从一开始就带上了鲜明的批判色彩，劳资矛盾被置于理论视野的中心，控制手段的演进与资方对劳动者主体意识的觉察与利用紧密相关，从单纯的压制到给劳动者预留自主空间，控制方式日益精进的同时也变得越发不易察觉。发展到数字时代的资本主义为重构劳动政治提供了最佳的实践场域，资本剥削展开了新的方式。

平台经济的出现是资本主义生产组织模式深刻转变过程中最突出的表现之一，它打破了传统用工模式中劳资双方之间稳定、持续的联结，技术成为组建劳动场域的中心且唯一的力量，而资方角色隐身其后，曾经相对稳定的劳资雇佣关系被不断消解，劳动通过数字平台成为纯粹临时的市场交易关系。在平台经济中，劳方与资方的矛盾被置换为用户与技术的互动，这种变化对劳动者的主体意识会产生何种影响？他们附着于平台之上的劳动究竟是主动配合还是被动"合作"？这是值得我们进一步探讨的问题。"历史上很多事物看似蕴含着解放的可能性，结果却是资本主义剥削的支配性实践的回归"（哈维，2016：249），将新的时代背景纳入劳工研究视野，有利于我们解构自由幻象，展示数字时代的资本主义将人的劳动进行"新异化"的本质。

外卖骑手作为互联网经济大潮中新的用工模式中新的劳动群体，进入社会学者研究视野的时间尚且较短，无论是对骑手劳动关系的剖析，还是对骑手生存境遇的展示，大多都显示了骑手的劳动状况中不如意的一面，在外部劳动环境方面，他们的总体社会适应程度较低，能够为他们提供良好权益保障的外部条件尚未构筑。从劳动本身来说，要想深度理解他们的劳动性质，还需从劳动过程的细微处着眼。平台与骑手双方共同为外卖经济的有效运转灌注了源源不绝的动力，但目前学界对劳动过程的细节展示大多选取一方着眼，或是分析平台对骑手的控制模式与特征，或是剖析骑手自身的劳动体验中所体现的特点。外卖骑手需要接受平台全面、深入的超视距管理，然而如果没有他们自身的积极配合，总体上持久且稳固的劳动秩序是难以达成的。骑手们在真实的劳动过程中仿若主动让渡了一部分自主性来迎合平台进行的算法布置，其中的深层机制和原因是什么？当资本的权力之剑搭载上技术的利刃，其布展权力的方式发生了何种形式的变化？资本的管控逻辑如何消解劳动者的反抗意愿？这是本文试图阐明的问题。

第二章　理论视角与研究方法

一、微观权力理论

权力概念一直作为一个重要论题存在于学界。权力的内涵、核心论域、价值色彩一直是学者们关注的重点，在霍布斯等传统政治学者看来，一个维持统治、镇压反抗的强权中心的存在是必需的。在马克思主义学派理论家看来，权力是建立在一定经济基础之上并为实现和维护统治阶级的根本利益而服务的一种上层建筑。虽然不同学者在论述权力理论时的侧重点不同，但都是在政治、法律、经济的话语场中描述宏观权力，权力成为可见的、直接发生的以打压和控制为目的的暴力的代名词，且多带有否定性色彩。

权力问题也一直是米歇尔·福柯（Michel Foucault）的理论关注重心。在传统国家统治权力式微之时，他从现代资本主义社会的现实出发，对传统的权力理论分析范式进行了剖析与反思。福柯认为权力具有足够的流动性，能够构成一个关系场，这些关系交织成网，贯穿于不同场域之中，而传统的"权力权威"——国家机器，虽然具有无所不包的特点和各种实体机构，但是远不能包括事实上的所有权力关系场。相比于过去的一元权力观，福柯给出的是一种多元权力观，形成了微观权力学的理论和脉络。在福柯看来，权力"从数不清的角度在各种不平等的和变动的关系的相互作用中运作着"（福柯，2002：70），他不考虑"权力究竟是什么"这样的本质主义问题，而是关心它具体实施的"战略"与"技术"问题。

福柯眼中的权力不再是对立性的压迫工具，也不再被任何特定对象占有，本源性的强权中心不复存在，权力成为渗透于整个社会机体的能量场。他对权力的研究彻底脱离了原先的理论范式，权力从行使单一压制职能的否定性机构转化为渗透于整个社会机体中的生产性网络。

微观权力理念试图从具体的社会场景中窥见权力运作的细节特征。福柯指出，自19世纪刑法改革之后，对罪犯施行的作为"公共景观"而存在的公开酷刑就停止使用了，这意味着惩罚所带有的仪式因素逐渐式微，但这种变更并不代表着权力被削弱，只是将可见的暴力转换成了隐蔽的惩罚，目的是使惩罚更具有有效性且能更深地嵌入社会本身。这种权力运作方式的革新便是福柯权力分析学中的一个重要概念——规训权力的先导。权力成为一种根据抽象规则运作的非人格化的管理机制实践，这些管理机制就是凝结的新型权力机制——规训权力。同样是作用于人体的控制手段，规训将专横的干预手段变作一种"精心计算的强制力"，通过人体的各个部位操纵着人体（福柯，2019：145），规训手段在控制形式上也发生了根本性的变化——运用各种细微的手段、机制、程序来掌握人体活动，将人锻造成为驯顺的身体。

总的来说，规训权力是最能集中体现微观权力的发生和运作机制的权力类型，从强制性的服从到规范性的顺从，个人面对的不再是间断的、爆发的暴力控制，而是全天候的无所不在的规训过程。福柯认为，进入现代社会后，在可见的"铁镣"消失之后，资产阶级借以统治社会的新的利器便是规训权力。

二、平台作为权力场域

许多研究对福柯微观权力思想的解读集中在政治权力和日常生活领域中，实际上，这种权力形式是在资本主义大工业生产过程中开始体现的。福柯指出，从 17—18 世纪起，"人们与之打交道的是一种开始通过生产和劳役来行使的权力……权力达到人的身体、举动、态度和日常行为"（福柯，1998：440-441）。可以说，资产阶级控制世界的权力最初是从劳动生产内部生发的，资本主义从全新的工业生产和劳作模式中对劳动者进行规训，维持一套理想的生产秩序，然后把这套"驯服"技巧扩展到全社会。所以，生产劳动成了规训权力得以传递和扩展的首要介质，在劳动生产领域进行劳动控制是规训权力实施的顺应结果。

福柯将观察视线转向了生产机制过程中的改变，即劳动者在自身的生产过程中被劳作中根据指示做出的动作结构塑形化的权力支配，这是一种直接支配身体本身的权力展现与奴役。"人被植入生产联系的同时，也被植入权力联系中。"（张一兵，2016：47）在劳动过程中，身体成为体验权力的中心场所，当原先的宏观统治权力被置换为深入身体内部的规训权力时，目的在于制造出"驯服而有用"的身体（福柯，2019：27），"驯服"是规训权力行使的主旨，"有用"则指向了资本逐利的本质，这种权力经济学试图"将肉身塑形成可以发挥经济功用的工具性力量"（张一兵，2016：349）。在 18 世纪的资本主义社会中，这种针对肉体的治理手段将本就隐匿的权力分解成越发细致入微的支配技术，工人劳作的流水线为权力与资本的结合方式提供了更新与改进的舞台，身体在被操纵、训练的过程中形塑为一种规训客体，并跟随不同阶段的资本运作逻辑显现出新的特征。

福柯提出的微观权力模式，是从权力视角对现代社会运行和发展的特点所进行的透视，囊括了多种多样的权力实践之间的相似的功能和组织技术，形式多样的规训权力和技术只有从其与资本主义生产方式的运转和具体功能联系在一起进行考察时才能加以准确界定。正是资本主义的增长造成了规训权力的特殊方式。平台的产生是经济发展、技术进步、生产组织模式更新共同造就的结果，在平台经济产生之后，典型的资本主义工厂中的监工、老板等角色都消失不见了，平台作为组织生产过程的绝对核心和单一要素存在，劳动者和劳动行为均被纳入了平台逻辑，被看不见的算法进行规范、塑造与管控。外卖骑手们所有的劳动内容和过程都必须借助平台的指示才能完成。可以说，平台构筑起了所有的劳动情形，串联起了所有的劳动进程，设定了所有的劳动标准，掌握了所有的劳动数据，并成为劳动评估、奖罚的几乎唯一标准，它组合了一种特殊的话语秩序，构筑起了一个微观权力情境，塑造着劳动过程中的微观政治。

在论述权力的实施特点时，福柯提出并使用了"处置"（dispositive）这一概念，他将处置定义为一个彻底的异质组合，一套关于权力关系的策略，这套策略囊括了权力关系的多种面向，支配性的概念延伸出了纪律性和治理性两个维度。纪律性权力是通过个体化技术来行使的，这些技术旨在合理调整行为并产生有生产力的个人，对个体的控制是为了让他们采取顺从的行为，因此，纪律性权力是压制性的，目的是用完整的纪律机制来约束人的行为。治理性的权力形式则无须凭借直接控制和约束，而是通过构建人的主体性和行动领域来行使，旨在生产出自我生产的主体。纪律性和治理性维度对应了主体的双层意义，即"凭借控制和依赖而屈从于他人；通过良心和自我认知而束缚自身的认同"（福柯，2015：140），主体可以看作是一个由多元的纪律机制、监视技术和权力知识策略的构成性产品，且主体性居于权力关系之中，并通过权力关系而形成。

本文将平台视作一个技术搭建起的权力场域。当控制权被重新分配，传统雇主变成虚化的意向，真正的雇主摆脱了对骑手的直接控制，平台系统成为新的控制主体时，平台所代表的技术集成能够作为一个统一有效的整体自动运转，从内部塑造着外卖经济的劳动政治。控制主体的变更导致控制呈现出了全新的面貌，当这种变更投射到身处其中的劳动者身上，他们就会对此作出反馈，主体意识也在这个过程中被塑造成型，体现在平台与劳动者的互动方式与细节中。平台利用技术将传统劳动关系中的监督管理理念纳入新的数字管控图谱中，其所施加的统治力量自然地隐遁在对劳动者的身体操纵与意识重塑进程中。因此，劳动者受到的直接控制与主动投身于其中的意识均会受到平台逻辑的影响，本文即由此入手剖析外卖平台统领下的劳动秩序。

三、核心概念界定

（一）劳动控制

资方利用各种手段减少劳动力实现过程中的阻力，管理劳动过程就是劳动控制。在外卖平台的语境中，这种控制主要表现为平台针对外卖骑手所制定的各项要求、约束与牵制以及设置的各项劳动标准。

（二）劳动同意

布若威从劳动过程理论出发建构理论，从自觉和强迫结合的特定方面来理解劳动，正是这一结合诱发了管理者和工人在追求利润过程中的合作（布若威，2008：241），工人表现出来的愿意"合作"的态度便是劳动"同意"。在外卖平台的语境中，劳动"同意"指的是外卖骑手没有对加诸自身上的规定表现出明显的排斥、抗拒行为，而是选择最大限度地遵照平台的指示开展劳动。

四、研究方法、框架与意义

（一）研究方法

1. 访谈法

2021年5月至11月，笔者通过在上海等地进行线下访谈以及在网络上寻找外卖骑手后进行线上访谈的方式，共找到了10位主要被访者进行了深度访谈。首次访谈均采用了半结构化的访谈方式，并与访谈对象建立了较为稳定的联系，后续进行了多次开放性的回访，多位骑手主动和笔者分享了他们的日常工作细节以及工作时的心理感受。10位访谈对象中，9位有过骑手经历，7位正在做骑手，1位是与骑手日常劳动进程紧密相关的人工调度员。表1为受访者情况简要介绍。

表1 受访者个人情况

个案编号	称呼	工作地点	所属平台	被访时身份	被访时已工作时长
H001	F先生	山西省E县	饿了么	专送骑手	3年
X001	R先生	西安市	美团	乐跑骑手	半年左右
W001	H先生	武汉市	美团	众包骑手	5个月左右
T001	L先生	天津市	美团	众包骑手	2012年开始做专送； 两年前转众包至今
T002	Y先生	天津市	饿了么	无业	曾做2年多专送骑手
S001	W先生	上海市	美团	上海市某区 加盟商经理	做1年左右骑手后升为站长， 半年前升为经理
S002	T先生	上海市	美团	专送骑手	半年左右
S003	T先生	上海市	美团	众包骑手	3个月
S004	Z女士	上海市	饿了么	专送骑手	3个月左右
K001	H女士	山西省E县	饿了么	人工调度员	1年左右

据访谈得知，对于众包骑手来说，他们只需下载对应公司所推出的众包App① 即可，除了应用程序上的细微规定，两个公司推出的 App 有着极高的相似性，使用同一家公司推出的 App 的骑手更是不受工作地点的限制，身处完全一致的劳动编排中。对于专送骑手来说，全国不同地区的加盟商承接了两个公司的外卖业务，在不同地区设立站点，但所应用的管理理念与方式仍然来自总公司，因此各个站点对专送骑手的管理只是在奖惩等具体规定上略有差别，没有实质差异。概言之，外卖骑手最主要的差异体现在他们的身份划分上，工作城市、所属平台对他们劳动过程的影响并不突出。

2. 问卷调查法

2019 年 9 月，上海大学社会学院课题组与中共上海市长宁区委政法委员会合作，围绕"互联网+"新业态新模式下非正规就业的规范管理问题，主要在长宁区范围内展开调研。作为上海首个"互联网+生活性服务业"创新试验区，长宁区拥有数量众多的"互联网+"服务企业，"网约工"人数也相对较多。

课题组以外卖骑手为重点调查对象开展了问卷调查，共收集有效问卷 671份，笔者是调查员之一。除了本文的研究对象，此次调查对象的范围也囊括了负责及时餐饮配送业务范围外的其他骑手，美团骑手和饿了么骑手占到了全部调查对象总数的 84.3%，仍具有较好的代表性，有助于我们了解这一群体的生活和工作概况。

（二）研究框架

本文的研究框架如图 1 所示。

（三）研究意义与创新点

1. 研究意义

理论方面，本文部分拓展了微观权力理论的应用范围，证明其解释力不仅局限在传统生产劳动领域，在新经济形态中仍具有理论适用性。同时，一定程度上丰富了劳动过程理论，尝试运用新的理论工具厘清平台经济的运行机理。

现实方面，外卖骑手所进行的是虚拟的平台规划与现实消费者进行有效链接的劳动，是打通"最后一公里"的生力军，是新经济形态实现有效运转必不可少的力量，然而他们对平台的依赖性极强，作为附着型劳工的弱势地位明显。本文从一个侧面揭示了外卖骑手们实际的劳动图景，为改善他们面对的现实困局提供了基础。

---

① 分别为美团众包 App 和蜂鸟众包 App。

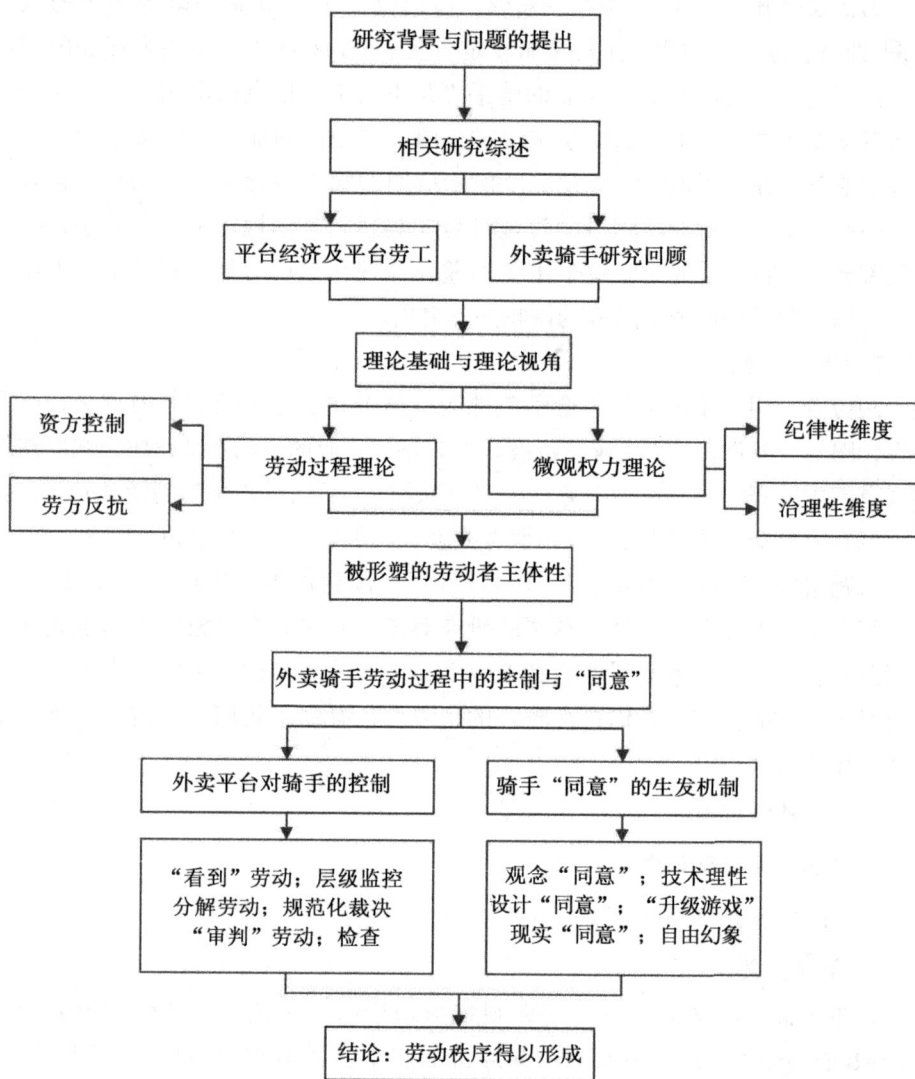

```
                    ┌──────────────────────┐
                    │   研究背景与问题的提出   │
                    └──────────┬───────────┘
                               │
                    ┌──────────┴───────────┐
                    │      相关研究综述       │
                    └──────────┬───────────┘
                               │
          ┌────────────────────┴────────────────────┐
   ┌──────┴────────┐                        ┌────────┴────────┐
   │ 平台经济及平台劳工 │                       │  外卖骑手研究回顾  │
   └──────┬────────┘                        └────────┬────────┘
          └────────────────────┬────────────────────┘
                    ┌──────────┴───────────┐
                    │    理论基础与理论视角    │
                    └──────────┬───────────┘
```

图例（流程图结构）：

- **理论基础与理论视角**
  - **劳动过程理论** → 资方控制；劳方反抗
  - **微观权力理论** → 纪律性维度；治理性维度
- **被形塑的劳动者主体性**
- **外卖骑手劳动过程中的控制与"同意"**
  - **外卖平台对骑手的控制**：
    "看到"劳动；层级监控；分解劳动；规范化裁决；"审判"劳动；检查
  - **骑手"同意"的生发机制**：
    观念"同意"；技术理性设计"同意"；"升级游戏"；现实"同意"；自由幻象
- **结论：劳动秩序得以形成**

图 1　研究框架

2. 研究创新点

一是理论视角较为新颖。运用微观权力理论视角审视平台经济，从外卖骑手的劳动过程切入，依循劳动过程的研究脉络，真实还原放大劳动场景中的细节，集中论述了平台作为一台自动运转的权力装置对附着其上的劳工开展全面规训的机制，并阐述了这种规训模式如何导致了平台劳动者的扁平化。

二是论述切入点较为独特。从平台采用的直接控制程序和间接塑造作用分析外卖骑手劳动政治的形成机制，展示了数字资本主义时代的资方是如何用新的权力布展方式对外卖骑手展开全方位的控制与规训的，从而明确他们面临的困局根源。

第三章 外卖骑手境况概述与劳动内容简介

一、外卖骑手群体透视

（一）公司盈利模式简介与平台发展历程回顾

餐饮外卖业务指的是根据用户需求提供的订餐及配送服务。外卖业务在中国的兴起及发展已有十余年的历史，早期的外卖业务主要是为了迎合消费者非堂食的即时需求而推出，只有部分餐饮门店提供电话订餐服务。但受限于门店送餐的及时性和收款的便捷性，电话订餐模式并未大面积普及，却为之后的网络订餐模式的出现定下了良好基调。

随着移动互联网和智能手机的普及，以平台为核心组织形式的外卖业务发展成为主流。2009 年，"饿了么"成立；2013 年，美团外卖正式推出；2014 年，大众点评紧跟着上线外卖业务；2015 年，百度外卖与百度糯米进入白领市场，同年，美团、饿了么、京东、点我达等纷纷上线众包模式。外卖领域竞争激烈，各平台之间进行低价竞争，发起"补贴大战"，以吸引用户消费和餐饮商户入驻。2015 年之后，诸多公司开始进行合并收购，外卖业务进入垄断发展阶段，尤以大众点评与美团的合并以及饿了么对百度外卖的收购最为典型。2017 年，饿了么与美团两大外卖平台占据了中国外卖市场 95% 的市场份额，呈现出"双寡头"式的垄断局面[①]。

美团与饿了么二者在多数的战略与总体能力上差距不大。在 2019 年，我国的外卖骑手总数已超过 700 万[②]人，美团官方网站公布的骑手数量是近 400 万[③]人，饿了么官方网站公布的骑手数量为 300 万[④]人。针对数量庞大的订单量，两家公司分别使用"超脑"和"方舟"系统[⑤]进行整个送餐业务流程的管理和优化。

---

① 整理自华安证券．深耕用户及商户价值，餐饮外卖行业持续稳健增长［R］．2021-12-08.

② 百度．年轻人都去送外卖了，我国制造业怎么办？［EB/OL］．［2021-04-19］．https://baijiahao.baidu.com/s? id=1697471438217511586&wfr=spider&for=pc.

③ 美团配送，https://peisong.meituan.com/.

④ 蜂鸟即配，https://fengniao.ele.me/.

⑤ 均为外卖订单智能配送调度系统。

（二）外卖平台用工模式

外卖平台的用工模式大致可分为三种类型：自营模式、代理商模式和众包模式①。自营模式下的骑手直接与平台所对应的公司签订劳动合同，是平台所属公司的正式员工，一开始的美团公司多采取这种模式，但国际劳工组织在2020年11月发布的《中国数字劳工平台和工人权益保障》报告显示，美团在2018年4月就已经将所有的自营用工模式全部转成了加盟或外包模式②。代理商模式下的骑手也称专送骑手，隶属平台—加盟商—站点三个层级，直接受站点的线下管理，所接的订单多为平台自动派送，自身选择权较少。众包模式下的骑手只需下载注册专用App即可成为骑手，自由上岗，劳动关系归于承揽不同地区的人力资源公司（或称众包服务商），仅接受平台奖惩规则的约束，对工作时间和配送单量没有强制要求，所接的订单少量为平台派送，大部分为自己抢单，接单自由度较高。

除此之外，2019年下半年，美团推出了"乐跑计划"，加入该计划的骑手名义上仍属于众包模式，但所受到的管理向专送看齐，骑手不受站点的管理，只设置组长作为联系人，每单收入固定，当周需要出勤6天，午高峰期和晚高峰期必须上线，另外需要在早餐（7:30—10:30）、下午茶1（13:30—15:30）、下午茶2（15:30—17:30）、夜宵1（20:00—22:00）、夜宵2（22:00—00:00）的5个时段中选择1个时段跑单。选定班次后每天、每周都有对应的在线时长要求，薪酬与准时率等考核要素挂钩，以周为周期由平台自动结算得出。饿了么推出"蜂鸟优选"模式，同样要求骑手符合一定的在线时长，薪酬为平台根据考核标准自动结算。不同模式下的骑手受到的管理特征如图2和表2所示。

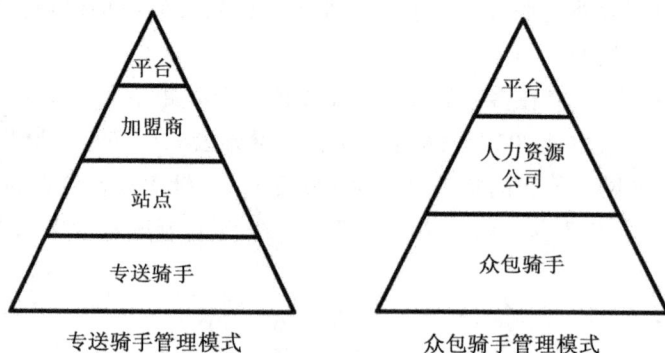

图2 两类骑手管理模式

---

① 商家自配送骑手不在本文的分析范围之内。

② 周畅. 中国数字劳工平台和工人权益保障：国际劳工组织工作报告11［R］，2020-11.

表2　三类骑手主要特点对比

类别	接单自由度	上线（劳动）时间自由度	受站点管理程度	薪酬结算周期	薪酬结算方式	接单方式	单量要求
专送骑手	低	低	高	月结	站点按月核算	派单为主	高
乐跑骑手	低	较低	低	周结	平台自动测算	派单为主	较高
众包骑手	高	高	不受站点管理	日结	平台自动测算	抢单为主	低

国际劳工组织的报告显示，为美团工作的骑手中，60%的骑手为众包骑手，这意味着对相当一部分骑手的劳动管理责任几乎全部系于平台之上，并不需要或只需要极少的线下管理力量。专送骑手受所属站点的直接管理，有着例如开早会、线下培训等必须出席的活动，站点最核心的作用是协调所辖范围内的骑手配送活动，尤其是在"爆单"[①] 时，调度员需要在后台根据每个骑手的行进路线、所背负单量等信息进行人工调节，优化整个送单流程，但实际权限有限，骑手们的劳动基础仍是平台的自动派单设置，人工调度主要负责对平台派发的订单进行动态调整。"乐跑"与"优选"模式的推出在不增加管理成本的同时增强了对骑手的控制，确保订单的接起率，尤其是在午晚两个高峰期和恶劣天气发生时，对专送与乐跑和优选这两类骑手的强制出勤要求保障了外卖服务链的全天有效运转。

（三）平台运转模式

外卖经济链的主体包括商家、骑手与顾客。平台充当的是串联这些主体的绝对核心和总的"根据地"：平台为商家提供运营服务，为顾客提供下单工具，为骑手提供劳动报酬。这三个主体之间的互动必须倚仗平台的运行才能展开。如图3所示，虚线箭头表示完全在线上完成的活动，实线箭头表示需要线下互动才能达成目的的活动。由此可看出，骑手是实现线上需求的线下"中转站"，是这套经济活动最终得以实现的最关键力量。骑手的活动紧紧围绕外卖订单从生成到送达的全过程展开，在劳动期间的所有关键活动线索都来源于平台并受平台监控。平台组织起了所有的主体并进行程式化运作，构筑了独特的劳动模式。

---

① 顾客的下单量同比昨天或者正常时段的下单量暴增的情况。

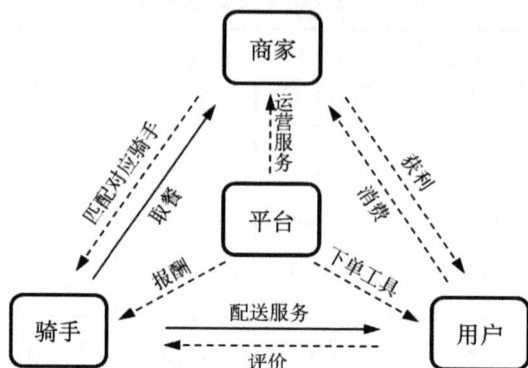

图3　外卖经济中各主体间的联系

二、外卖骑手特点

（一）工作收入差异较大

问卷调查统计显示，40.8%的调查对象月收入在7000~10000元，37.7%为5000~6999元，15.2%在5000元以下，6.3%达到了10000元以上。可以看出，近八成骑手的收入落在5000~10000元的区间，但其中的分野差异较大。

（二）个体化特征明显

调查对象中，外地户籍占94.8%，上海户籍为5.2%。外地户籍人员来自农村的占比达61.5%，乡镇为22.5%，县城、城市分别是11%、5%。近七成已来上海生活一年以上（69.6%），选择半年到一年的比例为16.2%。

当问及在上海有多少亲戚朋友时，仅有11.5%选择比较多或很多，38.4%选择"有一些"，而选择很少或没有的比例为50.2%。在上海有亲戚或朋友的调查对象中，上海本地人没有或很少的比例为73.9%，大部分或全部是老乡的比例则占到60.4%。工作之余，42.9%的调查对象选择没有参加过各类活动，33.1%选择参加老乡间的活动，27.5%选择同事间的活动。与此相应，外卖骑手的微信群中，交流最多的也是老乡群（50.1%）、家人群（49.2%）和工作群（49%）。

（三）工作辛苦且稳定性不足

统计显示，近六成外卖骑手每天的工作时间为8~12小时（58.3%），四分之一在12小时以上（25.1%）。专送骑手每天工作8~12小时的比例（64.2%）高于众包骑手（48.1%），每天工作12小时以上的比例（20.9%）则低于众包骑手（33.5%），显示了更强的管理规范性。一半以上骑手每天的接单量是30~

50 单（52.9%），约三成在 50 单以上（30.1%）。由于工作时间较长，八成以上调查对象每天的睡眠时间不足 8 小时，由于外卖骑手工作的特殊性，89.4%的人是在工作期间抽空吃饭，33.2%在路边吃，32.6%选择小摊，体现了更高的辛苦程度和较低的生活质量。

在职业预期方面，仅 35%明确表示会长期做下去，45.7%选择视情况而定，10.9%认为只是偶尔做，8.4%已经有了换工作的想法，显示出较低的工作稳定性。

（四）特征总结

总的来看，外卖骑手需要在工作上付出大量的时间，计件工资式的报酬结算方式使得他们之间的收入差距较大，整体薪酬水平并不高，而且大多数人都只是把这份工作视作择业期的一个过渡选择。许多在城市打拼的外卖骑手脱离了传统共同体的庇护，从原有的亲缘、血缘、地缘关系中抽身，开始其城市化进程，但是高流动性、频繁变动的职业生活冲散了在职业中构建可靠的人际网络的可能性，虽然联系老乡充当了与传统过往联结的方式与纽带，还是无法从根本上扭转他们孤立无援的境地。骑手们的个体化程度仍然较高，在当地的融入程度不足，居住证的缺失还使他们面临着部分制度壁垒。单一的人际交往网络和贫乏的交往活动进一步加深了这一群体的社会边缘化程度，导致他们整体区隔于主流社会之外。

三、劳动步骤简述

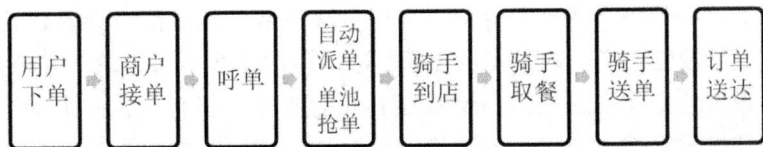

图 4　外卖订单处理流程

外卖骑手的劳动围绕外卖订单①从生成到完成的全过程进行。一个外卖订单从产生到送达需要历经四个主要步骤，分别是订单生成、骑手接单、骑手送单与订单送达。当订单"挂"②到骑手身上时，与之相连的一系列规定就随之成为骑手的劳动遵循与考核标准，在从接单到送达的过程中，除总的时间规定，骑手还需要在每一个完成的节点"上报"系统，包括到店、取餐与送达。系统会自动记录下完成的时间，如果在送单的过程中出现异常情况，也需及时在平

---

① 此处的外卖订单仅指狭义的餐食外卖单，不包含帮买单、帮送单、跑腿服务等其他配送服务。

② 行话，指骑手接到订单。

台系统中进行报备，以便平台更改相应的时间规定并进行后续的责任判定。通过这种骑手与平台的互动机制设计，平台得以牢牢掌控整个劳动过程。需要指出的是，除新手，骑手极少在一个时间段内只背负一个订单，大多数骑手都是同时"挂"着几个单子在跑。

第四章　外卖平台对骑手的控制

规训权力运转时的机制，主要表现为三种技术手段，即层级监视、规范化裁决和检查。这三者既拥有各自独立的内容和特征，又相辅相成，体现于劳动过程中的方方面面，框定了劳动者的行动范围，劳动者需要一直遵守一套完整的纪律，在微妙的控制中被审视、评判与矫正。

外卖骑手的劳动在控制主体"不在场"的情况下展开，又需要保证配送任务的准确度，因此平台采用了一系列控制手段来保证劳动过程的有序开展，这些制度规范与规训机制有效联结，为骑手们的行动制定出了缜密的标准和严格的行动指南。

一、"看到"劳动：层级监控

（一）从"全景敞视"到"全景监控"

"全景敞视监狱"是边沁在接近 18 世纪末所设计的建筑。建筑的中心是高耸的瞭望塔，周围环形地布置着单人牢房。这些单人监狱都贯穿着建筑物的整个厚度，这就使它的唯一囚犯在从外面射进囚室的光线下可以现身并被捕捉到。这样一种设置使中间塔内只需一个观察者就能监督众多犯人，一个持续的、无所不在的监管效果就达到了。福柯认为层级监视是规训权力机制体系中首要和基础的一种，是规训权力实施控制的重要前提。因为规训权力的实施"必须有一种借助监视而实行强制的部署"（张一兵，2013），这种层级监视借助中继站实现空间上的无限延伸，这种持续和切实的监督完全覆盖并控制着整体。"看"带上了鲜明的权力色彩，权力关系体现在单向监视的不对称性质中。全景监狱形成的单向可见效果使得被监视者不知道他们什么时候以及是否被监视，监视由此被内在化为被监视者对于自身的监视（汪民安 等，2001：129）。

社会统治的基础寓于监控手段的相似性之中，代表了一种控制的意图，成为审判个体的基础。为了使之就范而监禁个体的"全景监狱"重点在于监视，它是旨在完善权力实践的一种严密统治的基石（达尼洛，2007：242-243）。透明性与被"观看"的不确定性共同使人产生了自我规诚的动力和一种内在强制力去做组织所规定的"正确的事情"，这就产生了监视者所希望的"驯服的躯体"（莱恩 等，2012）。

（二）外卖平台中的监控面向

对平台来说，监控是其对劳动者进行控制的起点与基础，它首先必须"看到"劳动，才能将这些劳动实践通过算法运作成为可审视、评判的数据信息。平台对技术的运用把监视提升到了前所未有的程度，它能够以 App 的形式进行无限复制，无须大量成本的维系，因此以平台为中心展开的劳动规训会表现出一些传统劳动形式所不具备的特点。

1. 监控主体扩展

在外卖平台的设计语境中，平台依然是进行监控的绝对中心，通过监控自动将骑手的劳动转译成技术语言，进行全局性的扫射与信息收集。特殊之处在于，平台将一部分监控权力与消费者共享，以此满足具体的消费需求。与监控权力相匹配的是反馈的信息通道：从订单被某个骑手接起的那一刻起，顾客就拥有了特定的监控权力，不仅可以知晓该骑手的姓名、送单记录、综合考评数据等，还可以看到骑手的行踪轨迹与送单进程，也可以在这个过程中随时联系骑手。

平台侧重于对骑手进行全局性控制，对骑手的劳动数据进行收集、审查与分析，以此形成牵制，同时也给顾客预留出监视的窗口。这样一来，骑手身上的压力就趋向双重，既有平台的整体考评压力，又需要随时回应顾客的问题。顾客虽然被平台赋予了监控权，但只能了解到与自己的订单相关的部分信息。骑手的劳动本身是连续的，但是顾客无法知晓骑手劳动的全貌，这种信息不对称经常成为骑手在配送过程中的困扰。

最好送的永远是前几个单，有时候会因为前面的顾客没写好地址耽误时间，利益受损的反而是后面顾客，后面的（顾客）等的时间就会更长……但是他们不想这个，可能觉得就是随机的送得慢，其实一般就是因为他那单是骑手要送的后几个单。（T20527）

软件那边尽量给顾客营造一切可控的感觉，其实很多东西根本控制不了。比如顾客那边能用 GPS 看我们的位置和状态，其实那根本没用，我们熟手送外卖都是靠地图走到小区门口，小区里全靠自己和本小区地图，但是某几位顾客可能希望先送他的；还有些顾客以为我们是一人送一家那种专送，看我们往别处走当然会生气。（T20527）

为了保障顾客消费体验，平台赋予了顾客监控骑手的部分权力，但顾客并不了解骑手接单、配送的实际设置与具体安排，只能在最浅显的程度上直观地看到自己订单的送单轨迹和行进路线，骑手不得不在送单过程中对部分顾客的不解作出回应与解释，这无形中加重了骑手的劳动负担。

2. 骑手与平台联动达成监控效果

为了保证劳动秩序和顾客体验，对骑手的行动形成有效控制，平台细致地规定了从接收订单到订单送达的连续步骤。以一份外卖订单为单位，骑手配送流程的每一步都预设了严密且细致的规定。平台借助相关技术可以确定骑手所处的实时地点和路线，但是流程中的具体进度，即每一道步骤的最终确认无法单纯由平台的监控功能实现，需要通过骑手的配合才能完成，也就是骑手需要在完成相应步骤后在系统中点击确认。换言之，骑手必须沿着平台设定好的步骤规范行动，同时及时在系统中进行对应的点击，当现实空间中的劳动和平台的信息反馈同步时，才算实现了劳动任务的有效达成。

外卖平台对骑手的监控作为一种协调劳动实践的力量深度嵌入整个劳动进程中，关键监控效果的达成必须借助骑手在系统中的操作才能完成。骑手与平台在此过程中的联动并非主动为之，这是他们证明自己达成劳动目标的必要方式，也是记录、评估、责任厘定的整体过程中不可或缺的重要环节。这样一来，"被监控"这一现实本身就不再是纯粹压制性和被骑手排斥的设定，而是被内化到了劳动流程中，作为劳动管理的工具和核心组件发挥作用，作为平台监视客体的骑手也不再是在不容置疑的强制性监控权力的阴影下被迫规诫自身，而是加入其中，成为这条权力运转链条中的关键一环。

3. "视"的维度扩展——监听

外卖平台对骑手劳动的监控达到了无孔不入的程度，技术的加持又使得这种控制的维度得以向多个方向拓展，达到前所未有的深度。骑手在将餐食送到顾客手中之前，必须进行的一项步骤是与顾客进行电话沟通，在送餐途中，顾客也可以随时电联骑手。这些电话内容都会被自动录音，若消费者给出差评，这些录音内容将是最终判定骑手责任大小的重要依据。

监听考察的方面主要包括骑手是否做出了通过与顾客私下联系来绕过平台规定，从而"讨巧"，避免惩罚的行为。"实际上，最多就是让（顾客）改个地址延长点时间，或者解释一下让他不要给差评，但是这些绝对不能在电话里说，不然就会被直接认定为违规，直接扣钱。"（X10603）R 先生给笔者讲述了他为了避开电话监听而做出的"极限操作"。"今天第一趟劣质单，全是小区单，还都是那种大小区、高楼层的，有 8 个，全路程大概 7 千米，取完餐就剩 30 分钟左右吧。那几个单子的楼号还都在离大门比较远的小区拐角位置，最后一单送过去已经超时快 30 分钟了，但我后头还有两个别的地方的单子，那两个耽搁不起了，我就给超时的顾客道歉，给他补了钱①，让他把地址改到下一个单子附近，这样我就不至于超时三个单。这话只能当面说。"（X10605）通过这样紧凑的现场沟通，R 先生避免了后面两个单子的超时，但这种方法并非每次都能奏效，它需要顾客的理解和配合，一旦遇上较真的顾客，所受到的惩罚就不仅仅是因超时罚钱了，极有可能会受到平台更为严厉的处罚。"现在的情况是只要顾客投诉到客服那里，第二天一定会被封号。"（W10801）

监听带来的另一个对骑手的要求是必须的情绪劳动付出，平台明确了对骑手的情绪规定，即无论遇到什么情况都必须保持对顾客的礼貌，骑手最忌惮的就是顾客的投诉，为了尽最大可能避免投诉以及后续可能的惩罚，他们会极力避免与顾客产生不愉快的纷争。

有顾客投诉是很严重的事情，投诉成立的话这个处罚是很严重的，像我们站点的规定是直接扣 200 元，再严重的话永久拉黑。判定的时候就会看你是由于什么原因被投诉，总公司会有专人给顾客和骑手分别打电话询问具体情况，要是你通话记录里有不文明用语，或者辱骂之类的铁定不行？这个没余地。"（H10404）

所以，无论遇到多么不讲理的顾客，"打不还手，骂不还口"都是骑手们心中的共识。现今，骑手与顾客的冲突时有发生，顾客对骑手工作的了解程度有限是重要原因。"顾客不清楚，就是一时不开心了给个差评，他们肯定不知道这个差评对我们的影响有多大。"（S20607）顾客与骑手之间的关系是一种因订单而产生且极为有限的短暂性联系，二者实际发生的互动较少，只有电话与餐食递交时的交流。对骑手来说，这两种沟通还是处在监听与顾客评价的压力之下进行的，需要谨慎应对。

二、分解劳动：规范化裁决

裁决指的是用具体的规章制度和纪律条例以及职责义务等对权力对象进行约束，福柯认为的规范性力量体现于多种微观领域中。裁决总是伴随着奖罚，奖罚是规范性力量发挥作用的重要环节，"规训处罚所特有的一个惩罚理由是不规范，即不符合规则，偏离准则。整个边际模糊的不规范领域都属于惩罚之列"（福柯，2019：193）。但规范绝不仅是惩罚，而是要将单个人的行动纳入一个统一的标准体系中，在其中进行综合比较，从而确定出不同人的差距、水准与特点。正是在这个过程中，规范化权力的时时在场生产出了规范化的主体。

外卖平台对骑手的管制不仅体现在随时随地掌握骑手的劳动进程与相关信息

---

① 顾客修改地址后，若实际配送距离变长，骑手实际取得的配送费会随之提高。

方面，要想让异质性极强的劳动者在不确定的环境中提供最大限度标准化的劳动，只有一个虚拟平台充作监视探头显然还远远不够，还需将借助监控手段收集到的信息与既有的规章制度相比较，识别出骑手的"越轨行为"，再借助一套完整的强化与规范机制使他们的劳动重回正轨，这套机制贯穿从接单至送达的全过程。

（一）接单阶段

绝大多数的骑手所接的订单都是来源于自己抢单和系统派单这两种渠道，接单作为整个劳动流程的起始阶段至关重要。在"爆单"时段，即午餐和晚餐的两个高峰期，订单池里的单量充足，骑手们只管埋头送就行，自然不用考虑单量问题，但一天内更多时候的单量是不充足的。"我经常接到的烂单子，就是因为根本没时间仔细看订单信息，大家都在抢单子，刷新一下页面，不到一秒钟单子就会被别人抢走。"（T10512）虽然骑手可以根据自己的实际情况设置同时最大接单量，但这种选择权是有限的：每个骑手都有一个同时接单的上限量，这个量的多少与骑手的个人等级相关，而决定个人等级高低的活跃分又与之前的送单历史数量紧密相连。这种连锁设置成了隐形的劳动鞭策机制，有的骑手为了能够多接单，会借助一些外部技术手段介入整个接单机制，即"开挂"①这种破坏整个订单配发秩序的行为是平台明令禁止的，一但被识别到，就会被处以永久拉黑的处罚，再也无法成为外卖骑手。

不同模式下的骑手在接单方面的自由度不同。如果已经接到订单，但是由于多种原因无法继续配送，骑手可以在转单、拒单与直接取消订单这三种方式中选择，但这几种处理方式都有着严格的数量规定，且都会影响到后续的派单与接单进程。如果只因不想配送而直接取消订单，属于违规行为，会被直接扣款。因此，这三种都不是理想的退单方式。拿转单举例，除去一天内的转单数量限制，成功转出去的可能性也没有确切保障。"如果系统派给你的单子不想要，可以放在抢单大厅。但是这种情况也不好处理，因为到了饭点所有人都'爆单'，你是转不出去单子的，就算转出去也会给你派新的单子。单子少的时候，大家又很少有往外面转的。除了这个，还有个一对一转单机制，扫二维码或者验证码那种，更是用不上。"（T20709）笔者了解到，平台近年出台了一个新的加价转单功能，骑手需要自己出钱以提升转单的成功率，这进一步降低了骑手的转单欲。

（二）送单过程

在送单过程中，平台指令仍是骑手的主要遵循。但一方面，系统预先设定的程式化指令无法穷尽现实情境中会遇到的所有突发情况，且会与现实中的既

---

① 网络用语，指使用外挂，此处指骑手利用作弊程序增加接单量。

有规则产生矛盾，在平台对骑手的强大统摄力之下，现实规则常常不得不让位于平台指示（叶韦明 等，2020）。骑手劳动的本质就是在规定的时间内将物品从一地运送到另一地，时间和空间是骑手送单过程中被控制的两个展开维度，算法的逻辑从这两个支点延伸，编织起了严密的时空秩序。

1. 时间控制

骑手所配送的每一单从产生那一刻起就自动带上了严苛的时间限制，所需时间长短由算法根据距离等要素测算得出，但它并不能做到完全精准。"App 只算距离，不算楼层。而且为了多赚钱，高峰期骑手会尽可能地多拉单，时间给得越多，骑手单子拿得也越多，所以大部分情况下那个时间都是很紧凑的。"（W10524）

在配送任务完成之前，手机屏幕上的数字倒计时永远是骑手们最大的压力来源，当他们身上"挂"的单达到一定数量时，所有行动都围绕着将这些单子尽快送达的目的展开，不超时或者少超时成了他们的中心目标。

总的来说，平台对送单时间的控制从两个角度展开。

（1）以时间为核心考核指标

平台对骑手的考核是以单个订单为单位进行的，但是除新手，大多数时候骑手身上都同时"挂"着多份订单，当时间紧凑时，就需要骑手综合考虑、作出权衡，调整送餐顺序和路线以最大限度规避大量超时单的产生。

跑得多了，哪条路上有几个红绿灯、几个十字路口，甚至这条路上的路况，目的地所在的位置，能不能进入，要不要提前打电话联系……这些在接单、取餐、等红灯、坐电梯的时候都要一遍又一遍地想，甚至你取的餐要根据送的顺序放置好，哪些放前面哪些放后面，哪些带汤水要放稳，这些都要想到。（X10605）

只要订单的配送时长超过了平台规定的时间，不管之后骑手有无申诉行为以及申诉的钱款能否追回，当时对骑手的处罚一定会产生。对不同身份的骑手来说，处罚的程度和方式略有不同。众包骑手的收入仅与单量挂钩，因此面对的超时处罚也是以订单为单位的按比例扣款，超出的时间越多，扣除的配送费也越多。具体的扣款规则如表3所示。

表3 众包骑手超时扣费规则

超时时长	扣费比例
[0, 6] 分钟	扣40%订单配送收入
[6, 12] 分钟	扣50%订单配送收入
[12, 18] 分钟	扣60%订单配送收入
18分钟及以上	扣70%订单配送收入

资料来源：美团众包 App。

185

扣除配送费只是对超时结果最直接轻微的处置手段，对于骑手来说，超时的影响还包括它的累积与发散效应。无论是哪种类型的骑手，超时次数与严重情况都会影响到个人的派单指数、积分、等级排行等，超时单多了，会直接影响未来一段时期内的收入状况。

专送骑手所要面临的时间考核则更为苛刻，对他们的考核指标是复合准时率，这一指标同时包含了实际送达时间与顾客期望送达时间两个维度，计算方法如下：

$$复合准时率 = 1 - \frac{一般超时单 + 5 \times 严重超时单①}{完成订单数}$$

可以看出，只有实际送达时间超出顾客期望送达时间 8 分钟才算真正超时，相当于站点给平台预留了 8 分钟的"缓冲时间"。但是，与订单同步生成的顾客期望送达时间是固定的，平台又是顾客唯一的信息来源，并不知晓站点所谓考核时间的设置，这就造成了关于送达时间的信息差。

"期望送达时间一般是以顾客下单时间开始算，但是有时候单子无人接的话，这个配送时间就会变长；所以顾客有时候就觉得骑手超时，但是骑手其实是正常送达。"（W10606）

有时候，来自顾客的误解还会将骑手置于差评压力和总体配送节奏调节的两难境遇之下。

有次我才接单 4 分钟，顾客打电话问我都 30 分钟了怎么还没有送到？我一看是个二手单，配送时间是 30 分钟，而且当时手上还有其他的单子，正常送那个单子只能排最后一个送。但这单顾客都催了，我只能加紧先送这单，又得重新想订单配送顺序。（X10528）

（2）"小气且计较"的报备程序

跑单的过程不只是骑手的单打独斗，一份订单的按时送达还需要程序链条上的商家与顾客的配合，主要体现为商家按时出餐以及顾客能够及时被联系到。商家及顾客出现问题致使骑手配送超时的情况被平台归为异常场景，为了将这些不可控因素纳入控制的轨道，平台制定了一套严谨的上报细则，报备程序就是其中的一个重要机制。报备指的是根据送单过程中有可能遇到的各种影响继续配送的突发情况，允许骑手按照所属异常场景类别进行上报，根据实际情况作出相应的延长配送时间或者免责的处理。报备程序的设置为骑手延长配送时间，缓解配送压力提供了合理渠道，但在平台一以贯之的严苛时间控制"作风"

---

① 一般超时单：8 分钟<实际送达时间−顾客期望送达时间≤30 分钟；严重超时单：实际送达时间−顾客期望送达时间>30 分钟。

之下，能否报备成功，赢得宝贵的延长时间也带上了"碰运气"的成分。

根据平台的规定，需要进行报备的异常场景主要包括商家出餐慢、联系不上顾客、商家定位错误、商家未营业这几种情况，其中，商家出餐慢是绝大多数骑手都会遇到的最频繁出现的一种情况。

在用餐高峰期，商家经常会因为订单量过大而无法及时出餐，依照平台的报备规则，骑手只需到店并点击上报到店后，若确定商家没有在 15 分钟内出餐，即可进行情况上报，在选择商家出餐慢后，可以选择取消订单或者继续等待。但在实际操作中，要想成功报备，需要同时满足多项条件：首先是骑手在点击到店 5 分钟之后，等到商家预计出餐时间，商家没有出餐，才可以进行一次报备，这个过程一般需要耗费 20 分钟左右。一次报备成功之后会给骑手延长配送时间，若在一次报备 10 分钟后商家仍未出餐，骑手可以在原地进行二次报备，二次报备成功之后配送时间会进一步延长，此时骑手也可以进行该订单的免责取消。

这些条件表面上看起来都具备相当程度的合理性，但却很难在现实场景中满足，严格的报备手续被规置于苛刻的时间控制系统中，且只针对骑手，无法约束商家，报备过程中的烦琐程序又会打乱骑手的整个送单流程，因此骑手的超时风险仍旧很大。

比如你到店 5 分钟之后，看着是卡餐了，打算等着到预计出餐时间进行报备了，但是过了 10 分钟商家出来（餐）了。你绝对不可能说在那待着再等个 10 来分钟报备，这就相当于浪费了 10 分钟。比方说这单给你 50 分钟，这 15 分钟就过去了，这单子无形中就变成了 35 分钟，因为我取餐那 5 分钟算我自己的，确实是我要赶路，但是因为商家出不来餐浪费的这部分时间本来就不是我的责任。（T10607）

商家出餐是整个送餐流程能否顺利进行的重要环节，商家的出餐速度是骑手能否按时完成劳动任务的决定因素之一，但平台对商家出餐所做的管理仅限于设定一个预计出餐时间，平台获取商家与顾客的"运行进度"的方式只有骑手的反馈，报备程序的设置将本应由商家承担的责任又以程式化的方式转接到了骑手的身上。

2. 空间控制

外卖骑手的劳动本质就是运送物品，因此必然需要足够熟悉运送范围内的空间特征。而且，由于骑手们一般情况下都是同时"挂"着许多订单。这些订单的方向和距离都不尽相同，他们需要进行综合考量，同时参照平台给出的路线规划与自身对路况的估计作出移动决策。但符合移动工作的要求往往不是城市空间设计的主要目的，因此骑手们需要做出最优的路线轨迹设计以满足时间要求。

（1）熟悉空间

平台在给骑手派发订单的同时，智能算法也会相应地作出一整套路线设计规划。这套路线设计虽然已经足够智能且处在不断的优化过程中，但还是无法覆盖现实中复杂多变的环境与路况。更多时候，骑手们必须在送单过程中不断积攒经验，熟悉道路，才能缩短用时，达到平台的时间要求。

平台当然有预定路线，但是GPS只能大概给你导航到小区的范围，但你有没有想过小区有几个门？有些门什么时间是开着的？什么时间是关着的？比如消防通道，还有哪些门是锁着的但可以从下面钻过去？平台给你的那个路线只能把你导到小区的边缘线上，很有可能你在小区的后门那边，但是那里是永远不开门的，那你就得计算绕哪个路最好。当然，这个主要靠经验，辅助是各小区的图片地图……你还得背下来楼牌号，这个是相当重要的。（T20527）

（2）"设计"距离

订单的配送费高低主要与距离挂钩，一般情况下，配送距离越长，配送费就越高。若骑手在配送过程中因顾客修改地址等原因导致实际配送距离变长，骑手就可以在系统中申请二次配送，过后再申请距离补贴。然而平台在距离补贴的申请方面给出了非常苛刻的规定，骑手在进行二次配送时，必须严格遵照系统给出的路线规划行进才能确定无疑地申请到距离补贴，但是这点很多时候难以实现。

前几天我申请了五六个距离补贴结果就通过一个！有两个加起来差不多多跑了9千米，都是按导航来的，客服电话回我说跟腾讯地图对比没有多出来距离……还有一个，那个我确实是没按导航走，问题是那根本没法走，不是让你走隧道就是走机动车道，真没法说理去。（T20701）

当平台预设与现实的空间情境产生矛盾时，代价总是由骑手来承担。

（三）送达阶段

确认送达是单个劳动过程的最后一步，在送达阶段，骑手的目的地是确定的GPS定位的一个地点，骑手必须在定位地点的300米内才能点击送达，否则就会被认定违规。

（四）后续阶段

在送单结束之后，平台会对骑手的工作作出自动的总结考评，骑手的劳动过程会以各种数据信息的形式呈现并被纳入总体的考评记录之中，主要是每一阶段的用时。除此之外，过程中若有违反规定的行为记录、最终未能按时送达，或是收到顾客的差评或投诉，都会被扣款而无法得到全部的报酬。若骑手对之存有异议，可以进行申诉。对骑手来说，申诉的过程也是一种额外的劳动付出，因为这常常伴随着和客服的扯皮。"最无奈的就是它总是先扣我钱，我再往回要，不管最后能不能要回来吧，都是'咔嚓'一下先给你扣了再说。"（T10609）专送骑手有时还需要向站长说明情况，让站长帮忙协调，剖示细节，进行举证。

平台搭建的微观权力场域的辐射范围有限，只能对依附其上的骑手群体形成有效牵制，而算法预设下的规定与现实情况又总是存在固有矛盾与张力，面对严苛的管理制度，骑手们只能尽最大努力弥合现实与算法之间的差异，有序劳动进程的达成需要骑手在接单的每个阶段都充分发挥主观能动性，最大限度地激发自己的劳动潜能。

三、"审判"劳动：检查

检查是一种追求规范化的目光，一种能够导致定性、分类和惩罚的监视。在规训程序的核心，检查将个体构造成了可以用分数及其他指标进行度量的要素（福柯，2001：129），个体在档案中存有记录，被比较并形成不同分类，纳入对应范畴，在"书写的网络"中成为规训的权力支点。

平台会将每个骑手的劳动数据自动记录，生成个人的劳动档案，这些数据会成为对骑手进行考核的重要工具和参照。

对众包骑手做出的考核与处罚由平台自动生成，包括前述的因不符合规范性步骤产生的扣款以及根据骑手的送单情况做出的限制接单的处罚。"有时候打开就会突然有通知，说你昨日有投诉单或者是差评单，限制接单了，一般都是限制两个小时，有明确的时间段，有时候三个小时。"（S30504）

对专送骑手的考核虽是由站点做出，但考核的依据几乎全部来自平台记录，基于考核结果做出的惩罚也主要经由平台施行。具体来说，专送骑手的考核以月为周期进行，主要考察在线时长和完成单量两个方面。以上海市某美团站点为例，对站点内骑手的基本要求是在一个考核周期内有效完成单量达到 240 单且有效在线接单天数大于等于 20 天。有效在线接单天数指的是全天累计在线时长（不含"忙碌"状态①）至少 6 小时且全天至少完成 9 单，这些单量和在线时长数的规定会随着站点内总的单量浮动情况略有变动，但考核基准一般会维持在同一水平。

在线时长和单量要求只是骑手们需要达到的最基本要求，是维持站点运力压力值平衡的必要劳动量，骑手们更看重的是对尾部骑手的确认。相比一个月

---

① 若骑手申请开启"忙碌"状态并通过，则在此时间段内不会接到任何订单。

内的时长和单量考核，这种确认一般以周为周期，依照对订单的多维度评价做出包括顾客反馈及系统判定与评价，如表4所示，若一周内的订单累积产生如下评价，则会被划归尾部骑手行列。

表4　尾部骑手相关规定

列入尾部骑手的情况	列入后处置方法
一周2单及以上投诉	
一周4单及以上差评	
一周系统判定违规（取餐+到店）20单及以上	拉灰1天
单周内超时累计超过50分钟	

资料来源：F先生提供。

被列入尾部骑手后，会被拉灰1天，所谓的拉灰指的是从后台关闭了骑手接单的权限，使得骑手无法从平台上接到订单并获得收入，拉灰对新骑手来说是接受培训的契机，对老骑手的惩罚意味更加明显。"这里就看你是老骑手还是新骑手了，老骑手就是被'涮单'了，接不住单了，新骑手就得回去培训，结合你平时出的问题，进行针对性培训。"（H10402）

四、本章小结

可以说，外卖骑手的劳动是被紧紧"拴"在了一块手机屏幕上的。看似简单的配送流程，只包含取、送和移动的动作，但施加于他们身上的规定结合了平台语境中的特有属性和服务业的要求。在平台的规训下，骑手理应成为态度亲切的、快速准确完成送单任务的完美劳动者，如同被设定好程序的机器一般在"头脑中的装配线"中进行"运算"。为了达成此目的，平台需要将现实中可能发生的所有不确定因素都纳入算法和技术解决的逻辑渠道，又因为劳动链条中所牵涉到的另外两个主体——商家和顾客无法成为平台直接控制的对象，骑手就成了平台维持劳动秩序的唯一抓手与线索。上线是整个劳动进程的起点，骑手从上线开工的那一刻起，所接收到的所有指令、路线规划、时间划分与细节性的规定全部来源于平台，成为从平台延伸出来的一块机器零件，按照平台设定好的程序运转。平台既是操纵者，也是监控者，在送达任务完成、劳动进程结束之后，骑手的薪酬计算与劳动评价会自动生成，纳入整体考评体系中。在整个送单过程中，预设的步骤使得骑手很少拥有能够真正自主做出决定的时刻，除了因应对实际状况而规划部分送餐路线与配送先后顺序，多数情况下，他们只能跟随平台下达的一个个细微指令做出行动，严苛的时间标准无法为他们留出足够的思考空间，只能机械地随着指示完成一次次相似的实践演绎。平台已然变成了一个"超然实体"，超越了老板、领导等传统的控制者形象与意涵，达到了人力管理永远达不到的高度。

第五章　骑手"同意"的生发机制

布若威认为工人们在进行超额生产的过程中为枯燥的工作注入了意义，在一种被构建出来的情境中体验到了想象的自由，劳动同意就这样被"制造"了出来。在外卖平台的语境中，骑手所受到的精细控制为他们框定了整套劳动路径与规范，只有按照既定的轨道行进才能取得报酬，这些控制手段确保了单个劳动任务的有序完成。但我们目光所及的，是骑手主动投身于劳动之中，在迎合规则的基础上探索自己的劳动极限，没有骑手的配合性举动，就无法实现总体劳动秩序的稳定再生产，这也正是平台设计的精妙之处：在可见的雇主彻底隐身，平台越过实际的经济实体成为控制中心时，它通过一系列程式化设计塑造了骑手的认知，模糊了骑手与实际管理者之间的界限，甚至使双方产生利益关系联结，通过种种不易察觉的设置形塑着主体的认知。由此，个体劳动者被彻底纳入平台逻辑延伸体系之中，原始的主体性被侵蚀，又以"同意"的面目展示出来。

一、观念"同意"：技术理性

马尔库塞在1936年第一次提出了技术理性的概念，它是在资产阶级统治的自我调节中，在晚期资本主义向现代转型发展的努力中生成的，并渐渐成为"在资本主义制度中被承认的唯一的合理性形式"（埃德加，2008：85）。正如马尔库塞所言："技术的进步扩展到整个统治和协调制度，创造出种种生活和权力形式。"（杜敏 等，2009）在劳动生产领域中，对工人的管控逻辑正在转化为一种新型的控制权力形式，加诸技术之上的理性思维方式根植于人们的头脑与内心，并内化为一种自发的认同，资本对劳动者的潜在控制由此自然地建构起了合法性基础。资本逻辑中的劳动者的劳动不再是传统强权之下对暴力威慑的认命和臣服，而是从内心对规定的自觉认同和遵守。

互联网飞速发展带来的技术飞跃使得社会对数字技术的利用达到了登峰造极的地步，以科学知识为工具建构起的技术话语系统影响着每一个行业，对人的潜在控制在现代性的技术发展进程中获得了合理性。平台是技术理性演绎的逻辑产物，它将技术的应用目的从提高劳动效率、改进生产方式改变为充当组织整个劳动过程的核心部件，传统管控要素中包括的管理者、制度设计、规章制度等的力量被大幅度削弱，与劳动管理相关的绝大多数内容全被浓缩在了一个可以无限复制的应用程序中。技术自带的中立属性意味着平台对所有用户可以一视同仁，符合劳动者对公平、正义的期许，平台作为总的劳动中介和组织者，甚至带有了"服务"的性质，因此它不仅对劳动本身进行了全方位的控制，同时也施加了一种建立"同意"的规范性力量。Beer（2017）的研究发现，算法本身带有的效率、计算和客观等合理性要素能够促使工人们将算法控制下的管理手段看作实现超功利主义的"正义理想"的工具。这种内心深处对管理工具的接受与自发认可成为工人们愿意在算法机制的管控与衡量下开展劳动的重要动力来源。

（一）劳动可视化

外卖骑手没有实际所属的工作场所与生产线，大多数的劳动时间和内容浓缩在空间移动的过程中，核心的劳动步骤只包含"取"与"送"两个环节。与绝大多数的工作形态不同，他们并没有实际的劳动产出，但他们的劳动本身并非毫无痕迹。平台会以订单为单位，自动记录每单的情况与属性，包括订单完成数、订单取消数与配送里程统计，除此之外，每一份订单的运送轨迹都被精确记录，包括送达时间、取货地址、送货地址与期望送达时间，骑手的每单收入以及从抢单到送达的每个时间节点也都被记录了下来，并分为日单量和月单量进行结算统计。这样的自动记录相当于将骑手的劳动成果以数据的形式转刻到了系统中，骑手送单的过程也是在将各项劳动数据录入系统的过程，这种以订单为单位的即时反馈机制极大地削弱了劳动的虚无感。同时，这些在跑单过程中生产出来的数据还会被自动纳入骑手的考评系统中，成为骑手积分增加、等级上升、派单指数更新的数据基础。在骑手们看来，平台系统本身并没有不公的偏好，因为技术不存在立场，只要是同一种类型的、使用同一套系统的骑手，就可以实现公平竞争。"其实大家派的单都差不多，有的老哥那真是一点都不挑，啥单子都接，拼了命地跑，人家赚得多咱也是服气的。"（W10902）这种由平台给出的"数字承认"将无法在现实生活中看到实际产出的骑手的劳动分解成可测量的单位，"送一单算一单"的自动计件结算方式既强化了控制，也给骑手带来了成就感。

（二）严谨界定责任

众包骑手的薪酬由平台根据订单完成数量进行自动结算，无论是奖励性的收入还是惩罚性的扣款，都是按照既有规定自动做出，有部分非骑手责任情形被编写入了算法程序中，如在恶劣天气下会给予骑手更多的配送时间等。但平台依然无法做到完全精准无误地界定所有责任，为了保证整个薪酬结算机制的公正性，平台制定了一套严谨的事后申诉规则。在订单结束后，骑手可以针对已作出的处罚结果进行申诉，申诉成功之后即可退还钱款并撤销处罚行为。申诉机制的设置基本保证了对责任作出合理的界定，相当于为骑手提供了一块保护与缓冲区域。

平台规定的可以申诉的情景与可报备场景类似，都是因商家、顾客或者其他交通原因导致的未能按要求完成配送任务的情况。平台在系统中罗列出了不同申诉场景的参考标准，进行申诉时，骑手需要根据不同的申诉场景进行举证，提供包括照片、IM 聊天记录截图①等一系列相关证据来证明配送目标未完成并非骑手自己的责任。申诉手续是在订单结束之后进行，因此只有总时效限制，即需要在扣款行为完成 24 小时之内作出，时间相对充足，相比条件严苛的报备程序，申诉的成功可能性更高，也因此成为骑手的最后一道有力保障。

实际（申诉）就是证明这个不是你自己的问题，是因为别的原因没送到……十有八九都能申诉回来，平台不行就找人工客服，有时候还挺麻烦的。尤其是商家出餐这块，有时候已经报备过了，本身那个就不好弄，实在出不了餐取消了，又说我违规取消，没办法，只能再申诉，就是折腾，但还是很有用的。（S30617）

二、设计"同意"："升级游戏"

布若威在研究垄断资本主义阶段的劳动控制特点时，主张聚焦于"生产中的关系"，认为正是"在具体的生产制度安排或曰游戏规则而不是在抽象的生产关系中形成了工人的日常体验、意识和认同"（陈龙，2020）。工人们在日常的劳动实践中完成了从被迫劳动到主动"同意"的转变，主体性得以建构、形塑。资方实际并未交让生产中的主动权，而是运用了更为隐匿且不易察觉的方式掩盖了其对剩余价值的索取和剥夺，瓦解了工人进行反抗的意识基础。许多学者沿袭了布若威的研究思路，将不同劳动场景中驱使劳动者努力劳动的软控制措施归纳为不同的"游戏"类型，游戏的面目在不同工作场所和劳动进程中展现出各自的特点，但产生的结果是相似的，即劳动者与管理者的界限逐渐模糊，劳动者的主动性被整合进了资本逐利的单一逻辑体系中。骑手收入来源的根本就是跑单，跑得越多赚得越多是这个行业的不变法则，但这样的对应关系较为单薄，为了进一步调动骑手们的跑单积极性，平台设计出了一套完整的、自动运行的激励体系，骑手们的劳动记录会被自动纳入其中，由此获取等级提升和直接的金钱奖励，本文将这种设置概括为"升级游戏"。

---

① 平台内置 IM 即时通信工具，骑手、商家、顾客可在订单运送过程中随时进行交流。

（一）个人"升级"

每个众包骑手所对应的等级都是根据最近 28 天内的跑单表现计算得出，分数每天更新。在等级所对应的权益中，对骑手吸引力最大的是额外接单上限的规定，这意味着越是积极跑单，能同时接的单子也越多，从而形成送单的良性循环。同时，为了鼓励骑手跑单，在午高峰、夜宵时段和特殊天气时期的完成单会额外增加活跃分，取消订单和超时送达则会扣除活跃分。

表 5　美团众包等级规则

	活跃分要求	转单上限	额外接单上限	收入加速
新手骑士	0	3		
闪耀新星 1	1	3		
闪耀新星 2	82	3		
闪耀新星 3	213	3		
荣耀精英 1	382	3	5	
荣耀精英 2	630	3	5	
荣耀精英 3	993	3	5	
最强英雄 1	1319	3	5	+0.3/单
最强英雄 2	1592	3	5	+0.3/单
最强英雄 3	1842	3	6	+0.4/单
无上战神	2148	3	7	+0.5/单

资料来源：美团众包 App。

骑手的等级不是一成不变的，为了使骑手能够持续性地投入这场"升级游戏"中，平台还制定了保级制度：等级每周一更新一次，根据上周日的活跃分和所在城市的等级分数线计算得出，而且积攒的活跃分每过 28 天就会自动过期。骑手们只有不断地跑单，才能保证活跃分的稳定与提升，进而享受更多的接单权限。

"因为这个保级规定，很多时候能拒的单子也不想拒，硬着头皮就送了。现在本来单子就少，众包更是经常没单子，还是能跑就跑了。"（W10816）

外卖骑手们的配送工作都是独自完成，原子化特征明显，很难对他们的劳动作出直接比较与衡量，平台却依靠其集中数据的天然优势，利用骑手们计件式的报酬计量方法打造了一个"数字竞技场"，将骑手们划归入明确的排名序列与等级体系之中。对专送骑手来说，这种名次的编排构成了他们考核压力的部分来源，但对众包骑手来说，这种排名并不存在考核评比的作用，而成了他们更加努力劳动的动力来源。

（二）排名"升级"

不论是专送还是众包骑手，都会被纳入对应的排名榜单中，众包骑手会被纳入地区榜单中，包括日、月的单量榜和里程榜。以地区为排名范围的榜单上经常出现一些让人赞叹的"单王"，他们成了一些骑手追赶的目标对象。"这东西确实能带来点激励，至于多少就因人而异了。你看今天这个单量排行榜，第一名跑了 192 单，什么概念？1000 多块啊！照这速度 10 天过万元不是梦，当然这榜单天天有变化，不可能同一个人天天都能跑这么多，但这些人是真能挣着钱。"（W10816）

专送骑手的排名由站点排出，有着更加多元的考核和计算要素，除了现实的榜单排名，一些新闻报道中的外卖大神也能带给骑手们隐约的期盼感，T 先生曾主动给笔者发送了一则新闻，"外卖小哥 6 年存 100 万元，准备在杭州全款买房，6 年跑坏 10 辆电动车"。这种成功故事既是对他们的天然激励，更主要的是强化了他们多劳多得的心理认知。"行行出状元，干外卖也一样，关键还是你能否坚持，能否吃得了苦。"（X10901）

平台将骑手卷入"升级游戏"中，骑手们在这套评价体系中变身成拥有不同头衔的"骑士"，通过自我劳动鞭策实现等级跃升，日常劳动过程被附加上了"打怪升级"的成长属性。这种游戏化和差异化的管理机制，从一个侧面塑造了"工人企业家"的意识形态，使等级的晋升成为骑手们衡量自我价值、体会工作意义的重要层面。置身于这样的等级体制评判标准之下，骑手很自然地会将自己所在的等级与自身的努力程度联系在一起，平台算法巧妙地将个体工人自我价值的实现与资本对劳动的管理结合在一起，并在不知不觉间塑造了算法的合理化基础（孙萍，2019）。

三、现实"同意"：自由幻象

权力会发挥传导性的力量，塑造人的身体和现实实践，最终使人们形成身体的自我意识，锻造出所谓理性的主体。在外卖平台经济的语境中，平台作为互联网时代的产物，与传统的用工形式天然区分开来，生产和服务任务被细化、拆分、解构为多个微小的项目模块并交由每个劳动者独立完成，劳动者成为碎片化的任务执行者，并不了解整体产业和服务网的运作全貌。脱离了固定、持续的劳动链条的劳动者拥有了"自我雇佣"的感觉，迎合了他们对自由的希冀与向往。平台将其工具属性摆在首位，雇主与员工的经济联结被应用程序与用户的互动逻辑覆盖，骑手们对平台的认知停留在表象，单纯将平台看作获取报酬的工具，其他的联系被有意淡化，这使得他们难以作出有具体指向的抗争行为。平台通过一系列机制设计与话语铺陈，在形式上给予了劳动个体以个性、独立、自控的快感，却在具体的设置上强化了对他们的控制力度，于不知不觉中实现了对劳动者的潜在剥削。

（一）单一金钱追逐

极少骑手会把这份工作当作真正长期坚持的事业，而只是将其作为短时间内"挣快钱"的工具，因此他们不会深究平台细则，只以尽可能多赚钱的功利取向与认知作为对待平台的出发点。骑手们从这份工作中获取稳定感与充足保障的需求非常有限，只是利用它充当下一份工作的过渡与缓冲，尽可能地多赚钱是他们的唯一目标，其他的事物都显得可有可无。曾任某美团站点站长的 W 先生告诉笔者："你像他们（骑手）每天是上线了就要扣 3 块的意外险的，其实也就这一个有效保险，就这还有很多骑手不愿意被扣，不想交这个。……对他们来说很多时候就是只想着赚钱，不想那么多的。"（S10710）

这种对金钱的追逐除了主动为之，也有被动的因素存在。美团公司 2020 年财报①显示，外卖骑手成本已经成为餐饮外卖最主要的成本支出部分，因此公司的经营状况会直接反映在骑手的配送费单价上，这让平台和骑手产生了被动的利益绑定，一旦公司利益受损，骑手的收入就会受到显著影响，这让他们对平台的态度呈现出一种"爱恨交织"的矛盾状态。2021 年 10 月，美团公司因垄断行为被国家市场监督管理总局处以 34.42 亿元的罚款②，起初听到这个消息的骑手们短暂地体会到了一种因平时经历的不佳劳动体验而积攒的不满发泄出来的畅快，但当配送费单价随之下降后，这种情绪瞬间变得复杂。"一开始我还很高兴，美团平时那么厉害，国家终于来治你了。但是很快我就发现单子的单价又降了，它一交罚款，又要从我们身上榨回来。唉——"（S11027）

（二）踏入"时空陷阱"

饿了么发布的一份骑手调研报告显示，超过 80% 的骑手是被自由的工作时间吸引进入这一行业③。表面上看，外卖骑手完全摆脱了传统工人需要面对的机器设备与厂房的禁锢，工作时间灵活机动，工作地点的范围也大大扩展，处在平台逻辑延伸出的理想安排中。然而，骑手们处在不断的流动过程中，平台从

---

① 美团 . 2020 年度财务报告［R］.

② 国家市场监督管理总局 . 市场监管总局依法对美团在中国境内网络餐饮外卖平台服务市场实施"二选一"垄断行为作出行政处罚［EB/OL］. ［2021－10－08］. https：//www. samr. gov. cn/xw/zj/202110/t20211008＿335364. html.

③ 搜狐 .《2020 饿了么蓝骑士调研报告》：300 万骑手升级为"饿了么蓝骑士"90 后占比达 47%［EB/OL］.（2020－08－25）. http：//www. mohrss. gov. cn/SYrlzyhshbzb/dongtaixinwen/buneiyaowen/202008/t20200825＿383722. html.

时间和空间两个维度支配着流动的整个形态，骑手们在劳动过程中所作出的所有主动努力都是为了配送目标的实现。当个体流动嵌入平台设定的时空秩序中时，所感受到的自由也带有了设计的成分。

一方面，骑手的实际配送所用时长与他们的薪酬高低紧密联结，成为决定他们的劳动成果能否有效转化为现实收入的重中之重，每一个订单的考核时间就这样以资本化、商品化的形式固定了下来，骑手在想方设法准时送达订单的过程中表现出来的各种能动性都是在平台的时间规训之下试图与骑手达成同频共振的表现。

另一方面，平台所采用的时段价格机制也形塑了骑手的整体劳动时间安排。因为夜间的配送费价格较高，许多骑手选择集中在夜晚阶段跑单。"我之前就是跑的特殊班次。从中午 10—11 点起床开始跑，下午或者晚上可能睡一会儿，凌晨跑到 4—6 点。"（X10713）乐跑骑手 R 先生告诉笔者，夜间时段跑单收入明显更高，有时一周跑下来能比正常班次多 1000 元左右。"我们组那几个每天跑 100 单以上的都是晚上到凌晨那么循环跑，单价高了，走起量来才能多挣。"（X10713）跑单的时间段看似是由骑手主动选择的，实际依旧是在平台计价模式下作出的抉择。所谓的自由安排工作时间，实际上意味着他们将随时随地进入工作状态，将一切时间都变成了"可工作的时间"，对金钱的追求又会使这些"可工作的时间"直接转化为"不得不用来工作的时间"。

在平台营造的虚拟时空秩序中，骑手们不知不觉间踏入了平台编织的"时空陷阱"，他们并非真的享有决定自身劳动节奏和进程的自由，而是在利益诱导下安排自己的劳动时间，在真实情境中发挥主动性弥合现实与预设规定之间的差异，"在面临和回应复杂情境的过程中将配送实践中所获得的经验内化成一种指向身体行动的策略图"（付堉琪，2021）。这种主动努力的实质依旧是对平台逻辑的臣服。

四、本章小结

外卖骑手们的"同意"在劳动过程之中被塑造，平台不仅对其施加了严密的控制，还通过一系列设置将骑手们打造成"理性的主体"。算法技术在成为平台运转的根本支撑的同时，也为它"赋魅"，增添了一层超越劳资身份差异的正义色彩；平台利用强大的数据统筹能力以及巧妙的设置方式搭建起了游戏"竞技场"，将骑手们自己在劳动"生产"中的数据转换成为继续劳动的激励力量；同时又通过渲染灵活自主的选择空间给予骑手看似自由的劳动体验。在用户心态下，骑手与平台合作完成配送任务，取得报酬，与平台达成双赢。

平台高举自由、共享的旗帜，为骑手们设定确定的评价标准吸引他们投身于劳动过程之中，在持续不断的训练和操作过程中，外部的纪律逐渐内化为自我遵循的身体化规训，"成为主体，不仅是在纯粹的支配关系中服从于外在的秩序，也服从于个体嵌入规范装置的秩序"（皮埃尔，2016：96）。强迫与"同意"的特定结合造就了驯服的肉体，他们在劳动过程中采用灵活、变通的方法进行的"逆算法实践"与平台形成了配合。这些劳动经过算法的处理，又会成为系统不断更新、改进的依据，骑手的投入成了这套体系维持再生产的滋养动力，客观上巩固了平台建立起来的劳动秩序，在与平台达成"心理共谋"之前先一步达成了"行动共谋"。实质上，再先进的技术也只能服膺于资本逻辑，无法作为完全中立的评判者而存在。处于整条外卖服务链条下游的骑手依附平台进行简单、机械的劳动，自我雇佣的实质是自我剥削。平台因其不可协商性变成一个更加难以反抗的实体，劳动的监管在劳动者的劳动过程中就已经完成，骑手们被时间追逼、被制度束缚、被新技术手段控制，周转在平台设计的隐形牢笼之中。

第六章　结论与讨论

一、结论

（一）控制与同意交织的劳动实践

福柯认为权力与主体构成的并不是一种二元对立的图景，权力的铁网并非一定对应一种被动消极的主体，而是在主体生存活动的每一个细节中建立起来。

对外卖骑手来说，他们没有固定的工作场所，但管控的力量体现在每一份订单附属的种种规范与评判标准上，平台作为绝对的权威中心，借助先进的技术施展权力，控制范围包含了对身体的规范、塑造与管控，组合形成了一套能够嵌合运转的、完整标准的规范策略，将不确定的劳动主体纳入确定的平台逻辑中来，直到将人塑造成为驯顺且高效的"机器的附属物"。在这个过程中，如果只有平台的单方面压力，随时能退出的机制也无法将骑手们困在由技术织就的牢笼中，这种严密的劳动秩序的形成还有赖于骑手的主动"同意"。算法支撑的平台天然刻印着技术赋魅的光环，骑手们秉持着"多劳多得"的理念，将之视为理性的劳动"组织者"，平台又将骑手们的劳动结果通过算法自动运作为可审视、评判的数据信息并进行游戏化编排。骑手们在这种软性的劳动鞭策中获得了持续的劳动动力，将平台视为赚钱工具的想法也使他们忽视了平台的一些苛刻规定，对待平台的态度呈现出一种"又爱又恨"的情绪状态。

总的来说，骑手在劳动过程中让渡出一部分自主决定权，遵循平台的指示进行劳动，换取相应的劳动报酬。"任务或秩序不仅仅是一个算法产品，而是体现现有社会秩序中权力不平衡的社会物质产物。"（WU et al.，2020）平台作为一个中心权力装置建构了骑手的独特劳动面貌。

（二）劳动者成为可替换的零件

微观权力渗透在细微的手段、机制、程序、应用中，将人的肉体置于现实的"解剖台"上，生产出规范化的主体。从这个意义上说，个体只不过是由权力的特殊手段造就的一种现实（达尼洛，2007：239），这种权力所带有的控制属性在主体的参与过程中建立起来。如此，现代意义上的人就成为由多种规训机制、监控技术和知识策略所形塑的产物，在不断进化的算法驱动之后，劳动者作为一个完整社会意义上的人的特征被消解，平台正在将所有人变成可替换的标准化"零件"，之前存在的因个人能力、隐形资本、经验累积等不同而产生的收入差异在很大程度上被抹消。

对外卖骑手来说，他们绝大多数劳动经验的累积不是来源于向外探索，而是向内迎合平台制定出的各种规则，以此实现"利用"基础上的利益实现，也由此被困在技术构筑的精巧"铁笼"中，且外表更精美，诱惑力更大。但"技术不管再怎么飞跃，本质上依然服务于资本"（ZUBOFF，2015），劳资矛盾并不会被技术所化解，马克思所强调的剥削话语只是隐匿在了驯服叙事之中。

二、讨论

（一）劳动者的新型异化

马克思在《1844 年经济学哲学手稿》中提出了劳动异化（alienation of labor）的概念，认为异化劳动使得人的本质变为维持他个人生存的手段，导致劳动者在生产活动中丧失了自我。异化理论揭示了隐藏在社会生产力进步表象之下工人被剥削和奴役的本质。与马克思所处时代的劳动相比，信息时代的劳动显示出了新的特征，在"共享""灵活"的话语遮蔽下，对剥削和异化的探讨难以找到有力的支点。卡斯特认为，全球网络社会里的劳工有两大基本种类："自我程控劳工"和"原始劳工"（CASTELLS，2010：377），前者是真正因信息技术的发展获益的群体，后者只是一些指令执行者，他们无法触及技术运行的核心程序，只能在其指引下执行一些琐碎的任务并接受资本权力的支配和影响以获取进入信息世界生存的机会。新时期的劳动者受惠于变革浪潮，也受制于与之相伴的诸多风险，当传统的雇佣关系被剥离，可见的管理实体浓缩在虚拟代码中时，资本搭载各种现代化技术作为工具性凭借，以之为中心构筑劳动情景，身处其中的劳动者的行动范围实际在缩小。

（二）技术福利的共享愿景

资本的积累逻辑历史地构建了不同时代的劳动场景与劳工面貌，也影响着投身其中的劳工命运。经济形态发展到如今，技术的演进已经不仅能从可见的机器设备的更新换代中显示出来，从实体到虚拟，匿在暗处的算法技术成为无所不知的管理者，却打出温情脉脉的口号，挥舞着灵活自由的旗帜吸引着劳动者的参与。虽然平台劳工的劳动进程紧紧附着于平台之上，却被隔绝在信息技术的帷幕之外。算法越精密、越复杂，劳动者就越难以理解这个过程，而只能被动接受过程中所发生的一切，所有的劳动意义都被最大限度地简化成精准执行的算法指令，通过不折不扣的执行来得到技术的确认并获取报酬。如何挣脱这样的技术牢笼，找到劳动者与平台更好的互动方式，真正实现共享二字的应有之义，是当下我们需要探讨的课题。

三、研究不足与展望

本文分析了外卖骑手在平台语境下，在实际的劳动过程中所受到的结构性控制以及这种力量对他们认知的塑造作用，但这种分析主要是基于外卖骑手在访谈中呈现出来的劳动经验作出，受现实条件及时间限制。笔者未能了解到平台设计者们的设计出发点与想法，因此文章的展现维度较为单一，内容也较为粗浅。希望以后的研究能结合平台的设计理念，从根源角度突出平台与劳动者之间细节性的互动，从而为破除当下困局找到可行度更高的方式。

参考文献

专著类：

［1］埃德加·哈贝马斯：关键概念［M］.杨礼银，朱松峰，译.南京：江苏人民出版社，2008.

［2］迈克尔·布若威.制造同意：垄断资本主义劳动过程的变迁［M］.李容容，译.北京：商务印书馆，2008.

［3］CASTELLS M. End of Millennium：The Information Age：Economy，Society and Culture［M］. Oxford：Blackwell Publishers，Inc，2010.

［4］达尼洛·马尔图切利.现代性社会学：二十世纪的历程［M］.姜志辉，译.南京：译林出版社，2007.

［5］大卫·哈维.跟大卫·哈维读《资本论》：第2卷［M］.谢富胜，李连波，等译.上海：上海译文出版社，2016.

［6］FRIEDMAN，A L. Industry and Labour［M］. London：The Macmillan Press Ltd.，1977.

［7］哈里·布雷弗曼．劳动与垄断资本：二十世纪中劳动的退化［M］．方生，译．北京：商务印书馆，1973.

［8］玛丽昂·麦戈文．零工经济：在新工作时代学会积累财富和参与竞争［M］．邱墨楠，译．北京：中信出版社，2017.

［9］曼纽尔·卡斯特．网络社会的崛起［M］．第2版．夏铸九，王志弘，等译．北京：社会科学文献出版社，2003.

［10］米歇尔·福柯．必须保卫社会［M］．钱翰，译．上海：上海人民出版社，1999.

［11］米歇尔·福柯．疯癫与文明［M］．刘北成，杨远婴，译．北京：生活·读书·新知三联书店，2019.

［12］米歇尔·福柯．福柯集［M］．杜小真，编选．上海：上海远东出版社，1998.

［13］米歇尔·福柯．规训与惩罚：监狱的诞生［M］．修订译本．刘北成，杨远婴，译．北京：生活·读书·新知三联书店，2019.

［14］米歇尔·福柯．权力的眼睛［M］．严锋，译．上海：上海人民出版社，2019.

［15］米歇尔·福柯．性经验史［M］．增订版．佘碧平，译．上海：上海人民出版社，2002.

［16］米歇尔·福柯．自我技术：福柯文选Ⅲ［M］．汪民安，译．北京：北京大学出版社，2015.

［17］尼克·斯尔尼塞克．平台资本主义［M］．程水英，译．广州：广东人民出版社，2018.

［18］皮埃尔·马舍雷．从康吉莱姆到福柯：规范的力量［M］．刘冰菁，译．重庆：重庆大学出版社，2016.

［19］RANI U，BERG J M，FURRER M. Digital labour platforms and the future of work：Towards decent work in the online world［M］．2018.

［20］汪民安，陈永国，马海良，编．福柯的面孔［M］．北京：文化艺术出版社，2001.

［21］张一兵．回到福柯：暴力性构序与生命治安的话语构境［M］．上海：上海人民出版社，2016.

期刊论文类：

［1］BEER D. The social power of algorithms［J］．Information Communication & Society，2017，20（1）：1-13.

［2］CHEN J Y. The Mirage and Politics of Participation in China's Platform Economy［J］．Javnost / The Public，2020，27（15）：1-17.

［3］陈龙，韩玥．责任自治与数字泰勒主义：外卖平台资本的双重管理策略研究［J］．清华社会学评论，2020（2）：63-92.

［4］陈龙．游戏，权力分配与技术：平台企业管理策略研究：以某外卖平台的骑手管

理为例［J］．中国人力资源开发，2020，37（4）：12.

［5］CRESSEY P，MACINNES J. Voting for Ford：Industrial Democracy and the Control of Labour［J］．Capital & Class，1980，11（2）：5-33.

［6］［加］戴维·莱恩．监视理论的阐释：历史与批判视角［J］．刘建军，译．政法论丛，2012（1）：74-85.

［7］DUGGAN J，SHERMAN U，CARBERY R，et al. Algorithmic management and app-work in the gig economy：A research agenda for employment relations and HRM［J］．Human Resource Management Journal，2020，30（1）．

［8］杜鹃，张锋，刘上，等．从有产者游戏到互联网劳工：一项关于共享经济与劳动形式变迁的定性研究［J］．社会学评论，2018，6（3）：39-49.

［9］杜敏，李泉．从领域到体系的转变：法兰克福学派异化思想中的批判维度的转向［J］．昆明理工大学学报（社会科学版），2009，9（12）：5-10.

［10］ELLIOTT C S，LONG G. Manufacturing rate busters：Computer control and social relations in the labour process［J］．Work Employment & Society，2016，30（1）：135-151.

［11］FINKIN M. Beclouded work，beclouded workers in historical perspective［J］．Comparative Labor Law and Policy Journal，2016：603-618.

［12］FRIEDMAN，GERALD. Workers without employers：Shadow corporations and the rise of the gig economy［J］．Review of Keynesian Economics，2014，2（2）：171-188.

［13］付堉琪．"系统困不住"的外卖骑手：劳动场景视角下的变通与协作关系研究［J］．新视野，2021（6）：7.

［14］GALIERE S. When food-delivery platform workers consent to algorithmic management：A Foucauldian perspective［J］．New Technology Work and Employment，2020，35（1）．

［15］GANDINI A. Labour process theory and the gig economy［J］．Human Relations，2018：72.

［16］高文珺．新就业形态下外卖骑手社会流动特点和影响因素［J］．山东社会科学，2021（5）：9.

［17］GOODS C，VEEN A，BARRATT T. "Is your gig any good？" Analysing job quality in the Australian platform-based food-delivery sector［J］．Journal of Industrial Relations，2019.

［18］GRIESBACH K，REICH A，ELLIOTT-NEGRI L，et al. Algorithmic Control in Platform Food Delivery Work［J］．Socius：Sociological Research for a Dynamic World，2019（5）．

［19］HALL J V，KRUEGER A B. An Analysis of the Labor Market for Uber's Driver-Partners in the United States［J］．Working Papers，2017.

［20］HALL R. Renewing and revising the engagement between labour process theory and technology［J］．Working Life：Renewing Labour Process Analysis，2010：159-181.

［21］胡磊．网络平台经济中"去劳动关系化"的动因及治理［J］．理论月刊，2019（9）：6.

［22］贾文娟．从数字劳动探索全球资本主义体系的时代变迁［J］．中国图书评论，2020（8）：17-26．

［23］金桥，赵君．三重脱嵌：外卖骑手的结构性困境探究：基于上海671份问卷的调查分析［J］．青年学报，2020（3）：77-84．

［24］蓝定香，朱琦，王晋．平台型灵活就业的劳动关系研究：以外卖骑手为例［J］．重庆社会科学，2021（10）：10．

［25］梁萌．强控制与弱契约：互联网技术影响下的家政业用工模式研究［J］．妇女研究论丛，2017（5）：47-59．

［26］李胜蓝，江立华．新型劳动时间控制与虚假自由：外卖骑手的劳动过程研究［J］．社会学研究，2020，35（6）：91-112，243-244．

［27］李升，王晓宣，杨昊，等．利益诉求的表达与消解：一项关于"外卖小哥"劳动过程的调查研究［J］．中国劳动关系学院学报，2019，33（2）：99-108．

［28］刘皓琰，李明．网络生产力下经济模式的劳动关系变化探析［J］．经济学家，2017（12）：33-41．

［29］刘皓琰．信息产品与平台经济中的非雇佣剥削［J］．马克思主义研究，2019（3）：10．

［30］李怡然．困住骑手的是系统吗？：论互联网外卖平台灵活用工保障制度的完善［J］．中国劳动关系学院学报，2022，36（1）：67-79．

［31］罗珉，郭英．新福特制管理思潮述评［J］．外国经济与管理，2012，34（1）：74-81．

［32］MCGAUGHEY E. Taylorooism：When network technology meets corporate power［J］．Industrial Relations Journal，2018：49．

［33］O'DOHERTY D，et al. The Decline of Labour Process Analysis and the Future Sociology of Work［J］．Sociology London，2009．

［34］O'DOHERTY D，WILLMOTT H. Debating Labour Process Theory：The Issue of Subjectivity and the Relevance of Poststructuralism［J］．Sociology，2001，35（2）：457-476．

［35］ROSENBLAT A，STARK L. Algorithmic labor and information asymmetries：A case study of Uber's drivers［J］．International Journal of Communication，2016（10）：3758-3784．

［36］沈锦浩．车轮之上的青年农民工：外卖骑手的劳动过程研究［J］．青年发展论坛，2019，29（5）：69-76．

［37］沈锦浩．互联网技术与网约工抗争的消解：一项关于外卖行业用工模式的实证研究［J］．电子政务，2021（1）：57-65．

［38］沈锦浩．嵌套激励与闭环监控：互联网平台用工中的劳动控制：以外卖行业为例［J］．中国劳动关系学院学报，2020，34（6）：63-71．

［39］沈锦浩．妥协与自主：外卖骑手劳动过程中的"制造同意"［J］．工会理论研究（上海工会管理职业学院学报），2020（6）：4-14．

［40］STEFANO V D. The rise of the 'just－in－time workforce': On－demand work, crowdwork and labour protection in the 'gig-economy'［J］. Social Science Electronic Publishing, 2016, 37（3）: 461-471.

［41］孙萍."算法逻辑"下的数字劳动：一项对平台经济下外卖送餐员的研究［J］. 思想战线, 2019, 45（6）: 8.

［42］孙萍. 如何理解算法的物质属性：基于平台经济和数字劳动的物质性研究［J］. 科学与社会, 2019, 9（3）: 50-66.

［43］谭书卿. 分享经济下用工关系法律界定与制度探索：以外卖配送行业为视角［J］. 中国劳动关系学院学报, 2019, 33（2）: 70-78.

［44］VEEN A, BARRATT T, GOODS C. Platform-Capital's 'App-etite' for Control: A Labour Process Analysis of Food-Delivery Work in Australia［J］. Work Employment & Society, 2019.

［45］王志鹏. 大数据时代平台权力的扩张与异化［J］. 江西社会科学, 2016（5）: 7.

［46］文兵. 福柯的现代权力观述评［J］. 北京行政学院学报, 2002.

［47］WOOD A J, GRAHAM M, LEHDONVIRTA V, et al. Good Gig, Bad Gig: Autonomy and Algorithmic Control in the Global Gig Economy［J］. Work, Employment & Society, 2019, 33.

［48］WU P, ZHENG Y. Time is of the Essence: Spatiotemporalities of Food Delivery Platform Work in China［C］. European Conference on Information Systems, 2020.

［49］吴清军, 杨伟国. 共享经济与平台人力资本管理体系：对劳动力资源与平台工作的再认识［J］. 中国人力资源开发, 2018, 35（6）: 101-108.

［50］谢富胜. 资本主义劳动过程与马克思主义经济学［J］. 教学与研究, 2007（5）: 16-23.

［51］邢海燕, 黄爱玲. 上海外卖"骑手"个体化进程的民族志研究［J］. 中国青年研究, 2017（12）: 73-79.

［52］叶韦明, 欧阳荣鑫. 重塑时空：算法中介的网约劳动研究［J］. 浙江学刊, 2020（2）: 11.

［53］张瑞涵. 互联网餐饮行业中送餐员权益的法律保障问题研究［J］. 社会科学动态, 2018（12）: 36-42.

［54］张一兵. 资本主义：全景敞视主义的治安：规训社会：福柯《规训与惩罚》解读［J］. 中国高校社会科学, 2013（4）: 10.

［55］赵莉, 王蜜. 城市新兴职业青年农民工的社会适应：以北京外卖骑手为例［J］. 中国青年社会科学, 2017, 36（2）: 50-57.

［56］赵秀丽. 劳动过程理论视角下的劳资关系研究述评［J］. 兰州商学院学报, 2015, 31（1）: 11.

[57] 郑广怀，孙慧，万向东．从"赶工游戏"到"老板游戏"：非正式就业中的劳动控制［J］．社会学研究，2015，30（3）：170-195，245.

[58] 周霞．劳动过程理论与劳动主体的重构：布若威与马克思［J］．学术研究，2018（11）：7.

[59] 周子凡．"互联网+"时代外卖骑手薪酬探究［J］．中国劳动关系学院学报，2018，32（3）：96-104.

[60] 庄家炽．资本监管与工人劳动自主性：以快递工人劳动过程为例［J］．社会发展研究，2019，6（2）：25-42，242.

[61] 朱迪，王卡．网约配送员的社会认同研究：兼论"新服务工人"的兴起［J］．山东社会科学，2021（5）：83-92，108.

[62] ZUBOFF S．Big Other：Surveillance Capitalism and the Prospects of an Information Civilization［J］．Journal of Information Technology，2015，30（1）：75-89.

硕博论文类：

[1] 黄爱玲．上海市外来人口的社会融入及其影响因素研究［D］．上海：上海师范大学，2018.

[2] 李胜蓝．劳动的时间控制与工人的策略［D］．华中师范大学，2018.

[3] 徐俊．权力、规训与反抗［D］．南京理工大学，2006.

[4] 赵福生．福柯微观权力思想研究［D］．黑龙江大学，2008.

报告、网址类：

[1] 百度．年轻人都去送外卖了，我国制造业怎么办？［EB/OL］．［2021-04-19］．https：//baijiahao. baidu. co m/s？id=1697471438217511586&wfr=spider&for=pc.

[2] ESA，U. S. DEP'T OF COMMERCE. Digital Matching Firms：A New Definition in the "sharing Economy" Space，http：//www. esa. gov/reports/digital-matchingfirms-new-definition-%E2%80%9Csharing-economy%E2%80%9D-space. 2016.

[3] 国家市场监督管理总局．市场监管总局依法对美团在中国境内网络餐饮外卖平台服务市场实施"二选一"垄断行为作出行政处罚［EB/OL］．（2021-10-08）.https：//www. samr. gov. cn/xw/zj/202110/t20211008_ 335364. html.

[4] 国家信息中心．中国共享经济发展报告（2021）［EB/OL］．（2021-02-19）．http：//www. sic. gov. cn/News/557/10779. htm.

[5] 国新网．李克强作2016年政府工作报告（全文）［EB/OL］．（2016-03-05）．http：//www. scio. gov. cn/ztk/d tzt/34102/34261/34265/Document/1471601/1471601. htm.

[6] 华安证券．深耕用户及商户价值，餐饮外卖行业持续稳健增长［R］．2021-12-08.

[7] 美团．2020年度财务报告［R］.

[8] 美团研究院．2020年上半年骑手就业报告［EB/OL］．（2020-07-21）．https：//about. meituan. com/research/report.

［9］搜狐.《2020饿了么蓝骑士调研报告》：300万骑手升级为"饿了么"蓝骑士90后占比达47%［EB/OL］.（2020－08－25）. http：//www. mohrss. gov. cn/SYrlzyhshbzb/dongtaixinwen/buneiyaowen/202008/t20200825_ 383722. html.

［10］新华社.16个新职业诞生！［EB/OL］.（2020－03－03）. http：//www. mohrss. gov. cn/SYrlzyhshbzb/rdzt/zyj ntsxd/zyjntsxd_ zxbd/202003/t20200303_ 361187. html.

［11］新华网.国务院印发《关于积极推进"互联网+"行动的指导意见》［EB/OL］.（2015－07－04）. http：//www. xinhuanet. com/politics/2015/07/04/c_ 1115815942. htm.

［12］中国互联网协会.中国互联网发展报告（2021）［R］.2021－07－13.

［13］中国集刊网.《平台工人与下载劳动：武汉市快递员与送餐员的群体特征与劳动过程（预印本）》［EB/OL］.（2020－03－30）. https：//www. jikan. com. cn/infoDetail/article/30000002.

［14］中国劳动法律网.共享经济如何影响劳动关系？劳工学者有话说［EB/OL］.（2018－04－02）. https：//www. laborlawbox. com/? p=8880.

［15］中国政府网.发展改革委等印发《关于促进分享经济发展的指导性意见》的通知［EB/OL］.（2017－07－03）. http：//www. gov. cn/xinwen/2017/07/03/content_ 5207691. htm.

［16］中国政府网.国务院办公厅关于促进平台经济规范健康发展的指导意见［EB/OL］.（2019－08－08）. http：//www. gov. cn/zhengce/content/2019/08/08/content_ 5419761. htm.

［17］中国政府网.政府工作报告（全文）［EB/OL］.（2015－03－16）. http：//www. gov. cn/guowuyuan/2015/03/16/content_ 2835101. htm.

［18］中华人民共和国人力资源和社会保障部.新职业：网约配送员就业景气现状分析报告［EB/OL］.（2020－08－25）. http：//www. mohrss. gov. cn/SYrlzyhshbzb/dongtaixinwen/buneiyaowen/202008/t20200825_ 383722. html.

［19］周畅.中国数字劳工平台和工人权益保障：国际劳工组织工作报告 11［R］.2020－11.

商业与专业：双重规则导向下育婴家政工的情感劳动过程研究

——以山东省 Z 市为例

❖ 吕慧敏（华东理工大学）

　王　芳（指导教师）

摘要： 近些年来，少子化和老龄化现象使得中国照料资源短缺的问题日益严重，越来越多城镇家庭选择购买育婴家政服务，催生了"育婴家政工"这一职业群体的快速发展。作为身兼照料服务者与育儿指导专家这一双重身份的育婴师，其情感劳动表现得相当复杂、波折。本文借鉴霍克希尔德提出的情感劳动理论，通过对 Z 市 16 位育婴家政工的深度访谈，从岗前培训中习得情感规则、上户时情感整饰、下户后情感劳动后果及应对策略三个环节，对育婴家政工的情感劳动过程展开深入探究。研究发现，育婴家政工需要在岗前培训中习得并内化"雇主至上"与"专业为本"并重的双重劳动规则，并受其影响在实际上户劳动时采取表层扮演、深层扮演以及情感整饰等方式进行个体情感管理，以保持与雇主间的良性互动。而长时间、密集化的情感管理最终导向了正负情感杂糅交织的复杂情感劳动结果，育婴家政工们或被动或主动地进行个体情感的调适和重塑，维系情感劳动过程的可持续。

关键词： 育婴家政工；情感劳动；情感规则；情感整饰

第一章　绪　论

一、研究缘起

作为一种再生产活动，照料一直是人类社会生活的重要组成部分，是维持人类"社会结构"的基础[1]。伴随着经济转型发展，中国社会迅速步入人口老龄化、少子化和家庭核心化阶段，在公共和私人家庭照料资源不足的情况下，通过市场购买照料服务已成为多数家庭应对照料困难的必然选择[2]，月嫂、育婴师、老年护工等家政服务市场近些年来也因此得以不断蓬勃发展。截至2020年，家政服务业从业人数已高达3696万人[3]。

现有研究证明，相较于传统工业制造业，服务行业的劳动者正在经历一种全新的劳动形式——情感劳动，劳动者的私人情感被迫卷入生产劳动过程之中，成为资本利润角逐的工具[4]。对于育婴家政工人来说，其工作特性使得其劳动过程充斥着大量的情感输入，不仅要和被照料儿童进行情感沟通，还要与女性雇主及其家庭成员维持相对和谐的人际关系，刻意展现体贴、包容的工作态度，必须学会时时刻刻"管理自己的心"，情感因素已然贯穿了育婴家政工劳动实践的全过程。本文以育婴家政工作为研究对象，通过借鉴霍克希尔德的情感劳动定义及情感管理等关键概念，研究该群体情感管理活动的特殊性，并加入小城镇人情关系因素的考量，对其内在张力以及独特性产生的机理进行理论诠释。育婴家政工们究竟如何管理自己的"心"？在培训过程中如何学习并内化家政公司所设定的感受规则？身兼服务性劳动者与专业照料者双重身份的她们在入户服务时将怎样投入并管理自己的情感？面对多样的情感劳动结果，如何进行自我调适以达到这一职业的理想状态？通过回答以上问题，从微观个体视角来揭示家政工情感劳动过程背后的实践机理。

二、文献综述

（一）家政工研究

关于家政工劳动过程的研究可以归纳为两个方面，包括对家政工主雇关系的研究，以及对正式劳动中劳动过程的探讨。在对主雇间市场关系的研究中，家政工通常被认为处于弱势地位，受到严重的不平等对待，属于职业边缘化群体[5]，其实质是社会上富裕家庭对底层人民的剥削。从个体社会结构来看，家政工群体以农村进城务工的女性为主，平均年龄较大、学历较低[6]，普遍面临着体面劳动赤字[7]和职业歧视危机[8]，本质上家政服务仍然是女性家庭再生产责任的延续[9]。

现有研究认为家政工与雇主间的关系往往在"雇佣关系"和"私人关系"之间摇摆不定[10]。麦克多纳（Macdonald）等认为家政工在雇主家中扮演着"影子母亲"（shadow mothers）的角色，只是对真正的母亲在儿童照料上劳动力不足的补充[11]；蓝佩嘉则认为担任保姆的家政工只是母亲身份的"合作者"，女主人会通过重新界定妻职、母职、婆职的意义，来确保自己与女佣或保姆之间的界限，其背后依然是资产阶级对劳动阶级的负担转移。即使家政工人在工作中存在一定的自主权和灵活性，但家务劳动的转移会产生固定的剥削关系，作为"用完就丢"的劳动力，灰姑娘的美满结局仍旧只存在于童话幻想之中，在现实中难以实现[12]。

以上发现同样在国内研究中得到了一定程度的验证。冯小双认为传统的主雇关系伴随着转型期社会民主的发展已出现分化，主要分为矛盾—冲突型、理性雇佣型、依赖—依恋型以及亲情互动型等 4 种类型[13]。而苏熠慧在探究家政工劳动过程时，发现家政工在家政公司的培训话术下慢慢接受着以雇主利益为先的意识形态，通过"规训"进行自我改造、提升自身素质，主雇双方博弈的背后是家政工的妥协和让步[14]，也是一个阶级对另一个阶级权力的压迫和施加作用的支配[15]。

即使共处同一"生活空间"，建立在金钱雇佣关系基础上的家政工也只能以"家人"的身份半融入雇主家庭中去[16]。值得注意的是，有学者指出家政工并不是无力、被动消极的个体，而是会有意识地进行策略调适，通过"干活时给雇主当家人，相处时把自己当外人"等行为准则，与雇主维持良好的互动关系[17]，甚至凭借自己的育儿专家身份在道德层面上和雇主出现身份地位逆转的阈限[18]。

另外，家政工所从事的充满"爱"的照料行为，令学者们开始关注到照料劳动中产生的亲密关系。传统社会学坚持货币价值和个人价值之间存在剧烈的矛盾和必要的张力[19]，但泽利泽认为货币交易和亲密关系常常是交织共存的，经济往来甚至对社会关系具有一定的维持作用[20]。随着我国市场经济体制的确立，生产和生活开始分离，政府开始变相实行照料责任家庭化策略，不仅会造成家庭成员内部的"代际转包"，还会导致雇用家政工进行"市场转包"[21]。强势的、嵌入性的自上而下的政策支持以及市场化的产业建构造就了我国规模迅速增长的家政工人群体[22]。但由于照料劳动自身人际交往和情感属性的限制，导致有酬照料相对于其他行业来说成本总是上升得更快，照料产业的供需矛盾尤为突出。

（二）情感劳动研究

随着当代社会结构和交往模式的变动，情感正以前所未有的方式成为热点话题[23]。"情感劳动"的概念最早来自霍克希尔德。霍氏指出服务业从业者不仅需要出卖体力劳动和脑力劳动，更重要的是其工作还会涉及对情感的控制、管理和展演，工作场所就是他们的表演舞台，被称为"情感劳动"[24]。劳动者会采取表层扮演和深层扮演的方式展开情感管理，但无论是进行何种扮演，其展示的情感并非真实感受到的，而是一种"缺少真诚"的表演，最终只能走向情感异化[25]。但也有学者认为从事情感劳动并不会导致情感失调，反而会存在积极效应[26]；劳动者并不是被动地屈服于情感劳动代价，而是会积极抵制情感劳动的过分要求，通过创造"边界劳动"实现积极的情感劳动体验[27]。

对于家政工这一职业群体来说，家政公司借助培训将其劳动者身份替换为以母亲角色和家庭关系为核心的性别身份[28]，并利用"商业化的情感脚本"，塑造家政工的职业情感规则[29]。在与雇主相处的过程中，家政工既要扮演好家人的替代性角色，同时也不能喧宾夺主，需要反复实践才能扮演好"虚拟家人"的角色[30]。而雇主则有可能利用家政工的内在关怀动机，来合理化其超额劳动需求和低薪支付，构成"爱的囚徒"困境，形成一个新的情感剥削维度[31]。需要注意的是，在情感劳动的本土化研究中还应当考虑到文化背景的差异化影响。有学者发现不同的文化取向会显著影响情感劳动的表达规则[32]，地方性的社会化模式在提升或抑制劳动者对情感整饰策略的态度方面起着相当重要的作用。"关系"作为中国人际互动的重点，被不同服务行业的人应用于情感劳动过程之中[33]。对于"熟人文化"尤为凸显的小城镇来说，人情因素在育婴家政工的情感劳动背后显然有着更为重要的影响。

（三）概念界定

1. 家政服务

国家卫健委对家政服务员的定义，是指以家庭为服务对象，进入家庭成员住所或以固定场所集中提供对孕产妇、婴幼儿、老人、病人等照护以及保洁、烹饪等有偿服务，满足家庭需求的服务员[34]。家政服务的工作自奴隶社会就已存在，自我国1978年后进入市场化阶段，人民生活水平的普遍提高以及女性的高就业率发展，加之国家公共照料供给的减少，促使家政服务的"市场外包"成为一般家庭的普遍选择，家政服务劳动市场规模不断扩大，从业人数持续增长[35]。

家庭内部通常是家政服务劳动者的工作空间，从服务内容上来讲，家政服务在市场需求的主导下呈现出多样化特点。本文所研究的家政服务限定为育婴家政工所提供的工作服务，是较为狭义的市场化照料工作，即通过私人关系或家政公司中介达成的劳动契约，为私人家庭提供婴幼儿看护、早教启蒙等照料工作，同时兼顾简单的卫生清洁、做饭等辅助性家务劳动的家政服务内容。

2. 育婴家政工

本文的研究对象是育婴家政工，从工作时间和工作方式来说，目前从事育婴劳动的家政工以不住在雇主家中、在固定时间段内（白天8小时）去雇主家中提供家政服务的"非住家型育婴家政工"为主，少数是24小时住在雇主家中提供家政照料服务的"住家型育婴家政工"[36]。从工作内容上讲，育婴师主要负责 0—3 岁婴幼儿的照料工作，包括生活照料、日常生活保健与护理、婴幼儿教育等[37]，同时还需要负责简单的日常家务内容，并在儿童发展理论的指导下实现科学育儿，引导儿童早期教育和智力开发，因此育婴师可以看作育婴家政工的高级形态，经过专业培训习得情感劳动规则是成为育婴师的必要条件之一。

总之，从较为狭义的角度来看，育婴家政工就是在私人家庭内部，通过私人关系或市场中介达成劳动关系，在经过专业培训后提供婴幼儿生活照料、保健护理、早教教育以及负责日常家务的家庭服务性人员。

3. 情感劳动

情感劳动是亚莉·霍克希尔德提出的重要概念。其具体含义是劳动者通过对自身情感进行管理和表达，在社会互动当中为他人创造某种特定的"情感状态"的劳动过程[38]。本研究关注的是育婴家政工在提供照料服务时同步进行的情感劳动，相较于其他公共服务业，以照料为主的育婴家政工需要在私人家庭领域内服务，与雇主、雇主的孩子乃至其他家庭成员发展真正的人际关系，建立亲密的情感联结[39]。本研究在借鉴霍氏概念的基础上，将情感劳动界定为："育婴家政工通过有意识的情感管理行为，控制自己的情感和心理状态，以获得雇主满意，与雇主维持良好互动关系的劳动过程。"

（四）理论基础与分析框架

1. 理论基础

本研究主要借鉴霍克希尔德的情感劳动理论。在商业环境下，情感作为劳动者的重要内容被出卖给资方，机构组织为了得到理想的表演效果、提供顾客满意的服务，会通过培训等方式制定商业"感受规则"，用以指导并管理劳动者的工作情感，此时私人生活中的"表层表演"和"深层表演"可能被商业势力所俘获，成为资本获取经济利益的工具。其中，表层扮演指的是"员工通过面部和肢体动作来模仿某种情绪得以欺骗他人，但无法欺骗自己"；深层扮演则是"通过想象力来激发、调动、转移和压抑情绪，发自内心改变自己的情感，达到欺骗他人和自我欺骗的效果"[40]。为此劳动者不得不用一个硬核将"真正的自我"包裹起来，长此以往两者之间的巨大张力会让劳动者越发难以承受，最终导致的结果便是"情感异化"。本文将在秉承西方情感劳动理论经典议题的基础上，结合中国学者所提到的加入本土人情关系的影响，尝试为进一步精准描画育婴家政工的情感投入与回应，以及情感劳动过程中劳动者的能动性行动探究作出微薄贡献。

2. 分析框架

本文以情感劳动理论作为理论基础，以"岗前情感规则习得—上户情感整饰—下户情感调适"这一劳动过程的时间线作为分析框架，探究育婴家政工的情感劳动过程。想要成为职业化的育婴师，第一步就是参与岗前培训，在课程中学习"雇主至上"与"专业为本"并重的情感规则，并在正式的上户劳动中将所学情感规则进行实际应用，通过情感扮演与控制，展开不同形式的情感整饰，在情感投入与抽离中进行情感管理。而当家政工面临下户这一节点时，意味着一段情感劳动的终止，个体情感的差异化管理导致了复杂多元的情感劳动后果的出现，对此作为劳动者主体的育婴家政工并非被动接受，而是采取多种策略进行自主情感调适，重塑个体情感。图1是本文的分析框架。

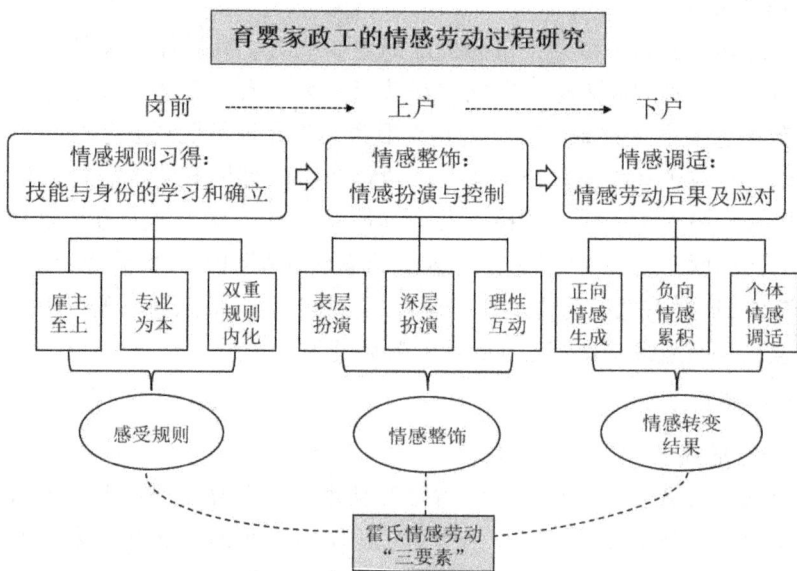

图1　分析框架

（五）研究方法

本文的研究对象是 Z 市育婴家政工，以山东省 Z 市作为调研地点。目前 Z 市育婴行业发展前景一片向好，生育政策的放开使得新生儿的照料需求不断扩大，加之政府不断出台家政培训补贴政策，不少家政公司都在积极下乡进行免费培训，越来越多的大龄退休女性或失业女性开始进入这一行业中来。"本地人照顾本地人"的家政服务模式，加之小城镇"熟人"社会的特殊属性，共同造就了育婴家政工们独特的情感劳动过程。在调研初期，经由身边从事育婴工作的熟人介绍，共选取 16 位育婴家政工作为半结构式访谈的对象，对每位育婴家政工的每次访谈时间不少于 40 分钟，访谈主要围绕育婴家政工的个人背景、入行经历、公司培训、工作内容、劳动过程中的情感投入、情感体验，以及下户时的情绪调节等问题展开，考察育婴师们从"上户"到"下户"的情感劳动全过程。

经过家政公司负责人的同意后，直接进入岗前培训教室和服务接待大厅，以观察者的身份参与针对育婴师育婴技能及服务礼仪规范的岗前培训课程，与参加培训的育婴家政工们交流对育婴工作和上户时情感劳动的感想。

第二章　情感规则习得：岗前培训中
技能与身份的学习和确立

一、雇主至上："以客户为中心"的软技术培训

尽管在私人家庭场域内工作，但耕耘于育婴行业的育婴家政工本质上仍是服务于雇主的服务性人员，需要依靠劳动者情感和身体所表现的"符号"来获取利润，作为资本一方的家政公司需要借助科目繁多的岗前培训课程，对家政工的态度、表情、身体仪态等进行控制，进而教导出一位位"听话"、让雇主放心的阿姨。

作为岗前培训的重点内容之一，育婴家政工们最先接触到的便是认知技术的构建，通过对自身的情感认知进行商业化重塑，来确保上户后适当的情感展演。具体来说，育婴家政工在劳动中需要始终保持着正面的情感，以积极阳光的工作态度为雇主提供贴心照料服务，尽量减少因工作劳累或主雇矛盾等引发的生气、愤怒等负面情感的出现，甚至连疲劳、心情沉郁等状况也要尽可能掩饰。"雇主至上"的情感规定正是对育婴家政工们情感认知和信号功能的重构，通过个体认知方面的知识灌输，改变育婴家政工对特定情境的情绪感受认知。

"因为我们本身也是服务行业呀，服务行业肯定是要让客户满意的。"（LN20220210）

面对自己工作中遇到的困难和委屈，受访者总是会以服务行业应有的"友善""积极"规定来进行自我规劝，以职业要求和工作准则为理由进行自我调节。家政公司通过对"以诚做事，感恩一切"的公司经营理念的宣传，向家政工传递了保持昂扬工作状态的职业要求，培养她们对情感劳动的初步认知。正向的、良好的自我呈现既是从事育婴工作应遵守的职业要求，也是对"雇主至上"情感规定的遵守服从。

为了在实际工作中更加有针对性地提供雇主所需要的照料服务，家政公司还会特意邀请培训老师教授专业的入户服务态度，通过专业的沟通技巧培训，将那些性格内向、不善言辞的育婴家政工转变为在上户中能与雇主达成有效沟

通的"优秀员工"状态。"育婴师的性格决定了孩子的性格"，只会"看孩子"还不够合格，会"教孩子"才能掌握特殊优势，从育婴师人才市场中脱颖而出，在与雇主进行沟通时，育婴家政工也会特意将自己温柔有爱心、细致体贴的个人特质加以呈现，以此贴合雇主所期待的性格特点。

> 培训的时候老师会讲和宝妈之间必须要沟通，因为月嫂的主要工作还得要和宝宝沟通。宝宝最早7个月在妈妈肚子里就可以进行胎教了，出生之后那更要跟宝宝说呀，然后有些家里的事务呀，还要跟宝宝奶奶、宝宝妈妈沟通呀，沟通是很重要的。（SH20220518）

针对育婴家政工沟通技术的考核从最初的应聘阶段就已经开始了。家政公司负责人曾在交流过程中提及，虽然家政行业对大龄女性非常友好，准入门槛比较低，但是除了喜欢孩子、有"爱心"等必然要求，还会在面试过程中着重考察家政工的语言表达能力。有研究者将育婴劳动中所需的沟通特质概括总结为"关系性工作"，意味着在劳动过程中，劳动者需要调动自身的性格特质去经营劳动中的人际关系[41]，将个人沟通技巧以及性格特质纳入情感生产中来，通过展现温柔细致的性格，在上户劳动中可以顺势转换成活泼主动的沟通技巧，作为一种劳动优势来经营与雇主之间的人际关系。通过统一的规范化培训，家政公司能够进一步降低照料服务过程中因个体差异导致的不确定性，从而隐晦加强对育婴家政工及其情感劳动过程的控制。

在前述基础上，想要尽量降低雇主对服务不满的可能性，还需要通过"忍让技术"让照料劳动氛围更加轻松友好，雇佣关系维系时间更长久。相较于公共场所，私人家庭内的关系总是更亲密、更直接；其次，照料工作的"产品"之一就是在照料者和被照料对象间缔结长久和谐的关系[42]。维持良好的照料关系构成了育婴工作的核心部分，而家政公司则将这种关系视作衡量家政工工作完成质量的一个重要标准，并用"爱心、耐心、责任心"的服务原则对家政工进行职业约束，要求她们在劳动中时刻以包容的心态对待雇主及其家人，学会"忍让"以避免一切不必要的麻烦，谨记维护雇主"面子"。

> 要学会忍，忍是最重要的，有的产妇就是这样的，可能会有产后抑郁，心理特别脆弱，就需要你去特别关心她、照顾她，这样她也会感激你的。（BAM20220213）

面对来自雇主的为难和挑战，家政公司会利用女性强烈的同理心劝说其在面对雇主的一些"小问题"时耐心忍让，"愿所有女人自信美丽，愿天下家庭幸福美满"，通过自身的品牌愿景和公司标语为家政工规划了一幅"主雇相亲"的美好蓝图，从一定程度上消解了育婴家政工工作过程中可能存在的不愉快体验。另外，从经济利益角度进行规劝，为了长远的稳定收入和个人职业声誉，尽量不与雇主发生正面冲突，赢得一个"好口碑"。通过正面激励和反面警示，家政公司在岗前培训中采用双管齐下的手段促使大龄阿姨们的思想进行转变，尽力培养出"以客户为中心"、遵从雇主至上服务原则的育婴师候选人。

二、专业为本："育儿专家"的形象塑造

育婴师这一职业的出现与近些年中国社会中流行的"密集母职"理念直接相关，"以孩子为中心"教养理念的流行让不少家庭开始摒弃传统的育儿经验，转而将专家论述和儿童科学教养理论视作育儿的圣经宝典[43]。年轻家庭向市场购买专业育婴服务不再只是为了缓解"照料难"的问题，也希望在育婴师的指导下进行科学育儿。为了迎合这一需求，家政公司规定前来应聘的家政阿姨必须接受育婴知识系统化学习才可接单，在培训中习得专业为本的情感规则。

正如前文所提到的，为了与依靠个人化经验进行工作的传统保姆、阿姨相区别，向客户呈现专业、科学的育婴师形象，前来面试育婴师的大龄阿姨们必须要经过专门的岗前培训，在专业教师的指导下学习育婴、照料知识才有资格上户。

我们去应聘都是要先培训的，当时和我同期培训的大概还有十几个阿姨吧，因为你只有经过培训才能上岗嘛，才能学到专业的知识，要不然你到雇主家里一问三不知，这肯定是不称职呀，公司也不会允许的。（WFH20220128）

针对育婴家政工，家政公司开设的培训项目主要分为两类，除了对入户服务行为礼仪和服务态度的指导，其余大多数课程是围绕育婴师本职工作的专项职业技能培训，其中育婴师的培训科目为高级育婴师、高级早教指导师、高级小儿推拿师以及婴幼儿辅食，针对产妇护理的课程则增加了高级母婴护理师、高级催乳师以及产妇营养餐三项，确保每一位育婴家政工在上岗前都要经历涵盖"营养保健、日常护理、教育、心理以及意外伤害预防的多学科、全方位的专业培训"。在系统培训结束后，全程参与培训的阿姨们会统一参加考试，通过后即可获得培训家政公司颁布的高级育婴师资格证和上岗证，进入家政公司的推荐上户名单。

我觉得培训老师讲得还挺细致的，我之前都是听家里老人说，然后老师课上讲得特别通俗易懂，所以刚接触这个科学育儿的时候真的觉得眼前一亮哈，感觉很有用。老师还会领着我们实操，比如说学习抚触啊、婴儿被动操啊，还有一些小孩常见病症的判断。后来我去的第二户家里，当时那个小孩就有黄疸，是我看她大便颜色不正常，然后脸上、眼睛那里都黄了，就赶紧跟宝妈说，让宝妈领着孩子上医院，就发现得比较及时。宝妈在那之后还特别感谢我，觉得我很专业。（LML20220215）

家政公司通过岗前职业技能培训，将对科学育婴知识知之甚少的"新手小白"培养成对婴幼儿护理教养有着较为系统了解的专业育婴师，在短时间内将其打造为"育儿专家"的专业形象，并以此为"卖点"之一向前来咨询购买育婴服务的父母进行宣传推介。

而一位合格的育婴师不仅需要具备专业的育婴知识，更重要的是如"天使"般对孩子付出真挚、无私的爱，"天使育婴师"也因此成为 YW 家政公司对外宣传的重要标语。按照负责人的说法，育婴工作的照料特性以及大众期待均要求育婴师们在工作中对孩子付出真情实感，如果不是真心喜欢，是没有办法在长时间照料过程中一直对婴幼儿保持亲密的情感投入的。这就意味着即使育婴家政工掌握了扎实的育婴知识和实操技能，也无法成为一名合格的育婴师。

肯定是要喜欢小孩子呀，这个是最重要的，爱心、耐心、细心、责任心，这个也是我们培训老师时反复强调的。（WFH20220128）

早在计划经济时期，国家为了鼓励广大妇女参与劳动生产，就开始利用"阿姨赛妈妈"这样的宣传标语和口号积极推广公共托儿所[44]。而随着时代经济的发展，即便原先由家庭自身承担的部分照料工作也开始转向依靠有酬劳动者，但家人关系仍然被视为照料关系的理想模式，市场化的育婴服务依旧要借助传统家庭理论和虚拟亲属关系来塑造其高质量照料服务提供者的形象[45]。为了保证育婴家政工在正式上户时能够为雇主孩子提供"温暖""有爱"的照料，培训老师会在护理实操课程中不断唤起家政工的"母亲"身份，激发育婴家政工对被照料孩子的"母爱"和关心，从内在确定了看护孩子应有的感受基准，确保在正式上户中阿姨们能够"将心比心"，遵循"像家人一样"的情感规则，对孩子投入真诚的爱与关怀，建立近似家人的亲密的情感连接。

事实上，对于每个踏入育婴行业的家政工来说，她们在接受家政公司培训之前，就已经拥有了一套自己的育婴心得，这套体系大多来自母亲的家庭传承或是周围朋友邻居的口口相传。随着育婴行业的专业化发展以及标准育婴需求被大量"人为"制造，家政公司势必要对接受培训的大龄家政工做好育儿知识体系的重塑。这既是对育婴师专业化形象的打造，职业标准和职业素养的劳动标准也能够进一步激发家政工对育婴工作的认同、在上户劳动中投入更多情感。而面对如此丰富、与个人经验存在较大差异的育婴知识和照料技能，不少受访对象都表示"压力很大"，想要在短短十几天的岗前培训中理解并掌握婴幼儿成长及科学教养等知识，顺利通过育婴师资格证书考试，必须利用好实操课程，通过反复练习和经验总结，练就驾轻就熟的育婴劳动技能。

当时我觉得我看小孩看得还挺好的，但是后来来了这边，跟着老师学习，才发现现在看孩子要求是很多的，就是每天学习新知识，然后要做笔记，下午

就跟着老师多练，回家我自己也老琢磨。（YFF20220215）

"熟能生巧"是培训老师教学时反复强调的关键，在练习中将育婴工作的内容和步骤铭记于心，这既是对工作负责的职业素养体现，也有助于爱岗敬业的职业道德形象的建立。

三、制约与引导：双重导向交织下的情感规则内化

为了让服务购买者获得最佳消费体验，商业服务者需要在提前设定好的情感脚本内进行情感整饰，其情感表达和展示受到公司组织、服务对象的规范限制，自主性相对较小[46]；而专业服务工作者在和服务对象互动相处的过程中所遵循的情感规则主要源于职业道德规范，他们在情感表达和管理上拥有较大的自主权限。

回顾家政工的上户之路，可以看到从家政工的面试审核开始，到正式上户前的岗前培训阶段，家政公司一直在潜移默化地向求职者传递"消费者是上帝"的服务者意识，甚至替换成更加隐晦的职业要求，最大限度地争取家政工们的内心认同。为了迎合雇主对家政工"温柔、亲切、顺从、老实本分"等理想角色的期待，家政公司往往会制定相应的情感规则对家政工进行服务精神培养，其所借用的文化工具箱就是传统的社会性别分工以及女性性别气质的延伸。劳动性别分工的特点就是将女性成员与私人领域的再生产劳动联系在一起，而女性被指定的工作不仅包括体力劳动，还包括情感的付出，例如对家庭成员情感需求的满足[47]。这一性别分工模式在女性进入劳动力市场后依然得到了延续和固化，其中以家政行业尤甚。"富有同情心、勤劳、有爱心、喜爱孩子"等一系列性格特点被包装成已婚女性从事育婴家政工的极大优势，并作为职业标准指导着家政工的情感劳动实践。想要达成"亲如一家"的主雇关系，需要家政工展现积极向上的服务态度，避免传达负面情绪等。从表面上看这是职业素养的体现，但其背后则是商业情感规则的制约和规范性话语对家政工的普遍要求。

除了利用性别劳动分工，家政公司还借用家政工对育婴工作的热爱为她们套上了"爱的枷锁"。利用家政工对职业角色的认同，在入户服务培训中将其进一步升级为对设定好的商业规则的认同，将"听从雇主"的服务意识改写为高级育婴师应具备的职业素养，在与雇主进行人际互动的各种情境下，确保家政工依据情感规则进行情感表达和管理。由此来看，家政工情感劳动背后的驱动因素同时包含着金钱逻辑和情感逻辑，其间的张力和矛盾倒逼育婴家政工在劳动实践中不断调整、尝试，做出相对最优的选择。育婴家政服务作为一种可购买商品，其背后遵循的是市场经济主导下的经济理性逻辑。从家政公司负责人介绍的现实情况来看，照料服务的"供不应求"导致育婴师在这个女性友好行

业越来越吃香，不少受访对象也表示虽然工作强度较大，但目前的薪资仍比较令人满意，可见经济原因的确是影响家政工从事育婴行业的重要因素。但家政公司在培训中所制定的情感规则并不完全是出于对商业利益价值的追求，还杂糅了对育婴师专业身份的塑造与维护。因此，职业道德素养以及"育儿专家"身份要求育婴师必须及时指出孩子在成长中可能存在的问题，但这也很有可能会导致雇主的不满，将育婴师卷入尴尬甚至矛盾的境地。面对雇主需求与专业知识相矛盾的情形，育婴家政工需要在上户后的情感劳动实践中进行自主探索，根据不同情境进行情感整饰，家政公司所制定的商业情感规则也因此受到挑战与改写。

第三章　情感整饰：上户时的情感扮演与控制

一、表层扮演：情感的工具化

在接受了家政公司的岗前情感培训后，育婴师开始正式接单上户。在此过程中，双重情感规则会在不同情境下引导并制约育婴家政工的情感劳动。为了遵从家政公司教导的"雇主至上"规则，家政工们必须在照料劳动中进行个体情感的积极整饰，维持工作中恰当的自我呈现。其中最常用到的表演策略之一就是表层扮演，即通过改变自身的外在自然，将劳动所需的情绪外在化地表演出来，使之与规范所要求的保持一致[48]。正如岗前培训中所强调的那样，育婴师们需要在雇主面前始终展现正面情感，以"微笑"表现自己友好、温柔的服务态度，将笑容背后所传达的友好、亲切的情感作为情感劳动的辅助性工具，给雇主留下亲切、有感染力的印象。

我们到人家家里肯定就是得一直表现得开心点、愉快点，因为首先你要照顾孩子，如果你整个人散发出来的就是那种负能量，孩子也不愿意和你待在一起，因为没有那种活力呀。……培训的时候老师都说过了，我们是服务行业，态度就必须要好，得一直保持那种很正面的、很阳光、很开朗的态度。（LML20220218）

对自己的表情、精神状态进行管理不仅意味着在工作状态中维持笑容，还包括负面情绪的自我克制和忍耐，表层扮演的本质即是情感主体对不恰当感受的压抑[49]。脸上常挂笑容的情感表达既符合大众期待中天使育婴师的形象呈现，也代表了专业的育婴师对自身情绪的把控能力。总而言之，照料劳动过程中育婴家政工的笑容不再仅仅是个人愉悦情绪的普通展现，更多是作为一种调动工作状态的重要工具被频繁使用，笑容的展示不单是为了积极营造温馨有爱的专业氛围，也是对负面或低潮感的压制隐忍，以此维持上户工作时轻松、和谐的劳动环境。

除了"微笑服务"育婴家政工在初入雇主家庭时，还会面临主雇双方因陌生、信息不对称导致的矛盾、冲突，此时"雇主至上"的情感规则再次发挥指引作用，帮助劳动者通过个人情感伪装，构造出一个虚假自我，以应对雇主的怒气或不满，尝试化解尴尬局面。

一开始确实没太有经验，虽然说都培训过，不过肯定还是和学的不太一样。……不可能把宝妈的心思猜得那么透彻，特别是'90后''00后'，做起来应该挺难的，很不容易。有时候人家觉得我做的有什么不对的，说的不太好听的，我也尽量自己调节。（LML20220215）

相较于其他公共服务性行业来说，育婴行业最为独特的一点在于其服务对象与法定雇主的非完全重合性。虽然在具体工作中育婴师们最重要的照顾对象是新生儿，但是以雇主身份出现的孩子母亲才是缔结雇佣关系的最终人选，也是对家政工照料劳动效果进行评选的实际裁判，掌握了家政工们经济效益、物质生存的"生杀大权"。因此面对和雇主之间可能产生的冲突或雇主提出的不合理要求，作为劳动关系中相对弱势的一方，育婴师们必须要压制内心的不满，采用模糊化的表层扮演方法，在前台劳动场域中假装顺从，将自己塑造为一位"听话"的"好员工"，并将"顺从"作为一种无形的情感资源，达到最大化换取合法物质资源的目的。这不仅是对岗前培训过程中"以客户为中心"规则的遵守，更是为自己创造和谐工作环境的能动性适应。

事实上，伴随着照料劳动时间的增加，育婴家政工们被迫卷入雇主家庭生活的程度也在不断加深[50]，在干好本职照料工作的同时，需要化解雇主家庭内部矛盾事件频率也在不断增大。

我服务过的一户人家，那家孩子妈妈挺年轻的，对我挺好的，跟我相处得也不错，照顾孩子什么都听我的，孩子爸爸妈妈都很尊重我的。就是后来，孩子奶奶老有问题，因为她也是搞教育的，也有强迫症，脾气不好，太强势了。她觉得自己说得对，必须要听她的。有时候就因为这个孩子的教育问题，宝妈和孩子奶奶吵起来……（WGL20211108）

为了保持温馨和谐的家庭氛围，受访家政工选择在孩子的妈妈和奶奶发生冲突时作为中间人从中调解，通过在双方之间"说好话"，成功缓和了雇主家庭的内部矛盾。而对于家庭矛盾冲突升级的情况，育婴师则会主动让步，通过主动揽责、自我贬低的策略来安抚雇主情绪，尽管在内心深处对自己的尴尬处境有所不满，但在表面上却呈现出积极应对的态度，尽量维护与雇主间的良性互动关系。其外来者身份让育婴师在面对雇主家庭的内部矛盾时总被当作裁判员来判断对错，但也将家政工置于一种微妙的"尴尬"境地，受访者杨阿姨曾提及无论雇主家庭吵得再厉害，作为家政工都不能做出带有明显感情色彩的对错判断，只能充当和事佬在一旁劝和，否则过错的一方很可能埋怨自己作为"外人"多管闲事。这才是"高情商"的体现。"打圆场"不仅是育婴家政工坚守职业操守的体现，更是中国特有"人情文化"观念影响下对雇主"面子"的潜意识维护，是一种文化规范下的自我暗示。

二、深层扮演：真情实感的代入

育婴师的日常工作包括生活照料、早期教养等，在实际劳动中，家政工们对家务以及照顾孩子工作的承担，已经让其肩负起了孩子妈妈作为母亲和妻子的部分职责。为此育婴家政工不仅需要调动自己作为母亲的性别角色，投入"爱"的照料，还要扮演半个家里人的角色，唤起自身对工作的情感投入和认可。面对复杂的劳动情境，育婴家政工们除了遵循家政公司所规定的双重情感规则，还会借助传统社会文化价值观形塑自己的情感体验方式[51]，通过"中国式"的家庭关系在劳动中与雇主建立亲密情感联结，在与孩子及雇主互动时，尝试唤起将要展示的情感，不仅要欺骗别人，还要实现自我欺骗[52]。以下是与受访对象进行访谈时所总结的育婴师的一日工作安排表。

表 1　育婴师的一日工作安排表

工作时间	工作内容
早上 8：00 左右到岗	负责收拾宝妈家里的早餐，简单打扫，收拾厨房
8：30—10：00	宝宝醒了之后辅助喂奶或冲泡奶粉，拍嗝儿、洗漱、排气
10：00 左右	给宝妈准备加餐小点心
10：30—11：30 左右	给宝宝洗澡、做抚触
11：30—13：00	给宝妈和宝宝准备午餐
13：00—14：30	带宝宝午睡一会儿，休息时间
14：30—17：00	带宝宝互动，早教一会儿，做杂务，收拾家里卫生
17：00—18：00 之前	准备一家人的晚餐，18 点下班

资料来源：根据受访者描述总结。

从表 1 中可以看出，育婴师每天的工作内容基本围绕新生儿展开，看似琐碎平常的工作实际饱含了重要教育意义[53]。长时间的朝夕相处以及身体照料让育婴师的情感投入变得更加顺其自然，"像家人一样"的情感联结也在这样的日常隐秘小事中不断加深并拓宽。主雇双方熟悉程度的加深会让育婴家政工更愿意采用深层扮演的方法来提供更细致的照料服务，最常见的方式之一就是将自己想象为雇主家庭的"家人"，建立"像家人一样"的身份连接方式，从而实现真情实感的代入，这不仅是对资本规则的遵守，也是本土性"关系""人情"社会规则对这种自发式情感劳动的支撑。[54]

　　我就觉得到哪一家就把他们当成自己家人，他们把我当成什么样的人我不在乎，我就把他们当成一家人。我现在这个年龄，有些宝妈是第一胎嘛，我就把她们当成自己的孩子，我就让宝宝叫我奶奶，我觉得特别亲切呀。而且孩子都是很有灵性的……（SH20220518）

　　访谈过程中受访阿姨们经常提到会在照料过程中叫孩子"宝宝""宝贝"，甚至会让孩子叫自己"奶奶"，按照家政公司所要求的那样，通过移情的方式将雇主孩子视作自己的亲生孩子来对待。正是在这样的亲密称谓下，"类家人关系"和情感联结开始逐渐诞生，家政工们主动将"母爱"融入自己的劳动过程中，将情感投入和日常工作融为一体。

　　长时间亲密相处建立起的"类家人关系"不仅有助于育婴家政工们深层扮演，还能帮助育婴师们克服对"隐私""繁重"工作的排斥、焦虑，将其"自然化""正常化"。承担本不属于自己工作范围内的额外任务对于大多数劳动者来说并不会情愿接受，但是育婴家政工会主动从思想上接纳，并利用职业道德进行自我开解。

　　时间长了我就当作一家人嘛，那你帮忙搭把手也是应该的啊，对家里人就不会那么见外，不会计较那么多的，而且她刚生了宝宝，家里又没有老人照顾，肯定我就要多做一点，这没什么的。（WLJ20220215）

　　当把雇主当作家人一般相处时，育婴家政工们额外付出所带来的身体和精神上的负担就能大大减轻，甚至能够从中收获工作任务完成的职业满足感，以此获得心理补偿和安慰。正如一项对香港地区菲佣的研究所显示的那样，不仅是雇主持有"总要有事情做"的刻板观念，这种想法同样为大多数家政工所持有，在"不能闲下来"观念的驱动下，育婴家政工们主动将家务劳动纳入自己的职责范围内，将自己的工作时间利用到极致[55]。

　　在传统人道主义和朴素道德观念影响下，不少育婴家政工还会进行额外的慈善劳动。慈善劳动最早由博尔顿提出，他将情感管理分为四类，其中一类为"慈善型情感管理"工作，即劳动者基于同情心和同理心而主动付出的情感行动。本研究只借用"慈善劳动"的表述方式和概念内涵，但仍旧将其归为深层表演的劳动实践形式之下。访谈结果表明，育婴家政工在工作中同样会做出慈善劳动，这更多是受到隐含的、自己所熟悉的社会规则的影响[56]。

　　具体而言，育婴家政工在实际劳动过程中，经常会通过换位思考的方法实现心理共情，并超越情感管理的商业规定做出"真正的"有利于他人的情感劳动，这种行为更多是受到传统道德观念的指引和感召，意味着地方社会文化脚本在某些情况下也会盖过商业情感规则，促使育婴家政工出于"真诚""利他"目的进行无偿照料。到了下班时间后仍然选择留下主动加班的行为，可以算作慈善劳动的一种表现，受访家政阿姨表示，这种主动加班的行为主要缘于对年轻宝妈的同情，甚至会在过年放假时主动再到雇主家中无偿帮忙照看孩子。这种慷慨姿态的背后动力不仅在于大龄女性作为母亲对幼儿天生的关爱、呵护以及责任感，同时还受到中华传统礼仪中"老吾老以及人之老，幼吾幼以及人之幼"的朴素道德观的影响，是对家政公司所倡导商业化的情感管理制度的超越。如果缺少了家政工们自发的慈善情感管理，育婴家政工与雇主间的类家人关系，乃至更深的人情关系便更加难以维系，而仅仅以金钱为主要目的的长期育婴工作在现实生活中往往是难以为继的。

三、情感投入与抽离：维系平衡中的理性互动

　　相较于岗前培训中的模拟练习，现实的劳动情境显然更为复杂多变，照料服务的非正式特征使得把握"准家庭成员"和"保持界限"之间的平衡成为家政工们巨大的挑战[57]。标准化、一体化的培训方式并不能精准符合现实工作中每位雇主的需求，当育婴家政工与客户对"育婴师"这一职业的期待和想象存在较大差异时，"类家人"角色就不断受到劳动关系的冲击和挑战，导致育婴家政工需要在"劳动者身份"以及"类家人角色"之间不断调整，根据雇主差异化的情感需求选择性执行个体情感管理实践。

　　反正这个也是看缘分吧，我对待每一户都是真心的，为了孩子好，但也有的宝妈可能不太愿意吧，觉得我和宝宝老待在一起，然后感情就特别好，比跟她还要好，她就不平衡了，……这种我就只能之后多注意点，多让孩子跟妈妈待在一块儿，我就干点别的事情。（WLJ20220215）

　　从受访家政工的话中能够看出，部分雇主会因家政工在照料中投入的真情实感而认为亲子关系受到威胁，她们更渴求通过市场寻求劳动服务，将育婴家政工视为自身的"影子劳动者"[58]。帮助自己达成妻子、母亲的角色，但前提是不能危及自己作为母亲的主导地位。为了降低情感劳动的风险，育婴家政工更倾向于同依从性较高的雇主进行亲密情感接触和情感投入。对于能够耐心听取自己建议、对自己的专业性给予充分尊重的雇主家庭，育婴家政工更愿意在劳动过程中给予额外的情感关怀和投入，并采取深层扮演策略、以类家人的方式与雇主及其家人自然相处；而对于要求格外严格、挑剔的雇主，则会将其归

因为"没有缘分"，只对相对容易实现的工具性情感劳动需求进行回应，通过浅层扮演来保证最基本的服务态度。"有缘""缘分"的背后隐含了家政工们对雇主情感需求的感知判断，根据这一感知家政工们做出的情感投入程度的差异化决定，以尽可能地化解情感实践过程中两类情感规则难以同时兼顾的矛盾。

不能忽略的是，育婴家政工之所以能够坚持如此长时间的高强度体力、脑力劳动以及情感付出，其重要原因之一就在于育婴工作带来的较高水平的经济回报。可以说金钱是影响家政工劳动过程中情感投入程度的重要因素，为了保障自身经济利益不受损，育婴家政工在必要时也会适度进行情感抽离、采取理性互动。在报酬已经谈好的情况下，育婴师们并不介意在平时的工作中"多干一点"，一旦雇主过分挤压自己的经济利益，阿姨们便会立即作出回应，此时雇佣关系的本质在情感劳动中不断浮现，育婴家政工的情感控制行为背后是对"理性人"假设的经济逻辑遵从。对于雇主提出的要求，她们会在自己的能力范围内尽可能满足，按照雇主至上的情感脚本进行情感投入与扮演，但付出额外劳动的前提是自己的经济利益得到保证，一旦雇主压低工资越过自己的收益底线，之前营造的"一家人"表象便会很快被打破，育婴家政工们也难以再像从前一般对雇主投入自己的真实情感，转而回到表面和谐状态，主雇间的交流联系不复"家人般亲密"，而是转向更加理性的雇佣关系。

随着育婴家政工的私人生活被越来越多地卷入雇主私人家庭场域之中，工作时间和空间的不确定性也开始蔓延到家政工私人的时间与空间之中。现有研究发现，浅层扮演和情感耗竭之间存在正相关，对劳动中负面情绪的压抑会减少员工的工作成就感和满意度[59]。因此为了尽量降低育婴工作对自己私人生活的影响，家政工们通常会采用主动构建边界的方式来进行职业与个人家庭生活的区隔[60]。

有时候和雇主有点矛盾或者她不高兴的时候我也挺压抑的，一次两次还行，有的雇主就是要求比较多，时间久了我也觉得挺累的。……所以后来我就找了个理由说中午回家了，虽然麻烦一点吧，但是中午能回去缓缓，换个心情，下午再去照顾孩子也能轻松点。（XLR20220220）

在不同的劳动情境中，劳动者会通过设定或者打破象征性边界来构建积极的劳动体验[61]。适度对情感规则进行小范围内的改写，主动构建育婴工作与私人家庭生活的区隔边界。对于在小城镇从事育婴家政的本地阿姨来说，在固定时段上门服务的形式可以在一定程度上避免劳动者个人的私人生活被过多卷入雇主家庭之中，通过主动明晰育婴工作与生活的区隔，家政工们主动搭建起工作的前后台，其和雇主们的情感互动大多停留在上户时段内的前台雇主家庭场域内，在下班后则回到自己的"后台"家中。这种前后台的转换既能有效减少主雇冲突的发生，也能为情感劳动的可持续提供一丝喘息的空间。

第四章　情感调适：下户后的情感劳动后果及其应对

育婴家政工完整的情感劳动过程不仅包括岗前的情感规则培训，上户后的情感管理实践，还有情感整饰造成情感劳动后果以及劳动者的自主情感调适。情感劳动的过程可以看作一个再生产过程，不仅会生产社会非物质产品，还会生产社会关系、交往行为等[62]。不同育婴家政工对情感投入和抽离的掌握程度不同，会带来截然不同的复杂情感后果。正是凭借构建"像家人一样"亲密关系的情感整饰手段，育婴家政工们才得以消除繁重的情感劳动带来的压力和疲惫，"孩子的爱"也是促使她们坚守在这个行业的重要动力之一，这种基于亲密关系产生的情感连接隐匿于平日的日常互动中，在下户、离别的场景中开始逐渐显露出来。

宝妈都说孩子离不开我，喜欢我，有段时间我家里有事就跟那家说不去了，辞掉了，让他们重新找个育婴师，结果没过几天那个宝妈就老给我打电话，天天打电话，她妈妈和姥姥就总跟我说我干得好，小孩子跟谁都不行，让我再重新回来干。（WGL20211108）

我印象最深的是有一户雇主，我是半道儿去的，就是之前她已经请了一个月嫂了，但是不满意，就让家政公司给她重新找了一个，然后我去之前还担心会不会人家也觉得我干得不好。但是其实我们相处得特别好，她还说我照顾得比她自己妈妈都细心，最后跟孩子爸爸一起到公司给我送锦旗。我就特别高兴，感觉自己的付出有了回报。（SH20220518）

在情感劳动过程中育婴家政工们主动将新生儿和宝妈视作一家人的行为，无形间为冷冰冰的雇佣关系蒙上了一层温暖的柔情面纱，消除了主雇双方因陌生、理念冲突等产生的隔阂。与此同时，过硬的照料技能和专业知识也让育婴师们收获了来自雇主的称赞和信任，让她们能够在日常决策和劳动过程中拥有自主权和控制权，而不必事事征求雇主意见，对育婴师这一工作角色的认可度也越来越高，工作效率大大提升，从而实现情感劳动的正向循环，主雇间的良好关系也因此得到长久维护。

不同于西方国家的个人主义取向，中国社会由古至今一直是一个情理合一的关系社会[63]，换言之社会成员之间的互动交往通常以人情、关系、面子作为主要标准[64]。费孝通先生用"差序格局"来形容这种人际交往模式[65]。基于此形成的家本位文化在家庭内部呈现为家庭或家族需要对其成员表示关爱、个人则要对家庭作贡献的关系模式，在家庭之外想要建立这种互惠互利的情理关系，就需要将关系拟家人化，从而增强彼此间的责任和信任[66]。对于育婴家政工来说，将工具性的雇佣劳动转换成颇具人情味的情感关系模式有着天然的优势和便利性。一方面，在家政工与雇主同样受到小城镇社会文化的影响，"熟人社会"的交往规则深刻嵌入个人社会化过程中；另一方面，育婴工作的特殊性也为家政工创建"人情关系"带来了天然优势，长期在私人家庭领域工作的家政阿姨们能不断深入雇主的家庭内部，更容易通过深层扮演等情感管理方式产生出熟悉的熟人关系，拓宽自己的社交网络[67]。

我在雇主家都是只要出去吃饭就会带着我，因为我要抱着孩子吃饭，要照顾孩子。有时候我也不好意思啊，就说孩子要吃辅食不能吃外面的东西。我就说你们出去吧，不用带我再多花一个人的钱。他们都说不要紧，不差你一个人的。所以，我们关系都很好的。

不少受访家政工表示在下户后还时常与雇主有联系往来，主雇之间形成的真挚情感并没有伴随着商业照料服务的结束而终止，而是转化为更加自然的人际交往，主雇间工具性的情感交换升级为更加平等、自然的情感互动。这并不是单方面付出或索取，而是超越了经济雇佣关系的人情联系，是主雇双方共同努力维系的结果。人情往来令劳动者的社交网络不断得到拓宽，宝妈甚至会主动关心家政工的职业变动，为其介绍新客户，并提供情感专业"背书"，某种程度上为育婴家政工和下一任雇主间的和谐相处和情感互动奠定了良好基础，人情关系也因此得以不断延续再生产。

我到现在都不太接家政公司的单了，光是宝妈她们给我介绍的我都接不过来。因为我在她们家干过，她们对我都很熟悉、很放心，就推荐我。我现在的单子都排到10月份了。（LSX20220128）

一、负向情绪的累积：个体情感的异化

霍克希尔德认为长期的情感扮演最终会导致劳动者个体情感的异化。[68] 综合前两章内容可以窥见，家政工情感劳动过程开端起始于家政公司开办的岗前培训，情感扮演策略的正确运用能够帮助家政工解决好情感状态和情感规则之间的冲突，但当劳动者内心并未真正认同所表达的情绪、不能有效控制自己的情感使之适应环境时，失败的情感体验就会导致情绪失调的问题出现。

你说有没有生气的时候？其实干工作哪能有不受气的，更何况是我们这种。但是在高端家庭稍微会好点，人家能理解你、尊重你。

不同工作场域下，劳动者需要面对不同的职业角色期待和社会文化规范。[69] 成长于小城镇的雇主们仍受到陈旧"保姆"形象影响，对育婴家政工的

专业性和职业性缺乏认知，导致育婴家政工在实际工作中需要经常忍受家政"污名化"带来的"刻板印象"，而长时间地维持谦恭温和会让劳动者过度压抑自己的真实感受，人为激发的热情最终会变成服务工作的工具，导致个体真实感知与情感规则的脱轨。"雇主至上"的服务性情感规则要求家政工把客户需求作为工作重心，但当雇主对自己的专业知识产生过分怀疑时，育婴家政工便会感觉自己的工作能力受到了误解、否定。这一问题的根源在于"雇主至上"与"专业为本"的双重情感规则间的内在冲突，即实际客户需求与培训专业知识在某些情境下的差异乃至对立。而家政公司在岗前培训课程并没有教授育婴家政工应当如何应对这一难题，导致部分育婴家政工难以继续按照情感脚本中设定的情感规则进行情感整饰，最终导致情绪失调、个体情感难以自洽等负面后果，考虑到有偿照料所提供"产品"的日常不可见性，育婴家政工的劳动成果更容易受到雇主的挑剔和责问。

> 有时候孩子奶奶就见不得我闲着，看我闲下来就让我去干活，打扫卫生。但其实我是在跟孩子交流，因为孩子前几个月大脑发育特别重要，就要老跟他说话啊，让他多动啊，这样能刺激他的发育。但是老人她不知道啊，对现在的育儿根本没概念。（WGL20211108）

从现实情况来看，与照料技能相辅相成的情感沟通技巧并未得到雇主的重视，反而被理所当然地视为女性的"本能"或"天性"，雇主既渴望自己的孩子得到像家里人一般无微不至的关爱与呵护，却又吝于给予劳动者更多的尊重和肯定，对其情感付出不以为意。"共情"在家政工作中能够顺利产生的必要前提是主雇之间通力合作、相互理解，在互动中完成彼此的情感交换，但显然商业情感规则下"雇主至上"的要求强化了家政工在主雇关系中的不平等地位。这种权利不平等加剧了劳动双方关系的紧张，长期的单方面情感投入导致共情的负担只落在了家政工身上，主雇双方情感"交换"的平衡最终被打破，育婴家政工因此出现共情疲劳症状，在照料工作中进行深层扮演的可能性也大大降低。家政工们投入得越多，最后越容易受到情感挫折[70]。对于刚入行不久的新手育婴家政工来说，情感管理经验的欠缺令其更容易陷入一段亲密关系中难以自拔。

> 我最开始的时候带的是一个小女孩，特别乖，跟我特别亲，因为是第一次嘛，所以投入得特别多，怕给人家照顾得不好，所以对孩子就特别小心，老是眼不错地看着，然后下户那几天我就还是晚上老能醒好几次，就是以为自己还在那看宝宝呢，老是分不清。（LN20220210）

霍克希尔德认为，情感劳动中的深度演出很有可能会导致身份混淆的危机，尤其对于经验不足的人来说，这一问题显得更为常见。[71] 在对工作领域的自我与私人领域的自我进行区分时，新手育婴家政工往往因缺乏经验而显得尤为吃力，即使是结束了雇佣关系，离开了劳动场域，劳动时扮演的情感也会让她们忽视个体真实感受，仍沉浸在"天使育婴师"形象塑造要求之中。

如果说新手育婴家政工是因为对情感投入和抽离的把控还不够熟练导致身份混淆危机的出现，那么对于那些拥有较多从业经历的育婴家政工来说，是否可以避免这一异化问题呢？根据受访者的回答来看，育婴工作经验丰富的育婴家政工仍旧很难摆脱"虚假自我"的存在。虽然她们在常年的上户经历中精准掌握了深层扮演的方法，也能在"类家人角色"与"服务提供者"之间保持恰当距离，但这种情感管理技巧并非每次都能运用成功；多数情况下，育婴家政工们希望进行深层扮演并为之努力，但并非每位雇主都愿意给出正向回应、接纳育婴家政工的真诚建议，甚至有时还会与育婴家政工刻意保持距离，怀疑其专业性，等等。在雇主并不信任的情况下，育婴家政工很难继续进行深层扮演，只能退而求其次，降低为表层扮演，维持"表面和谐"，无法逃离"虚假自我"带来的排斥和自我贬低，长此以往就会对劳动者的心理健康产生较为严重的负面影响。

二、个体情感重塑：育婴家政工的自主适应策略

正如前文所述，育婴家政工在与雇主经历了一段时间的共同生活后，她们对待孩子的贴心照料和积极认真的工作态度往往能得到雇主的尊重与认可，劳动领域的私人性和亲密性也让家政阿姨们能够不断深入雇主的家庭内部，通过营造"类家人"的关系增强彼此间的责任与信任，单纯的雇佣劳动关系便开始向着中国社会特有的"熟人关系"转变，对于和自己特别"投缘"的客户，育婴家政工会主动越过公司规定，将熟人关系进一步升级为自然情感，包括朋友之情、亲属之情等。

我最开始上户的那家宝妈跟我关系就特别好，就是很投缘吧。我跟这个宝妈算下来还有点亲戚关系，去了以后就是磨合得都挺好……宝宝爸爸也很信任我，经常买点啥吃的也给我带回去，就是跟一家人一样啊。现在小男孩都要上小学了，然后过节过年也都打个电话啊，送点东西啊。宝妈有事出门没人看我还会帮忙去看两天，因为都很熟悉了，联系一直没断过。（LML20220215）

由以上李阿姨的描述可见，李阿姨与宝妈及其家人已经超越了一般意义上的雇主与家政工的雇佣劳动关系，转而建立起信任度更高的人际关系，节日期间互送礼物等行为也代表双方社会圈子的交融。"送礼"在中国传统人际文化情境中通常对应着"还礼"，"有来有往"才能让双方的关系更加持久。随着家政工不断被卷入雇主的私人生活，二者之间的关系已经超越了初始工具性的情感

扮演，升级为一种更亲近的拟亲属关系，彼此的互动模式也不再是家政工单方面对客户的情感付出，而是上升为一种更加平等、真诚的双向自然情感，是上户期间所建构的亲密情感关系的升华与再生产。在此情形下，自然的情感关系模式便逐渐替代了工具性的雇佣关系，更接近家庭成员间的互惠信任，家政工也会主动将与雇主和孩子之间建立起的亲密关系强化，延伸到个体的私人生活中来。

但是对于难以处理好个人感知与情感规则之间张力的家政工来说，长期情感劳动的后果只会加剧个体负面情绪的累积。为了尽快消解情感异化带来的消极影响，为下一次上户工作做好准备，育婴家政工们会积极调动主体能动性，利用周围的社会关系修补情感劳动带来的情感创伤，通过回归家庭、向同行们倾诉自己工作的消极感受，以此获得亲友的安慰和理解，借助私人领域加速淡化工作领域产生的压抑、失落等情绪。

有时候跟雇主有矛盾了，或是今天哪里做得不太好啊，都会跟家里人说一下。我对象也都是本分人，不会因为这个工作有什么怨言，还老和我两个女儿一起开导我，逗我开心。反正他们都特别支持我，所以我觉得我一直做育婴，做这个行业，家里人也给我了很多帮助，要不有时候心里委屈真觉得坚持不下来。（BAM20220213）

通常情况下，被要求提供高质量、充满"爱"的照料服务的育婴家政工处于相对弱势的一方，而购买育婴服务的雇主则是更为强势的主导一方。但是这并不意味着家政工群体在情感劳动过程中一直处于被动隐忍的不利地位，当遇到主雇之间发生的矛盾难以调和，家政工无法在个体感知与情感规则之间掌握平衡、雇佣关系难以延续下去的极端情况时，家政工们便会选择跳槽，直接结束劳动关系，将个体情感进行抽离。

我一般不会主动说要走……但是我也有过一次干不下去的，为什么呢？是因为有一次宝妈家里有个东西找不到了，因为家里平时都是我收拾，宝妈找不到了就说是不是我给乱动了，收拾到别的地方了，就对我发了特别大的脾气。我当时听了也觉得挺心寒的，就是我在那干了那么长时间了，感觉对我一点信任都没有。后来，就找了个理由跟她说家里有事，就先不做了。（LGM20220220）

从上述受访家政工的回答中能够看出，当雇主严重触及家政工的原则底线问题时，李阿姨感到自己不被信任，在照料工作中投入那么多精力和情感没有得到应有的回报，还是被雇主当作"外人"一样看待，甚至被刻意误解为难。在不能接受这种充满怀疑的主雇关系后，李阿姨毅然选择主动退出，"炒雇主鱿鱼"。那么，为什么家政工会做出直接中断劳动关系这样的决定呢？根据受访者的描述，大致有两方面的原因。

首先，这是由家政工作的非正式特征决定的，目前 Z 市大多数家政公司属于中介式家政公司，在其公司接受培训并上户的家政工并没有与公司签订正式的劳动合同，只在与客户确定雇佣关系后签订一个三方合同，因此这种劳动关系通常并不长久，稳定性也不高，这就为家政工的主动下户提供了条件。同时，家政公司还赋予了客户和家政工双向选择权，即在确定正式主雇关系前，主雇双方均存在一个试用期，时间一般是五天或一周。如果试用期内主雇双方任一方感到不满意，可以在试用期结束后选择其他家政工/雇主。即使在试用期结束后，育婴家政工也有自由流动的权利，在不满意雇主时也会率先提出离开。

其次，另一个重要原因在于当前照料市场"供不应求"的属性，家政行业在服务业中是一个蓬勃发展的朝阳行业，照料资源的短缺促使不少年轻家庭通过市场购买育婴服务，因此家政工们并不担心自己离开后找不到新的工作。从业经验丰富的育婴师往往手里掌握了一批丰富的人脉资源，甚至不需要家政公司就可以连续接单、"档期爆满"。育婴需求的旺盛也在一定程度增加了家政工们离职的底气和信心。因此选择提前结束劳动关系可以为育婴家政工留出更加充裕的时间，将个体情感从情感劳动中抽离，为下一次的上户工作做好准备。

第五章　结论与讨论

一、结论

作为架设家庭照料责任和公共福利关照的中间桥梁，家政行业的发展嵌入我国的市场化转型以及人口结构变动之中。城市家庭功能的商品化趋势以及双职工家庭数量的持续增多，使得越来越多城镇家庭选择购买市场化照料服务，以此填补私人家庭照料资源的短缺。在此背景下，本研究借助霍克希尔德情感劳动理论，选取育婴家政工这一特殊家政职业者作为研究对象，从岗前培训中的情感规则习得、上户劳动时的情感整饰方式以及下户后的情感劳动后果及应对策略，共三个维度考察探究育婴家政工的情感劳动过程，试图还原家政工们私人情感的商品化路径。

第一，育婴家政工的情感管理受到雇主至上和专业为本并重的双重情感规则的制约与引导。一方面，家政公司会在岗前培训中借由认知技术、沟通技术以及忍让技术的教授，向其传递"以客户为中心"的雇主至上原则，要求育婴家政工在劳动过程中对雇主及其家人表现出友善、顺从；另一方面，科学教养理念的流行让育婴师以专业人员的身份活跃于家政服务市场，提供科学照料服务。为了迎合雇主购买专业育儿服务的需求，家政公司会通过育婴科学知识和照料技能的培训，从专业、爱心以及敬业形象三方面，打造家政工"育儿专家"的身份，引导育婴家政工遵从专业为本的情感规则。正是育婴家政工这一职业独有的服务性、类亲属化的双重身份特征，使得家政公司从雇主至上和专业为本两方面设定了双重情感规则，而这两类情感规则所蕴含的内在矛盾冲突，也将育婴家政工们置身于反复试探的尴尬境地，需要在一次次实践中尽量维系工具性雇佣关系与职业道德规范下情感关系的相对平衡。

第二，育婴家政工的情感管理与整饰受到外部权力性因素与个体自主能动性的共同影响。正如霍克希尔德所述，人们在社会化过程中了解情感文化、习得情感规范，并逐渐学会整饰情感，当经过培训的育婴家政工正式上户后，其情感展示就会受到雇主和家政公司等外部权力性因素的影响。在双重情感规则的制约与引导下，按照家政公司所设定的情感脚本进行情感的抑制和唤起。具体来看，育婴家政工在上户时会借助表层扮演方式进行个人情感整饰，通过时刻展现微笑、在主雇矛盾中假装顺从以及打圆场等方式，将劳动所需的情绪外在化地表演出来，使之与情感规则所要求的保持一致。与此同时，也会遵从专业为本要求下的三种形象规定，代入真情实感进行深层扮演，"像家人一样"提供贴心照料，与雇主及其家人建立亲密联结，及时换位思考并付出工作职责之外的慈善劳动。这既是对家政公司所倡导的情感规则的遵循，也是对中国社会本土性"关系"、"人情"文化的回应。但值得注意的是，育婴家政工所从事的是一对多的情感劳动，势必要投入更多精力去进行精细化的情感扮演与控制，不同雇主间差异性的情感需求迫使家政工们在情感投入和抽离中反复调适，最终依靠经验和情境判断来实现理性情感互动。这一自主能动性也将在后续针对情感劳动的策略中不断显现。总之，外部情感规则与自身能动的情感、心理控制，共同影响了育婴家政工的情感管理实践和情感整饰方式的选择。

第三，对育婴家政工复杂多样的情感劳动结果的再认识。霍克希尔德认为，无论是表层扮演还是深层扮演，对真实自我的压抑最终会导致个体异化等负面结果的出现[72]。然而本研究发现育婴家政工在情感劳动中能够拥有更加丰富多元的情感体验，照料过程中孩子的亲情依恋、客户认可的情感回馈以及拓宽的社交网络一起组成了育婴家政工的正向情感结果，符合过往研究中对家政工可以通过深层表演策略来创建积极情感体验的发现[73]。但与此同时，当家政工无法控制自己的情感使之适应劳动情境时，也会出现霍氏所提出的情绪失调、共情疲劳以及身份混淆等问题，造成负向情绪的累积。正如前文所述，面对复杂的情感劳动结果，劳动者通常会采取多种技术手段达成"自我关怀"[74]，运用灵活策略进行个体情感重塑，将与雇主间形成的积极情感进行强化联结，并延续到自己的私人生活当中，转换为更加平等的自然情感；而对于因无法掌握情感投入与抽离尺度，或因过度情感扮演而累积产生的负面情感，则会主动利用自己的社交网络，向身边最亲近的家人、朋友们倾诉情感劳动中的压力与烦恼。当主雇矛盾难以调和、雇佣关系难以维系时，育婴家政工也会直接中断劳动关系，在双向选择的前提下通过更换雇主的方式进行个体情感抽离。

二、相关讨论

如前文所述，国内对家政女工的研究重点更多是放在微观权力关系的层面，考虑到当前家政工群体的人员构成大多是从农村来到大城市务工的外来女性，因此多从性别、阶层等主题对家政女工的生存境况进行分析；而本文所研究的育婴家政工，相较于从事其他琐碎家务的家政工种，其劳动的情感互动面向更为突出，"育婴家政工"这一身兼服务性与专业性的特殊身份也让该群体面临着更尖锐的情感规则张力与矛盾。同时本研究的关注重点落脚于育婴家政工完整的情感劳动过程，即从未正式上户前就展开的岗前情感规则培训，到上户中的情感整饰方式，再到面临下户后的情感劳动结果以及应对策略，通过完整的情感劳动全过程的叙述，试图展现育婴家政工个体情感管理的全貌。

正如现有研究所发现的那样，家政工们在进行情感管理劳动时会采用多种策略手段，既要在"干活时把雇主当家人"，又要在"相处时把自己当外人"[75]，这其实是家政工们在情感劳动培训中接受的两种颇具张力的情感感受规则在暗中产生影响，即不仅要遵守雇主至上的要求，提供令客户满意的服务，也要展现出专业为本的"育儿专家"面貌，在情感投入与抽离中保持恰当界限，尽可能规避情感劳动的负面影响，通过情感调适策略为自己的下一次情感劳动做好准备。相较于在大城市"寄人篱下"的外来女工，小城镇育婴家政工更能够通过深层扮演的方式，为自己创造积极的劳动体验和正向的社会关系，面对过度情感压抑带来的情感剥削和异化，也有更自由的空间去发挥劳动主体能动性进行个性化调适。通过对育婴家政工情感扮演方式以及调适策略的总结探讨，为育婴行业以及育婴师这一新兴职业的健康发展提供可借鉴的研究成果，具有一定的现实意义。

考虑到笔者学术能力有限，本研究仍存在一定不足。一是本研究所选取的研究对象多以小城镇育婴师为主，其与雇主之间并未有较为明显的阶层或城乡差异，相较于进入大城市打工的异地农村育婴家政工来说，在所采取的情感整饰方式、适应策略等方面会存在一定差异，样本代表性难以覆盖育婴家政工群体的样貌，研究结论具有一定局限性；二是本文主要利用半结构式访谈法来收集相关资料，在访谈中会涉及与雇主是有过冲突或情感上的不愉快等较为私密的问题，因此部分受访对象可能有所隐瞒或回避，访谈内容深度也受到一定限制，导致本研究收集到的资料并不十分全面，对于研究结论的全面性及深度均具有一定影响。

最后是与霍氏情感劳动理论的对话与交流。本研究对育婴家政工情感劳动过程的分析发现在一定程度上的确验证了霍氏的理论观点，但区别于霍氏理论，中国小城市育婴家政工的本土情感劳动模式在情感规则与情感劳动结果上均存在明显差异。一方面，其在实际情感劳动中需面临雇主至上和专业为本的双重情感规则影响，尽管在多数情境下雇主要求与专业导向较为一致，但当金钱作为衡量个人情感的标准时，二者间的矛盾冲突使得育婴家政工难以逃脱内心挣扎的两难境地，除了情感扮演，还要理性处理情感投入与抽离，与雇主维系良好关系。另一方面，考虑到本研究的访谈对象均为小城镇的在地育婴家政工，家庭私领域的工作场所加之熟人社会的关系文化，让家政工与雇主间的相处不再是"索取的客户"与"异化的劳动者"这样的单一模式[76]，而是会呈现出更为明显的情感性特征，礼物交换等人情往来将契约性的雇佣关系推向更加自然、平等的双向互动，最终导致了更加复杂的、正负向情感交织的劳动后果。因此在对中国式情感劳动进行研究探讨时，需要重新审视商业性的情感劳动背后的潜在假设，将社会文化因素纳入研究考量中来，进一步推动并扩展情感劳动的跨文化比较和分类型对比探索，增强情感劳动理论的本土解释力，同时拓宽理论适用性。

参考文献

[1] ABEL E K, NELSON M K. Circles of Care：Work and Identity in Women's Lives [M]. Albany：State University of New York Press, 1990：4-34.

[2] 佟新. 照料劳动与性别化的劳动政体 [J]. 江苏社会科学, 2017 (3)：43-54.

[3] 华经情报网. 2020 年家政服务行业发展现状及趋势. 参见 https://www.163. com/dy/article/GBL0MKB805387IEF.html.

[4] HOCHSCHILD A R. The Managed Heart：Commercialization of Human Feeling [M]. Berkey：University of California Press, 1983.

[5] 郭慧敏. 家政女工的身份与团结权政治：一个家政工会女工群体的个案研究 [J]. 妇女研究论丛, 2009 (6)：16-21.

[6] 李磊. 进城务工女性家政教育素质调查及引导机制研究：以吉林省家政服务员为例 [J]. 科教文汇（下旬刊）, 2013 (11)：206-208.

[7] 张琳, 杨毅. 人口新常态背景下农村家政女工生存与发展现状调研：基于北京、广州、武汉、西安的样本分析 [J]. 湖北社会科学, 2016 (5)：51-57.

［8］舒凡．"承认"视角下家政服务从业者的职业歧视与超越：基于 H 市的实证研究
［J］．河南科技学院学报，2019（5）：25-29.

［9］梁萌．男耕女织：互联网平台劳动中的职业性别隔离研究［J］．中国青年研究，
2021（9）：104-111.

［10］CHEEVER，SUSAN. Global Woman：Nannies，Maids and Sex Workers in the New E-
conomy［M］．New York：Metropolitan Books，2002：25-120.

［11］MACDONALD，CAMERON LYNNE. Manufacturing Motherhood：The Shadow Work
of Nannies and Au Pairs［J］．Qualitative Sociology，1998，21（1）：25-53.

［12］蓝佩嘉．跨国灰姑娘：当东南亚帮佣遇上台湾新富家庭［M］．长春：吉林出版
集团有限责任公司，2011.

［13］冯小双．转型社会中的保姆与雇主关系：以北京市个案为例［M］//孟宪范主
编．转型中的中国妇女．北京：中国社会科学出版社，2004：25-40.

［14］苏熠慧．控制与抵抗：雇主与家政工在家务劳动过程中的博弈［J］．社会，
2011（6）：178-205.

［15］严海蓉．阶级的言说和改造：劳心与劳力、性别与阶级之二［J］．开放时代，
2010（6）：121-139.

［16］刘毅敏．家政女工在家庭中的角色冲突［D］．中国政法大学 2021 年硕士毕业
论文，28-32.

［17］刘育婷，肖索未．"干活时把雇主当家人，相处时把自己当外人"：住家家政工
的雇主关系及情感劳动研究［J］．妇女研究论丛，2020（4）：73-87.

［18］周群英．"家里外人"：家政工身份转换的人类学研究：以阈限理论为视角
［J］．湖北民族学院学报（哲学社会科学版），2019（2）：88-96.

［19］维维安娜·泽利泽，著．给无价的孩子定价：变迁中的儿童社会价值［M］．王
水雄，译．上海：上海人民出版社，2008：35-60.

［20］维维安娜·泽利泽，著．亲密关系的购买［M］．刘永强，译．上海：上海人民
出版社，2009：5-20.

［21］吴心越．市场化的照顾工作：性别、阶层与亲密关系劳动［J］．社会学评论，
2019（1）：75-86.

［22］梁萌，吕游，刘万丽．嵌入与消弭：中国家政业职业化实践研究［J］．妇女研
究论丛，2020（5）：28-41.

［23］成伯清．当代情感体制的社会学探析［J］．中国社会科学，2017（5）：
83-101.

［24］HOCHSCHILD A R. The Managed Heart：Commercialization of Human Feeling
［M］．Berkey：University of California Press，1983：6-7.

［25］HOCHSCHILD A R. The Managed Heart：Commercialization of Human Feeling
［M］．Berkey：University of California Press，1983：183-186.

［26］田林楠．无法整饰的心灵：情感社会学的另一条理论进路［J］．广东社会科学，2021（6）：203-215.

［27］梅笑．情感劳动中的积极体验：深层表演、象征性秩序与劳动自主性［J］．社会，2020（2）：111-136.

［28］苏熠慧，倪安妮．育婴家政工情感劳动的性别化机制分析：以上海 CX 家政公司为例［J］．妇女研究论丛，2016（5）：17-24.

［29］刘育婷，肖索未．"干活时把雇主当家人，相处时把自己当外人"：住家家政工的雇主关系及情感劳动研究［J］．妇女研究论丛，2020（4）：73-87.

［30］马丹．北京市住家家政工的劳动过程分析［J］．中国工人，2015（2）：18-22.

［31］ENGLAND P. Emerging Theories of Care Work（Review）［J］．Annal Review of sociology，2005，31（1）：381-399.

［32］MATSUMOTO D，TAKEUCHI S，ANDAYANI S，et al. The Contribution of Individualism vs. Collectivism to Cross-national Differences in Display Rules［J］．Asian Journal of Social Psychology，1998，1（2）：147-165.

［33］施芸卿．制造熟客：劳动过程中的情感经营：以女性美容师群体为例［J］．学术研究，2016（7）：60-68.

［34］中国政府网．两部门就建立家政服务员分类体检制度向社会公开征求意见．参见 http：//www. gov. cn/xinwen/2019-12/03/content_ 5458184. htm.

［35］马丹．北京市住家家政工的劳动过程分析［J］．中国工人，2015（2）：18-22.

［36］马丹．北京市家政工的就业特征："非正规就业"与"情感劳动"［J］．科技信息，2010（6）：30-33.

［37］刘中一．从奶妈、保姆到育婴师：私人托育的历史演进［J］．河北学刊，2020（4）：191-197.

［38］HOCHSCHILD A R. The Managed Heart：Commercialization of Human Feeling［M］．Berkey：University of California Press，1983：6-7.

［39］LUNET UTTAL，MARY TUOMINEN. TENUOUS RELATIONSHIPS：Exploitation，Emotion，and Racial Ethnic Significance in Paid Child Care Work［J］．Gender & Society，1999，13（6）：758-780.

［40］HOCHSCHILD A R. The Managed Heart：Commercialization of Human Feeling［M］．Berkey：University of California Press，1983：220-228.

［41］张荣谨．"外包的自我"：市场化照料与非正式劳动者的生产：基于 20 位家政女工的访谈［D］．华东师范大学 2020 年硕士学位论文，35-38.

［42］TRONTO J C. The "Nanny" Question in Feminism［J］．Hypatia，2002（17）：34-51.

［43］HAYS S. The Cultural Contradictions of Motherhood［M］．New Haven and London：Yale University Press，1996：87-95.

［44］陈玉佩．建构亲密与控制情绪：幼儿教师的情感劳动研究：以北京市 3 所幼儿园的田野调查为例［J］．妇女研究论丛，2020（2）：45-62.

［45］DODSON L，ZINEAVAGE R M. It's Like a Family：Caring Labor，Exploitation，and Race in Nursing Homes［J］．Gender & Society，2007，21（6）：905-928.

［46］陈玉佩．建构亲密与控制情绪：幼儿教师的情感劳动研究：以北京市 3 所幼儿园的田野调查为例［J］．妇女研究论丛，2020（2）：45-62.

［47］马冬玲．情感劳动：研究劳动性别分工的新视角［J］．妇女研究论丛，2010（3）：14-19.

［48］王鹏．消费社会的情感劳动及其异化［J］．云南民族大学学报（哲学社会科学版），2014（4）：60-64.

［49］GRANDEY A A. Emotional Regulation in the Workplace：A New Way to Conceptualize and Emotional Labor［J］．Journal of Occupational Health Psychology，2000，5（1）：59-110.

［50］刘育婷，肖索未．"干活时把雇主当家人，相处时把自己当外人"：住家家政工的雇主关系及情感劳动研究［J］．妇女研究论丛，2020（4）：73-87.

［51］潘冬冬，曾国权．理解情绪劳动：从异化到治理术［J］．探索与争鸣，2020（5）：132-141.

［52］HOCHSCHILD A R. The Managed Heart：Commercialization of Human Feeling［M］．Berkey：University of California Press，1983：6-77.

［53］周群英．"家里外人"：家政工身份转换的人类学研究：以阈限理论为视角［J］．湖北民族学院学报（哲学社会科学版），2019（2）：88-96.

［54］苏熠慧．从情感劳动到审美劳动：西方性别劳动分工研究的新转向［J］．妇女研究论丛，2018（6）：43-55.

［55］BOERSMA M K. Low Incomes，Fast Lives? Exploring Everyday Temporalities of Filipina Domestic Workers in Hong Kong［J］．Time & Society，2016，25（1）：117-137.

［56］BOLTON，SHARON C. Trolley Dolly or Skilled Emotion Manager? Moving on from Hochschild's Managed Heart. Work［J］．Employment & Society，2003，17（2）：289-308.

［57］BAUERA G，ÖSTERLEA A. Migrant Care Labour：The Commodification and Redistribution of Care and Emotional Work［J］．Social Policy and Society，2013，12（3）：461-473.

［58］MACDONALD，LYNNE G. Manufacturing Motherhood：The Shadow Work of Nannies and Au Pairs［J］．Qualitative Sociology，1998，21（1）：25-53.

［59］胡鹏辉，余富强．网络主播与情感劳动：一项探索性研究［J］．新闻与传播研究，2019（2）：38-61.

［60］张晶，李明慧．"向死而生"：安宁疗护专科护士的情感劳动层次及其转化［J］．社会学评论，2022（2）：104-123.

［61］梅笑．情感劳动中的积极体验：深层表演、象征性秩序与劳动自主性［J］．社会，2020（2）：111-136.

［62］吴颖. 草根 NGO 中的"行动者"：兼论公益活动情感劳动的形成及其"自主性"［J］. 中国地质大学学报（社会科学版），2021（4）：147-156.

［63］翟学伟. 人情、面子与权力的再生产：情理社会中的社会交换方式［J］. 社会学研究，2004（5）：48-57.

［64］王雨磊，王宁. 人情债与人情味：农村宴席中的关系再生产［J］. 中州学刊，2012（4）：107-111.

［65］费孝通. 乡土中国·生育制度·乡土重建［M］. 北京：商务印书馆，2011：24-28.

［66］王思斌. 中国社会的求—助关系：制度与文化的视角［J］. 社会学研究，2001（4）：1-10.

［67］梁萌，李坤希，冯雪. 资本之矛与劳工之盾：我国家政工情感劳动的本土化模式研究［J］. 社会学研究，2022（2）：23-44.

［68］淡卫军. 情感，商业势力入侵的新对象：评霍赫希尔德《情感整饰：人类情感的商业化》一书［J］. 社会杂志，2005（2）：184-195.

［69］申林灵，刘谦，孙文喜. 情感劳动的职业向度分析：基于北京 S 医院安宁疗护病区护工群体的田野调查［J］. 社会工作，2022（1）：89-99.

［70］钱霖亮. 建构"保育员母亲身份"的挣扎：中国福利院儿童照顾者的情感劳动［J］. 台湾人类学刊，2013（11）：147-199.

［71］王鹏. 消费社会的情感劳动及其异化［J］. 云南民族大学学报（哲学社会科学版），2014（4）：60-64.

［72］HOCHSCHILD A R. The Managed Heart：Commercialization of Human Feeling［M］. Berkey：University of California Press，1983：90.

［73］梅笑. 情感劳动中的积极体验：深层表演、象征性秩序与劳动自主性［J］. 社会，2020（2）：111-136.

［74］潘冬冬，曾国权. 理解情绪劳动：从异化到治理术［J］. 探索与争鸣，2020（5）：132-141.

［75］刘育婷，肖索未. "干活时把雇主当家人，相处时把自己当外人"：住家家政工的雇主关系及情感劳动研究［J］. 妇女研究论丛，2020（4）：73-87.

［76］梁萌，李坤希，冯雪. 资本之矛与劳工之盾：我国家政工情感劳动的本土化模式研究［J］. 社会学研究，2022（2）：23-44.

从"有价"儿童到国家未来的主人翁

——民国时期童工理念变迁的历史考察

❖ 陈梦媛（浙江大学）

尤怡文（指导教师）

摘要：本研究以民国初年至中华人民共和国成立前（1912—1949）中国上海地区有关童工问题的理念转变为主要研究对象。通过查阅民国时期的报纸杂志及社会调查数据，本研究的具体工作可分为两个方面：一是对民国时期童工立法及政策的制定和实施过程以及在这一过程中出现的问题进行历史的重述，做一个描述性分析；二是尝试比较不同社会主体对于童工价值的认识及变化，对这些变化背后所发生的文化结构和理念变迁进行分析，用理念来解释保护童工立法和政策变化的原因。基于抗日战争背景下童工价值的再次改变，本研究从更为宏观的视角探讨了民族主义时期个体与社会关系发生的变化以及人的价值本身与抗战话语的冲突。童工制度作为现代化过程的产物，同时也是现代化过程需要解决的一大问题。本研究的意义在于以童工为切入点，理解20世纪上半叶现代化转型中社会保护主义兴起以限制市场的历史原因，并为当今处于社会保护运动回潮之下的数字劳工和平台劳动等新型劳动群体的发展前景提供可供参考的分析视角。

关键词：童工；社会价值；民族主义；童工立法与政策

第一章　绪　论

一、研究背景

在农业社会中，将儿童视作劳动力相当普遍，他们往往扮演着家庭补充劳动力的重要经济角色。工业化国家中的童工劳动始于英国工业革命，并随着现代工厂技术的普及传递到了其他欧洲国家及大西洋彼岸的美国。彼时，作为新的生产组织方式的工厂制因为在工作时间、程序和纪律方面有明确的规定而遭到了习惯自由劳动的农村劳动力的抵制。于是，处于弱势地位、易于控制，且需要工资来弥补家用的儿童和女性便成为工厂主的目标。一方面，这种情况特别出现在棉纺织业。除了儿童，女性尤其是年轻女性构成了棉花产业的主要劳动力，在整个欧洲和美国基本是由女性主导棉纺织业（斯文·贝克特，2019）。另一方面，棉纺织业作为最发达的工厂手工业率先进行了工业革命，成为英国及其他国家工业化的开端，在工业化的过程中至关重要。由于社会对雇用童工的认可以及工厂对童工的迫切需求，大量童工参与棉花生产的各个环节。1800年，齐格兰一家纺纱厂中8~14岁的童工达到一半；1833年，兰开夏郡棉花工厂中不到16岁的童工占了36%；1846年，比利时有27%的棉业工人未满16岁（斯文·贝克特，2019）。据1870年美国人口普查资料显示，大约有75万名15岁以下的儿童在各行业中工作（尹明明 等，2001）。随着工业化进程的加速，美国童工无论在数量上还是在占儿童总数的比例上，都是有增无减。

大约在一个世纪以前，工业国家结束了童工劳动泛滥现象。英国作为童工制度的发源地，率先对童工采取了法律上的保护：1802年的《学徒健康及道德法案》是人类历史上第一部保护童工权利的立法；《1833年工厂法》则是第一个生效的工厂法，规定了童工的工作年龄、时间和受教育情况（张嘉瑶，2018）。1851年，英国10~14岁的童工比例为30%，到了1901年已下降为17%。法国的童工比例在1896年降到了20%，美国在1900年前达到了17%。德国是最早引入与童工劳动法相连的义务教育制的国家之一。相比之下，起步较晚的工业化国家如日本在工业化的同时就采取了保护儿童的一系列措施。日本的初等教育在1905年已基本普及，到1911年引入第一个劳动法时，已有98%的6~13岁儿童入学接受教育，因而避免了重大的童工问题（国际劳工局，2006）。

以美国保护童工立法为例，通过对20世纪上半叶美国童工文化定义转变的研究，维维安娜·泽利泽（Viviana A. Zelizer）分析了将美国的儿童排除在经济市场之外的经济和非经济因素。在19世纪，劳作的儿童被视作生产机器，其价值完全用经济价格来衡量，是可以被量化的美元和美分。然而，婴儿和儿童死亡率的降低、核心家庭成为现代化主要家庭结构、母亲对孩子生命和死亡的关注、宗教儿童观的淡化以及技术变迁导致的劳动力代替，等等，与儿童"情感革命"一道在19世纪末的美国掀起了对儿童生命公共关注的浪潮。儿童的生命被神圣化，儿童的情感价值得到提升，其价值不再由经济价格决定，而是被更多地注入了社会、宗教或者情感的意义（泽利泽，2008）。由此，社会上关于将儿童排除在工厂和经济市场之外的呼声越来越大，保护"经济上有用的儿童"逐渐被"保护经济上无用但情感上无价的儿童"替代。

无独有偶，在20世纪二三十年代的中国，社会对童工的看法也经历了从适当的谋生手段到被奴役的小奴隶的转变，保护童工立法的呼声在社会中越来越高。中国的童工现象始于晚清机器化生产的发展。作为中国工业化的摇篮和前驱，近代上海拥有大量工厂和企业，工人数量居全国之首，尤以童工的使用为最多，并集中在纺织工业。据《上海工运志》（1997）记载，19世纪90年代初上海就形成了一支以产业工人为主体的约5万人的工人队伍，到抗日战争爆发前这一队伍更是壮大为总数约达112万人的强大工人阶级。直到1949年上海解放时，各行业工人的总人数约达123万人，近似全市四分之一的人口。童工不仅普遍存在于上海的中外纱厂，还出现在矿业、机械制造、化学品厂等多种行业。抗日战争爆发前，在保护童工立法的社会呼吁下，当局政府出台过几次限制童工的法令，但都收效甚微，工厂雇佣童工仍屡禁不止。然而令人意想不到的是，抗战爆发之后，对于童工问题的认识和话语再次发生改变，争做抗战小英雄的话语成为主流，儿童甚至主动响应号召加入工厂生产，而之前的立法尝试被搁置一边。

那么，在其他先进工业国家基本解决童工泛滥问题的20世纪上半叶，中国为何仍旧走上了这些国家在工业资本主义发展初期的老路，没有像其他后发工业国家那样在工业化之初就采取保护儿童的措施，避免工厂滥用童工；民国政府屡次出台限制雇佣童工的相关法令，但为何这些法令都"有名无实"；当社会呼吁取缔童工时，童工为何在抗战期间再次获得了"合法性"。以上正是本研究试图回答的问题。

二、研究问题

（一）问题的提出

民国时期的中国面临着现代化转型和经济赶超的任务，其政治、经济和思想文化都深受世界影响。复杂的国际国内环境，如国内军阀势力的分裂、三次国内革命战争、缓慢起步的工业资本主义、外国资本的入侵以及现代性思想的发展，引发了多种社会问题，也对政府提出了种种挑战。作为近代上海工厂普遍存在的现象，童工问题逐渐上升为亟待解决的社会问题。但与欧美工业国相比，中国在童工方面的数据和相关研究都比较薄弱，并且缺少从历史文化和理念的视角对童工问题进行的分析。一方面，民国时期中国的社会调查水平较为落后，关于中国童工的总体数据和趋势方面的统计信息较为稀缺，只能在各地零散的调查中找到部分数据。另一方面，关于民国童工的现有研究大多集中于童工问题的经济成因和影响，而没有从社会对童工所持价值理念演变的角度来分析保护童工立法和政策的制定。实际上，童工从在工厂中盛行到被确认为"非法"，体现了经济上"有价"的儿童到童年至上的"无价"儿童的社会观念的转变，这反映了社会在共识和理念上发生的转向。因此，童工变迁背后不仅是经济决定论，还牵涉更为深刻和复杂的文化议题（泽利泽，2008）。

基于此，本研究以民国初年至中华人民共和国建立前（1912—1949）上海地区有关童工问题的理念转变为主要研究对象。因中国童工数据的缺失、不全和抗战期间政府及大量工厂的内迁，辅之以中国其余地区的童工记载，开展两方面的研究工作。一是对民国时期童工立法及政策的制定和实施过程以及在这一过程中出现的问题进行历史的重述，做一个描述性分析。二是尝试比较不同社会主体对于童工价值的认识及变化，对这些变化背后所发生的文化结构和理念变迁进行分析，用理念来解释保护童工立法和政策变化的原因。

（二）案例选择

本研究以民国初年至中华人民共和国建立前（1912—1949）的中国为研究对象，并主要围绕上海地区的童工问题进行分析，主要基于以下三个原因。

首先是由农业社会向工业社会转型的经济环境为童工的出现创造了条件，当时第一商埠的上海也是童工问题最为严重的地区。1911年爆发的辛亥革命推翻了中国几千年的封建君主专制，中国开始探索现代化的发展道路。除了在政治上尝试走民主化道路，经济上工厂制度和机器化大生产也逐渐普及，沿海地区的工业发展尤为迅速，与之相伴随的是工厂童工数量的剧增，又以纺织业为最甚。其中，上海无论是工厂数量还是雇佣童工数目都比其他地区更显突出，公共租界的设置让上海的外国资本更为雄厚，工厂如雨后春笋般开设在上海的土地上，无论是外商还是华商，其工厂都存在大量雇用童工现象。

其次是中国处于后发国家的发展地位，半殖民地半封建的性质使其无力在法律上规避童工问题。一般而言，后发国家具有两重性：一方面，后发的工业化进程意味着需要面临比发达工业国家更为激烈的竞争，对困境群体的剥削更为严重；另一方面，后发国家也存在一定优势，有机会部分避免先发国家在工业化中遇到的问题，可以通过立法来化解可能发生的劳工冲突，如德国早早引入义务教育制以保护童工。然而自鸦片战争以来，中国的经济、主权和领土不断遭受侵略，半殖民地半封建的性质让中国无法拥有德国和日本那般强大的国家能力，其落后的工业化进程面临着来自欧美国家市场的激烈竞争，童工成为上海民族资产阶级降低生产成本、追逐经济利润的工具，对童工的立法保护更是纸上谈兵。

最后是社会对于童工问题态度的转变及过程中产生的理念冲突，在上海得以集中体现。面对充满不确定性和急剧变化的社会，来自内外部的压力和不同观念的碰撞影响了行动者适应环境变化的路径选择（崔珊珊，2019）。民国时期是一个现代性思想开始发展、价值观念急遽变革的时代，尤其是作为对外开放重要口岸的上海，不少有识之士在"五四"运动和新文化运动的影响下成为思想上的先锋，对传统封建观念提出了挑战。这些新的思想和观念在上海较为发达的媒体和出版业的推动下对社会产生了广泛影响，不同价值观念的交流和碰撞在日益严重的童工现象上凸现，并在民族复兴和救亡图存的语境下更显复杂。

三、研究意义

本研究对民国时期中国童工社会价值变迁的分析同时具有理论和现实两方面的意义。

一方面，童工问题是历史结构变迁的缩影。在欧美先进工业化国家，童工问题与工业资本主义的诞生以及社会保护运动相关。波兰尼（2007）通过分析从前工业世界到工业化时代欧洲文明的转变，发现几乎所有的欧洲国家在经历了一段自由放任经济的时期之后，都自发地通过立法等手段抑制了与劳动力、土地和货币相关的市场行为，即所谓的双重运动——市场社会由两种相互对立的运动组成，包括力图扩展市场范围的自由放任运动，以及由此生发出来的、力图抵制经济脱嵌的保护性反向运动。无论是最早进行工业革命的英国，还是后来快速赶超的美国，在机器大生产和工厂制度普及的过程中都伴随着大量雇佣童工的现象。但19世纪中叶以后，大西洋两岸的国家出现了自由放任主义的危机。由新近工业化和城市化引起的问题，如大城市的贫民窟、犯罪和贫困的蔓延，对劳动人民、妇女和儿童的剥削等（阿瑟·林克 等，1983），推动了欧洲、美国及世界其他地区开始实行针对广大工人农民的福利政策。从工厂立法到垄断权、从公共卫生到交通政治、从城市规划到住房建设、从公共的穷人救济到社会保险，这是19世纪中期之前从来没有的（丹尼尔·罗杰斯，2011）。保护童工就是"社会保护运动"这一大的时代转向和宏观结构变化的一部分。中国从19世纪中期开埠之后也深刻卷入世界市场，新生的民族资本主义在殖民者压迫的缝隙中成长，保护儿童的思想观念随着现代化思想在中国社会上传播扩散。面临着协调新生工业和保护童工权益之矛盾的当局政府，在20世纪20年代几次出台限制童工的相关法令。因此，本研究的理论意义在于以童工为切入点，理解当时中国社会保护主义兴起并干涉市场这一时代结构变迁的历史原因。

另一方面，童工问题也为分析如今时代的结构性问题提供了借鉴。2008年的次贷危机，2015 年的欧洲移民危机，2017 年延续至今的中美贸易争端，以及 2020 年的美国股市崩溃，加之 2020 年初蔓延到全球的新冠肺炎疫情，无不显示着我们时代的社会、政治和经济等方面都在发生重大变化。从 20 世纪 70 年代末 80 年代初开始的"新自由主义"全球化潮流开始逆转，逆全球化过程加剧，这仿佛是"波兰尼时刻"的再现（郦菁，2020）。在民粹主义、政治保守主义等思想抬头的形势下，世界到了"社会保护运动"回潮的时刻。现在，我们需要思考和解决的不再是童工问题，而是如何保护在新经济下涌现的平台雇工、数字劳工等被新的剥削形式所压迫的群体，以及民族主义情绪等政治文化因素是否会阻碍这些新型劳动关系的相关政策和立法。研究历史上文化结构和理念变化是如何影响社会、影响主要政治力量对童工社会价值的认知，进而影响到保护童工的立法和政策的制定，可以为分析现代社会的数字和平台劳工等问题提供思路。

四、研究方法

（一）研究方法与数据来源

由于中国关于童工的完整统计数据较为缺乏，因此本研究拟从民国初至中华人民共和国成立前在社会上发行的期刊报纸文献以及当时的社会调查数据收集一手资料，从中了解彼时的童工状况，以及公众和政府等主体的态度。

其一是民国时期的期刊报纸文献。这部分资料主要来自晚清民国期刊全文数据库①中的民国时期期刊全文数据库。该数据库收录了民国时期（1911—1949）出版的近 2 万种期刊，1000 万篇文献，内容集中反映这一时期的政治、军事、外交、经济、教育、思想文化、宗教等各方面的情况，方便使用者研究民国时期的历史。

本研究根据关键词"童工"以及将资源限定在近代图书和近代期刊，在数据库内检索出 569 条结果，其中有 12 条来自字林洋行中英文报纸全文数据库（1850—1951）。文献类型为近代期刊，包括时事报道、政治时评、童工立法及散文诗歌，等等。其中《国际劳工通讯》② 是提及"童工"最多的期刊，共有 58 篇相关文献，对各地童工的工作状况有一个大致的介绍。

根据这些期刊文献，我们可以从总体上把握民国时期的劳工状况及法律发

---

① http://www.cnbksy.com/.

② 报刊前身为《国际劳工消息》和《国际劳工》，该刊由国际劳工局中国分局编辑并发行。月刊，为工运刊物。该刊以反映中国劳工阶层各种情况为主要内容，包括工厂情况，工人的生活、保险、教育情况，劳工合作运动，劳资关系等，反映国内各大城市的生活指数和物价指数，同时通报国际劳工组织的情况，发表研究中国劳工问题的论述等。

布、施行情况，以及社会群体和党派在关于童工一事上的认知和态度差异。目前已收集到的资料来自《向导》、《教育与职业》、《卷烟月刊》、《农工商周刊》和《新评论》等多类期刊。这些报刊的主办方既包括中共中央委员会（如《向导》）和国民党当局政府（《农工商周刊》为《民国日报》的副刊），也包括代表民族资产家利益的行业组织（《卷烟月刊》为上海华商卷烟厂联合会的会办刊物），在一定程度上可以反映不同主体的观点。

其二是民国时期的社会调查数据。这部分资料来源于《民国时期社会调查丛编》的城市（劳工）生活卷（李文海，2005）。该书对民国时期的中国城市劳动者，如：北平、成都、上海、重庆、广州、南京、无锡、山东、济南等地的各阶层的劳动者的生活状况、工资收入等进行了详尽的调查。调查中对各地工人人数、工资的统计按照男工、女工和童工进行了区分，因此可以对童工的数量有一个大致的了解，同时这些调查在时间上也涵盖了抗战前后的劳工状况。例如，1947 年 6 月进行了《十四重要城市产业员工调查》，共计收回 15810 家工厂的调查表，员工总数共有 1004356 人，其中童工[①]有 16608 人，占员工总数的 1.7%。

（二）不足之处

此种资料收集方法也存在不足之处[②]。从报纸期刊上搜集资料难以涵盖所有人的意见和看法，报章本身可能也带有作者的主观性，在时事评论上可能存在与事实的出入。鉴于此，本研究试图采取两种方法补救从资料库中搜集信息的弊端：第一，辨别文章作者和期刊报纸本身的立场。得益于全国报刊索引网站记录了期刊报纸的发行时间、主编及办刊原因等，可以从中判断文章作者的大致立场，比如民国时期一些纺织厂、卷烟厂会自办刊物，那么从其发表的文章中就能窥得工厂主们对于社会时事的态度。再者，本研究原就需要从民众及主要政治力量的主观立场中比较社会对于童工的认知，由此分析理念层面发生的变迁，因而这种主观性反而有助于本课题的研究。第二，仅以 "童工" 为检索的关键词可能会遗漏其他的关键信息。针对此种可能，本研究在检索结果中重点关注几本劳工类的期刊，其所刊登的相关文章会包含更多与劳工阶层、劳工

---

① 该调查中的童工属于按技术程度划分的维度之一，所有维度包括：工头、技工、普工、童工、学徒。

② 虽然民国时期的学者曾组织一些包含家庭信息的调查，如李景汉于 1929 年组织的定县社会概况调查、费孝通于 1936 年进行的江村调查，但整体上这一时期与家庭结构有关的调查数据比较少。调查收集的大多是特定地区的家庭人口规模和关系信息，在家庭结构类型的划分上比较粗略，故难以对民国时期家庭结构的总体状况和变迁有清晰的把握。碍于民国时期家庭和家庭生活变迁部分的资料的缺失，本研究在家庭方面的视角存在不足，只能从刊登于如《现代父母》的家庭教育期刊上的文章以及家庭内部权力结构等角度来侧面切入分析。

教育等有关的内容，比如旨在改良工人生活的《劳工月刊》，介绍各国劳工与工会状况的《国际劳工消息》等，从中可以对民国时期中国的童工状况有更为详尽的了解。

至于大型追踪类调查数据的缺失则是研究民国时期童工的一个硬性缺点，加之受法令的限制，各厂大多不愿将雇用童工的具体数目据实相告。基于此，本研究也只能尽量寻找同一时期各地的数据或是同一地区不同时期的数据进行比较，以及从其他数据来侧面分析童工数量①。

五、创新之处

本研究的创新在于通过一手资料，尽可能还原民国时期中国童工社会价值的转变，从而分析：民众及主要政治力量对于童工在理念上发生的变化，这一变化更深层次的文化原因，新旧理念之间的冲突，新的理念如何在社会中占据主导地位，现实中的童工受到了什么影响，以及这些理念冲突在保护童工立法和政策上又如何体现。

此外，基于中国特殊的抗战背景，可以发现中国战时的政治宣传对童工价值的独特影响。在梳理史料的基础上，本研究分析了作为后发工业国家的中国在战前和战时对童工价值认知的不同，以及这一理念认知发生转变的时代缘由。根据当时的历史背景，民国初年到新中国成立前的中国面临着殖民侵略、三次国内革命战争、抗日战争及实现现代化的多重压力，因而在童工问题的解决上一直比较模糊，加上国内资本家生产发展的需要和强势态度，当局政府并无强烈意愿严禁童工。全面抗战的爆发更是不分男女老少，所有人都加入了抗战的浪潮。因此，本研究试图进一步回答更为宏观的问题，包括民族主义时期个体与社会的关系发生的变化，当人的价值本身与抗战话语冲突时，可能出现哪些张力与悖论，以及在立法层面如何处理和面对这些难题。

第二章　概念界定与文献评述

一、童工的定义

从广义上讲，童工可以包括在工业、农业、商业以及手工行业劳作的儿童。

---

① 一些调查透露童工的来源主要是失学儿童和救济院半工半读的儿童，通过后两者的数据可以对童工数量进行一个大致的猜测。

但与工农业不同，在商业和手工业工作的儿童基于其包吃包住、只有较少工钱甚至是“打白工”的性质，往往被称为“学徒”。为了与农业社会传统雇佣关系下的学徒进行区分，本研究使用的“童工”概念主要指在工厂企业内做工的儿童，即“工厂童工”，是现代化进程中孕育出来的新兴群体。

在童工的年龄界定方面，根据国际劳工组织（ILO）第 182 条的内容，童工是指在未设保护的恶劣工作条件下，以牺牲其未来为代价，从事与其年龄、心智不相符的工作事宜，受雇主剥削而未能接受学校教育的 18 岁以下的儿童。但在具体执行的时候，不同国家在不同时期对于童工的年龄规定存在一定的差异。事实上，法律对于童工最低雇用年龄的规定一直随着社会对于童工观念的变化而改变，并非一成不变。以民国时期政府在不同年份颁布的法令为例，民国十二年（1923）北洋政府颁布的《暂行工厂通则》中规定：“男子未满十岁，女子未满十二岁，雇主不得雇佣之。……男子未满十七岁，女子未满十八岁者为幼年工。”民国十六年《北平工厂条例》规定：“男子非满十二岁，女子非满十四岁，厂主不得雇佣之。……男子满十二岁以上未满十七岁，及女子满十四岁以上未满十八岁者为幼年工。”民国二十年（1931）南京国民政府颁布《工厂法》及 1933 年共产党颁布《中华苏维埃共和国劳动法》则将“十四岁以上未满十六岁者”规定为童工（陈振鹭，1931）。由这些条款可知，随着法令规范的完善，童工的最低雇用年龄逐渐提高，保护童工的范围逐渐扩大。

由于本研究是对民国时期中国童工这一历史问题的动态分析，以及对该时期童工立法及政策的制定和实施过程以及在过程中出现的问题做一个历史的重述，因而对童工年龄的定义也应以当时社会普遍公认为准。从影响最大的 20 世纪 30 年代颁布的国民党《工厂法》和共产党《劳动法》看来，官方对童工年龄的定义都是 14 岁以上未满 16 岁（这一年龄限制也是民国时期几部法令里最高的）。需要补充的是，囿于法条具体落实的情况以及民众、工厂主对法条的接受程度，社会对童工的认知可能与法条存在出入，但年龄一般只会更低。因此本研究采用的“童工”定义是指在工厂内做工的，年龄不满 16 周岁的儿童。此外，为了更真实地分析社会对于童工的认知和理念变化，本研究也包括所有出现在当时期刊报纸上的被指称为“童工”的工厂劳作儿童。

二、文献评述

（一）基于经济的解释

针对童工保护立法出现的经济解释，主要关注童工发展趋势背后的经济结构和技术变化的影响。一方面，随着工业资本主义的发展渐趋成熟，儿童的生产性价值日益降低直至消失。低廉却缺少技术的儿童被认为应该进入学校以满足工业资本主义发展中日益增长的对技术型劳动力的需求。另一方面，成年工人工资的上涨减少了依靠儿童劳作补贴家用的需要，20世纪初期家庭工资的制度化保证了男性工人能够挣钱养家，而不再让妻子和孩子外出劳作（泽利泽，2008）。在关于儿童劳动力市场的研究中，保罗·奥斯特曼（OSTERMAN，1980）认为对不熟练劳工需求的减少以及世纪之交的移民潮带来的新竞争力使儿童"被挤出工业"。琼·胡贝尔（HUBER，1976）提出了由新经济体系所带来的不同年龄层之间的利益冲突：作为廉价劳动力的童工在工业化初期能够使成人专注于农业工作，但到了19世纪与20世纪之交，童工的低廉成本则威胁到了成人的工资。随着技术的发展，童工的需求进一步降低。到1905年，最新发明的物流传输系统和收银系统使得从前在商店和超市以人力传递商品和钱的儿童失业了，新技术进一步减少了对儿童劳动力的需求（OSTERMAN，1980）。

童工进入和退出劳动力市场还与资本主义及父权制的"联姻"息息相关。童工现象的出现与资本主义的发展相伴相生，其背后也离不开农业社会遗留的封建父权制遗产的推波助澜。工厂主对廉价劳动力的雇用在很大程度上依赖着家庭内部长期以来的既成权力关系。受到传统家长制的影响，占据家庭主导地位的男性可以任意支配妻子和孩子，孩子往往是第一个进入工厂的人（斯文·贝克特，2019）。但在19世纪后期，童工与成年男性工人在劳动力市场形成了竞争关系，父权制又成为家庭中的男性为减少来自大量妇女和孩子的竞争的工具，理由是他们需要一些人来关注他们家庭的需求，特别是照看孩子。

基于经济的解释强调由劳动力过剩导致的代际冲突和技术发展替代人力的原因，童工保护立法与童工需求减少相关。然而，早在19世纪上半叶，美国部分州就有了关于童工的法律。1836年曼彻斯特建立了第一部州童工法律，规定儿童15岁进入工厂工作必须入学教育至少3个月或者3年，1842年曼彻斯特州法律又规定12周岁以下儿童工作时限为10小时，1848年宾夕法尼亚州通过了纺织厂最低雇用年龄为12岁的法律（HINDMAN，2009），等等。这意味着在童工需求较大的时候就已经出现了限制童工的立法。另外，童工劳作虽然与家庭经济需要有很大关系，但童工保护立法的出现也不与家庭经济水平正向关联。与其他主要工业国的家庭福利项目或社会保险项目相比，美国福利政策不仅发展迟缓，还将主要受惠对象局限在一定收入水平线之下的女性单亲家庭，而非以家庭为单位的男性工人（斯考切波，1992；泽利泽，2008）。因而，对于这些劳工阶级家庭来说，保护童工立法与他们的经济利益是矛盾的。这说明世纪之交经济、结构和技术发生的变化并不是保护童工立法出现的内在原因，这一视角并未仔细考察影响个体决策的文化和社会背景的改变。

（二）基于社会运动的解释

社会运动领域的学者从工人运动和大众政治发展的角度对保护童工立法提出了另一种解释。19世纪末20世纪初，大量工人阶级组织兴起，在国际层面形成了劳工政治意识，其间成立了德国和瑞典的社会民主党、法国和比利时的工人党、英国社会民主联盟、美国社会主义工人党，以及第二国际等工人政党和团体。19世纪80年代之后，劳资双方激烈的对抗式罢工和关闭工厂等活动以空前的规模出现（丹尼尔·罗杰斯，2011）。在美国，反对童工运动属于工人运动的一部分，如1832年新英格兰联合组织谴责让童工夜以继日地工作将会妨碍其身心健康发展，1836年贸易联合会表示对限制最低工作年龄法律的支持，1881年美国劳工联合会（American Federation of Labor，AFL）支持设立州最低年龄的法律等（王菁，2013）。面对这些挑战，各国政府徘徊于军事镇压和政治让步之间，劳资协调的机构吸引了很多进步人士的注意。此外，随着改革主义者确立了儿童生命的保护在全国政策中的优先权，关于儿童福利的公共行动在20世纪得到扩展。婴幼儿的死亡率成为判断改革项目是否成功的一个关键性的指标（泽利泽，2008）。到了20世纪三四十年代，罗斯福亲自干预劳资纠纷，出台了《全国工业复兴法》《农业调整法》《社会保障法案》等一系列法案。作为工人群体一部分的童工自然也得到了重视，这表现在通过了联邦童工法，从国家立法层面禁止了童工。

虽然社会运动确实推动了劳动保护立法，工人运动的抗争也得到了法律的回应，但在一定程度上男性工人、女性工人和童工的立法保护却存在较大差异。与男性相比，女性和儿童在劳动力市场一直处于弱势地位，无法和男性同工同酬，对于女工和童工的立法保护，也普遍晚于男性工人，直到20世纪才获得较大的进展。世纪之交的劳动保护立法运动伊始，就将女性和童工作为单独的、尤为需要照顾的群体。从1908年到美国加入一战前，美国有39个州实施了女性工作时间立法，其间通过的童工法案累计更多，光是1911年就有30个。与英国、澳大利亚不同，美国宪法在性别上形成了巨大的分水岭，其最低工资法案把成年男人全都排除在外，性别被置于美国劳动保护立法的核心。在美国，与劳工立法协会争取更为严格的工厂立法相比，当时效果更好、政治性更强的是全国消费者联盟对女工的权益保护（丹尼尔·罗杰斯，2011）。

基于社会运动的解释将保护童工立法看作工人运动斗争的胜利，但却无法解释为什么有些国家很早对男性有保护，对童工和女工的保护却很晚，即立法在女工和童工群体上的时间滞后。

（三）基于政治的解释

正如前文所述，相比于欧洲大陆工业国家的社会保险制度优先保护男性劳动者，发展滞后的美国社会福利制度首先考虑的却是保护贫困的单身母亲及其孩子。在这个角度上，斯考切波（1992）认为美国在20世纪20年代建立了与欧洲父权制福利国家（Paternalist welfare state）不同的母系主义社会福利政策（Maternal welfare programs）。在斯考切波看来，美国独特的福利政治源于女性政治力量的组织化，以及能够净化由男性主导的腐败政治的道德优势。工人阶级和中产阶级的女性以性别为基础组织起来，在进步时代拥有了政治空间，由此保护贫困母亲及其未成年子女在美国社会福利体制的构建和扩张中占据了重要地位。

除了福利制度，政治体制对保护童工立法也有直接影响。自建国之初，美国的各个州就有非常大的权力，甚至可以凌驾于联邦政府之上。即使是在19世纪末20世纪初迈向现代化的美国，在联邦层面通过禁止童工法律的尝试也始终面临着来自各个州政府的阻挠。在南北部经济发展不平衡的背景下州际竞争愈演愈烈，导致工厂主们将联邦制下各州的分权作为反对统一的童工法的工具（刘丽华，2000）。相比之下，将廉价童工作为产业竞争命脉的南部各州更为反对联邦政府通过限制使用童工的法律。1912年美国童工委员会成功推进了儿童局的成立，随之而来的却是在禁止雇佣童工立法上的"屡战屡败、屡败屡战"。1916年禁止变通式雇佣16岁以下儿童的联邦童工法被南部羊毛制造厂高级委员会提起诉讼，称其违宪，随后在1918年被高级法院裁定为与宪法不符。后该法条于1919年被对此类童工雇佣征收10%税的法律代替，但在1922年再次被宣布为不合宪法（王菁，2013）。

基于政治的视角解释了保护童工立法出现时间较晚和曲折的立法过程的原因。然而，一方面，在民国时期中国的政治环境下，女性和儿童群体并没有联合起来的条件，是始终处于父权制结构压迫之下的困难群体，缺少能够为自己发声的政治空间。另一方面，工厂主出于利益对保护童工立法的抵制也不能解释政府最终为何依旧出台了保护童工法令。

（四）基于理念（ideas）的解释

在新制度主义中，存在理性选择制度主义和历史制度主义两种主要流派。理性选择制度主义更多地继承了新古典政治经济学的理性人假设，强调以个人理性为基础的研究框架，认为制度是个人在利益最大化的基础上进行理性选择的外部环境。其中，个人利益是给定的，制度的作用仅仅是降低人与人交往的不确定性，降低交易成本。历史制度主义反驳了理性选择制度主义对利益形成的解释，认为制度不但影响行为者的行为，还影响着行为者对自身兴趣和偏好的定义，是历史所创造的制度塑造了行动者的利益，进而支配其行为。在各自不同的假设下，理性选择制度主义预测了一个不断变化的世界，制度会随着行动者对收益与成本的权衡而形成和改变；历史制度主义则预言了一个稳定、持久和路径依赖的世界。然而，二者在解释实际的世界时都有不足之处——前者过于强调制度的变迁，忽视了现实社会中的制度在大部分情况下保持着稳定，后者则因为强调制度的延续性而陷入了难以解释历史变迁的困境（朱天飚，2013）。

理念视角为解决二者的难题提供了新的思路。一方面，理念通过加强信仰将个人与集体联合起来，解决了集体行动的问题，一定程度上保证了制度供给的稳定性。另一方面，理念作为内生的变化源也吸引了历史制度主义者，提供了解释制度变迁的新路径（BLYTH，2002）。然而，无论是理性选择还是历史制度主义，都仅将理念作为一个辅助假设，以解决此前研究中遇到的问题。理念本身对制度变迁的因果关系，并未得到明确的理论化。

基于此，布莱斯（BLYTH）梳理了理念、利益和制度的关系，在重新概念化的基础上提出了新的制度变迁的动态序列模型。理念①，即"支撑意义的相关元素所形成的网络"（CARSTENSEN et al，2011），是将物质解释成利益的认知媒介，包括观念、价值观和认同等。这些因素在社会中变化非常迅速，处于不同情境的行动者对同一个理念也有不同的认识和解释（朱德米，2007）。不同于理性选择制度主义假设物质利益客观存在，不需要被解释，理念视角强调物质利益并非独立于意识的客观存在，它必须在被理念定义和解释后才能变成利益，不同的理念有不同的对物质的定义和解释，由此形成不同的物质利益（朱天飚，2013）。简言之，利益并不是给定的，而是被行动者自身的理念建构出来的。

理念这一新视角赋予了比较政治理论新的活力，特别是福利国家的比较政治经济研究。这些研究包括比较丹麦、荷兰和德国在 20 世纪 90 年代进行的福利改革（COX，2001），分析政治领袖理念的变化在德国福利国家转型过程中的作用（STILLER，2009），等等。在 *Great Transformations：Economic Ideas and Institutional Change in the Twentieth Century* 一书中，布莱斯基于对波兰尼双重运动

---

① 本研究所用"理念"概念参考了布莱斯的著作，其用法更接近一种认知机制，行动者通过理念来解释环境的信号，从而对自我的利益形成感知。理念不同的人对同一个客观利益的解释是不同的。需指出的是，本研究使用的"理念"区别于"文化"和"意识形态"等概念。"文化"在一定时间内是固定的，为人们所共享，其含义为：人类所创造的物质和精神的成果，包括人造的器物、技术和知识、规范和习惯、信仰和价值以及象征性符号等，是人们在长期共同生活中通过创造、选择、积累而形成的行为规范、习惯和生活方式。一方面，文化的概念相比理念更为广泛。与内部相对统一且存在一定系统性的理念相比，文化的内部更为松散，也可能相互矛盾，并不存在一个统一的体系，如中国传统文化中儒家和道家的入世和出世观念就存在矛盾。另一方面，由于任何个体都可以有自己的理念，同一文化中可以有不同的甚至是相互竞争的理念。与"理念"和"文化"相比，"意识形态"的生产者往往是更加有政治权力的行动者，如国家和政党内部，是精心创造的系统化理念。由于意识形态是行动者刻意创造的结果，其内部更加严密和统一，一般不会出现相互矛盾。

的批判，探讨了理念（尤其是经济理念）在制度秩序的构建和转变中的关键作用，尤其是在政策范式发生更替的危机时刻，理念为利益的实现提供了行动的可能性。通过比较美国和瑞典两个案例，他分析了二者从 20 世纪三四十年代的嵌入式自由主义到七八十年代新自由主义的制度变迁。在布莱斯的制度变迁动态序列模型中，理念在经济危机的不同时间点上发挥不同的因果效应，塑造了制度变迁的不同阶段。

社会学的新制度主义学派中也有理念研究的传统。新制度主义突破经济学的效率思路，开辟了社会学的"合法性"解释思路。"合法性"指的是法律、文化、观念等因素，是诱使或迫使组织采取具有一定的结构和行为的观念力量。作为新制度主义奠基人，迈耶（Meyer）和罗恩（Rowan）（1977）认为制度环境可能影响组织结构及实际技术运作的实施，进而导致组织规则的趋同性。制度环境包括行业规范、共享的认知系统等文化要素，为了提高组织的合法性和生存的可能性，组织迎合制度环境的要求，吸收了广为流行的制度规则。迈耶和罗恩将这种作为意识形态发挥作用的制度环境称为"理性神话"。在前者研究的基础上，迪马齐奥（Dimagglo）和鲍威尔（Powell）（1983）对组织同形的机制进行了进一步分析，包括由组织所处社会的文化期待导致的强制同形，由象征性符号的不确定性导致的模仿同形，以及基于专业化的规范同形，均体现了观念性因素对组织的重要影响。

最后，理念视角的应用也体现在经济社会学的文化视角。泽利泽的文化与经济"三部曲"集中探讨了人类终极价值与市场的关系。换句话说，她探讨的是在何种程度和何种领域上人类的价值观念和文化体系能够抵挡市场的扩张或者被其征服。*The Social Meaning of Money*（ZELIZER，1994）从货币的社会分化入手，探讨了 19 世纪 70 年代至 20 世纪 30 年代美国金钱指定用途（earmarking）的根本性转变，分析了人们是如何为物理上同质的货币注入不同的社会意义。泽利泽驳斥了经济学家将货币视为抽象的"一般等价物"的观点，转而提出另一种差异化的、由特定的社会关系网络和不同的意义系统塑造的货币模型。人们为许多或所有类型的社会互动指定不同的货币，比如家际货币、礼物货币、制度货币及道德货币。在这个过程中人们的商业交易被重塑，花钱与存钱的过程被改变。

围绕保护童工制度的原因，经济视角关注技术变量的影响，认为由技术进步带来的劳动力过剩使童工逐渐退出经济市场，从而为保护童工立法的出现创造了条件；社会运动视角强调工人运动对保护童工立法的作用，将后者视为工人斗争胜利和大众政治发展的成果；政治视角则认为儿童与妇女权益的提高与福利政治密切相关，保护童工立法属于发展福利国家的政策之一。上述三个解释路径皆是从外部因素分析童工制度变迁的原因，忽视了导致制度变迁的内生因素的影响，无法很好地解释保护童工立法为何在不同国家的进度不一，且立法过程经历了多次反复。发端于历史制度主义的理念视角将理念视为制度变迁的重要因素，认为行动者的行为并不是对物质利益的被动反映，而是在理念作用下主体认知的结果，是无法预知的。当旧制度产生危机时，行动者在新理念的影响下采取主观上认为符合自身利益的行动。在这个过程中，不同行动者对同一理念会有不同的认知和解释，从而在感知自身利益上形成差异，采取不同的行动，共同影响着新制度的形成。

第三章　从 "有价" 儿童至 "国家未来之主人翁"

一、经济上 "有价" 之童工

（一）深陷黑暗的工厂童工

前文已提及，中国关于童工的统计数据较为缺乏。以调查对象本身而言，本研究涉及的工厂童工为 "新式童工"，但对工厂进行调查时并不顺利，受法令的限制，各厂多不愿如实相告，常出现隐瞒不报、少报的情况。就调查范围而言，大部分所谓统计童工的调查基本上局限在沿江沿海的几处重要商埠，其统计结果并不具有全面性（逸飞，1933）。好在上海作为民国时期中国的重要商埠，其工厂数目之多，对于开展工厂童工的调查是一大天然优势。加之上海工部局①为回应当时国际上对童工问题的关注以及国内民众对童工立法问题的呼吁，在 1923 年 6 月成立了上海市童工委员会。该委员会调查了上海及附近地区童工的工作状况，留下了部分可参考的童工调查资料。

根据 1929 年前后上海工部局的调查，上海全埠在工厂作业的童工共计159923 人。其中：13 岁以上的男童工 35173 人、女童工 103272 人，共计 138445人；12 岁以下的男童工 3774 人、女童工 17704 人，共计 21478 人。以上海海关在 1923 年统计全埠 1538500 人的总人口为基数，童工占了 1/10，这个数量不可谓不大。在 1932 年工部局所公布的租界工厂童工调查中，童工总数增加至169144 人。其中：13 岁以上男童工为 44425 人、女童工为 103241 人，共计

---

① 上海工部局是公共租界内的最高行政机构，该机构由外国人设立，不属于中国政府管辖。工部局实际上担任了租界市政府的职责。

147666 人；12 岁以下的男童工 3774 人、女童工为 17704 人，共计 21478[①] 人。以上仅为上海租界内的童工数据，若统计上海全市的童工数目，估计总人数在 20 万以上，占全市工人的 1/3。这一比例远大于作为民国第二商埠和华北商业中心的天津，后者童工数量在工厂工人中约占 1/5（逸飞，1933）。

除工部局的调查，民国时期政府下辖的工商局和社会局也对童工数量进行了统计，但其结果远小于工部局所公布的数目。1930 年工商部编印了《全国工人生活及工业生产调查统计报告书》[②]，对各城市男女童工人数进行统计，其中上海童工人数为 16111 人，在各城市中居于首位（李文海，2005）。据 1936 年刊登在《国际劳工通讯》上的 10 月份国内劳工消息记载，上海市社会局统计全市工厂劳工总数约为 226718 人，其中童工的数目是 27091 人，占全市劳工人数 12% 左右（根据 1935 年上海市年鉴记载，童工应为 17091 人，约占 7.5%，报纸数据应为笔误）。由于无法确定这两项调查对童工的具体规定[③]，因而笔者不打算将这些数据与工部局的调查结果直接对比。但无论是上海租界工部局还是工商局和社会局，历次调查显示，上海童工的数量是逐渐增加的，并且女童工的数量要远大于男童工，这可能与纺织工业所雇用的童工数目最多有关，纺织工厂更倾向于雇用耐心、细致的女性童工。

在工厂劳作的童工，工作时间大致在 10 小时以上，基本与普通成年工人无异。至于童工年龄，彼时世界规定的童工年龄是在 12 岁至 15 岁，16 岁至 18 岁的少年工人多半已被列入成年工人的队伍，在做着毫无限制的过度劳动。上海市童工年龄大多集中在 12~14 岁，但是在市内各个工厂间，仍是普遍、广泛地存在着国际间早已被视为绝对禁止的 12 岁以下的幼年童工，最年少的，甚至还只是六七岁的幼童。

虽然童工的工时基本与成年工人一致，但在工资方面却远低于后者。成年女工的工资一般要比成年男工低 40% 左右，童工工资一般为成年女工的 50% 左右，最高也只有 70%。在 1930 年平均每日工作时长为 11 小时的情况下，上海工人中男工工资在 8~50 元，一般为 15.3 元；女工工资在 7~24 元，一般为 12.5 元；童工工资则在 5~21 元，一般是 8.7 元。

（二）赚钱养家的谋生之道

童工问题已经成为 20 世纪二三十年代上海在现代化转型与新旧过渡状态中

---

① 1931 年 12 岁以下童工数与 1929 年调查保持一致可能与《工厂法》提高了童工最低年龄有关，但对于在法令出台前已被雇佣的年龄较低的童工，条款允许其继续工作，作为社会适应法条的过渡方式。

② 受时间经济所限，该调查并未包括 30 个工人以下的工厂。

③ 工商局的调查表里设有童工的分类，但并未标明具体年龄，全由工厂填表者自行决定。

出现的突出问题。不论是英美等工业国家，还是追赶现代化进程的近代中国，童工都更多地来源于贫困的劳工家庭。在美国，工人阶级家庭的儿童是缓解经济压力的额外支持资源（泽利泽，2008）。在中国，童工是破产的农民家庭和贫穷的城市工人家庭孩子的谋生之道。工厂主对童工剩余价值的需求和外地农村父母让孩子打工挣钱的目的使双方"一拍即合"，即在将孩子送到上海打工一事上达成一致。而上海工人阶级家庭由于无力支付多个孩子的上学费用，加上对子女文化教育没有足够重视，儿童辍学打工是常有的事（丁勇华 等，2008）。随着机器的发明和应用，劳动工序变得更为简单，工厂工作对体力和技术的要求大大下降，操作更为灵活的童工便拥有了更多工作机会。与此同时，对于工厂主来说，能够创造相同价值的童工不仅在工资方面远低于成年工人，还因其年纪小、体格纤弱，更易于掌控和发号施令，减少了劳资冲突的可能性（鲁运庚 等，2002）。

基于以上种种原因，民国时期各类工厂充斥着大量童工，并且童工的处境非常糟糕，高强度的工作时长和恶劣的工作环境，对童工的身心都造成了极大损害。然而，当时"社会上对于童工似乎特别冷淡"（蔡根深，1929），保护童工的声浪只持续了一段时间就平息了下去，资本家照旧雇佣童工。

二、儿童个体价值的发现

根据民国期刊数据库的统计，与童工有关的报刊文章在 20 世纪 20 年代数量开始增加，从 10 年前的 5 篇增至 96 篇，并在 30 年代呈现井喷式增长，相关文章达到了 299 篇。从数量上看，社会对于童工的关注度越来越高。从内容上看，改善童工待遇、实现强制教育和取缔童工等期盼实现保护童工立法的呼声不绝于耳，当局政府也出台了几部法令来规范童工现象。传统的基于经济利益的解释将保护童工立法的出现归因于技术代替和劳动力过剩，然而中国在民国初年至新中国刚成立时，经济技术因为连绵不断的战争和侵略而未能得到发展，社会总体经济水平保持在低位，贫富差距悬殊。因而新技术造成的童工需求减少并不是推动民国时期保护童工立法出现的主要原因，不论是华商还是外商开设的工厂，对童工仍旧有较大需求。

这一转变背后更大的推动因素，是儿童社会价值的上升，这既与"五四"运动和新文化运动带来现代化新思想有关，也离不开在国际影响下成立的中华慈幼协会于保障童工权益方面的努力，以及国民党当局政府开展的儿童幸福运动。

（一）"儿童的发现"：从旧式儿童观到个性主义儿童观

瑞典教育家爱伦凯说道，"十八世纪是人的世纪，十九世纪是妇女的世纪，二十世纪是儿童的世纪。"（唐廷仁，1931）自 20 世纪 "儿童中心主义" 教育思潮兴起，国际上对儿童问题越发重视，1921 年成立的国际儿童幸福促进会，志在推动各国儿童事业的发展。在这一过程中，社会公共意识的转变同时也改变了童工的社会价值，推动了童工的立法进程。以美国为例，最早作为英国殖民地的美国深受前者福音教派的影响，将儿童视为 "罪恶的生物"，认为儿童带有原罪，需要以严酷的劳动磨砺孩子们的意志从而赎清罪孽，因而童工被视为具有道德合法性。18 世纪中后期在卢梭 "人性本善" 的新的儿童观念的影响下，与成人相分离的儿童被赋予了新的含义与活力，强调童年至上的 "新儿童" 削弱了宗教带给童工的合法性，雇童工更多地被社会认为是不道德的（王菁，2013）。这一观念的转变在政治上则表现为童工立法改革者和反对者从 19 世纪70 年代起持续至 20 世纪 30 年代的关于童工问题的斗争，最终儿童被排除在工厂和经济市场之外，童工被区别于合法的儿童工作，儿童的价值更多以情感而非功利的经济标准来衡量。

反观中国，与美国童工基于宗教的道德合法性不同，中国童工合法性更多地来自传统宗法等级制度。在中国历史上漫长的农业宗法社会中，儿童和女性一起作为宗法等级制度的最底层，是备受压抑的社会困境群体。儿童要么被当作 "不完的小人"（周作人，1920）或 "父母的所有品"（周作人，1918），要么被视为 "缩小的成人"。总而言之，儿童在 "孝" 的束缚下必须绝对服从父母。这种旧式儿童观否认了儿童作为独立个体的人格，也漠视了儿童个性的发展。再者，美国童工制度合法性的丧失缘于主动进入现代化进程，社会进步人士将利用儿童劳动赚取利润视为先进文明的 "失败"。中国的童工虽然也是现代化进程中需要解决的社会问题，但中国的现代化与美国相比是被动的、非自发的现代化，是被坚船利炮打开国门后强制开始的经济现代化，直到新的现代思想传入，童工才被视为不合法的、应取缔的对象。

中国现代儿童事业的起步源于 "五四" 运动。在新旧社会交替之际，轰轰烈烈的 "五四" 运动掀起了整个中国的思想革命，为中国社会注入了崭新的现代化思想。"五四" 运动时期既是 "人的发现" 的时期，也是 "儿童的发现" 的时期，新文化倡导者在解放 "人" 的同时也高度关注儿童问题。从率先发出 "救救孩子" 的呐喊的鲁迅，到蔡元培、陈独秀、胡适等新文化运动领袖，他们基于个性主义、人格独立的准则，对传统 "长者本位" 的封建父权主义、宗法主义的旧式儿童观进行了系统的清理和批判，转而主张将儿童从封建宗法等级制度的最底层中解放出来，树立以尊重儿童主体人格、关注儿童个性发展为核心的新型儿童观（吴效马，2005）。1919 年杜威来访中国，在中国游历演讲，为中国带来了 "儿童中心主义"，深深影响了国内许多教育家的思想，从 "父为子纲"到"幼者本位"的儿童观念的转变，推动了儿童教育观念的更新，在教育领域掀起了一阵改革之风。

受国内新思潮和个性主义儿童观的影响，儿童作为完整主体的个体价值逐渐得到重视，部分学者提出要取缔童工或是改良童工劳动。沈丹妮认为要通过工厂立法和教育立法取缔童工，"在人权发达的世界，不能因为我们的工业不发达而抱有慢慢地改良的态度，更不能看见其他国家从十八世纪到现在所受的痛苦和达到的成就，就以为雇佣童工是天经地义的。仅靠廉价的童工并不能改变中国经济薄弱、壮丁失业和洋货遍布的现状。""孩童是中国未来的健全工人，我们不能为了救济目下的局面，牺牲他们，应无条件的保护他们。"（沈丹妮，1927）。与沈丹妮的强硬主张不同，当时社会上大多数研究者更倾向于改良童工劳动。基于现实童工法令的实施不力，他们认为在解决童工问题时应先在全国范围内对雇佣童工的情况进行完整和普遍的调查，在此基础上提出改进的办法（鲁运庚 等，2018）。

当儿童的个体价值被发掘并得到重视的时候，社会对于童工的争议实际反映了关于童工的文化定义的分歧。关于童工立法的论战在美国持续了近六十年，由于童工文化定义的模糊性，支持立法的改革者并非全然否定儿童工作，反对者也不是一味支持，这场争议最终演变为重新审视和评价关于儿童和工作之间的关系，在文化上重新界定"儿童工作"的范畴，并在法律上界定合法劳动力范畴，童工（child labor）被儿童工作（child work）所取代，儿童的工资也被每周补贴所代替（泽利泽，2008）。近代中国学者在现代心理学的影响下，开始注重儿童"童性"的研究。通过批判经济学家以个人的经济力作为标准的"金钱人"，沈丹妮强调孩童是无价的宝藏，必须从"童性"上研究童工，保障儿童能够健全发育。基于此，沈丹妮对童工的文化定义进行了讨论，认为应该区分有益于儿童健全发育的游戏活动和在一无是处的工厂里卖命的苦工。"孩童时期是游戏时代，不是做工的时代。这不是说孩童们绝对不能工作。可是他们的工作，要适如其量，决不是做苦工。"（1927）

（二）中华慈幼协会：从"儿童节"到"儿童年"

中华慈幼协会于1928年4月成立，是一家以"创导实施各项有关儿童福利事业，为全国儿童谋幸福"为宗旨的半民间半官方的组织。一方面，该协会的创办可以追溯到1924年在广东召开的一次基督徒小组会上，从创办到参与包含了许多社会人士，因而是半民间的。另一方面，该会以蒋介石为名誉会长，孔祥熙为理事长，吸纳了不少国民党政府的官员，其背后有国民政府支撑，因而也是半官方的（陆濛，2018；黄莉莉，2008）。

为了使儿童福利事业能够引起更多人的关注，中华慈幼协会开展了各项积极的活动，其中"儿童节"的设立在社会上产生了深远和广泛的影响。1931 年 3 月 7 日，中华慈幼协会呈请上海市社会局及南京国民政府"仿照邻国办法，谨拟选择 4 月 4 日规定为儿童节"。此外，为了让儿童节的福利不局限于城市儿童，中华慈幼协会借鉴美国"儿童幸福运动"提出"儿童年"的建议，在时间和空间上提升对儿童的关注度，尤其要注重改善底层儿童的生活状况。经国家行政院批准，1935 年 8 月 1 日至 1936 年 7 月 31 日被定为民国首个"儿童年"，政府开始实施针对难童及童工的救济措施，全国各地也相继成立了儿童年实施委员会。

虽说中华慈幼协会主要关注年龄较小的幼童，如从出生至 6 岁的儿童，但在救济童工上也做了一些努力。为保障童工利益，该协会着手调查童工生活状况，并以此为基础开展救济童工的工作，包括依据《工厂法》请求政府当局取缔对童工的歧视性待遇，利用报刊文章声讨迫害童工事件，救济受害童工，并设法代申诉、安置等，一定程度上打击了不良现象，保障了童工的利益（黄莉莉，2008）。

经过一年持续不断的努力，这一节日借助广泛的活动让社会上的民众逐渐认识儿童、尊重儿童，并再次激发了社会各界对儿童问题的关注，与童工相关的议题更是屡见报端。杨公怀（1935）点明了童工立法与现实之间的脱节，认为"法律是法律，事实是事实"，童工境遇依然没有得到改善。黎明（1941）更是对童工境遇感到痛心，坦言工商界对于儿童节形式上的庆祝只是空点缀，为庆祝儿童节需解决的最紧迫、最切实的问题就是为童工学徒尽些力，包括切实禁止工头一切无理的刑罚、按童工的健康条件分配工作、给予适当的教育指导、满足最低限度的生活需要以及保障童工通过读书获取的精神思想自由。

（三）南京国民政府：承载民族复兴希望的小国民

自五四运动之后，20 世纪 20 年代的中国相继经历了北伐战争和三次国内革命战争，对权力的争夺让统治者无暇顾及儿童相关政策，即使倡导儿童个体价值的儿童观已经在社会层面扩散，但童工问题一直被统治者束之高阁。直到 1927 年南京国民政府成立，国家政权获得暂时的统一，解决一些社会问题的紧迫性才浮出水面，引起政府重视。相比于同时代的后发国家，如美国和日本，南京国民政府在保护儿童的立法上可谓迟迟没有进展。美国于 1876 年出台了《阻止并惩罚侵害儿童行为法案》，日本也在 1933 年的议会上提案防止虐待儿童的法律，更不必说早在 1836 年曼彻斯特就建立了第一部州童工法律，日本也在 20 世纪初基本普及初等教育，避免童工泛滥（陆濛，2018）。然而南京国民政府并未出台任何关于儿童的独立法律，只能在《工厂法》里看到一些与童工相关的条款，这一点也被一些社会进步人士指出，希望有所改变。

但这并不能说国民政府对儿童事业全不在意，中华慈幼协会的存在和发展就是一个例证。事实上，在国民政府眼中，儿童更多的是被当作救亡图存的希望，是国家未来之主人翁。这一看法自晚清就已萌芽。甲午战争后，摇摇欲坠的清政府步入"迟暮之年"，晚清的士大夫们急需寻找新的希望来作为救亡图存的精神寄托。以梁启超为代表的改革派主张通过开民智来改造国民思想，从而实现"开明专制"。南京国民政府的执政者在面向社会的几次公开发言中也体现了类似思想，如蒋介石在 1929 年中华慈幼协会召开的一次慈幼运动大会上亲自发表训词，"良以今日之儿童，即将来之国民，国本所在，关系极大。……俾儿童各得其所，以期培养国家根本之元气，振兴民族独立之精神……"（蒋介石，1930）自国民政府于 1929 年颁布保障"人权"命令后，国民政府委员于 1930年审查了由国民政府立法院委员焦易堂氏所提的"人权法"，其中说道："吾人须知儿童是国家后起之国民，是社会将来之元素，国民即国家之基本，元素即社会之份子；不充分保障儿童权利，即间接伤及国家之基本与社会组成之份子；未有基本不固，而国家可能长治久安者，亦未有份子不良，而社会可能健全者。"（朱懋澄，1930）由此可见，在国民党统治者眼中，发展儿童教育是固本培元的应有之义，关乎国家未来和民族复兴。

在儿童本位的教育理念以及南京国民政府对国民教育的强调下，社会进步人士越发重视儿童问题，将国家多匪患归于无智识的乌合之众的扰乱，认为根本的解决之策是在教育上着手，紧抓学龄儿童的教育，"不但是救济他们的生命而已，还要灌输他们以实用的智识，使他们将来有自立的技能"（唐廷仁，1931）。基于取消童工的现实难度，社会民众也从推广强制教育、提升国民智识等方面试图改良童工劳动。"夫使用童工，诚为人道所不许。不过童工之所以为童工，大抵皆为其生活所驱使，一旦禁止其工作，则若干万人之生活，将发生重大问题。故除非社会上能为童工别谋出路外，则取消童工，事实上为不可能。至若因势利导，在可能范围内，逐渐改善，则或较易进行。"（逸飞，1933）当务之急又轻而易举者，就是让工厂设立工厂学校，保证童工每日完成工作后必须接受两小时强迫教育；抑或是设立义务学校，由政府发展公共教育解决儿童教育问题等方式（逸飞，1933；刘适齐，1941）。在保护童工立法上，姚绍宣（1936）一针见血地指出我国童工在法律保护上的空缺，认为已有的劳工法更适用于成年工人，在童工保护上不够周全，应早日制定颁布童工单行法，以保护童工。

三、小结

自鸦片战争以来，中国闭关锁国的政策逐渐被打破，西方的政治和文化思想随着帝国主义的入侵一同席卷中国。"古老"的中国在日益严重的民族危机和内忧外患之下，面临着紧迫的转型和实现现代化的任务。一些有识之士走上了救亡图存之路，试图寻找正确的救国之道，从而开启了中国的现代化进程。在这新旧社会交替之际，"五四"运动和新文化运动掀起了一场思想革命，将封建旧思想洗刷一新，传统与现代的思想观念不断碰撞，封建主义和父权主义的儿童观被倡导个性发展和独立人格的新式儿童观取代。一方面，除了杜威访华带来"儿童中心主义"的教育理念，国际儿童事业对中国的影响还体现在中华慈幼协会的成立。作为对纽约中国儿童福利协会发起运动的一个回应，中华慈幼协会不断推动儿童保障事业在中国的进展，儿童节和儿童年的设立让儿童事业在社会中蓬勃发展，社会越发重视儿童保护和儿童福利。另一方面，国民政府自身基于固本培元的需要，一边为中华慈幼协会提供支持，一边大力宣传国民教育的重要性，将儿童视作民族复兴的希望，是民族生命的幼苗、人类文明的花蕾。在政府宣传和社会新思潮的推动下，儿童的价值被重新定义——儿童不再是只能在工厂谋出路的廉价劳动力，而是需要保护和培育的对象，是具有独立人格的个体，同时也是救中国于水深火热之中不可缺少的一环，是未来的国民和民族的希望。基于此，童工的合法性被越来越多的人所质疑，社会中不断出现为童工请命、争取童工立法和改善童工处境的声音，上海童工委员会的成立以及《工厂法》等法令的颁布都是保护童工理念胜利的标志。

第四章　围绕童工制度的理念碰撞

布莱斯分析了理念在经济危机时发挥的制度重塑作用：行动者使用理念降低了自己所面临的不确定性，构建起自身的利益，从而使集体行动与联盟得以可能。同时，理念也可作为与既有制度斗争的武器，在既有制度丧失合法性时充当制度建设的蓝图，以惯例的形式协调行动者的预期，使制度在时间的推移中变得自我稳定。

这套假设同样适用童工制度在近代中国的变迁。中国的现代化思想发端于新文化运动和"五四"运动，彼时社会上充斥着形形色色的价值观念。由于风险的不确定性，无论是统治者、资本家还是社会民众，在接受西方现代化的过程中都充满着争议，选择了不同的话语、理念，并依此构建了自身的利益，在实现利益的目标导向下走上了不同的现代化路径。童工作为现代化的一部分也是如此，在儿童保护、强调儿童个体价值等理念逐渐占据上风的背景下，保护童工在社会上得到了越来越多的共识，但不同行动者在差异化的话语和理念的引导下在这一问题上产生了不同的立场，各自展开了行动，这些理念和行为的交织在政治上具体表现为在保护童工立法上的矛盾。

一、资方：通往工业现代化之路

除了工厂中屡见不鲜的童工劳动这一现实，1925 年上海工部局就限制工厂雇佣童工问题召开的纳税人特别大会更为直接地呈现了资方对于雇佣童工的真实立场和态度。20 世纪 20 年代初，社会对童工工作环境以及身心健康的关注与日俱增，禁用童工成为工人抗争的一部分，组织和个人不断呼吁对童工问题进行立法，取缔童工一事在上海轰动一时。除了当局政府，上海租界内的工部局也组织了童工调查委员会，对上海及附近地区的童工工作状况进行调查，并提出了旨在改善童工境遇的八点建议。然而由于这些条例以租界区域为界，遭到了租界内中国公民的反对。他们认为彼时中央已宣布了《暂行工厂通则》，工部局不能越俎代庖，加之 "五卅惨案" 的发生和工部局纳税人会议上到场人数不足，这一提案最终并未通过（沈丹妮，1927）。但是，《字林西报》[①] 对此次会议的支持与反对两方的意见总结为我们揭露了资方拒绝保护童工立法的深层原因。

其一，是保护童工立法的支持者。据 1925 年《新闻报》所载，赞成禁止雇佣 10 岁以下之童工者可谓势单力薄，被《字林西报》称为 "遵循旧制者"，"因目下情形完全不合，非辩论所能使其合理，亦无人能为之辩护"。他们认为雇佣童工于道德不合，与其他先进国家的童工立法程度相比，上海将背负雇佣童工的恶名。这些支持取消童工的人里还包括一些英国纱厂资本家，但后者遭到了来自社会的质疑。《新评论》上的一篇报道抨击了该项童工议案的虚伪性，认为英国纱厂资本家提出取消童工只是为了掩饰自己的剥削属性，作者并不相信中外资本家会自动地禁止童工（冈头人，1929）。待取缔童工声浪平息之后，资本家又照常雇佣童工。

其二，以中国纱厂联合会所代表的上海民族资产阶级明确表示反对限制童工的立法，他们认为这是不适用于中国贫苦工界的外国思想。在这些民族资本家看来，工部局制定的有关童工的法令旨在打击资本不雄厚、机器设备相对落后、雇佣童工较多的中国民族资本 ［根据上海童工委员会 1924 年的调查，上海共有雇佣童工的大小工厂 275 个，童工总数 17 万人，其中华人所办有 190 厂（李大钊，2013）］。为了显示自己有合理的理由拒绝保护童工立法，这些民族资产阶级同样从道德角度将自身追逐利润的行为合法化，表示雇佣童工具有慈

---

① 《字林西报》（*North China Daily News*），又称《字林报》，前身为《北华捷报》（*North China Herald*），曾经是在中国出版的较有影响的一份英文报纸，也是英国人在中国出版的历史最久的英文报纸。该报曾发表大量干预中国内政的言论。主要读者是外国在中国的外交官员、传教士和商人。

善性质：经济上体现为补贴家计，减轻父母负担，家庭方面则是由于一家人同在工厂做工，不会导致彼此分隔，有助于家庭和谐，进而对儿童自身而言，让儿童在工厂劳作可以避免因儿童在外闲逛、戏耍而发生不测。基于此，这些资本家坚持反对保护童工立法。

再者，与欧洲先进工业国相比，作为后发工业国的美国在保护童工立法的进程中也遭到了南部棉纺织厂主的激烈反对。与美国北部各州从 19 世纪中后期就致力于通过立法限制童工劳动相比，南部各州在童工立法上可谓"迟钝"。以南部棉纺织厂主、全球制造商联合会及美国农场局联合会为代表的利益集团坚定地站在反对童工立法一方。12 岁以下的童工被南部棉纺织厂主视作棉纺织业的支柱，限制童工劳动无异于毁掉南部棉纺织厂主的棉纺织业。因此，在 1900 年之前，美国南部几乎没有任何一个州从法律上限制童工劳动。

虽然中国纱厂主的立场和美国南部棉纺织厂主一样，都是为了在经济竞争中使利润最大化，从而反对限制使用童工，但二者也存在不同之处：公共租界内的上海民族资产阶级在经济和工业现代化的道路上，不仅要面临着市场上国货与洋货的竞争，还要与租界外的同胞进行竞争，双重竞争让他们的处境更为艰难。因此他们认为若是仅禁止租界内的童工，那么不仅童工可能会去租界外继续工作，违背了保护童工的意愿，还会导致租界内的实业生产成本过高，有违公允（枫，1928）。基于以上种种原因，中国人拒不出席该次纳税人会议，最终因会议不足法定人数未能通过关于童工的议案。

二、共产党：无产阶级队伍的一分子

与资本家利用廉价童工赚取利润以促进工业资本主义的发展不同，作为工人阶级先锋队的中国共产党对童工问题高度重视。在反对大地主大资产阶级的斗争中，中国共产党试图将童工吸纳进无产阶级的队伍中以加强自身建设，因而为童工争取利益也成为其斗争的重要内容。

其一，共产党揭露了使用童工的危害及北洋政府、南京国民政府保护童工立法的虚伪性（鲁运庚 等，2002），呼吁童工联合起来参与罢工斗争。1925 年在中共中央委员会机关报《向导》上刊登的一篇文章清楚地表明了共产党的立场。作者把工部局称为"帝国主义者"，把童工称为"小奴隶"，认为工部局提出的改良童工建议是"名至而实不归"，体现了他们的伪善，只是害怕工人觉悟罢了。同时作者在文末呼吁上海的这 17 万小奴隶能够联合起来，提出于童工切实有利的条件，全国工人阶级和真正的民族革命运动者都会给予其实际的帮助（其颖，1925）。同样，以李大钊为代表的共产党人认为外国资本家在中国的纱厂配备初级教育机关只是资本家想要换取温情主义的美名的手段。上海童工委员会提出的八条建议虽比北洋政府的《暂行工厂通则》多了监察机关和处罚办法，但租界内的外人行政机关一方面受到资本家的掣肘，另一方面观望北洋政府在江浙间如何施行其所发布的条例，"一切皆是'以待来年'的攘鸡办法"（李大钊，2013）。只能依靠献身于无产同胞的上海劳工团体本身来维护这十多万童工的利益，帮助他们发育智能，有适宜的娱养。至于南京国民政府颁布的《工厂法》，因其实施日期在民族资产阶级的不满和修改要求下一拖再拖，也被批判向资本家妥协。

其二，共产党积极倡导通过立法来保护童工。针对上海童工委员会提出的关于童工的八条建议，中国共产主义青年团发表宣言表示反对，并提出：禁止雇佣 13 岁以下童工；16 岁以下童工每日工作 8 小时，禁止夜间劳动，每周至少应有 2 天有薪休息；禁止使用童工从事危险劳动；童工与成年工人同工应同酬；厂主与工部局出资兴办平民学校，招收童工入学（丁勇华 等，2008）。但由于彼时中国共产党并不是执政党，这一宣言只能引起社会舆论的重视，而无法左右国民党政府的立法。

自大革命失败，国共两党同盟破裂，两党进入十年内战后，中国共产党在一段时间内受"左"倾思想的影响，坚信劳资利益不可调和，坚持阶级斗争的路线，因而其劳资政策更为激进。共产党于 1931 年在中央革命根据地颁行了《中华苏维埃共和国劳动法》，规定童工的最低年龄为 14 岁以上、16 岁以下的未成年人，16 至 18 岁的未成年人为青工，童工每日的工作时间为 4 小时，青工每日工作时长为 6 小时，二者都不得在下午 9 点至第二天 6 点工作。这部《劳动法》对工作时间的规定完全是按照共产国际执行委员会的要求，所以在后来受到了党内务实派的批评，认为这一规定与当时经济较为落后的中国乡村情况不符，中国共产党不能完全机械执行第三国际的标准（衡芳珍，2013）。修改后于 1933 年颁布的《劳动法》在童工相关条例上把禁止夜间工作时间缩短了一个小时，在每日工作时长和最低雇佣年龄上依然维持原状。相比之下，共产党《劳动法》在童工工时的限制上远比国民党《工厂法》要严格，由此可以看出前者对工人阶级利益的强调，期望唤醒童工抗争意识和觉悟，一起通过阶级斗争实现共产主义。

三、国民政府：左右摇摆的童工立法

在国家和社会探索现代性道路的时候，国民党政府作为彼时的统治者，在保护童工立法一事上，既面临来自资方发展经济的要求，又要应对共产党支持和领导的工人罢工运动，因而在社会民众普遍呼吁改善童工处境、取缔童工之时，出台了劳动法令，规范工厂用工，其中便包括童工的年龄、工作时长、待遇等相关条款。

（一）前身：军阀政府的《暂行工厂通则》和《北平工厂条例》

近代中国童工得到"法律保护"可以追溯至 1923 年北洋政府颁布的《暂行工厂通则》，这一法令的颁布与工人运动息息相关。1923 年 2 月，京汉铁路工人开全路总工会遭军警干涉导致失败，便四处宣传引起社会的注意，也引起了议会的注意，先由当时参议院与众议院开联席会议，咨请大总统承认工人组织工会的权利，后由农商部草拟此暂行通则，虽未经两院审核，但把它公布了出来。事实上，该法令并未得到切实奉行：北洋政府没有实行的诚意，各地长官对此漠然视之；驻华各领事对英外交部报告此通则，而各地官厅劳资各方大都不知通则为何物；加上条文本身也有缺点，如适用工厂范围太小，童工的劳动时间太长、休息时间太短，对于检查、处罚等也毫无规定，疏忽了保工意识。

充当装点门面工具的《暂行工厂通则》因其不完备受到了中外人士的指摘。在国际国内压力下，张作霖以大元帅名义于 1927 年 10 月在北平公布了"新"的工厂法规，即《北平工厂条例》。与《暂行工厂通则》相比，《北平工厂条例》在禁工年龄、时长等方面都有所调整。后者在年龄与工作时长上延续了前者的部分规定，如《北平工厂条例》虽将男性的禁止雇佣年龄从未满 10 岁提升至 12 岁，女性从未满 12 岁提升至 14 岁，但对于那些在条例施行以前已经雇佣的幼工，男子满 10 岁以上、女子满 12 岁以上者，许其继续雇佣。这可以认作是对现状的过渡，试图逐渐解决工厂雇佣童工问题。

从结果来看，无论是《暂行工厂通则》还是《北平工厂条例》，二者都如昙花一现。当北伐的革命势力延伸到北京时，军阀政府被宣告死刑，工厂条例也随之俱亡。

（二）南京国民政府：曲折反复的《工厂法》

应时代的需要，南京国民政府于 1929 年公布了《工厂法》，这一法规在参酌旧规的基础上更为完备，增加了关于学徒的条款，并在保护童工的规定上要求更高。然而，即使是在短暂的政权稳定时期颁布的《工厂法》，在实施上也一再延期。国民政府于 1929 年 12 月颁布《工厂法》，本定于 1931 年 2 月生效，又延期六个月，直到 1931 年 8 月开始实行，后参考各地意见，于 1932 年 12 月颁行经过修正的《工厂法》。

这一再延期的背后，是资方对于《工厂法》相关条款的不满，具体表现为要求延长童工的工作时间。据《劳工月刊》所载，上海市华商卷烟厂业同业公会建议将每日工作时长延长为 10 小时（1929 年颁布时规定为 8 小时），删除"童工不得在午后七时至翌晨六时之时间内工作"的规定；上海中华工业总联合会建议将工作时长延长为 12 小时（王颖，1932）。针对资方的非议，国民党部分采纳了前者的建议,修改了《工厂法》,如将"童工不得在午后七时至翌晨六时之时间内工作"改为"童工不得在午后八时至翌晨六时之时间内工作",并对部分条文暂缓执行。《大中国周报》的一篇专论(1933)指责这一行为是向资方屈服:"新条文优于斟酌国情,其优点在欲免重蹈不切实际之弊,其劣点在太重视工厂主之意见。若欲兼顾一切,止于至善,则比较之下,不得不认旧文有削足适履之讥,新条文多安于固陋之习。"

上述几部关于童工法令法规的具体对比如表1所示。

表1 民国时期关于童工法令的比较

项目		《暂行工厂通则》	《北平工厂条例》	《工厂法》
出台时间		民国十二年(1923)	民国十六年(1927)	民国十八年(1929)
颁布者		北洋政府	张作霖	南京国民政府
关于童工的具体法令	童工年龄	男子未满17岁,女子未满18岁者为幼年工	男子满12岁以上未满17岁,及女子满14岁以上未满18岁者为幼年工 男子满17岁,女子满18岁者为成年工	男女工人在14岁以上未满16岁者为童工
	禁工年龄	男子未满10岁,女子未满12岁	男子非满12岁,女子非满14岁	未满14岁者不得雇佣
	工作时长	幼年工每日工作,除休息时间,至多不得超过8小时	幼年工及成年女工每日工作,除休息时间,不得过8小时	每日工作不得超过8小时
	禁止夜间劳动时长	禁止在午后八时(20时)至次日午前四时(8时)时间之内工作	禁止在午后十时(22时)至翌日午前四时(8时)时间之内工作	不得在午后七时(19时)至翌晨六时之时间内工作
	休息时间	对于幼年工至少应每月给予三日之休息	对于幼年工及成年女工,至少应按星期给予一日之休息	凡工人继续工作至五小时,应有半小时之休息;每七日中应有一日之休息,作为例假;政府法令所规定应放假之纪念日,均应给假休息

续表

项目		《暂行工厂通则》	《北平工厂条例》	《工厂法》
关于童工的具体法令	危险作业	不得令幼年工从事处理有害物品的工作，在有害卫生或危险处所也不得令幼年工工作	同工厂通则，但增加了对成年女工的保护	同工厂条例
	有无学徒规定	无	有	有

注：规定继续雇佣之工人，每日工作时间，除休息时间，不得过 6 小时。

　　虽然《工厂法》最终还是实施了，但由于缺少可操作性及严厉的惩罚措施，工厂主即使违反了法令也不会受到相应的制裁。当保护童工的声浪平息之后，童工在上海工厂中依然随处可见。从国民党当局政府在保护童工立法上的暧昧态度，可以看出政府缺乏诚意和决心，并未强制取缔童工，更倾向于保护民族资产阶级的经济利益。

　　然而不论是近代中国还是进步运动时期的美国，在童工立法上都存有明显的消极性，即明显偏向如何保护童工利益，而忽略了从根本上解决童工问题。正如王菁（2013）在比较美国儿童局与美国童工委员会开展反对童工运动的做法时，一针见血地指出儿童局更关注保护儿童权益的思维定式，他们没有意识到保护童工权益实际上是在纵容童工，反而加强了童工的合法性。从《暂行工厂条例》到《工厂法》，包括共产党的《劳动法》皆是如此，即使在儿童社会价值显著提升的社会共识之下，也无法真正从法律上禁止和取缔童工。

　　这实际上与国家经济建设的需要有关。在民国时期的中国，国内工业在内忧外患的环境下一直没有取得较大发展，直到南京国民政府在名义上统一了政权，中国的工业发展和经济建设才获得相对稳定的政治环境，振兴商业贸易和工业生产成为政府统治的重要目标。出于发展经济的迫切现实需要，南京国民政府在童工问题上向民族资产阶级妥协也就顺理成章。

四、小结

　　从传统走向现代的道路上，资本家、民众以及主要政治力量都在追求现代性，从"长者本位"到"幼者本位"的儿童社会价值的变化也正是现代性思想深入人心的表现。但是，不同的行动者有着不同的理念，对童工及这一群体背后的整体儿童价值有着不同的认知，因而出现了现代化进程中的差异化路径。

对于民族资产阶级来说，童工是利润最大化的最佳对象，他们低廉的成本和温顺的性格完美地适应了机器化大生产中的流水线工作，能够取代成年工人，是经济上有价的儿童。但对旨在团结所有无产阶级的中国共产党来说，童工是工人队伍的一部分，要向这一群体宣传共产党的主张，让他们觉悟并意识到自己被压迫和被剥削的处境，从而联合起来争取自己的权益。彼时，在政权争夺中获得喘息机会的南京国民政府将经济建设作为首要任务，因而在现代化的选择上明显偏向了资本家一方，在保护童工立法上屡屡向民族资产阶级妥协。不必说真正取缔童工，即使在改良童工劳动方面，国民党政府也只是 "蜻蜓点水"罢了。

由此可见，新的理念对社会整体行为的影响需要时间的沉淀，同时也受行动者自身认知和能动性的影响。理念构成了行动者对利益的认知，不同行动者在童工立法问题上形成了相互竞争的理念，从而理解自身利益所在，并指导着相关实践行动，最终在保护童工立法上表现为进度缓慢和困难重重。因而童工制度的取缔并非一蹴而就。

第五章　抗战时期政治上有价之儿童

一、加入全民族统一抗日战线

在 "九一八" 事变之前，新文化运动和 "五四" 运动为中国社会带来了新的思想，童工的经济价值逐渐被儿童作为独立人格应享有的权益所取代。尽管童工制度并未在法律上被完全取缔，但社会上逐渐认可了童工的个体价值，基本形成了保护童工的共识并为之不懈努力。然而，到了 20 世纪 30 年代，政局越发紧张。"九一八" 事变拉开了日本侵华战争的序幕，"七七" 卢沟桥事变则是全国抗日战争的开始，国共第二次合作形成了全民族统一抗日战线，不论男女老幼，皆有守土抗战之责。在民族危亡之际，当每个人的基本生存权都受到威胁的时候，国民早已不分群体，而是齐心协力一同抗敌。儿童作为 "国家未来之主人翁"，也被寄托了抗战的期望和使命（陆濛，2018）。

在此背景之下，儿童在政治上被赋予了较之前的民族复兴更为紧迫的任务。除了当局政府公开表态呼吁儿童参与抗战，社会上也出了许多呼吁儿童参与抗日的宣传刊物，如《抗战儿童》、《战时教育》、《少年先锋》及《少年战线》等。这些刊物刊登的内容多为反映抗战时期儿童奋勇抗争、抗击日本帝国主义侵略者的作品，以此号召全体青少年团结起来坚定参与抗战。其中多是："团结起来吧！劳苦的童工！我们都要做，少年的先锋！后方多生产，前线打先锋！"（张健，1938）"我们不做寄生虫，要做抗战的小英雄，为的是要赶走日本帝国主义，救起我们的民族国家，同时也是为的救起我们儿童自己，并使我们得到一种抗战建国的新教育。"（吴新稼，1939）

在政局动荡和亡国危难之时，"幼者本位"所强调的保护儿童观念在"国家未来之主人翁"被赋予更浓厚的政治意蕴的背景下逐渐变得暗淡，此前不同主体围绕保护童工立法而产生的矛盾在这生死存亡的关头也消失不见。

二、童工的特殊使命：后方生产，前线宣传

淞沪会战爆发后，上海出现了大批流离失所的难民，由上海社会各界组织成立的难童救济机构应运而生，并将救济工作与统战工作相结合，一边开展生产自救活动，一边培育大批抗战力量并输送到敌后进行游击战争（张鼎，2016）。其间社会发生的最为显著的变化当数对童工态度的再次转变。此前，在保护儿童理念占上风的时候，在工厂工作的童工被称为"小奴隶"、"猪仔"或"农奴"，以食不饱、穿不暖的形象出现在公众面前，遭受着生理与心理的双重摧残，前途一片黯淡，是需要救助和帮扶的对象。但是，在抗战的大背景下，政府和民众再次认可了童工的经济价值，并从政治方面赋予其新的价值。

1937年10月29日，蒋介石在国防最高会议上作《国府迁渝与抗战前途》讲话，明确提出迁都重庆，以四川为抗日大后方，继续抗战。政府西迁导致川渝地区成为战时经济重心，新建和内迁的工厂促进了内地工业化，也为迁往后方的儿童和妇女参与生产创造了条件。童工在社会上获得了"好名声"，参与工厂生产是值得鼓励和宣传的事迹。"抗战前，工厂里充满了童工……抗战到了今天，这种现象减少了没有呢？没有。我们可以肯定地这样答复。"（刘效骞，1945）报刊上展示的童工形象一扫过去沉默寡言、面黄肌瘦的面貌，转为在抗日救国的信念下充满了生产热情："为着打日本，应该加义务工，努力生产！"（童工，1940）在民族主义兴盛时期，在政局和政策的影响下，每一个人都要为民族存亡而奋斗，童工个人的价值与家国命运紧紧连在了一起，工厂童工通过在战场大后方生产以加强抗战力量的方式获得了合法性。抗战期间童工的工作不再是简单地以经济利益衡量，而是充满抗战救亡的政治教化意味，而民众对保护童工的相关政策也变得宽容。虽然当时仍有处境凄惨的如在矿场里劳作的童工，但基于大后方生产需要，煤炭开发一事不能停止，故有人提出不能对矿场童工进行消极限制，而要积极援助，将10岁以下的儿童救出来，由儿童救济组织收容；对于10岁以上的矿场童工，则尽量改善他们的生活（臧琯亭，1944）。

战争期间儿童被动员起来加入生产并不少见，美国的童工数量在一战和二战期间也存在上升现象，但由于不同的作战环境，中美两国的战时童工性质存在差异。由于一战主战场在欧洲，美国主要负责军械的生产制作，加之美国参战时成年工人被大量征兵，工厂在旺盛的军械需求下提高了薪资，儿童被吸引进入工厂代替前者生产，工厂里的童工数量因而大大增加。与1915年相比，美国各个城市在1916年发出的童工工作证在巴尔的摩（Baltimore）增加了14%，这一数字在麻省的一个城市更是达到了400%。在新罕布什尔州，年龄在14岁至16岁的童工，1917年相较1916年增加了119%，1918年又比1917年增加了58.7%（祝世康，1933）。直到战争结束，军械工业的市场需求急剧下降，原本的成年工人从战场回到了工厂，童工的数量才趋于减少。相较而言，中国的抗日战争属于本土作战，在国内军事力量相对薄弱的情况下必须通过抗日民族统一战线来增强作战力量。在全民抗战的动员下，最终形成男性在前线抗战，女性和童工在后方参与生产的格局，由此组成长期抗战的雄厚力量。对比美国战时童工是出于经济原因进入工厂，中国抗战期间的儿童是在政治上被动员起来加入生产的，后者在全民抗战的政治动员和社会舆论下将实现个人价值与拯救国家危亡相关联，将个人价值与民族主义结合。

除了参与后方大生产，儿童也能凭借自身优势在前线工作，如上海童子军在枪林弹雨、飞机炸弹的极大危险下，做运输、交通、通信等工作，孩子剧团从上海一路辗转到武汉，沿途不断做宣传工作以动员全民族（家堤，1938）。身形娇小、灵活的儿童在中国共产党采取的游击战略中也更具优势，能帮助传递消息、运送物资，而其无害的外表能降低敌人的警惕，易于做间谍工作。家堤总结了前线儿童工作的主要内容，包括：战时救护工作，如医院看护，战场上包扎受伤士兵等；宣传工作，如组织剧团、歌咏团来动员全民族；间谍侦探工作；募捐工作。

在战火连绵的社会动荡之中，这些本该成为难民的儿童被难童救济机构收养，经过抗日救亡和爱国主义思想教育的洗礼，在社会统战力量的引导下，逐渐成长为蓬勃的抗战力量（张鼎，2016）。国家和社会对儿童的重视也延续到了战后。一方面，工厂童工数量显著减少，1930年工商部统计上海童工人数为16111人，约占产业工人总数的4%；上海市社会局在1936年统计的童工数目是27091人，占全市劳工人数12%左右；而这一数字在1947年12月的调查中下降为6317人，占上海工人总数不到2%（李文海，2005）。另一方面，战后儿童安置工作也由国家和社会承担。"过去孩子们是由他父母负责的，没有父母的由亲戚负责，没有亲戚的听其流浪，死亡，乞食，疾病……这孩子们的生死存亡，全凭他个人的命运，人人视为当然，社会也熟视无睹。现在我们要从观念上改

过来：孩子是国家的孩子，是民族的。"（谢征孚，1945）

三、小结

战争的冲击让强调个人价值的儿童本位观念不再牢固，为国家存亡而奋斗的"国家之主人翁"理念在政府动员和抗战的紧迫性下深入人心。这一时期各方在童工一事上的理念共识较高。国共第二次合作形成的抗日民族统一战线将儿童划入抗战建国的阵营中，无论是国民党政府还是共产党领导的工人组织，在抗日宣传的口径上都保持一致，鼓励童工有序组织起来参与后方生产。其中国民党高层如宋美龄指导中央振济委员会积极救济女工和童工，安置好这些工人后将他们安排在当地工厂工作。而原本就将童工视作自身一分子的工人组织更是在自己的刊物上进行抗日宣传，团结童工一致抗日。在这样的政治环境下，资方更是如鱼得水，通过雇佣童工来弥补由战事延长导致的工厂人力缺乏，这一行为也不会如之前那般被法令和社会舆论约束。基于这样的共识，童工以一副崭新的模样出现在报刊文章中，作为抗日救国的光荣生产者而被歌颂。同时，战时儿童工作的成就纠正了一般大人看不起儿童的错误观点，儿童逐渐获得了和成年人平等的地位。事实证明，儿童的积极性、负责、机警、工作热情和工作效能，一般都是超过成年人的，甚至有些工作成年人不能干，儿童却具有先天优势。抗战结束后，由于战争对原本社会经济和家庭制度的破坏，加之儿童的政治和社会价值大幅提高，儿童逐渐离开家庭私有领域，在国家和社会的公共视野中占据重要位置，社会上开始认同国家对儿童负责的观念。

第六章　结　论

童工制度的出现与资本主义发展和工厂采用机器生产相伴相生，无论是作为工业革命起源地的英国，还是摆脱殖民地身份后成为后发工业国家的美国，抑或是21世纪20年代初才迈入现代化的中国，童工这一现象都经历了从司空见惯到上升为亟待解决的社会问题的过程。童工问题的复杂性在于其内部环环相扣、千丝万缕的联系，解决童工问题并不是一蹴而就的，而是像多米诺骨牌一般牵一发而动全身，产生的影响是多向的。虽然家庭经济困难被认为是童工现象产生的主要原因，但不论是先进的工业国家还是在现代化进程中居于后位的中国，废止童工的斗争都延续了很长一段时间，保护童工的立法经历多次试验和反复，这说明废除童工是一个充满了争议和困难的过程。除了劳动力过剩、社会运动的推动及福利政策等因素的影响，保护童工立法背后还涉及更为结构性的文化理念的转换，强调儿童至上和个体价值的现代儿童理念在与传统观念的博弈中逐渐占据上风，从而影响了社会民众及主要政治力量对童工问题的认知。

民国时期的中国刚推翻延续几千年的封建专制制度，正摸索着向现代化民主国家转变。新文化运动和 "五四" 运动为国内思想界带来了新的活力，在思想启蒙和文化变革的过程中，新文化倡导者和教育家们致力于颠覆传统国民性中对儿童作为独立个体和人格的忽视，树立了尊重儿童主体人格、关注儿童个性发展的新型儿童观，儿童作为个体存在的价值被发现。作为对世界儿童保护事业的回应，中华慈幼协会的成立大大推动了儿童保障事业在近代中国的发展，背靠国民党政府的半官方背景使其能将慈幼活动推广到全国各地，儿童节和儿童年的设立更是让社会再次意识到关爱儿童的必要性。这些价值观念的革新让人们不再将儿童视作家庭的私有产物，而是倡导培养有主体意识和创造能力的活生生的儿童。

在注重儿童个体价值的新理念冲击之下，在工厂劳作的、备受压迫的童工便成为主要关注和救助对象。近代上海作为向帝国主义国家开放的通商口岸之一，一方面深受新思潮的影响，民众意识觉醒程度较高；另一方面上海工厂雇佣童工数量居于全国首位，因而新思想与现实的碰撞尤为激烈。一些进步人士将童工视为罪恶的、落后的制度，纷纷呼吁从法律上予以取缔，改善童工的非人待遇。

除了社会民众和组织机构，主要政治力量也对童工问题作出了回应。自成立之初就将反帝反封建作为纲领的中国共产党十分关注童工问题，将维护童工权益视为壮大自身力量的一部分，试图唤醒童工的抗争意识，使其加入阶级革命和斗争中。20 世纪 20 至 30 年代的中国，经历了军阀混战、三次国内革命战争及外商侵占市场的种种经济和政治上的动荡，故而南京国民政府一经成立，就将经济建设作为重点。由于必须依赖与大资产阶级的合作来发展工商经济和改善财务状况，国民政府在政治上屡屡向民族资产阶级妥协，而后者在保护童工立法上持反对态度，将童工视作赚取利润、发展经济的有用之人。围绕童工价值的不同认知和观点的拉扯，在政治上最终反映为 "虚有其表" "有名无实" 的保护童工法令的出台。

虽然不同主体在通往现代化中作出了不同的选择，但总体而言当时社会上对童工经济价值的认可度降低，更为提倡儿童个人应有的权利和作为未来之国民的社会价值。20 世纪 30 年代爆发抗日战争后，儿童个体价值被抗日救亡的话语所掩盖，在全民族统一抗日战线的组织下，儿童不论在政治还是社会上都被猛然拔到与成人一样的高度。在儿童是 "国家之主人翁" 的意识形态下，从事大后方生产的童工工作被赋予了经济之外的政治价值，童工这一群体又获得了政治和道德上的合法性，被社会所认可。抗战结束后，战时急剧增加的童工退出了工厂，但国家和社会对儿童的重视依旧保持了下来，儿童教养逐渐从私人领域进入公共领域，成为国家和全社会的责任。

纵观民国时期中国的童工制度，从最初的贫苦家庭孩子的谋生之道，到为道德、人伦和情感所不容，是需要取缔的罪恶制度，再到抗战期间鼓励儿童参与生产，人人都要抗日救国，可以发现社会及主要政治力量在追求现代性的过程中对童工认知的变化。这变化背后反映了与时代相关的更为结构性的文化因素的作用，人们的理念发生了改变，对童工价值的认知经历了由经济利益定义的经济价值，到作为独立人格所具有的个体价值的转变。继而，在抗战的大背景下，个体价值受到强烈的民族主义影响，以政治价值的形式实现。这些变化最终反映在保护童工相关的立法和政策的制定上。

从更为宏观的角度来看，民国时期保护童工立法声潮的出现和壮大，是当时社会保护主义兴起以反抗市场的表现之一。辛亥革命削弱了中国封建主义的势力，革命后建立的资产阶级共和国政权及《临时约法》的颁布更是为中国资本主义工业的发展创造了良好的社会条件，也为资产阶级从事经营活动提供了基本保障。1912年至1919年，在经济建设的任务下，中国资本主义工业处于较快的发展中，棉纺织工业等工厂数量大幅增长。随着工厂的开办和机器化大生产的普及，中国的劳动力市场逐渐扩张。不仅是成年男性，妇女甚至是儿童也以劳动力的形式进入市场，以工资为价格被雇佣，成为工厂工人的一部分。作为社会困境群体的童工长时间在恶劣的车间里工作，却只能获得低廉的工资。"五四"运动后，在新儿童观的影响下，人们开始批判资本家对童工的残酷剥削，要求改善童工待遇甚至是废除童工制度，相关的提案和建议和童工伤亡报道一齐屡见报端。在社会舆论的压力下，当局政府也出台了几部劳工法令，设立了雇佣童工的限制。尽管立法作用有限，且实施难度较大，但这在某种程度上可以视作社会保护主义与市场的竞争——通过抵制劳动力的过度商品化来争取对劳动者的保护性立法。

如今，儿童对家庭、社会和国家的价值已经毋庸置疑，保护儿童和开展义务教育早已成为国际间的共识，童工问题逐渐淡出人们的视野。然而，近年来数字技术的蓬勃发展促成了一大批互联网平台企业的诞生，深刻地改变了劳动力市场的格局，以外卖员、快递员和网约车司机等为代表的平台零工迅速崛起。这些新的就业形态和灵活的劳工关系在创造大量工作机会的同时，也极大地提高了劳动强度和工作的不稳定性。盖伊·史坦丁（GUY STANDING，2019）将这一群体称为在新自由主义的经济模型及全球化背景下形成的"不稳定无产阶级"（precariat）。在弹性劳动力市场导致风险私有化的背景下，劳动者在工作、生活中的风险和不稳定性增加了。这些不稳定的劳工正形成一种新的危险阶级，容易形成簇拥民粹主义的"政治怪兽"，并对政治秩序提出挑战。然而，目前我国对这些平台劳工存在法律治理的瓶颈，尚未在法律层面形成对不同类型的数字劳工群体的权益保障：在工业化社会形成的以职工群体为核心的劳动者社会保护体系并未包含这部分在信息化社会中诞生的新业态劳动者，因而这部分群体的社会保护权益难以得到维护。未来将会如何，尚无定论。但本研究对民国时期童工问题的理念转变的分析，可以为理解当今时代政治文化因素如何影响这些新型劳动关系的相关政策和立法提供思路。根据理念在界定问题、追溯原因、提出解决方案中发挥的作用，我们可以通过分析和归纳目前社会和政党对这些新业态劳动者的定义和认知，对之后相关的政策和立法走向有一个粗浅的预测。

参考文献

［1］COX, ROBERT HENRY. The Social Construction of an Imperative：Why Welfare Reform Happened in Denmark and the Netherlands but Not in Germany［J］. World Politics, 2001, 53（3）：464-498.

［2］CARSTENSEN, MARTIN B. Ideas are Not as Stable as Political Scientists Want Them to Be：A Theory of Incremental Ideational Change［J］. Political Studies, 2011.

［3］DIMAGGIO P J, POWELL, W W. The Iron Cage Revisited：Institutional Isomorphism and Collective Rationality in Organizational Fields［J］. American Sociological Review, 1983, 48（2）：147-160.

［4］JOAN H. Toward a Sociotechnological Theory of the Women's Movement［J］. Social Problems, 1976（23）：371-388.

［5］HINDMAN H D. The World of Child Labor：An Historical and Regional Survey［M］. OXFORDSHIRE：Taylor and Francis, 2009.

［6］MEYER J W, Rowan, B. Institutionalized Organizations：Formal Structure as Myth and Ceremony［J］. American Journal of Sociology, 1977, 83（2）：340-363.

［7］PAUL O. Getting Started：The Youth Labor Market［M］. Cambridge：MIT Press, 1980：56-71.

［8］SKOCPOL, THEDA. Protecting soldiers and mothers：the political origins of social policy in the United States［M］. Cambridge, Mass.：Belknap Press of Harvard University Press, 1992.

［9］SABINA S. Ideational Leadership in German Welfare State Reform：How Politicians and Policy Ideas Transform Resilient Institutions［M］. Amsterdam：Amsterdam University

Press，2009.

［10］ZELIZER V A. The Social Meaning of Money［M］. New York：Basic Books，1994.

［11］阿瑟·林克，威廉·卡顿，著.1900 年以来的美国史［M］.北京：中国社会科学出版社，1983.

［12］蔡根深.童工问题［J］.星期评论：上海民国日报附刊，1929，2（50）：2-5.

［13］陈振鹭.中国童工问题［J］.国立劳动大学劳动季刊，1931，1（2）：1-28.

［14］丁勇华，吕佳航.试论1920、1930 年代上海童工问题［J］.上海大学学报（社会科学版），2008（2）：91-98.

［15］丹尼尔·罗杰斯，著.大西洋的跨越：进步时代的社会政治［M］.吴万伟，译.南京：译林出版社，2011.

［16］崔珊珊.权力、观念与制度［D］.长春：吉林大学，2019.

［17］冈头人.禁止童工问题［J］.新评论，1929，2（2）：72-74.

［18］国际劳工局.童工劳动的终结：可望可及：根据《国际劳工组织关于工作中基本原则和权利宣言及其后续措施》的要求编写的综合报告：报告 1（B）［C］.日内瓦，2006.

［19］盖伊·斯坦丁，著.朝不保夕的人［M］.徐偲骕，译.杭州：浙江人民出版社，2023.

［20］黄莉莉.中华慈幼协会研究（1928—1938）［D］.武汉：华中师范大学，2008.

［21］衡芳珍.二十世纪30 年代国共两党的工厂法［J］.江苏社会科学，2013（4）：211-217.

［22］蒋介石.国民政府蒋主席训词［J］.慈幼月刊，1930（1）：28-30.

［23］家堤.怎样做儿童工作［J］.抗日十日刊，1938（7）：3-4.

［24］卡尔·波兰尼，著.大转型：我们时代的政治与经济起源［M］.冯钢，刘阳，译.杭州：浙江人民出版社，2007.

［25］刘舜丞.现代中国童工问题［J］.劳工月刊，1936，5（10）：1-14.

［26］刘适齐.童工制度［J］.凡言，1941，1（1）：21-22.

［27］黎明.从儿童节谈到童工学徒［J］.工商正论，1941（20-21）：15-16.

［28］刘效骞.童工教育政策［J］.中国劳动，1945，8（3）：24-27.

［29］鲁运庚，刘长飞.民国初年的童工研究［J］.民国档案，2002.

［30］李文海主编.民国时期社会调查丛编［M］.福州：福建教育出版社，2005.

［31］李大钊.上海的童工问题［M］//中国李大钊研究会.李大钊全集.北京：人民出版社，2013.

［32］鲁运庚，张美.百年来国内关于解决童工劳动问题研究的学术史论［J］.中州学刊，2018（5）：122-129.

［33］陆濛.五四时期至四十年代中国儿童观的探寻［D］.上海：华东师范大

学，2018.

[34] 郦菁．波兰尼时刻：历史政治学与我们的时代［J］．中国政治学，2020（4）：23-28，118.

[35] 沈丹妮．童工［M］．上海：世界书局，1927.

[36] 上海工运志编撰委员会编：上海工运志［M］．上海：上海社会科学出版社，1997：107-124.

[37] 其颖．上海的童工问题［J］．向导，1925（110）：4-5.

[38] 斯文·贝克特，著．棉花帝国：一部资本主义全球史［M］．徐轶杰，译．北京：民族与建设出版社，2019.

[39] 唐廷仁．儿童幸福运动的重要［J］．慈幼月刊，1931，2（2）：26-29.

[40] 童工．我和菜油机的生活［J］．西南工合之友，1940（4）：9.

[41] 王颖．各地修改工厂法意见［J］．劳工月刊，1932，1（1）.

[42] 吴新稼．抗战以来儿童工作的综述［J］．战时教育，1939，4（12）：7-10.

[43] 吴效马．五四"儿童的发现"与中国教育的近代化［J］．学术研究，2005（7）：101-105.

[44] 维维安娜·泽利泽．给无价的孩子定价：变迁中的儿童社会价值［M］．王水雄，宋静，林虹，译．上海：格致出版社，2008.

[45] 王菁．美国反对童工运动研究（1912—1938 年）［D］．上海：上海师范大学，2013.

[46] 谢征孚．复员时期的急救儿童工作［J］．儿童福利，1945，1（5）：1-2.

[47] 逸飞．谈谈我国的童工（附表）［J］．北辰杂志，1933，5（9）：12-18.

[48] 杨公怀．儿童年中为全国童工请命［J］．机联会刊，1935（116）：12-13.

[49] 姚绍宣．中国应早日制定童工法［J］．现代父母，1936，4（3）：16-17.

[50] 尹明明，刘长飞．20 世纪初期美国的童工立法［J］．山东师范大学学报（人文社会科学版），2001（3）：89-91.

[51] 周作人．人的文学［J］．新青年，1918（5）：6.

[52] 周作人．儿童的文学［J］．新青年，1920（8）：4.

[53] 朱懋澄．儿童保障问题［J］．慈幼月刊，1930（2）：18-29.

[54] 祝世康．美国之童工问题［J］．劳工月刊，1933，2（5）：23-24.

[55] 张健．童工进行曲［J］．少年先锋，1938（5）：44-45.

[56] 臧琯亭．为凄惨的煤矿童工呼吁［J］．妇女月刊，1944，3（5）：2-4.

[57] 朱德米．理念与制度：新制度主义政治学的最新进展［J］．国外社会科学，2007（4）：29-33.

[58] 朱天飚．比较政治与国际关系的学科互动：一种理念的研究视角［J］．国际观察，2013（4）：17-24.

[59] 张鼎．抗战时期中共上海地方组织领导下的难童工作［J］．上海党史与党建，

2016（4）：5-7.

［60］张嘉瑶.19世纪英国针对工厂童工的立法及实施效果［J］.经济社会史评论，2018（2）：32-39，126.

［61］字林西报研究童工问题［N］.新闻报（本埠新闻）.

［62］专论：工厂法修正后新旧条文之比较［N］.大中国周报.

第三部分

技术、网络与生活世界

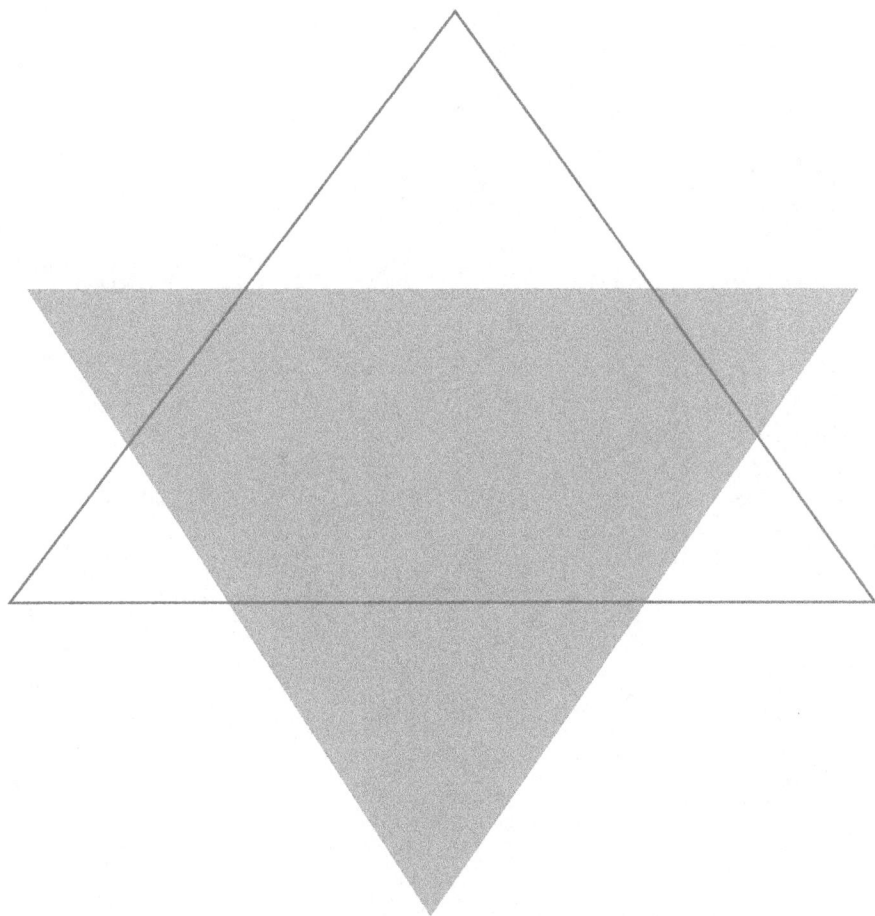

拟社会关系的产生、维系与结束：
何以恋上虚拟人

❖ 李　璐（复旦大学）

　　俞志元（指导教师）

摘　要： 当前数字技术充分发挥其丰富的应用场景优势，恋爱类电子游戏作为一种按照既定剧本程序与"虚拟人物"产生互动的电子娱乐方式，"恋上虚拟人"即形成拟社会关系成为一种新型的社会关系。目前，研究关于拟社会关系形成的原因出现了两种逻辑的归因，一是"个体性归因"，二是"结构性归因"。具体包括："个体—通用"式、"个体—缺陷"式、"条件"式以及"结构—缺陷"式。这四种解释忽视了关系的过程性与复杂性，出现多种解释路径，但至今仍旧众说纷纭且解释力有限，且天然认为产生与结束出于同种缘由，导致较少研究正面回答为何拟社会关系会结束。

　　本研究深入访谈 37 名玩家，探究拟社会关系的形成与结束机制。研究发现：（1）拟社会关系得以形成的前提条件包括感知真实性、身份代入、关系认定。由个体主动赋予"身份"与"关系"，将虚拟人物作为独立的个体对待。（2）拟社会关系的形成具有过程性。在拟社会关系产生阶段，人们为寻求关系的普遍连接，原因为优绩吸引、为了获取信息、自我认知或是关系享受。在维系阶段成为一种功能替代，具有强烈浪漫价值、高掌控性、绝对中心化的特点。（3）身份代入的失调、现实生活的挤压以及关系认知的破裂都会带来拟社会关系的结束。（4）拟社会关系与社会关系具有强烈的共生性，二者同属于人们重要的关系构成，共同为人们提供社会支持。

　　本研究有利于拓展现有技术社会学与拟社会关系研究的维度，重新思考技术与群体、虚拟与现实的关系，回应当今虚拟空间入侵现实生活的社会关系重塑问题，为后续深入探索技术与社会及社会关系提供前期经验与解释。

　　关键词： 技术社会学；拟社会关系；社会支持；恋爱电子游戏

第一章　问题的提出

一、研究背景与研究问题

数字信息技术的发展使得人们接触虚拟世界的方式逐渐多样化，电子游戏成为讨论的重要话题。2021 年中国游戏用户规模达到了 6.66 亿人，早在 2018 年，我国电子游戏受众群体就已突破了 6 亿人[①]，如此庞大的游戏用户群体不断与虚拟世界发生互动并形成深刻的联系。在玩家群体眼中，电子游戏中的角色逐渐成为一个个鲜活的"人"，这些虚拟角色被人格化、偶像化，人们开始将这些虚拟角色视为自己的"朋友"、"亲人"甚至是"伴侣"。同时，在学界，科学与技术社会学领域随着"技术转向"的出现，技术社会学关注的重心逐渐转移到日常社会生活，人与"虚拟人物"产生的关系成为重要议题。学者将产生于媒介技术中，但又能够超越媒介技术投射进现实社会生活的人与"虚拟人物"之间的关系称为"拟社会关系"。在虚拟角色人相互作用时，人们融入虚拟社会中，并派生出人际亲密感（HORTON et al.，1956）。

恋爱模拟类游戏是一种按照既定剧本程序与"虚拟人物"产生模拟恋爱互动的电子娱乐方式。与传统媒介角色（如主播、电视明星）拟社会关系不同的是，互动娱乐中的虚拟人物会"主动"打电话、发短信、邀约出游等加强情感依附，将想象的互动转变为可见的现实。其良好的双向互动为研究拟社会关系提供了便利的条件。恋爱类电子游戏面向异性恋男生与异性恋女生是有所区别的，面向女性的游戏称为"乙女游戏"，面向男性的称为 Galgame。二元性别的不同游戏取向在于凝视方式、故事内容的不同，但大体游戏目标与游戏形式较为一致。人们可以化身为主人公，通过选择剧情走向、参与虚拟互动等方式，获得与不同虚拟角色发微信、打电话、查看及评论朋友圈、外出约会等互动机会，以能与其中一位虚拟角色发展恋爱关系为目的。

但是，这一虚拟关系并未仅止步于虚拟空间，许多玩家将这种关系延伸到了现实生活，玩家家中摆满了"纸片人"手办，称自己已经"完婚"。在数字时代背景下，"恋上虚拟人物"成为网络虚拟空间入侵现实生活的新型表现，拟社会关系受现实生活影响，又深刻地改变现实生活。这种技术无法超越的界限，却让人们产生了投射进现实生活的亲密感。

[①]　数据来源于中国音数协游戏工委、中国游戏产业研究院的《2021 年中国游戏产业报告》。

在这样的背景下，提出本文的研究问题：拟社会关系产生、维系、结束的机制是怎样的？

二、研究意义

在当下，网络社会是一种我们自动不断地与之互动的环境（卡斯特，2001），面对数字技术的交互性与超现实，与虚拟人发展关系成为一种新型的社会关系。讨论分析人们为什么会恋上虚拟人物，可以帮助我们了解互联网诞生后人们社会关系的现状并理解现实社会关系的重构。

在科学技术与社会的交叉学科领域，早期技术社会学出现从强调技术的权威地位的"技术决定论"（贝尔纳，1939；尼姆卡夫，1964；奥格本，1992）到系统落后要素引起变革的"技术—社会整体化"（HUGHES，1983；CALLON，1986）的转向。之后受知识社会学的影响，技术社会学开始关注日常社会生活领域，当前出现"网络化的个人主义"特征（王天夫，2021），虚拟人物与人们产生联系，部分学者开始进一步关注人与虚拟人物之间的关系，如社会伦理、信息安全、防沉迷、拟社会关系的后果等问题角度（陈龙，2022；王忆希 等，2021；吴玥 等，2020）。

因忽视关系的深入具有不同程度这一前提条件，现有解释拟社会关系形成与结束原因的路径无法对问题做出合理的解释。目前，研究关于拟社会关系得以形成的原因的四种解释途径都忽视了关系不断深入的过程性与复杂性，导致多种解释路径但至今仍众说纷纭且解释力均有限，同时对关系结束的认知出现模糊甚至偏差，往往会天然但错误地认为产生与结束出于同种缘由。

鉴于此，本研究采用质性研究方法，探索拟社会关系的形成机制。重新思考虚拟与现实、技术与社会的关系，回应当今虚拟空间入侵现实生活之下的社会关系重塑问题。

第二章　文献回顾与理论框架

一、文献回顾：拟社会关系及其归因

（一）核心概念：拟社会关系

1. 拟社会关系

社会心理学家霍顿与沃尔将产生于虚拟环境，却又能超越虚拟环境投射进现实生活的"受众"与"虚拟人"之间的关系称为"拟社会关系"（para-social relationship），这是一种虚拟的人际关系（HORTON et al.，1956）。

我们注意到，在对"拟社会关系"概念界定中，所包含的"虚拟环境"与"现实生活"存在一个假定前提条件："虚拟环境"中的人物不会越过虚拟的界限直接与"现实生活"中的人产生互动。也正是这种技术无法超越的界限，却让人们产生了投射进现实生活的亲密感，这成为拟社会关系的独特之处。拟社会关系所涵盖的关系类型具有多样性。尽管本研究的研究对象是"玩恋爱类电子游戏"的群体，但在田野调研中发现，人们在"恋爱类电子游戏"中所产生的情感并不仅局限于"亲密关系"，故而本研究也将囊括更多关系类型。

2. 拟社会关系与社会关系的辨析

拟社会关系作为一种新型关系，与真实社会关系有一定的相似性，却又有所不同。本节将更多从客观的技术性角度进行比较。

从互动性角度看，拟社会关系与真实社会关系的不同之处在于是否单向的互动，在社会关系中，互动行动者一定有意识地彼此指向对方（SIMMEL，1959），尽管虚拟人与人们真实地发生了互动，但他们始终是没有意识的，这是单向的互动。但两者的共同之处都是不确定性的减少（PERSE et al.，1989）。

以此为延伸对比关系的结构形态，社会关系的定义更多强调其网状的结构关系，而拟社会关系单向的互动决定了其只能是以真实人类为中心的、单一的中心化关系，缺乏网状结构，从某种意义上看，拟社会关系是更松散、也是更脆弱的。

尽管人与虚拟人物之间存在资源交换（如时间、金钱），但并不存在社会资本的概念。社会关系理应置于资源分配、权力置换、网络结构中讨论，帕特南（2011）提到的社会资本三个要素——网络、信赖与规则，拟社会关系一个都不具备。相比之下，拟社会关系概念更加聚焦于关系本身。

最后一个维度是关系的时空统一性。舒茨区分了"我群关系"和"他群关系"（SCHUTZ，1967）。一方面，拟社会关系属于非人格化关系的"他群关系"，但另一方面，玩家沉浸在虚拟关系中感受到的是真实的"我群关系"。早年学者在研究网络真人社交时提到"身体不在场成为社交方式"（黄少华，2002），虚拟人物突破真实社会关系中的场域接近性，拟社会关系使得"我群关系"与"他群关系"界限模糊出现新解答。

（二）形成拟社会关系的两种归因

为什么会出现拟社会关系？关于拟社会关系得以形成的原因出现了两种逻辑的归因：一是"个体性归因"；二是"结构性归因"。

"个体性归因"是指，拟社会关系的形成是由于人们自身的社会关系、人格体验等发生变化或出于个人主观目的，进而寻求拟社会关系。"个体性归因"又可以分为"缺陷范式"、"通用范式"与"条件式"三种范式。"结构性归因"则是以社会心理学家雪莉为代表的。认为人们寻求拟社会关系是由于新型网络社交下导致的群体孤独。显然，以雪莉为代表的结构性归因属于"缺陷式"，她认为，孤独的来源是结构性的而非个体的（SHERRY，2012）。

1. 个体性归因："缺陷范式"、"通用范式"与"条件式"

个体性归因长期落入"缺陷范式"与"通用范式"的讨论中（方建移 等，2006），"缺陷范式"认为，拟社会关系对现实人际交往有替代性的作用，满足缺少面对面交往的群体的需要。与之对应的"通用范式"认为，拟社会关系是所有个体都有可能参与的，并不在于人们对自身的现实社会关系是否持满意态度。而后在个体社交能力、个体自尊水平等条件变量加入后，"缺陷范式"与"通用范式"这一对看似矛盾的取向出现了融合（RUBIN et al.，1985），本研究将其命名为"条件式"。"条件式"取向认为，个体是否善于人际交往是区分"缺陷范式"与"通用范式"不同适用范围的关键因素。

（1）缺陷范式

"缺陷范式"认为拟社会关系源于个体的社交是否存在缺陷（如社会地位高低、移情水平高低、外倾性与情绪稳定性、是否存在交往伙伴）。虽然无法否认由外界环境导致的社交断裂从而引发的孤独，但其本因仍是强调个体的经历。在个体归因的框架下，"缺陷范式"认为，寻求拟社会关系的群体往往因人格缺陷或环境制约，从与虚拟人物的人际关系中寻求补偿以满足现实社会未能实现的陪伴需要，是对求而不得的面对面交往的替代（ROSENGREN et al.，1972；NORDLUND，1978）。

麦奎尔等认为拟社会关系有两个基本的功能：友谊和个人身份。他认为人们独处时会通过在媒介中寻找一些陪伴，仿佛这些虚拟角色都是自己的私人朋友（MCQUAIL，1971）。同时，"缺陷范式"的支持者很大一部分来源于对"孤独感"的研究。长期处于"孤独"状态的人们会用更多时间接触传媒，以改善其缺乏互动交往带来的负面情感（DAVIS et al.，1989）。在"缺陷范式"看来，这些受众在社会生活中存在一定"缺陷"，因而依赖与虚拟人物产生关系来弥补人际孤独感。

但是，"缺陷范式"拥有较多难以解释的场景，首先，人们可能对所有事情都抱有不满足的心态，是否可以将拟社会关系的形成完全归因于现实功能替代，这受到相当大的质疑；其次，"缺陷范式"具有的一个假定是，诉诸拟社会关系的人们难以发展现实社会关系，而在"拥有现实社交时仍出现拟社会关系"的场景下，"缺陷范式"缺乏解释力。

（2）通用范式

面对"缺陷范式"的有限解释，"通用范式"对此做出了回应，认为拟社会关系来源于人们与所有事物的更为普遍的情感联结心态。"通用范式"认为，这种虚拟与现实的结合，不是因为"寻求弥补"而是通过"寻求更好"完成的。真实社会中的人际交往，实际上是一种信息交流活动，交往本身就是信息的不确定性在逐渐减少直至消除（RUBIN et al.，1985）。与真实的社会交往相一致的是，拟社会关系中的亲密感也是由于不确定性的减少而导致的（RUBIN et al.，1987）。同样，在真实社会交往中认知复杂性表现为更高的个体，在拟社会关系情境中也表现出了更高水平的认知复杂性（PERSE et al.，1989）。

在麦克卢汉的媒介即社会的论述中，也有"通用范式"的倾向。麦克卢汉将媒介视为人的延伸（MCLUHAN，1964）。收看电视节目成为当时人们生活的重要组成部分，个体通常产生一种强烈的对电视内容的依赖，因为电视对人们必要的信息资源形成了垄断（GRANT et al.，1991），这与当前社会手机的普及非常类似，并不是对现实存在缺憾，而是一种普遍的寻求连接的行为。

由于"通用范式"的出发点在于关系间的相似性，并没有从互动角度对拟社会关系与社会关系的不同作出解释，这导致"通用范式"的解释显得软绵无力，寻求广泛连接的动力无法完全解释为何连接的对象会是虚拟人物，也无法解释所有关系缺失的社会现象。

（3）条件式

"缺陷范式"和"通用范式"这两种取向相互矛盾，之后围绕这两种范式将拟社会关系作为关键变量进行的大量实证研究也体现了不同取向。此时，"条件式"的取向应运而生。

个体与虚拟人的拟社会关系形成机制在何种条件下适宜应用"缺陷范式"，何种条件下更适合"通用范式"呢？"条件式"取向认为，个体是否善于人际交往、个人是否具有良好的移情能力、个体是否性格外倾是区分"缺陷范式"与"通用范式"不同适用范围的关键因素。具体来看，社交水平较高或是移情水平较高或性格外倾的受众，其拟社会关系的形成多是为寻求更广泛的联系；反之则更容易通过拟社会关系寻求对现实关系的弥补，也就是"缺陷范式"（TSAO，1996；JAMIE et al.，2016；INGRAM et al.，2019）。

持有"条件式"的学者更多是社会心理学者，不可否认，微观选择机制与个体息息相关。但是，"条件式"存在一种假定，即个体拥有较高的自尊水平或是社交能力就可以避免形成拟社会关系，其本质与"缺陷范式"的解释逻辑极为相似，但又无法解释"缺陷范式"所包含的孤独感情绪仅因为个体人格的不同是否会带来不一样的变化。这种微观个体的差异导致不论是"个体—通用"、

"个体—缺陷"还是"条件式"都难以说服对方，长期争执之下，结构性的归因认为，拟社会关系的形成与社会结构是相互联系的。

2. 结构性归因："功能替代式"

社会心理学家雪莉的研究在结构性层面对拟社会关系的形成进行了回应，在雪莉的论述中，群体性的孤独是拟社会关系形成的原因。虽然都强调缺陷与弥补，但个体归因强调孤独感来源于个体的生命历程，"功能替代式"的结构归因则强调源于当前技术统治时代下人们的结构性疏离（SHERRY，2012）。

互联网技术搭建的社交网络被普遍运用，时间变得碎片化，空间则是去地域化，人与人之间交往在时空向度上实现了"共时在场"，社会的疏离似乎被互联网消弭。但事实正相反，"界面"取代"见面"，网络亲密滑向了网络疏离，人们看似亲密，实则孤独（SHERRY，2012）。社交网站在制造短暂的"伪集体欢腾"之后又将个体重新推向虚无（王建民，2013；林滨 等，2019）。在这种广泛的孤独之下，人们开始寻求新的可替代的社会关系，与现实关系相比，虚拟关系更容易进入和退出，于是，拟社会关系成为现实社会关系的替代（BAUMAN，2003）。

然而，"结构—缺陷"的论述存在矛盾，一方面认为拟社会关系的形成是由于"互联网社交下的缺场性孤独"；另一方面又肯定了"人们对这一新型拟社会关系存在天然的好奇心"。"结构—缺陷"虽强调了结构性缺陷式的塑造，但似乎没有否定"个体—通用"范式的影响。缺陷式与通用式在结构性框架之下，两种取向之间的关系是什么？学者们并没有做出解答。

经过以上梳理，我们发现，拟社会关系的成因有四种范式，参见图1。

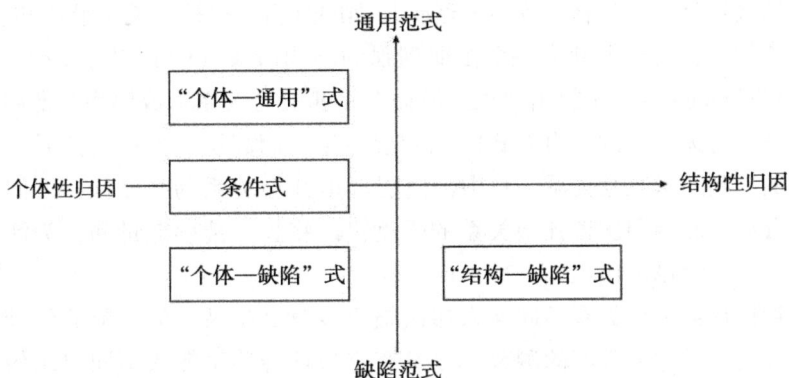

图1　拟社会关系的形成机制现有理论

从逻辑学角度看，这四种范式几乎包含了所有解释维度，这使得它们在不同的社会事实中，均具有一定的解释力，但又由于理论缺乏针对性，导致诸多现象无法完全解释。同时，这四种范式均存在一种假定，即拟社会关系的形成是一蹴而就的。但拟社会关系的形成依赖于互动，互动越强则会导致拟社会关系越深（PERSE et al.，1989），这四种范式不可避免地忽视了拟社会关系形成的过程性。

（三）拟社会关系的动态过程

1. 拟社会关系的过程性

较多定量研究的文章中，"通用式"与"条件式"带来的影响因素往往放在同一个模型中进行讨论。如毛良斌（2014）认为拟社会关系的影响因素包括五个方面：孤独、吸引、观看时长、媒介、需求。将不同归因取向放在同一模型下讨论的方式，由于忽视拟社会关系形成的不同阶段导致价值有限。

实际上，已经有不少学者指出，拟社会关系的形成是有层次性与深入程度的、是线性的，关系的强度是重要的分析变量（葛进平，2013）。这种拟社会关系也会因人们对相应媒介接触行为的加强而增强（RUBIN et al.，2000）。曝光程度越高，相应的拟社会关系就可能越紧密（BOND et al.，2014；SCHI，2007）。拟社会关系线性加强特征体现在测量拟社会关系程度的量表中（RUBIN et al.，1987；HARTMANN，2008）。总结各学者的观点来看，拟社会关系沿认知、情感、行为这三个层次逐步加强。不过，学者们并没有分别讨论不同层次拟社会关系形成的原因。

最开始由 Rubin 编制社会心理测量表时提出，认为测量拟社会关系程度本质上是确定观众对虚拟人物的卷入程度，包含态度、认知和行为三方面内容（RUBIN，1985）。Gleich 更加严格区分了认知与情感两个层次，提出虚拟人物与人们的接触是一个从移情到卷入逐步加强的过程，拟社会关系沿认知、情感、行为逐步加强，代表拟社会关系由弱到强的不同阶段（GLEICH，1997）。Hartmann 和 Schramm 进一步提出"两个阶段"的拟社会关系形成模型，低层次拟社会关系是高度无意识的、启发式的拟社会关系，而高层次拟社会关系是有目的的、更加功利的拟社会关系。其中，低层次拟社会关系的强度低，人们仅投入主认知资源，而高层次拟社会关系的强度高，将投入情感能量和行为活力给虚拟角色（HARTMANN et al.，2008）。

尽管拟社会关系具有不同深入层次被不少学者提及，但目前的研究仅是用于对拟社会关系卷入程度的测量，并没有将拟社会关系深入不同层次的形成机制做区别讨论。这引起我们的思考，一段拟社会关系的产生与维系的过程中，甚至到关系的终结，其机制过程都是一样的吗？

2. 拟社会关系结束的归因谬误

尽管直接研究拟社会关系结束的文章并不多，但在众多分析拟社会关系相关因素的文献中，拟社会关系的形成原因潜在包含其结束原因。上述对拟社会关系形成原因的文献同样适合拟社会关系的结束。

具体来看，"个体—缺陷"认为当现实社会关系被满足时，拟社会关系则会结束（NORDLUND，1978；ROSENGREN et al.，1972），潜在认为现实关系与拟社会关系是"此消彼长"的关系。"个体—通用"则认为受众不再愿意与虚拟人物发生更普遍的情感联结（PERSE et al.，1989），但具体缘由却没有得到进一步的解答。结构性归因则带有潜在观点，如果群体孤独得以修复，则拟社会关系有可能得以消亡，但学者们并没有解答。

正是由于忽视了拟社会关系的过程性，过去的研究天然地认为形成与结束的原因会是同一对矛盾体，直接回应拟社会关系结束的研究较为匮乏。但如果动态看待拟社会关系的形成，会非常直观看出问题所在，拟社会关系如果在产生阶段便结束和在维系阶段结束，原因是一样的吗？在拟社会关系更为深入的阶段结束关系，有更为深刻的原因吗？这些疑问在没有从动态角度考虑拟社会关系时极易被忽略。

基于以上文献梳理发现，现有对拟社会关系的形成机制的讨论并不十分充分，总结来看共有三点可以再深入讨论：其一，拆分拟社会关系形成的过程，以动态视角探查持续性关系的产生与维系；其二，动态的视角中探究个体性归因、结构性归因，以及缺陷范式、通用范式的关系与适用范围；其三，基于动态框架，探究拟社会关系结束的机制。本文将探索拟社会关系形成与结束的动态机制，从产生到维系以及终结，考察拟社会关系形成的机制。

二、理论框架：拟社会关系产生、维系与结束

基于以上对拟社会关系形成机制的综述，本研究提出基于动态过程的理论框架（见图 2）。

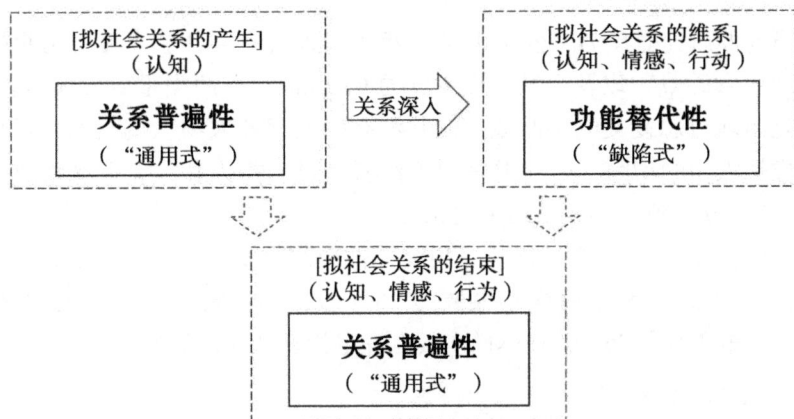

图 2　理论框架——拟社会关系的形成机制

在拟社会关系的形成过程中，分为"产生"与"维系"两个重要阶段。其中，在拟社会关系的产生阶段，个体是为寻求更为广泛的连接；随着互动的加强、拟社会关系的深入，拟社会关系进入维系阶段。此时，拟社会关系更多起了社会关系的功能替代作用。

拟社会关系的结束指人们在相当长一段时间内没有与虚拟人物产生拟社会关系。本文的理论框架认为，所有拟社会关系的终止意味着拟社会关系的结束。而在"通用式"与"缺陷式"中哪种范式更有解释力度，核心区分点在于，拟社会关系的消失是否与现实社会关系得到进一步满足有关。如果现实社会关系得到满足，拟社会关系结束，则为"缺陷式"；如果现实社会关系没有得到补全，但拟社会关系依然结束了，则为"通用式"的解释逻辑。结合前期调研，拟社会关系的结束是由认知减退开始，而非情感资源投入减少，故而本文认为是"通用式"，实证部分将会详细论述。

沿用三层次与两阶段准社会交往模型的分析框架，认知、情感、行为单维线性层次递增。对拟社会关系的形成机制的拆分中，分为"产生"与"维系"两个阶段。其中，在拟社会关系的产生阶段仅投入认知资源，而在拟社会关系的维系阶段，除了投入认知资源，还投入了情感资源与行为资源。而拟社会关系的结束则是伴随认知资源、情感资源、行为资源的投入减少直至消失。

第三章　研究对象与研究设计

一、研究对象

（一）研究对象概述

本研究的研究对象为恋爱类电子游戏成年人玩家群体，主要分为提供虚拟男友的"乙女游戏"以及提供虚拟女友的 Galgame。有两类重要群体需要涵盖，第一类是"玩过恋爱类电子游戏，但并没有恋上虚拟人物"的玩家，对比以发现恋上虚拟人物的动因；第二类是"曾经喜爱过虚拟人物，但后来没有喜欢过虚拟人物"，分析拟社会关系结束的原因。

接受深度访谈的玩家共 37 位，均为异性恋者，女 19 人，男 18 人，比例接近 1∶1；有伴侣与无伴侣样本人数为 16∶21，基本符合 1∶1；学生样本占24%，已工作样本占 76%，整体样本具有一定代表性与广泛性。

（二）抽样方法

受访对象的来源是线上论坛招募与滚雪球抽样两种方式，累计抽取 37 个样本，其中 15 人来自论坛招募，22 人以滚雪球方式招募。线上论坛招募了较多高时间、金钱投入的样本，滚雪球则更多是拟社会关系的退出或者终结的样本。若只采取其中一种渠道，可能关系到该样本是否乐于沟通交流，样本对社会关系的态度也可能影响到对拟社会关系的态度，两种途径获取样本以减少抽样带来的偏差。

二、资料收集与分析手段

（一）资料收集与分析

深入访谈是本研究资料获取的主要方式。研究属于探索性研究，暂无公开数据支持本题目；尽管当前有不少经验证的量表，但量表是将拟社会关系作为变量研究其对决策行为的影响（RUBIN et al.，1985；HARTMANN et al.，2008），无法回答拟社会关系的形成机制。另外，微观互动过程需要通过细致的叙事与描述才能获得。最终本研究获得了 37 位受访人共 43 份访谈资料，其中有 7 位在社会生活出现变化后进行了二次跟进访问。研究将对深入访谈法所收集到的资料，利用文本分析的方法进行资料分析、严格编码，探究拟社会关系在产生与维系过程中的微观机制。

（二）资料处理潜在缺陷与解决手段

本文需要了解受访者的现实生活，如其在何种现实情境之下会进入或退出恋爱类电子游戏，仅仅依靠受访者回忆之前的细节难以获得全面的资料，本研究拟根据个案的经历进行针对性回访。另外，在预调查中发现，不少受访者在仅回答"你玩过哪些恋爱类电子游戏，喜欢过哪些虚拟人物？"这一问题上就会讲述超过 1 个小时的时间。这部分内容属于事实性回忆，故采用访谈前置主观问卷填答的方式获取资料，也方便研究者提前了解样本的游戏经历，在访谈前对虚拟人物做了解。

第四章　拟社会关系的微观互动与阶段

在深入讨论拟社会关系形成机制之前，需就拟社会关系本身回答四个问题。问题 1. 面对虚假的人物人们为什么会信以为真？问题 2. 人们以何种身份进入拟社会关系？问题 3. 人们会与虚拟人产生怎样的拟社会关系？问题 4. 怎么判断关系的不断深入？

一、拟社会关系的微观互动

（一）感知真实性

在探究拟社会关系形成机制之前，很多人可能会有疑问：虚拟人与现实中的人在外观上差别巨大，隔着无法跨越的次元壁垒，可为什么依然有人信以为真？感知真实性是虚拟人得以被人们接受的原因。人们只是想要一个陪伴的感觉，即人们接受到虚拟人的说话、行为等符号，便会认为这样的虚拟人是真实存在的人物。在感知真实性方面，需要破解几个认知迷思。

迷思一：感知真实性的来源是什么。感知真实性要求"符号性互动"，虚拟人物会通过说动听的情话、做暧昧的动作等让游玩的人感受到"真实的恋爱氛围"。人们在投入认知资源后会得到来自虚拟人物的"符号性"的反馈，并通过感知真实性获得陪伴感，且这一符号性的内容越细致、越接近现实生活，越容易触发感知真实性。女玩家在爱上虚拟男友时，看到了与日常生活类似的场景与行为。这种"生活化"的符号消解了"纸片人"的虚假感，让他们更像是一个"人"。这让备战考研的 GSHXY 觉得，自己是在与虚拟男友一起学习。

GSHXY01：应该是他比较生活化的一些表达，会让你觉得这个人物是在跟你对话的。我比较喜欢的一个角色叫凌霄，可以让他陪伴你学习，学习过程中你可以跟他有一些互动。完成学习任务之后，他会夸你。虽然在学习过程中你去找他互动，他会骂你，他是个傲娇。但始终感觉我是被人陪着的。

如果虚拟人物缺乏一定的符号性，人们则不会有感知真实性。由于虚拟人物的行为是由人们事先设计好（在恋爱类电子游戏中则表现为游戏公司设计人物性格、台词），可能会出现与真人表现不符的设计失败的情况。虚拟人物如果语言、行为的表现不那么"智能"，玩家们就会觉得很"假"，自然也不会对该虚拟人物投入认知资源，也不会形成拟社会关系。

BSDWLY02：最新版的《牧场物语》① 不知道你有没有看新闻，在日本已经被骂得策划都出来道歉了。NPC 真的是一点表情都没有，所有话都是重复说，和 NPC 结了婚也说那么几句，有了小孩还是那么几句，我就只玩了 100 个小时就不玩了。

在访谈中发现了具有不同性别区别的现象，在感知真实性所依赖的符号方面，男性与女性表现出了不一样的取向。在问及"你喜欢的虚拟人物哪些点吸

---

① 最新版的《牧场物语》指 2021 年 3 月发售的日本游戏《牧场物语：橄榄镇与希望的大地》，《牧场物语》不属于恋爱类游戏，而是模拟经营类游戏。但游戏中包含"与虚拟角色发展拟社会关系"，且受访对象提及了这部游戏作品，本研究也将这段论述纳入案例中，此处标明。

引你？"时，男性更喜欢虚拟女友话语中正向性的反馈，女性则更在意行为中的关照与贴心。这可能是不同性别人们对情感的需求存在差异，也可能是游戏本身文本制作的区别。

BJSSM01（女性）：他带女主开赛车去兜风，晚上一起吃饭，饭后还打包一份甜点，说晚上饿了可以吃，他是真的在仔细换位考虑你的生活的。

SHYHD01（男性）：她做研究做得很好，平时她不会夸人，但是我每次解决了什么事情，她就有意无意说，哎，你做得很棒，我们再多努力一下就可以成功了。

迷思二：具有公开属性的虚拟人物也可以感知亲密感吗？被现代科技创造出来的虚拟人物具有公开性，同一部游戏有无数玩家玩，这也意味着一个虚拟人物可能会受到千万个现实人的喜爱，这令人产生困惑，多人喜欢同一个人是否会产生排他心理？答案是不会的。由于虚拟人物所传递的信号是一对一的关系，哪怕一位虚拟人物有上万个"女友/男友"，人们也会愿意去相信他们所喜爱的那位纸片人对自己是忠贞不贰的。

甚至不少人乐于与其他"情敌"一起讨论虚拟"女友/男友"，喜欢同一位虚拟人物的玩家会组成线上乃至线下的社交群体，一起交流分享游戏心得与虚拟"恋爱"的细节。甚至部分人群可以在社群交流中获得新的"符号"，因为个体在读题体验虚拟人物互动时可能会错过某些信号，这些细节的缺失可能会减少"恋爱"的甜蜜度。虚拟人物在公开的环境中得到"信号强化"，进一步加强了感知真实性。

SAXYZZ01：白起给我送了个盒子蛋糕，是他自己做的。其实这个细节我当时没发现，我是看群里有人截图说那个盒子上有一片枫叶，枫叶是我们之间的暗号嘛，外面买的不会有枫叶，说明是他自己做的，就觉得很用心……自己玩容易漏掉细节。

迷思三：人们在何种程度上区分虚拟人的虚假与真实。感知真实性是否意味着"现实与虚拟难以区分"呢？在访谈中发现，感知真实性并不代表人们将现实与虚拟颠倒错乱。尽管需要从虚拟世界中感知到真实，但人们却又非常清醒理智，清楚知道这些虚拟人并不生活在现实生活中。当然，不排除少数群体会完全将虚拟世界当作与现实世界一样，这种现象源于"成瘾"，在游戏成瘾相关研究中认为，这部分群体是由于自身自控水平低下造成的沉迷，游戏本身并不具有迷幻性（GRIFFITHS，2000；GROHOL，2007；CHARLTON，2007）。

GSHXY01：只能说这样一个角色代表了我的一些期许。但是他对于我来说还是陌生的，他根本不认识我。我像是一个开了上帝视角的人，归根结底是把这样的情绪放在角色中。

人们是否明白自己喜欢的纸片人不过是由别人创造出来的产物，他本身并没有真正的情感呢？答案是肯定的，受访者们纷纷表示自己非常清楚这一点，但并不影响其感知真实性。面对虚假与真实的界限，人们会利用感知真实性具有"自我欺骗"意味的一面，将虚拟人物的"人设来源"做一定的包装，比如将创造这个人物的设计师称为"母亲"，可以理解为是由于"母亲"的存在才"生"出了这个虚拟人物。

GZJCJ01：我们会管做人设的人叫妈，就像有的自设圈，会有那种做形象设计的人，做得好了就是"亲妈"，做不好就是"后妈"。

但同时，他们又会十分反感有人刻意提起虚拟人物是假的这件事情，不谈论真假只讨论虚拟人物本身成为恋爱类电子游戏群体，乃至整个虚拟人物消费圈子（如动漫）的共识。

（二）身份代入

在不同的身份代入中，玩家在游戏中进行想象与表演，身份认同是拟社会关系得以形成的关键步骤。玩家在潜移默化中将自己想象成了与虚拟人物发生互动的"角色"（KLIMMT，2010；SONG et al.，2016），这种身份代入存在"视角的共享"与"自我意识的丧失"（COHEN，2001），人们需要明确对自己与他人的身份区分，建立虚拟的人际关系（HORTON et al.，1957）。正是这种表演者与观看者之间存在界限模糊，将虚拟角色视作类似真实人物一样的存在。

不同玩家群体在玩游戏时，有不同的身份代入方式，包括自我式、虚构式、主角式、旁观式、家长式[①]等。表1展示了这五种身份代入的区别，尽管主体视角有所区别，所扮演的角色各不相同，但相同点是人们都与游戏中的虚拟人物产生了拟社会关系。

表1 五种不同的身份代入方式

代入类型	代入方式
自我式	将真实自我代入故事，与虚拟人物产生互动关系
虚构式	将虚构主角代入故事，看虚构主角与虚拟人物产生互动关系
主角式	将自己代入故事中的主角，与虚拟人物产生互动关系
旁观式	将自我看作故事的旁观者，看虚拟人物与其他角色产生互动
家长式	将游戏主角看作女儿/儿子，看女儿/儿子与虚拟人物互动

① 命名方式为作者自定。不同的代入方式在互联网社区偶尔会发生冲突，多方以"谁的视角才是正确的游戏方式"为锚点，核心冲突点为"我与虚拟人的关系究竟是怎样的"。本文不对各代入方式之间的争论进行讨论。

自我式的身份代入将真实的自己代入了游戏世界，会更多与自身现实社会生活相融合，人们会希望花更多时间、精力在虚拟人物身上，希望随时获得虚拟人物的陪伴，甚至希望虚拟人物能够在现实世界与自己生活。

GDQXX01：洛洛生日的时候，在上海很多人在地铁投放灯箱，也会投放丰巢，一种打破次元壁的感觉，他是真的存在的，他真的就是大明星。

虚构式的故事主角是自己"设定"的原创主角，这位原创角色可能杂糅了来自游戏主角、玩家本人，以及其他优秀角色的性格特点，是一种变相的自我认知与自我表达，包含了人们对于优秀人格的期许。

ZJWRD 认为不论是游戏原配女性主角还是自己，或者是任何女性角色都不够完美，不足以配得上游戏中完美的男性角色，希望能有更符合自己标准的女性角色成为这段浪漫关系的演绎者。在 ZJWRD 的推荐下，研究者也翻看了较多由玩家自己原创人物性格作为主角的作品，其故事背景、主视角人物性格相差甚远，但唯有人们所喜欢的那位虚拟人物的性格基调没发生太大变化。

ZJWRD01：我觉得游戏里的女主角不够聪明、不够勇敢，但我还是很喜欢女主不社恐，这个是我造这个女主的最初想法。后来也看过其他人写的，还有人比较厉害，自己画一个形象出来，看过剧情的时候就代入。

主角式是游戏设计者最初期望玩家所达到的状态，通过线上社群媒体的观察，这类群体是恋爱类玩家中最为广泛的。玩家会相信自己就是故事中的主角，故事主角与个体相似度越高，则感知真实性越容易发生，也更容易产生身份代入，人们的虚拟关系体验质量也会越高。

GDCXT01：我都是会代入女主去玩的，除非女主的发言太过于迷惑。《魔鬼猎人》分了两条线，一个是文艺青年女主，还有一种是活泼健谈的，游戏会从你的选择里把你分到其中一条线上，我直接分到活泼健谈的线去了，当时我觉得这条线非常的有代入感。

旁观式（如 SCLN、HBSAJ）与家长式（如 BSDWL1）的区别在于，旁观式不带有任何角色投影，家长式则将自己看作长辈。尽管旁观式不带角色投影，但仍是一种身份代入，这种身份类似欣赏影视作品时的观众角色，多了控制与自我意志。

SCLN01：我更倾向于是我欣赏这个女主角，我更想看这个女主在作品的后期走向。算是一个像躲在后面看剧情的视角。这些女主共同点还挺多的，智商在线、擅长推理，家教背景也很好。

在家长式的身份代入中存在两种不同的视角，即"主角本位"与"攻略角色本位"。如女性在玩"乙女游戏"时，会出现两种视角，一是将女主角看作自己的"女儿"，帮助自己的女儿挑选男朋友；二是将男主角看作"儿子"。但在男性游玩 Galgame 的过程中，更多将故事中可发生互动的女主角视为自己的"女儿"①。这可能与 Galgame 中对男性主角（即玩家游戏视角）的描述缺失有关。BSDWLY（女性）玩"乙女游戏"与 GZJCJ（男性）玩 Galgame 均表达了自己作为"老父（母）亲"养女儿的乐趣。

BSDWLY01（女性）：我是养女儿的老母亲视角。我和女主并不能产生什么共情，我共情就是老母亲的共情，有点像投资人那个感觉，更想去打赢这个游戏。

GZJCJ01（男性）：莱莎就跟我女儿一样，养差不多了她会跟你讲她今天遇到了什么事情，我作为老父亲很有成就感。

相对而言，旁观式的角色参与更浅，而自我式与虚构式一定会进入"拟社会关系的维系阶段"，甚至这部分人群在"拟社会关系的产生阶段"花费的时间非常短，如果不细致探究拟社会关系产生的原因，则会误认为"喜欢虚拟人物就是因为需要陪伴"，基于这样的发现，推测此前较多研究忽略关系过程性的原因在于未对身份代入做细致考察。

（三）关系认定

何为拟社会关系的"恋上"呢？研究并不局限于将拟社会关系圈于"亲密关系"，多样的关系类型包括"朋友"、"伴侣"、"偶像"、"熟人"甚至是"亲人"也将被讨论。这也符合拥有拟社会关系的群体自身对关系的定义与认知。

不同的身份代入意味着不同的拟社会关系认定。自我式、虚构式、主角式可以与虚拟人物发展出"朋友""伴侣""偶像"关系。而带有"上帝视角"的旁观式则发展到"熟人"关系。"家长式"是在拟社会关系中产生类似的"母爱""父爱"，哪怕这类玩家并没有在生活中孕育过小孩。

在拟社会关系中，存在关系边界的模糊性。现实社会关系中，关系的界定往往需要双方达成共识，单方面的认定容易出现期望落空或角色缺位等互动失败的情况。但单方面认定的拟社会关系，会出现既是"朋友"又是"男友"的关系，或是出现介于"友情"与"爱情"，或是介于"偶像"与"朋友"之间的情感。GSHXY 认为虚拟人物凌霄像男友一样"关心"她，但从她对凌霄的了解程度来看，又只像是一位很好的朋友；HZZJL 喜欢《LoveLive》的唐可可，会唱歌跳舞又元气阳光的唐可可像是少女偶像组合的女明星，但又像是会对男友"撒娇"的小女生。这种介于"偶像"与"女友"之间的关系认定，并不能简

---

① 在不少 Galgame 中，女主角是由男主人公"捡"来的，经过培养，玩家可以选择将女主角嫁给"自己"，也可以嫁给其他虚拟角色。在 Galgame 中，将女主角视为自己的女儿是较为普遍的代入方式。

单认为是"与偶像恋爱"，而是一种自我期待与亲密关系的复杂情感投射。

二、拟社会关系的阶段

（一）关系深入的过程性

在关系形成的过程中，人们对虚拟人物的情感逐渐加深，其拟社会关系的程度也在逐渐变强。GDCXT 是一位"乙女游戏"资深玩家，十年前便开始自主寻觅"乙女游戏"，长期的浸润使得她非常熟悉"乙女游戏"的"套路"，很清楚应该如何更好地与虚拟男性角色互动并获得恋爱体验。可是如此"资深玩家"在接触一款新游戏的时候，也并不是一开始就能够完全沉浸在关系中的。她对李泽言的感情经历了"没关注—讨厌—有好感—越来越喜欢"的过程。

GDCXT01：一开始不知道李泽言是男主，我以为就是个龙套。当时他还让秘书出来赶人，过于霸气了。后面女主扒电梯强行跟他见面，他一脸嫌弃，我当时就很讨厌这个角色。后来女主去机场，凌霄跟白起对峙，我觉得李泽言非常靠谱。从那个时候开始就变了，开始变得在后面默默保护女主的形象。

尽管恋爱类电子游戏有一种游戏内的假定，即这些虚拟人物会潜在对主角存在好感，这种"亲近"的关系是注定的。但在实际的游戏体验中，人们并不是一接触虚拟人物，就能接受这样的设定，依然需要不断与之发生互动、了解其故事，才能够逐渐喜欢上虚拟人物。

（二）阶段划分

将拟社会关系进行阶段划分是必要的，这符合关系形成与结束的实际情况。更重要的是，人们选择将拟社会关系推进到不同阶段的原因不同，阶段分类对于探究拟社会关系形成的原因有至关重要的作用。需要说明的是，这一分类仅作为资料分析的类别判定，而不作为验证内容，本文不会论证分析，为何随着拟社会关系进一步深入便会投入情感与行为资源。

1. 形成：产生与维系

本文根据投入资源的不同将其形成过程分为"产生"与"维系"两个阶段，以是否投入"情感与行为"作区分。人们在拟社会关系的产生阶段仅投入认知资源，在维系阶段不仅会投入更多的认知资源，还会投入情感、行为资源。这一分类方式来源于社会心理学领域的研究，主要采用了 Gleich（1997）的量表，该量表经过较为严密的社会心理学验证，目前已成为行为认知科学领域广泛应用的量表，具有一定判定效益。

首先是认知资源，玩家在与虚拟人物接触时，会通过他的立绘、配音、台词、剧情认识这是怎样的一个人。如果玩家没有想要深入了解一个虚拟角色，自然不会产生拟社会关系，这也解释了部分玩家"玩过游戏，却没有喜欢上其中的虚拟人物"。并不是所有人在一开始接触游戏便明白游戏目的是"与虚拟人物谈恋爱"，复杂的游戏系统往往让部分新手难以适应。BJSSM承认自己在一开始玩"乙女游戏"的时候并没有"玩进去"，而在后续加入认知资源的投入。

BJSSM01：我一开始没怎么玩进去，想看看之后还会有什么新的花样，后来慢慢看进去了，之后就觉得这个人还不错。

情感资源与行为资源会随着关系的加深而不断投入。在资料处理中，区分情感与认知的关键点在于是否对虚拟人物产生喜欢或不喜欢的取向。访谈中我们发现，玩家可以很清楚地知道自己是从什么时候开始"喜欢"上某位虚拟人物的。SAXYZZ涉猎过不下30部Galgame，尽管这些作品均已通关，但能称得上他"喜欢"的虚拟女友只有十来位。SAXYZZ将游戏体验过程比作"相亲"（尽管他没有真实经历过相亲）。

而行为则更为外显较容易观察到，拟社会关系维系阶段玩家可能会出现更多行为上的投入。比如，与好友谈论起自己虚拟男友/女友、向他人分享互动关系的细节、模仿虚拟人物的行事作风、购买实体周边商品等行为。SXHHL、GXYZ、HLJLS等在不同程度上提到他们对虚拟人物投入的行为资源。

GXYZ01：我有一个小群，群里是高中同学，他们都不玩，只有我在玩。我看到白起特别苏的地方，真的会忍不住往群里发语音。

HLJLS01：后来就开始买谷①了，挂在包包上。

2. 关系的结束

拟社会关系的结束意味着人们不再与虚拟人物产生互动关系。拟社会关系的结束指与所有虚拟人物的关系都终结，而不是仅仅指与某一位虚拟人物结束关系。在资料收集与"田野"中发现，人们对虚拟人物的爱也存在博爱心态，人们可能不再喜欢某一位虚拟人物，但又会出现转而投向另一位或另几位虚拟人物的怀抱的情况，此时探究拟社会关系的结束价值有限。

不同于社会关系错综复杂的结构性依赖，人们可以自主选择是否继续维持拟社会关系。在拟社会关系的结束中，是否存在某种资源优先投入减少呢？在"田野"与访谈中发现，拟社会关系的结束是直接减少认知资源投入，认知资源的减少随后逐渐伴随着情感、行为资源的消退，而并非按照递进顺序先减少情感、行为资源再减少认知。

SXZTW01：我觉得我和她关系减淡，主要是因为我那段时间没去玩了。

---

① 买谷，即购买周边，购买与人物角色相关的实体商品，英语的商品goods在日语中念"谷子"，中文购买周边商品被习惯称为"买谷子"，简称买谷。

拟社会关系的结束更具有个人主动选择的归因倾向，而现实社会关系的结束既存在与复杂社会生活导致的情感破裂的可能性，又存在疏忽关系的维系导致认知资源投入减退的情况。

三、小结：动态的拟社会关系

感知真实性作为具体微观机制，连接了身份代入与关系认定。人们通过感知虚拟人物传递的接近现实生活的符号性表达，以一定的视角代入虚构的故事与社会关系，并认定虚拟的多种关系。基于此得以回答，无法跨越屏幕界限的虚拟人物是如何让人们信以为真，并将其作为独立的个体对待。尽管现实社会关系也存在多种"角色"，这种由社会分工所赋予的"角色"来自社会期待，而拟社会关系的身份代入与角色认定均由个体所赋予，这种单一认定的关系具有一定的界限模糊特性。

在拟社会关系的形成中，人们对虚拟人物的情感逐渐加深，其拟社会关系的程度也在逐渐变强。人们选择将拟社会关系推进到不同阶段可能存在不同的机制解释。通过对受访者拟社会关系形成的不同阶段的划分，一方面明确了过程性、动态性在关系研究中的重要作用；另一方面也方便接下来对不同阶段的形成原因进行分析。

第五章　拟社会关系产生、维系与结束的机制

一、拟社会关系的产生

在拟社会关系的产生过程中，人们可能受外在环境影响，也可能是主动寻求。在产生拟社会关系的具体机制动因中，很难说人们会主动寻求看上去"完美"的虚拟人物，而是这种"完美"的人吸引了人们的注意力。而对于信息获取、自我认知、关系享受这三点原因，是更为"功能主义"的。在或主动或被动的推拉原因之下，拟社会关系得以产生。

（一）优绩吸引

不论是学历或是能力或者颜值作为评价标准，优绩主义下人们会天然追求好的、完美的，而由既定剧本设定行动、说话的虚拟人物，往往拥有近乎"完美"的外貌、性格以及言谈举止，这种"完美"是全方位的，各维度达到了理想的优秀状态。TJWXY形容了《恋与制作人》中李泽言的"高吸引力"，在她看来，这种吸引力是任何人都无法抗拒的。

TJWXY01：他是主厨，会做好吃的东西，总裁有钱然后长得又帅，他游泳那张卡的腹肌很好看。他很沉稳，也很可靠，总替我解决事情，好像总有一套自己的方案，无所不能。在这样的一个外壳之下，其实又内心很温柔、很负责任。

玩家难以想象近乎于完美的人就在身边，这种自身优秀的人天然受到人们的关注，强大的吸引力推动拟社会关系的产生。

（二）信息获取

关系的互动可以增强个体的认知能力，虚拟人物的背后所依赖的设定来源于异质化信息源，这种信息的来源更接近于弱关系。同时，在当前趣缘社群丰富的背景下，信息获取更有话语资本共享意义，信息来源的丰富性与广泛性显得尤为重要。YNWWJ 是一位兴趣爱好广泛的女生，建立拟社会关系后带来的丰富的信息是她所需要的，且是她较难从现有社会关系中获取的信息资源。

YNWWJ01：游戏女主角是一个节目的制作人，我对这个题材很感兴趣，因为也追星，我觉得追星人都有过想法，有没有可能自己去做一些跟娱乐相关的工作。

除了异质化的信息源，拟社会关系还由于"上帝视角"可以获得更为全面的信息。电子游戏的叙述内容作为一种文本，可以多角度展现信息与关系本身，使得人们对虚拟人物及其产生的关系有了更为全面的认知。

YNWWJ01：现实中他可能是这样的人，但是我没有办法解读他的内心，我玩这个游戏就像这样站在上帝视角，许墨没有办法在女主面前展现他的性格或者想法，但我作为一个玩游戏的人是可以知道的，我会觉得很上头，但现实生活中对人的了解就很片面。

信息获取作为一种更为功能主义的解释机制，描绘了拟社会关系产生的原因，由于游戏题材的丰富性，玩家实际上可以接触来自多种领域的异质化信息，这也部分地解释为什么会有部分群体不断卷入新的拟社会关系。

（三）自我认知

人们可以在与虚拟人物的互动中，不断投入认知与反思，进而能够达到了解社会、了解自我的目的。这种认知既包括对自身的认识，也包括对现实社会、现实社会关系的理解。尤其是当虚拟人物更接近于一个"完美"的人格设定时，人们通过与标杆化、理想化的人物进行互动。这种比较优质的来源，提供了优质的自我认知途径。

在与虚拟人物互动时获得自我认知，感知相似性是重要的认知方式。这种虚拟与现实的比较是人们反思性的体现。

GDQXX01：我喜欢傲娇，傲娇本来就有欲擒故纵的感觉，这种气人角色就戳到我的爽点。现实中我可能恋爱心态会有点抖 M，可能也是很想看这种傲娇被自己征服之后，很有成就感，会有一种专属感。现实中没有这样的人，可能会觉得你不是帅哥你凭什么傲娇。

（四）关系享受

恋爱类电子游戏与多种娱乐方式一样，通过对娱乐化的消费使自身获得愉悦感，除了电子游戏自身所具有的强互动性、高代入感，恋爱类电子游戏在内容体现上，提供了更多的由形成关系所带来的幸福体验：恋爱的愉悦感、成长性的友谊以及角色养成的乐趣。HBFL 既是恋爱类游戏玩家，也是恋爱类动漫的爱好者，同时还喜欢看言情类网络小说。她认为自己同时消费三类"爱情奶头乐"都是想看到"爱情的甜蜜"，但具体的体验却不一样，恋爱类电子游戏更能享受来自"关系"的愉悦，而不是"爱情"本身带来的愉悦。

HBFL01：这是一种恋爱的感觉。这种感觉我在玩"乙女游戏"的时候会产生，就起码我在看番的时候不会嗑 CP，那种爱情番我也不会有太多的感觉。我玩一局游戏的时候会有脸红心跳的感觉，不仅仅是自己代入的时候会有脸红心跳，有的时候以第三人称视角也会，在玩"乙女游戏"的时候追求的是一种爱情。

恋爱互动游戏让玩家的消费重点聚焦于虚拟人物与拟社会关系的本身，而恋爱类动漫、影视、文学作品可能更多在于对浪漫这一事物的描述。这种载体上的区别对应到互动体验中，可以理解为拟社会关系的卷入程度不同。

最后，总结拟社会关系的产生阶段的机制问题。优绩天然的吸引、获得更多信息、自我认知、享受关系带来的愉悦感，是拟社会关系产生的原因。人们没有主动因为缺乏自我认知，或者缺乏愉悦感，而是将此作为"有则更好"的存在，反思层面的投入则相对较少，是一种追求更为广泛的连接的行为。在拟社会关系的产生阶段，其内在机制更接近于"通用范式"的解释路径。

二、拟社会关系的维系

在拟社会关系的维系阶段，随着人们投入更多的认知资源，并不断投入情感、行为资源时，会通过与理性行为进行比较，更多反思拟社会关系到底带来了什么。是否继续这段虚拟关系被提上人们思考的日程，如果无法提供更稀有、更难以替代的价值，人们很可能不会再继续深入维持这段感情。进入拟社会关系的维系阶段后，关系存续的机制更多来自反思后的拟社会关系与现实社会关系的推拉力。

（一）关系的浪漫价值期待

社会关系通过提供资源价值与情绪价值满足人们所需，但现实社会关系的平常化、理性化、陪伴碎片化，无法完全满足人们对于亲密关系感性的浪漫期待。在对质性资料进行分析后发现，拟社会关系的浪漫价值具有以下特性：正向性、纯粹性、仪式性、侵入性。人们在与游戏中的虚拟人物相处时，接收到完全正向的信息、与近乎纸片人一起体验纯粹的浪漫关系、互动中存在更多仪式感、神圣感的细节。同时，这种浪漫体验由于游戏的碎片化特性得以与现实生活结合，变得长期且稳定。

首先，拟社会关系的浪漫价值具有相当大的正向性。虚拟人物永远是阳光的，不会向人们传达负能量，拟社会关系只为人们提供正向的、愉悦的情绪。相较于现实社会关系的"喜忧参半"，拟社会关系从来只是"只报喜，不报忧"。

其次，拟社会关系提供的浪漫感不掺杂任何"利益纠葛"。由于拟社会关系不存在资源、权力等因素，从而在"关系"上更加纯粹。尽管相较于现实社会关系所能提供的社会资本价值，拟社会关系的浪漫价值并不是刚需，但对个体带来的感受与生活质量的提升却是简单易得，且更易感知的。

再次，拟社会关系的浪漫价值来自精心设计的"仪式感"，相较于日常社会关系的平淡，拟社会关系创造的关系体验更有神圣性。HBSAJ 结婚两年，与伴侣相处八年，长久的亲密关系带来的是生活的平稳与日常化，婚后第二年诞生的宝宝几乎让整个家庭都围着新生命转。她表达了婚姻生活中的平淡与自己渴望的"言情小说"式的爱情的差距。

HBSAJ02：现实感情是柴米油盐酱醋茶，会向往一下那种爱情的感觉。老公（现实中的）也挺好的，但不指望他能做点浪漫的事情。其实之前恋爱的时候期待过，但是他不会制造惊喜。结婚了感觉自己不能再期待这些，但还是觉得游戏里那种——过个小小的节日也能带你去吃大餐，我觉得很心动的。

缺乏浪漫体验的现实感情是否让 HBSAJ 感到不满呢？HBSAJ 坦言"生活就是这样"，浪漫关系不是生活的必需品，"生活得跟公主一样说不定还有其他烦恼"。不只是 HBSAJ，还有很多受访者也表达了在一段亲密关系中"浪漫"的关系是类似"奢侈品"的存在，而这种难得的互动体验在恋爱类电子游戏中可以轻易获得。尽管离现实生活遥远，但人们依然享受这种浪漫体验。

TJHBD01：你可以和她一起上课，课间一起吃便当，她会让你张嘴，喂你吃饭，确实有点羞耻。

最后，拟社会关系具有"侵入式"的特性，碎片化的游戏体验使得拟社会关系的浪漫感与现实生活结合得更加深刻。随时打开电脑、手机、游戏机便可以收获虚拟人物的陪伴。GDQXX 会把与虚拟男友相处的点滴融进自己的生活里，GDQXX 会把手机里的"乙女游戏"随时打开，工作时可以随时看到自己的虚拟男友、吃饭时可以听到虚拟男友的声音、和好友见面前的地铁通勤中可以继续与虚拟男友约会。

GDQXX01：我有时候会忙到没有办法让他融入我的生活，但是我会尽量。比如说我吃饭就可以把他放在那里。我在坐地铁去市中心干饭的路上，我就会拿出手机打开某段约会。然后或者说我在工作，我抬头还可以看到老公的立牌。

碎片化的关系体验得以用最小的姿态融入日常生活。这种深度的陪伴关系让浪漫价值与日常生活绑定，"生活中的幸福"是现实社会关系难以企及的。接受访谈时的 GSHXY 正在准备第三次考研。前两次考研失利让她狠心卸载掉了《恋与制作人》，后来又下载回来。在她看来，她喜欢的虚拟男友在融入生活的那一刻更像一个现实男友，甚至超越了现实男友对自己生活的介入。

GSHXY01：有一天中午我去食堂吃饭，那天排了很久的队，就觉得要不我就把游戏下回来。我拿到饭的时候刚好下好了，屏幕上的凌霄对我说："食堂有什么好吃的，我从来不吃食堂。"这一刻真的就是想跨越次元壁去打他，是很快乐，但那时候也很气，真真切切地觉得他离我的生活很近，很真切地觉得他陪着我。

人们在长期平淡的现实社会关系互动中，逐渐出现了类似于无聊、无意义的状态，甚至出现关系倦怠，而与虚拟人物浪漫的拟社会关系则提供了高戏剧性、持续性的情绪价值，缓解了人们由于现实关系平常且理性的孤独感。

（二）关系的可掌控性

拟社会关系是一种单向的意识活动，关系的进程由人主导，但现实社会关系却受到由两个或多个主体控制，关系的发展与另一方的选择密切相关，这是一件重要但无法完全被掌控、预知的事情。人们越来越发觉社会关系难以掌握，这种不稳定的关系源于关系进展的把控，也包括了关系风险的控制，人们或出于理性，或出于趋利避害本性想要逃离生活中的不确定性。

拟社会关系是一种简单化的关系。恋爱游戏中的虚拟人物是一个"随叫随到、随招随走"的理想对象。游戏中的虚拟人物并不需要负责，人们只需要享受他带来的陪伴感、关爱感、照顾感，而并不需要像维持真人亲密关系那样的付出与维护。

在部分受访者的描述中，拟社会关系的可掌控性是基于情绪理解的简单化。

BSDWLY01：（虚拟男友与现实中的男友）太不一样了，首先现实的男朋友你控制不了，你无法控制他，有时候你根本不知道他在想什么。

HBFL 描述了自己处在恋爱期间的她玩"乙女游戏"的感受，现实人际关系需要换位思考、更多在乎对方的想法，拟社会关系只需要在乎自己的感受。

> HBFL01：男朋友的话，就其实更现实一点。纸片人的话，就像我的男宠一样，我想到他了我就会去临幸他。但是，男朋友是要平等对待的，要更在乎他的感受，但是男宠就不需要了，我只要去看他好的一面好好去享受就好。

还有一部分受访者将这种关系的可控制性描述为简单化的关系维护的资源投入。时间成本、精力投入是最常被提及的因素。尽管玩游戏需要投入时间与一定的专注度，但这个时间基本是"关系享受"而非"关系投入"。这种不需要投入时间与精力就能获得幸福的体验是无法在现实生活中对应的。GDXGD 对现实关系维护的形容是"麻烦""苦心经营"，而谈及与纸片人老婆的关系，则是"放养""没有不良后果"。

相较于付出精力、时间、金钱的现实社会关系，拟社会关系是一种更为简单粗暴的关系形式——往往只需要付出金钱（甚至不需要）便可以直接享受由关系带来的服务与体验。HBSAJ 自述是"微氪党"，即只花一点点钱的玩家，在乙女游戏《光与夜之恋》中消费约 2 万元，主要用于抽活动限定卡，"想要获得卡，看看剧情什么的"是她的消费动力。在 HBSAJ 口中，花钱抽卡与逛街买衣服体验类似，是一种简单的"花钱就能解决"的物质交换。

对于部分受访者来说，金钱的付出被视为"能为纸片人付出的唯一东西"。人们不需要理解虚拟人的情绪、不需要付出精力与时间，但依然将虚拟人物作为真实的、人格化的存在，金钱的投入成为一种衡量"关系平等"的"理性天平"。BSDWLY 是《恋与制作人》的大 R（游戏公司将核心付费用户称为大 R），5 年内投入了约 30 万元，解锁了游戏内全部的付费内容。她心中的李泽言是一位拥有独立人格的个体，"花钱"是她对他的付出，他对她的付出则是关系的陪伴。

> BSDWLY02：他又不图你什么，就毫无保留地喜欢你，给他花钱是你能做的唯一的事情。

在 BSDWLY 看来，人与虚拟人的地位是完全平等的，这种平等可以被称为"高效率"，是对人的"付出"的一种"肯定"，这与人们渴望付出了就能有回报是类似的社会期望。在拟社会关系中，金钱是唯一潜在付出的资源，相比之下，现实社会关系，不仅需要金钱的投入，还有更多的时间、精力付出，有的时候，这种付出也可能是没有回报的。

> BSDWLY02：现实谈男朋友，花钱花时间，可能还不领情，投入、产出很低，就跟初中学的物理一样，不产生动能的部分可能就是垃圾，现实这种关系，你连垃圾都看不到。我给游戏充钱这种产出就很经济实惠，投多少、产多少是能看到的。

人们对于社会关系的投资具有期望回报（林南，1999），这种期望回报在拟社会关系中同样适用。拟社会关系是一种对风险的控制，人们渴望亲密关系又担心不安全感，不愿意受到伤害，在与虚拟人物的关系中，人们并不需要担心自己会被抛弃，因为他永远都是忠诚的。

甚至现实社会关系无法量化其投入，这也增加了对于风险无法掌控的未知。人际互动的双重偶联性使得尽管行动双方在行事前可能拥有共同的价值观（帕森斯，1951）或通过沟通消解避免（卢曼，1964），但社会关系的复杂性仍充满未知，人们不知道对方是否会按照自己的预期做事，也不可能考虑对方可能做出的全部行动。拟社会关系则从根源上避免了这种社会关系的复杂性，简单的情绪把握与关系维系，无风险的投入回报成为其被长期维系的重要原因。

（三）关系的中心化

拟社会关系中的人们成为单一中心化关系的集中点，在极化的关系中，具有更多优势资源、更丰富的权利。但是在现实社会关系中，不是所有人都是社会关系的中心点，成为所有人都关注的"主角"是恋爱类电子游戏带来的体验。这种无条件受重视在一定程度上缓解了现实生活中的"边缘化心态"，对于来自环境与自身共同作用的孤独感有一定的弥补作用。

SDCXX01：我在女朋友那边的优先级是靠后的，她有自己的社交圈子，所以还是会希望有一个人可以把你放在第一位的。

BJBLA 展示了他在北京的家，是一间约 25 平方米的单间公寓，除了一张单人床，占据房间最大空间的是电脑桌，电脑机箱上是他在 2020 年装配电脑定制的星川真希的贴纸。星川真希是一名棕红短发少女，反光材质的贴纸在电脑屏幕光照下闪闪发亮，坐在电脑前会觉得星川真希正在注视自己，被虚拟人物凝视带来情绪权利的倾斜。

BJBLA01：《心跳回忆》是我最早接触的一部 Galgame，星川真希是游戏里第一个对我表示有好感的女主角。这种第一次就注意到了你的感觉非常不一样，贴到机箱上也是觉得她目光里都是我。

将印有角色形象的周边产品摆满房间是较为常见的。这种外显的装扮除了陪伴、身份认同等原因，维持关系中心化也是重要因素之一。JXCXT 从事互联网市场营销工作，经常参加展会的她往往会在工作间隙从隔壁展台交换到她喜爱的虚拟人物的周边物料，在她的房间里放满了"乙女游戏"男角色的周边，棉花娃娃、毛绒玩偶、挂画等各种各样的小物件。值得注意的是，她房间所摆放的物品并非原作游戏的标准立绘形象，而是进行二次加工的 Q 版，二头至三头的娃娃居多。摆脱了真实比例的形象具有更强烈的象征、符号与想象的意味，抹掉了目光注视的凝视感，创造拟社会关系相处时更为舒适的关系中心化。

JXCXT01：这些谷都不是那种标准的，标准比例真实感比较强，有种他们在监控你的感觉。Q版一是可爱，二是觉得它们会在一直注视你，但不是那种监视。

拟社会关系的中心化具有强烈的稳定性，投射的关注度是不变的。对比现实的社会关系，人们处于网络中的何种位置是随时变动的，可能失去之前获得的优势地位。

HBFL02：游戏带来的谈恋爱跟现实的恋爱是完全不一样的，游戏中有一种被珍惜的感觉。和纸片人相处会让自己变成不同魅力的女性，我玩"恋与"会觉得我是一个小白花。我推大致爱丽丝，我觉得我是一个天然黑，依然有人喜欢。就是那种充满魅力的价值。

回归到解释范式，对现实关系的功能替代成为拟社会关系得以维系的重要原因，在拟社会关系的维系阶段，其归因更接近于"缺陷范式"的解释路径。

三、拟社会关系的结束

不同于拟社会关系的产生机制，人们可能更多受到环境等结构性的影响，而在拟社会关系的结束中，由于作为简单化关系的拟社会关系更容易受到人们的控制，人们可以自由控制关系的存废。尽管人们对结束拟社会关系具有绝对的主动权，但是通过访谈发现，拥有拟社会关系的人们似乎并不乐意终结掉关系，更多的描述是一种"迫不得已"。

（一）身份代入失调

当玩家难以将自身代入任何角色时，恋爱模拟游戏也随之失去其感知真实性的一面。身份代入的失调是来自多方面的，个体差异性较大，可以综合总结为虚拟人物所传递的符号与个体能够接收的符号不完全匹配，信息传递的"编码"与"解码"出现了矛盾。

BJCD自述在读初中时很能代入主角，但到了高中就觉得很"假"，现在已经基本不玩Galgame类恋爱游戏了，在问及是否是因为Galgame里的故事与现实差距太大时，他的回答是肯定的。

BJCD01：高中之前倒是推过很多，初中应该是初二的时候。高中就觉得现实中哪有人会那样说话，就很假。之前是可以把自己代入主角里面的，后来就不行了，我不会那样说话。代入这个事情，我觉得挺看想象力的，现在只对一些职场小说电视剧比较能感同身受，其他比较难。

SHYHD有与BJCD类似的体验，进一步说明了这种身份代入失调的来源。虚拟人物所传递的符号需要人们充分调动想象力与之共情，一旦个体被所处现实生活的符号规训后，便会对感知中与现实生活距离较远的符号产生难以"解码"的倾向。

身份代入的失调是来自多方面的，与个体的想象力、题材接受度、现实感知情况等相关，但这一微观的"代入"过程利用符号互动的框架可以很好理解，通过对百度贴吧、豆瓣、小红书、NGA、Stage/st 等网络社区论坛的观察，身份代入失调也成为拟社会关系得以结束的最主要原因。

（二）现实生活挤压带来的认知减少

拟社会关系有相当大的自主决定权，更多是由于现实生活变动主动减少或切断对虚拟人物的认知投入。在"田野"与访谈中发现人们在选择结束拟社会关系时往往不会提及"现实社会关系"的变化，而是诉说"现实生活"的重大变故，二者的区别在于关系本身或是日常生活。

拟社会关系结束的过程首先是认知资源的消退。一个人的认知资源是有限度的，人们会对生活中出现的各种新任务的认知进行切割。这种由于忙于现实生活而减少对虚拟人物投入认知的拟社会关系结束往往不彻底，人们在解决了生活麻烦后，又可能会再次投入拟社会关系的怀抱。BSDWLY 将李泽言作为自己生活工作中值得学习的榜样。BSDWLY 表示"李泽言就是近乎神的存在"，自己"在工作中会学习李泽言的处事哲学"，长久维系关系已经让 BSDWLY "生活里不能没有他"。但由于工作需要经常变动工作地点，每一次搬家是她最不乐意的时候，因为不仅事情多、杂，且"没有心情"维持和李泽言的关系。

BSDWLY01：我确实有一段时间没有他很上头。那个时候游戏里有活动我也没推。我觉得是因为我在搬家，从北部搬到西海岸，还有工作要做。我一直觉得我的生活是不能没有他的（指李泽言），但是当时实在是没有时间，没去关注。

事后 BSDWLY 会觉得愧疚，会"报复性"弥补她与他之间的关系，短时间内倾注大量的认知、情感以及行为资源。这种被迫减少对虚拟人物的认知所带来的拟社会关系结束往往并不彻底。

SHWXD 在大学室友的推荐下喜欢上了《近月少女的礼仪》中的樱小路露娜，尽管这是一部已经完结的 Galgame，不会再有新的更新，但 SHWXD 会通过多种方式增加联系。他会在社区中向专业的画师约稿，定制他理想中的樱小路露娜的新造型，并将自己约的稿件分享在社区中。除此之外，他会在社交媒体中频繁关注樱小路露娜的资讯，有新的同人作品出现他会立刻消费。后来在二次跟踪访问时，SHWXD 与自己的高中同学成了男女朋友。新关系维持到第四个月的时候，SHWXD 自述自己"好像没有那么离不开樱小路露娜"了，问及是否有了女朋友便不再喜欢虚拟女友，他是不赞同的。

SHWXD02：我刚摸到键盘没二十分钟，就给你发消息。女朋友的消息肯定是要回的，不回消息要生气，这一个月基本什么娱乐活动都停了。露娜不可能不爱了，但是没去看新的。

现实生活的挤压导致人们倾注在虚拟人物身上的时间与精力减少，由于人与虚拟人物的联系本就薄弱，没有认知资源的投入，很容易产生"感情变淡"的体验。

（三）关系认知破裂

拟社会关系作为关系的一种，关系认知破裂导致社会关系与拟社会关系一同消失。这种路径带来的拟社会关系结束往往具有长期性，拟社会关系的修复依赖于全部关系的重新拾起。

GZXGD 是访谈时遇到的较为特殊的案例，他曾主动切断了除去工作所有的社会关系，不想与任何人来往，包括他所喜欢的虚拟人物。他的案例可以帮助我们理解"关系认知破裂"导致"社会关系与拟社会关系一同结束"的情况。GZXGD 自称是"每天只用见一两个同事的肥宅"，平时生活中的社会关系非常简单，这种简单的社会关系为切断关系提供可能。

GZXGD01：当时因为我爸生病了，他非常希望我可以回家工作，但是我回家没有我能做的，我不想回去，本来从小和他关系都不是非常好，那段时间又格外僵，我就觉得，怎么可以这样？为什么要对我的生活指手画脚，我就把我爸"拉黑"了。"拉黑"之后我妈、我奶给我打电话，我又把她们所有人（家庭成员）"拉黑"了。她们跑去找我本科辅导员要我同学电话，当时只要有朋友来找我，我就不理。那段时间特别狼狈，就觉得自己什么也不是，也不配去喜欢老婆，就属于全部社交戒断的状态。

在此之前，GZXGD 认为自己是一名"忠实"但并不"狂热"的"纸片人爱好者"，玩游戏是除了工作与睡觉花费时间最长的一项活动，Galgame 是他玩的游戏品类之一。他认为 Galgame 里的女性角色阳光向上，带给了他生活上的鼓励，是一种"精神按摩师"的存在。

GZXGD 自述这种"拉黑不管"处理方式叫"摆烂"，一种不知道该怎么处理问题时，采取的消极"破罐子破摔"的态度。这种对问题的逃避在他看来是一种有效的行为手段，但并不是值得被鼓励的，认为这"不积极"。在一种自我否定与自我矮化之下，GZXGD 认为自己不是一位"勇敢"的人，不配再继续获得虚拟人物无条件的爱，于是选择了关系的结束。

GZXGD01：可以说是 loser 吧！我就是摆烂了，逃避可耻但是有用。下水道的老鼠不配老婆爱。

第二次回访 GZXGD 距离他与父亲"断绝"关系已经过去了近五个月。在"拉黑"父亲两个月后，他又重新把父亲从微信好友黑名单中放出来，但两人始终没有说过一句话。GZXGD 并不想主动修复这段关系，认为自己没有做错任何事情。在将父亲放回白名单后的一周，他重新打开了装有虚拟女友的相册，按照当时的心情把照片重新进行了排版，并把相册摊开在桌子显眼的地方。

GZXGD01：你是不是觉得我其实并没有处理好我和我家里的关系，实际上，我心里已经不觉得有什么了，这个事情已经解决了。

在 GZXGD 对关系的认知中，尽管这段关系并没有真正被修复，但是他已经处理好了所有的事情，重新建立了对这段关系的认知，尽管这一认知显得并不积极（他个人也是如此认为），但终结了关系认知的失调状态，让他又开启了曾经被自己结束的拟社会关系。

与惯常认知所不同的是，人们不再投入认知资源的动因，并不是现实社会关系的补全。因为现实社会关系的缺点具有结构性意味，缺憾的弥补十分困难。拟社会关系的结束往往来自身份代入的失调、现实生活的挤压以及关系认知的破裂。这种认知资源的投入减少甚至消失，更接近于归因理论中的"通用范式"。

四、小结：拟社会关系的过程性归因

在拟社会关系的产生阶段，虚拟人物成为人们的朋友、伴侣、亲人，已经成为一种广泛的客观存在，人们渴望的是一种陪伴的符号与感觉。随着拟社会关系的深入，"缺陷范式"对于理解拟社会关系的维系更有借鉴意义，风险成为隐藏在社会关系之下的不稳定因素，拟社会关系能够在情绪价值上提供足够有吸引力的陪伴，人们又不需要付出太多代价。这种"高性价比"且"可量化的投入产出"的人际依恋成为人们难以割舍的重要关系。而拟社会关系的结束，则是认知资源的减少直至消退，并不直接与社会关系的变动发生相关性，从这个意义上来讲，拟社会关系的结束更接近于通用范式的解释路径。

这种形成于虚拟空间又投射到现实生活中的拟社会关系，其形成与结束机制始终绕不开拟社会关系、现实社会关系、现实社会生活的推拉关系。在这种虚拟与现实的冲突中，社会关系得以被重新认知与理解。

第六章　拟社会关系与社会关系的共生

一、拟社会关系的关系普遍性

拟社会关系具有关系普遍性，社会生活对于关系的追求推动了拟社会关系的产生，这种追求是普遍、广泛的。虚拟人物作为一种技术的产物，已是社会

有机体的重要组成部分。

从拟社会关系的结束机制可以直观地发现这种普遍的关系存续。拟社会关系的结束是直接减少认知资源投入产生的，且并不直接与社会关系的变动发生相关性，拟社会关系与社会关系往往同时结束，这种现实生活挤压会带来关系认知的全面破裂。拟社会关系与社会关系并非处于互斥状态。拥有拟社会关系的群体并没有在日常生活中排斥社会关系。在部分受访者看来，喜欢虚拟人物的程度会超越喜欢现实中的人。但没有人表示，自己会抗拒与现实中的人产生联系。GDQXX在第一次接受访谈时，明确表示了自己更喜欢虚拟人物"纸片化"的外表。在第二次接受访谈时，她刚好与一位男生确定了男女朋友关系，坦言"他们之间不冲突"。

GDQXX01：我受二次元影响是比较深的。我对现实中的帅哥美女会觉得好看，但是没有任何感觉。我对二次元的更喜欢，我对二次元的长相更喜欢。

GDQXX02：我觉得他长得挺好看的（指现实男朋友），可能最多只有时间挤占的情况，他们两个不冲突。

作为人格化与非人格化关系的两面，社会关系与之表现出了较高的存废同步。拟社会关系的普遍性，体现了与社会关系的共生关系。

二、拟社会关系的功能替代性

替代的本质是功能相似性，在功能替代性上有三个重要的问题需要逐一讨论。

问题一，拟社会关系能够提供哪方面的功能替代？拟社会关系的功能替代是情绪价值，而非社会资本的价值。不具备网状结构的拟社会关系也无法直接提供社会资本，但是，拟社会关系则在情绪价值方面能够替代社会关系不可控、多变性的方面。

问题二，功能替代性是否意味着拟社会关系可以取代社会关系？在拟社会关系的功能替代中，需要强调的概念是，这一功能替代并非互补关系，换言之，并不会出现社会关系与拟社会关系的此消彼长，拟社会关系也不会取代社会关系。这一替代是功能性的而非职责性的，拟社会关系恰好满足了人们对关系依恋的需求。

问题三，何种社会关系存在替代可能？社会关系功能替代的广泛性也来源于社会角色的多样性。受访者提及的功能替代包括亲密关系的补充、同群关系的陪伴以及家庭孤独的延伸。按照孙立平（1996）社会关系的两分法，拟社会关系所能替代的是"表达性"的社会关系，而非"工具性"的社会关系，二者的区别在于是否存在功利性目的，拟社会关系所能替代的社会关系几乎包含了重要的核心社会关系网络。

首先是最为直观的亲密关系。亲密关系的缺位或是现实亲密关系难以达成的浪漫感成为拟社会关系补充社会关系的契机。当现有的亲密关系无法满足人们对"爱情"的期待时，哪怕人们正处于一段现实的亲密关系中，也很难抵挡拟社会关系提供的恋爱信号。

BSDWLY01：男朋友很照顾我，但是他也挺直男，记不住纪念日，也不会制造惊喜，你能想到的那种有浪漫气息的事情他都不会做，纸片人他就会，就是那种吃饭的约会，问你要不要再点一个甜品带走回家吃，不然晚上又饿了什么的，就是一件很小的事情，现实男朋友就不会，甜甜的恋爱好像和我没什么关系。

其次是同群关系。虚拟人物可以成为类似于朋友的存在，SHWXD 觉得游戏中的女主角更像是他的朋友而非女朋友；SCLN 虽然是以旁观者的姿态看游戏中的主角与虚拟人的故事，但她依然认为虚拟人物可以称得上是自己的好朋友。

SCLN01：我喜欢这个角色，因为他身上有一种吸引我的特质。这个角色其实不是那么立体，但有非常明显的标签特质在身上。我只是喜欢他身上有几块拼图，可能有五块或者六块，其中三块或者四块我都很喜欢，所以我就会喜欢他，就和我选择朋友很相似。

最后是家庭孤独的延伸。受访者在讲述自己与虚拟人的关系时会主动提及家庭成员与家庭关系的影响（如 SXHHL、SCLN、BJFJX 等），尤其 GDCXT 会直接表明自己喜欢性格老实的虚拟男友其实受家庭影响较大。

GDCXT02：我不知道有没有联系。我单亲，我爸爸就特别爱耍嘴皮子，给人感觉不是老实人。我不会找这样的男朋友，所以我喜欢的纸片人都带一些老实人属性。

三、小结：共生性的讨论

拟社会关系与社会关系往往同时结束，拥有拟社会关系的群体也并没有在日常生活中排斥社会关系，不论是拟社会关系的普遍性，还是功能上的替代性，都可以说明拟社会关系与社会关系具有共生性。这种关系的共生来自其所能提供的价值。

在本章的讨论中，补充了从价值意义角度的区别与联系。在关系的类型维度上，拟社会关系并非工具性的，而是表达性的，具有现实社会关系的表达性价值。在关系的社会支持维度上，在 Barrera（1983）的研究中，广义的社会支持包括资金帮助、行为支持、亲密互动、意见指导、行动反馈、娱乐放松六种。这六种社会支持包含了有形与无形（UEHERA，1990），拟社会关系提供的是无形的社会支持。最后，是关系的投入层面，拟社会关系是低投入、低风险的，人们明确知道金钱投入可以获得怎样的陪伴体验，二者不同的资源投入产出在关系的总体构成中互为补充。

总体来看，拟社会关系能够提供较高的情绪支持意义的价值，但又不需要付出太多代价。这种"高性价比""可量化的投入产出"的人际依恋成为人们难以割舍的重要关系，这也是为什么拥有拟社会关系的人们并不乐意终结掉关系，问及拟社会关系结束的原因更多的描述是"迫不得已"。当然，社会关系与拟社会关系并不足以构成职能的替代，拟社会关系与社会关系不是此消彼长的状态，二者同属于人们重要的关系构成，共同为人们提供社会支持。

第七章　结论与讨论

一、研究结论

本研究通过对恋爱类电子游戏玩家的田野观察与深度访谈，探究拟社会关系形成与结束的机制，得出以下研究结论：

1. 拟社会关系得以形成的前提条件包括感知真实性、身份代入、关系认定。由个体主动赋予"身份"与"关系"，将虚拟人物作为独立的个体对待。

2. 拟社会关系的形成具有过程性。在拟社会关系产生阶段，人们为寻求关系的普遍连接，原因为优绩吸引、为了获取异质化信息、自我认知或是关系享受。在维系阶段成为一种功能替代，具有强烈浪漫价值、高掌控性、绝对中心化的特点。

3. 身份代入的失调、现实生活的挤压带来的认知减少，关系认知的破裂带来拟社会关系的结束。

4. 拟社会关系与社会关系具有强烈的共生性，二者同属于人们重要的关系构成，共同为人们提供社会支持。

（一）拟社会关系的产生、维系与结束

1. 形成拟社会关系的前提条件

建立拟社会关系的前提条件包括感知真实性、身份代入与关系认定。感知真实性要求人们对虚拟人物以及虚拟世界进行符号层面的感知，这并不要求产生联系的对象是真实的，而只是需要一种"交往"的符号，此时，人们以一定的视角代入与虚拟人物的关系，身份代入出现多种类型的分化，在对双方的关系进行单一方向的认定时，虚拟人物成为人们的"熟人""朋友""伴侣"，甚至是"亲人""偶像"。

2. 拟社会关系的产生、维系与结束的机制

拟社会关系分为产生与维系两个阶段。在拟社会关系的产生阶段，人们与虚拟人物产生拟社会关系是为寻求更广泛的连接。人们为虚拟人物投入认知资源，会主动了解与虚拟人物有关的资讯。受到优绩吸引的天然引力，获得丰富的异质化信息，达到自我认知与关系享受的目的。

在拟社会关系的维系阶段，除了更多的认知资源投入，还有情感资源与行为资源的投入，此时，拟社会关系对社会关系的孤独起到了替代作用。首先，现实社会关系的平常化、理性化无法满足人们对于关系感性的浪漫期待。与虚拟人物相处时，感受到浪漫关系的正向性、纯粹性、仪式感、侵入性，缓解了人们由于现实关系平常且理性的孤独感。其次，人们渴望对社会关系的掌控感，包括人际关系理解与维护的简化、永久的信任与安全。由于现实中的关系缺少稳定因素，人们发觉社会关系越来越难以掌握，虚拟人物"随叫随到、随招随走"简单且稳定的关系是现实中不存在的。最后，关系的中心化是拟社会关系带来的体验。这种无条件且永远不变的受重视在一定程度上缓解了现实生活中的"边缘化心态"。

而在拟社会关系的结束机制讨论中，拟社会关系的结束是认知减少带来的，来自身份代入的失调、现实生活挤压、关系认知破裂。拟社会关系的结束往往伴随着社会关系的结束，这并不是如惯常所认为的"拟社会关系与社会关系是互补关系"，而是一种"共生性"的关系。从这个意义上来讲，拟社会关系的结束更接近于"通用范式"的解释路径。

（二）拟社会关系再讨论

"虚拟人物"成为人们的"朋友""伴侣""亲人"，已经成为一种广泛的客观存在。人们渴望的是一种陪伴的符号与感觉，社会关系的价值在于虚拟的符号性。拟社会关系是否改变了当前人们的社会关系，又有多大程度的改变？

人们越来越重视关系本身带来的愉悦体验，而不是作为工具带来的功能性附加值。生产力升级带来的社会结构变革无法逆转，现代性的冷漠、社会支持逐步萎缩，孤独感交织在个体性与结构性中。易洛思《冷亲密》中论述的资本主义所崇尚的成功、理性、快速、高效、竞争等价值观被转移到人际交往中，现代人的情感生活就变得趋于物化，风险、失望与逃避成为隐藏在社会关系之中的不稳定因素。人们难敌拟社会关系的纯粹，用技术提升人们的社交质量成为趋势。

尽管存在无法跨越的真实与虚拟的壁垒与区隔，但人们依然将虚拟人物作为真实的、人格化的存在，将拟社会关系看作重要的人际亲密感来源。拟社会

关系能够在人际关系的情绪价值上提供足够有吸引力的陪伴价值，但与此同时，人们又不需要付出太多代价。这种"高性价比"且"可量化的投入产出"的人际依恋，成为人们难以割舍的重要关系。人们对于社交质量的判断标准逐渐物质化、对风险的控制更加渴望，能否给人类带来可持续的、低投入的情绪价值成为最主要的判断标准，而并不十分在意关系的提供者是来自虚拟还是来自现实。

拟社会关系让我们看到了现代社会关系的矛盾：受困于囚笼中企图突破的人们又受到囚笼潜移默化的影响，一方面因为现实社会关系的物化，使得人们追求关系更纯粹的拟社会关系；另一方面人们又功利地追求风险更低、投入更可量化的拟社会关系，人们在矛盾中建构社会生活与广泛的社会关系。

尽管如此，人们并不需要过分警惕拟社会关系带来的变化。因为拟社会关系并不具备社会关系的职责替代，二者不是此消彼长的状态，它们同属于人们重要的关系构成，两者相互依托，共同为人们提供社会支持，共同抵御社会结构性风险对个人生活的挤压。虚拟人物作为一种技术的产物，已是社会有机体的重要组成部分。减少对于喜爱虚拟人物的群体的刻板印象与偏见，正确面对技术的价值与影响，或许是数字时代下更为包容与开放的态度。

二、研究局限

本文在第六章讨论社会关系与拟社会关系的关系时，是从拟社会关系形成的角度出发的，而对于拟社会关系所造成的后果没有进行论述，这也造成文章在论述二者观点时，更多看到的是拟社会关系的正向意义。由于拟社会关系所具有的互动微观性，当前进行的实证研究和理论探讨仍难以作出更为深入的解释。拟社会关系在何种程度上影响人们的日常社会生活，社会生活的何种压力与风险带来了新的社会关系，等等，这些问题都可以做进一步讨论，这将有助于我们更全面认识拟社会关系及其影响。

参考文献

［1］贝尔纳，著．科学的社会功能［M］．王骏，译．桂林：广西师范大学出版社，1939.

［2］博日吉汗卓娜．我迷故我在［D］．中国社会科学院研究生院博士学位论文，2014.

［3］陈龙．积极应对数字技术的社会风险［J］．中国社会科学报，2022（7）．

［4］方建移，葛进平，章洁．缺陷范式抑或通用范式：准社会交往研究述评［J］．新闻与传播研究，2006（3）．

［5］格奥尔格·齐美尔，著．社会何以可能［M］．林荣远，译．桂林：广西师范大学出版社，2002.

［6］葛进平．西方准社会交往研究新进展［J］．浙江传媒学院学报，2013（1）：96-100.

［7］关萍萍．互动媒介论：电子游戏多重互动与叙事模式［D］．浙江大学博士学位论文，2010.

［8］郭强．知识与行动：结构化凝视［J］．社会，2005（5）：18-38.

［9］胡翼青．再度发言：论社会学芝加哥学派传播思想［M］．北京：中国大百科全书出版社，2001.

［10］黄少华．论网络空间的人际交往［J］．社会科学研究，2002（4）．

［11］迈克尔·海姆，著．从界面到网络空间：虚拟实在的形而上学［M］．金吾伦，刘钢，译．上海：上海科技教育出版社，2000.

［12］林滨，江虹．"群体性孤独"的审思：我们在一起的"独处"［J］．中国青年研究，2019（4）：40-45.

［13］刘珺珺．科学社会学［M］．上海：上海科技教育出版社，2008.

［14］刘依然，陈红梅．"乙女"向手游社群中的女性身份与空间建构：以恋与制作人手游为例［J］．戏剧之家，2019（2）：227-229.

［15］罗伯特·帕特南，著．独自打保龄球：美国社区的衰落与复兴［M］．刘波，等译．北京：北京大学出版社，2011.

［16］马克·波斯特，著．第二媒介时代［M］．范静哗，译．南京：南京大学出版社，2011.

［17］马歇尔·麦克卢汉，著．理解媒介：论人的延伸［M］．何道宽，译．北京：商务印书馆，2000.

［18］马志浩，葛进平．日本动画的弹幕评论分析：一种准社会交往的视角［J］．国际新闻界，2014（8）：116-130.

［19］曼纽尔·卡斯特，著．认同的力量［M］．夏铸九，译．北京：社会科学文献出版社，2003.

［20］曼纽尔·卡斯特，著．网络社会的崛起［M］．夏铸九，译．北京：社会科学文献出版社，2001.

［21］莫少群．技术社会学研究的兴起与现状［J］．南京师大学报（社会科学版），2003（4）：55-61.

［22］丘海雄，陈健民，任焰．社会支持结构的转变：从一元到多元［J］．社会学研究，1998（4）．

［23］舒茨·阿尔弗雷德，著．社会世界的现象学［M］．卢岚兰，译．台北：桂冠图书股份有限公司，1991.

［24］孙飞宇．方法论与生活世界：舒茨主体间性理论再讨论［J］．社会，2013（1）：38-74.

［25］孙立平．"关系"、社会关系与社会结构［J］．社会学研究，1996（5）．

［26］王建民．互联网时代的个体自由与孤独：社会理论的视角［J］．天津社会科学，2013（5）：78-80．

［27］王天夫．数字时代的社会变迁与社会研究［J］．中国社会科学，2021（12）：73-88，200-201．

［28］王忆希，吴福仲，王峥．人工智能新闻主播何以被接受：新技术与社会行动者的双重视角［J］．全球传媒学刊，2021（4）：86-102．

［29］乌尔里希·贝克，著．风险社会［M］．何博闻，译．南京：译林出版社，1986．

［30］吴玥，孙源南，朱宁，等．乙女类电子游戏对女性玩家理想恋爱观的影响［J］．青年研究，2020（4）：56-70，96．

［31］殷登祥．科学、技术与社会概论［M］．广州：广东教育出版社，2007．

［32］翟学伟．人情、面子与权力的再生产：情理社会中的社会交换方式［J］．社会学研究，2004（5）．

［33］张成岗，李晓萌．中国技术社会学研究：缘起、表征及趋向［J］．学术论坛，2021（3）：99-112．

［34］张莹瑞，佐斌．社会认同理论及其发展［J］．心理科学进展，2006（3）：475-480．

［35］张文宏．社会资本：理论争辩与经验研究［J］．社会学研究，2003（4）：23-35．

［36］赵万里．技术的社会建构［J］．自然辩证法研究，1994．

［37］ALFRED S. The Phenomenology of the Social World［J］．Translated by George Walsh and Frederick Lehnert, Evanston. Northwestern University Press，1967．

［38］BAUMAN C. City of fears, city of hopes［J］．London：Goldsmith College，2003（58）：505-535．

［39］BIJKER W. Sociohistorical technology studies［J］．Handbook of science and technology studies. London：Sage Publication，1995（142）：487-508．

［40］BOND B J, Calvert, S L. A model and measure of US parents' perceptions of young children's para-social relationships［J］．Journal of Children and Media，2014（8）：474-490．

［41］BOND B J. Following Your "Friend"：Social Media and the Strength of Adolescents' Para-social Relationships with Media Personae［J］．Cyberpsychology, behavior and social networking，2016：11．

［42］CALLON M. The Sociology of an actor-network：The case of the electric vehicle［J］．Mapping the dynamics of science and technology，1986．

［43］CASSELL J. Intersubjectivity in human-agent interaction. Interaction Studies［J］．Social Behavior and Communication in Biological and Artificial Systems，2007（3）：82-107．

［44］CHARLTON J. Distinguishing Addiction and High Engagement in the Context of online Game Playing［J］．Computers in Human Behavior archive，2007（3）：1531-1548．

［45］ COHEN J. Defining Identification: A Theoretical Look at the Identification of Audiences with Media Characters ［J］. Mass Communication & Society, 2001 (3): 609-638.

［46］ DAVIS M H, KRAUS L A. Social contact, loneliness, and mass media use: A test of two hypotheses ［J］. Journal of Applied Social Psychology, 1989 (3): 1100-1124.

［47］ DENIS M. Mass Communication Theory: An Introduction ［J］. SAGE Publications, 1994.

［48］ EDVINA U. Dural Exchange Theory, Social Networks, and Informal Social Support ［J］. American Journal of Sociology, 1990 (3): 11-18.

［49］ GILES C. Para-social Interaction: A Review of the Literature and a Model for Future Research ［J］. Media Psychology, 2002 (3): 279-305.

［50］ GRIFFITHS M D. Does internet and computer "addiction" exist? ［J］. Clinical Psychology Forum, 2000 (97): 32-36.

［51］ GRANT A E, GUTHRIE K K, BALL-ROKEACH, S J. Television shopping: A media system dependency perspective ［J］. Communication Research, 1991 (6): 773-798.

［52］ HORTON D, WOHL R R. Mass communication and para-social interaction ［J］. Psychiatry, 1956 (19): 215-229.

［53］ HORTON D. , STRAUSS A. Interaction in audience participation shows ［J］. American Journal of Sociology, 1957 (62): 87-579.

［54］ HOLGER S, TILO H. The PSI - Process Scales. A new measure to assess the intensity and breadth of para-social processes ［J］. Communications, 2008 (3): 1100-1124.

［55］ HOLGER S, WERNER W. Testing a Universal Tool for Measuring Para-social Interactions Across Different Situations and Media: Findings from Three Studies ［J］. Journal of Media Psychology, 2010: 26-36.

［56］ HUGHES P. Networks of power: Electrification in Western Society, 1880—1930 ［J］. Johns Hopkins University Press, 1983.

［57］ INGRAM J, LUCKETT Z. My friend Harry's a wizard: Predicting para-social interaction with characters from fiction ［J］. Psychology of Popular Media Culture, 2019 (2): 120-145.

［58］ JAIME B, NICHOLAS D B. Avatars are (sometimes) people too: Linguistic indicators of para-social and social ties in player-avatar relationships ［J］. New Media & Society, 2016 (2): 159-185.

［59］ KLIMMT C. Identification with Video Game Characters as Automatic Shift of Self-perceptions ［J］. Media Psychology, 2010: 13-34.

［60］ LEE R, BARRY W. Networked: The New Social Operating System ［J］. Cambridge, MA: MIT Press, 2012: 3-20.

［61］ LIN N. Social Networks and Mental Health ［J］. In A Handbook for the Study of Mental Health: Social Contexts, Theories and Systems. Cambridge University Press, 1999.

［62］MANUEL B J R, SHELLA L A. The Structure of Social Support: A Conceptual and Empirical Analysis ［J］. Journal of Community Psychology, 1983: 11-17.

［63］NIMKOFF M F. Sociology ［M］. Boston: Hougton Mifflin Co. 1964.

［64］NORDLUND J. Media interaction ［J］. Communication Research, 1978, 5 (2): 150-175.

［65］OGBURN F W. Social Change ［M］. New York: Vinking Press, 1922.

［66］PERSE E M, RUBIN R B. Attribution in social and para-social relationships ［J］. Communication Research, 1989, 16 (1): 59-77.

［67］PINCH T, BIGKER W. The social construction of facts ［J］. Social Studies of Science, 1984.

［68］ROSENGREN K E, WINDAHL, S. Mass media consumption as a functional alternative ［J］. In D. McQuail, 1972.

［69］RUBIN A M, PERSE E M, POWELL R. A. Loneliness, para-social interaction, and local television news viewing ［J］. Human Communication Research, 1985 (2): 155-180.

［70］RUBIN R B, MCHUGH, M R. Development of para-social interaction relationships ［J］. Journal of Broadcasting Electronic Media, 1987 (3): 279-292.

［71］RUBIN A M, STEP M M. Impact of motivation, attraction, and para-social interaction on talk radio listening ［J］. Journal of Broadcasting & Electronic Media, 2000 (4): 635-654.

［72］SONG W, FOX J. Playing for Love in a Romantic Video Game: Avatar Identification, Para-social Relationships, and Chinese Women's Romantic Beliefs ［J］. Mass Communication and Society, 2016, 19 (2): 98-104.

［73］SHUANG C, LARA S S. Daredevils on social media: A comprehensive approach toward risky selfie behavior among adolescents ［J］. New Media & Society, 2019, 11 (2): 152-185.

［74］TALCOT PARSONS. The Social System ［J］. The Free Press, 1951.

［75］TURKLE S. Alone Together: Why We Expect More from Technology and Less from Each Other? ［M］. NY: Basic Books, 2012.

［76］TSAO J. Compensatory media use: an exploration of two paradigms ［J］. Communication Studies, 1996 (47): 89-109.

［77］WEN S. JESSE F. Playing for Love in a Romantic Video Game: Avatar Identification, Para-social Relationships, and Chinese Women's Romantic Beliefs ［J］. Mass Communication and Society, 2016 (2): 180-193.

［78］ZHOU F, SU Q, MOU J. Understanding the effect of website logos as animated spokes characters on the advertising: A lens of para-social interaction relationship ［J］. Technology in Society, 2021 (65): 192-219.

网络空间中民族主义的社群化表达

——基于大数据分析与质性分析的探索性研究

❖ 吴锦峰（复旦大学）

黄荣贵（指导教师）

摘　要： 不同类型的民族主义群体在网络互动中形成了内部结构、议题关注和网络影响力不一的网络社群。基于网络社群的理论视角和归纳的实证路径，本文使用大数据分析与质性分析相结合的混合研究方法呈现了国家民族主义、制度民族主义和铁血民族主义三种网络社群。社群与话题模型的分析结果显示，社群结构与话题关注上存在清晰的对应关系。其中：（1）国家民族主义社群主要由官方政务号及追随者组成，关注"纪念国家历史"、"赞誉国家成就"与"学习先进典型"这三大议题。（2）制度民族主义社群最为关注"维护制度优越性"以及"驳斥西方意识形态"这两个议题，主要体现了青年群体的道路自信。(3)铁血民族主义社群的用户主要由关注中外关系以及国防建设的博主构成，并基于"批判西方霸权主义"和"推动国家安全建设"这两方面的议题展开讨论。相比于其他两个网络社群，国家民族主义社群具有最高的网络流量。本文基于实证材料系统刻画了以国家民族主义为主，制度民族主义和铁血民族主义为双旁支类型的网络民族主义态势。这一结果既拓展了我们对于当代网络民族主义现象的认识与理解，也为后续关于网络民族主义类型划分和动力机制的相关研究提供了理论启示。

关键词： 网络民族主义；民族主义；网络社会心态；网络社群

第一章　绪　论

一、研究背景

近年来，中国社会的民族主义情绪高涨，这也成为中国互联网生态的一大底色（WU，2014；张化冰，2017）。与过往的线下民族主义运动相比，互联网的发展使得认同民族主义的网民能够更快地聚集在一起。同时，网络社会中的"去地域化"也意味着中国社会的民族主义不再仅仅是一项本土议题，而是超越国界成为全球视域下的一种常见现象。

为了增加我们对网络民族主义这一重要社会现象的认识，完善学术界现有网络民族主义研究的视野，本文将基于网络社群的思路，使用大数据分析与质性分析相结合的混合方法，对网络民族主义的类型分化问题展开分析。本文将基于实证资料系统性地论证以下结论：中国的网络民族主义存在明显的内部分化，不同类型的网络民族主义者组成了具有不同内部结构、议题关注与网络影响力的网络社群；多重面相的网络民族主义社群共同构成了网络民族主义的全局景观。

二、研究问题

本文的研究问题为"如何刻画中国的网络民族主义"。换言之，本研究希望基于充分的经验资料，分析当代网络民族主义呈现出怎样的发展态势与内部特征。为了实现这一目的，笔者将基于网络社群的视角，将网络民族主义的社群分化视为网络民族主义类型分异的体现，并聚焦在以下两个研究问题。

研究问题1：中国的网络民族主义呈现出怎样的内部分化？

研究问题2：不同类型的网络民族主义间存在哪些异同点？

基于对这两个子问题的回答，笔者希望能够对当代中国的网络民族主义现象进行细致的刻画与相应的阐释，进而达到如下的现实意义与学术意义。

三、研究意义

（一）现实意义

作为民族主义的新动向，网络民族主义已有将近20年的历史（王洪喆 等，2016）。因此，网络民族主义的相关研究对于了解社情民意、刻画网络生态乃至于处理国际关系而言都是一大不可忽视的课题。

首先，对网络民族主义思潮的分析既有助于剖析网民对于国家、民族和中外关系的观点与情绪，也有助于及时发现网络极端情绪。其次，研究网络民族主义有助于推进网络治理。网络民族主义思潮已经多次引发了大型的网络群体性事件，部分群体性事件甚至同时牵涉到了中外网友两个团体，激化了网络对立的发生。如何认识、管理和引导网络民族主义，应是当代网络治理不可越过的重点与难点。最后，研究网络民族主义有助于为我国处理国际关系提供事实参照。因为民族主义情绪存在影响官方政策的可能性（ZHAO，2013），所以需要将民族主义者的潜在反应纳入政策制定的考虑因素之中。

（二）学术意义

在学术和理论层面，本文的分析有助于推进民族主义研究的理论视野，并厘清互联网时代下的政治文化走向。

首先，本研究有助于增进学界对于民族主义的现有认识，并进一步拓宽网络民族主义研究的理论视野。民族主义思潮具有十分复杂的内部构成，存在多种不同取向的民族主义子类型（BONIKOWSKI et al.，2016；付宇 等，2018）。然而，现有基于案例导向的网络民族主义研究只抓住了网络民族主义的某一面相进行描述，较少以刻画网络民族主义的不同类型为目的分析网络民族主义的整体图景。

其次，本文能助力互联网时代下的政治文化研究。第一，以网络民族主义为例，本文希望就如何刻画网络政治文化、理解网络政治文化等问题进行有益的探索。第二，笔者希望为理解网络社会中的政治文化发展提供可能的思路。除技术进步会推动网络政治文化发展的"线性"回答，网络政治文化产生及发展的动力机制需要更加具体的解释。

第二章　网络民族主义的现有研究

不少学者已经就网络民族主义的兴起及动力展开了翔实的分析，呈现了网络民族主义发展的社会与技术背景。在这一背景下，学者们还从话语表达、集体行动与群体分化三个角度对网络民族主义独特且复杂的表现形式进行了生动的刻画。这些研究拓展了我们对于网络民族主义的认识，但少有研究立足当下的社交媒体生态，以刻画网络民族主义的类型分化为目的对网络民族主义进行分析。

一、网络民族主义的兴起及动力

（一）从民族主义到网络民族主义

民族主义指的是一种认为本民族相较于其他民族更加优越，并将本民族的利益置于优先地位的政治价值观（SMITH，2001），已有众多社会科学的经典著作对民族主义进行了深入的研究（ANDERSON，1991；BILLIG，1995）。尽管民族主义存在文化民族主义和国家民族主义等多个面相，但他们都强调了"本民族"相比于"他民族"的优先性和优越性，并在某些情形下具有与"他民族"的对立性。

网络民族主义是利用网络进行传播的民族主义话语、情绪与思潮，以及相应的网络行动（闵大洪，2009）。在互联网平台中，许多网民基于中华民族的立场积极发声，如在祖国取得突破性成就时进行欢呼，在国际纠纷中捍卫民族与国家利益等。与民族主义的思潮相似，网络民族主义思潮也时常夹带着本民族或国家与其他民族或国家的比较甚至对立（BRESLIN et al.，2010；ZHANG et al.，2018）。

（二）网络民族主义产生的社会背景

中国网络民族主义的产生与演进具有深厚的社会性根源。其中，历史记忆、发展动态与全球化进程构成了理解网络民族主义产生与演进的三重宏观逻辑。第一，对民族伤痕的共同记忆是网络民族主义生成的重要基础。Cabestan（2005）指出应当将当代中国人的民族主义情感置于中华民族近代以来救亡图存和国家振兴的大历史之中理解，认为当代的民族主义具有历史的延续性。第二，网络民族主义情感折射了中国快速发展的现实动态（HUANG，2021）。比如，成长于高速发展时代的中国网民主要从经济发展的眼光看待身份认同和政治问题，因此对于自己的民族身份和国家认同越发自信（李红梅，2016）。第三，全球化的动态直接影响到了中国的国际地位与核心利益，构成了理解网络民族主义的第三重逻辑。特别是，中国在国际舞台上遭遇的不公正待遇激发了网络民族主义的"应激性反应"，也使得网络民族主义者对于西方世界有了更多的思考。

在宏观社会背景的影响下，青年群体成为网络民族主义的核心成员，这体现了网络民族主义的世代属性。新世代的青年成长于物质充裕的社会环境之中，见证了中国梦的圆梦之旅，因此对中华民族的身份有着高度的认同感和自豪感（茅根红 等，2017）。同时，青年群体成长于全球化的语境之下，对于国际局势和中西方差异有着更加清晰的认识。在这样的背景下，新世代青年在网络上表现出极强的民族主义情绪便是十分容易理解的。

（三）网络民族主义产生的技术背景

宏观的社会背景使得当代青年人具有更高的民族主义热情，而互联网技术与社交媒体平台的特征则为当代网络民族主义的发展提供了基本方向。

第一，互联网技术为网络民族主义者的线上聚集提供了渠道，并促进了民族主义的平民化和应激化。互联网技术对于民族主义最为直接的影响便是为民族主义者提供了跨地域的传播、交流与行动平台。同时，这一趋势也意味着民族主义的话语叙事进一步从精英阶级转移到了"草根群众"之中，加大了民族主义自下而上的平民化特性（CAIRNS et al.，2016）。最后，网络传播的速度与广度也使得网络民族主义呈现出了更强的应激性（BRESLIN et al.，2010）。

第二，社交媒体时代的到来意味着互联网技术不仅为民族主义者提供了新的舞台，也在很大程度上改变了民族主义的表现形式，这意味着新时代的网络民族主义并不单纯是线下民族主义的线上延伸。网络民族主义者会在网络平台上进行更多的互动，形成了鲜明的网络集群现象。他们会在社交媒体上与自己文化认知相似的网络用户进行积极的内部互动，并在某些情形下采取针对"敌对群体"的集体行动（卜建华 等，2018）。在这个过程中，网络民族主义者对于自己所处的文化社群有着极高的身份认同。许多研究者都将青年网络民族主义者视为民族主义的"粉丝群体"，他们的网络民族主义行动主要是为了实现对网络民族主义社群的身份认同（卜建华 等，2018；刘海龙，2017；王洪喆 等，2016；吴志远，2019）。

第三，网络技术的发展为多种行动者塑造网络民族主义情绪提供了平台，包括国家和商业公司在内的各个类型的主体都会基于自身的立场对民族主义的概念进行阐释和宣传（马欣欣，2017）。对此，现有的研究主要关注国家的网络治理成效。比如，官方网站在纪念历史事件的网络链接中居于中心位置，这说明国家在塑造民族主义叙事上起到了关键性的作用（SCHNEIDER，2016）。近年来，官方政务号与官方媒体更加积极地参与网络舆论场，利用微博、抖音等社交媒体平台宣传基于国家立场的爱国主义信息（PAN，2020）。

二、网络民族主义的表现形态

在社会与技术的双重背景下，网络民族主义经历了韬晦期、转轨期和崛起期三大阶段（茅根红 等，2017），从生成、成熟到不断壮大。与此同时，学者们也对网络民族主义的出现、发展与高涨进行了实时的跟进，并主要通过案例分析的方式呈现了网络民族主义的在线表达和集体行动（葛素华，2014）。这些研究发现，网络民族主义呈现出了十分复杂的内部生态和群体分化。

（一）网络民族主义的话语表达

部分研究以网络民族主义者的网络表达为研究对象，描述了网络民族主义者在网络表达中反映出的认知模式和思想诉求。这些研究发现，民族自信是网络民族主义者日常化表达的底色（卜建华，2012）。一方面，网络民族主义者对中国的发展成果抱有高涨的自豪感。见证了改革开放以来中国经济奇迹的网民主要基于"物质主义"的角度评价国家发展问题，因此对于中国的经济建设和发展成果有着高度的赞许和认同（李红梅，2016）。另一方面，网络民族主义者同样积极地通过网络平台支持国家的政治制度。随着中国特色社会主义制度的发展与成熟，越来越多的网民开始认识到我国政治道路相比于他国的优越性，并在网络社会中主动发声，捍卫国家政治制度的合理性（HAN，2015；ZHOU，2005）。

在民族自信的底色之外，少数极化的网络民族主义者在日常言论中呈现了激烈的排外倾向。有研究者指出，部分极化的网络民族主义者基于敌视和对抗的思维看待中外关系，因此在网络言论上呈现出激进和狭隘的特点（朱云生，2010）。这些极化的网络民族主义者基于简单的中外对立逻辑，主张中国与某些国家的矛盾是不可避免的，并倡导中国要主动采取强硬措施来捍卫自身的核心利益。近年来，极化的网络民族主义者在网络表达上甚至呈现出与民粹主义合流的倾向（桂勇 等，2020）。

（二）网络民族主义的集体行动

此外，许多研究对网络民族主义者的集体行动进行了集中关注。这些研究发现，捍卫国家利益是网络民族主义行动的主要目的。尽管早期的案例分析发现网络民族主义的集体行动对内呈现出了社会批判性（ZHANG et al.，2018），但更新的研究指出多数网络民族主义者在集体行动中保持了坚定的国家立场。近年来，随着全球化进程的推进与国际形势的变化，网络民族主义者越发关注中国在国际社会中的话语权问题，采取集体行动抵制他国对于我国的不公正对待。

也有研究指出，以青年人为主体的网络民族主义行动是去政治化的（吴靖 等，2019；杨国斌，2016）。对"帝吧出征"的分析显示，当代青年参与者主要是为了在网络集体行动中实现身份认同，不具有明确的政治性诉求。这些文章将网络民族主义行动视为当代青年人利用标语、表情包等青年亚文化进行的"情感行动"（王喆，2016），参与者的主要目的是在这些行动中获得身份认同（刘海龙，2017；王洪喆 等，2016）。与此相反，也有研究者认为青年人的网络政治行动呈现出了从"政治萌化"到"反政治萌化"的转变，开始更加成熟，也更具有批判性（马川 等，2020）。

（三） 网络民族主义的群体分化

关于网络民族主义话语表达和集体行动的分析发现，当代的网络民族主义呈现多元化的复杂生态，这体现在不同的网络民族主义者在话语模式、政治偏好和行动风格上有明显的差异。

首先，部分研究从网络民族主义者的主体出发，认为网络民族主义主要包括官方民族主义与大众民族主义两个组成部分（CHEN et al.，2019）。一方面，部分研究者主要关注国家对于网络民族主义的治理过程，认为网络民族主义的发展与壮大体现了国家的舆论宣传作用（例如 CHEN et al.，2020；PAN，2020）。另一方面，网络民族主义也体现出明显的"草根性"（例如 GRIES et al.，2016；ZHANG et al.，2018）。部分研究者将网络民族主义视为大众民族主义情绪的线上投射，并发现某些激进的网络民族主义情绪甚至为国家的网络治理与外交政策带来了新的挑战。当然，自上而下的官方民族主义话语与自下而上的大众民族主义框架共存于网络之中，两者的话语框架在相互影响的过程中演进。

其次，更多的研究从网络民族主义者的议题导向、事件导向或核心的表现特征出发，对不同类型的网络民族主义者进行了命名。这些研究参照了新兴的网络热点，将网络民族主义拆分成多种多样的群体类型，如愤青、小粉红、自干五、饭圈女孩和工业党等（丁小文，2019）。同时，这些新型的网络民族主义群体往往体现了诸如"二次元民族主义""粉丝民族主义""技术民族主义"的前沿概念（林品，2016；刘海龙，2017；王琴 等，2020）。

三、对现有研究的评述

总体而言，现有关于网络民族主义的相关研究仍存在几大可发展的空间。

第一，大部分关于网络民族主义话语和行动的研究都是案例导向的，这些研究较少从系统刻画网络民族主义类型化的目的出发进行实证分析。多数研究仅以特定的一种或多种网络民族主义群体或者行动为案例，分析它们的表现形态与影响因素，但尚未对不同的网络民族主义类型进行集中的系统研究。基于案例分析的研究结论与事件或群体本身的特征具有较高的关联，因此特定的案例也往往仅能呈现网络民族主义的一个面相。同时，由于这些事件大多带有"仪式性"色彩，与更为普遍的网络民族主义之间存在一定的距离。

第二，现有的网络民族主义研究较少考虑社交媒体下的社群化特征。笔者将在第三章中论证，社交媒体时代的一大特征便是网络群体的社群化，不同的网络民族主义者会聚集为具有不同特征的网络社群，不同的网络社群在内部凝聚与外部互动中共同构建了网络民族主义的整体生态。

第三，官方政治与大众力量的互构性在社交媒体时代下更为复杂，对网络民族主义的整体态势产生了深远影响。这一互构性意味着对网络民族主义的考察离不开考虑官方力量的介入，同时也要求研究者不能简单地将当下的网络民族主义视为官方与大众的二分对立。相反，研究者既需要分析大众参与对官方倡导的响应，也需要重视不同的网络民族主义类型对官方话语的再阐释。

第三章　网络社群视域下的网络民族主义：本文的研究思路

本文将基于网络社群的视角来刻画与解读网络民族主义的类型分化问题。在社交媒体的日常互动中，不同类型的网络民族主义者聚集为具有特定成员特征与互动结构的网络社群，不同的社群具有不同的议题关注取向。同时，不同网络社群的信息传播范围体现了不同网络民族主义类型的网络话语权。

一、网络民族主义的社群化表达

（一）网络民族主义的社群化：理论与现实

在网络社会中，网络社群表现为用户基于共同情感而在网络空间中形成的社会聚合体（RHEINGOLD，2000）。随着社会群体的多元化以及互联网技术，特别是社会媒体平台的发展，具有共同利益或兴趣共同点的用户以"圈子"的形式会聚在特定的网络平台中（黄少华，2013）。

同时，网络民族主义等网络社会心态也内嵌于网络社群的结构之中（黄荣贵，2020）。由于不同的网络社群是由持有不同价值观的用户构成的，所以不同的网络社群会呈现出不同的话题导向与话语风格，即在群体规范中呈现出一种群体亚文化（杨江华 等，2019）。这些亚文化往往会表现为具有社群风格的成员身份（如粉丝勋章）和文化符码（如表情包、口号等）。这些研究启发我们可以从网络社群中识别不同类型的网络思潮。

而在现实层面，当代中国的网络思潮也的确呈现出了明显的社群化趋势（SHI-KUPFER et al.，2017）。聚焦到本文的研究对象，许多研究也已经发现了中国的网络民族主义符合社群化的特征。对网络民族主义现象的质性观察发现，在社群内部协同与社会力量介入两个因素的影响下，网络民族主义者已经围绕牵涉国家利益和民族尊严的事件，在各大社交媒体上集结成不同类型的网络社群（李龙 等，2020）。事实上，从"帝吧出征"等早期的大型民族主义行动中，已经不难察觉到这些集体行动背后明显的社群动员方式。在这些事件中，网络民族主义群体通过百度贴吧这一平台实现了社群的聚集，并在回帖互动中实现了民族主义的群体认同，进而在特定的舆论事件发生时有组织、有纪律地采取了集体行动（杨江华 等，2019）。

（二）网络社群视域下的网络民族主义研究

具体来说，网络社群的视野为我们认识网络民族主义提供了以下四个方向。

第一，网络社群的分化体现了不同类型网络民族主义群体的线上聚集。我们可以认为基于网络互动，具有相同民族主义偏好的博主们可能会产生更加频繁的互动，并形成特定的网络社群。

第二，网络社群的内部结构呈现了不同网络民族主义类型的集群特征。一方面，社群关键性节点的身份类型体现了社群形成的动力机制，体现了不同网络主体对于网络民族主义社群的塑造作用。另一方面，社群内部的互动结构体现了不同社群的内部团结性。比如，某些基于共同爱好而自发形成的网络民族主义社群具有更强的内部互动性。

第三，网络社群的身份边界体现为不同网络民族主义类型在网络日常话语中表现出的认同风格。与线下的社会网络相比，线上社群主要表现为用户之间的互动模式，而对社群的文化认同则表现为社群成员在特定语境中所使用的文字或者符号（黄荣贵，2017）。

第四，网络社群的互动竞争性意味着不同的网络民族主义社群共同参与网络民族主义态势的动态建构过程。不同的网络民族主义社群并行存在于网络社会之中，基于自身的理解宣传自己认同的网络民族主义叙事。同时，不同的网络民族主义社群之间存在互动，甚至是竞争。

二、结构、议题与影响力：刻画网络民族主义社群的三个维度

基于上文的讨论，本文将网络民族主义的社群分化视为网络民族主义类型分异的外在表现。考虑到网络社群视角下的网络民族主义呈现出了内部结构性、身份边界性和互动竞争性三大特征，本文认为应当从结构、议题与影响力这三个具体的维度来刻画并理解不同的网络民族主义社群。

（一）结构与议题：理解网络民族主义社群的两大关键

结构与议题是呈现与理解网络民族主义社群的两个关键之处，这两个维度分别对应了网络社群的内部结构和身份边界这两大特征。

一方面，对网络社群进行社群结构的分析能帮助我们理解特定类型的网络民族主义的形成与内部凝聚过程。首先，研究者可以呈现出不同网络民族主义

社群的参与主体，并基于社群关键节点的类型来推断社群的形成与动员过程。其次，通过呈现和比较不同网络民族主义社群的内部互动和内部凝聚，可以帮助我们理解在线空间中不同类型民族主义的团结性差异。

另一方面，对网络社群的关注议题进行分析有助于我们解读特定类型网络民族主义的文化内涵。虽然网络民族主义者都会对事关民族利益的事件进行关注，但不同类型的网络民族主义者会对不同类型的议题表现出特定的偏好。因此，对于特定议题的关注构成社群之间的身份边界。

笔者认为不同社群的议题关注导向实际上反映了不同类型的网络民族主义者对于"民族"概念的再阐释。有学者认为民族主义是一种情绪化的意识形态，除了强调民族利益至上并没有特别系统的政治主张（刘军宁，2005）。在这个意义上，民族主义其实与民粹主义相似，是一种浅薄的意识形态（Thin Ideology）（STANLEY，2008）。基于这一视角，我们可以认为民族主义的思潮特性为不同的网络民族主义者留出了足够的再阐释空间，即不同类型的网络民族主义者可以从不同的议题切入对"民族"的概念进行阐释。

（二）"流量竞争"：网络民族主义社群的网络影响力比较

社会学家卡斯特准确地指出，网络社会中仍存在着明显的权力关系，这种权力关系表现为在网络结构中不同网络群体的控制权与话语权（CASTELLS，2016）。在社交媒体时代，网络用户的话语权主要体现在对于大众的影响力之中，并往往体现在阅读量、转发量等具体的网络流量指标上。

具体到网络民族主义本身，不同的网络民族主义社群既是平行与共存的关系，但也存在着对"网络流量"的竞争关系。面对有限的网络用户，特别是有限的可能加入网络民族主义社群的用户，不同的网络民族主义社群需要采取有效的策略进行动员，以此扩大自己的社群规模。在这个背景下，能够有效地进行社群动员与舆论运营的社群，便能够在网络环境下获得更多的关注量与曝光量，对网络舆论发挥更大的影响。因此，本文将网络影响力视为描述与比较网络民族主义社群的第三个维度。具体来说，我们可以分析不同网络民族主义社群网络影响力的异同，并结合不同社群的结构和议题对网络影响力的异同进行解读，进而回答"何种网络民族主义能够形成更大的网络影响"等关键问题。

第四章 数据来源与分析方法

一、研究对象：新浪微博中的网络民族主义社群

本研究将以新浪微博平台中的网络民族主义社群为例，分析网络民族主义的社群分化现象。具体来说，本文所分析的博主列表来源于某知名政务微博号①的新浪微博铁粉群②。之所以选择该博主的铁粉作为核心的数据来源，主要是出于以下考虑。第一，该博主的微博铁粉是识别网络民族主义者的有效标志。通过铁粉的身份来判断用户具有较高的民族主义倾向，有可接受的效度。第二，该铁粉群规模较大，能够提供较大的数据量和较为多样的用户类型。

二、数据来源

考虑到网络联系的偶然性与网络信息的混杂性，本文需要对铁粉群中的用户进行一定的筛选。首先，笔者在 2019 年 12 月抓取了铁粉群中 947 位用户的前 100 条博文，共计 81141 条博文。然后笔者使用简单随机抽样的方式从这些博文中抽取出 3000 条博文进行编码，当博文与民族主义情感有关时编码为 1，其余为 0。紧接着，笔者将 3000 条博文分为 2000 条训练集和 1000 条测试集，用于训练支持向量机（Support Vector Machine，SVM）模型，然后使用这一模型对 81141 条博文的属性进行预测。笔者在对支持向量机模型的分类结果进行评估后发现，该模型对测试集博文的预测准确度高达 94%。

在将所有博主按前 100 条博文中与民族主义相关的博文比例的大小进行排序后，笔者选择了比例超过 20% 的 109 位博主作为后续的分析对象③。之所以选择 20% 作为分界线，是出于以下的考虑：首先，支持向量机的预测结果显示，微博中多位知名的民族主义博主的前 100 条微博中也仅有 20% 左右的比例与民

---

① 出于保护用户隐私的考虑，笔者对该政务微博的名称进行了匿名化处理。该政务微博的基本情况如下：该微博号为国家级别的政务号，在近十年间持续性地宣传具有强民族主义倾向或爱国主义的信息，引导网络民族主义或网络爱国主义，并取得了显著的成果。截至 2021 年 2 月，该政务微博号已经发表了超过 4 万条博文，拥有超过 1000 万粉丝，平时发布的微博点赞量都以千计。

② 微博铁粉是新浪微博推出的反映粉丝与博主之间亲密度的互动产品，微博铁粉群则是只有微博铁粉才能加入的群聊。粉丝需要在一个月内与特定博主进行最少 5 次互动才能成为特定博主的铁粉，并以此获得加入微博铁粉群的资格。

③ 铁粉群中存在一定数量的具有官方背景的机构账号（如官方媒体、官方政务号等），这些账号并未包括在本文的分析样本中。本文的 109 位博主只选取个人账号进行分析。

族主义相关。同时，在"抓取"该知名政务号的前 100 条博文，并使用前文所拟合的支持向量机模型对这些博文的属性进行预测后，笔者发现该政务号前 100 条博文中与民族主义相关的博文比例也仅为 20%。由于微博平台的用途较为多样，因此本文认为用 20% 作为筛选博主的分界线是相对可以接受的比例。

在从铁粉群用户中筛选出 109 位民族主义情感较为明显的博主后，笔者爬取了这 109 位博主截至 2020 年 2 月的所有博文[①]，全部博文共计 155768 条。之后，笔者再次从博文库中随机抽样出 3000 条博文进行与之前标准一致的人工编码，并将新的 3000 条博文与前文编码的 3000 条博文合并形成新的编码库。笔者将合并后的 6000 条博文分为 4000 条训练集和 2000 条测试集，用于训练新的支持向量机模型。尽管测试集的数量翻倍且博文的内容更为混杂，此时的支持向量机模型对 2000 条测试集的预测准确度仍达到了 90%。然后，笔者使用这一模型从 15 万余条博文中筛选出 46728 条由具有显著民族主义倾向的博主所发布的与民族主义密切相关的博文。这 46728 条博文构成最后的分析对象。

三、分析策略

（一）基于大数据分析与质性分析相结合的混合研究设计

本文将使用大数据分析与质性分析相结合的混合方法来研究网络民族主义的社群化。一方面，大数据的分析方法长于呈现网络文化的宏观情况，能够帮助研究者描述特定文化现象在网络社会中的宏观布局；另一方面，质性研究的路径能够为大数据分析的结果赋予意义（KOZINETS，2010）。

参照现有网络社会学的研究路径，本文将结合社会网络分析、LDA 话题模型分析和质性分析的方法来研究网络民族主义的类型分化问题。首先，本研究基于社会网络的分析方法对网络民族主义者的网络互动进行社群分析，识别出不同的网络民族主义社群。不同的网络民族主义社群对应了不同的网络民族主义类型。其次，本文将对归属于不同社群的文本进行 LDA 话题模型的分析，初步识别出不同社群的议题关注，为后续的质性分析提供参照。LDA 话题模型可以帮助研究者从众多的文本中提取出有限个数的话题，并使用词语的组合来表示这些话题。归属于同一个话题的词语具有更高的共同出现频率，共同表达了某一话题的内容。最后，笔者将基于对不同社群用户和社群博文的质性解读进行具体的文化阐释，为"量化"的社会网络结构和话题模型结果赋予"意义"。结合这三种方法，本文既能够在统计层面区别出具有明显区隔的不同社群，又能够基于对社群成员和社群文本的解读描述不同的社群文化，即同时兼顾全局

---

① 在爬取过程中发现一位用户已经注销，实际的分析对象仅为 108 位。

描述和意义阐释两大部分。

（二）分析方法

具体来说，本研究的数据分析分为以下几个步骤：第一，笔者从博文库中提取出了各用户间的转发关系，建立各用户间的联系，构建社会网络。考虑到每个用户可能多次转发另一位用户的博文，因此将用户之间互动关系的权重定义为转发的次数。基于这些步骤进行处理后，本文得到了一个包含 10039 位用户、26466 对关系的有向加权关系网络。

第二，笔者将第一步得到的关系网络数据导入 Gephi 软件，基于 Gephi 内置的算法进行社群侦测（BLONDEL et al.，2008），得到了 3 个主要社群。社群侦测是社会网络分析中的常见方法，其基本思路是基于节点之间的互动关系识别出潜在的互动模式，并通过算法从互动模式中识别出不同的网络社群。

第三，笔者从博文库中抽取出能够准确判断出社群归属的博文①，并将这些博文用于 LDA 话题模型的分析，得到了网络民族主义者所谈论的三大主要话题。基于 LDA 话题模型的结果，本文还可以进一步判断不同的话题在各个社群中的分布，进而形成对不同社群特征的初步认识，为后文的质性分析奠定基础。

第四，为了对社会网络分析和话题模型的结果进行具体的阐释，本文对各个社群的用户与博文进行了质性的观察、归纳与解读。一方面，笔者抽取出与各个社群相关的博文进行了人工的阅读与编码，在这一过程中累计阅读了超过 10000 条博文。另一方面，笔者从 2020 年初开始对各个社群内较为重要的节点展开了长时间的跟踪观察。通过两方面的质性分析路径，笔者对不同社群的核心特征进行了归纳，并对不同社群命名。同时，笔者还从转发量、评论量、点赞量与社群头部用户的关注量等指标对社群的网络影响力进行了分析。

第五，笔者利用社会网络分析的相关指标与网络影响力的相关指标，既分析了不同社群的在线互动，又对不同社群的异同点进行了比较分析。通过以上的 5 个步骤，笔者既通过大数据分析得出了多个网络民族主义社群和各网络民族主义社群的话题导向，又基于对用户和博文的质性分析深入理解了不同的社群文化，进而对不同的社群进行了命名、描述、阐释与比较。

---

① 由于后续需要基于话题模型的分类结果判断不同社群在各个话题之间的分布，笔者在话题模型的分析中仅包括了可以准确判断社群归属的博文。具体的判断方式为，如果该博文中包括了两个 A 社群成员间的互动（不限互动方向），则该博文归属于 A 社群。根据这一规则，笔者在总博文库中提取出了子集，子集中的博文均有明确的社群归属。同时，对博文进行社群分类，还有助于后续计算与比较不同社群在各个指标上的差异。

第五章　网络民族主义的社群分化与表达分异

本文将基于网络社群的分析思路，使用大数据分析与质性分析相结合的混合方法来探索网络民族主义的内部分化问题。结果显示，网络民族主义讨论存在着"两岸关系与制度自信"、"纪念与致敬"和"中外关系"三个核心议题，议题关注与社群分化之间存在对应关系。

一、网络民族主义的三大社群：社会网络分析的结果

通过社群侦测的技术，彼此互动更为紧密的网络民族主义用户将会被划分为同一个社群。社群侦测结果显示，网络民族主义的整体网络中存在 3 个用户数占比超过 10%的主要社群（见图 1），这三大社群覆盖了 73%的用户数。从图中可以看出，网络民族主义用户在基于互相转发的网络链接中聚集为 3 个核心的网络社群，这三个社群之间有着较为清晰的边界。其中，圆点表示的社群 1 共有 2831 名成员，占全部节点的 28.20%；三角形表示的社群 2 共有 2565 名成员，占全部节点的 25.55%；正方形表示的社群 3 共有 1951 名成员，占所有节点的 19.43%

二、社群分化的初步呈现：LDA 话题模型的结果

（一）网络民族主义者的三类关注议题

社群侦测的结果显示网络民族主义确实存在着清晰可见的内部分野。在本部分，笔者将通过 LDA 话题模型提取出网络民族主义讨论的不同话题，并基于三大社群在这些话题上的分布对它们的议题关注进行初步的呈现与比较。

表 1 汇报了 LDA 话题模型的分析结果。LDA 模型在博文库中识别出了三大主要话题，并使用不同词语的共现组合来表示这些话题。笔者将对这三大话题进行具体的描述，以此来区分网络民族主义讨论中的不同议题导向。在汇报过程中，笔者既结合了话题模型给定的核心关键词（表 1 中汇报了最为关键的 15 个关键词），也对和特定话题相关的博文进行了细致的阅读。

话题 1 为"纪念与致敬"话题，关键词为人民、祖国、英雄、致敬、历史等。结合关键词与相关博文，笔者发现该话题存在着纪念历史与致敬英雄两个面向。首先，在各个历史事件的周年纪念日中，网络民族主义者都会缅怀革命先驱等爱国模范人物。在网络民族主义者看来，这些英雄人物为中华民族的崛起与建设带来了至关重要的影响，因此中国人民应当牢记他们的贡献。其次，

在缅怀历史之余，网络民族主义者也对当代的英雄进行了致敬。在部分网络民族主义者看来，军人群体（比如边疆战士）等社会群体为祖国当代的发展作出了巨大的牺牲和贡献，值得全体中国人民的尊重。之所以纪念历史与致敬英雄两个议题被归类到一个话题之中，是因为它们都与建设国家共同体的倡导相关。

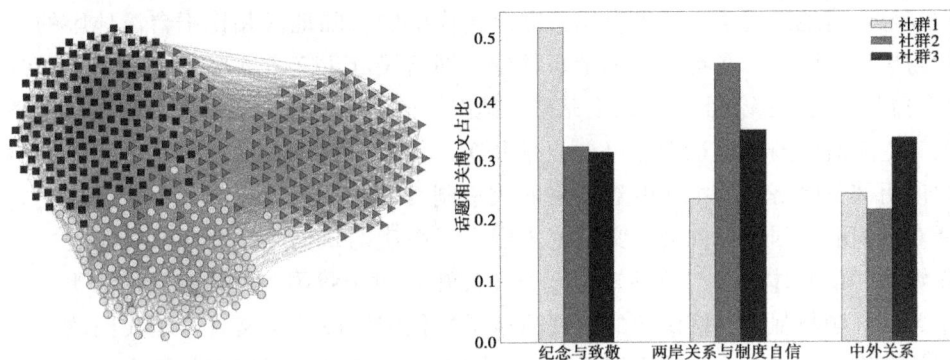

图 1　网络民族主义者的在线关系网络（度数前 500 的节点）与话题分布

注：左图中每一个点表示一个用户，颜色和形状表示社群归属。出于保护用户隐私的考虑，图中未显示用户的 ID。

表 1　LDA 话题模型结果（最重要的 15 个关键词）

纪念与致敬	两岸关系与制度自信	中外关系
中国	台湾	中国
人民	中国	美国
祖国	大陆	日本
英雄	公知	世界
致敬	媒体	韩国
牺牲	爱党	难民
历史	民主	国际
军人	人民	英国
毛主席	台独	特朗普
战士	政治	总统
加油	记者	全球
缅怀	西方	仲裁
烈士	社会主义	航母
周年	抵制	华为
老兵	反对	大国

话题 2 为"两岸关系与制度自信"话题，关键词包含台湾、大陆、公知、媒体、爱党、民主、社会主义等。从关键词中我们可以发现两个方面的议题，分别为两岸关系与制度自信。首先，台湾、大陆、（反对）"台独"等关键词说明台湾与大陆的关系是该话题的一大重点。部分网络民族主义者热衷于将中国大陆与台湾地区置于一处来对比，突出当代中国大陆地区相比于台湾地区的繁荣与昌盛。同时，在特定的舆论事件中，网络民族主义者亦坚定地反对和批判"台独"势力，捍卫祖国的领土完整。其次，该话题中包含的另一个议题与网络民族主义对中国特色社会主义的自信相关。爱党、民主、社会主义等词语的出现说明部分网络民族主义者对国家的政治制度进行了讨论。部分网络民族主义者对我国的中国特色社会主义制度表现出了高度的自信，并坚决反对部分"崇洋媚外"的媒体记者与公共知识分子（公知）对于我国制度优越性的抹黑。两岸关系议题与制度自信议题的共现凸显了当代网络民族主义者对于我国政治道路的高度自信。在这些博主们看来，中国大陆的经济发展速度与社会治理成果凸显了真正意义的民主。

话题 3 为"中外关系"话题。此话题中的主要关键词都与中外关系相关，主要讨论了中国与美国、日本、韩国等多个国家之间的关系。一方面，这一话题讨论中国与各个世界大国之间的外交事件与外交纠纷。其中，美国总统特朗普发起的中美贸易战，中日、中韩之间的外交纠纷都是这一话题中讨论的重点。另一方面，航母、华为等关键词或许预示着网络民族主义者对于全球化时代下国家核心实力建设的关注。我国航空母舰技术的发展让网络民族主义者对于国家的军事安全有了更高的信心；中美贸易战下华为面临的技术封锁则让网络民族主义者开始关注国家的技术独立问题。

（二）议题关注与网络社群的对应分析

三类网络民族主义社群是否在 3 类议题表达上有所差异？为了回答这一问题，笔者基于 LDA 话题模型判断了博文库中不同博文的话题归属，并进一步计算了不同社群博文在各个话题上的分布。举例来说，如果话题模型的结果预测归属于社群 1 的博文 A 最多讨论了话题 1，则将社群 1 在话题 1 上博文计数加一。

图 1 进一步汇报了 3 个议题与 3 个网络民族主义社群之间的对应关系。从中我们可以有两点发现。第一，3 类话题在各个网络民族主义网络中均有一定的占比，这说明了 3 类网络民族主义议题在网络民族主义讨论中的核心性。第二，不同的网络民族主义社群的确在议题讨论上呈现出了特定的"偏好"。其中，社群 1 的核心讨论议题为"纪念与致敬"。这说明社群 1 的用户主要从纪念历史与致敬当下两个角度来抒发自己的网络民族主义情感。社群 2 的核心关注议题为

"两岸关系与制度自信"，社群 2 的博文库有接近 50%（46%）的博文与此相关。社群 3 的博文虽然在 3 个话题中的分布较为平均，但相比于其他两个社群，社群 3 的用户更加关心"中外关系"话题。

第六章　网络民族主义的三大社群

在本章节中，笔者将基于社会网络分析的具体指标以及对各个社群的质性分析，对第五章中社群侦测所得出的三个网络民族主义社群进行具体的描述。下文笔者将使用社会网络分析的方法呈现不同社群的规模与构成，基于对社群博文的质性解读呈现社群的议题关注，并基于点赞数、转发数、评论数与头部用户的网络流量等指标计算不同社群的网络影响力。

一、国家民族主义社群

（一）社群概况与成员结构

社群 1 共有 2831 名成员，占全部节点的 28.20%。该社群的成员主要是由几大知名的官方账号及其追随者构成。共青团中央、《人民日报》、央视新闻等知名官方政务号与官方媒体积极利用微博平台传播爱国主义信息，鼓舞人们的爱国主义热情；这一社群的网络民族主义者则积极转发官方政务号或官方媒体的微博内容参与互动，或主动发布相同类型的民族主义信息。

社群 1 的主要成员由三部分组成。第一个主要的构成部分是许多官方政务号与官方媒体，如《人民日报》、人民网、央视新闻和共青团中央等。除此之外，许多官方政务号和官方媒体的工作人员也会利用私人微博主动宣传官方政务号或官方媒体的消息，并补充相关信息，他们的博文也在该社群中广为传播。第二个主要的构成部分是具有民族主义或爱国主义色彩的微博意见引领者。这些博主的博文特征同官方政务号和官方媒体的博文保持较高的一致性。第三个主要的构成部分是第一部分和第二部分的追随者。

该社群的成员平时讨论的主要议题都与建设国家共同体这一议题紧密相关，这些议题讨论体现了该网络民族主义群体对于国家历史的高度认同和对于国家建设的积极倡导。因此，笔者将该社群命名为"国家民族主义社群"。

（二）议题关注：国家历史、国家成就与先进典型

在官方政务号与官方媒体的积极引领下，国家民族主义社群的成员主要对国家历史、国家成就与国家发展等和国家共同体紧密相关的内容进行宣传和讨

论，并在这一过程中强化自己的国家认同。

1. 纪念国家历史

国家民族主义社群的博主经常发布和转发与国家历史相关的纪念类博文，借此表达与强化自身的民族主义认同。在周年纪念日等特定的时间节点，官方政务号或者官方媒体会带头缅怀特定的历史人物，或提及具备爱国主义色彩的历史事件，并借此鼓励人们牢记中华民族的发展历程。通过回顾历史人物与历史事件的方式，可以呼吁众人牢记中华民族的崛起之路，并使网民在回顾历史的同时加强国家认同。举例来说，共青团中央等官方政务号，以及《人民日报》等官方媒体会在"南京大屠杀公祭日"等有特殊历史意义的时间节点发表博文，号召大家"勿忘国耻"。

纪念类的相关博文并不局限于追溯民族伤痕，还会对国家的富强之路进行回顾。国家民族主义社群的用户除了回顾国家的惨痛过去，还会重温有代表性的国家发展成果。例如，该社群的博主们经常提及像"两弹"元勋、航空航天进展、杂交水稻研发之类的正面往事，以此来回顾祖国的历史性进展。这些博主通过纪念知名历史人物，回顾国家突破性成就的方式，一方面可以表达自身的民族自豪感；另一方面更可以号召当代中国人要向这些人物学习，通过不断努力为祖国的发展作出贡献。

2. 赞誉国家成就

国家民族主义社群的成员对当代的国家发展成果有着高度的认同，这具体表现在他们经常性地通过发布或转发博文的方式赞誉中国的优势与成就。官方政务号或官方媒体时常通过时事新闻报道的方式宣传中国的各方面成就，而该社群的其他民族主义博主则会转发这些博文来宣传"中国力量"，强化自己对中华民族的认同感与自豪感。

值得一提的是，近些年官方政务号与官方媒体积极使用各类宣传渠道传播中国的优势与成就。利用微博等新媒体平台进行宣传是国家治理的一项重要突破，而通过宣传形式的创新来保证信息传播的有效性也同样重要。例如，近些年官方开始使用一些更具新世代风格，且更加轻松愉快的叙事方式来推动网络传播。比如，中国人民解放军火箭军创立了名为"东风快递"的微博账号，其官方口号为"东风快递，使命必达"。这一口号将中国的火箭事业比喻为快递，试图以幽默诙谐的方式宣传国家的军事进展，受到了广大网友的欢迎。

另一有效的宣传手段是邀请明星偶像为国家代言。近年来，官方组织积极地与明星偶像进行合作，通过这些明星的代言来传播国家文化与国家成就。举例来说，共青团中央、央视新闻等官方机构曾与一些当红明星进行合作，通过拍摄微电影、接受访谈的方式来传播爱国主义信息。比如，中央电视台的《经典咏流传》节目通过邀请当红明星演唱古诗词歌曲的方式，传播传统的诗词文化，深化当代人对诗词国粹的认识。明星的参与加速了爱国主义信息的传播，直达粉丝受众，取得了显著的成效。在追星的过程中，粉丝群体实现了对爱国信息的吸收与对爱国信息的传播，并且强化了自身的民族认同和民族自豪感。

3. 学习先进典型

国家民族主义社群中的博主在微博平台上致敬并学习各类先进人物。官方政务号和官方媒体经常性地表彰军人、教师和医生等对国家有着突出贡献的社会群体，特别是对其中的先进典型和模范人物进行报道，号召广大网友向他们致敬并加以学习，参与国家建设。应当说，官方微博对先进人物的宣传，既是对这些正面典型的表彰，更是对他们服务人民、奉献社会行为的倡导。同时，这些先进典型的事迹也受到了该社群中其他用户的热议。

通过讨论和学习先进典型人物的方式，官方政务号与官方媒体强化了网友们的民族主义或爱国主义信念。一方面，这些博文突出了先进群体对于国家或民族共同体的守护作用，这有助于强化网民对于国家或民族共同体存在的感受。先进典型的伟大之处在于他们在牺牲自我利益的同时为国家共同体的"大我"作出了贡献，因此，在网民学习先进典型事迹的同时可以感受到国家共同体的存在与发展过程，并由此强化自身对于这一共同体的认识与认同。另一方面，这些博文倡导网友们学习先进典型的相关事迹，加入国家或民族共同体的建设之中，为国家或民族发展"添砖加瓦"。

（三）国家民族主义社群的网络影响力

国家民族主义社群的微博在网络社会中广泛传播，产生了巨大的影响力。

第一，国家民族主义社群的博文占比说明该社群的微博言论在网络社会具有一定的普遍性。笔者从总博文库中识别出 10837 条归属为国家民族主义社群的博文，占能够识别出社群归属的博文总数的 40.19%。

第二，笔者对转发数、点赞数与评论数 3 个指标的分析显示，归属于国家民族主义社群的网络言论吸引了海量的网络关注，这体现了国家民族主义社群的网络影响力。网络民族主义的相关博文具有极强的网络热度，拥有极高的转发量、点赞量与评论量。其中，平均的转发量为 236098 次，平均的点赞量为 97249 次，平均的评论数为 11594 条。这些数据说明，国家民族主义社群的话语体系以其朴素的爱国主义情感，借助官方政务号或官方媒体的宣传阵地，在网络社会中实现了十分成功的民族主义情感动员。

第三，国家民族主义社群的头部用户亦具有极高的网络曝光度。在爬取该社群出度前 50 名成员的相关信息进行分析后，笔者发现这 50 名用户的平均粉丝量达到了 2000 万之多。从中位数来看，他们的粉丝数量中位数也将近 300 万，是一个极高的数字。同时，这 50 名用户人均发布了超过 6 万条的博文，博文的数量保证了国家民族主义讨论在网络空间中的日常可见性。

二、制度民族主义社群

（一）社群概况与成员结构

社群 2 共有 2565 名成员，占全部节点的 25.55%。这一社群的成员主要是对中国道路有着强烈自信的个人账号。该社群出度前 10 名中有 8 名①为微博中具有一定影响力的意见领袖，这些用户积极利用微博平台肯定和维护中国模式的先进之处，并批判与此相对的"西方意识形态"。

国家民族主义社群的形成彰显了官方组织在塑造网络民族主义社群中的作用；相比之下，社群 2 则说明了具有强烈民族主义的个人用户在维护中国道路的正当性与优越性这一议题上自发组织，构成了独立的社群结构。同时，或是为了支持自身观点或寻找更具权威性的支持，该社群的博主也会同观察者网等积极拥戴中国道路的新闻媒体进行高频的网络互动。

社群 2 的成员表现出了两点显著的特征。第一，该社群有许多成员的微博名称中带有"种花家"和"兔子"②等具有"新世代"特征的爱国符号，或使用了《那年那兔那些事儿》中的视频截图作为微博头像。这些特征预示着这一社群的成员在年龄上的年轻化。比如，该社群网络出度第 15 名的用户便在个人介绍中旗帜鲜明地写道："此生无悔入华夏，来世还在种花家。"这些用户的特点说明随着世代更替，年青一代开始参与网络民族主义的讨论，积极利用本世代的文化符号或话语表达自己的民族主义或爱国主义情感。第二，该社群被大量转发的博主中有许多是具有公职背景（如民警、党政工作人员等）的当代青年。虽然这些身为公职人员的博主同样具有官方背景，但其在微博平台上主要是以个人的身份进行发言的。这些博主积极利用微博平台传播正能量，抵制社会负面言论，受到了该社群中其余用户的热捧。

考虑到社群 2 的用户对中国当代政治制度表现出了高度的自信心，并且主要会通过维护制度优越性和驳斥西方意识形态两种方式表达自己对于中国道路的认同，因此，笔者将这一社群命名为"制度民族主义社群"。

（二）议题关注：维护制度优越性与驳斥西方意识形态

笔者通过对制度民族主义社群用户的观察与对相关博文的质性归纳发现，该社群的网络用户主要从维护制度优越性和驳斥西方意识形态两个角度切入来

---

① 其余的 2 个节点是受到该社群用户广为转发的媒体账号。
② "种花家"和"兔子"是知名爱国主义动漫《那年那兔那些事儿》中的代表性符号。

捍卫中国政治制度的正当性与优越性，并将自己的民族主义情感寄托在对国家政治制度的认同之中。

1. 维护制度优越性

首先，该社群的成员积极主动地利用微博平台捍卫中国道路的正确性，抵制任何诬陷与诋毁我国政治制度的网络言论。制度民族主义社群的博主对中国道路有着高度的认同，并将维护国家制度优越性的信念融入日常实践中，如自发地关注、曝光和反对各类有关中国道路的负面言论与相关的个人。在制度民族主义社群的博主们看来，国人应当充分认识到中国模式的先进性，自觉捍卫中国模式的声誉，而非一味用"有色眼镜"批评自己的祖国。

笔者在对该社群的相关博文进行归纳后发现，制度民族主义社群的成员强烈抵制网络上"崇洋媚外"的言论与行为。该社群的博主们认为当代中国的网络舆论场中存在着众多看低中国而高看外国的现象，而这种现象来自部分国民的"奴才心态"。为了表示对这些现象的讽刺，具有民族主义情感的网民们将这些崇洋媚外的个人称呼为美分①、精日②，以此来指代这种"凡美日必夸，凡中国必贬"的"恨国心态"。

除了崇洋媚外的个人，制度民族主义社群的博主们认为国内还存着许多"双面作风"的媒体与企业。在该社群的博主们看来，国内有许多媒体集中报道国家负面新闻，而对外国的负面事件视而不见；且有部分企业优待外国市场而蚕食我国利益，这些都是让人无法容忍的现象。因此，该社群的博主们频繁地在网络上曝光相应的媒体或者企业，并号召网民们抵制这些媒体与企业。

特别地，该社群的博主们认为某些具有社会影响力的明星、教授和网络大V不但不承担与自己社会地位相当的社会责任，而且还会公开发表一些有损祖国声誉的崇洋媚外言论，造成了十分恶劣的社会影响。笔者在对该社群的博文进行人工阅读后发现，该社群的博主们经常提及一些曾发表过"仇中"言论的公共知名人物，并基于他们曾经的崇洋媚外行为来对这些人进行讽刺。这些言论甚至会被这些博主记录下来，形成一个负面的人物清单，定时定期地进行曝光批判。

2. 驳斥西方意识形态

该社群的成员还会利用微博平台强烈讽刺与反对西方国家的政治意识形态。维护国家制度优越性是制度民族主义这社群的对内一面，而驳斥西方意

---

① 美分是部分网友对网络上某些一味赞美与支持美国的网民的称呼。这些网友使用美分的称号来讽刺这些"美分"网民是为了赚取美分而发表言论。

② 精日的全称指的是精神日本人。某些网友们使用这个词语来指代那些对日本有着极度好感而不断批判中国的网民。

识形态则体现了该社群的对外态度。具体而言，制度民族主义社群的成员对我国经济的繁荣与民生的改善感到由衷的骄傲，并且认为中国的发展模式更具优越性。相比之下，许多博主认为以美国为首的西方国家的发展模式体现了虚伪的民主观念。

首先，在该社群的博主们看来，西方意识形态意义上的民主与自由并不能保证人民群众的生活水平，是极其虚伪的。一方面，该社群的博主们发现许多国家试图实践以美国为代表的民主自由体制，且美国也通过武力干预的方式"解放"了许多被"压迫"的地区，但这种所谓的民主自由改造最终都带来了混乱，并没有让当地人民过上更好的生活。另一方面，该社群的许多博主还指出即使在美国本土，所谓民主自由的制度也没有为普通人民带来好的生活。譬如说，部分博主指出西方的民主自由背后是资本与财团等社会不平等的真相，并没有真正代表广大人民的利益。相比之下，中国的发展模式以人民为中心，真心实意地为人民谋福利，才是真正的民主体制。

其次，除了基于民生发展的物质视角对西方民主进行反驳，该社群的博主还指出西方意义上的民主自由本身就是不真实的。在该社群内的许多博主看来，西方所谓的民主自由，不过是针对本国人民，甚至针对本国资本的民主与自由，所以这种民主自由模式是十分虚伪的。因此，当民主自由和本国利益相悖时，西方国家则会采用双重标准干涉其他国家的民主自由；而当民主自由与资本利益相悖时，西方国家的资本家也会剥夺普通人民的自由权利。

基于同样的逻辑，该社群的博主还会讽刺港台地区部分民众对民主自由的理解。在该社群的博主们看来，我国港台地区的部分民众深受西方式民主自由理念的荼毒。这些博主指出，对西方意识形态的迷信使得许多港台地区的民众甚至政客变得极为肤浅，这不仅阻碍了港台地区的经济发展，甚至引发了许多社会动乱。譬如说，该社群的部分博主经常转发台湾地区的新闻，讽刺台湾地区的制度建设虽然表面民主但实则发展水平低下，即这种模式没有为台湾地区的民众带来优质的生活条件。

3. 制度民族主义社群的网络影响力

笔者在分析制度民族主义社群的网络影响力指标后发现，制度民族主义社群仍然处于"萌芽期"的起步阶段。

第一，归属于制度民族主义的博文占比较少。笔者从总博文库中识别出4260条归属为制度民族主义社群的博文，占能够识别出社群归属的博文数的15.8%。相比之下，该社群成员人数占到了全部节点的25.55%。

第二，对转发数、点赞数与评论数3个指标的分析显示该社群的网络影响力有限。其中，该社群博文的平均点赞量为3194次，平均转发量为2665次，平均评论量则为 957 条。3 个指标都远小于国家民族主义社群所展现出的网络流量。这些数据说明，制度民族主义社群的成员在争夺网络流量上成效有限。

第三，笔者分析发现该社群的头部用户具备一定的网络流量，这为制度民族主义的博文传播带来了增长潜力。在爬取该社群出度前 50 名成员的相关信息后，笔者发现这 50 名用户的粉丝量平均数为 120 万，中位数为 40 万，这两个指标都远低于国家民族主义社群的网络曝光率。但在两个方面，该社群的网络流量有增长的潜力。第一，出度前 50 名的成员人均发布了接近 6 万条博文，第二，该社群出度前 10 名成员中有许多知名的新闻媒体与网络意见领袖。

三、铁血民族主义社群

（一）社群概况与成员结构

社群 3 共有 1951 名成员，占所有节点的 19.43%。该社群的主要成员主要是高度关注中外关系和国防安全的网络民族主义用户，其中包括许多当代社交媒体平台中知名的民族主义者。具体来说，该社群出度前 10 名的用户中既包括 3 位知名的军事国防类大 V，也包括许多态度激进，关注国际关系与国防建设的网络左翼。

该社群的成员主要由两部分组成。首先，该社群的主要成员是较为关注军事议题的个人账号。在这些个人账号中，许多博主名称中都带有"义勇军"的相关字样，并使用带有军事要素的微博头像，或在个人简介中突出了个人对军事类话题的关注。同时，该社群的博主还会积极转发一些态度鲜明的官方账号的博文，对这些官方账号的勇于发声表示认可，或为自己的观点提供来自官方账号的支持。事实上，众多的官方账号都会通过微博平台进行舆论宣传，而不同官方账号的风格也有所差异。在这其中，部分官方账号在涉外态度上较为强硬，经常会对外国的错误行为进行激烈的批评。

鉴于社群 3 成员在中外关系与国防安全议题上表现出的激进"敌外"性，笔者将其命名为"铁血民族主义社群"。铁血民族主义社群的博主高度关注中外关系和国家安全问题，强调国家军事建设与核心产业独立的重要性。

（二）议题关注：批判西方霸权与推动国安建设

铁血民族主义社群的核心特征是在中外对立的视角下强调国家安全建设的重要性。在该社群的博主看来，西方国家对中国乃至整个世界实施了一以贯之的霸权主义，这对中国的发展与进步造成了巨大的威胁。为了抵制西方的霸权主义，维护中华民族的核心利益，该社群的博主主张我国应当在多个方面推动国家安全建设，以应对中西方间难以调和的矛盾。

1. 批判西方霸权

该社群的博主对西方国家的霸权行为展开激烈的驳斥。相比于前两个社群的成员，激进民族主义社群的博主会更高频地曝光以美国为首的西方国家的霸权主义。在这些博主看来，以美国为首的西方国家为了获取利益和维护霸权地位，在全球范围内实施了众多的霸权行为。经过对该社群博文的阅读与归纳可以发现，铁血民族主义社群的博主主要从以下两点出发揭示西方国家的霸权主义。

首先，该社群的博主会结合中国近代以来被侵略的历史来说明部分西方国家一如既往的霸权性。铁血民族主义社群中的民族主义者在转发纪念性博文的同时，还会进一步地突出这些事件中体现出的西方霸权主义色彩，渲染这些事件带来的灾难性后果，以此说明西方国家的霸权主义曾经对我国以及其他落后地区犯下的"不可饶恕"的罪行。在这些博主看来，回顾被侵略的历史是居安思危的过程，而其中的"危机"便来自西方国家未曾改变的霸权主义。

除了回顾"民族伤痕"，该社群的博主还多次强调了抗美援朝战争的重要意义。在该社群的博主们看来，抗美援朝战争是我国对美国等霸权主义国家的重创，是我国的立国之战。从抗美援朝战争开始，我国对以美国为首的霸权主义国家展开了反击。基于这一思路，部分博主甚至将当代的中美矛盾，如中美贸易战视为新时代的"抗美援朝"斗争。

其次，铁血民族主义社群的博主会结合国际动态突出当代西方国家的霸权主义。在多次的中外纠纷，如南海事件、萨德事件中，该社群的博主都会借题表达自己对西方国家的"憎恨"，并批评外国的霸权行为。此外，该社群的博主还会列举西方国家政客的涉中言论，借此说明西方国家政客的"丑恶嘴脸"。这些中外纠纷事件都会被该社群的博主们铭记在心。他们不时将这些事件重新提起，希望借此唤醒人们对西方霸权主义的警醒。

为了突出外国的霸权主义本质，该社群的成员还会在微博上揭示西方国家对其他地区的侵略行为。在该社群的博主们看来，部分西方国家为了达到自身利益，侵犯了众多国家和地区的利益，而中国只是受害者中的一员。譬如说，该社群的博主们多次强调美国对伊拉克地区、叙利亚地区的侵略，认为美国以民主自由为名实施侵略行为，给这些地区的人民带来了巨大的灾难。

2. 推动国安建设

铁血民族主义社群的博主们强调中国面对外国的霸权主义应当有所行动，并主张中国需要在国防建设和核心产业建设上持续努力，并抵制西方的颜色渗透。具体而言，该社群的博主们认为中国应该在以下3个方面进行努力。

第一个方面是中国应当壮大军事实力，加强国防建设。该社群的博主高度关注军事类议题，这具体体现在该社群中许多用户的名称或头像带有军事要素。之所以该社群的博主呈现出这一特征，主要是因为他们认为中国应当以军事建设为基点来回应西方国家的霸权主义威胁，进而保证国家的长治久安。这些博主认为中国应当牢记"落后便要挨打"的事实，壮大自身的军事实力。换句话说，该社群的许多博主认为只有基于强大的军事国防实力，中国才能在国际舞台上"挺直身板"，拥有足够的话语权。

正是因为对国防安全建设的重视，该社群的博主们体现出了关注军事进展以及重视军人权益的两大核心特征。首先，该社群的博主们会积极转发国防科技类新闻，宣传军事科技动态。其次，该社群的博主们呼吁全社会对军人这一职业群体有所尊重。部分博主更进一步地指出当今社会存在着众多涉军谣言与侮辱军人形象的社会乱象，需要国家进行严肃的处理。

第二个方面是中国应当积极推进前沿产业进步，保证核心领域的技术独立性。在该社群的许多博主看来，当代西方国家的霸权行为并不一定体现为军事斗争，也有可能以技术封锁的方式出现。铁血民族主义社群的博主们多次强调技术独立的重要性，认为这是中国摆脱西方霸权主义牵制的一大重点。同时，当中国在前沿科技领域的核心技术有重大突破时，该社群的博主也会转发相关的博文表达自己的喜悦与自豪之情，并借机进一步强调技术独立的重要性。

第三个方面是该社群的博主们认为西方的霸权主义行为不仅体现在军事封锁与技术垄断中，更会基于意识形态宣传"颜色革命"方式对我国进行和平演变。该社群的许多博主认为西方元素的渗透是西方国家"颜色革命"的一部分，因此十分反感当代中国社会中流行的西方元素。在这些博户看来，中国应当吸取他国的惨痛教训，警惕被外国势力收买的"公知"对西方道路的宣传，清查在中国动员"颜色革命"的个人和组织。

（三）铁血民族主义社群的网络影响力

数据显示，铁血民族主义社群的博文曝光度较高，但影响力有限。该社群虽然规模较小，但这一社群的活跃度使其居于网络民族主义思潮的重要位置。

第一，铁血民族主义社群的网络规模虽然是三大社群中最小的（占比19.43%），但笔者在总博文中识别出了较高比例（44%）的铁血民族主义博文。这一结果说明，铁血民族主义社群呈现出了较频繁的内部互动性。这一社群内不同的用户在多条博文中进行了多次互动，这增加了铁血民族主义思想的网络曝光度与网络可见性。

第二，从铁血民族主义社群的博文在转发量、点赞量和评论量3个指标上的分布中可以发现，铁血民族主义社群博文的网络影响力低于国家民族主义社群的博文，但与制度民族主义社群的博文在不同指标上难分伯仲。进一步的数据分析发现，该社群博文的平均转发量为 3335 次，平均点赞量为 5302 次，平均评论量为 676 条。这一结果说明，虽然铁血民族主义社群产出了较高比例的博文，但这些博文的网络影响力与制度民族主义社群旗鼓相当。

第三，铁血民族主义社群的头部用户具有极高的网络流量，这保证了铁血民族主义社群思想的网络曝光度。对该社群出度前 50 名的头部用户进行分析后，笔者发现这些用户的平均粉丝数为 370 万，中位数为 100 万，是一个十分高的数字。

第七章　三大社群的互动分析与异同比较

在本章节中，笔者将进一步使用社会网络分析的方法对不同网络民族主义社群之间的互动，以及不同社群之间的异同点进行呈现，以便进一步地刻画不同网络民族主义社群的特征，深化对网络民族主义思潮的认识。

一、网络民族主义社群的在线互动

表 2　网络民族主义社群间的互动

	（1）	（2）	（3）
国家民族主义社群（1）	2373（11406）	368（2365）	354（2430）
制度民族主义社群（2）	217（1073）	2414（17842）	454（3023）
铁血民族主义社群（3）	180（1133）	272（3068）	1908（10825）

注：单元格内的第一个数字表示的是跨社群互动的博主数量（有多少行所在社群的博主被列所在社群的博主转发）；而括号内的数字则表示各位博主跨社群互动的累计频数。

表 2 呈现了 3 个网络民族主义社群之间的互动关系。从表 2 中可知，国家民族主义社群中有 2373 位博主与本社群的博主进行过在线互动，占社群内所有用户数的 83.82%，在 3 个社群内比例最低。这或许是因为国家民族主义社群中的许多官方账号虽然被该社群的博主频繁转发，但并未转发过该社群内其他账号的博文。此外，国家民族主义社群的外部转发用户数是 3 个社群内最多的（368+354＝722 人）。这体现了国家民族主义社群思想较高的网络流行度，说明国家民族主义社群的博文议题在另外两个社群中具有同等重要的地位。最后，

国家民族主义社群的博主最少转发外部社群博主的博文，外部用户转发仅占该社群转发用户的 14.33%。这说明该社群内的博主主要通过阅读官方政务号与官方媒体的博文来增强自身的国家认同，而较少需要引用外部的博文信息。

制度民族主义社群中有 2414 位博主与本社群的博主进行过在线互动，占社群内所有用户的 94.11%。这 2414 位博主总共发生了 17842 次社群内互动，即人均与社群内成员发生过 7 次互动，这一数字高于其他两个社群。这一结果说明，制度民族主义社群具有较强的内部互动性。结合该社群的用户特征，我们可以发现当代青年民族主义者在网络上形成了互动性较强的"趣缘社群"。此外，制度民族主义社群中有 454 位博主被铁血民族主义社群转发，这是由于制度民族主义社群中的博主对于西方意识形态的驳斥与铁血民族主义社群中的博主对于西方霸权主义的批判有着选择性的亲和关系。最后，虽然制度民族主义社群的博主转发了更多国家民族主义社群的博文，但却与铁血民族主义社群的博主有着更高的互动频数。这也体现了两者之间的议题亲和性。

铁血民族主义社群中有 1908 位博主与社群内部的博主进行过在线互动，占社群内所有用户的 97.80%，在 3 个社群内比例最高。这一结果说明，这一社群内部的博主们十分积极地参与该社群的网络互动，他们的互动形成了另一个以关心中外关系与国家安全建设为中心的网络群体。互动分析则显示，虽然铁血民族主义社群最少被外部用户转发，但基于制度自信议题的制度民族主义社群与基于中外对立的铁血民族主义社群存在着较为紧密的线上连接关系。

二、网络民族主义社群的异同比较

通过社会网络分析、质性归纳以及对分析网络影响力指标等多种路径，笔者呈现了不同社群的社群结构、议题关注与网络影响力。本部分笔者将对 3 个社群在这些指标上的特点进行汇总，并比较它们在不同指标上的异同（见表 3）。

（一）社群结构的比较

笔者对比了各个社群在社群结构变量的差异。在网络人数规模上，国家民族主义社群的规模最大，制度民族主义社群的人数次之，铁血民族主义社群的人数最少。这一结果说明，国家民族主义的国家共同体宣传以其朴素的民族主义认同招揽了最多的受众。相比之下，铁血民族主义将中国与西方国家置于极端对立的位置上，且该社群对军事等高门槛话题的关注，都为其网络传播带来了难度。虽然铁血民族主义社群规模最小，但其社群内节点的度数较大，这体现了其以"人少之势"进行高频网络传播的行为。相比之下，国家民族主义社群的平均入度与平均出度都是 3 个社群内最小的，这体现了国家民族主义社内的单向互动关系和较低的外部互动性。

在互动结构的相关指标上，国家民族主义社群与铁血民族主义社群呈现出了两个方向。国家民族主义社群的内部用户互动占比最低，被最多的社群外部用户转发，同时最少转发外部社群的博文。铁血民族主义社群有着最高的内部用户互动占比，也最为经常转发外部社群的博文。但是，或是由于这一社群的激进性，其外部转发量的占比与频数都是最低的。

表3 网络民族主义社群的异同比较

			社群名称		
			国家民族主义	制度民族主义	铁血民族主义
社群结构	内部结构	人数规模	2831	2565	1951
		度数100名内人数	32	34	36
		平均入度	2.31	3.10	3.59
		平均出度	2.45	2.80	3.47
	互动结构	内部用户互动占比（%）	83.82	94.11	97.80
		外部转发量占比（%）	23.32	21.75	19.15
		转发外部量占比（%）	14.33	20.96	29.74
议题关注		LDA话题模型结果	纪念与致敬	两岸关系与制度自信	中外关系
		质性归纳结果	纪念国家历史赞誉国家成就学习先进典型	维护制度优越性驳斥西方意识形态	批判西方霸权推动国安建设
影响力		可识别博文占比（%）	40.2	15.8	44.0
		转发量（中位数）	1146	98	102
		点赞量（中位数）	3238	82	167
		评论量（中位数）	629	47	56
		头部用户粉丝数（中位数）	2871878	440585	1050449

（二）议题关注的分化

LDA话题模型的结果显示，网络民族主义社群的网络讨论中主要涵盖了

"两岸关系与制度自信"、"纪念与致敬"和"中外关系"三个话题，且 LDA 话题模型与社群分析的对应结果显示不同的社群存在特定的议题偏好。国家民族主义社群更加关注"纪念与致敬"话题，制度民族主义社群更加关注"两岸关系与制度自信"话题，铁血民族主义社群相对更加关注"中外关系"话题。

笔者对不同社群的质性归纳则发现，不同的网络民族主义社群的确呈现出了不同的议题关注倾向。国家民族主义社群主要关注国家共同体的建设问题，该社群的成员主要通过纪念国家历史、赞誉国家成就与学习先进典型的方式来表达自己对于国家共同体的认同。制度民族主义社群主要宣扬中国政治制度的优越性，该社群的成员主要通过维护制度优越性和驳斥西方意识形态这两种方式来表达自己对于中国道路的强烈自信。铁血民族主义社群主要基于中外对立的视角批判西方国家的霸权行径，并主张中国要加强国家安全建设以面对外界威胁。三个社群的质性话题归纳既与 LDA 话题模型的结果存在严密的对应关系，又拓展了我们对 3 个社群的认识。

（三）网络影响力的差距

3 种类型的网络民族主义社群在网络影响力上呈现出了巨大的差距，这主要体现在国家民族主义社群博文的网络影响力远超过其他两大社群，这说明国家民族主义是一种最为"主流"的网络民族主义思潮。

通过分析可识别出明确社群归属的博文的网络影响力指标，笔者发现国家民族主义社群的博文获得了最多的转发量、点赞量与评论量，这 3 个指标分别是其他两个社群的 10 倍、24 倍与 12 倍之多。国家民族主义社群头部用户的粉丝量的中位数为 280 万，亦远超过其他社群。这一结果说明，虽然国家民族主义社群的社群规模与博文数量与其他社群相似，但其所获得的网络流量与其他社群的博文并不在一个层次之上。对博文的历时分析显示，近年来随着官方网络治理工程的推进，国家民族主义社群的相关博文也日益增多，影响到更为广大的受众。

相比之下，铁血民族主义与制度民族主义这两个社群的网络影响力相似。虽然铁血民族主义社群中的博主更加积极地发布言论，生成了更多的可识别博文，其社群的头部用户也吸引了更多的粉丝受众，但该社群在所获的转发量、点赞量与评论量上仅略高于制度民族主义社群。这一结果说明，尽管铁血民族主义社群的博主更加积极地参与网络互动，如更多地转发外部社群的博文，但其高频的网络互动暂未换来与之相对应的网络影响。这体现在这一社群的博文很少被外界转发，且社群博文的网络影响力与制度民族主义社群相当。

第八章 总结与讨论

一、本文的主要研究发现

为了拓展学界对于网络民族主义的认识，回应这一具有重大社会重要性的现实命题，本文基于网络社群的研究思路，将网络社群的分化视为网络民族主义类型分异的表现形式，并从结构、议题与影响力3个角度来对网络民族主义社群的分化，以及网络民族主义社群的互动展开了自下而上的归纳分析。

基于大数据分析与质性分析相结合的混合方法，笔者使用某知名政务微博铁粉群内用户的博文数据进行了探索性的实证研究。

第一，笔者通过社会网络分析中的社群侦测方法，在由用户转发关系构成的社会网络中识别出了三大主要的网络社群，并对这些社群的博文进行了LDA话题模型的分析。数据结果显示，三大网络民族主义社群在议题关注上存在分化，分别主要关注"纪念与致敬"、"两岸关系与制度自信"和"中外关系"3个话题。

第二，笔者基于质性研究的归纳路径以及结合具体的网络指标，对三大网络民族主义社群进行了单独的考察。其中，国家民族主义社群主要由官方政务号及追随者组成，并主要关注纪念国家历史、赞誉国家成就与学习先进典型三大主要议题。议题关注的倾向体现了国家民族主义社群用户对于国家共同体的高度认同。制度民族主义社群主要体现了青年群体对中国道路的高度认同，社群内的用户主要在维护制度优越性以及驳斥西方意识形态两个议题上表达自己对于中国制度的支持。铁血民族主义社群的存在说明了网络社会中存在着一批对以美国为首的西方国家抱有极端负面态度的民族主义群体。这一社群的成员主要由关注中外关系以及国家军事建设的博主构成，他们主要讨论批判西方霸权主义和推动国家安全建设两方面的议题。

第三，笔者对不同社群的网络互动关系进行了分析。结果显示，制度民族主义社群和铁血民族主义社群展现出较高的内部互动性，这说明了基于对特定议题的兴趣而形成的网络群体有着较高的内部互动。同时，由于制度民族主义社群关于制度自信的议题和铁血民族主义社群关于"反西方霸权"的议题存在相似性，这两大社群之间的互动高于其与国家民族主义社群的互动。相比这两个社群，国家民族主义社群的用户与博文具有最强的传播性，这说明了基于共同体认同的国家民族主义认知具有普遍的适用性，最为主流。

综上，本文基于网络社群的研究视角，使用了大数据分析与质性分析相结合的混合研究方法，识别出了国家民族主义社群、制度民族主义社群和铁血民族主义社群这三类网络民族主义类型。不同类型的网络民族主义社群表现出了不同的社群结构与议题关注，并在共存发展下形塑了以国家民族主义为主，以制度民族主义和铁血民族主义为双旁支类型的网络民族主义态势。

本文的研究发现既在现实层面拓展了我们对于网络民族主义现象的了解，又在学术层面完善了学界关于网络民族主义的认识。一方面，本文基于网络社群的思路呈现了网络民族主义内部的3种主要类型。与现有的研究一致，本文明确地指出网络民族主义内部存在着不同的类型或者群体。但相比这些研究，本文的研究发现克服了案例分析的局限性，不只停留于刻画某一种特定的网络民族主义类型，因此与现有的网络民族主义研究路径存在明显的区别。

另一方面，本文为网络民族主义的后续研究提供了认识论与方法论上的参照。第一，本文发现网络民族主义存在明显的内部分化性。因此，后续的网络民族主义研究不应当只将网络民族主义单纯视为具有强弱之分的连续概念。相比讨论网络民族主义的升温或者降温，分析何种网络民族主义呈现何种发展模式可能是更加贴近现实的问题。第二，本文基于网络社群视角来分析网络民族主义类型化的思路对后续研究具有启发性。后续关于网络民族主义的相关研究在关注网络民族主义的表达与行动之余，要更多地重视这些表达与行动的社群性，并从社群的思路出发去识别不同的网络民族主义群体。第三，本文基于归纳路径以及混合方法的研究设计能够为后续的网络民族主义研究提供一种可能的方式。相比基于演绎逻辑和案例分析的网络民族主义研究而言，归纳路径使得研究者能够更加贴近复杂化的网络生态，而整合大数据分析的混合研究方法则为研究者刻画网络民族主义的整体特征创造了更多的可能性。

二、未来的研究方向与理论展望

从本文的研究发现出发，后续的民族主义或网络民族主义研究可以关注两个重要的研究问题。第一个问题是如何在当下的网络语境中理解升温的网络民族主义。基于本文的研究发现，笔者认为舆情的应激性、多主体的参与性和多思潮的共存性或许是在网络社会中理解网络民族主义态势的3个方面。固然特定的舆情事件会刺激网络民族主义的扩张，但在对宏观环境的应激解释外，本文的研究结论说明参与主体与思潮认知同样是理解网络民族主义发展态势的另外两大关键。

首先，网络社会中的多方主体是推动网络民族主义发展的动力来源。本文的研究发现，官方组织、网络意见引领者和普通用户（特别是青年的网络用户）

共同参与了网络民族主义的动员、表达与宣传。同时，分析网络主体的作用需要避免两种简单的线性思维。其一，应当避免将网络民族主义简单切分为官方与民间两个派系，这是因为不仅官方民族主义和大众民族主义之间存在互构性，大众民族主义内部也存在分化性。其二，应当避免将青年群体统一视为去政治化的民族主义群体。众多的青年民族主义网民对于国家的政治制度具有高度的认同，具有一定的政治自觉性。

其次，不同的网络民族主义类型体现了不同社会思潮对于民族概念的再阐释。不同类型的网络民族主义群体会调用不同的思想文化资源，来对民族的概念进行再阐释，这可能体现了不同的社会思潮。比如，国家民族主义社群可能体现了国家主义的思想在普通老百姓心中的普遍性，而制度民族主义社群则体现了新青年对于新时代中国特色社会主义制度的至高认同。因此，社会思潮的多元性可能是网络民族主义社群化与类型化的重要原因。

第二个问题是如何认识出众的网络民族主义与日常化的网络民族主义之间的张力。一方面，本文对网络民族主义的分类结果虽然与过往基于网络热点的分类方式存在对应性，但远非重合。这一结果说明，在个别网络热点中出众的网络民族主义类型是否在热点过后仍具有稳定性将是一个值得探讨的问题。另一方面，本文的分析结果显示网络民族主义舆情与网络民族主义的实际情况存在区别。尽管在特定的舆论热点事件中，某些极端化的、激进化的网络民族主义言论十分出众，但这些言论能具备多大的网络影响仍是有待研究的问题。具体而言，本文的分析发现虽然基于中外对立视角的铁血民族主义研究在近年来频繁地出现在网络热点中，但其社群的普遍影响力仍然有限。相比之下，国家民族主义社群中更为朴素的国家主义框架是最为主流的。

三、本文的局限

本文也存在着一些局限之处，需要在后续的研究中改进与完善。首先，本研究的结论是否可以拓展到网络民族主义的整体特征仍有待后续研究使用更具代表性的数据来进行实证补充。其次，限于篇幅以及可使用的数据量不足，笔者并没有对网络民族主义社群的历史变迁，特别是不同网络社群结构以及影响力的变化进行分析。最后，考虑到大数据方法的局限性与网络数据的特殊性，本文并未就网络民族主义的影响因素问题进行单独的分析。

参考文献

[1] 卜建华. 中国网络民族主义思潮的功能与影响研究 [D]. 兰州：兰州大学，2012.

［2］卜建华，高菲菲．青年网络民族主义参与过程中的网络集群行为研究［J］．思想教育研究，2018（3）：136-139.

［3］丁小文．中国网络民族主义发展分析和引导策略：从"网络愤青""自干五"到"小粉红"［J］．北京青年研究，2019（3）：53-60.

［4］付宇，桂勇，黄荣贵．中国当代大学生民族主义思潮研究［J］．社会学评论，2018（6）：29-43.

［5］葛素华．国内网络民族主义研究：现状与问题［J］．现代国际关系，2014（4）：56-62.

［6］桂勇，黄荣贵．"网络撕裂、民粹型民族主义与后疫情时代的网络治理"［M］//尹晨，沈可．危机应对与社会治理．上海：复旦大学出版社，2020：140-150.

［7］黄荣贵．网络场域、文化认同与劳工关注社群：基于话题模型与社群侦测的大数据分析［J］．社会，2017（2）：26-50.

［8］黄荣贵．互联网时代的社群与表达［M］．上海：上海社会科学院出版社，2020.

［9］黄少华．网络空间的族群化［J］．兰州大学学报（社会科学版），2013（1）：88-93.

［10］李红梅．如何理解中国的民族主义：帝吧出征事件分析［J］．国际新闻界，2016（11）：91-113.

［11］李龙，刘汉能．舆论爱国：爱国粉丝社群的社交化与集体协同［J］．中国青年研究，2020（4）：95-101，54.

［12］林品．青年亚文化与官方意识形态的"双向破壁"："二次元民族主义"的兴起［J］．探索与争鸣，2016（2）：69-72.

［13］刘海龙．像爱护爱豆一样爱国：新媒体与"粉丝民族主义"的诞生［J］．现代传播（中国传媒大学学报），2017（4）：27-36.

［14］刘军宁．民族主义四面观［EB/OL］．［2021-03-15］http：//dwz.date/eFEp.

［15］马川，孙妞．从"政治萌化"到"反政治萌化"：当代青年政治主体性的建构、再构与重构［J］．中国青年研究，2020（6）：102-106.

［16］马欣欣．社会化媒体时代网络民族主义的舆论建构［D］．合肥：安徽大学，2017.

［17］茅根红，蔡中华．从"帝吧出征"看民族性的"再生产"：当代中国网络民族主义再审视［J］．华南师范大学学报（社会科学版），2017（4）：60-64+190.

［18］闵大洪．对中国网络民族主义的观察、分析：以中日、中韩关系为对象［J］．中国网络传播研究，2009（3）：131-143.

［19］王洪喆，李思闽，吴靖．从"迷妹"到"小粉红"：新媒介商业文化环境下的国族身份生产和动员机制研究［J］．国际新闻界，2016（11）：33-53.

［20］王琴，欧阳果华．理解技术民族主义：集体记忆、身份认可与国际竞争：基于联想5G投票事件的观察［J］．西北民族大学学报（哲学社会科学版），2020（3）：59-67.

［21］王喆．"今晚我们都是帝吧人"：作为情感化游戏的网络民族主义［J］．国际

新闻界，2016（11）：75-90.

［22］吴靖，卢南峰．政治成熟的可能性：以"工业党"和"小粉红"的话语行动为例［J］．东方学刊，2019（2）：2-14.

［23］吴志远．从"趣缘迷群"到"爱豆政治"：青少年网络民族主义的行动逻辑［J］．当代青年研究，2019（2）：19-25.

［24］杨国斌．引言：英雄的民族主义粉丝［J］．国际新闻界，2016（11）：25-32.

［25］杨江华，陈玲．网络社群的形成与发展演化机制研究：基于"帝吧"的发展史考察［J］．国际新闻界，2019（3）：127-150.

［26］张化冰．论网络时代的民族主义建构［J］．新媒体与社会，2017（1）：149-159.

［27］朱云生．当下青年病态民族主义倾向的危害及其批判［J］．中国青年研究，2010（5）：31-34.

［28］ANDERSON, BENEDICT. Imagined Communities：Reflections On the Origin and Spread of Nationalism［M］. London：Verso, 1991.

［29］BILLIG, MICHAEL. Banal Nationalism［M］. London：Sage, 1995.

［30］BLONDEL, VINCENT D, GUILLAUME J L, et al. Fast Unfolding of Communities in Large Networks［J］. Journal of Statistical Mechanics：Theory and Experiment, 2008（10）：10008-100019.

［31］BONIKOWSKI, BART, DIMAGGIO P. Varieties of American Popular Nationalism［J］. American Sociological Review, 2016, 81（5）：949-980.

［32］BRESLIN, SHAUN, SHEN S. Online Chinese Nationalism［R］. Chatham House Asia Programme Paper：ASP.

［33］CABESTAN, JEAN-PIERRE. The Many Facets of Chinese Nationalism［J］. China Perspectives, 2005（59）.

［34］CAIRNS, CHRISTOPHER, CARLSON A. Real-World Islands in a Social Media Sea：Nationalism and Censorship On Weibo During the 2012 Diaoyu/Senkaku Crisis［J］. The China Quarterly, 2016, 225：23-49.

［35］CASTELLS, MANUEL. A Sociology of Power：My Intellectual Journey［J］. Annual Review of Sociology, 2016, 42（1）：1-19.

［36］CHEN, XU, KAYE D, et al. #Positive Energy Douyin：Constructing Playful Patriotism in a Chinese Short-Video Application［J］. Chinese Journal of Communication, 2020, 14（1）：1-21.

［37］CHEN, ZHUO, SU C C, et al. Top-Down Or Bottom-Up? A Network Agenda-Setting Study of Chinese Nationalism On Social Media［J］. Journal of Broadcasting & Electronic Media, 2019, 63（3）：512-533.

［38］GRIES, HAYS P, STEIGER D, et al. Popular Nationalism and China's Japan Policy：The Diaoyu Islands Protests, 2012-2013［J］. Journal of Contemporary China, 2016, 25

(98)：264-276.

［39］HAN, RONGBIN Defending the Authoritarian Regime Online：China's Voluntary Fifty
-Cent Army ［J］. The China Quarterly, 2015, 224：1006-1025.

［40］HUANG, HAIFENG. From the Moon is Rounder Abroad to Bravo, My Country：How
China Misperceives the World ［J］. Studies in Comparative International Development, 2021,
56（1）：112-130.

［41］KOZINETS, ROBERT V. Netnography：Doing Ethnographic Research Online ［M］.
London：Sage, 2010..

［42］PAN, NINI. Social Network Service Platforms and China's Cyber Nationalism in the
Web 2. 0 Age ［G］. In Zhouxiang Lu（Ed.）, Chinese National Identity in the Age of Globalisa-
tion（pp. 85-111）. Singapore：Springer, 2020.

［43］RHEINGOLD, HOWARD. The Virtual Community, Revised Edition：Homesteading On
the Electronic Frontier ［M］. Massachusetts：MIT press, 2000.

［44］SCHNEIDER, FLORIAN. China's Info-Web：How Beijing Governs Online Political
Communication About Japan ［J］. New Media & Society, 2016, 18（11）：2664-2684.

［45］SHI-KUPFER, KRISTIN, MAREIKE OHLBERG, et al. 2017. Ideas and Ideologies
Competing for China's Political Future ［R］. Merics Paper on China.

［46］SMITH, ANTHONY D. Nationalism：Theory, Ideology, History ［M］. Cambridge：
Polity Press, 2001.

［47］STANLEY, BEN. The Thin Ideology of Populism ［J］. Journal of Political Ideologies,
2008, 13（1）：95-110.

［48］WU, XIAO A. Ideological Polarization Over a China-as-Superpower Mind-Set：An
Exploratory Charting of Belief Systems Among Chinese Internet Users, 2008-2011 ［J］. Interna-
tional Journal of Communication, 2014, 8：2650-2679.

［49］ZHANG, YINXIAN, LIU J, et al. Nationalism On Weibo：Towards a Multifaceted Un-
derstanding of Chinese Nationalism ［J］. The China Quarterly, 2018, 235：758-783.

［50］ZHAO, SUISHENG. Foreign Policy Implications of Chinese Nationalism Revisited：The
Strident Turn ［J］. Journal of Contemporary China, 2013, 22（82）：535-553.

［51］ZHOU, YONGMING. Informed Nationalism：Military Websites in Chinese Cyberspace
［J］. Journal of Contemporary China, 2005, 14（44）：543-562.

"向阳而生"：流动鲜花的物性与生命史

❖ 高　洁（南京大学）

　杨渝东（指导教师）

摘要： 本文以价值链作为经验研究的方法论展开，关注花农、花商平台、花艺师三阶段的实践活动和生活世界。一方面，分析价值链参与者与物的互动，将生产领域的社会分工、理性选择和分配领域的组织合作、物流贸易以及消费领域的经济规则、审美体验等结构要素归拢到"物的流动"这一规整框架下。另一方面，借由鲜花从生长到商品再到去商品化的过程，阐述这一特殊物如何跨越悖论，走出毒与美，经历热与冷的考验，最后幻化为都市人点缀空间、充实心灵的色彩与气味。

以规模玫瑰种植为价值链的开端，本研究讨论在有限的技术性知识条件下，花农们如何通过实践获得一套独特的身体技术，传统价值链研究多关注生产、运输等环节。但通过对花农的调查，笔者认为价值链的形成不仅仅是由经济逻辑结合社会文化传统的简单叠加，他们"以毒养花"的策略、"以身护花"的身体技术让笔者跳出经济视域，从身体技术这个独特视角，为花农在经济理性和情感规则中的选择作出解释、丰富价值链的研究领域。

鲜花价值链的中段，通过对花农和买花人身体经验差异的分析，进而讨论这种由身体技术向身体感的过渡，让本研究超越"具身"，将身体技术与身体感联结，以鲜花这一实例，弥合了两个重要的身体概念，"身体技能"的基础是我们与生俱来的感知能力，而身体感是以"身体技能"为中心，形成的一项特殊的感官体验，得益于同一"物"的流动，也让研究实现由身体技术向身体感的有效衔接，实现动态与多维的实践层面的分析。

如何实现去商品化是本研究着重讨论的部分，在鲜花价值链的末端，花草需要长期养护的特殊性又使得本为商品的它们扭转性质。人类学界经历了格尔茨的"文本的转向"，从关注制度、结构转向情境、体验等新范畴，通过身体、物质、记忆、情感等将个体经验与社会结构两者整合起来。在这个新的研究指向中，笔者以鲜花为媒介，将花艺师对 10 年前鲜花交易市场记忆、园艺者失去爱人、植物重燃生命力的情感等作为另一种思考文化人类学的新方式。

总体而言，本研究以鲜花的价值为起点，分析其社会生命中的不同阶段表现出不同的面向，又超越经济范畴，依次赋予其新的内涵和功能。在探究花草绿植的生命史中，笔者不仅看到鲜花作为晋宁社会的经济作物、作为广大花农的生计方式、作为电商产业的一大巨头，更看到鲜花如何联结起不同群体、如何重构社会关系网络、如何获得情感支持。最为重要的是，本研究在多物种民族志的视野下展开叙事，继松茸、三文鱼之后，聚焦另一个民族志分析样本——鲜花，赋予理解和诠释鲜花的社会生命另一个独特视角与范式，探索了多物种民族志书写范式，不仅从"人类纪"的"人类"影子中观察鲜花的生物性，同样从鲜花与人的交互中，看到植物的特殊性如何引起花农、销售者、花艺师的互动以及他们的情感、记忆如何在这一过程中被召唤、被解释的故事。阐释了多物种之下的鲜花的独特精神气质，凸显出经济领域和身体叙事的多重维度及方法论意义。

关键词：鲜花价值链；物的流动；身体研究；审美变迁；幸福感

绪　论

人类学经典研究里，茶叶、蔗糖或是水稻、棉花，经由物联结起一个社会的组织、生产模式以及由此辐射到的经济关系最后指明这种物的特殊社会意义早已不再新奇。因此多物种民族志提供的另一种可能性让笔者重新思考我者与他者的关系。笔者认为是否能感动植物之所感、触及他者的视角不是首要的，毕竟在人与其他生物共存的世界里，资本和权力从不缺位，而较为理想的状态是正视人和其他物种之间的关系。看到人类与自然万物如何共同编织的生命之网才是多物种民族志的意义所在，这也是笔者想要通过自己具身实践去书写的故事。

鲜花价值链的基础是玫瑰种植。花农的个人经验和掌握的地方性知识丰富程度决定了种植收益和效率。有趣的是，花农们在有限的技术性知识条件下，如何通过习俗或传统的做事或实践方式而获得"生存性智慧"（邓正来，2010）：安排自己的作息时间与花朵最新鲜的 24 小时相吻合、不识字的秧苗户如何精确配制出存活率极高的化学药水、为什么我们眼中的美丽鲜花在花农看来"毒性不浅"？"美"与"毒"的反差感，也是笔者想要深入厘清的一组关系，真的只是"喜爱者称为宜室宜家，不爱者弃之逐水飘零"吗？笔者想不全是，不妨以"第一人称"视角追问具体情景对人物提出了什么道德要求（李荣荣，2020）。"我们"或者"我"不仅是有着确定目的、福柯式的话语和结构所塑造的主体，更是在日常生活里承担着道德判断与行动的人。于花农而言，这一结构语境便是日积月累的化肥使用实践，这也解释了为什么花农一方面对以此为生的鲜花生长规律剖析透彻、主动适应花的一切习性予以孩子般悉心照料，另一方面也对自己呵护种植之下的玫瑰远远地"逃离"。

玫瑰之"毒"，笔者认为不是对化学药水具体成分理解之后的毒，而是花农们在具身实践中感受到身体的变化，或肢体皮肤损伤，或呼吸道感染引发的疾病。当然身体并非一个孤立却具备感知能力的原点，等待着外力的触发，身体不但在本体论意义上处在与万物的纠葛当中，而且也会能动性地与外物发生关联。具身研究中的身体之所以能够成为梅洛庞蒂所谓"与世界关联的场景"，就在于身体的存在系于其所处的万物之网（袁长庚，2020）。因此花农们在使用化肥农药引发身体变化这一事件的特殊框架内，身体被召唤、被解释，自我—社会、生计—道德等诸多关联要素同时涌现，刺激出"好看也是好毒"的情绪反应。这里的身体不是一个简单的被观看对象，它召唤着主体付诸行动，即新一代花农阻止父母捡花、老一辈花农卖完花后不再为花停留的时刻。"具身"的"身"往往是一个被经验涂抹的饰面，只不过研究者强调这种经验本身可能是模糊的、稍纵即逝的。与此类似的，花农们对于"毒"的想象与叙述亦是如此，他们积极融入这场鲜花经济中去，同时也选择一种坚韧的方式，继续生活。在这里身体是一个缓慢的历史沉积，是在生活经验中匀速穿行的实体，它可以产生感知，也可以做出行动。

在这一鲜花价值链的第二段，收花中间商即电商平台是花农和市场之间的亲密中介，而成为这一纽带的前提。一是庞大的资金网络和稳定的客源（向上），二是拥有一批具备看花识花能力的人才队伍（向下）。中层花商兜转在不同的鲜花交易市场，有墩子街从晋宁花农手中直采，也有斗南鲜花市场批量购入，将不同种类的鲜花按照线上订单要求，在 24 小时内打包装箱，通过物流分销至终端消费市场，即花艺师们手中。在这一过程中，笔者想要讨论的第二个问题是：这个识花队伍是怎样建立起来的？换句话说，为平台买花的这些买手们是怎样建立起一套一眼辨花的身体感？又是如何表述这种经验的？身体感强调身体经验，一方面，身体经验是多重感官的结合；另一方面，身体经验是身心的结合（不仅仅是感觉或观念），可被定义为身体作为经验的主体以感知体内与体外世界的知觉项目（余舜德，2008）。当我们谈及拿起来很重、看起来很明亮或感觉很不整洁都是感官项目，这些项目在人的生长过程中于文化、环境互动中养成。也就是说，不是因为有一套客观存在于人与人之间文化意涵的网络充当介面，而是因为长期在文化环境中培养的"有经验能力"的身体，让我们能够感知周遭世界以及他人行动的意义，并具有这些行动的能力。对于买花人而言，眼睛辨别、手指触碰都是在从事这一行业中于文化、环境互动中养成身体感。

鲜花、盆栽于花艺师而言是粉红雪山、是珠玉之卵，于盆栽工而言是打刺撸叶、植株喜肥，于消费者而言是浓情玫瑰、养圈新贵……同一株植物却拥有多重身份，获得不同待遇，令大家着迷的植物有什么样的奥秘？因此，在鲜花价值链的末端，笔者想讨论的第三个问题是：在消费过程中不断被标记、不断转换身份的鲜花，呈现了不同的"生命状态"，花草的特殊属性能否让其在商品化和去商品化过程中交织反复？科比托夫指出商品化并非"是或非"的判断，而应看作动态转换的过程。在这一过程中，商品的特殊性又使得商品在文化中的同质化和特殊化相互交织，即文化确保一些物品保持其明确的特殊性，来抵抗商品化；有时也会把已商品化的物品再特殊化（王垚，2017）。因此这里笔者讨论两个方面的问题：一是在花草商品化的过程中花艺师扮演的角色及其传递出的审美讯号；二是花草如何依据自身的特殊习性实现去商品化的过程。

以上三阶段的几个核心问题，也是本研究想要从人类学视角去回应与讨论的。首先，我将物的流动过程归拢到价值链这一经典研究框架中，以规模玫瑰种植为价值链的开端，讨论在有限的技术性知识条件下，花农们如何通过实践获得一套独特的身体技术，传统价值链研究多关注生产、运输、加工、包装、储存等环节，关注特定群体、在特定行业商品生产流通中扮演的角色，分析价值链参与者的社会网络建构（何俊，2010）。但通过对花农的调查，笔者认为价值链的形成不仅仅只是由经济逻辑结合社会文化传统的简单叠加，他们"以毒养花"的策略、"以身护花"的技术让笔者跳出经济视域，而从身体技术这个独特视角，为花农在经济理性和情感规则中的选择作出解释、丰富价值链的研究领域。

在身体研究中，身体的转向和感官的转向是两次转向。其中，身体的转向发现了身心二元论的不足，并积极将身体带回人文社科领域，但由于"身—心"的思辨性，常常让这一讨论陷入理论的桎梏；感官的转向强调感官经验，Howes、Classen 等学者针对视觉、嗅觉、味觉、听觉做了田野调查，创立了感官人类学（anthropology of senses）以区别于身体人类学（anthropology of body），但感官人类学局限于以单个感官作为分析对象的方式也受到质疑，故以余舜德为代表的学者引入"身体感"来整合多重感官的研究。笔者也在本文中详尽地展示鲜花买手如何打电筒辨别好花与消费者插花时眼睛、手势、嗅觉的通感体验来展示笔者田野调查后感受到身体感存在的过程。身体感一直强调的都是身心一体的身体经验，而非单纯的感官体验。同是鲜花，在花农和买花人的身体经验上却大相径庭，这种由身体技术向身体感的过渡，让本研究超越"具身"，将身体技术与身体感联结。以鲜花这一实例，弥合了两个重要身体概念，与生俱来的感知能力是形成"身体技能"的基础，也是身体的一项基本素质。"身体技能"不仅显现出身体与物的关系，而且透露出身体与文化的关系，身体感则以"身体技能"为中心在其之上形成了一项项独特的复杂感官体验（郑艳姬，2019），得益于同一"物"的流动，也让研究实现由身体技术向身体感的有效衔接，实现动态与多维的实践层面的分析。相对两个静态概念，本研究的图景更具有立体内涵。

当然，人的主体性并非能够独立于物而产生，通常是蕴含于与外物产生关系的过程中，物品兼具物质与象征两种特性：其物质性具有影响人、与人发生联系的力量；其象征性则可以用来展示人的观念（MILLER，2010）。因此本研究再次聚焦回到了物性（inherent essence）上。"物"不是冷冰冰毫无生机的客体，而是具有相对能动性的主体，这既解释了笔者选择价值链框架的原因，也为后文论述鲜花由物到商品化再到去商品化过程提供了一条新路径。由经济作物鲜花到大宗商品玫瑰，是物的流动的第一步，由大宗商品玫瑰到爱情象征的喷色彩玫是商品化的第二步，由于资本的目的是增值，这决定了生产的目的并不是直接满足人们的需要，而是追求更多的剩余价值和利润（仰海峰，2022）。与人们的需要满足相关的使用价值或商品的有用性并不是生产的直接目的，这也是笔者想通过民族志来介绍鲜花如何通过审美培养、景观塑造、网络平台等资本注入而实现价值升华的，在这个意义上，为现有鲜花产业的经济研究进行补充。

总之，本研究的田野具有复合性，叠加了乡村与都市、花农与花艺师、生产与审美空间等多因素，打通鲜花从花农种植中的"自然之美"到经花艺师审美化后"美的商品"这一价值链，重新探寻鲜花在此过程中自身意义的多次转换，去思考社会中的人与具有时间性和节奏性的物的双向互动，最终阐明不同群体如何建构自身与鲜花的关联。

第一章　花农的"美"与"毒"实践

一、生长自"深渊"的大棚玫瑰

"一朵深渊色"是俳句诗人与谢芜村对牵牛花的咏叹，几颗种子加一段麻绳，编织的是一幅牵牛藤蔓景致，层层叠叠的叶子在阳台垂挂下来的绿帘能一直开放至深秋。而笔者第一次读到这句诗时，脑海里闪现的却是落拓不羁的攀缘植物脱胎于污渍而向上绽放馥郁的反差感。因此笔者顺势将这种印象里的反差定为标题，引出接下来讨论鲜花们被以"毒"养鲜的故事。顾名思义，象征着明朗灿烂的鲜花竟脱胎于各种毒性物质中，为了鲜花价值链末端呈现出美的鲜花，在价值链之首就要用药水秧苗、进大棚施肥料、出大棚用农药。这一去芜存菁的过程充斥着"毒"，正是"一朵深渊色"开放的写照。

这朵"深渊色"生长的第一步，来自阳光。"万物生长靠太阳"，这是金伟坐在家里的多肉角落和笔者说的一句话。花农家里不会有玫瑰，但是或多或少会有几棵肉肉。"植物嘛，万物生长靠太阳。特别像这些肉肉，喜欢太阳不能遭水。采一块就可以生根，放在土里就可以活了。"说完又刷起了抖音，一条条推送都是"这几个玫瑰新品种你一定没见过""养护多肉这几点你学会了吗""斗南花市最新报价速看"等同类型的视频。

金伟是笔者进墩子街鲜花市场联系的第一个报道人，他是团花社采购员之一，专门负责在晋宁鲜花种植基地每天的采买，与花农打交道讨价还价、甄别优质卡罗拉、打包装车发往昆明团花社就是他的三大任务。

"在云南不兴说普通话，走，克秧苗地。"到晋宁的第二天，笔者就坐着他那辆快散架的面包车，沿着环湖南路"爬行"了30分钟，到达鲜花第一站——秧苗厂①。六月的云南阴雨不断，潮湿的空气让身边的气味越发蒸腾，刚从混有汽油味、皮垫味的车厢下来，就踩进了一摊泥浆和着玫瑰枯叶的浅水中，没有想象中漫步玫瑰花海的浪漫香氛，只有雨粒冲进头皮的清凉、大棚遭雨敲击而发出鞭炮般的噼里啪啦声，以及根枯刺尽的土壤气息。顺着蓝色铁皮搭起来的简易房往里走，就是一个杂乱的秧苗院子，被修剪出来的剩枝将4个秧苗工人团团围住，仿佛几座小型绿丘，散发出阵阵绿叶堆叠聚集而产生的根茎香气。可能是因为空间狭小且头顶悬着一块巨大黑色塑料布，让整个院子只剩下头顶

---

① 该秧苗厂属昆明市晋宁区，距离墩子街鲜花交易市场20千米。

的白炽灯和醇厚的树木质感——由于大量剪切玫瑰枝条而产生的青绿味道。

图1　花农修枝秧苗现场

再往里走就到了真正的秧苗基地，暴雨临袭之后的白色大棚，更加透亮，映照得下面的白色泡沫盒子里一棵棵手指高的小苗神采奕奕。市面上常见的秧苗分法就是套管苗，即用一截透明的管子将两枝不同相切花秆固定。这里提到的花秆就是秧苗工需要从成堆的"废花"中剪出来的食指长短的蔷薇秆。

"她剪得好快！"想到有必要将自己身体体验置于实践的中心位置，笔者也加入剪枝队伍中去。在这个具身的、具地的、感官性和移情性的学习过程（PINK，2009）中，我还没分清一株蔷薇秆哪段留哪段剪的时候，秧苗工已经剪好嫁接的桩，把剪剩下的秆扔在一旁了。

都是请工做计件，嫁接苗一天500元，（工人来源）周围村子或老家带过来的。他们就以做这种工作为主，365天重复同一件事，中午剪完下午插。吃这一碗饭，主要是为了生存，就和你上班一样，多劳多得，没有一个人想着老早就不干了。我们还包饭，所以工资还算是很不错的，你说是吧？

在没进田野之前，笔者一直对花卉行业中对花农的剥削深信不疑，"除了接触毒素，花卉业工人在工作日每天工作长达16~20个小时。""切花产业帮助哥伦比亚扩大了经济，但哥伦比亚在鲜花这一行业的成功在很大程度上是由于滥用劳动造成的。"这些截取自《花农：有机种植者栽培和销售切花指南》一书。直至此刻，笔者开始思考花农的境遇问题，当然时间、地域、模式等存在差异。笔者看到的七十朵（后文会提到）手腕的伤痕在花农身上也普遍存在，但他们的生存状况究竟如何？至少在笔者调查的晋宁地区来看，收入与付出成正比且

图2　秧苗厂内已成形的鲜花初苗

秧苗的几名女工在访谈时都表示对"日结 500 元、管吃管饱、工作 8 小时"这份工作很满意。

秧苗存活的制胜因素在于药水。在扦插或者直插之前都需要用药水浸一下苗秆的斜切面，"你看到的液体是酒，那些沉底有颜色的是药水，为什么她生意好，药水上有技巧，生根生得好、发得好。"

"刚刚她（秧苗厂老板娘）不是说都是去药店买的吗？"

"不是去药店统一买的，做这行的人嘛，去买只能买基础的，你要想更好就要自己研究，自己配，自己琢磨。秘密配方，你去问问秧苗的怎么配，一般都肯定不会说，说了就有竞争，细胞分裂的啊、生根的啊，各种药。"通过不断试错，找到最适合自己秧的这一品种比例的药水，才会有发根深深长入椰糠的健康白须，面对眼前这一瓶混浊分层甚至有点"污垢斑斑"的秘方笔者恍惚间联想到化学实验室中蓝紫色的试管。

面包车一路颠簸进入柳坝塘基地①，两侧飞驰而过的都是大棚，里面安放着各种鲜花。转弯进一条土路后，两侧被碧绿的翠竹占领，大片绿植将蓝天挡在视野以外，只有丝丝阳光能微荡下来，整条小路被包裹在里面，像无尽的绿色隧道，清凉且神秘。不一会儿，车停在铁栅栏门外，笔者也进入真正的种植区域。

大棚相连，只有右手边留下一条仅容一人通过的田埂路，大棚的塑料膜布

---

① 该种植基地属昆明市晋宁区，距离墩子街鲜花交易市场 10 千米。

图3 秧苗老板自行调配的"秘制药水"

覆盖到路上，各面全包，听着脚踩在白色塑料膜布上的摩擦声，金伟、七十朵一路都在提醒笔者小心地滑。七十朵是笔者在晋宁遇到的众多花农之一，三十岁不到的女孩已经在种植界拥有8亩鲜花基地；而七十朵这一化名来源于第一次她给金伟送花的数量，此后她在金伟手机的备注就变成了"七十朵"。

图4 鲜花大棚外围

大棚里最小的苗，是从买到并栽下秧苗开始，蹲下可以看到整整齐齐的黑色小杯里盛放的蔷薇底卡布奇诺顶的小苗，它们间距大概10厘米，放眼望去，

1亩矮矮的土壤被6000棵苗排满。在另一个棚里，已经栽下去2个月的卡布奇诺长到40厘米那么高了，这时候才明白为什么会有"花骨朵"这种说法。

"你能看到叶片上的红蜘蛛吗？"

笔者仔细端详手中被七十朵撇下的一片叶片，除了花叶背面的纹路实在没发现什么生物，很难想象金伟怎么能做到一眼就发现这些小生物。

"我真没看到有蜘蛛，连一只蚂蚁也没有啊！"

"仔细看，拿近一点，红的。"

"真的！我看到了，但是这也太小了吧。"笔者接过叶片，凑近再凑近，这个像红痣一样的小东西这才进入视野，用显微镜看也不为过的大小。这是叶片带病的情况，看到红蜘蛛就提醒花农们需要打药了。关于花农是否用人类的力量影响生物的生长这个话题，很多环保人士提出"美丽鲜花背后的丑陋真相"。

"阿姨，你种了那么几十年的花，最喜欢看的是什么品种？"

"其实没什么感觉，只是有时候看着路边丢了但看着还很好，又不烂的，我会捡回家泡着。但我儿子说都是药水养出来的，就算是闻味道都不好的，对身体不好了嘛，我就又丢掉。"

从和陆阿姨的对话中，不难看出种植者们对这些化学药剂的看法，但是从年龄阶段上来说可能还需要作出区分。老一辈的花农，他们信息获取的渠道相对有限，在面对几亩玫瑰出现蔫样、上点等问题的时候，采取最"原始"的方法——花生病了得赶快找医生，而能给花开诊断书的医生就是县城里各个药店的售货员们，对鲜花的日日照料很容易让花农发现每一日花的状态变化，

你种这些大米、谷子，秧栽下去，你只用施肥除草，花的事多了去了，工序就多，从秧苗开始你就要一直招呼，不只是施肥除草，还要日日浇水，日日看怕它生虫，看它颜色上得怎么样。主要是花管理得好，热天40天就可以卖了。不像种粮食你有一个亘古不变的时间，我们的花，只要把桩剪了，立秋之后冬天就是3个月卖花。管理得好可以种4水，一次苗可以种4年，一直都在卖，一直都需要管理的嘛。

如此"外祖母般"的照料让花农们一发现自己家的鲜花成色不对、虫吃花叶等问题就会将病花采下来拿着去药店，让卖农药的人"诊断"，配一些化学药剂带回家"治病救花"。在这里，各种化学药剂的毒性被暂时搁置，功能性悄然占据上风。对于新一辈的花农们而言，他们知晓化学药剂对人体的伤害，但是找不到更折中的方式弥合产量和健康之间的鸿沟。或者说，在面对经济利益选择的时候，大多数人只能做到像陆阿姨的儿子所言那样，"平时挨够了花，家里就不会单独拿瓶子插花欣赏，只能是自己注意，始终少闻一点好。"

其实在回顾全球物的产业链中我们大唱发展的赞歌，但吊诡的是：这些价

值链的开端都遇到"毒"的问题，如畜禽养殖业中的农药残留，我国山西省的煤炭遗留危害至今仍触目惊心，采矿过程中排放废气、粉尘和废渣造成空气污染和酸雨，渔业废水中含有大量的有机物质、氨氮等使水体富营养化。这些负面影响让环境越加脆弱，而在这一背景下，人类学家们试图通过对价值链溯源，来阐释原因并为此发出呼吁与倡议。在陆阿姨一家看来，鲜花是毒的，他们的看法无疑是千万花农生产实践的写照。而在消费者看来，鲜花是美的，光鲜亮丽是这种物的标签。我们或许了解农药的毒性，但是鲜花的终端很少有人会关心这个开端的毒，在美丽面前也让了步，这中间始终存在着一个开端和终端之间的断裂——鲜花的美的生产，是离不开"毒"的，虽然存在着一种不毒的方式，但那种方式与规模经济相去甚远。当然，这个断裂实际上在花农那里是有表达的。正如上文所揭示的那样，他们种花却尽量远离花。在此，花与人之间没有摆脱种植对象和种植户之间的关系，也没有情感上的交流，他们与花之间那种工具性的关联，虽然身体技术方面表现出了熟悉度，但主要是完成种植的目标。

图 5　戴胶皮手套采摘玫瑰的花农

当笔者看到七十朵的小臂时，也不忍心将镜头对准那里，毕竟这个女孩应该更愿意在笔者的相机里留下微笑。说来她没比我大几岁，但是已经成家且拥有了自己的鲜花事业。在昆明斗南花市，笔者见到过晚上 11 点还在鲜花堆里玩气球的小男孩、见到过晚上 12 点在批发鲜花的母亲背巾里熟睡的婴儿，也见到过凌晨 1 点还在自家摊位前捆康乃馨的女孩……有震惊也有心酸，但生在种花家让他们天然地和鲜花打上了交道，也必然地和这一不规律作息捆绑。不过正如访谈中所看到的，鲜花不管是对于工作灵活、参与外包的秧苗工人，还是对于全家以此为生、一年四季如此往复的花农而言，"就像以后你们坐办公室一样，都是苦钱（挣钱）嘛，但是苦多钱少，所以我们都给孩子说要好好读书，以后不用当农民盘田种地。"

画面转回七十朵，我们不禁提问：一双掌握压枝力量、快速提剪成花、选花包枝成扎的手到底什么样？从小臂开始到指尖为止，像被热水烫过似的通红，手掌到手腕这段有很多斑点疤痕；有的已经结痂，颜色深的变成了暗紫色；有的是新伤，只看得出像蚊子包一样的红点但是细小且更密集；还有的是疤掉了之后长出的新肉的嫩红色；也有一条一条的细划痕，只有需要接触到花的这一部分有这样密集的伤疤，手套的保护作用微乎其微。没有眼见为实的读者，可能很难想象，但至少这一双手出现在笔者眼前的时候，笔者第一次对之前做文献综述的时候写到的"借由身体感知面向物质世界"的概念有了赤裸裸的体会。

二、抓住玫瑰味——身体感的实践

一般而言，花农剪下来的花是不能够过夜的，因此他们的这套作息时间完全跟随鲜花的节律而生。

以前，我们天天进大棚中，现在我进去就会感冒生病。你只要早上10点以后进去，那个汗滴答滴答就从脸上淌下来，脊背你用手一擦全部都是水啊。外面气温20多摄氏度，大棚里面可能就30多摄氏度，人在里面热得穿不住衣服的。像我，出来没穿上外衣只要一吹风，马上就生病感冒了，现在上年纪了就受不住了。

因此花农日常照料鲜花，进棚一般都是上午10点以前，下午4点以后。到50天之后，等来某一棚的一波采花期，就从下午4点一直干到晚上10点左右结束，回家吃晚饭。而后就开始自家简易包花头，到凌晨3点左右，花农棚里的花悉数被采摘打包完成，夫妻俩就骑三轮车或是开面包车前往交易市场等待开市。农业自然性的底色是生命与生存，它由土壤、空气、阳光、温度、时间、空间等自然要素有机融合而形成。这一特性使农业成为一种自然性的生命空间与生存空间（祖田修，2003），也使得鲜花文化成为它的创造者在与自然相处的过程中编织出最适合当地地理环境和社会环境的意义之网。依照鲜花生长节律安排作息时间是花农们的生存智慧，也是晋宁人与这片土地的相处之道。

早上5点，笔者的电话响起，"今天真的按照这个时间来了，已经开始有人来了，你过来吗？"天蒙蒙亮，但路上塞满玫瑰的面包车、敞篷三轮从笔者右手边呼啸而过，无一例外，都是满满当当的鲜花。快步2千米之后，笔者从住的地方到了墩子街鲜花市场，大型货车"敞着肚皮"靠左手边整齐排列，2个小时内都会被各式各样的鲜花堆满，重量没超载。但是，笔者眼看娇嫩的鲜花被整齐且密实地层层垒高直到车顶的时候，不免还是会驻足。

一眼望不到头的规模还是给这场晨间交易增加了几分气势：40多辆面包车依次排列停放，后备厢被各种颜色点缀，丰富且满当，每辆车旁边都站着一个花农等待买主的问价。7点第一缕阳光洒下来的时候，最先感受到的不是阳光的温度，而是透过每一扎鲜花的最外层包装薄袋折射出来的刺眼，当然也为这些刚离开土壤几小时的新鲜生命打了一束亮光。

在这里收花的金伟这样说："一般是我们这边买不够才去斗南那边，你可以找他们采购员带你去看一下。白天肉眼可以看到，但是没光早上看不清的时候，用手电筒。"

"用手电筒除了看花头开放程度，你们会关注颜色吗？""我感觉同色系很多，都大同小异啊。那你能不能描述出这是什么红色？"

"看具体品种的颜色说不清楚，反正就是看得出，红色系的花有很多品种，比如高原红和卡罗拉就不一样，看到就能分辨出。每个品种都有它的特点嘛，对应的颜色都有。这是买花人基本常识，见多了就有经验嘛。同一个品种颜色还是有差别的，不然价格也不会有这么大差距。"

一方面，身体经验是多重感官的结合；另一方面，身体经验是身心的结合（不仅仅是感觉或观念），可被定义为身体作为经验的主体以感知体内与体外世界的知觉项目（余舜德，2008）。因此对于买花人而言，眼睛辨别、手指触碰都是在从事这一行业中于文化、环境互动中养成身体感。也就是说，其实不是因为有一套客观存在于我与他们之间文化意涵的网络充当界面，而是因为长期在买花这一环境培养了的"有经验能力"的身体，让他们虽然不能以严谨语言说出每个品种颜色异同，但是能够准确感知周遭的鲜花世界。在此，我们可以看到人的身体感发生了第一次变化，由花农们的护花、剪花、选花的身体技术变成收购商们一种视觉甄别技术和经验感知的能力。这是花的美"开始显现"的地方，因此鲜花的物质性在这里也瞬间发生转变，而成了美的载体。

据此我们看到了鲜花的社会生命由两种力量的辩证关系生成，一种是物的自然属性，如松茸外观规则与否、新鲜程度决定了分级价格，鲜花本身花期的短暂性和花朵、花茎的脆弱性也决定了它的时效性，这就给价值链全过程的每一段都提出了更高要求；另一种是人类在按照他们的方式对之进行对象化的方式和过程，即后文会提到的鲜花进入下游价值链中被赋予的各种含义。

"马上下大雨了，赶快卖完走了，钱多少差一点算了。""天气太差，很多花农昨天就来了，今天可能买不到好的，看到一个还不错的就赶紧拿下了。"相互

图6　正在用手电筒鉴花的平台买家们

博弈中的平衡和共识，让买家和卖家都加快交易进程，8点左右人就散尽了。

其中有一个穿着迷彩羽绒外套的买家大哥在往自己面包车后备厢中码花，整齐地将花头朝外堆叠，边搬运的同时边清点橙色玫瑰的数量，看到笔者举着相机，对笔者比了个"耶"，让笔者给他好好拍张帅照。如此活力让笔者一时间恍惚，没感受到现在只是上午7点，似乎鲜花真的能将清晨的懒怠一扫而空，不仅是赏心悦目，还有在搬运时的小心翼翼，白色绒布纸只能包裹住花头外围，延长的1厘米也就起到隔绝与其他花朵碰撞损耗的作用。

往回走的路上，能看到零星的几家鲜花采后处理中心店，几家秧苗店和一家纸箱专卖店。鲜花打包店一般情况下都是外省老板在墩子街附近租赁的场地，目的是直接原产地买花自己打包直接发货到与自己有业务往来的各个经销商那里。大概250平方米的简易仓库因为三面封闭且堆积着大量红玫瑰，能闻到浓郁的植物味道。玫瑰花本身是没有味道的，因此空气中弥漫的大都是绿色的气息，那种植物根茎的清新分子混合着少许泥土的生涩，不过味道很淡。毕竟玫瑰并非拔土而出，而是直接剪切。仓库仿佛一个大型铁皮盒子，防雨防风却也闷热，尽管是上午也已经打开了落地大风扇，大功率的风扇嗡嗡转动使得头顶的白炽灯更加刺眼，灯光落在玫瑰上，让未开放的花头也能轻易被看到，这也意味着花头上的细微斑点也会被识破。灯光落在修剪工的脸上，没有地里花农们的大颗汗珠，只有轻微泛油的皮肤以及目不转睛地专注于手里的打枝条、分拣ABC等级、包装分扎的工作。

类似的处理工厂大概流程都是一致的：当采购员凌晨5点左右从墩子街鲜

图7　头戴照明灯的分拣工在为玫瑰分级排序

花市场直接采购完成后，花农直接送到附近的处理厂，修剪工们即开始工作。首先是分拣，熟练的分拣工头戴照明灯，像那些地下作业的矿工们，利用强光分辨手里的卡罗拉品质，花头越小品级越低，枝条不能过粗也不能过细，否则都会被踢出 A 级行列。在分拣台上并没有一个标尺——规定多大的花头算标准，因为卡罗拉在花农那里已经被套上网袋，所以并不用通过花头的具体开放形态，只能通过网袋中花头大小区别，分拣工都是凭借自己的经验，只凭眼看，就能根据脑海中的那个排序表，将手里的这一枝放在合适的 A、B、C 行列中去。知觉花朵的具体分类，于分拣工而言更像以一种"场域"的方式呈现，从他身后的工作台上展现无遗，不同于诉诸绝对理性逻辑来把握一枝玫瑰规格的路径。一方面，通过身体的视觉切实感受，以形成一套自己关于玫瑰分类的知识体系，以此获得对所谓理性判断的自我理解；另一方面，分拣工的知觉也使得玫瑰这一被知觉物以鲜活的方式呈现出来（毛华威，2019）。

最后一步就是用订书机将纸连接的几个点固定，手动将裹起来且外露的一面花头调整为高度一致的形态就算完成一次包扎工作。

主要是因为都是计件活，多完一个多挣一分钱，没有什么好说的嘛。顺序就是这种，一个搞完传给另一个，埋头干就是。而且这种你说话就影响自己手头的速度，你这边效率上不来其实还影响别人的速度。

其实，采购商和分拣工类似，他们的身体感较花农而言都发生了第一次变化，花农们种植的那套身体技术变成收购商们第二步的视觉甄别技术。

三、鲜花链的保鲜 48 小时

从花农那儿收来的最后一车香槟在唯品鲜花公司装车结束之后，笔者也随货车踏上了斗南之旅。从晋宁到斗南其实只有一个小时车程，相当于产地直运，因此没有过多的保鲜手段，仅仅是将鲜花装进高 10 厘米的蓝色塑料筐中，两筐就能抵到车顶，横排三筐勉强能将货车门锁上，没有浪费一丁点儿的运输空间。

下午 2:00，准时出发！

下午 3:00，准时到达！

从前排高座位中跳下车，将货车后备厢两边锁扣打开，将蓝筐依次卸下，两个司机麻利地将筐里的彩玫转移到小推车上，等待团花社的对接人员清点之后就入库了。

跟随着推车，笔者走进冷库，随之而来的就是不自觉打哆嗦。鲜花也在哆嗦——巨大能量的两台冷风扇在不停歇地工作，轰鸣的声音加上白底冰屋反衬着白炽灯，整个密闭环境更加寒冷。笔者死死盯住冷库的大门生怕被关上，脑海里循环播放影视剧中主角们被反锁在冷库中的桥段。不过这样干冷的环境确实能够让鲜花常鲜，至少 5 天，这也给鲜花一个缓冲的空间，脱离土壤之后，这是它们第一次接受保鲜技术。如果订单足够多，那它们仅仅会在这儿待到晚上 11 点就会进入下一步——装箱发快递，邮到全国各地花艺师手中。在 25 摄氏度的昆明，外面的闷热显得吸入鼻腔的空气更加潮湿，这样的闷热对于彩玫而言，反而像初入冷库的笔者一样窒息，头颅还来不及高扬就会因高温灼伤长斑点或根部缺水萎蔫。

笔者所站立的地方就是位于斗南的团花社，这是一个向全国提供服务的鲜花供应平台，当然这是线上部分，线下所见的占地将近 1000 平方米的大型仓库，相当于一个中转站，联结起花农和花艺师、销售商。由于鲜花价值链存在生产时间与劳动时间的不一致，能够实现的资本流通次数有限（桑坤，2019）。因此，减少生产时间以加速资本周转进而提高利润一直是资本所追求的。团花社就是这样一个平台，通过严格控制收购鲜花的 24 小时时效，避免因时间带给鲜花的折损、减少生产时间来加速资本流通。

晚上 9 点，仓库活起来了！陆续有各种印有"斗南花市"的绿色三轮车往返，四五辆满载各类鲜花的三轮车轮转于仓库卸货的场面，井井有条却也喧闹满天。

"康乃馨粉钻货不够记得下架，这边只有 14 扎。"

"南天竹红色没有，昨天下的 1 扎。绿色有 1 扎送来了。"

"罗姐，你昨天上架的那个开花绿毛球今天货到了没？我这边有个 19 单的但还没见送来，你打电话催一下呗。"

图8 凌晨团花社的打包现场

晚上9:03刚进门打完卡的罗姐又火速冲向办公区放下包，一面展开随身携带的小本子寻找昨天的下单记录，一面给相应的供货花农或中间商打电话。

喂，李哥，我团花社罗怡，昨天我们下单信息我给你发了吧？你们家开花绿毛球还没送过来哦，快点嘛，这边单子一直在催，要打包了。快点帮我们送下来！谢谢了！

罗怡是团花社的采购员之一，她的日常任务就是长期"混迹"于斗南花市，寻找市场中新出的花卉绿植品种拍照上传平台供各个线下花店下单；同时联系好斗南花市中各个花类销售区域的花农们，形成稳定的合作关系；最后将当天的线上订单不断整合，打印出来分派到不同配货员手中进行配货打包。

打底的一般是鲜切花类，用简单的纸壳包装，护住花头，两层反向放置，插空填满，省空间也不会对鲜切花造成多余损耗。第三层会放上两个圆柱体冰块，外面用旧报纸包裹，里面是1.5L矿泉水瓶冷冻而成的硬冰块，紧接着又是两层鲜切花，最上面一般以配叶封顶。当13名配货员同时开始工作的时候，笔者感觉进入了一个有序的蚂蚁世界，大家有条不紊地按照蚁后的指挥，各自为政，手里都抬着果实，循序渐进，最后成果又汇总。一个箱子装满之后，在"进口牛卡纸，防水防潮"字样上方写上订单的目的地、收货人以及联系方式。

负责打包的4名男性会从各个区将纸箱推到打包区域——其实就是一块足够宽敞的空地，周围堆着一些类似长起子、大剪刀的铁器以及成箱的绿色塑料编织条。10 分钟左右第一轮货配齐了，打包师傅开始工作。这时候，整个仓库不再听得到讲话声，也不再有音乐旋律，都被急切的撕胶带声掩盖，当 4 个人同时开始拉扯宽胶带的时候，发出的声响可以当作噪声处理。

图 9　打包工竭尽全力压缩纸箱上的封条

随着胶带的黏合，鲜花也暂时性将生命封闭了起来。在鲜花的社会生命中的不同时间点具有不同的情境特征，从花农手中的农作物到花商手中的大宗商品。所有鲜花都是潜在的商品，阿帕杜莱强调用一种过程的视角来看待商品，将商品看作物的生命史中的一个阶段而不是一种特殊的物品（阿帕杜莱，1986）。由此获得启发，笔者也是将商品视为物的生命史中的一个阶段，着力于描述不同价值链中的物在商品化、去商品化过程中的转折，同时展现出作为礼物、商品、艺术品等多种存在形态的精彩纷呈的鲜花世界（王艳，2015）。

于鲜花而言，最具特殊的点便是时效性。毕竟这种自然特性使得资本在农业的生产时间内是无法取得完全控制权的，因此只能借助技术，在高效运输、精准制冷等方面提高投入以降低植物腐坏风险资本。据此，鲜花也进入"商品情境"——被放置在商品语境中，即打包完成，让种植作物的鲜花过渡到大宗交易，有双重意义的鲜花真正踏上了商品的第二阶段。

商品情境中物要么已经成为商品、要么是候选状态，这符合鲜花价值链的第一阶段。但是物品的可交换性却使得鲜花在社会关系网中不断流动、转变状态。我们生活的纷繁复杂的社会中，物早已不再是只有单一商品这一种形态，"商品化→去商品化→再商品化"的轨迹处处可循。鉴于此，笔者认为有必要引入"物的文化传记"（KOPYTOFF，1986）来分析鲜花价值链的第二阶段。毕竟物在不断商品化的过程中产生不同的价值，价值的不断转换也意味着物作为"行动者"对文化秩序和人的社会生活的介入，从而形成一种新的"价值政治"（王垚，2017）。当鲜花离开团花社，就会被人赋予某类特殊意义、价值、身份的同时也参与人的身份的建构，通过消费进行消费者身份的自我表达和评估。笔者认为，于本文而言，更有趣的是商品化的物如何走向特殊化的过程、使得去商品化成为可能。正如米勒所说："一旦货物不再仅仅被理解为商品，而是看作现代文化的主要成分，消费的可能性就出现了。"鲜花去商品化过程是意义的再生产，本文第八、九章通过两个例子，剖析作为商品的花如何"重新语境化"经历一次去商品化而变成生命朴素性的寄托。

晚上 11:30 德邦快递的快递员成为第一家收齐、发货的，一般快递公司都是集中在这个时间段过来团花社，往后推物流组下班时间就是凌晨 2:40 左右。这个点既是星光赶路人的奋斗故事，于花农们而言，又迎来了新的一天。

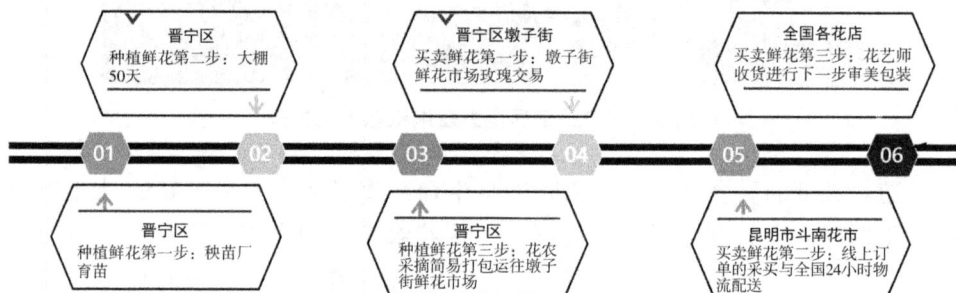

图 10　鲜花价值链

第二章　作为商品的鲜花

一、木栖花园记

经过 500 千米的跋涉，鲜花重新呼吸到新鲜气息，用修花的大剪刀"咔嚓"几下，昨夜的"胶带大战"在此时分出胜负。花艺师小心翼翼揪住包装着花头的各种袋，将其提出那个因运输而破损的巨型纸箱。"像这样路途中的花材损耗，要是里面花烂得多，那我就要发消息拍照片去给团花社客服，让他们补发过来。要是随便一枝半把的就算了，自己担着。这些都是无形中的成本啊。"与在基地懒散、随意的搬运不同，不到 10 小时，现在的鲜花身价已然翻倍，因此笔者得再放轻自己手中的力道，以免任何一枝玫瑰在笔者手中夭折。望着眼前塑料桶里被修剪得整齐的玫瑰茎秆，果然又重拾往日记忆中娇贵玫瑰的印象。晋宁村马路上被遗弃的玫瑰明明与眼前的泡水养着的玫瑰外观相差无几，却有着天差地别的待遇。垃圾房可不兴怜香惜玉，粉色娇嫩的玫瑰被塞进乌七八糟的空间里，嗡嗡乱飞的虫蝇也一睹了玫瑰芳容。而那些郁绿枝干太多而塞不下的，被成堆卷在路边，像叠罗汉似的，哪管你花头会不会受损，哪管你花茎会不会折断，细数散落开的花瓣上的各种鞋印、被踩得扁扁的花头，不禁让人怜惜。垒成小丘状的玫瑰，一辆车驰过扬起的沙马上将其覆盖，笔者不禁想用"同花不同命"去描述眼前被视若珍宝的玫瑰，10分钟后它们会进入豪华"单人间"，拥有冷气和新鲜水、享受灯光的衬托、被透明玻璃桶承载。

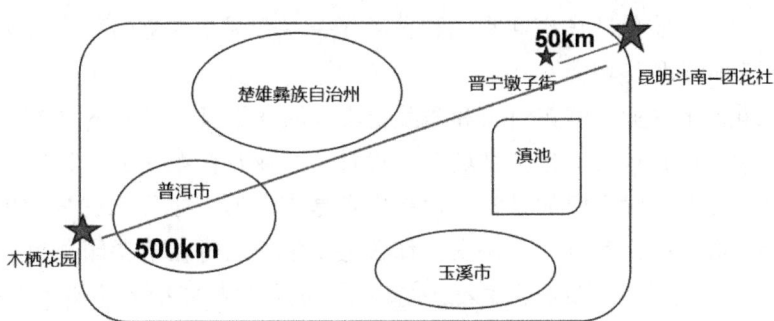

图11　文中多地点相对位置图①

将冰袋从花中取出时，没有在团花社仓库那种从指尖冻到心脏的温度，融化冰水将外层报纸浸湿，所有的制冷使命也在此结束。"没有人喜欢刺！你说这玫瑰，花倒是好看，下面的这些叶子、刺都还需要我们拿到手之后再清理一次，不然，会扎人。所以你要卖出去肯定是要打理的，搞习惯了啊，这就是卖花要求吧。没有花店直接拿来就泡水养的。"笔者一面扫着阿凤用打枝器刮下来的那些"戳手碍眼"的刺条，一面问她，不修剪能行吗？阿凤是木栖花园的一名员工，手脚麻利，打刺撸叶很在行；能言善道，卖盆栽的时候能把顾客"忽悠"得一愣一愣的；不会扎蝴蝶结，分不清包花的绵纸和硬卡纸，看每一个花盆都觉得大同小异。

花店里有两个透明的冰箱展示柜，给人的感觉和团花社冷库完全不一样：团花社的冷库，是那种冰棍、海鲜等需要极度低温的环境，因为空间太大，有冷冽的氛围，却很难嗅到鲜花的味道，它们只是大宗货物中的一种。而在木栖

---

① 图为笔者自绘，仅标注相对位置，不包括实际面积及具体距离。

花园的小冰柜中，鲜花整齐地列队，凡进店的客人，第一眼就会被吸引过来，对着柜里的鲜花一顿狂拍，嘴里念叨着"太美了，羡慕能在这样环境中工作的人""女人永远会被鲜花吸引"等社交常用语。如今冷柜里的鲜花在灯光的衬托下，主动进入"前台"自我表现，前面那些"后台"的生产过程与这个新鲜的、有吸引人颜色的、美的鲜花形成对照。

笔者坐在包花工作台旁，看着刷着锃亮油漆的木质桌面周围的藏蓝色包边出神，环顾四周，木栖花园和我们印象中的都市形象完全符合：精心设计的枯叶吊顶散下来的暖黄光能让整个工作台氛围感十足，整面墙的落地柜分小格展示各类小盆栽，有三层玻璃立方体台像蛋糕层一样摆放每日包扎好的花束，最外边的丝带栏有几十种彩带——硬质透明花瓣宽带、鱼尾纱波浪边雪纺带……谁又还记得那个蓝色铁皮搭起来的秧苗院子——会漏雨、空间狭小且头顶悬着黑色塑料布的杂乱作坊呢？

木栖花园的主业是鲜花包装和盆栽售卖，因此平日里笔者的观察也主要围绕这两部分。鲜花包装又包括结婚花车设计、开业花篮配送、节日捧花的包扎等，这些都是花艺师香姐的日常。盆栽售卖是店里另一位员工三哥的事。三哥和阿凤是夫妻，两人育有一儿一女，都在上小学。三哥在笔者印象里一直都力大无穷，似乎不管多高多重的盆栽，连盆带土加苗他都能抬上那辆小破三轮车；当然也心细如尘，在放稳盆栽之后还要贴心把每一叶片擦干净，把写有祝福语的飘带整理得"顺顺当当"；有时也沉默寡言，面对客户变更无数次摆放盆栽地点的要求他也能欣然接受……不过三哥最大的特点，笔者觉得是打心里热爱园艺。

图 12　后院打花的罗三夫妇

他们一家在县城有一套很小的住所，方便孩子上学。老家在距离县城30千米外的村子，院里充满绿植，石榴、杨梅、小枣、坚果，各种水果树都有，能种活的都试一下；花也有，绣球、蔷薇、小月季等。"肥料就是拼多多上买的。有一次有一个顾客来店里买花，说起肥料，他直接把自己家的都送给人家。我说你告诉一下名字就行了，他怕别人买不到，送盆栽去的时候也给别人送他自己买的肥料。"阿凤边说边修叶。

他也坦言在木栖花园这里工作很大一部分原因是自己真的喜欢和这些花草打交道。而木栖花园的前院，依旧有寻花而来的各种顾客，在木栖花园这里花就完成了一次生命意义的转换。

像这个是蝴蝶兰，很好养的，只用通风，看着根有点儿干就浇一点水就行了。开花好几季呢。我们都是三四棵绑在一起，这样更有特色。给你搭配一个这种圆底盆也好看。我们家价格合适，全部算下来还给你移栽好，只用120元。你去别家看就没有这么好看、扎实的陶瓷盆，有，你120元这个价也拿不下来。你瞅瞅这几棵的长势，我们进货都是挑品质最好的，拿回去绝对好养。

5分钟成交，三哥从阿凤手里接过顾客刚挑好的蝴蝶兰和花盆，拿回后院准备移栽。

"旁边这个黄色的蝴蝶兰和这个粉色的有什么区别？"笔者问道。

"没什么区别嘛，价格都一样的，只是颜色不同。来我百度拍图搜一下。他说黄色蝴蝶兰有事业发达的寓意，白花蝴蝶兰预示着爱情纯洁，新婚的放一株在家预兆美好婚姻。这些其实我们不很懂，百度方便，什么都教给，我记下来下次就可以推荐了。什么颜色代表什么意思，数量代表什么，现在花样多得很。你要说得出来，他们才买得心服口服。但是不管什么花，都是要好听就对了。"

很多时候，阿凤都是通过手机了解这一套"年轻人的玩法"，鲜花消费与"嫁给爱情的样子"等向上积极的一套话语相联系，因此人们消费的不再局限于鲜花，而更多的是鲜花铭刻的符号，其代表的文化意义。正如鲍德里亚所言："在消费社会中，与其说消费者真正消费的是丰盛的物本身，倒不如说是对物的符号价值进行消费。"人们对鲜花的消费不是对物质需要的满足，消费者对商品的关注焦点转到了它的符号价值所提供的"幸福"中，不再是过去单一的使用价值。从此，人们感到商品变成了一连串的意义、指示符号（韩冰，2015）。

当然，这一套消费话术被构建是第一步，第二步就是大众传播：信息消费之信息，即对世界进行剪辑、戏剧化的信息以及把消息当成商品一样进行赋值的信息、对作为符号的内容进行颂扬的信息（鲍德里亚，2000）。正如阿凤在百度中检索到的，我相信在情人节、母亲节等节日，漫天的营销更会充盈手机推文，还有康乃馨象征温馨的母爱、百合因名而象征百年好合、向日葵可以送给追寻梦想的人等口号，两者互为意义成为互相参照传媒的宇宙。如今更疯狂，短视频的短平快特点，承载着更广泛的消费意识形态，对已变成符号系统的世界进行万能的解读。在花艺师手机上，其中一个学习群有这样的营销策略分享：实体花店，在一片低迷的消费行情中，为自己硬是拼出来了一个新的刚需场景——考试季。这个学子人生中最重要的具有"分水岭"意义的日子，也成了数百万父母殚精竭虑为之准备的日子，更在无意中成就了全国各地花店老板们，成为卖祝福、卖心理暗示、卖殷殷期盼的重要日子。

图13　香姐学习制作的情人节鲜花礼盒

二、提前绽放的康乃馨

像往常一样，笔者将手提布袋放在工作台上后卷起袖子帮忙抬花出来。

"今天这些康乃馨只有头头还没开啊，就要用了？"

"没办法，明天要做新娘捧花，花材不够，我们要让它提前开。"

"提前开？意思现在药水技术已经达到这种掌握具体开花时间的程度了？"

"药水能不能达到不知道，我们手动催一下。"

阿凤和香姐熟练地拣出未开放的康乃馨，用右手捏住花茎与花瓣中间部分轻搓，左手相应地不停转动花茎。像制作棉花糖，左手加糖右手转棍，两边同时开工，一分钟后棉花糖会随着拉丝堆积形成蓬松的形状，康乃馨也会在她们手里慢慢打开花瓣形成完全开放的形状。这很有意思，原本硬挺的花托部分因为外界的人手的力量变得松软却不烂，之后用手指轻拨开花瓣，竟真的和自然盛开的康乃馨别无二致。笔者观察着桶里那些等待被开放的花朵，它们花茎细长，有凸出的关节处，未开放的康乃馨花苞紧紧包裹成椭圆状，有一种独属于植物的生长样态美感，也是深深吸引笔者的地方。

笔者用心感受手部应该有的力度，真是奇妙：既要花力气把绿色花托捏软，又不能用力过度折断外层花瓣，手指在反复碾的时候要感受花蕊摩擦的力度，同样地，用力稍大会使内部的花蕊根部摩擦脱落。脱落出来的花蕊底部是嫩白色，柔软纤细。顶部是康乃馨的花萼部分，手感有韧劲但是不硬，同样能感受到属于植物的独特触感。犹记得曾孝濂先生作画时说："平行线要挺，就像拉开的弓，你一放，它会弹回去，没有丝毫犹豫。那是生命力在植物身体内的通达和流畅。"对于自然，植物科学画是以一种谦虚、安静的态度来细察的。打开先生的《中国植物志》图册，能感受到落笔时"充满尊敬，甚至敬畏，就像对待人类自己一样，来画面前的植物"的那种虔诚。此刻，笔者又放缓了手中的力度，实在不忍心"辣手摧花"，轻抚便罢。

《知觉现象学》一书中有言："只有实际知觉的结构才能告诉我们什么是感知。"（梅洛·庞蒂，2001）真实的事物和正在知觉的身体并置在世界中，故建立在身体"于世存在"基础上的知觉就显得尤为重要。知觉以身体为起点，通过人类本体的感官知觉描述笔者与他人、笔者与世界以及他人与世界之间的关系，既消解了主客体的对立关系，又保持了与世界的原初关系。依据自身视觉喜好的消费者、有一套成文审美规范的花艺师，以及沉浸于养花弄草的园艺人，都是先通过感知花，而后通过花构建起一套人与物交互通感的生活世界。具有双重特性的身体既能感觉外界刺激，又能作出敏感的反应，并赋予刺激以意义。无疑，在鲜花价值链末端涉及的不同群体的身体系统和活动图式最初已经是耦合于世界的认知系统了（李恒威，2006）。

看着笔者呆坐在康乃馨桶前，香姐笑笑回应道："但在不着急要的时候我们是不会这样辣手摧花的，因为逆规律的东西，对花的生长肯定是不好的。等它养在桶里慢慢地打开的花会更整齐，我们手或者嘴施加外力，始终是不均匀的。有时候自然也是真的有很多规律可言，有很多对称或者说整齐的美感。"

三、浪漫有价：鲜花后备厢的景观

接近晚上 8 点，大家都纷纷结束手头上的事，在关门打扫卫生时，一辆白色轿车停在门口，下来一位女士。"香姐，今天我老公过生日，我想给他一个惊喜。帮我布置一下后备厢，要那种慢慢打开车门看到里面很多花，然后有一个横幅写'生日快乐'的，你知道吧，那种感觉。然后还有一个礼物是送他的一块手表，你帮我看放在什么位置合适。"

"生活不易，三哥打气。"大家制造浪漫的同时在打趣聊天，几面同时开工，三哥在榻榻米上坐着用打气机给气球充气。不一会儿，空荡的后备厢就被各种"浪漫小物"填满，尤加利叶是护"表"使者，十几枝玫瑰穿插其中。这样看来，真像平地种了一片花海。几个大小不一的气球又将人从花园中拉回生日惊喜现实里，螺旋式散入小灯带一下子把氛围拉满，让黑夜里的浪漫不打烊。"生日快乐"字样的小方块横幅也到了他们手中。"这个 happy birthday 英文顺序……""先是 b，然后是这个 i，然后是 r，然后 thd 还应该有一个 a 嘛，对，最后是 y。""有一个会英语的就是不一样，不然我还得手机查一下怎么拼才能挂好。"

一切准备就绪后，香姐把后备厢关下来。"来你帮我拍一下，我打开车门然后你就拍里面布置的一个小视频。""太好看了，太高大上了。马上 12 点，我就可以发个朋友圈。""谢谢香姐，多少钱我转你。我要给他一个惊喜。"……

图 14　顾客到店做轿车后备厢的鲜花惊喜

在现代生产条件无所不在的社会，生活本身展现为景观的庞大堆聚，直接存在的一切全部转化为一个表象。景观，原意为一种被展现出来的可视的客观景象、景色，也意指一种主体性的、有意识的表演和作秀。德波借其概括自己看到的当代资本主义社会新特质，即当代社会存在的主导性本质体现为一种被展示的图景性（德波，2006）。与动画、电影不同，实时分享的朋友圈实现了更大范围通过平台将景观嵌入人们的生活中。事实上，这里发生了一场二重颠倒：马克思所谓的人与人关系是经济物化颠倒，而德波的新发现是已经颠倒的物化本身的表象再颠倒。过了今天 12 点，这一车的玫瑰或许还没枯萎就会因第二天上班而被清除，但那重要吗？朋友圈一句"给亲爱的生日惊喜"的图文，已经让这一车玫瑰完成了"使命"，直接存在的后备厢玫瑰转化为朋友圈的几十个点赞，这便是景观。

晚上 11 点，大家也随着轿车扬长而去结束了一天"制造浪漫"的工作，收工回家。

第三章　消费社会中的审美传递

这天，香姐戴上口罩，向后院走去，不一会儿就传出"刺刺"的喷漆声。笔者把手头的祝福卡片写完挂在一盆蝴蝶兰粗壮一些的那一簇，也跟着过去了。

她在给鲜花喷色!?

图 15　为满足不同顾客需求花艺师开始给鲜花喷色

现在的审美都很细致化，年轻人都喜欢多元的东西，但是现在花的品种是跟不上的，比如你们喜欢的什么莫兰迪色，所以我们就用喷色剂啊。

她左手用一张小卡片稍作遮挡，试图通过改变卡片位置，在花瓣上留下看似随意的图样花色，这些白色玫瑰被整齐安顿在花泥中固定住脚，仿佛回到种植基地再一次生长，不过这次不是从土地汲取养分向上攀长，而是接受二次上色，改头换面。"蓝色妖姬那种蓝，那是古早的审美了，现在已经很少用那种了，这个喷色出来的色彩看起来更高档。"

高档这词还在延续，当这束花到顾客手中的时候。

我在小红书看到的就是这种效果，叫密歇根碎冰蓝，这个色调太高级了，你说它就是白中隐隐透出蓝，而且它不是均匀的。越是这种不经意的、越随意的，越好看。你说一个蓝色，都能有这么多色调啊，瓦尔登蓝、克莱因蓝、泰式奶蓝，都是蓝也分不清。反正都是高级配色，一看就很贵的。

从"古早审美""颜色土气"到"高级配色""莫兰迪色系"，作为花艺师，香姐从花艺培训习得这些搭配知识，因为有专业性，所以证书似乎成了审美的通行证。作为消费者，我们从微博、小红书等媒介处获得"种草"，博主们以小众、氛围感、精致女孩等为关键词，将商业资本注入图文。不管什么途径，无疑通过"审美"将一套观念传递，最终呈现方式便是被称为美轮美奂"艺术品"的染色花束。

从晋宁鲜花基地 0.5 元一枝的白玫瑰，到眼前 10 元一枝的密歇根碎冰蓝色白玫瑰，到底是什么魔力让同一株玫瑰身价翻倍？笔者的答案是审美。审美两字空说很缥缈，放在具体事件中就能看到其层层推进的完美闭环。比如，人们在观看一件艺术品时，第一眼就能看到的是形式结构层（曲辉，2020）。换句话说，形式结构层就是搭载艺术品的物质媒介，也即笔者提到花艺师手中的花束。审美意识的物化就是通过这样的物质媒介将其表达为艺术品的，买花的消费者们也是通过这最为明显的特征来探究其深处的审美内涵的。对于花艺师而言，她们面对的物质载体本身也具有极强的审美意义。从鲜花的物理属性上来说，花瓣的色彩形状质感被视作"美的事物"。中国画有运笔美特征，插花则有高低插制、"组群阶梯"技巧等要求。那些重复花类叠加、没有规则的鲜花跳色、杂乱的配叶选择等都会被认为是不美观的，因此都会被一一纠正，以免影响整个作品的审美效果。

其次是更深一层的层次，即作品的意境起到一个承上启下的作用。正如曲辉总结的那样：意向潜在层是整个艺术作品的骨架与血肉，是产生形式结构层的本质，撑起了整个艺术作品。花艺师用手提花箱、玻璃纸块、棉质印花软纸等资材来营造不同的风格，如立体感的花盒搭配奶油质地的向日葵是教师节送老师的不二之选；如迷你蝴蝶结抱抱桶中插入洋牡丹、康乃馨、郁金香是母亲节的缤纷礼物；如矢车菊与木绣球用纱丝和梅花织带打造新娘手捧花……

最后则是整个艺术作品的灵魂所在，即花艺师最深层次的审美——意味蕴藉层，通过欣赏一个花艺作品体会其意境，并通过审美经验进行升华。花盒向日葵，是老师和煦又温暖的太阳光芒照亮学子求学路；马卡龙色系的抱抱桶，是孩子为母亲筑就的缤纷梦。

现在我们可以看到，从晋宁鲜花基地 0.5 元一枝的白玫瑰，到眼前 10 元一枝的密歇根碎冰蓝色白玫瑰，是如何一步一步从自然之花到象征之花，日常生活审美也正是这样一步一步呈现的，实现"生活就是最伟大的艺术"。人类的消费社会经由研究、设计、材料的选择及运用，以生产日常生活所需的各种物品，与此同时，也将和此物相关的知识、物性的操弄所呈现的意涵、情感与价值，以及生产制作上的技术等"加诸"物上，因而这些进驻于物的功能及讯息，能够为人所用，于交换、仪式或消费中与人交涉时（余舜德，2008），在老师、母亲、新娘等收礼者触碰到礼物的过程译解蕴藏于种花、选花、包花等身体感项目中的意涵。

根据以上分析总结而言，首先是关于艺术的亚文化，任何欣赏美的取向都是被允许的，你可以热爱任何一枝玫瑰；其次是指将生活转化为艺术作品的谋划，这就是笔者提到的花艺师学习考证的过程，将花盒、梅花织带放置于自然鲜花之上的实践；最后是象征，景观社会通过影像再生产着人们的欲望，各种平台的分享图与点赞数让鲜花这种自然之物实现"永存"。

第四章　个体记忆与斗南十年

生意结束得很早，下午我们集体前往香姐家吃火锅，在笔者聊起为何想做鲜花研究以及回望了一下这段时间在木栖花园的收获之后，香姐也打开话匣子，说起那段刚入行的日子。

以前是广州那些市场鲜花更多，但是也没有多少年。你看我做了十多年，那这个斗南市场起来也就是十多年吧。那时候有多辛苦都不敢想，现在是已经很规范了。以前就像黑社会一样，多危险啊！随时打架杀人的，就是争地盘这些，多黑。包括物流这块儿，都有类似帮派控制，因为是很大很大的市场，你想生生的就插进去做生意，根本不行。

情绪的身体化（THOMSON，2019）能为解释过去事件的性质和含义及其情感内容提供线索。当提到"黑社会""杀人""抢"等字眼的时候，香姐会无意识提高音量，让自己的情感为正在讲述的这一事件提供真实性，也一下子就把在场的包括笔者在内的 5 个聆听者带入那个氛围中去。那一瞬间，笔者脑海中一半在复刻她描绘的十年前斗南的惊心动魄景象，一半在回忆自己十年后看到那个光鲜有序的斗南花市。

住的小旅馆，外面很吵很吵，什么声音都有；里面也住着很多收花人，但看起来很害怕，就有点像那种演的港片，黑黢黢的楼道、黄黄的要闪瞎的灯，还有很多背着大包的男的。我现在想想，怎么过来的都不知道，吃的也是小吃、砂锅菜、便宜的快餐。更害怕的是以前都是现金交易，去进货就几千块背在身上，一直都提心吊胆的。其实我很害怕的，晚上几乎不会睡觉，又怕钱被偷，又怕错过买花时间。

在她的讲述中借用了影视资料，再一次让笔者有了很强的画面感。虽然香姐在描述自己经历的时候，从害怕到更害怕这一情感的加深中，从住宿环境到现金交易，两件事可能不一定有逻辑上的加重，但是在她的记忆中，自动把当时的心境情绪表述为递增关系，并伴随语气的局促，更让笔者紧紧跟住她叙述的思路。就算第二次听访谈录音的时候，笔者仍然会为这一段遭遇捏一把汗。

还有一点是什么，买花很累。我们买到一束或者一家的几束之后，要抱着跑来跑去，去请人打包，相当相当累。从早到晚，说反了，从晚到早，有两人嘛还好点，一个跑一个守着买到的花，腰都走直了的那种累。市场很大嘛，你就得东抱几束西抱几束，店是一家一家的，我看上哪家的就要去单独一个一个跑。这样真的很累。（长舒一口气）

这几段访谈事实上是同一时间的，就是说，她是根据自己的记忆直接叙述，没有采访与回答，没有思索与假设。提到"累"这个最深刻的感受的时候，香姐挺直了腰板，似乎想要给自己打气。从访谈中可以看到多次出现"跑""抱"等动词，一方面让笔者有了更多关于身体与物的联系的思索，更重要的另一方面她不间断地升高的语调，让笔者有了共同移情的感受，如身临其境，深有体会香姐的生命经验。

那时候就想着年轻人，就觉得怎么吃苦都无所谓。我坐夜班车去昆明，那种零担快运车，又臭又危险，路还很烂。去到昆明后又坐小面包车去斗南，然后就开始一刻不停地拿货。时间都是颠倒的，如果我下午还要赶着回来不住一晚的话，一口水不喝一粒饭不吃，因为怕赶不上。买好花你还要赶着装货，大车都是留位置给那些大货主，我们量小只能找地方塞，但是花又不能压，所以真的装货也很难。反正真的什么都赶不上吃。现在想象不到的，那种日子，真的会害怕，真的苦啊。

对于香姐来说，叙述中出现的"累""苦""害怕"等情感意味着当事人记忆和重温的情感被激活。这一瞬，她既活在过去，亦活在当下，此时此地的分享作为一个契机让她进入个人的生命经历和斗南花市的发展历史。由此，这种记忆既可以被视为对我们的一种无意识邀请，邀请作为调查者的"笔者"和作为亲历者的"她"一同去体验和重温过去（王东美，2022）。当然，因为十年之后，笔者确实和她一起重回斗南，完全不同的进货经历让我们之间的主体间性相互叠加，更让笔者在"又臭又危险的零担快运"和"快速方便的高铁"之间形成一个时间和空间的场域，似乎笔者也参与了这段建构回忆的叙事，形成了某种隐形的动力，传递到了笔者的身上。

一般现在已经不需要再像十年前那样身体力行地搬花运花，都有长期稳定合作的供花商，也就是类似团花社这样的平台，手机下单次日到达的便捷真的让人不愿再去忆苦。遇上她复查加笔者调查，才让我们一同到盆栽市场重做"斗南客"。

图16　斗南鲜花交易市场夜景

第五章　原本山川，极命草木

"原本山川，极命草木"，出自西汉著名辞赋家枚乘《七发》中的名句。笔者第一次见到这句话是在昆明植物研究所，作为所训，青石上篆刻的痕迹，在今天仍然传递着吴征镒先生的宝贵思想："其深意乃在植物既是资源和环境的重要部分，又必用于提供资源以改造环境。"以此为本文结论的标题，实为对花朵、植物的敬畏。

追随一枝玫瑰的流动之路，本文以价值链作为经验研究的方法论工具展开，关注花农、花商平台、花艺师三阶段的实践活动和生活世界。一方面，能看到特定群体在特定行业商品生产流通中扮演的角色，分析价值链参与者与物的互动；也将生产领域的社会分工、理性选择和分配领域组织合作、物流贸易以及消费领域的经济规则、审美体验等结构要素归拢到"物的流动"这一规整框架下。另一方面，借由鲜花从生长到商品化再到去商品化的过程，阐述这一特殊物如何跨越了悖论，走出了毒与美，经历了热与冷的考验，最后幻化为都市人点缀空间、充实心灵的色彩与气味。

如何生产都市人需要的玫瑰味？抓住这个味道，便是抓住了都市的审美。这是看起来不能实现的任务，但实际上与玫瑰相关的花农、采购员、花艺师都在作出他们自己的尝试。而都市人又如何挑选、购买、安放和品鉴一朵鲜花，他们是"美的商品"的最后的价值归宿。这个归宿既是指经济价值，同时也是审美价值。他们的选择又是如何与前述的生产和制作一起，构成完整的鲜花美学的"意义生产链"？有趣的是，作为视觉的美和味觉的芳香的化身的植物形态，使得人与花之间有一种"互渗"的过程。以下民族志案例，是笔者于"田野"中无意探寻到的故事，生动诠释了人的身体、精神以及对花的感受，呈现了花自然特质的延伸或者升华。鲜花也由此获得了一种拉图尔意义上的主体性。

一、"与君名作紫阳花"

绣球花也叫紫阳花，阿顺家里的几盆如今颜色正盛。

小利在客厅看电视，他妈妈带笔者参观客厅外那一块经营两年的露天花园。小利今年上三年级，父亲在他一年级的时候过世了，对于年仅 7 岁的小利来说，当时只知道和来吊唁的亲朋好友们抱着爸爸的照片哭泣，而作为妻子的阿顺，"在接到电话的那刻是蒙的，活生生的一个人怎么会就这么不在了！根本没有力气自己走进家，腿是软的。我下车之后是左右有两个人把我抬着进门的。"面对丈夫的猝然离世，她再回忆起来那个场景仍久久不能释怀。在丈夫离世后的几个月，她一直无法从这个阴霾中走出来。死亡，不仅仅是一瞬间的痛苦，也意味着她的苦乐无法再与那个本约定携手一生的人诉说，眼角泪水之下只剩下暗灰色的眼睑。再看看身边的儿子，想到以后母子两人可能需要面对更多的现实问题，让情感上悲痛欲绝的阿顺又增加了更多来自生活的压迫感。

中年单亲母亲、无固定收入，也没有一技之长，甚至亡夫还留下了一笔债需要偿还。在听完阿顺这一段不那么顺的故事后，笔者恍惚间感觉在那段时间的某个深夜她会在"不知道未来在哪里"的无助中让自己的生命叙事戛然而止……

抬头望去，还好有那一簇绣球，将笔者拉回两年后的今天。

我们欣赏的那一片片仙纤花瓣其实是花弯，中间的小花才是真正意义上的花，而且很神奇：绣球整簇的花朵会随着泥土的酸碱度改变颜色，如果泥土呈酸性，花则看起来蓝中透白，又有些泛紫；若是碱性土壤则开红花。看着门口的这些色彩，让笔者对这个无助、绝望的故事有了一点继续倾听下去的信心。

阿顺的母亲："（他）多好的一个人啊，怎么能就这样去了，老天真的不公啊。以后的路只能是她自己走，没办法，她始终还年轻，不可能跟着去的。"

阿顺的嫂子："都是女人，心疼她，也心疼娃娃。以后路还长，我们这些亲戚只能是以后多帮帮她，把日子继续过下去，不容易的。"

阿顺："就躺在二楼房间看着窗外，感觉什么都是灰色的，叶子也是灰色的。晚上根本睡不着，眼睛就这样睁着一整夜，脑子里都是以前生活的片段，感觉没有希望，过不去这个坎儿了。"

面对这种变故，在母亲的叙述中，除了以宿命、善恶行径等发泄似的抱怨之后，是面对困境也要生活下去的坚定；在嫂子的叙述中，是站在女性共情的角度希望为这段断裂的社会关系填补、重建；在阿顺自我的叙述中，则是具身的沮丧和无助。但面对生活世界的摧毁，总会、总能、总得找到一些突破口，慢慢走出阴霾，走向幸福。

阿顺慢慢走向幸福的起点是从砍掉窗外那棵羊奶果树开始的。

图 17　阿顺家的花墙

朋友们每次到家里看到这样一蹶不振的阿顺都束手无策，直到某天有人提出，这院子太暗了，被眼前那棵硕大的羊奶果树遮挡得严严实实的，阳光都进不来，人怎么能"活"起来呢？于是有人帮忙砍树，有人帮忙打扫客厅，有人帮忙重新粉刷厨房，一周之后让这个家从灰尘里脱胎而出。于阿顺而言，情感上的变化当然不可能简单概括为笔者说的试着走向幸福，其间无数的挣扎和绝望现在都只用"那段时间"带过。不过她迈出的一步中，种植花草、打理花园是让她重新感受生命力的一跃。

"病残和死亡逼迫着我们重新思考人生和周围世界，人类内在的转化，或者升华的可能性，有时就是在这令人不安的洞察中启动的"（凯博文，2010：61）。

阿顺在丈夫去世后，借由花开芽出，来思考另一种生命的力量。"这一面木架上都是风车茉莉，我买的小苗，从小花盆拿来的，这里有8棵，第一年很钝不发，后来才蹿起来的。生命力很强，它自己会攀上去，绕到这些能靠着的屏风上面。你看这些绿芽，完全自己生长，一生二、二生多的，你注意看的话真的能发现每天都有变化。"

听到"一生二"笔者自然想到道生万物的存在状态，庄周有言"天地与我并生，而万物与我为一"，意在说明超然物外逍遥宇宙的精神自由。在笔者看来，庄子所谓的"道"，不是独立于万物之上的主宰，而是一种人与周围其他生物共生关系之下的契合关系。也是"在自然大流行中不断呈现为预筹万物的无限生机，它的根本属性就是自然性"（李霞，2004）。当然这里的自然与文中的花草自然物概念不同，但笔者将其放在一起讨论的时候，考虑的是万物依道而行、顺其自然而呈现的生机盎然的生命状态，与眼前看到阿顺在面对爱人失而植物长这种生命力交替时状态的相似性。

这边墙都是蔷薇。我家的这个有四个品种，彩虹藤、玛格丽特、瑞典女王、蓝色阴雨。彩虹藤一开花会变很多颜色，爆花的时候是4月，一开始开出来是淡黄色到金黄色，然后变成浅粉、水红，然后深红。一朵花会变很多颜色，我觉得很神奇，心情马上不一样了，整个视线都明亮起来。对，就有那种生活都好起来、睁开眼就是豁然开朗的感觉。

从植物的生长、颜色到幸福感的体验与感知，通过参与花草的生命成长，阿顺似乎也在新生，也在积极向着未来，正如《物体系》提问的起点——"我们的生产同样是反映我们的本质的镜子"，主体阿顺便是客体之源。而作为客体被养护的鲜花乃是主体的镜子，在这时，人与物形成相互界定、相互建构的关系。

两年后的今天，原本杂乱灰霾的院子搭起了架子长满了蔷薇，朵朵绣球顺墙而栽，阿顺也着手做卤味的小本生意。

阿顺母亲："现在嘛振作起来了，不是多好，娃娃你要养嘛，我都不说赡养老人的话了，你自己得生活下去。有些时候，人是要和命运做斗争做抗争的，不能遇事就倒。"

阿顺嫂子："消沉一段时间是正常的，人都是有感情的嘛，但是不可能什么都不管不顾活不下去。做生意这种东西你一上手就停不下来，就能慢慢步入正轨了。"

人对物的真实生活体验、物回应功能性以外其他需求，在这个故事中一览无余。值得一提的是花园的功能问题，就种花而言，正是拥有超越它的"功能"的可能，以迈向一个二次度功能（鲍德里亚，2001）。阿顺借由种花重拾对生活生命的思考，花草用其本身自然属性回应了何以生存。阿顺的故事，何尝不是活泼的个体与冷酷的现实的周旋。

二、余论

贯穿于本研究中的身体感也让鲜花与当下的关于松茸、茶研究有对话的空间。通过追踪与松茸有关的商业贸易，罗安清基于不确定的世界思考财富积累的方式，寻找一种多元物种生态——能既不和谐又无须争夺一起生活的、以变动为本的生态学。在此多元物种共存世界的基础上，本研究不仅从"人类纪"的"人类"影子中观察鲜花的生物性，同样从鲜花与人交互中，看到植物的特殊性如何引起花农、销售者、花艺师、园艺爱好者们的互动以及他们的情感、记忆如何在这一过程中被召唤、被解释的故事。

特定阶层将"品鉴"建构为一种需要专业知识参与的"解码"过程，实现"将社会差异合法化的社会功能"（BOURDIEU，1984）。鲍德里亚的"游戏规则"和布迪厄的"解码过程"，皆指向"品鉴"背后的社会机制——茶文化中喝茶的茶道、咖啡消费中风味的描述便是很难掌握的游戏规则。鲜花消费中，少了几分味觉的规则，取而代之的是集合性的身体感项目以及可以主动言明的审美需求与偏爱。也正因如此，让本研究的鲜花区别于茶、咖啡，而让身体超越规则，能动性地与外物发生关联，匀速穿行于鲜花种植中不可避免的"毒"。养成迅速识花的身体技术、以人之力催花开放等这些新的身体感项目，也使得梳理不同群体对于同一物的差异性身体感项目成为一项具有潜力、可能带来多维度的研究方向。

本文提供的鲜花消费，既产生于经济时代不可避免的消费烙印，又借由物的不同生命阶段，提供一个"消费主义逆行者"（邵文君，2022）的反思视角，通过养花护草，将日常生活赋予一种新的审美风格，在日常琐碎中发现新的意义。

总体而言，本研究以鲜花的价值为起点，分析其社会生命中的不同阶段表现出不同的面向，又超越经济范畴，依次赋予其新的内涵和功能：诸如身体技术与身体感的过渡、消费与象征的显性区隔、景观与审美品位的融合以及物之于情感记忆的意义。从呈现"产品""商品"等形态出发，又超越了其经济层面，论述了从自然之物到经济之物再到自然之物的去商品化。也正是对这一过程的观照，才让笔者厘清了鲜花背后连续的价值链和新的人、物关系。这也意味着，在探究花草绿植的生命史中，笔者不仅看到鲜花作为晋宁社会的经济作物、作为广大花农的生计方式、作为电商产业的一大巨头，更看到鲜花如何联结起不同群体、如何重构社会关系网络、如何获得情感支持。最为重要的是，本文在多物种民族志的视野下展开叙事，讲述鲜花本身成为研究的主线而使物有了独立的生命和独特的价值，赋予了理解和诠释鲜花的社会生命另一个独特视角与范式，探索了多物种民族志书写范式。笔者也阐释了多物种之下的鲜花的独特精神气质，凸显出经济领域和身体叙事的多重维度及方法论意义。

总之，通过重新参与生物领域，发现盆栽树木的枯萎再生，飞禽走兽的自由来去，当我们看到不同物种的交织时，获得与抛弃、邂逅与体验，都是万物的多面鲜亮。

参考文献

英文文献

［1］APPADURAI, ARJUN.（ed.）The Social Life of Things：Commodities in Cultural Perspective. Cambridge；New York ：Cambridge University Press，1986.

［2］KIRKSEY, EBEN S, HELMREICH S. The Emergence of Multispecies Ethnography. Cultural Anthropology，2010，25，no. 4：545-576.

［3］MÜNSTER, URSULA, DOOREN T V, et al. Multispecies Care in the Sixth Extinction. Theorizing the Contemporary, Fieldsights，January，2021，26.

［4］DONNA H. When Species Meet. Minneapolis：University of Minnesota Press，2008.

［5］KOPYTOFFL. The cultural biography of things：commoditization as process. Cambridge：Cambridge University Press，1986.

［6］BOURDIEU, PIERRE. Distinction：A Social Critique of the Judgement of Taste ［M］. Richard Nice，trans. Cambridge，Mass. ：Harvard University Press，2000［1984］.

［7］PINK S. Doing Sensory Ethnography, London：SAGE Publications，2009.

［8］GOODY J. The Culture of Flowers. Cambridge University Press，1993.

［9］HE J. Local Institutional Responses to Commodity Chain of Non-timber Forest Products：A Case Study in Nuozhadu Nature Reserve，Yunnan Province，P. R. China. Chiang Mai：Chiang Mai University，2002.

［10］CHERYL M. Ordinary Possibility，Transcendent Immanence and Responsive Ethics：A Philosophical Anthropology of the Small Event. HAU：Journal of Ethnographic Theory，2018，8（1/2）：172-184.

［11］THOMSON A, et al. Indexing and interpreting emotion：Joy and Shame in oral history ［J］. Oral History Australia Journal，2019，41.

中文文献

［1］让·鲍德里亚. 物体系 ［M］. 林志明，译. 上海：上海人民出版社，2019.

［2］玛丽安·伊丽莎白·利恩. 成为三文鱼 ［M］. 张雯，译. 上海：华东师范大学出版社，2021.

［3］余舜德. 体物入微：物与身体感的研究 ［M］. 新竹：台湾清华大学出版社，2008.

［4］郑艳姬. 人类学视野下的“身体感”研究：观点与脉络 ［J］. 广西民族研究，2019，148（4）：57-65.

［5］仰海峰. 消费社会中的欲望规划与身体规划 ［J］. 社会科学辑刊，2022（5）：23-30.

［6］克利福德·格尔兹．尼加拉：十九世纪巴厘剧场国家［M］．赵丙祥，译．王铭铭，校．上海：上海人民出版社，1999.

［7］谢冰雪，梁燕．分隔、弥合与异化：西方人类学对于人与物关系的探讨［J］．西北民族研究，2021（1）：145-158.

［8］舒瑜．物的生命传记：读《物的社会生命：文化视野中的商品》［J］．社会学研究，2007（6）：223-234.

［9］丹尼尔·米勒．物质文化与大众消费［M］．费文明，朱晓宁，译．南京：江苏美术出版社，2010.

［10］张进，王垚．物的社会生命与物质文化研究方法论［J］．浙江工商大学学报，2017（3）：42-48.

［11］王垚．物质文化研究方法论［D］．兰州：兰州大学，2017.

［12］张佳，王道勇．从物的消费到符号消费：西方马克思主义消费社会理论的演进及启示［J］．科学社会主义，2018（6）：137-141.

［13］王艳．茶叶文化资源的形成与博弈：广东蕉岭县蓝源茶的个案研究［D］．广州：中山大学，2015.

［14］鲍德里亚．消费社会［M］．刘成富等，译．南京：南京大学出版社，2000.

［15］韩冰．鲍德里亚的消费社会理论述评［D］．沈阳：辽宁大学，2013.

［16］郭周卿．西物东语［D］．成都：西南民族大学，2020.

［17］莫斯．社会学与人类学［M］．佘碧平，译．上海：上海译文出版社，2003.

［18］威廉姆斯，西蒙，吉廉伯德洛．身体的"控制"：身体技术、相互肉身性和社会行为的呈现［M］．朱虹，译．长春：吉林人民出版社．

［19］梅洛-庞蒂．知觉现象学［M］．姜志辉，译．北京：商务印书馆，2001.

［20］祖田修．农学原论［M］．张玉林，等译．北京：中国人民大学出版社，2003.

［21］桑坤．农业的生产时间与劳动时间：学术争论与价值意涵［J］．中国农业大学学报（社会科学版），2019，36（2）：11-23.

［22］居依·德波．景观社会［M］．王昭风，译．南京：南京大学出版社，2006.

［23］张连海．感官民族志：理论、实践与表征［J］．民族研究，2015，214（2）：55-67，124-1.

［24］毛华威．梅洛-庞蒂身体现象学研究［D］．长春：吉林大学，2019.

［25］奥利维耶·阿苏利．审美资本主义：品味的工业化［M］．黄琰，译．上海：华东师范大学出版社，2013.

［26］张盾．超越审美现代性：从文艺美学到政治美学［M］．南京：南京大学出版社，2017.

［27］曲辉．艺术审美功能论研究与新时代艺术审美价值的重振［D］．长春：东北师范大学，2020.

［28］王东美．口述史中的情感与集体记忆的生成［J］．宁夏社会科学，2022（1）：

197–203.

[29] 沙莎．叙事重构与精神疾痛复原［D］．厦门：厦门大学，2014.

[30] 凯博文．疾痛的故事［M］．上海：上海译文出版社，2010.

[31] 李霞．生死智慧：道家生死观研究［M］．北京：人民出版社，2004.

[32] 邓正来．"生存性智慧"与中国发展研究论纲［J］．中国农业大学学报（社会科学版），2010，27（4）：5–19.

[33] 李荣荣．关于道德自我的"第一人称"叙述：从马丁利近著看人类学道德研究的一种思路［J］．社会学评论，2020，8（4）：20–31.

[34] 袁长庚．"排毒"与"洗脑"：一个民族志个案中的身体与道德［J］．社会学评论，2020，8（2）：98–111.

[35] 王宁．消费社会学：一个分析的视角［M］．北京：社会科学文献出版社，2001：209.

[36] 王宁．消费与认同：对消费社会学的一个分析框架的探索［J］．社会学研究，2001（1）：4–14.

[37] 徐义强，邓晓华．跨越物种边界的生命共同体：多物种民族志的书写呈现与学术意义［J］．西南民族大学学报（人文社会科学版），2023，44（3）：36–43.

[38] 邵文君，陈友华．从消费主义到生活叙事：极简主义者及其行为研究［J］．青年研究，2022，447（6）：31–42，91–92.

文化表述与身份认同

——饮食人类学视域下的四川火锅

❖ 王　莽（安徽大学）

汤夺先（指导教师）

摘　要： 在饮食人类学研究中，"地方"和"认同"是不可或缺的主题。饮食文化最鲜活的呈现无疑属于地方，同时反映在对地方身份的认同上。地方身份认同体现的是人在情感上与地方的深刻勾连，是人们在特定饮食体系中产生的对所属文化的忠诚。四川麻辣火锅这一饮食单元既是四川人民"胃口"的效忠对象，从某种意义上说，又体现了四川"地方性知识"的独特个性，承载着鲜明的符号象征意义、地方文化特征以及社会互动模式，从这个角度看，四川火锅不啻为川人文化表述和身份认同最恰当的标签符码。本研究运用饮食人类学对地缘群体"身份认同"的研究范式，深入探究四川火锅这一文化纽带作用下地方饮食对地缘群体身份认同建构的影响机制，讨论食物、人与地方的三元互动关系。

论文由绪论、正文和结语三个部分组成。

正文部分第二章介绍与生成环境有关的物质和文化线索：介绍四川火锅生成的自然和人文环境、食材的择取和烹制工艺；解读四川火锅的起源故事、发展历程以及食俗礼仪，把一个地区的饮食置于历史性流动的大背景之中，以获取一种解读地方性知识的独特视角。

第三章探讨四川火锅的符号呈现：分析四川火锅语言里的符号表述；剖析最为独特的麻辣隐喻如何作用于川人的自我表达；解读火锅味与形中体现的精神内涵。通过对象征系统中多彩的"饮食叙事"进行解读，展现四川地区独特的饮食表述范式。

第四章分析麻辣火锅如何构建川人的身份认同：分析火锅"共食"过程中体现的集体文化感受；区隔作为"他者"的外地火锅；认同作为"自我"的四

川火锅。透过人们对麻辣火锅表征自我和区隔他者的辩证过程，探讨地方饮食对身份认同建构的影响机制。

第五章在全球化背景下对饮食建构身份认同进行反思性理解：一方面，地方饮食文化在现代化的冲击下不断消解，四川火锅面临同质化危机；另一方面，被肯定和发扬的火锅文化，在文化失落的境况里又起到凸显地方文化边界的效果；最后讨论这种被建构的地方"身份认同"如何召唤地方文化的回归与自觉。

结语部分得出：川人与地方饮食的深切勾连造就了麻辣火锅这一独具特色的"地方性滋味"，这在很大程度上召唤了地缘群体对所属文化的忠诚。食物、人、地方的三元互动过程中，四川火锅的意义进入象征系统并成为地方身份认同的载体，在长时间的历史实践中成为破译地方性知识的标签符码。在当代城市同质化、"地方性"逐渐消弭的背景下，被建构的身份认同起到了凸显地方文化边界的效果，同时也在客观上召唤了地方文化的回归与自觉。

关键词：四川火锅；饮食；地方；身份认同；全球化

第一章 绪 论

第一节 选题缘由及背景

"食在中国，味在四川，火锅百家，川渝为大。"只要在四川吃过一次麻辣火锅，就知道这句俗话毫不夸张。作为川菜最负盛名的代表，四川火锅虽扬名已久，但是对于其文化意义、社会意义的研究却屈指可数。对于常日里我们最为熟悉和平常的食物，仍是"吃的人多，懂的人少"，这不免让人有些遗憾。

笔者研学期间深受"小地方，大论题"的人类学思维启发，深感以饮食为窗口可以洞悉"物"背后的文化现象，以四川火锅为选题正是基于这样的认识。与四川人交谈中，你会发现"麻辣"不独关乎生理上对地方口味的偏好，也关乎他们的情感联结：本来沉默寡言的出租车司机，讲起他中午吃过的爽脆的火锅毛肚，竟对顾客滔滔不绝；要出川去求学的青年人塞得鼓鼓的行囊里，那几包火锅底料已经呼之欲出；外地好友要来四川做客，川人首先带他们吃的第一顿必然是当地最正宗的麻辣火锅……凡此种种，笔者试图通过选取日常生活中看似"平常"的事物，以饮食人类学的理论和视角分析饮食惯习形成的机制及其深层意蕴。

作为文化人类学的一个分支，饮食人类学旨在透过作为食物的"物"，探索背后的文化社会互动模式，起到以物之"小"见社会之"大"的作用。饮食差别是文化差异性的特殊呈现，只因"不同地区之间存在着深刻的差异，每个地区都有自己的情感取向，在各种情感的作用中，每个地区都与特殊的宗教起源相关联，这使它具有与其他地区不同的特性"[1]。饮食作为承载人地关系中地方归属、地方依赖与地方依恋的载体，成为地区区域文化流变的生动照相。如果说四川火锅是当地人穿越生理需求的、关于生存智慧的地方性知识的话，那么饮食和社会文化是如何被当地人联结并被赋予象征意涵？饮食在地方文化边界的凸显以及地方身份认同的建构中起到什么作用？食物、人、地方的三元互动机制是什么？类似的问题萦绕在笔者的思绪中，进而成为本研究开始的契机。

第二节　研究方法、目的及意义

一、研究方法

本文以文献研究法和田野调查法相结合的方法进行研究。

一是文献研究法。通过大量社会学、人类学中关于饮食文化的研究，人文地理学关于"地方"研究的书籍、文献进行阅读整理，本文对相关成果与现状进行了全面梳理。对涉及概念"饮食文化""地方""身份认同"的文献进行大量资料整理，界定了本研究所涉及的主要概念的内涵，形成了与本研究较为契合的文献综述，为论文的剖析和论证工作打下基础。

二是田野调查法。包括参与观察、非参与观察、深度访谈等方法综合运用，获取了大量颇具"社会真实"的第一手资料。从 2021 年 8 月到 9 月，本研究以四川内江市区老字号火锅店以及几处具有代表性的新式网红火锅店为田野工作地，进行了多次深入实地调研。"川西坝子"老火锅和"之了火锅"是笔者进行参与观察的主要田野点。通过在火锅店吃火锅、在火锅店工作，深入火锅店前台、后厨，记录火锅店内的物质情貌，分析餐饮人群的行为特点；通过访谈提纲，收集整理了大量食客的口述资料，并对其进行解读、阐释；在参与观察和访谈中发现典型的生活案例，获得了大量资料。

二、目的与意义

虽然学界从"物"的角度对民族文化的研究成果颇丰，但从饮食的角度研究区域和区域文化，探索文化多元冲击下地方饮食对地缘群体身份认同和文化认同的影响机制的研究仍然比较匮乏。已有的国内研究大多集中在对少数民族以及移民群体饮食的地理分布、文化历史、象征符号或族群认同问题，鲜有涉及小区域内汉民族饮食文化差异以及地缘群体的身份认同问题的研究。在理论层面上，本文从地缘群体身份认同的视角丰富饮食人类学的研究视域，为从地方体验和身份认同的角度进行食物研究提供可供参考和借鉴的研究范式，进而提供一种地方饮食文化研究的可实践性样本。在实践层面上，本文可以展现：在现代化的进程中，城市的趋同态势常常导致"地方感"消弭，地方文化面临同质化危机，地域饮食文化的研究和推广可以助推地方文化的回归与自觉，帮助人们找到"地方"文化复兴的力量。

第三节　田野点介绍

本文主要选取四川省内江市"川西坝子"老火锅为主要田野点。此外在内江老牌"之了火锅"以及四川火锅中心成都市的"小龙坎火锅""大龙焱火锅""味蜀吾火锅""蜀九香火锅"等知名四川火锅店进行了多次非参与观察和非结构式访谈。以下对内江市及主要田野点进行简介。

内江市，别称"甜城"，四川省东部地级市，位于四川盆地东南部、沱江下游中段，东连重庆，西接成都，是名副其实的连接成都和重庆两地的咽喉。当地的饮食深受成都、重庆的双重影响，在此地研究四川火锅再恰当不过。优越的自然地理环境为四川火锅的制作提供了丰富的原材料，在四川一家小小的街边火锅店，菜单上出现100多种当地土生土长的田间绿植、飞禽走兽的景象也并不罕见。

"川西坝子"火锅店，总部位于天府之国成都，是一家经营川味火锅的连锁餐饮店。本文选取的"川西坝子"内江分店位于内江东兴区汉安大道东段，来往食客颇多。店内会在固定节假日邀请民俗艺人进行特色舞台表演，在火锅"味外之美"中展示四川本土文艺特色。在味道方面，"川西坝子"火锅不失传统火锅辣味风格，麻辣鲜香中引入外地舒缓的香料，传统加创新的味道更易被大众接受。因为川剧表演特色以及地道的麻辣风味，"川西坝子"火锅店一直深受本地和外地食客的青睐。

第四节　概念界定

一、地方（place）

饮食人类学视野中的"地方"是一个兼备多重认知维度的知识系统。人类学者格尔茨[2]（Clifford Geertz）在《地方性知识》中对权力化的知识体系进行反思，这种观点体现了"地方"是一种认知世界的方式。在《小地方与大事物》中，埃里克森[3]（Eriksen）选择具体的小地方作为研究对象，说明了在整体意义系统之后蕴藏着复杂的规则。哈维[4]（David Harvey）明确"地方"与社会的关系密切，指出在总体情况下它是社会建构的产物。克雷斯韦尔[5]（Cresswell）指出，地方对个体来说是一个有意义、有感知的中心，"地方"是建构认同的场地，是透过某一特殊群体集体记忆的载体。

在饮食文化表述中，"地方"尤其是必不可少的元素[6]，地方可以是新的中心和一个新的世界窗口[7]。文化拼图以"地方"为本底，地方为个人和群体的涵化提供了时空背景，成为身份认同的基础。人类社会任何事物都无法脱离地方而存在[8]。本文所指的"地方"在空间尺度上是一个与"全球"相对的概念，是人们的生活、行为、情感片段、集体记忆等活动赋予其特殊性的"地方"。

二、认同

"认同"是人文社会科学诸多领域共同关注的重要话题之一，通常被认为是对"认识到某物不同于其他事物，包括其自身统一中所有的内部变化和差异，并认为某物保持相同"，并且，"认同通过相同文化特征得以表现"[9]。认同作为社会历史概念，是对文化意义上"我是谁"的一种反思性理解。曼纽尔·卡斯特（Manuel Castells）表示，认同是个人对自我身份定位的一致性体验[10]。随着"认同"研究范围的不断扩大，它已逐渐扩展到整个社会科学研究领域，其研究系统也在不断扩展，包括了社会认同、政治认同、地方认同、民族认同、群体认同、文化认同，甚至国家认同，其指标包括语言、饮食、服饰、装饰特有的偏好倾向等文化特征，发展形成相当复杂的理论脉络[11]。可见共有的文化特质是群体成员认可的情感符号，也是构成认同最重要的因素之一。

三、身份认同

在人类学领域中，身份认同是个体对自身身份合法性的确认、群体对其身份的共识以及所属身份带来的一系列社会影响[10]。斯图尔特·霍尔[12]（Stuart Hall）指出，文化认同能够反映集体共同的历史、经历以及文化特征，在不断变化的社会环境和历史过程中为我们提供了一种稳定、恒定、易于识别和连续的意义范畴。学者陶家俊[13]总结出了国内外身份认同研究的四个主要类型——自我、个体、集体以及社会的认同。身份认同概念离不开社会属性的讨论。本研究选取社会人类学中对地缘群体"身份认同"的研究解释，在身份认同的基础上强调其地域性，即将本文的"身份认同"界定为"个体通过特定饮食文化唤起的对所属群体的认知，以及这种认知与地方构成的情感联结和社会意义"。

第五节 文献综述

一、饮食人类学研究

作为文化人类学的一个分支，饮食人类学（Anthropology of Food）旨在透过作为食物的"物"探索其背后的文化社会互动模式，起到以物之"小"见社会之"大"的作用。本部分对国内外饮食人类学成果进行综述，为本文后续研究提供理论借鉴与思考。

（一）国外研究

1. 早期民族志中的饮食印记

一般认为，摩尔根（Thomas Hunt Morgan，1866—1945）的《古代社会》[14]一书中以食物获取方式划分人类社会发展阶段，对人类社会初期食物作用于社会发展进行的论述是人类学对食物的最早关注。弗雷泽（Frazer）在《金枝》[15]中阐释了宴会上供奉的食物祭品，是以寻求精灵保佑为目的的内涵。泰勒（Edward Burnett Tylor）在《原始文化》[16] 中载录了食物在丧葬民俗中表现出的饮食禁忌和规则。涂尔干[17] 在早期著作中研究了圣餐中祭祀的目的。马林诺夫斯基[18] 从食物的物质性以及进食的行为等方面阐释了"夸富宴"。这一时期的饮食研究主要放在民俗背景中研究食物中人与神灵的互动关系。随着饮食在文化中的意义开始凸显，人类学对饮食文化的专门研究相继出现[19]。

2. 人类学对饮食文化的具体研究

人类学对饮食文化的专门研究最早见于 1888 年马勒里（Garrick Mallerv）发表的《礼仪与膳食》[20]，文章在餐桌礼仪中透视习俗的起源和发展样态。这一时期，史密斯（William Robert Son Smith）和库欣（Frank Hamil Ton Cushing）分别对闪米特和祖尼人的食物进行具体研究。博厄斯（Franz Boas）和科德尔（Helen Codere）先后对夸扣特（Kwakiutl）人社会中的地方食物鲑鱼作了描述，并进行了深层次的文化研究[21]。现代人类学的食物研究要从 20 世纪 50 年代约翰·罗伯特（John Burnett）和列维·斯特劳斯（Claude Levi-Strauss）对食物的专门研究算起。

（1）饮食的功能研究

列维·斯特劳斯在《神话学》[22]（包括《生与熟》，1964 年）中对生食与熟食的解读最具代表性。在著名的烹饪三角中，生食被认为不开化，熟食被认为是文明象征，他通过对"生"与"熟"进行分类，分析出"生熟"关系在社会层面的表现。列维·斯特劳斯所做的是普适性研究，即在"他者"中寻找"同者"。马文·哈里斯关注食物与生态之间的相互作用，在《好吃：食物与文化之谜》[23] 中论述了相异族群对于食物的不同选择背后的影响。通过食物的"好想""好吃"告诉我们饮食的文化差异及其背后蕴含的民族特质。

（2）饮食的政治经济研究

将食物的研究纳入流动的历史大背景之中，关注食物背后复杂的政治网络及权利结构，是政治经济学派的主要研究方向[24]。萨拉曼[25]（Salaman）将土豆从起源到传播的流动过程与欧洲的政治命运联系起来，揭示了土豆定义社会的历史影响。沃尔夫[26]（Wolf）表示人类学家应该以政治经济学的角度关注不同文化相互的作用机制。西敏司[27]（Mintz）指出社会中的"糖"能体现权利、政治、象征以及相关身份认同问题。杰克·古迪[28]（Jack Goody）考察西非饮食文化，探讨饮食中的社会分层问题。埃文斯·普里查德[29]（Edward Evans-Pritchard）阐述了努尔人杀牛是因特殊仪式需要；牛是社会关系或人与鬼神联系的载体，其中蕴含着特别的社会伦理秩序。杰克·特纳（Jack Turner）在《香料传奇》[30] 中展现香料从社会上层的奢侈品到流落民间成为俗物的历史，解读其背后的社会、政治、文化变迁。

（3）饮食的生态研究

20世纪40—50年代，以怀特（Whyte）、斯图尔德（Stuart Hall）和萨林斯（Marshall Sahlins）等人为代表的社会学家都曾解释生态和文化形成的关联。萨林斯在《文化与实践理论》[31] 中以澳大利亚土著饮食对比非洲布须曼人饮食，发现食物系统中食物文化要素在经济方面也有所展现。罗依·A.拉帕波特[32]（Roy A. Rappaport）以新几内亚人的仪式为例阐释了民俗文化仪式与生态环境之间的关系。尤金·N.安德森（Ander-Son）在《中国食物》[33] 中以区域的特殊性与文化的多样性论证了中国形成不同地域食物的文化体系，探讨了区域差别与文化对饮食的作用。约翰·S.艾伦（John S. Allen）的《肠子，脑子，厨子》[34] 中认为饮食兼备生物意义和文化意义。福克斯（Michael Allen Fox）在《深层素食主义》[35] 中讨论吃素背后的道德以及社会议题，展现了饮食研究的"深层生态"视角。

（二）国内研究

1. 学科引入与国外译著

一般认为，1995年高成鸢提出"饮食文化应作为文化人类学范畴进行研究"[36] 为国内研究之起点。2001年，香港中文大学吴燕和教授将西方饮食理论体系"唯心派"和"唯物派"两大流派引入国内。同年，叶舒宪翻译了马文·哈里斯的一系列著作。2005年，陈运飘提出理论体系和饮食行为并行研究，倡导"深描"方法[20]47。厦门大学彭兆荣教授出版《饮食人类学》，此为内地第一部饮食人类学理论专著。伴随后现代思潮与全球化的背景，国外饮食人类学者的著作相继翻译出版。冯珠娣[37]（Judith Farquhar）从"食"和"色"审视中国传统饮食观。安德森（Anderson）在《中国食物》[33]中引入生态人类学视角。穆素洁（Sucheta Mazumdar）在《中国：糖与社会》[38]中以蔗糖揭示国家在经济、生产之间的斡旋作用。美国罗文大学（Rowan University）王晴佳[39]（Wang）提出餐具的使用帮助人类社会从自然进入文化领域。日本学者石毛直道[40]讨论筷子从人与神沟通的礼器转变到生活范畴。

随着国外译著越来越多被引入国内，饮食人类学研究也在国内小范围流行起来。

2. 饮食人类学在内地

叶舒宪将马文·哈里斯的《好吃：饮食与文化之谜》[45]翻译出版，一时引起内地人类学界对饮食的关注。肖家成在《升华的魅力：中华民族酒文化》[46]中，围绕酒文化提出一种"社会文化模式"，以解读人酒行为关系。郭于华教授在《透视转基因》[47]一文中指出中国的社会制度和文化决定了中国人对转基因大豆的态度。阎云翔教授在《礼物的流动》[48]中关注食物背后的人际关系网络和组织结构，认为以食物为礼物互赠的社会行为背后蕴含着丰富的社会文化意义。瞿明安[49]教授视饮食为一种文化符号，认为食物具有传递信息、沟通人际、强化认知等功能。其后秦莹[50]和陈永邺[51]分别从云南大理南涧彝族饮食和哈尼族饮食分析了我国少数民族饮食文化。庄孔韶[52]研究多元文化侵入饮食文化空间后族群在文化理念以及商业规则中寻找出路的一个样态。张景明[53]提出草原饮食行为作为非物质文化遗产保护的必要性。李自然在《生态文化与人：满族传统饮食文化研究》[54]中对满族饮食传统的功能进行了解读。万建中[55]指出满族人的饮食民俗是他们在生存资源利用中的最优选择。景军在《神堂记忆》[56]中描述了食物在祭典中的象征性等级划分意涵。在其著作《喂养中国小皇帝》[57]中，他介绍了20世纪80年代以来国人饮食结构变化对儿童生理和心理的影响。舒瑜在其著作《微"盐"大义》[58]中通过云南大理州云龙县诺邓的"盐"研究关于食物等级象征符号、食物与文明体系的联结。肖坤冰在《茶叶的流动》[59]中探讨民国时期武夷山茶叶背后的社会、政治、经济交织的过程。

2016年和2018年，中山大学分别举办了第一届和第二届"饮食与文化国际学术研讨会"，结合族群、地域、生态、历史演变、全球政治、跨文化研究等议题进行学术交流对话，以助推学术圈饮食与文化的研究。

3. 饮食人类学在港台地区

作为亚洲金融中心的中国香港地区侧重以全球化为背景研究文化认同问题。例如，香港中文大学吴燕和教授[41] 认为港式茶餐厅是香港人文化认同的重要标志。谭少薇[42]、张展鸿教授[43] 分别从香港人身份认同和客家菜馆的变迁探讨社会变迁中的文化认同问题。中国台湾地区饮食人类学的研究旨趣侧重东南沿海地区饮食状况以及台湾本土与大陆的比较研究。例如，蒋斌关注燕窝背后的社会建构；张珣[44] 从中药中的重要角色当归的社会运作中得出性别属于文化建构；林淑容的《食物、味觉与身体感》着眼于身体感知的研究，对贵州黔东南侗人的认知系统与社会关系等问题进行了研究。

（三）饮食的认同研究

"饮食"作为一种行为和象征，不仅反映有关族群的一整套物质系统，还逐渐沉淀特定的文化价值表述[60]。在饮食文化表述中，饮食与认同相互建构，"人们总将美食和种族或者国家联系起来"[61]。饮食无疑具有社会文化属性，一方面，饮食反映出社会差别，从而识别人们关于"我是谁"的社会身份[62]；另一方面，人们的饮食偏好又常常作为他们对地方、对地方文化情感倾向的反映[63]。正像那句谚语所说："你吃什么，你就是谁。"

在社会学研究早期，涂尔干指出认同是串联个体的介质[64]。此后人类学家也开始将食物与族群相联系。玛丽·道格拉斯在《洁净与危险》[65] 中强调食物作为社会和群体象征的重要性。萨林斯[31]176（Marshall Sahlins）在美国的牛肉消费中解读出食物背后的社会身份。美国学者大贯惠美子[66] 着重分析稻米的符号化过程，探讨民族国家的身份认同的问题。同一时期，吉登斯在《社会的构成》[67] 中指出身份既属于社会关系网络，又属于个体认知。西敏司在《饮食人类学：漫话餐桌上的权利与影响力》[68] 中指出地方菜品是"地方性"或曰"区域性"的实体标志。1998 年，丹尼米勒[69] 通过观察社区对食物的消费，解读社会群体的身份认同通过食物被建构的全过程。Gabaccia Donna 在 *We Are What We Eat*[70] 一书中以标准化规模生产和多民族特色探讨民族认同问题。理查德·卫克[71]（Richard Wilk）通过对伯利兹人的饮食选择来解读内部的文化认同。弗雷沃[72]（Frewer）将日常饮食划分为人、食物、社会三个维度。安德森在《中国食物》[33] 中指出"中国人以食物判别族群"。Cohen 和 Avieli[73] 指出饮食是地方的象征，是群体对"我来自哪里"的身份定位。Searles，Edmund[74] 认为因纽特饮食强化了族群在加拿大社会中的身份认同。波兰学者 Katarzyna J. Cwiertka[75] 分析了日本料理在与西方的互动过程中起到的文化认同效果。美国人类学家华生[76] 论证了"人们会通过本地食物加强地方文化、地方身份的认同"。

在国内，随着国外饮食与认同研究的成熟，我国的认同研究也在饮食人类学的研究中逐渐成为"常态化"部分。谭少薇[42]将研究重点放在香港人身份认同的作用上，认为香港人通过港式茶饮密切了彼此的社会关系。徐新建、王明珂等人在四川大学进行的饮食人类学的对话中对食物建构身份认同进行讨论；中山大学陈志明一篇《海外华人：移民、食物和认同》指出食物是海外华人文化认同的重要介质。瞿明安从多方面列举本土实例证实了饮食在构建身份认同中的作用。

总之，通过国内外饮食与认同研究的梳理，我们发现饮食人类学在解释饮食与认同关系时总避免不了两个维度：一是从生理需求到文化意义；二是从象征角度强调个人与群体认同。食物与个体生活息息相关，从某种程度上说，食物是"自我"的组成部分；食物被群体共享，这便是族群或群体认同的基础。在特定共同体社会身份的建构当中，食物总能起到对内群体进行整合，对外群体进行区分的效果，这便是饮食与认同的"互构关系"。

二、四川火锅研究

四川火锅扬名已久，但对于其文化意义、社会意义的研究却屈指可数。对四川火锅的具体研究可少见于饮食文化、饮食民俗、烹饪事典的散记中，本文总结如下。

四川火锅的起源探究。有关四川火锅起源地的探究最早见于20世纪40年代李劼人发表于《风土什志》杂志的《漫谈中国人之衣食住行》[77]一文，他在《饮食篇》一节中介绍当时还隶属四川省的重庆饮食，并指出火锅源于重庆江北码头，是下层码头工人以"下水"为食时意外造就的当地美食。20世纪90年代，在郭同耀主编的《重庆民俗概观》[78]中也同样认为重庆是麻辣火锅起源地。这一说法流传已久，直到近年来才有学者出来提出质疑，如沈涛在《四川麻辣火锅起源地辨析》[79]一文中以文化历史视角梳理了火锅原料及背后的社会经济流变，认为川渝地区的麻辣火锅起源于自贡的井盐，是经水路传到重庆的。石自彬等人在《川渝火锅起源地辨析》[80]一文中通过对川渝地区水运与食物的关系分析，认为四川火锅应是自泸州小米滩起源而传至长江流域的。就当前资料来看，关于四川火锅的起源仍是各家之言，尚不足以定论。

四川火锅沿袭与变迁研究。将四川火锅作为一种地方特色饮食，研究其文化流变的记述常常见于文化史研究中。如《中国饮食文化史》分卷《西南地区卷》[81]中，四川火锅被归入川菜的典型菜式之中，将火锅和川菜同置一等，研究其烹饪技艺、流传经历并分析背后的文化成因。又如李绍明的《二十世纪四川全纪录》和姚伟钧的《饮食》，都是以史学眼光描述四川火锅的生存变迁。范春等编著的《重庆火锅文化研究》[82]将火锅冠以"物"的生成视角，全面研究其外观内涵，将饮食"白描"与历史文化阐述相结合，较为全面地展示了川渝火锅的物质和文化面貌。

四川火锅文化解读：袁格霄[83] 从方言特征角度分析火锅与当地风俗习惯的文化互动。在火锅艺术层面，有袁益欢《重庆火锅的艺术化探析》[84] 一文探究了重庆火锅的艺术品性，在饮食与艺术的结合中探访日常生活的审美趣味。

此外，还有不少烹饪学的研究著作，比较有代表性的是李乐清编著的《四川火锅》；经济学、管理学论述中的火锅产业，如晓书主编的《中国南北名火锅》，陈俞、李克家编著的《火锅》，等等。

三、研究述评

综上所述，自人类学将饮食引入研究以来，国内外人类学者从不同的理论视角对相关饮食文化进行了研究：有基于唯物主义立场的研究；有站在唯心主义立场的研究；有结构主义视角；有政治经济学视角；有生态学视角；也有文化象征研究视角；等等。全球化、现代化使得社会生活形式进入新纪元，饮食人类学的研究旨趣也在不断向更多元化的方向拓展。

近 20 年来，国内关于饮食文化的实证研究取得了瞩目的成果。饮食人类学中关于"认同"的话题也已成了应有之义，且朝向更多元、更细致、更广泛的方向发展。但是，国内现有的饮食认同话题大多集中在少数民族饮食的生态学研究、政治经济学研究和社会学层面的分析，而关于汉民族区域性的地方饮食文化差异及其地方认同的研究涉足较少。

从对四川火锅或川味火锅的研究来看，多数著作、文章都来自烹饪学、经济学、管理学或者社会生活史的贡献，而饮食人类学视域下研究四川火锅的论著可谓寥寥。从研究内容上看，当前学术研究大都只关注食物的实用性层面或历史渊源的考究，而少有对文化体系或对族群意义的分析。鉴于此，本文结合地方食物这一被视为地方特有的文化单元，运用饮食人类学"身份认同"分析框架，重点研究地方饮食对地缘群体身份认同和文化认同建构的影响机制，探讨食物、人与地方的三元互动关系。

第二章 瞭望田野——四川火锅的"地方滋味"

中华饮食文化博大精深，火锅作为中国的传统饮食方式，至今已有千年历史。《魏书》载"铸铜为器，大口宽腹，名曰铜，既薄且轻，易于熟食"，东汉墓葬出土的"镰斗"很可能就是现代火锅的原型。《川菜烹饪事典》中把火锅又称为"暖锅"，指用火烧锅，以水汤导热煮沸食物，可以指食品，又可以指炊具，还可以是一种烹调方法。

四川麻辣火锅作为川菜的一个重要支系，在世界烹饪体系中都有着广泛的影响力。四川火锅倚仗"天府之国"丰沃的物质基础和蜀地"尚滋味""好辛香"的人文背景，在长时段的历史实践中成为"味在四川"的杰作。四川麻辣火锅这一饮食单元既是四川人民"胃口"效忠的对象，又体现了四川"地方性知识"的独特个性，承载着鲜明的符号象征意义、地方文化特征以及社会互动模式，从这个角度看，四川火锅不啻为四川地区区域文化生存流变的生动写照。

第一节　四川火锅的物质线索

一、生的地方：四川火锅的生成环境

（一）自然环境

地方饮食与其所处的自然环境，尤其是地理位置、气候条件密不可分。四川省地处我国西南方位，境内地势高差大，东部是长江三峡，西部有贡嘎山脉，地貌多样，水网密布，土壤肥沃，滋养着丰富多彩的农作物。受地形和洋流的影响，四川省大部分区域都具有冬暖夏凉、气候温和、雨量和光照皆足等特点，宜人的气候和优越的紫土资源适合多种农作物生长，因此自古就有"天府之国"的美誉。四川地区可选择的食材原料十分丰富。论肉类，猪、牛、羊、鸡、鸭、鱼、鹅、兔以及猪牛羊的心、肝、脾、肺、肾，环喉、脑花、牙龈……可谓多不胜数；论时蔬，茄子、菌菇、白菜、菠菜、豌豆苗、莴笋、土豆、丝瓜、花菜、萝卜、黄花……可谓俯拾皆是；论调料，郫县的豆瓣、自贡的井盐、阆中的酿醋、清溪的花椒、内江的白糖、涪陵的榨菜、温江的蒜头，各式各样的辣椒诸如成都的"二荆条"、内江的"七星椒"、华阳的"朝天椒"和"大红袍"、什邡的"朱红椒"、乐至的"灯笼椒"、金堂的"高树椒"……可谓琳琅满目。俗话说，靠山吃山、靠水吃水，川地丰富优渥的自然资源为麻辣火锅的发展打下了最为坚实的物质基础，是四川火锅得以长盛不衰的前提条件。

（二）人文环境

"蜀道难，难于上青天。"这句话道出了以往进入川地的艰难。四川地区自古以来偏安一隅，使得四川人养成了与世无争、崇尚闲适的地方品性。东晋史学家常璩在《华阳国志·蜀志》中以"尚滋味""好辛香"来概括川人的地方饮食偏好，可见川人对饮食"滋味"的苛求。当地人"少不入川，老不离蜀"，常把享受"食之乐"看作闲适乐趣的重要方面。因此，"好吃""好闲适"便成

了外地人对四川人的第一印象。

四川省有过大规模的移民历史，来自各地的移民带来"十里不同风、百里不同俗"的多样文化，也使得四川这片广袤土地呈现出文化上极大的包容性。四川麻辣火锅里各种食材"一锅端"的热闹景象，既能体现四川烹饪方法和饮食文化上的博采众长、融会贯通，又能窥见四川地区革故、鼎新、变易的人文精神。随着现代地域之间的流动更加频繁，四川文化显现出更加多元的样态。

天府之国沃野千里，自然条件的得天独厚为川地提供了丰沃的饮食物质基础，在长时段的历史实践中川人形成了善饮食、好悠闲的地方文化性格。正是这样得天独厚的"地利"和"人和"加持，才形成了川地丰富多彩且独具特色的饮食烹饪文化。

二、物的择取：火锅的食材、工艺

（一）食材

四川火锅食材的多样性是川人就地取材的结果。荤素、生熟、麻辣、香甜中体现同中求异、异中求和，很好地表达了四川火锅海纳百川的品质。四川火锅的食材主要由三大部分构成：菜品、汤底、味碟，而其中每一部分都凝聚着川菜烹饪文化的精到学问。

笔者对多家四川火锅店进行田野体验，观察到大多数火锅店的菜单上都有非常丰盛的食材。所谓"天上飞的除了飞机，地上跑的除了汽车，水里游的无一不包"，一锅红汤里，除了当地的新鲜蔬菜常用常新，还有一些少见的如鸡丝菌、芫荽、荸荠、冬寒菜；多种特色"下水"如猪牛羊肾、肝、心、肚，牛环喉、猪牙龈、猪脑花、家鸽；此外还有少见的野鸡、麻雀、鹌鹑、蛇肉、鹿筋等，不一而足。四川人也擅长以药入烹、以花入烹、以虫入烹、以果入烹，收尽蔬果虫鱼边角料，家畜从头到尾、从皮肉到内脏，统统一锅烫煮之。英国作家扶霞·邓诺普（Fuchsia Dunlop）在《川菜》中对四川火锅食材的丰盛有如下的生动记述。

火锅本身的形式非常简单，就是一盆油汤辣椒放在灶上煮。这个灶可以是人行道上的炭盆，可以是餐馆特制桌子下的煤气罐，也可以是家用电磁炉。大锅周围，会摆着数十个小盘子，每个盘子上都堆了一种不同的食材，整体看上去，如众星拱月。常见的食材有各种（内行人才懂得其中之妙的）下水、多种多样的菌类、竹笋、切得又薄又长的莴笋片、脆生生的绿叶菜和红薯粉，不过高级的火锅店通常还会有海鲜和整条的小鱼。一桌子的食材非常诱人，食客们选择自己想吃的，放到油汤里煮。有些食材只需要稍微烫一下，还有的则需要煮上几分钟。食材煮好了，食客们就拿筷子把它们挑出来，蘸一点加了盐和味精的蒜泥油碟，有的人还会在油碟里加葱花和香菜[85]。

巴蜀地区的麻辣火锅所选用的食材十分广泛，其中特色之一，令外地人"闻之色变"的便是"下水"，即动物的内脏（杂碎）。而四川火锅最让本地人引以为豪和最割舍不掉的恰恰是以著名"下水"——毛肚——为主菜的毛肚火锅。"毛肚"是四川火锅最受欢迎、最亮眼的特色。著名作家李劼人在《漫谈中国人之衣食住行》的《饮食篇》[77] 中，专门用一章介绍了重庆火锅中"牛毛肚"的来龙去脉。同一时期陈邦贤所著《自勉斋随笔》[86] 中也有对"毛肚开堂"的详细记述。无论是日常生活中谈论的火锅，抑或是广告宣传、烹饪事典，乃至学术上的文化研究，都离不开这厢著名的毛肚火锅。

此外，专业的火锅大厨坚持对调料精挑细选，力求食材在品质上保持上乘水准。火锅传承人朱师傅对此颇有心得："正宗四川火锅的材料一定要地道，现在辣椒用得最多的是重庆的'石柱红'，用了它以后炒出来的底料比较红；为了增加香味，一般我们还要加贵州的'子弹头'和'满天星'辣椒，晒干茂县花椒也少不了，再加上'大红袍'花椒；炒料要用四川特产郫县豆瓣；酸菜鱼火锅要用当季新出的老坛酸菜；调汤底要加黄冰糖、醪糟和料酒。总之，正宗的火锅用料都要非常讲究，我们不用那种工厂配的火锅底料。"①

在味碟方面，四川火锅的特色味碟是麻油碟：麻油、蒜泥、盐、味精各适量拌匀入小碟，也可根据口味变化，加葱花、七星椒、酱油和醋等。据说麻油碟的功效在于降低食物温度、清热去火，使食物口感爽利，更加清香滑润。

另外要提到的是曾经火锅料理里秘而不宣的"魔鬼配料"——罂粟壳。据R火锅店厨师介绍：过去有的店会在火锅汤底里放罂粟壳，加强效果。比较阴险的火锅店老板会用这种手段让食客上瘾，不断做回头客。当然，现在这已经被认定为违法行为，很少有店家再铤而走险。报纸上关于某某火锅店因为往汤底里加罂粟壳等麻醉品而被处以罚款的新闻，已经成了昨日旧闻。

（二）制作技艺：料的炒制和食材的加工制熟

在人类学研究中，饮食可以被视为一门艺术，艺术分成"可观赏的"和"可实用的"两种，它们在大多数情况下并肩而行，很难泾渭分明。我国素有"有看皆艺，无馔不工"的说法。正宗的四川火锅之所以饮誉世界，必然具备与之相匹的技术系统。本文梳理四川火锅的制作技艺，包括食材的加工和汤底的调制两部分。四川火锅的原料和汤底的加工有一套专门的工艺系统，每一步都是麻辣火锅制作成功与否的关键。如不得法，火锅要么只有辣嗓子的"干辣"，

---

① 田野访谈资料。被访谈者：朱勇（"内江坝子"老火锅厨师），时间：2021 年 8 月 5 日；地点："内江坝子"火锅店内。

要么做成调料大乱炖，失去辣而回甘的特色。

原料加工技术是制作火锅的必修课，也是考量火锅厨师专业与否的关键一项。笔者根据朱师傅的口述记录了一些原汤的调制秘方：四川火锅的基础汤是原汤，需要老母鸡、老肥鸭、火腿蹄子、火腿棒子骨、猪排骨等在清水中进行长时间熬煮。在调制原汤的过程中要注意：一是豆瓣，不论是用菜籽油、牛油或是猪油，都需要用旺火熬到七八成热，接着晾油至四五成热方可下豆瓣，以做到炒香、上色，使汤汁色泽鲜亮。豆瓣若炒"嫩"了，掩盖不住生豆瓣的涩口，且豆瓣中的淀粉易使汤汁混浊；豆瓣若炒"老"了，汤汁色黑、味苦，风味不佳。二是香料的搭配，切忌贪多全部入锅，容易造成汤汁发苦，产生药味或苦味，影响口感。三是辣椒的加工，须将辣椒规则分节，辣椒籽炒出来以利出味；也可先用熟油略炒辣椒，保持更浓郁的香味。

如今的四川火锅受到各阶层、各地方人士的欢迎，有四川人的地方就有火锅。在会吃的人看来，四川火锅从食材的选择、食材的处理加工、原汤的制作到上桌的制熟都有非常讲究的工艺。毕竟麻辣火锅的烹制经过几十年的发展，在菜肴技艺上已经形成了鲜明的特点。无论是刀工、调味或制熟手法，都能体现卓绝的技艺。麻辣火锅的技术可能也可以进入"工艺"的境界，只因它早已属于"手艺"的范畴。

第二节　四川火锅的文化线索

一、前世今生：火锅的演进历程

（一）肇始：火锅的起源传说

和大多数食品起源地的争议一样，关于四川火锅的具体起源存在许多千差万别的传说，一般认为有三种主要观点：一是起源于重庆的江北码头；二是起源于四川泸州的小米滩；三是认为麻辣火锅起源于自贡盐场。这些起源说法在发明者、发明地点、发明缘由上都有各自看似自洽的解释，以下是三种传说的概述。

1. 重庆江北码头说

据民间传说，四川火锅源于清末民初的重庆，当时重庆水运恒通，码头聚集了很多码头工人和重庆挑夫——"棒棒"，出于经济和方便等因素，他们养成了吃水牛"下水"（动物内脏）的特殊喜好。码头边廉价的街头小摊将这些毛肚、黄喉、肝脏、腰花等牛杂洗净切片，按种类摆出来，调一锅分成小格子的辣味卤汁，食客一人一格，自助自烫，便是重庆早期很有名的"镶火锅"的雏形了。这样的吃法不仅价格低廉，而且能迅速补充体力，方便且节省时间，因此这种早期的火锅便在码头工人、"棒棒"和城市贫民中广为流传。

李劼人在《漫谈中国人之衣食住行》的饮食篇九"牛毛肚"一节中对重庆江北码头的毛肚火锅进行了详述；1949年一篇《毛肚火锅流源》[87] 认为重庆火锅诞生于1921年一家叫"白乐天"的毛肚火锅店。近几年，当地文人学者也开始溯源，余勇主编的《毛肚火锅源流新考》[88] 重申了火锅起源于重庆江北码头的说法。出于某些地方政治、商业竞争、文化心理等原因，多数重庆市民及餐饮界都认同重庆是麻辣火锅的起源地，强调"正宗重庆老火锅"的概念。

2. 四川泸州小米滩

这一说法最早见于李乐清在20世纪90年代编著的《四川火锅》[89]，书中记载四川火锅的起源地是在川南江城泸州的小米滩上，并且对此说法作出了充分的论证。书中提到：早期重庆火锅小摊最密集的地方叫作"小米街"，而其上游的泸州水系旁有个叫"小米滩"的滩涂地，这里是川江工人聚集的夜宿点，重庆工人、四川工人在此聚集流动。重庆的小米街即以小米滩命名。船工在小米滩夜宿，常常以一瓦罐生火做饭，罐中盛卤汁，加入四川本地的辛香调料如花椒、辣椒、海根等以驱寒祛湿。卤汁烫煮各种蔬菜和动物内脏，这便是麻辣火锅的雏形。这种麻辣火锅被重庆船工带到重庆，并在重庆江北传扬开来。

这种说法认为麻辣火锅在道光年间脱胎于泸州小米滩，于民国进入重庆江北。起源于泸州小米滩和起源于重庆江北码头两种说法并不是对立的，而是同根同源，都源于川江水系上船工的饮食习俗。

3. 四川自贡盐场

此为三个起源里最新的说法，主要来源于近年来一些四川本土学者的文化溯源探究。杨航的《请把火锅起源地还给自贡》[90] 一文对四川火锅的起源地在自贡盐场的说法作了一系列考究。支持这一说法的还有学者沈涛，他在2010年先后发表了《四川麻辣火锅起源地辨析》和《从水煮牛肉析四川麻辣火锅的起源地》两篇文章，从自然条件、烹饪手法和食俗文化等方面对这一说法进行了考究。自贡盐场聚集了大量盐工，还存在大量役用牛。牛劳死后被屠宰，其中的内脏被弃之不用，成为盐场工人喜爱的日常廉价食物。又因自贡毗邻辣椒、花椒产地，将内脏在以辣椒、花椒调成的卤汁里烫煮，既激发食欲，又祛湿驱寒，成为盐场工人最日常的饮食。通过这种资源供给产生条件的需求逻辑，加之火锅的材料、味型特点，推出了四川火锅源于自贡盐场的说法[79]。

综上所述，各种说法因巴蜀行政区划的划分而带有明显的地域文化争夺的烙印。实际上，无论是官方、学界还是商家，对四川火锅的起源地的说法都并不确切；一些学者尤其质疑过起源说法的可靠性。但起源说法史实与否是历史学的范畴，对于社会学家、人类学家来说，追踪故事想象力背后的"社会性"而不是其"真实性"才是研究的意旨所在。毕竟，"起源故事"背后的社会变迁、经济流变和文化心理，才是一个个鲜活的"社会真实"。

（二）沿袭：火锅的发展演变

《魏书》记载："铸铜为器，大口宽腹，名曰铜，既薄且轻，易于熟食。"《中国陶瓷史》中介绍的出土于东汉墓葬的"镰斗"，是一种放在火盆之中以炭火温食的炊具，可能是现代火锅的原型。西周时期，供贵族使用的青铜制方鼎"白乍井姬鼎"就是最早的"小火锅"。在江苏大云山出土的"分格鼎"是最早发现的"鸳鸯锅"，这一发明来自江都王刘非，而鸳鸯锅正是现在九宫格的前身。与江都王刘非的发明同出一脉的是魏文帝曹丕对"五熟釜"的创作。据《三国志·魏书·钟繇、华欣、王朗传》记载，"五熟釜"是曹丕为宴请相国钟繇亲自设计并制作的。及至北宋，宋人将火锅称为"古董羹"，"古董羹"在这一时期才真正走向劳动人民。宋人吃火锅讲究"涮"，这种吃法与现今已无多大差别。其后，南宋林洪在《山家清供》中将火锅赋予"阳春白雪"的气质，留下"拨霞供"的火锅传说。

火锅走进巴蜀大地的时间大约在明、清时代。明朝时，当时还被称为"番椒"的辣椒传入中国，成为来得最晚但传播范围最广的香料。当本就"好辛香"的四川人终于与辣椒相遇，之后的事情便一发不可收拾了——"没有哪一个地方的人如同四川人一样，把辣椒吃成了辣椒的故乡"。随后，发家于长江之滨的下层体力劳动者们最爱的"打牙祭"火锅与辣椒不期而遇，于是麻辣火锅便诞生了。到抗战时期，四川火锅走出中下层小摊小贩的经营范围，日益受到各个阶层人士的欢迎，无论是大资本家、电影明星、官场要员，还是贩夫走卒、平头百姓，一时间都以吃火锅为时尚。新中国成立后，随着经济的快速发展，麻辣火锅更多地出现在大众视野。特别是改革开放以后，川渝地区出现了目不暇接的火锅楼、火锅街、火锅城，呈现一派繁荣景象。

近十年来，麻辣火锅呈现出新的样态。曾经的麻辣火锅是光着膀子，一边划拳一边吃的市井饮食。如今人们追求生活品质和饮食质量，对火锅店面、进食环境、食品品质、服务、味道的要求更高了。当人们对麻辣火锅有了料理级的要求，麻辣火锅也随着餐饮市场的升级而不断求新求变、精益求精。当下许多四川火锅店都提倡外观、美味、营养"三味一体"的效果，为四川火锅不断增添新的内容和形式。如今，像"海底捞""小龙坎""大龙燚""蜀大侠"等四川名火锅已经走出四川，正接受全国范围内更为严格的舌尖考验。随着经济发展和人民生活水平的提高，四川麻辣火锅也将继续从四川播撒到全国乃至海外，真正实现"一锅红艳，煮沸人间"。

二、食之有礼：火锅的食俗礼仪

在中国传统的孔孟之道中，早就有"食不语，寝不言"的论道；人要分层级，食也有主次之分。《礼记·内则》有说法："羹食，自诸侯以下至于庶人无等。"我国在自然环境上可谓幅员辽阔，不同的地方、地缘群体，不同的饮食文化体系，不同的菜系衍生出的相关观念、礼仪、禁忌等也完全不一样。在此族群中，某些食物可以食用甚而鼓励食用；而在彼族群中，却不可以食用或食用后会遭到惩戒，"最重要的是，永远不要忘记首先需要满足的需求应该是社会性的"[91]。

（一）四川火锅的食俗礼仪

1. 吃的规矩

在大多数人眼里，吃火锅是没有规矩的。这是一个随意舒适的饭局，没人在乎怎么收尾；边煮边吃、边吃边煮、自涮自烫，节奏自由把握。火锅桌前有光着膀子的，有一边划拳一边吃的，闹哄哄一片，就是不见人正襟危坐。吃火锅的饮食空间约定俗成就是市井的、生活化的场景。夫妻火锅店陈老板表示："客人来我们店里吃火锅是不分季节的，夏天、冬天店里人都很多。时间上也不分早晚，只要想吃就会过来。热气腾腾的火锅吃着很随意休闲，在这里没人会遵守'食不言'的规矩。"①

经过细致考察，我们发现火锅吃得好不好，非常考验食客的涮烫水平。火锅餐桌上也很有一番讲究：吃火锅其实是很讲究食客体验感的饮食方式，厨师只完成火锅的三分之二步骤，剩下的三分之一需要顾客自己完成。火锅所有的菜都是半成品，需要顾客自己涮烫。食材的烫煮可以分成三个阵容。第一阵容是块状的肉，这种肉应久煮，不用大火滚烫，可以先放，如丸子、老肉片、郡花、脑花、毛血旺等。第二阵容是片状的肉，如毛肚、黄喉、鸭肠、鹅肠、牛肝等，这些菜无须直接煮，一般涮"七上八下"，这样来回几次就能吃了。之所以有"七上八下"这种说法，是因为水只有100摄氏度，而空气是常温的，因此以上下涮的方式让食材在三个温度中上下浮动，以达到最佳的口感。而且由于油难以与盐融合，上下涮烫可以确保食材蘸上底料的盐味和油的香味。第三阵容是素菜。素菜比较吸油、抢味，土豆等淀粉类食物则浑汤，因此一般在最后才放[92]。

为引导食客"正确"吃火锅，有商家还编出打油诗。

---

① 田野访谈资料。被访谈者：陈老板（内江"美蛙鱼"火锅店老板、厨师）；时间：2021 年 8 月 9 日；地点：内江"美蛙鱼"火锅店内。

> 肉类先下汤味鲜，海鲜蔬菜在中间；
> 带血粉类易浑汤，只好放在最后边。
> 不宜一次多投放，食物生熟难分辨；
> 保持中火小开状，随烫随食味更鲜。
> 水发薄片夹着涮，大约十秒脆又鲜；
> 倘若久煮体缩小，嚼不烂且味道绵。
> 熟食烫透即可食，厚大生块煮松软；
> 脑花盛在漏勺煮，以免搅得满锅翻。
> 白汤不辣味鲜美，宜烫海鲜与蔬菜；
> 红汤麻辣味鲜浓，刺激过瘾汗涟涟。
> 周边提取味道重，开处起锅味稍淡；
> 祛风除湿防感冒，亲朋团聚合家欢。

可见，进食四川火锅并不是人们通常认知的没有"规矩"，实际上，饮食与"规矩"从一开始就约定俗成。四川火锅的饮食秩序鲜明地体现在独特的吃法中，而火锅"自由"在于你可以选择"标准"吃法，也可以选择触碰禁忌。在"规矩"中破坏"规矩"，又在"规矩"中建立特别的"规矩"，这就是麻辣火锅的艺术。

2. 特殊食俗：三伏天吃火锅

受地形和气候影响，四川平原地区夏季潮湿炎热，常伴漫长的夏伏旱。即使如此，川渝地区居民仍有三伏天吃火锅的传统。夏日顶着刺烈的阳光，四川人仍坚定地选择热辣沸腾的火锅，所谓"比热更热，以毒攻毒，置死地而后生"。学界多从气候环境上来解释这种习俗爱好。四川地处盆地，夏季气候温热潮湿，在最热的时候进食辛辣滚烫的火锅，得以刺激味觉，从而加速体内新陈代谢，有发汗祛湿、抵御疾病侵袭的效果。三伏天吃火锅，除了满足生理需要，还存在一些更为有趣的文化心理因素，比如标榜地域美食、彰显吃辣的本领等。在四川人眼里，"每一个没有火锅的三伏天，都是对夏天的辜负"。

（二）"请客"吃火锅

中国是一个"人情社会"，请客吃饭是人情社会重要的情感联络形式，人们以这种"共食"的形式确认群体内部的亲和。中国人请客，事过之后要"礼尚往来"，古时可见宴请之翌日，还需到主人家道谢[93]，这就在人际间形成了一种特殊的、不间断的交流和交通关系。

川人向来都有宴客吃饭的爱好，当四川火锅成为当地人引以为傲的地方食物，"围盆捞红"自然成为四川人请客吃饭的必选款式。特别是当外地客人远道而来时，四川人的首选便是带客人到当地正宗火锅店吃一顿。"请外地人吃饭第一顿当然是吃四川火锅，大家吃得开心，聊得开心，外地朋友自然对我们这里就有好印象了。""上个月我朋友请我吃了一次火锅，这个月我请回来，下次再他请，我们轮流着来。"这样的对话在四川已经成为一种默契，这种默契叫作"我请你吃火锅"。

四川火锅因其吃法自由、点菜随性、弱化主次的特点成为"好客"秩序的表现媒体。一顿火锅，你请我，我再请回你，是"礼尚往来"精神的生动体现。这种"共食"的欢愉感受不仅是感官上的，还有人们因"礼"而强化的社会联结——我们从中看到了规矩、人情、社会和融合。

本章小结

本章概述与四川火锅生成环境有关的物质和文化线索，强调其"好吃"的"地方滋味"。第一节介绍物质线索，从四川火锅生成的地理、生态和文化环境谈起，后介绍四川火锅独特的食材和制作工艺，以"物"的白描手法绘制四川火锅的物质情貌；第二节梳理文化线索，包括四川火锅的起源故事、发展演变以及进食的习俗礼仪，把一个地区的饮食置于历史性流动的大背景之中，以获取一种解读地方性知识的独特视角。研究发现：

一、得天独厚的自然条件为川地饮食文化的发展提供了丰沃的物质基础，在长时间的历史实践中形成了善饮食、好悠闲的地方文化性格。"地利"和"人和"相互作用为丰富多彩且独具特色的火锅文化筑牢了根基。

二、四川火锅菜品来源甚广，追求荤素、生熟、麻辣香甜的同中求异，表达了四川火锅海纳百川的品质；火锅在菜肴烹制技术上形成了极其鲜明的特点，无论刀工、调味或制熟都能体现"有看皆艺，无馔不工"的精湛技艺。

三、四川火锅有三种主要起源传说：起源于重庆的江北码头，起源于四川泸州的小米滩，起源于自贡盐场。通过对四川火锅发展演变的梳理——从三国"铜鼎"发展成如今的大众饮食，将食物置于长时段的历史叙事之中，以获取有关文化如何生成的线索。

四、四川火锅的饮食秩序鲜明地体现在独特的"规矩"中，还因当地人对火锅的喜爱，甚至产生了"三伏天吃火锅"的习俗；"请客"吃火锅是好客川人的固定项目，人们因火锅之"礼"而强化了社会联结。

在饮食人类学的传统研究中，饮食与生态环境之间存在某种约定俗成的需求逻辑[94]。在这个逻辑系统中，人们根据个体、群体乃至社会需求对自然存在的动植物进行取食。人们赖以生存的食物并不是生来就属于人类的，而是人类"选择"的结果[6]。从川地自然环境到麻辣饮食风格的生成，中间起作用的不仅是丰沃的自然资源，还有川人对饮食有意的调适和选择。这种调适也使得川人与麻辣火锅之间形成一种双向奔赴，亦即在人与"物"之间建立起一种"共生关系"（symbiosis）。川人以饮食方式为媒介，曲折地通过文化的形式建立起一套独特的饮食秩序和地方伦理——它成为地方身份认同的前提。

第三章　符号告白——四川火锅的象征表述

食物在不同的民族中都被赋予了特殊的象征语码，成为当地文化体系的重要构成。食物具有象征的价值，这一价值超过了食物作为生计和生存以及营养成分的直接意义[6]。例如，格雷戈里在巴布亚新几内亚的瓦米拉社会里发现，吃猪肉象征着性关系，猪肉这种食物对人类生产和再生产能力具有隐喻的意义[95]。在饮食人类学的研究中，食物蕴含着丰富的语码性、符号性、象征性和隐喻性，它早已超越了生物性的范畴，成为文化语境中的叙事。

同样地，在中国，饮食除了讲究食物的"色""香""味"，还反映有关族群的一整套物质系统，它常常传递一种秩序和结构，具有对文化进行编码、标示的作用。例如，在传统中国，饺子象征"招财进宝"，面条象征"长寿"，莲子象征"生子"，汤圆象征"团圆"，馒头象征"蒸蒸日上"，鱼象征着"富足有余"。人们常常选择日常饮食中形状、味道、名称或者"气质"上独特的食物作为象征物来表述某种观念或情感倾向。

集四川人饮食偏爱和审美趣味于一身的麻辣火锅，正是这样被选择的典型案例。那么麻辣火锅同围绕其食用的过程，在呈现自我时如何作为思考的载体？麻辣火锅是如何获得力量来对文化进行隐喻？它在什么情境下对符号进行精妙的运作从而成为自我的隐喻？答案建立在其丰富的象征体系之中。

第一节　一语双关：语言里的符号呈现

一、饮馔的语言

"语言是思维和思想的外衣"[6]，饮馔语言通常是人们在语言或文学表达中加之食物以拟人、联想、类比等手法的一种表述方式和表达策略。世上少有像汉族这般喜欢创造、运用饮馔语言的民族。人们以"吃"为体象、为媒介、为转喻而构成语言系统中多彩的"饮食叙事"，形成了独特的饮食表述范式。本文的主角——麻辣火锅，在区域方言中的运用，正是这璀璨语言之林中熠熠生辉的一例。

在社会性饮馔语言中，最具隐喻代表性的就是四川人的"展言子"。"展言子"其名，在四川方言里又称作"藏鱼尾"或"言子儿"，有歇后语之意，即话说一半，其中用另外的字代替[96]。"展言子"通常出现在四川方言俚语中。人们以麻辣火锅为素材编出了丰富多彩的"展言子"。例如，以吃火锅为直接素材："三伏天吃火锅"——"汗流浃背"，形容天气热，或者添油加醋、做不合时宜的事；"吃火锅不点肉"——既指饭菜清汤寡水，又指做人太节俭或太吝啬；当和四川人一起吃火锅，说"吃火锅不点红锅"——有"不尊重我们四川人"，瞧不起人的意味。四川火锅以麻辣著称，以辣椒为主题的"展言子"更是林林总总，难以穷尽。例如，"毛焦火辣"——形容人的脾气急躁、等不及、不耐烦的心情。类似的还有用"毛焦火"来转喻"辣"的感觉和心情。场景比如，火锅店里当食客觉得辣度不够，要求加辣时就会叫道："师傅，再加点'毛焦火'来！"当菜上得慢，便又叫道"快点上菜，等得毛焦火辣！"上菜后觉得锅里太辣，又说道："吃得毛焦火辣。"关于辣的"展言子"还有豆瓣拌海椒——辣上加辣，人们在吃得过辣时便会如是说。以花椒为素材的"展言子"，例如，喝麻麻——字面上指花椒致人味觉麻木，比喻骗人、哄人；花椒下酒——吃麻了，可指酒足饭饱的满足感，又可指非常有权势，"吃得开"之意。当食客吃完一顿火锅之后，会用"吃麻了"来表示自己吃饱喝足的状态。再如，"八两花椒四两肉"——麻嘎嘎，"嘎嘎"是俚语的"肉"，麻嘎嘎，指肉麻。再如麻人、烫人——通感的"麻""烫"，指欺骗、哄骗人。

除此之外，也有当代年轻人也因为喜爱麻辣火锅而编出的一些新式"展言子"。例如，"老子吃火锅，你吃火锅底料"，"吃火锅不点红锅——你这人不行"，"点鸳鸯锅——是对你最大的尊重"，"奶茶加火锅——周二变周末"，"铜锅铁锅不锈钢锅，不如一起麻辣火锅"，等等。这些味道"展言子"生动地将麻辣火锅的特色——味辣性热，以人格化方式展示出来，在吃火锅的过程中运用，同时生成新的"展言子"，丰富了地方语言的表述体系。

二、火锅店名

除了饮馔语言，四川火锅店的店名也独具特色，同样不吝为本土文化通过火锅达到自我表述的典型。许多火锅店名着重凸显巴蜀文化。

案例一："蜀九香"——"蜀"是四川的简称；"九"既可是九州，指代中华大地（古代把中国分为九州），又有谐音"久"，指香味持久、恒久。取蜀中味，九州香，久久香之意。

案例二："味蜀吾"——取字面三国"魏蜀吴"的谐音，将魏换成"味"，突出了火锅的味道好；将"吴"改成"吾"，拉近了与顾客之间的距离。"味蜀吾"还可理解为在四川在成都，火锅的味道就数我们家最好了，有个性也有深意。

案例三："大侠燚"火锅——大侠行江湖，美味传四方。四川火锅天生就自带一股江湖气，吃的就是那种豪迈洒脱，给人以"大口喝酒，大块吃肉"的侠客之气。

案例四：小龙坎——"坎"是一个很有深意的字，是八卦之一，代表水。火锅就是用各种汤水来涮菜，所以"坎"很大气地贴合四川火锅的特质。

此外，一些以本地俚语、方言绰号为题的店名也颇富趣味。比如，"巴适火锅"。在巴蜀方言中，"巴适"是一个出现频率颇高的夸赞事物"舒服""好"的形容词。以"巴适"命名火锅店，有其味道正宗地道的意思。类似的还有"牛莽莽"（形容人行事鲁莽）、"王宝器"（"宝器"指自大、自鸣得意、爱显摆的人）、"矮冬瓜"（指身材矮小而宽，形如冬瓜之人）、"哈儿"（傻子的四川方言表达）。此外，还有各色饱含地方精气神的火锅店名，笔者进行了简要归类：以巴蜀地点为题——川西坝子、香巴王国、临江门洞子老火锅、金五门老火锅、老船坊、大宅门、德庄火锅、成都里等；以人物、名号为题——皇城老妈、成都老妈、孔亮火锅、谭氏兄弟、老哥门、大龙、刘一手火锅、余三姐、曾老四、唐老六、陈老七、李八哥等；以主打锅底命名——富顺豆花鱼、美蛙鱼、鲜椒鱼、谭鸭血、鱼摆摆、麻麻鱼、小郡肝等；此外也有凸显天府之国文化底蕴的文学派命名——千椒百味、之了、锦城印象、龙船调、西蜀霸王、围炉小火锅等。

这些兼具地方语言特色的"展言子"和火锅店名，恰是饮馔语言和本土文化的妙趣结合。这些饮馔语言既在向食客们陈述着火锅的特色，同时也传达了一种地方饮食语言表达的策略和智慧。

第二节　言中事隐：味道里的象征表达

一、"麻辣"的隐喻

即使四川美食林立，四川火锅还是因为其独有的"麻辣"标签而声名鹊起：热辣的红油锅就在眼前，烟气袅袅、麻辣鲜香，热气腾腾的一口锅，能够将原料的新鲜和汤料的入味发挥得淋漓尽致，舌尖上尽是热腾腾重油厚味、辣气冲天。难怪乎李劼人谓吃火锅"须具大勇"，正是道出了麻辣火锅的"热辣"和"狂野"。四川麻辣火锅集麻、辣、烫、鲜、脆、嫩于一身，一大盆底料摆上桌，火辣辣仿佛江山"一片红"：红的干辣椒、红的小米椒、红的辣椒油、红的毛血旺……加之其中翻滚的或棕色或青色的花椒，鲜活与热烈融于一席，这是四川火锅不同于其他火锅的特异之处。

极具感官刺激的"麻"和"辣"杂糅在一起，形成了四川火锅最为独特的麻辣味觉体验。"麻"、"辣"和"烫"不仅是食物所具有的品性，在长期的社会历史实践中也被反映在四川人"喜欢麻辣""习惯麻辣"的身体感官上，还常常借用在对区域人格的比喻中[6]112，比如"辣妹子""火锅美女"。当一个人敢作敢当，性格直率，四川人会说他性格"火辣"；当一个人情绪高涨，突然暴怒，四川人便形容他像是"吃了辣子"。中文网络语言中，"辣"的意指除了外表的美貌、身材好的意味，还有性格上开放、果断的意思。如同《红楼梦》中王熙凤由于性格张扬，说话尖锐，做事胆大，被称为"凤辣子"。四川人也把性格直率火爆的女子称为"辣子"，前面冠以人名，从名字看便是一个性格耿直火暴的女子。毛泽东对埃德加·斯诺说"不吃辣椒不革命"，将辣椒与火热的革命精神联系在一起，也是由辛辣食物衍生出的性格论。

"辣"是四川火锅的味魂。四川火锅作为一例有鲜明特色的地方性饮食，在某种程度上讲，味型中的"麻"、"辣"和"烫"也与川人鲜明的人格相互辉映，形成文化符号中关于"自我"的隐喻。四川人认为："不吃麻辣火锅，就不算四川人。""吃火锅不吃辣，就不是正宗的四川人。"还有种说法是："在四川吃火锅，如果不吃红汤锅，你就交不到朋友。"在四川吃火锅，你很容易听到这样的发言："吃火锅根本不存在选锅底这件事，红汤直接上啊！"如果你非要点清汤锅，四川人会说一句："我对你真是太失望了！"此时，最大的妥协只能是"好吧……那就吃鸳鸯锅吧。"辣椒的"红"、火锅的"烈"不再仅仅是作为物质的品相，随着四川人赋予辣椒的隐喻不断地增长、叠加，麻辣火锅也就从一种食物变成了文化意义上的一连串的"象征符号"。麻辣火锅刺激性的味道与火红色的形象同地区文化人格联系在了一起，地方味道在这里有了双重的意义——它促成了食物隐喻和人格隐喻的叠加。

二、"烫"的隐喻

在四川火锅的语境中，"烫"有两层含义：第一层含义是一般人公认的一种身体感觉，指食物温度高，放进嘴里有灼热感，即作为一个口感形容词的"烫"；第二层含义是一个动词，和"煮"同意，巴蜀人嘴里的"烫火锅"就是"煮火锅"的意思。

"烫火锅"具有鲜明的社交意义。一锅热腾腾的火锅烟气袅袅、麻辣鲜香，人们把筷子伸进同一口辣火锅里，一烫一煮间轻易地拉近了人与人之间的距离，新朋友不再拘束，老朋友感情升温。滚烫的热气、翻滚的辣椒、花椒和红色的汤汁刺激着人们敏感的视觉神经，挑战着人们挑剔的味蕾。对于西南地区的人们来说，火锅不仅是他们长期以来的口味偏好，也是团聚、热情和亲近意愿的象征。在四川人眼里，一起"烫火锅"就象征着"我要和你交朋友"。"四川人吃火锅其实就是吃一种气氛、一种团结"，当大家把筷子伸入同一口大锅"围炉捞红"时，情谊也更相通了。

火锅象征着激情和团圆，这不仅是视觉和氛围烘托的结果，也因为辛辣并不是一种味道，而是一种感官痛觉。关于吃辣有一种生物学和人体医学的解释：当人们吃辣时，会由于舌尖痛觉而在大脑中产生一种叫内啡肽的物质，这种内啡肽会和脑内的另一种物质"吗啡"相互作用，进而产生多种内生肽身体感应，使人体得到一种欢悦感，这也可以称为一种"良性自虐"[98]。因此，与朋友一起"烫火锅"，通过这种行为的一致性昭示"我愿意和你一起"；一起吃辣，是一起通过身体的"自伤"来隐喻"我愿意和你一同忍受痛苦"，以此产生共同的信任。从这个角度看，"烫火锅"作为一个动作、一种社交方式，在无意之中早已成为情感献演的舞台。"我们"一起"烫火锅"，表征的是"我们"之间的密切关系，从而"烫"这个动作就有了分享社会关系的意义。

第三节　和谐之道：火锅里的价值表述

中国传统文化讲求"和"的理念，即"中庸""中和"，是将多元的、不同的、变化中的文化元素或观念有机结合，融会贯通的"和谐之道"。饮食上的"和"既是食物味道上的适度、变通、适应的"五位调和"，又是饮食行为背后体现的和谐、亲和、和而不同的内在价值观。《左传·昭公二十年》中晏婴谓"和如羹焉"，以食物喻"和"；《黄帝内经·素问》讲"天地合气，命之曰人"，强调"天人之和"。在中国，饮食体系常常与文化内在价值观并置、互文，是了解中国式文明类型、文化思维、实践理性的一个重要路径。

一、性味之"和"

"和"的精神在麻辣火锅的形与味中得到了充分实践。

首先，四川火锅的物料择取体现兼容之"和"。四川火锅用料广博，所谓"天上飞的除了飞机，地上跑的除了汽车，水里游的无一不包"，一锅红汤里，除了当地的新鲜蔬菜常用常新，四川人也擅长以药入烹、以花入烹、以虫入烹、以果入烹，收尽蔬果虫鱼边角料，家畜从头到尾、从皮肉到内脏，统统一锅烫煮之，充分体现"有容乃大"这四个字。此外，四川麻辣锅里对辣椒的运用也已臻至化境。辣椒自明末清初从南美洲进入四川以来，至今已发展出众多辣椒名品，如成都的"二荆条"、内江的"七星椒"、华阳的"朝天椒"和"大红袍"、什邡的"朱红椒"、乐至的"灯笼椒"、金堂的"高树椒"，等等。这些或红或青，或大或小的辣椒名品，是川人善于借鉴、敢于尝试、物为我用的结果，所谓"他山之石，可以攻玉"，这才成就了麻辣火锅里那千变万化的红。四川麻辣锅里各种辣椒翻滚，各色食材"一锅端"的热闹景象，既能体现四川烹饪方法和饮食文化上的博采众长、兼收并蓄，又能窥见四川地区革故、鼎新、融会贯通的人文精神，是谓兼容之"和"。

其次，四川火锅独特的炊具造型中可观人文之"和"。传统的四川火锅刚开始是圆形的瓦砾陶器，后来发展为以圆形黑色大铁锅为主的炊具。老人们对铁锅特别讲究，一定要用熟铁锅才行。一口抹上猪油的黝黑熟铁锅，被四川人认为是"家和"的象征。四川火锅使用的炊具一开始有圆有方，但人们通常更偏爱圆形锅，并且在发展中形成"鸳鸯锅""子母锅""奔驰锅""九宫格"等造型。当四川人与家人围坐在一口铁锅边，涮煮家人一起准备的食材，一起辣得汗流浃背、其乐融融之时，团圆和"家和"的寓意便被赋予在了这口圆锅之中。四川火锅最出彩的造型当属以太极八卦为灵感设计而来的"鸳鸯锅"。"鸳鸯锅"被"S"形的铁片隔开，一边放红汤，一边放清汤，进食者可根据自身喜好烫煮。可以吃辣的人和不能吃辣的人，在这一口锅中实现了共存，这正是中国人推崇的"阴阳调和""和而不同""求同存异"的最佳表征。人们在这口鸳鸯锅中相互包容、圆融、和谐。"谐"是所有人实现同一，而"和"是允许观点不同的调适，可以求同存异，在包容中和平相处。此外，对比北京的铜锅和江浙的单人小陶锅，四川火锅使用的传统熟铁锅以"大"著称。铁锅之"大"，有"大象无形""大音希声"的意涵。经过人口大迁徙、物质匮乏的年代，四川人终于在这片沃土上过上了相对富足的生活。这里的人们好闲适、喜丰盛，往往以"多""大"为好。四川火锅锅之"大"、食具之"多"，是人们对"大美""丰富"的崇尚。中国传统的美学和生命哲学在这一口锅中得到了淋漓尽致的展示。

总之，四川火锅广采博纳，山珍海味、河鲜时蔬，来者不拒，体现兼容之"和"；火锅不吝荤腥，五味俱全，用料不分南北，调味不拒东西，体现五味之"和"；麻辣和清汤置于一筹，寻求共识、求同存异、和而不同，体现人文之"和"。麻辣火锅的"性味之和"上升到精神价值中，是以味与形的"调和"象征川人在饮食选择上的道德观念。

二、雅俗共"尝"

蔡澜在新书《今天也要好好吃饭》中记录了一小段逸事。湖南卫视《天天向上》主持人汪涵问蔡澜："如果世上有一样食物，你觉得应该消失，那会是什么呢？"蔡澜不假思索回答道："火锅。"蔡澜先生在书中解释原因，称其之前去了成都，一群老川菜师傅向他说："蔡先生，火锅再这么流行下去，我们这些文化遗产就快保留不下了。"蔡澜当即表示认同，认为火锅把一切涮成了一个味道。蔡澜的例子足以代表诸多文人食客对火锅的微词。当下不少美食评论者表现出对麻辣火锅"一锅端"、"只有麻辣"、不够精细的偏见。也有吹毛求疵者在网络上将川菜的"失宠"归结在四川火锅的流行上，认为川菜的"阳春白雪"被麻辣火锅这个"下里巴人"替代了。其实只要试着走出那些书本、网络评论，进入真正的市井生活稍加观察，就会发现这些偏见很容易就被其乐融融的场面消解。

火锅店里，各个阶层、各个年龄，甚至各种肤色的食客相聚一堂，围着火锅边吃边聊，无拘无束，浓香热气与和睦的气氛交融，实乃一幅人间"大俗"的景象。但麻辣火锅也可以是"雅"的，当人们走进一家安静的庭院式、放着川剧小曲的高端火锅店，咿咿呀呀间尽是四川文艺的腔调。哪怕坐在露天的麻辣火锅店里，泡一壶峨眉山毛峰，捻一片新春竹林里刚挖出的春笋，与友人悠闲地摆起关于家乡的"龙门阵"，生活中的喜怒哀乐、苦闷烦恼，在唇麻舌辣中化为精神上的自由。麻辣火锅的"味外之味""味外之美"也在这样的文化氛围里被品咂回味。诚然，麻辣火锅在人们的刻板印象里就是粗犷、随性、大开大合的俗食代表。但所谓大俗即大雅，真正的美食经得起"雅俗共赏"。不管你是贩夫走卒，还是达官显贵，火锅的自由在于你可以选择街边廉价的露天夫妻火锅店，也可以选择私房菜馆里最别致的那一间；有钱的四川人，不妨在大型火锅店烫山珍海味、黄喉鳝鱼；没钱的四川人，则可以在街头巷尾，来一碗冒菜，烫一把"签签"，来一份麻辣烫，一样饱餐一顿。一口热辣的麻辣锅，是"亲热"的象征；一口圆形的锅，是"团圆"的象征。无论贵贱贤愚、贫富雅俗，在大火锅、小火锅面前，坐下来便是"天下大同，和而不同"，也就实现了"人人平等"。

川人在火锅杂烩"一锅端"中抽离出具有"雅俗共赏"的特质，使得麻辣火锅游走在了雅与俗之间，被赋予上火锅文化的独特气质。麻辣火锅的"雅"在于火锅文化的"味外之美"，"俗"在于世俗化气质以及一种不分高低贵贱的"共食"氛围。在一边是清汤一边是红汤，一边是艺术一边是生活，一边是富贵一边是寒素的一口鸳鸯锅里，"雅"与"俗"打破了对立，走向了和解。

最后要说明的是，"和谐之道"的观念不独为四川人或四川地区所特有，每个地区的饮食都有地区内在价值观的独特表述方式。在四川人的日常中，"和"的观念通过不同的载体或介质常有呈现，而麻辣火锅不啻为表征川人世界观和宇宙观的一例典型社会事实。

本章小结

本章探讨四川火锅的符号呈现。分析四川火锅语言里的符号表述；剖析最为独特的麻辣隐喻如何作用于川人的自我表达；解读火锅味与形里体现的精神内涵。本部分通过麻辣火锅的语言、味道、形态、气质解读四川地区独特的饮食表述范式。通过研究，有如下发现。

一、在麻辣火锅的语言表达里，兼具地方语言特色的"展言子"和火锅店名，是饮馔语言和本土文化的妙趣结合，既向食客们陈述着火锅的特色，同时也传达了地方饮食语言表达的策略和智慧，丰富了地方隐喻的表述体系。

二、在麻辣火锅味道的隐喻里，极具感官刺激的"麻"和"辣"杂糅在一起，在长期味觉实践中形成了四川火锅最为独特的麻辣象征体系。"麻辣"不仅被反映在四川人喜欢麻辣、习惯麻辣的身体感知上，还被借用在对区域人格的比喻中，比如"辣妹子"。"烫火锅"既作为一种口感，又作为一个共餐动作，在这里具有双重意义——它促成了食物隐喻和情感隐喻的叠加。

三、四川火锅表征着川人在饮食选择上的道德观念，传统文化"和"的精神在此中得到了充分实践：四川火锅的选料体现兼容之"和"；炊具造型体现人文之"和"；麻辣火锅打破雅俗对立的局面，实现"雅俗共赏"。四川人把饮食之"和谐之道"的思想运用于饮食烹饪之中，是当地人对天时、地利、人和的巧妙把握，最终指向了丰富的象征寓意和文化精神。

作为文化语境中的叙事，四川麻辣火锅可以理解为一种象征运作的践行方式。在这个象征体系中，麻辣火锅的"形而下"衍生出作为麻辣符号的"形而上"，川人亦在此之上凭附了丰富的文化信息和语码，使得麻辣火锅成为穿越生理需求的、关于生存智慧的地方性知识。人们以麻辣火锅为体、为象、为媒介、为转喻而构成象征系统中多彩的"饮食叙事"，形成了四川地区独特的饮食表述范式。

第四章　火锅共同体——四川火锅的认同建构

安德森在《中国食物》中指出族群都是人们的想象建构，这些抽象的联想总会具体到一个特殊事物，比如食物——"中国人以食物判别族群"[33][23]。在界定自我所属群体的过程中，食物作为特殊"物"常常被择选出来充当标志物，用以维系群体内部关系，或划分群体的边界。正如西敏司在他的《饮食人类学》中说的那样："日常饮食行为把个体团结成整体，这个群体拥有内部凝聚的力量，可以区别和抵抗外部干扰。"[68][12] 一方面，饮食反映出社会差别，从而识别人们关于"我是谁"的社会身份；另一方面，饮食又常常被认为是区域的象征，反映人们关于"我来自哪里"的区域定位——人们的饮食偏好常常作为他们对地方、对地方文化情感倾向的反映[63]。在饮食人类学的研究中，食物通常作为承载人地关系中归属、依赖与依恋的载体，成为族群认同或群体认同的坐标指向。正如法国人那句谚语："Tell me what you eat, I will tell you what you are."（告诉我你吃什么，我就知道你是谁。）

第一节　共食：文化上的共同感受

一、"我们"的饮食

在四川火锅的基本特征中，认可度最高的就是关于"麻""辣""烫"的味觉体验。不过，火锅爱好者们往往质问道：难道别的火锅不"烫"吗？难道重庆火锅不"辣"吗？湖南人和贵州人不也吃"辣"吗？四川火锅的味道只是"麻辣"特色吗？要回答这些问题，我们不仅要对具体的"麻辣"身体感进行溯源，更要回到麻辣火锅之于本地人的文化感受上来。无须赘言，在四川最能体现平民性的饮食，就是麻辣火锅。中国人都爱吃火锅，而四川火锅的品种、分支、变形之多，实在令人瞠目。美蛙鱼头火锅、黄辣丁火锅、酸菜鱼火锅、肥肠豆腐火锅、鸡肉火锅、药膳火锅、啤酒鸭火锅、花江狗肉火锅等，不一而足。当然街头巷尾也少不了火锅的变种：麻辣烫、冷锅串串、串串香、钵钵鸡、冒菜，等等。四川人为什么对麻辣火锅情有独钟？我们通过几则本土叙事来观摩四川人心中"我们"的火锅。

案例一："自己人"才吃火锅

在我们当地最放松的三样活动，一是喝茶，二是搓麻将，三就是烫火锅。火锅好吃不好吃，一半看味道，一半是看和谁一起吃。工作应酬时没有人会选烫火锅，因为不够正式；跟不熟的人一般也不烫火锅，因为没有放松随性的氛围。烫火锅所有人的筷子搅在一口锅里，所以一般是跟要好的朋友去。也就是说，我们一起吃火锅的，一般都是关系还不错的"自己人"①。

---

① 田野访谈资料。被访谈者：闵先生（成都本地人）。时间：2021年8月20日。地点：成都"小龙坎"火锅店内。

案例二：相亲中"我们"的麻辣火锅

我们店里有一些是来相亲的年轻人，因为吃麻辣锅可以看人品，这是很多人的共识。要是这顿火锅吃得好，就会从"我"和"你"变成"我们"。吃麻辣火锅怎么体现男士风度？首先你要问姑娘能不能吃辣，吃多辣，了解清楚是点红锅还是鸳鸯锅；烫菜的时候当然要做服务型人员，要眼观六路、耳听八方、手疾眼快，还要懂"火锅汤不要太高会溅到姑娘裙子上"这样的细节。所以说，你看看火锅店里，很多都是相亲的，你品一品就晓得吃火锅的含义了①。

案例三：四川人关于火锅的经典对白

四川人吃火锅根本不存在选锅底这件事，"百分之九十九的当地人都只点红锅"。在四川吃火锅只点清汤锅，四川人说："你这个人真的不太行。"若对方坚持，四川人作出的妥协是——"点鸳鸯锅吧，不能再让步了。"

在四川人眼里，"麻辣火锅是治疗选择恐惧症的良方"，因为四川人在重要的日子吃火锅，平常的日子里也要吃火锅，甚至三伏天也坚持吃火锅。四川人有这样的说法："每一个没有火锅的三伏天，都是对夏天的辜负。"于是，情人节、端午节、冬至、生日……都有"走起，去吃火锅"的声音。

漫长的等待后，火锅桌上的博弈开始了。"这个熟了没？""够不够辣？""这个要再烫会儿！"这是四川人在火锅桌上的经典对白，也是火锅桌上的较量。等待时和友人漫不经心交流、对时间进行精准把握、夹菜时良好的心理素质和演技以及最后几口菜时的谦让……这都是一口麻辣火锅里的人情世故②。

如上我们可以看出一些共性，无论是"一般我们只跟自己人吃麻辣锅"，还是"吃火锅可以看一个人的人品"，或是火锅桌上热情的"博弈"，都可以看见用麻辣火锅来进行社交在四川人的日常生活中并不是个案，而是一种不约而同、约定俗成的集体行为。麻辣火锅同与围绕它进行的一系列社交活动，已经将超越食物生物性质的文化语码编列到了味觉感受中，使之成为四川人心中的"我们的饮食"。"我们"一起吃"火锅"，强调的是"我们"之间的密切关系，于是分享"我们的饮食"，就有了分享社会关系的意义。

二、"我们"的记忆

食物的记忆是"被沉淀于身体的记忆"[6]，能够反映集体共同的历史、经历以及文化特征，在不断变化的社会环境和历史过程中为自我定位提供一种稳定

---

① 田野访谈资料。被访谈者：彭先生（内江"川西坝子"老火锅服务员）。时间：2021年8月22日。地点：内江"川西坝子"老火锅店内。

② 笔者观察记录。时间：2021年8月20日至25日。地点：内江"川西坝子"老火锅店内。

的锚点。

（一）辣的记忆

对于四川人而言，"辣"是一切菜式的味魂。"辣"停留在舌尖的激进"味道"或"触感"属于一种身体感官上的知觉和感受，即以身体为介质的"感官"体验。品咂四川麻辣火锅，热气腾腾的红汤，翻滚的辣椒、花椒和红色的汤汁挑战着人们的味蕾，刺激着人们敏感的视觉神经。四川人对火锅之辣的依恋程度几何？"辣"如何从味觉沉淀为身体记忆继而与情感相联结的？笔者在田野调查中收集到一些关于"辣"的记忆。

案例一："以毒攻毒"的三伏天火锅

我记得读书的时候，我们最喜欢在三伏天去吃火锅。三伏天40摄氏度的气温，为了以毒攻毒，我们坚定地选择烫火锅。有人说吃完不是更热吗？其实不然，夏天火辣的太阳加上火锅的辣，可以和体内之热来个内外夹攻，丹田里的阳气被激荡，攻出几身汗来，便可以加速体内新陈代谢，发汗祛湿、抵御疾病。吃完吹一阵夏日凉风，顿时神清气爽，暑意全无。三伏天吃火锅吃的不是辣，是凉爽。因此我们常常说，每一个没有火锅的三伏天，都是对夏天的辜负。吃完麻辣火锅，这就是置死地而后生的夏天了①。

案例二：二十年后的"海底捞"，已经不辣了

我离开四川已经二十多年了，但麻辣火锅留下的气味并没有随着时间的流逝而消失，而是在我的记忆里越来越清晰。我在国外会经常想念那一口牛油加上麻辣的香味，这个香味总是敦促我回四川，而且一定要吃一回正宗的家乡老火锅。去年，我有了一次机会回到成都，朋友邀请我们一行人去吃"海底捞"火锅。朋友特地对外地客人介绍道："外地客人来了，我们四川人一般都要安排请吃一次四川火锅，这几年一般都安排在服务好、环境也不错的'海底捞'，但是我们自己吃火锅一般不会去'海底捞'，一个很重要的原因是，'海底捞'经过了改良，已经不辣了。四川人吃火锅要吃老油、牛油的，辣椒花椒现炒，麻辣鲜香一样都不能少，这样才符合四川人的口味。""海底捞"经过口味改良，老油火锅的那种鲜香味道早已失去，是更适合全国人口味的火锅，麻和辣都只是入门级别。后来几天，我终于可以和四川的朋友直奔那家最辣的火锅店，吃了一顿专为四川人准备的全是干辣椒的老油火锅，那叫一个酣畅淋漓！我离开四川已经几十年了，现在照样还有"四川的胃"，麻辣火锅能给我吃出"甜"

---

① 田野访谈资料。被访谈者：肖小姐（内江本地人）。时间：2021年8月26日。地点：内江"之了"火锅店内。

来，看来还是四川的辣味饭菜养人啊①。

世界上，有的是比四川人更爱吃辣的地区和民族，但是颇具戏剧性的是，"没有什么地方，像四川人一样，把辣椒吃得如同辣椒故乡"[99]。川人承袭了祖先痴迷食物的辛香滋味、追求味道与口感的丰富变化这一饮食精髓，把辣椒烹调得辣而不燥，辣与香厚积薄发，形态与层次变化无穷，所谓"精彩过了，还有更精彩"。巴蜀地区对于辣椒的使用方式可能是最丰富多彩的，主要表现为川人"善用辣"，继而变成四川人"喜辣""嗜辣"的身体习性。这种习性可以理解为"身体感"，它从味觉沉淀为身体记忆，继而与地方情感形成联结。

（二）麻的记忆

四川火锅之麻辣，不仅是指火锅独有的一种味型，也是指火锅烹饪中大量使用辣椒的同时使用花椒。巴蜀地区的人们善于使用花椒，"麻"的味道也因此计入了独特的味觉之阈中。

案例：关于"麻"的印象

辣不是只有我们四川人喜欢吃，湖南人也爱吃，叫鲜辣；云南贵州的人也爱，他们叫酸辣。但是这个花椒，这个麻味，还是在我们四川一家独大。麻在川菜里有多重要？你看在宽窄巷子里，一个龙抄手，浇上花椒汁，就变成了"老麻抄手"，人要排长队吃；一只鸡，泡一晚上花椒，就成了"椒麻鸡"，泸州人爱得不得了；一只兔子，撒上花椒，"冷吃兔"才畅销。我们自己家也做椒麻，摆一盘鲜花椒，一勺热油泼下，椒麻香味就出来了。再说麻辣火锅，你火锅里只有辣没有麻，那不是缺点啥子吗？比如重庆火锅，就是干干的辣，味道不丰富。花椒和辣椒搭一起，麻辣才能生"鲜"，讲的就是麻辣火锅的"鲜"，其他地方是吃不到的。对于我们这些从小能吃麻辣的四川人来说，我们吃火锅百分之九十九的人都只点红汤麻辣锅，这样吃才比较过瘾②。

四川人多爱吃花椒？我们在菜市场的调料摊上进行了一些走访，发现辣椒和花椒两种调料通常卖得平分秋色，"麻"的重要性可见一斑。"麻"是四川火锅独具一格的最重要特征之一，也正是在"麻"的基础上才创新出唯四川才有的正宗"麻辣"火锅。难怪文学作品里有"花椒在中国西南的坚守，就是为等待辣椒的到来；辣椒穿越漫漫万里的来到，就是为了和花椒相聚"这样浪漫的说辞。四川火锅因为花椒和辣椒的结合，从川菜的饮食王国中脱颖而出，成为

---

① 田野访谈资料。被访谈者：吴先生（侨居海外的成都人）。时间：2021年8月30日。地点：内江"之了"火锅店内。

② 田野访谈资料。被访谈者：张先生（成都宽窄巷子附近居民）。时间：2021年8月29日。地点：成都宽窄巷子。

地方口味的味觉"定式"。"麻"同"辣"一样，一旦长久沉浸其中便以人的身体为介质产生味觉"习性"，催生出四川人"无麻不欢"的意志。毕竟，"有了花椒和辣椒，整个四川地区就活色生香了"。

（三）烫的记忆

在四川火锅的语境中，"烫"有两层含义：第一层含义是一般人公认的一种身体感觉，指食物温度高，放进嘴里有灼热感，即作为一个口感形容词的"烫"；第二层含义是一个动词，和"煮"同意，巴蜀人嘴里的"烫火锅"就是"煮火锅"的意思。火锅是热辣滚烫的食物，按理说人们会偏爱在冬天里吃，正如文学作品里"围炉烫肉"。但是在四川，火锅店一年四季的生意都很火爆。四川人喜欢"烫火锅"是不分季节的。下雪的冬天、炎热的夏天，甚至在三伏天，哪里有四川人，哪里就在"烫火锅"。

案例一：冬至"烫火锅"

只要家里有长辈，我们就会在冬至这一天安排吃火锅。四川有个说法：冬至吃火锅，一个冬天都不冷。以前我没意识到，只认为冬至吃火锅不是理所应当的吗？长大了和长辈们一沟通，才明白其中道理。四川的冬天湿冷，阴天多，缺少阳光，冬天又漫长，于是在最严寒的时候，身体就觉得需要吃点辣的、烫的东西来刺激身体热起来，有些地方的人要喝酒，而我们是吃麻辣火锅来补充身体的热量。除了这个天气原因，还有吃火锅是一大家子人或者朋友一起吃的。天寒地冻的冬至天，红锅煮起来，大家喝酒吃肉，挤在一起"摆龙门阵"联络感情，不用喝酒，人就会醉了。在最寒冷的冬天有热乎的家乡味道，身边有亲人相互取暖，觉得冬天并不冷了。冬至以后就是数九，吃完这顿火锅，春天就要到了①。

案例二：烫口的故事

众所周知麻辣火锅又辣又烫口，但如果是和好朋友一起吃，特别是其中还有你喜欢的女伴，那这个"烫口"就很能够深究一下了。当你夹起一块滚烫的肉，需要给食物降温，这时可以用嘴吹气，也可以选择吸气降温：食物比如最嫩的猪脑花、鸭血，在舌头上滚动一番，会滚出新鲜的滋味。这样吃下去，舌头会被麻辣裹得暂时失去知觉。这时候当你转过头发现你的女伴也和你一样被烫得嘴唇发红，你们相视一笑，就像刚刚携手经历了一场血与火的洗礼。于是整个人都"烫"了、整个人都"麻"了。这样看，烫麻辣火锅真是一件浪漫的

---

① 田野访谈资料。被访谈者：韦芹芹（内江本地学生）。时间：2021 年 8 月 30 日。地点：内江"川西坝子"老火锅店内。

事情①。

"烫"作为火锅的口感，本属于味觉器官行为，当"烫火锅"作为一种"共餐"形式，此时火锅的社交属性被凸显，同时人们沉淀的对情感的联想也被提取出来。通过"烫火锅"这一群体行为产生的身体和情感记忆，同样也是一种特殊的感通现象学。

（四）黑暗料理的记忆

在四川吃火锅，除了地道的麻辣，还有什么是别的地方吃不到的？答案是那些本地人视为珍宝，外地人避之不及的"黑暗料理"。前文已经介绍过四川火锅的食材用料几乎"无所不包"，一锅红汤里收尽蔬果虫鱼边角料。在西方人看来觉得不可思议的是：川人极擅长将动物的边角料，甚至生殖器和排泄器拿来制作菜馔，如川内名品猪牙龈、猪脑花、兔脑壳、猪肾（俗称猪腰子）、鸭外肾卵（鸭腰）等，统统"一锅红汤，煮沸人间"。

四川火锅里的"黑暗料理"以"猪脑花"为代表。猪脑花，即猪的脑髓。猪脑的叫法在川渝地区很是特别，不仅后面要加个"花"字，口头上还要带个"儿"话音——四川人口中一个"猪脑花儿"，瞬间让这块血淋淋的脑髓亲切可爱起来。在四川，猪脑花是火锅店的必备食物。

案例："来份猪脑花"的故事

来自成都的付琳娜是猪脑花的忠实推崇者，曾经坚持"不能吃猪脑花的人做不了朋友"这一交友准则。后来琳娜去了北京工作，发现身边的人都接受不了猪脑花。每次去到火锅店，要是她点了一份猪脑花，大家就用看"食人魔"的目光盯着她，脑花倒进锅里，许多人都不敢往里涮菜了。后来琳娜和来自瑞典的男友结了婚。丈夫吃惯了清淡海鲜，琳娜吃猪脑花的行为在他眼里就是"茹毛饮血"。每每此时他们都能经历一场婚姻"危机"。尽管如此，经过磨合后，他们商量出一个完美的解决方案：火锅快吃完的时候，琳娜点一份猪脑花，丈夫起身结账去门外等待，妻子独享那一份家乡美味。这样一来便实现了婚姻中的"求同存异、和而不同"了②。

这些刺激的味道、新奇的菜品，对外地人来说或许是"黑暗料理"，但在四川人眼里，它们是美味，更是乡愁。品尝四川火锅之味，成了人们提取记忆的窗口，人与"物"在这里实现了情感合作。当沉淀于"感觉之阈"的味道成为

---

① 田野访谈资料。被访谈者：林郝飞（内江本地居民）。时间：2021年8月30日。地点：内江"川西坝子"老火锅店内。

② 田野访谈资料。被访谈者：付琳娜（成都人，现定居北京）。时间：2021年9月2日。地点：内江"川西坝子"老火锅店内。

一种身体记忆，由食物产生的情感便被镌刻在了四川人的基因里。

三、"我们"的文化

巴蜀饮食文化的灿烂发达，与巴蜀社会烹饪的普及、专业烹饪者对烹饪技艺的奉献、研究者的钻研、文艺工作者的创作分不开。四川历史上无数优秀创作者都对巴蜀美食发表过精到的食论，例如，扬雄的饮食之品"颐精神养血脉"，常璩的川人饮食"尚滋味"，苏易简的"物无定味，适口者珍"，苏轼的"节饮食说"，李调元的"饮食非细故"等见解。麻辣火锅之"辣"在蜀地史料中也早有溯源。例如，《华阳国志》载蜀人"好辛香"；清末民初《自流井》载"以此处之辣味道为第一"；民国期间，李劼人在《漫谈中国人之衣食住行》中对重庆毛肚火锅进行了详述。

近些年关于火锅的论著也层出不穷。例如，唐沙波在《川味儿》中生动地记述了早年重庆街头火锅的发展场景。

重庆火锅的早年形象是挑担叫卖，走街串巷，颤颤悠悠漂泊于重庆府九门八埠……挑子择地而顿，一声长喝，周围一些生张熟魏便呼啸而至，围着挑子受用起来。一人一格，鼓腹而歌，菜饱酒醉，扬长而去。到20世纪20年代中期，回民马氏兄弟把毛肚火锅开成了店铺，泥炉依然，洋铁盆换成了赤铜小锅，其菜式、堂面、规格、器具、味道、技艺诸项，均有长足的发展，众食客再也不会为一饱口福而受风雨之苦。这种方式极富传染性[100]。

英国美食作家扶霞·邓洛普痴迷中国美食，千里迢迢来到四川，穿越山水阻隔，冲破文化障碍，潜心研究川菜的起源、发展与烹饪技法。在《川菜：尝到了川菜就尝到了生活》[85]一书的"火锅篇"中，扶霞以外国人的视角呈现了巴蜀火锅在当地风生水起的景象。

以四川火锅为主题，饱含川人日常饮食情趣的歌曲也不在少数。例如，由邓成彬作词、邓剑寿谱曲的四川民歌《四川火锅》，其歌词如下：

一家老小团团坐，吃一回四川那火锅

麻得舌头打哆嗦，辣得身上冒汗水

烫得连连哎摇脑壳，个个都还喊那"安逸""爽""巴适"！

红红火火四川火锅，好一个巴蜀老火锅

吃就吃个热热火火呀，好生活好红火，好快乐

亲朋好友围一桌，吃一回四川那火锅

麻得姑娘哇哇叫，辣得小伙直跺脚

烫得寒冬着了火，个个都还说"安逸""爽""巴适"！

热热烈烈四川火锅，好一个巴蜀名火锅

吃就吃个痛痛快快，幸福日子好快乐！①

来自四川内江市威远县的说唱歌手周延，以川渝麻辣火锅为主题创作的歌曲《火锅底料》在年轻人之间风靡，一句"我吃火锅，你吃火锅底料"火遍全国，宣示四川火锅的火辣味道、四川人火暴的脾气和直率的性格。此外，2004年上映的电影《火锅》，2016年曾热播的电影《火锅英雄》以及《舌尖上的中国》《沸腾吧火锅》等影视作品的热播，引发了一波又一波麻辣火锅的热潮。

四川麻辣火锅以其独特的地方性成为一个良好的本土文化叙事空间，它通过物象、行为、味道等多种叙事方式强调地方群体的身份，重塑关于地方主体共同的"我们的文化"。作为古今文学和艺术创作的热门题材，麻辣火锅已经并且还将继续丰富中华灿烂多彩的饮食文化。

第二节 区隔：地方声望的争夺

一、瑜亮情结：与重庆火锅的区隔

在中国有一个奇特的现象，文化渊源相似的地区总是呈现出两个不同的高峰，并产生资源、声望的争夺。成都和重庆通常被称为"巴蜀"，是西南地区唯"二"的超级城市。1997年中央区划变更，当重庆脱离四川行政区划实现直辖的变迁后，重庆人便产生了与四川脱离，重构身份认同的需要。四川与重庆的区隔，常常是围绕着重庆人主观上文化脱离四川传统来进行。今日愈演愈烈的四川火锅与重庆火锅的"瑜亮之争"便是巴蜀区隔竞争的一个缩影。

对于麻辣火锅的起源地，四川人称是泸州小米滩，或自贡盐场，而重庆人则反复强调火锅起源于重庆江北码头。关于重庆火锅和四川火锅味道的区别，四川美食作家石光华在《我的川菜生活》中以重庆传统老火锅"晓宇火锅"和地道成都火锅"大妙火锅"两个个案作了很翔实的对比。

"晓宇火锅"：一家地道的重庆火锅。重庆火锅除了更麻更辣，有一个与成都火锅最大的不同：炒底料基本不用香料。他们觉得麻辣中加太多稀奇古怪的东西，不简单、不耿直，有点搽脂抹粉的娘娘味儿。晓宇火锅坚决地秉承了这一传统，在辣椒的处理上、在辣椒的选择上、在辣椒和花椒的配比上，恶狠狠地下功夫，使辣椒的辣和香，单纯中见丰富，激烈而深厚。我吃出的，是通过多次深炒和适度发酵后，最纯粹和透彻的麻辣。

"大妙火锅"：一家地道的成都麻辣火锅。如果重庆火锅炒料，基本使用牛

---

① 《歌曲》杂志2013年刊发；词曲作者：邓成彬、邓剑寿。

油，那么，大妙火锅另开门户，用的却是菜籽油，而且是最纯正的川西菜籽油。菜籽油含的脂肪较少，不饱和脂肪酸含量更高，更有利于人的吸收和代谢，也就是说，更益于健康。大妙火锅炒底料一定是二三十种香料甚至中药材……这种和谐了大麻大辣，保留了麻辣之香的成都火锅，似乎更适合五湖四海的人群。很成都，更国际，有人情[99]。

关于四川火锅和成都火锅的最大区别，"之了"火锅的吴师傅也作了专门说明。

四川火锅和成都火锅最大的区别是底料里的油、水调配。成都人喜欢清油火锅，重庆人喜欢牛油火锅。成都火锅用菜籽油来炒底料，香料味道要重一些，里面还有偏甜的"荔枝味"。成都火锅比重庆火锅更清淡，辣后回甘，最能体现食物的鲜香，因此成都火锅的接受度更高。重庆人传统上是用牛油来炒底料，口味上更麻更辣，味道更厚重，要接受这个味道需要一定门槛。此外在调料上，成都火锅蘸料种类较多，而重庆老火锅主打芝麻香油和大蒜，确保食客能够吃到火锅的原味。在菜品的装盘上，成都火锅更为精致，而重庆更莽汉一些①。

从上面的文学生活史和厨师口述中，我们很能提炼出四川火锅和重庆火锅的气质区别，即一个粗犷，一个精细。在口味上，通常认为四川火锅是麻辣带甜的清辣，重庆火锅是更纯正浓烈的麻辣；正宗四川火锅用清油，以川西本土产的菜籽油为佳，重庆火锅厚味重油，都用牛油；四川火锅在成都发扬光大，口味精细，讲究用料，讲究刀工，呈多元化口味发展，由单一的麻辣味滋生出鸳鸯火锅，三味、四味火锅，还有药膳火锅、鱼头火锅等变异体；而重庆火锅气质更加豪放，主打单一"传统"牛油口味，成菜更大份、更粗粝，注重麻辣的纯正，因此更具"江湖气"。火锅的气质差别也体现在巴、蜀两地民众的精神气质上：四川人乏于拼搏，喜欢享受生活，爱把"安逸""巴适"挂在嘴边上，只要过得去，就不必太过复杂。这种达观背后带有浓重的市民文化色彩，追求品位与格调的生活，正是顺应自然的生命观；重庆人深受"码头文化"影响，与四川有着迥异的文化底色。重庆人直率、性格粗放，讲究大开大合，擅长创造却又缺乏精细。

伴随当下快速迭代的"时空收缩"，地理上的差别被快速弥合，人流、信息流正在更广泛的范围内纵横流动，巴蜀的合作竞争也早已突破地域限制。从前面的火锅就可以看出，巴蜀文化同出一脉，水乳交融，其中的互补性实则远强于对立性。说川菜或者"渝菜"，四川火锅或者重庆火锅，对人们来说不过是食

① 田野访谈资料。被访谈者：吴师傅（"之了"火锅厨师）。时间：2021年9月6日。地点：内江"之了"火锅店内。

物上的选择，而这些选择绝不是非此即彼的。蓝勇在《中国川菜史》里指出，或许每一个行政区都想靠树立本土菜系打响名号，但是，菜系划分需要有逻辑性、辨识度、合理且能自洽的理由。若非如此，悖论就会出现，反而影响地区饮食文化的辨识度[97]。近年来有重庆人力推所谓"渝菜"，和川菜完全切割开，感情上可以理解，但理智上是不科学也不明智的[98]。正如当我们在一家火锅店里做"重庆火锅还是四川火锅二选一"的访谈，"其实我们这里吃的既是四川火锅又是重庆火锅，因为这里面豆瓣是成都的，辣椒是重庆的。火锅嘛，好吃不就行了？"食客刘先生一边捞起成都猪脑花，一边放下重庆毛肚，一边如是说。

二、声望争夺：与其他地区的竞争

放眼全国范围内，我国火锅派系众多，若按不同标准划分，其名目繁多以至不可胜数。例如，若按地域划分，就有川味火锅、北派火锅、粤系火锅、江浙火锅、云贵川火锅，等等；按味型来分，又有麻辣火锅、清汤火锅、番茄火锅、酸汤火锅、菌菇火锅、药膳火锅，等等；按食材来分，如鱼头火锅、豆花火锅、美蛙火锅、肥牛火锅、海鲜火锅、啤酒鸭火锅，等等，种类多不胜数。由于地域饮食口味和火锅味型特征多有重合，目前国内主流分法是按地域大类分成北派火锅、粤系火锅和川味火锅。面对外部的"他者"，四川火锅文化持有者们巧妙地通过凸显麻辣火锅的味型特征以及对火锅的起源、传统、文化内涵进行强调来进行差异表述。

首先在称谓上，川渝地区吃火锅称"烫火锅"，老派叫法还有"镶火锅""拼火锅"；北派火锅称其为"涮"，如老北京"涮羊肉"；粤系火锅叫作"打边炉"。在选料上，四川火锅"天上飞的除了飞机，地上跑的除了汽车，水里游的无一不包"，一锅红汤里，除了当地的新鲜蔬菜常用常新，四川人也擅长以药入烹、以花入烹、以虫入烹、以果入烹，收尽蔬果虫鱼边角料，猪、羊、牛等家畜从头到尾、从皮肉到内脏，统统一锅烫煮之，充分体现"有容乃大"这四个字。北派涮羊肉讲究"干盘清汤"，传统吃法极忌讳在汤底中放五花八门的涮品，因此通常只需要配些传统的老三样即白菜、粉丝、冻豆腐为最佳。粤系火锅近些年以潮汕牛肉锅为代表。

在汤底上，四川火锅讲究红油翻滚、热气腾腾。以清油或牛油入味，佐以郫县豆瓣、辣椒、花椒、八角、大料、冰糖或醪糟汁等几十种香料炒制，追求集鲜香麻辣于一体的丰富口感。这种丰富而热烈的口感正好区别于北派火锅的"清"、粤系火锅的"鲜"、贵州的"酸辣"或杭帮的"甘"，川味火锅因此才独树一帜，自成麻辣一派。

在蘸料方面，北派流行口味醇厚的麻酱、韭花酱，粤系偏爱带清甜鲜香的沙茶酱、海鲜酱，而四川火锅以地区独特的蒜蓉麻油碟出彩。麻油碟以麻油、蒜泥以及盐为基础调料，在麻辣火锅中煮沸的食物，经过麻油的浸润，便有了清香解腻的效果。

在火锅食器上，北派流行老北京铜锅，粤系以新式精美为主，四川火锅锅形众多，尤以"鸳鸯锅"为其典型代表。

在吃法上，四川人无论男女老幼，所谓"食无定味，适口者珍"，火锅桌边尽情挥洒，豪气、爽朗、自由的气派也是闻名全国。

此外，在与内外部的"他者"竞争资源的过程中，四川火锅的文化持有者们开始对火锅的起源、传统、文化内涵进行强调，以挖掘麻辣火锅的独特个性。有的四川火锅店商家着力宣传地方特殊习俗。例如，在三伏天举办火锅节、火锅优惠活动等促销形式来强调巴蜀地区"三伏天吃火锅"的传统；有的商家着力强调吃火锅的"仪式感"；有的商家在火锅店里陈设舞台展现地方民歌、川剧变脸等地方艺术形式；有的商家在细节上突出巴蜀文化的特色，比如服务员着川江纤夫的服装表现川江文化；有的商家用张飞、诗仙太白、苏东坡、张大千等历史文化名人给食材命名；有的商家对麻辣火锅呈现形式进行革新，比如从四川简阳走向全国的"海底捞"品牌，以周到的服务打响自身招牌，在味道上淡化麻辣风味以适应全国食客的口味。

面对内部的"他者"，四川火锅与系出同源的重庆火锅通过起源地、正宗性、差异性和特殊性争论来达到各自饮食文化的区分，延续经久不息的"瑜亮情结"；面对外部的"他者"，相较于北派火锅的素简、粤系火锅的清淡，四川火锅的文化持有者高举"麻辣"大旗，巧妙地通过凸显味型特征进行差异性表述。在制作、消费、宣传麻辣火锅的过程中，川人通过"火锅文化"表述自我，强调自我的群体品格，在此过程中，"自我"与"他者"之间的界限也越发清晰了。

第三节　认同：自我身份的安放

人们对身份的感知是社会的产物，又在社会中完善，它与一系列社会符号相关涉，诸如特定社会中的食物。在饮食文化表述中，通常认为饮食习性和审美偏好能够产生和维持个人对所属群体的认同和忠诚，因为"人们总将美食和种族或者国家联系起来"[61]。可见，身份认同概念总是离不开社会属性的讨论。群体身份认同是成员通过有意识的社会分类、社会比较和积极区隔原则建立起来，它来源于人们对于成员资格的争取。

一、自我身份的转喻

安德森在《想象的共同体》中将象征物和群体联系起来，认为人们借助"想象"建构起民族或是社群，这些"想象"总是具体到诸如服饰、旗帜、仪式等象征物[101]。在饮食人类学的研究中，食物常常就是这种象征的存在，并作用于"自我"与"他者"身份的区隔。例如，稻米在日本大和民族身份认同中的重要作用，或者麦、米被北印度和南印度用于文化上的区分。

麻辣火锅被群体共同分享，奠定了群体认同的基础。在面对不同的他者时，火锅共同体向内寻找自我，使麻辣火锅成为"自我"身份的一种转喻，群体亦通过这种转喻来反复重构自己。在饮食文化研究的语境下，我们姑且像大贯惠美子称日本为"稻米共同体"那样将这个群体称为"火锅共同体"。

与四川人交谈中，你会发现他们的记忆片段总有对味觉回忆的牵涉，"麻辣"不独关乎生理上对地方口味的偏好，也关乎他们的情感联结：本来沉默寡言的出租车司机，讲起他中午吃过的爽脆的火锅毛肚，竟对顾客滔滔不绝；要出川去求学的青年人塞得鼓鼓的行囊里，那几包火锅底料已经呼之欲出，竟是担心外地吃不到正宗的麻辣火锅；外地好友要来四川做客，川人首先带他们吃的第一顿必然是当地最正宗的麻辣火锅；旅居外地多年的四川人，回乡第一件事就是追寻儿时麻辣的记忆去街角巷子找寻那家开了30年的夫妻火锅店。在四川人嘴里常常能听到这样的话："不吃麻辣火锅，就不算四川人。""吃火锅不吃辣，就不是正宗的四川人。""如果不吃红汤锅，你就交不到朋友。"……凡此种种，每个四川人似乎都经历着和吃火锅有关的事件，"烫火锅"已然不是一个简单的个体选择，而是一种约定俗成的集体表象。

麻辣火锅同与围绕它进行的一系列社交活动，已经将文化语码编列到了味觉感受中，使之成为四川人心中的"我们"的饮食。火锅被四川本土社会群体成员消费，火锅成为"我们"的隐喻——"我们"的女子是"辣妹子"，"我们"的美人是"火锅美女"，"我们"一起"烫火锅"指的是我要和你交朋友，喻示着"我愿意和你一起接受伤害"。以此产生共同的信任，不吃"麻辣"味道的火锅就是不尊重"我们"四川人。"我们"一起吃火锅，强调的是"我们"之间的密切关系，也足见川人对麻辣火锅的一种情感依恋。无形之中作为火锅的"物"早已成为四川人自我的隐喻。在川人的食物隐喻系统中，麻辣火锅成为川人身体的一部分，通过成为自我一部分的火锅被操作为转喻。原本有别的两件事，经过转喻的操作，麻辣火锅与自我意识紧密地牵连在一起。从这个意义上说，"麻辣火锅"就是"我们"的标签、"我们"的象征，也隐喻"我们"自己。

　　四川人对麻辣火锅的这种联想来源于日常话语的使用中，以火锅转喻自我表达的并不仅仅是对食物本身的认可，它更指向对四川这个整体地域的认可。可见，四川人认同麻辣火锅，传达的既是对自我的认同，同时也是对地方身份的认同。

二、群体内部的一致

　　作为自我的转喻，当川人与其他地区的人进行互动时，麻辣火锅不可避免地卷入其中。一旦食物的"地道性"遭到外部的模糊或质疑，"火锅共同体"群体内部产生了共有的认同归属，向内形成内聚力，此时群体对内一致进行"夸耀"，将个体的感受具象化为认同，而对于外部的"他者"，群体则一致将矛头向外进行"否定"。

　　首先，群体内部的一致表现为对内进行夸耀。笔者在田野调查中收集了大量本地人对四川火锅进行夸耀赞美的言论，如某火锅店内，外地人在与本地人的交谈中表示："四川火锅只有辣味，没有潮汕火锅那种清淡，吃不出食物本来的味道。"本地人马上反驳道："四川火锅的辣椒，跟湖南、贵州不一样。我们的海椒是经过油炸的，可以减辣增香，所以一大盆干辣椒密布的火锅看似辣得恐怖，实际上只是香气，略带微辣；你吃起来有点'糊辣'，实际上是一种'糊香'。所以，火锅的辣，往往辣得有层次、辣得有香气。"一位本地老饕面对有人批评四川火锅"一锅端，粗俗、鲁莽，不够精细，是'下里巴人'的食物"时反驳道："我们四川火锅的特色就是好吃不贵，有钱人可以吃得精细，去大型火锅店烫山珍海味；没钱的四川人可以吃得粗简，街头巷尾随便一家火锅摊一坐，烫一碗冒菜、一把'签签'，一样吃得巴巴适适。"此番种种言论，只要你走进火锅店，挑本地人和外地人一桌的，饭间的话题无不围绕对四川火锅的夸耀。诸如："来四川就是要吃火锅"，"四川火锅就是正宗"，"这个菜你们在外地吃不到吧？""这个辣椒是香辣，只有我们当地有"，"吃了这个火锅以后多来四川玩，火锅包够"……这些言论无不显示出四川人对麻辣火锅的自豪之情。

　　其次，群体内部的一致表现为对外进行否定。相比起前述话题讨论氛围的和谐，在面对外部的"他者"，四川人就没那么和气了。比如，关于四川火锅与重庆火锅，四川食客有评论："懂火锅的都知道，麻辣火锅在四川自贡起源，后来才有重庆火锅。""重庆火锅好吃是好吃，就是太油腻了，一层牛油糊在上面，吃了不上火才怪。""重庆火锅太糙了，要吃精细点还是去成都吧。"四川某食客对于北方蘸麻酱的涮羊肉评价道："他们的菜就是羊肉加几种蔬菜，太单调了。""清水煮的食物一点也提不起食欲。""蘸麻酱也太奇怪了，蘸麻酱变成了黑暗料理，我们才不吃。"对于潮汕的牛肉锅，同样自带"敌意"的四川人评论道：

"感觉吃火锅只有牛肉，一点也不丰富。""吃潮汕锅吃完觉得没有味道。"浙江上海的海派火锅在这里则被调侃为"流水线味道"："他们那边的火锅都是料包调出来的，每家火锅店味道都一样。""价格贵，没有任何特色，跟在家吃泡面有什么区别?!"① 种种言论虽客观上有失偏颇，是否具有广泛的代表性我们在这里也不做深究，但在与他者对比的语境中，这些言论背后透露的"地方本位主义"的色彩以及群体情感倾向的高度一致性，足以见得麻辣火锅在凝聚四川人向心力时发挥至关重要的作用。

从以上例子来看，在群体分享食物过程中，麻辣火锅超越了以往纯粹的"被吃""被消费""被消化"的对象，成了群体某种"共同性"的象征。日常生活中群体成员对四川麻辣火锅的分享，以及火锅作为饮食单元在话语中的使用，都在有意无意中凸显"我群"和"他群"之间的差别。在与外部的"他者"比较中，四川人很难不存在一种对地方饮食的"偏好"，这种偏好大可理解为泰弗尔对群体认同解释时提到的"这一群体认同所带来的情感和价值意义"。

在"他者"文化的比较之下，"火锅共同体"向内产生共有的认同感，进而产生内聚力，将否定矛头一致对外。这一点体现为地方争夺的结果往往是以对"他者"饮食的否定为基本倾向，即对四川火锅的赞美与认同，最终指向对地方文化和群体身份的认同。

本章小结

本章分析四川火锅如何建构地缘群体的身份认同：分析火锅"共食"过程中体现的集体文化感受；区隔作为"他者"的外地火锅；认同作为自我的四川火锅。麻辣火锅以其独特的地方性成为一个良好的本土文化叙事空间，在表征"自我"和区隔"他者"的辩证过程中，一种地缘群体的身份认同得以建立。

一、火锅"共食"过程中产生的集体文化感受。麻辣火锅同与之相关的一系列共餐体验，将文化语码编列到了味觉感受中，使之成为"我们的饮食"；在人们关于火锅"麻的记忆"、"辣的记忆"、"烫的记忆"和"黑暗料理的记忆"中，身体和情感的记忆形成感通现象，形成一种有关火锅的"我们的记忆"；麻辣火锅以其独特的地方性成为一个良好的本土文化叙事空间，它通过物象、行为、味道等多种叙事方式强调地方群体的身份，重塑关于地方主体共同的"我们的文化"。

二、区隔作为"他者"的外地火锅。面对内部的"他者"，四川火锅与系

---

① 笔者观察记录。时间：2021年8月15日至9月6日。地点：内江"川西坝子"老火锅店内。

出同源的重庆火锅通过起源地、正宗性、差异性和特殊性争论来达成各自饮食文化的区分，延续经久不息的"瑜亮情结"。面对外部的"他者"，相较于北派火锅的素简、粤系火锅的清淡，四川火锅的文化持有者高举"麻辣"大旗，巧妙地通过凸显味型特征进行差异性表述。在制作、消费、宣传麻辣火锅的过程中，川人通过"火锅文化"表述自我，强调自我的群体品格，同时也界定了内部成员区别于他人的身份。

三、认同作为"自我"的四川火锅。在川人的食物隐喻系统中，麻辣火锅成为川人身体的一部分，通过成为自我一部分的火锅被操作为转喻；"火锅共同体"在群体内部产生了共有的认同归属，进而生成内聚力，群体对内一致进行"夸耀"，将个体的感受具象化为认同，而对于外部的"他者"，群体则一致将矛头向外进行"否定"。群体以对"他者"饮食的否定为基本倾向，最终指向对地方文化的肯定、对群体身份的认同。

在饮食人类学的研究中，特定食物常常被作为区别"自我"和"他者"的根据，标记着群体的边界。如同稻米被认为是日本人自我的转喻；或者米、麦被认为是区隔南印度群体和北印度群体的界限，类似地，如同港式茶点之于香港人、过桥米线之于云南人，麻辣火锅也在长时段的历史实践中被川人选择，并与其他社会行为交替并置、作用于共同体的内部关系的维系。四川麻辣火锅以其独特的地方性成为一个良好的本土文化叙事空间，通过形成"我们的饮食""我们的记忆""我们的文化"等集体文化感受强调地方群体的身份。在表征"自我"和区隔"他者"的辩证过程中，一种地缘群体的身份认同得以建立。

值得注意的是，本文强调的地方、地方饮食、地方文化或者地方认同并不是一个以绝对地域或者地域文化为差别的实体，因为哪怕身处文化中心的人也未必对所谓"认同"有确切的自识。在社会学家与人类学家眼中，社会或文化绝不是一个个轮廓分明的实体，也从不认同存在社会文化的"孤岛"。我们既不在文化普遍性的标题下否认地方文化的特殊性，也不能孤立地检验地方文化的独特性。因为就长时段的历史实践而言，文化的社会属性决定了它始终处于内外部发展、互动、流变的辩证过程中。我们在这里强调的"火锅文化"或者"地方身份认同"，是在有条件的情况下进行的解读，正如萨林斯（Sahlins）在关于夏威夷的论述中表达的"他者遭遇"一样，这个"合然"的条件是"人们在遭遇他者时才会被迫重新界定自我"。在现代性的冲击下，当地方文化连同地方饮食面临特质削弱乃至于丧失独立时，所谓"地方"、"传统"、"自我"和"认同"才亟须被标识和强调。

第五章　认同反思——地方文化的回归与自觉

在现代性语境中，"地方"常常被挑选出来作为对抗"全球"的武器[5]，也即"地方"或地方文化成为抵抗全球资本主义势力的一种特殊途径。全球化的时代潮流下，市场化、现代化导致生活形态改变，工业化食物制造使饮食意义和在地意识剥离，全球化与本土化成为一对时代命题。在地缘政治的冲击下，世界饮食竞争融合，世界范围内一些传统食物、传统饮食方式开始"复活"。这些"民族复活"通常是一种"传统的发明"[66]，其中被定义为"真正传统"的地区饮食格外突出。但回顾发明实践，就像苏格兰短裙以及所谓"苏格兰高地传统"都是在与英格兰合并时被现实需要创造的那样，那些"传统饮食"也是后来的发明。不难发现，这些"发明"与人们重新界定他们身份的迫切需要有关。

全球化背景下，地方从未像现在这样如此需要"在地意识"。世界范围传统文化的回归必须被看作自我的呈现与再呈现，地方饮食被推上历史舞台。

第一节　饮食同质化：地方文化的模糊

随着中国城市化的进程加速，原有的地域特征文化迅速被多元文化所取代，地方文化在现代性的冲击下不断消解、碎片化，乃至于丧失独立性。去地域化（deterritorialization）最早由法国学者吉尔·德勒兹（Gilles Ddleuze）1972年在《反俄狄浦斯》一书中提出，广义上的去地域化是指当代资本主义文化中人类作为主体的流动性、消散性和分裂性[102]。但是这一概念常被用于文化全球化的解释，在人类学界，"去地域化"一般指文化与地方之间的联系的弱化，这种弱化包括文化的主体和客体在时间和空间上的去地域化。具体到四川火锅上来说，所谓空间联系的弱化是指火锅作为物的主体与巴蜀地区地理空间的联系逐渐弱化，而火锅的制作者和消费者作为物的客体也不限定于原来的地理空间——巴蜀大地；所谓时间的联系的弱化则是指火锅的起源和传播的进程不断在不同的地方重现，原来作为地方文化的麻辣火锅失去了时间上的原真性。

全球化商业包装形成了各种饮食文化潮流，外来的如"麦当劳""肯德基""日本寿喜烧""韩国部队火锅"等；国内的如"兰州拉面""沙县小吃""重庆鸡公煲"等普遍流行起来。曹雨在《中国食辣史》[98]中总结了这些先后在城市中流行起来的现代性饮食的四个共同规律：一是简化菜单；菜单上的品类越来越少，甚至只有一种主打品种以聚焦产品；二是规范操作：尽量免去复杂的人为因素环节，减少厨师的参与，使菜品得以高度统一；三是统一食材：高度依赖现代物流，原材料可以快速且廉价通过全国物流网络铺到每一个门店，同时保证原材料的一致性；四是配方调味：依赖工业化的调味品保证食物的口味。以曹雨提出的中国饮食现代性的四个规律来看，四川的麻辣火锅很容易符合全部特征，即简化菜单、规范操作、统一食材、配方调味。麻辣火锅在中国的流行也与其属性有关。一般来说，麻辣火锅的食材看起来非常丰富，但是蔬菜类多用四季皆有品种，肉制品也逐渐常规化，冷冻肉品的比例在增加。火锅主要通过调味料来赋予食物味道，连锁品牌例如曾经风光的"小肥羊"，当下受到热捧的"海底捞"，其汤底都有固定的调味配方，而这些配方是密不公开的，作为重要的资产之一掌握在资方的手中。资方以工业化的生产方式制造这些统一的汤底，分配给各个门店，同时这些浓烈的调味品可以掩盖工业化食材缺乏原材料风味的缺陷。食材经过标准化的汆烫流程以后，被浸在调味料汤汁中吸取味道，再按照顾客的自调蘸料入味，即是火锅的一般操作流程。这个过程中可由烹饪者影响的因素非常少，可以说除了烫煮的时长，几乎所有的因素都是可控制的。从效率来看，火锅的确是效率很高的饮食类型，它不需要聘请高薪且不稳定的厨师，口味的一致性也容易确保。且火锅可以由消费者自行搭配菜式，又不增加厨房的运行压力，这也是一个巨大的优势。

在全国经济腾飞的大格局下，四川火锅对我国餐饮业的影响越来越大，出现所谓"一锅红艳，煮沸人间"。在重庆，火锅街、火锅城、火锅楼比比皆是；在传统的基础上新品种不断涌现，卤汁、用料、调味有所创新；火锅底料研制成功并投入生产为火锅的普及创造了条件。由于重庆火锅的兴旺，四川各地的火锅也遍地开花。传统四川火锅由于食材内陆性和味型的多元，往往性价比最高，显现了极高的平民化程度，使四川火锅深入民间，植根深厚。但也因此容易受外来饮食文化的干扰而产生变化，而且这种变化往往以"创新"的话语出现，这在一定程度上影响传统四川火锅特征的传承和保护。

四川火锅面临的问题首先是来自国内市场的激烈竞争。在重庆火锅金字招牌、北派火锅、粤系火锅、江浙火锅的夹击下，四川市场经营的传统麻辣火锅店的生存空间遭到前所未有的挤压。此外，国外舶来品诸如"日本寿喜烧""韩国部队火锅"在国内市场攻城略地，抢占国内的火锅市场。年轻人对来自日本的"寿喜烧"趋之若鹜，但是对于本土火锅却缺乏期待。四川火锅的商家对此作出的回应多是调整口味、增加味道以外的卖点。如从四川简阳走向全国的"海底捞"品牌，已经在竞争中放弃"四川火锅"的麻辣味型标签，转而以周到的服务打响自身招牌，其本身四川火锅的特点已经消散殆尽。我们在走访调查中对食客进行的随机访谈中，问道："'海底捞'火锅是哪里的？"超过九成的食客都不知道其出自四川。"

四川火锅面临的又一问题是受外来饮食菜系的冲击和影响，使得四川火锅本身面临被"同质化"，失去本身的味型和文化特色。应该看到，改革开放以来的几十年时间里，新派四川火锅层出不穷，但往往都是昙花一现，成功保留下来成为地方特色的相当少。其最重要的原因是随着商业规模的全国性拓展，使得新派四川火锅只注重口味的地区适应，而放弃了"一辣、二甜、三回味"的"原真性"特征，生硬地将其他地区的适口味型、食材、成菜方式融入四川火锅，而不是立足传统四川火锅的基本特征来创新。许多四川火锅厨师都主动适应多元社会潮流，在汤底烹饪上作出新的改进，如大量使用统一配置的流水线锅底，使食材的鲜香完全被工厂统一配置的底料压住；又如大量将以重油炒制的辣椒改为鸡汤、清汤，同时减少烹饪过程中的辣椒元素；再如放弃四川火锅用清油、香油增香减辣的妙笔，或者过多用当地习惯的诸如麻酱、沙茶酱等蘸料……这些举动使得四川火锅的味型边界变得更加不清晰，进一步削弱四川火锅的特色，使得负面口碑从部分门店张扬出来。

可见，麻辣火锅作为四川火锅饮食的灵魂，在走出去之后的味型特色和文化地位已然岌岌可危。传统四川火锅烹饪的"一辣、二甜、三回味"基本特征在大多数厨师眼里只有"麻、辣"二字，已经没有"复合"的特征，使四川火锅的独立性大大削弱。国内的火锅市场早已成为资本的角斗场，具有民间特色的麻辣火锅正面临口味上的被"同质化"危机。

但值得庆幸的是，当地方饮食文化处于高度碰撞、失真过程中时，仍有麻辣火锅的手艺人坚持通过日常饮食安抚人心。例如，经营夫妻火锅店的陈老板告诉笔者，"四川传统麻辣锅是四川人的名牌，要做特色，要保住四川火锅的金字招牌，一定要一边因地制宜，一边保住特色，把我们的好东西介绍到全世界……"①

第二节　饮食地方感：文化边界的凸显

在饮食人类学的研究中，作为文化符号的食物不再仅是本身的主题，它还与其他社会行为交替、并置，同时作用于共同体的内部关系的维系。毫无疑问，川人在麻辣火锅中凭附了象征符码、群体记忆、自我转喻和认同感，在日常饮

---

① 田野访谈资料。被访谈者：陈老板（内江"美蛙鱼"火锅老板）。时间：2021年8月25日。地点：内江"美蛙鱼"火锅店内。

食的分享话语中，地方文化的边界得以凸显。火锅的"形而下"催生出麻辣文化的"形而上"，通过形成"我们的饮食""我们的记忆""我们的文化"强化并凸显了一种特殊的饮食"地方感"。

"地方感"（thesense of place）是研究者确认研究对象的感知依据，也是近年来人类学研究的一个新兴话题。食物的感受是"被沉淀于身体的感受"[6]，体现的是人在情感上与地方的深刻勾连。这种"感受"常常与恒定、易于识别和连续的空间联系起来，形成"地方感"或"地方性口感"。从这个角度说，四川火锅不啻为"地方性口感"的典型一例。

随着四川火锅在全国范围的流行，火锅作为物的主体与巴蜀地区地理空间的联系逐渐弱化，而麻辣火锅的制作者和消费者作为物的客体也不限定于原来的地理空间——巴蜀大地。在与北派火锅、粤系火锅、江浙火锅以及国外舶来物争夺过程中，原来作为地方文化的四川火锅失去了味道上和文化上的原真性。川人开始对火锅的起源、传统、文化内涵进行强调，以挖掘本土饮食的独特个性，使"地方性口感"成为一种话语争夺的重要手段。

首先，火锅象征系统的运作使得地方文化的边界得以凸显。在群体内部，文化持有者着力进行自我身份的归属，通过象征符号的运作使麻辣火锅的意义进入象征系统，使其成为地方身份认同的载体。在语言的象征系统中，兼具地方语言特色的"展言子"和火锅店名，是饮馔语言和本土文化的妙趣结合，既在向食客们陈述着火锅的特色，也是川人通过火锅传输的自我表达。味道里的"麻""辣"不仅被反映在"喜欢麻辣""习惯麻辣"的身体感知上，还被借用在对区域人格的比喻中，例如"辣妹子"。在川人的食物象征系统中，麻辣火锅成为川人身体的一部分，随着隐喻意义不断地增长叠加，变成了文化意义上一连串的"象征符号"，通过成为自我一部分的火锅被操作为自我的转喻："我们"的女子是"辣妹子"，"我们"的美人是"火锅美女"，"我们"一起"烫火锅"指的是"我要和你交朋友"，喻示着"我愿意和你一起接受伤害"，不吃"麻辣"味道的火锅就是不尊重"我们"四川人……无形之中作为火锅的"物"早已幻化为自我角色，丰富了地方隐喻的表述体系。

其次，地方文化的凸显也反映在集体记忆的提取中。川人通过对麻辣火锅的食用，使沉淀于"感觉之阈"的味觉记忆被提取出来，此时身体记忆与文化记忆被同置一畴。身体和情感的记忆形成感通现象，成为一种可解读的"选择性的历史记忆"。在对当地人关于火锅"麻"和"辣"的记忆解读中，我们看到"四川人把辣椒吃得如同辣椒故乡"，"花椒在中国西南的坚守就是为等待辣椒的到来"，只因麻辣"是川菜的味魂"。在关于"烫"火锅的记忆中，"烫"作为一种口感，又作为一种共餐动作，在这里具有双重意义——它是食物隐喻和情感隐喻的叠加。四川火锅食材中独特的"黑暗料理"，在川人眼中是美味，更是乡愁。当空间变迁带来文化失落，地方的味道尤其能够勾连起特定地方的记忆，成为地方身份认同的一个锚点。

再次，群体透过地方食物形成了文化上的共同感受，也使得地方文化边界得以凸显。每个四川人似乎都经历着和吃火锅有关的事件，而这些事件产生的影响细密地藏在川人的文化感受中。麻辣火锅同与之相关的一系列共餐体验，将文化语码编列到了味觉感受中。比如，"不吃火锅，就不算四川人；吃火锅不吃辣，就不是正宗的四川人。""在四川吃火锅，如果不吃红汤锅，你就交不到朋友。"选择一起吃火锅，从而成为与"他们"相对的"我们"，因此分享的火锅成了"我们的饮食"。川人对麻辣火锅的喜爱不仅体现在饮食话语中，也体现在文艺作品中。无论是学界对四川火锅文化的收集、整理和撰写，还是以火锅为题材创作的文学、艺术作品，都在有形无形中将四川火锅作为一种地方饮食形式纳入地方社会生活史之中。四川麻辣火锅正是以其独特的地方性成为一个良好的本土文化叙事空间，重塑了关于地方主体共同的"我们的文化"。

最后，地方文化的凸显是地方文化共同体生成的原因，同时也指向结果。面对内部的"他者"，四川火锅与系出同源的重庆火锅通过起源地、正宗性、差异性和特殊性争论来达成各自饮食文化的区分，延续经久不息的"瑜亮情结"。面对外部的"他者"，相较于北派火锅的素简、粤系火锅的清淡，四川火锅的文化持有者高举"麻辣"大旗，巧妙地通过凸显味型特征进行差异性表述。在制作、消费、宣传麻辣火锅的过程中，川人通过"火锅文化"表述自我，强调自我的群体品格，同时也界定了内部成员区别于他人的身份。当食物的地区特色或"地道性"遭到模糊和质疑，"火锅共同体"在群体内部产生了共有的认同归属，进而生成内聚力，群体对内一致进行"夸耀"，将个体的感受具象化为认同，而对于外部的"他者"，群体则一致将矛头向外进行"否定"。

总之，地方文化的凸显是地方身份认同的条件，同时也指向结果。麻辣火锅文化持有者在对火锅的起源、传统、文化内涵的追溯中，充分挖掘本土"地方"的独特个性，这种对饮食文化的强调有意无意地指向了一个结果——地方文化的边界得以凸显。

第三节　从身份认同到文化自觉：地方文化的回归与自觉

全球化的时代潮流下，市场化、现代化席卷连同饮食在内的各类文化事项，工业化食物使食物意义和在地意识剥离。一方面，城市的趋同态势常常导致"地方感"消弭，四川如同其他卷入时代大潮的所有地区一样，其地域饮食文化面临同质化危机。另一方面，四川火锅的文化持有者们对当地火锅传统食俗文化的标榜和发扬，是对本区域传统文化价值的肯确，自然地促成地方情感忠诚和地方身份认同的发生。

这种文化的回归首先体现于文化传统的复振。"传统"意味着四川火锅及其历史文化的不可替代，体现着四川火锅作为四川本土食品的独特因素，这些因素代表着四川本土的特点。在与内外部资源竞争过程中，文化持有者利用群体内的影响力导向群体选择，且这种导向不仅遵循着文化传统，还兼顾群体的利益、意志以及心理倾向，也即一种本尼迪克特指称的"文化模式"的力量。例如，有商家在三伏天定期举办火锅节，着力宣传"三伏天吃火锅"的地方特殊习俗；有的强调麻辣火锅的"仪式感"，在店内做出"冬吃牛油，夏宜清油，辣在先甜在后，菜在先肉在后，热在先冷在后"等引导，传达"食以养生""食有时、有序"的传统饮食观。通过麻辣火锅这一物质形态，人们得以追溯传统饮食文化观念、理解地方历史的指南，串联起食物、地方和个人的变化历程。在品哑麻辣火锅的同时，传统文化在群体感知和互动中得到强化。

其次，文化的回归与自觉还体现为地方文化标签的重新发扬。地域文化形象在地区软实力中处于关键性位置，四川麻辣火锅作为四川的烫金名片，成为地方宣传饮食文化的标签。标签的力量体现于天然具有声望垄断的品性，因此才不可模仿、不可取代，成为创造价值的核心。当"地方"需要被凸显的时候，四川火锅被挑选出来，成为地方声望争夺的武器。政府、学界、商界、个体、社会力量通力协作致力品牌效应的打造，参与饮食文化挖掘。例如，世界上唯一以饮食菜系为陈列内容的主题博物馆——川菜博物馆在成都郫都区建立；作为地区美食标签，四川火锅位列省级天府旅游美食候选名单[①]；从四川简阳走到全国的"海底捞"火锅，较早以连锁店的方式巩固四川火锅在品牌营销上的稳定性。显然，在制作、消费、宣传麻辣火锅的过程中，地方饮食文化被反复糅炼。麻辣火锅这一地方标签与地方社会、地方文化交替并置，以大众化的形式呈现在大众面前，在此过程中，四川地方文化巧妙地输出了。

最后，这种文化的回归还体现为一种整体性结构的召唤力量，即社会整体文化的回归和自觉。费孝通先生认为"文化自觉"是身处特定文化中的人对其文化持有的一种"自知之明"[103]。文化自觉的首要条件是文化自信，进而客观地反思自我的文化渊源以及进取得失。当时空变迁带来文化失落，个体与群体在发展中需要文化做内质，亟须不易流变的地方文化为自我定位提供锚点。"他

---

① 参见四川省省级天府旅游美食候选名单的第二次公示．四川省文化和旅游厅［引用日期 2021-07-12］．

者"文化的侵入将迫使人们觉醒对于"自我"文化的需求，并在文化的自醒中找到久违的归宿。

川人在麻辣火锅中凭附的象征意义、群体记忆、自我转喻和认同感，使得麻辣火锅成为"当下空间"中的文化叙事，它不仅被作用于地方群体的内部关系的维系，同时也成为一个良好的本土文化叙事空间。围绕着麻辣火锅形成与"他者"的博弈、对物质文化和非物质文化的溯源以及对地方独特个性的挖掘，是人们反思自己的文化来源、进行文化自辩的重要契机。当下，学界对四川火锅文化的收集、整理和撰写，将四川火锅作为一种地方饮食形式纳入地方社会生活史之中；此外无论是作为个体对地方美食的选择和褒扬，还是群体置喙下地方味道的反复强调：火锅艺术形式的革新、博物馆的建立、火锅食育的推进、四川火锅美食文化旅游节的举办、相关火锅文化保障制度的施行，等等。在麻辣火锅的"味外之味"中，四川麻辣文化、景观文化、方言文化、川菜文化甚至茶馆休闲文化被全方位昭显。麻辣火锅的内涵通过市场发酵成为文化资本，在创造商业价值的同时，必然在整个区域社会深深唤起文化的回归与自觉，从而帮助人们重新找到文化复振的力量。

结　语

在人类学的表述中，"认同"能够反映集体共同的历史、经历以及文化特征，在不断变化的社会环境和历史过程中为我们提供了一种稳定、恒定、易于识别和连续的意义范畴。在本研究中，四川麻辣火锅作为川人地方文化表述和身份认同载体，承载着鲜明的符号象征意义、地方文化特征以及社会互动模式，既是川人"胃口"的效忠对象，又体现四川"地方性知识"的独特个性，从这个角度看，四川火锅不啻为四川地区区域文化生存流变的生动写照。本文基于田野访谈资料和文献资料，以饮食人类学对地缘群体"身份认同"的研究范式，从四个维度探讨了地方饮食对身份认同建构的影响机制：第一个维度是与生成环境有关的物质线索和文化线索；第二个维度是探讨饮食文化中象征符号的运作；第三个维度是分析食物建构身份认同的机制；第四个维度是对饮食建构身份认同进行反思性理解。研究发现：

"天府之国"得天独厚的自然环境为饮食文化提供了丰沃的物质基础，巴蜀人"尚滋味""好辛香"的饮食风气为"火锅文化"筑牢了人文根基；四川火锅食材择取上的博采广纳和烹制技艺上的"无馔不工"，使得四川麻辣火锅具有了鲜明不可复制性；四川火锅的饮食秩序鲜明地体现在独特的食俗礼仪中，还因当地人对火锅的喜爱，甚至产生了"三伏天吃火锅"的习俗；"请客"吃火锅是好客川人的固定项目，人们因火锅之"礼"而强化了社会联结。从川地自然环境到麻辣饮食风格的生成，中间起作用的不仅是丰沃的自然资源，还有川人对饮食有意的调适和选择。这种调适也使得川人与麻辣火锅之间形成一种双向奔赴，亦即在人与"物"之间建立起一种"共生关系"（symbiosis）。川人以饮食方式为媒介，曲折地通过文化的形式建立起一套独特的饮食秩序和地方伦理——它成为地方身份认同的前提。

在饮食文化的象征表述中，麻辣火锅的"形而下"衍生出作为麻辣符号的"形而上"，川人亦在此之上凭附了丰富的文化信息和语码。人们以麻辣火锅为体、为象、为媒介、为转喻而构成象征系统中多彩的"饮食叙事"，形成了四川地区独特的饮食表述范式。在语言的象征系统中，兼具地方语言特色的"展言子"和火锅店名，是饮馔语言和本土文化的妙趣结合，既在向食客们陈述着火锅的特色，也是川人通过火锅传输的自我表达，同时也传达了地方饮食语言表达的策略和智慧："我们"的女子是"辣妹子"，"我们"的美人是"火锅美女"，"我们"一起"烫火锅"指的是"我要和你交朋友"，喻示着"我愿意和你一起接受伤害"，不吃麻辣味道的火锅就是不尊重"我们"四川人……无形之中作为火锅的"物"早已幻化为自我角色，丰富了地方隐喻的表述体系。此外，四川火锅还表征着川人在饮食选择上的道德观念：饮食之"和谐之道"被广泛运用于麻辣火锅形与味的塑造中，这是当地人对天时、地利、人和的精准把握，指向丰富的地方象征寓意和文化精神。

在分析麻辣火锅建构地方身份认同时，本文通过集体文化感受、区隔"他者"以及认同"自我"三个方面探讨地方饮食对身份认同建构的影响机制。每个四川人似乎都经历着和吃火锅有关的事件，这些事件产生影响细密地藏在川人共同的文化感受中。麻辣火锅同与之相关的一系列共餐体验，将文化语码编列进味觉感受。"不吃火锅，就不算四川人。""吃火锅不吃辣，就不是正宗的四川人。"选择一起吃火锅，从而成为与"他们"相对的"我们"，因此分享的火锅成了"我们的饮食"。在人们关于火锅"麻的记忆"、"辣的记忆"、"烫的记忆"和"黑暗料理的记忆"中，沉淀于"感觉之阈"的文化记忆被提取出来，形成一种有关火锅的"我们的记忆"。麻辣火锅以其独特的地方性成为一个良好的本土文化叙事空间，无论是学界对四川火锅文化的收集、整理和撰写，还是以火锅为题材创作的文学类型，都将四川火锅作为一种地方饮食形式纳入"我们的文化"之中。在面对不同的"他者"时，群体向内寻找自我，通过麻辣火锅的转喻来反复重构自己，形成"火锅共同体"。面对内部的"他者"，四川火锅与系出同源的重庆火锅通过起源地、正宗性、差异性和特殊性争论来达成各自饮食文化的区分，延续经久不息的"瑜亮情结"；面对外部的"他者"，相较于北派火锅的素简、粤系火锅的清淡，四川火锅的文化持有者高举"麻辣"大旗，巧妙地通过凸显味型特征进行差异性表述。当食物的地区特色或"地道性"遭到模糊和质疑，"火锅共同体"在群体内部产生了共有的认同归属，进而生成内聚力，群体对内一致进行"夸耀"，将个体的感受具象化为认同，而对于外部的"他者"，群体则一致将矛头向外进行"否定"。群体以对"他者"饮食的否定为基本倾向，最终指向对地方文化的肯定、对群体身份的认同。

在厘清了地方饮食对身份认同建构的影响机制之后，本研究将目光放远至"全球视野"。在现代性的语境中，"地方"常常被挑选出来作为对抗"全球"的武器。"他者"文化的侵入将迫使人们觉醒对于"自我"文化的需求，并在文化的自醒中找到久违的归宿。当时空变迁带来文化失落，个体与群体在发展中需要文化做内质，亟须不易流变的地方文化为自我定位提供锚点。地方从未像现在这样如此需要"在地意识"，麻辣火锅被川人推上历史舞台。一方面，城市的趋同态势导致"地方感"消弭，四川地方饮食文化面临同质化危机；另一方面，麻辣火锅的文化持有者在对火锅的起源、传统、文化内涵的追溯中，充分挖掘本土"地方性口感"的独特个性，使其成为一种话语争夺的重要手段。对当地火锅传统食俗文化的标榜和发扬，是对传统文化价值的肯确，自然地促成地方身份认同的发生。人们通过麻辣火锅建构的认同起到了凸显地方文化边界的效果，同时也在客观上召唤了地方文化的回归与自觉。

在全球化的背景中，文化的同质性替换着文化的多样性，同时文化的特殊性又对抗着自我的失落。如同世界范围内"传统"的"复活"，不论是苏格兰短裙、日本的稻米，还是作为川人自我转喻的麻辣火锅，都是作为地方文化身份的代表拒斥自我被这股潮流涵盖。文化持有者们努力寻求自我文化特质的独立，以"我们的饮食"作为对抗全球化的"武器"，此时，将境界放远至"在地关怀、全球视野"便显得尤其重要。毕竟，文化作为资本，以文化保护文化，是地方文化抗衡全球化的生存智慧。

参考文献

［1］爱弥尔·涂尔干，马赛尔·莫斯. 原始分类［M］. 上海：上海人民出版社，2000：92.

［2］克利福德·格尔兹. 地方性知识［M］. 杨德睿，译. 北京：商务印书馆，2014.

［3］埃里克森. 小地方，大论题［M］. 董薇，译. 北京：商务印书馆，2008.

［4］戴维·哈维. 正义、自然和差异地理学［M］. 胡大平，译. 上海：上海人民出版社，2010.

［5］克雷斯韦尔. 地方：记忆、想像与认同［M］. 徐苔玲，王志弘，译. 台北：群

学，2006.

　　[6] 彭兆荣. 饮食人类学 [M]. 北京：北京大学出版社，2013.

　　[7] BHABHA H K. The Location of Culture [M]. Routledge, 1996.

　　[8] JOHNSTON R J. A Place for Everything and Everything in Its Place [J]. Transaction of the Institute of British Geographers, 1991, 16 (2)：131-147.

　　[9] BALDWIN M. Dictionary of philosophy and psychology [J]. Macmillan Co, 1998：504.

　　[10] 曼纽尔·卡斯特. 认同的力量 [M]. 曹荣湘，译. 北京：社会科学文献出版社，2003.

　　[11] 郑晓云. 文化认同与文化变迁 [M]. 北京：社会科学文献出版社，1992：32-35.

　　[12] 斯图尔特·霍尔. 表征：文化表征与意指实践 [M]. 徐亮，陆兴华，译. 北京：商务印书馆，2013：209.

　　[13] 陶家俊. 身份认同导论 [J]. 外国文学，2004 (2)：37-44.

　　[14] 路易斯·亨利·摩尔根. 古代社会 [M]. 杨东莼，马雍，马巨，译. 北京：商务印书馆，1971.

　　[15] 弗雷泽. 金枝：巫术与宗教之研究 [M]. 徐育新，等译. 北京：中国民间文艺出版社，1987.

　　[16] 爱德华·泰勒. 原始文化 [M]. 桂林：广西师范大学出版社，2005.

　　[17] 爱弥尔·涂尔干. 宗教生活的基本形式 [M]. 渠东，汲喆，译. 上海：上海人民出版社，1999.

　　[18] 马林诺夫斯基. 西太平洋上的航海者 [M]. 梁永佳，等译. 北京：华夏出版社，2002.

　　[19] 马塞尔·莫斯. 礼物：古式社会中交换的形式与理由 [M]. 北京：商务印书馆，2016.

　　[20] 马勒里. 礼仪与膳食 [J]. 美国人类学家，1888，1 (3)：193-208.

　　[21] 陈运飘，孙箫韵. 中国饮食人类学初论 [J]. 广西民族研究，2005 (3)：16-23.

　　[22] 列维·斯特劳斯. 神话学：生食与熟食 [M]. 周昌忠，译. 北京：中国人民大学出版社，2007.

　　[23] 马文·哈里斯. 好吃：食物与文化之谜 [M]. 叶舒宪，户晓辉，译. 济南：山东画报出版社，2001：33.

　　[24] 彭兆荣，肖坤冰. 饮食人类学研究述评 [J]. 世界民族，2011 (3)：9.

　　[25] 雷德克里夫·萨拉曼. 马铃薯的历史及社会影响 [M]. 剑桥：剑桥大学出版社，1985.

　　[26] 埃里克·沃尔夫. 欧洲与没有历史的人民 [M]. 赵丙祥，等译. 上海：上海人民出版社，2006.

［27］西敏司．甜与权力：糖在近代历史上的地位［M］．王超，等译．北京：商务印书馆，2010.

［28］杰克·古迪．烹饪、菜肴与阶级［M］．杭州：浙江大学出版社，2017：12-14.

［29］普里查德．努尔人［M］．褚建芳，译．北京：华夏出版社，2002.

［30］杰克·特纳．香料传奇：一部由诱惑衍生的历史［M］．周子平，译．北京：生活·读书·新知三联书店，2015.

［31］马歇尔·萨林斯．文化与实践理论［M］．赵丙祥，译．上海：上海人民出版社，2002.

［32］罗伊·A. 拉帕波特．献给祖先的猪：新几内亚人生态中的仪式［M］．赵玉燕，译．北京：商务印书馆，2016.

［33］尤金·N. 安德森．中国食物［M］．马缨，刘东，译．南京：江苏人民出版社，2003.

［34］约翰·S. 艾伦．肠子，脑子，厨子：人类与食物的演化关系［M］．陶凌寅，译．北京：清华大学出版社，2013.

［35］迈克尔·艾伦·福克斯．深层素食主义［M］．王瑞香，译．北京：电子工业出版社，2015.

［36］高成鸢．论饮食文化在世界学术体系中的地位［J］．中国烹饪研究，1995（3）：6.

［37］冯珠娣．饕餮之欲：当代中国的食与色［M］．马磊，等译．南京：江苏人民出版社，2009.

［38］穆素洁．中国：糖与社会：农民、技术和世界市场［M］．广州：广东人民出版社，2009.

［39］王晴佳．筷子：饮食与文化［M］．汪精玲，译．北京：生活·读书·新知三联书店，2019：338-339.

［40］石毛直道．饮食文明论［M］．赵荣光，译．哈尔滨：黑龙江科学技术出版社，1992：89.

［41］吴燕和．港式茶餐厅：从全球化的香港饮食文化谈起［J］．广西民族学院学报（哲学社会科学版），2001（4）：24-28.

［42］谭少薇．港式饮茶与香港人的身份认同［J］．广西民族学院学报（哲学社会科学版），2001（4）：29-32.

［43］张展鸿．客家菜馆与社会变迁［J］．广西民族学院学报（哲学社会科学版），2001（4）：33-35.

［44］张珣．文化建构性别、身体与食物：以当归为例［J］．（台湾）考古人类学，2007（67）：116.

［45］叶舒宪．圣牛之谜：饮食人类学个案研究［J］．广西民族学院学报（哲学社会科学版），2001，23（2）：5-11.

［46］肖家成．升华的魅力：中华民族酒文化［M］．北京：华龄出版社，2007．

［47］郭于华．透视转基因：一项社会人类学视角的探索［J］．中国社会科学，2005（5）：32-34．

［48］阎云翔．礼物的流动：一个中国村庄的互惠原则与社会网络［M］．李放春，等译．上海：上海人民出版社，2000．

［49］瞿明安．隐藏民族灵魂的符号：中国饮食象征文化论［M］．昆明：云南大学出版社，2001．

［50］秦莹．跳菜：涧南彝族的飨宴礼仪［M］．昆明：云南人民出版社，2010．

［51］陈永邺．欢腾的盛宴：哈尼族长街宴研究［M］．昆明：云南大学出版社，2009．

［52］庄孔韶．北京"新疆街"食品文化的时空过程［J］．社会学研究，2000（6）：16-19．

［53］张景明．饮食人类学与草原文化研究［J］．青海民族研究，2010，21（4）：32-37．

［54］李自然．生态文化与人：满族饮食文化研究［M］．北京：民族出版社，2002：20．

［55］万建中．满族饮食习俗的生态意蕴和生存智慧：以辽宁满族春节饮食为例［J］．社会学与思想教育，2014（12）：72-76．

［56］景军．神堂记忆：一个中国乡村的历史、权利与道德［M］．福州：福建教育出版社，2013．

［57］景军主编．喂养中国小皇帝：食物、儿童和社会变迁［M］．上海：华东师范大学出版社，2016．

［58］舒瑜．微"盐"大义：云南诺邓盐业的历史人类学考察［M］．北京：世界图书出版公司北京公司，2009．

［59］肖坤冰．茶叶的流动：闽北山区的物质、空间与历史叙事（1644—1949）［M］．北京：北京大学出版社，2013．

［60］汤夺先，王荞．我国餐桌食物浪费问题的饮食人类学研究［J］．青海民族大学学报（社会科学版），2021，47（3）：10．

［61］APPADURAI A . How to Make a National Cuisine：Cookbooks in Contemporary India［J］．Comparative studies in society & history，1988，30（1）：3-24．

［62］CHANG R，KIVELA J，MAK A．Food preferences of Chinese tourists［J］．Annals of tourism research，2010，37（4）：989-1011．

［63］TELLSTRO M R，GUSTAFSSON I B，MOSSBERG L．Consuming heritage：The use of local food culture in branding［J］．Place branding，2006，2（2）：130-143．

［64］爱弥尔·涂尔干．社会分工论［M］．渠东，译．北京：生活·读书·新知三联书店，2000：42．

［65］玛丽·道格拉斯. 洁净与危险［M］. 北京：民族出版社，2008.

［66］大贯惠美子. 作为自我的稻米：日本人穿越时间的身份认同［M］. 石峰，译. 杭州：浙江大学出版社，2015.

［67］安东尼·吉登斯. 社会的构成：结构化理论大纲［M］. 北京：生活·读书·新知三联书店，1998：161-162.

［68］西敏司. 饮食人类学：漫话餐桌上的权利和影响力［M］. 北京：电子工业出版社，2015.

［69］FERGUSON, PRISCILLA, PARKHURST. A Cultural Field in the Making：Gastronomy in 19th-Century France.［J］. American journal of sociology，1998：597-641.

［70］GABACCIA D R. We Are What We Eat［M］. Massachusetts：Harvard University Press，1998：226.

［71］WILK R R. "Real Belizean Food"：Building Local Identity in the Transnational Caribbean［J］. American Anthropologist，1999：244-255.

［72］FREWER L J. Food, People and Society. A European Perspective of Consumers' Food Choices［J］. Journal of Consumer Marketing，2001，20（2）：175 - 177.

［73］AVIELI N, COHEN E. Food in tourism：attraction and impediment［J］. Annals of tourism research，2004，31（4）：755-778.

［74］SEARLES, EDMUND. Food and the Making of Modern Inuit Identities［J］. Food & Foodways，2002，10（1-2）：55-78.

［75］KATARZYNA J C. 饮食、权力与国族认同：当代日本料理的形成［M］. 陈玉蕻，译. 台北：韦伯文化，2009.

［76］詹姆斯·华生. 金拱向东：麦当劳在东亚［M］. 祝鹏程，译. 杭州：浙江大学出版社，2015.

［77］李劼人. 李劼人选集·第五卷［M］. 成都：四川文艺出版社，1986.

［78］郭同耀. 重庆民俗概观［M］. 重庆：西南师范大学出版社，1998.

［79］沈涛. 四川麻辣火锅起源地辨析［J］. 中华文化论坛，2010（2）：16-18.

［80］石自彬，代应林，张丰贵. 川渝火锅起源地辨析［J］. 江苏调味副食品，2017（4）：3.

［81］赵荣光，方铁，冯敏. 中国饮食文化史：西南地区卷［M］. 北京：中国轻工业出版社，2013：237-238.

［82］范春，李爽，杨卫东. 重庆火锅文化研究［M］. 北京：中国文史出版社，2005：124.

［83］袁格霄. 广元市火锅店名的语言和文化特点分析［J］. 文化创新比较研究，2017：6.

［84］袁益欢. 重庆火锅的艺术化探析［J］. 江苏调味副食品，2017（1）：56.

［85］扶霞·邓洛普. 川菜：尝到了川菜就尝到了生活［M］. 何雨珈，译. 上海：上

海译文出版社，2018.

　　[86] 陈邦贤. 自勉斋随笔 [M]. 上海：上海书店出版社，1997（1）：21-22.

　　[87] 怒涛. 毛肚火锅流源 [N]. 南京晚报，1949-02-24（4）.

　　[88] 余勇. 毛肚火锅源流新考 [N]. 重庆时报，2014-08-03（9）.

　　[89] 李乐清. 四川火锅 [M]. 北京：金盾出版社，1994：3.

　　[90] 杨航. 请把火锅起源地还给自贡 [N]. 华西都市报，2009-06-23（6）.

　　[91] 莫斯. 论技术、技艺与文明 [M]. 北京：世界图书出版公司北京公司，2010.

　　[92] 罗威尔. 知中：关于火锅的一切 [M]. 北京：中信出版集团，2015.

　　[93] 顾颉刚. 史迹俗辨 [M]. 上海：上海文艺出版社，1996：157.

　　[94] 张光直. 考古学专题六讲 [M]. 北京：文物出版社，1986：30.

　　[95] 格雷戈里. 礼物与商品 [M]. 姚继德，等译. 昆明：云南大学出版社，2001：88.

　　[96] 王文虎. 四川方言词典 [M]. 成都：四川人民出版社，1987.

　　[97] 蓝勇. 中国川菜史 [M]. 成都：四川文艺出版社，2019.

　　[98] 曹雨. 中国食辣史：辣椒在中国的四百年 [M]. 北京：北京联合出版公司，2019.

　　[99] 石光华. 我的川菜生活 [M]. 西安：陕西师范大学出版社，2004.

　　[100] 唐沙波. 川味儿 [M]. 北京：生活·读书·新知三联书店，2011：25.

　　[101] 本尼迪克特·安德森. 想象的共同体：民族主义的起源与散布 [M]. 吴睿人，译. 上海：上海人民出版社，2005：8-11.

　　[102] 吉尔·德勒兹. 反俄狄浦斯 [J]. 董树宝，译. 上海文化，2015（8）：17.

　　[103] 费孝通. 关于"文化自觉"的一些自白 [J]. 学术研究，2003（7）：5.